Meisterklasse Zeichnen

AF533843

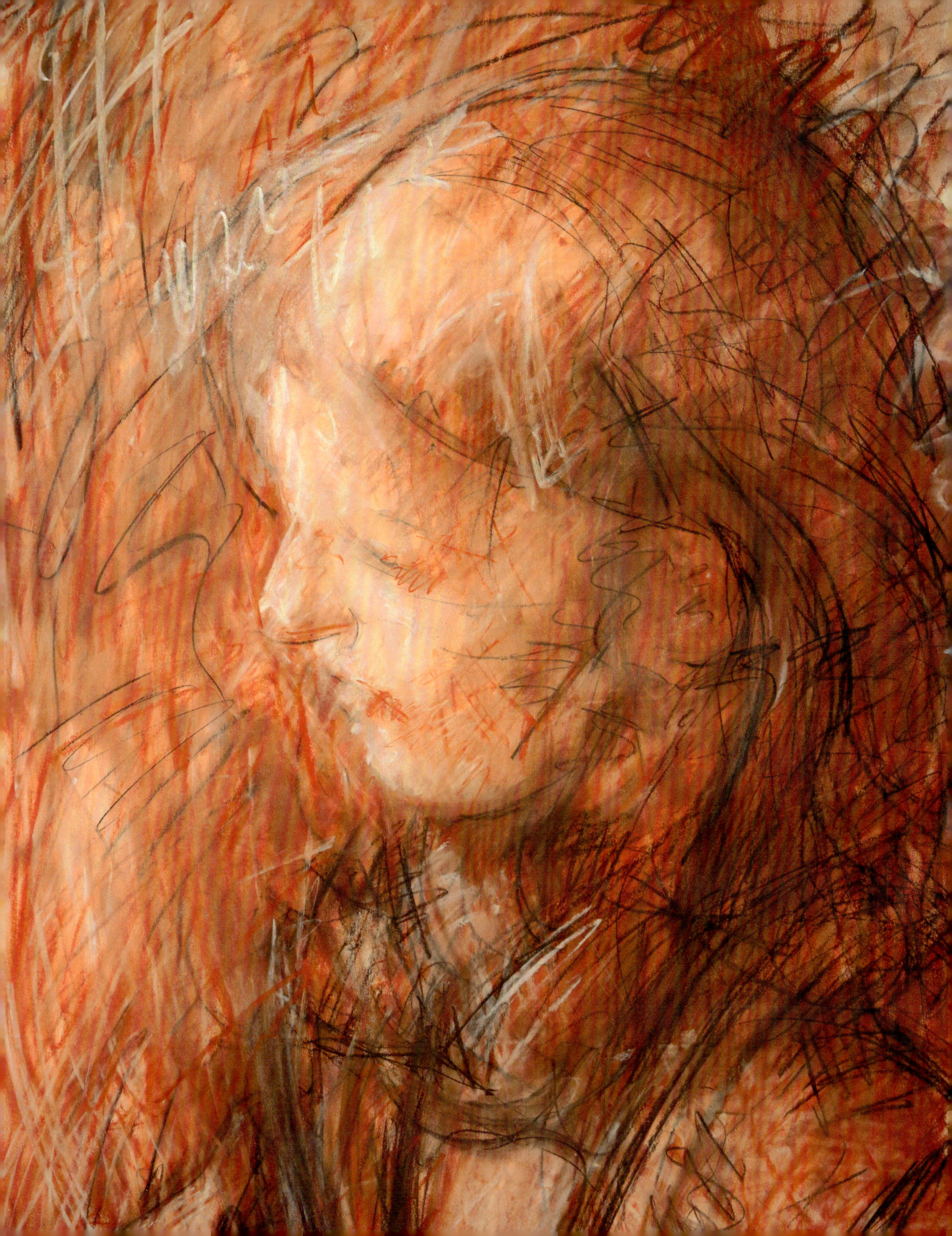

Meisterklasse Zeichnen

100 KREATIVE TECHNIKEN GROSSER KÜNSTLER

Guy Noble

PRESTEL
MÜNCHEN • LONDON • NEW YORK

© für die deutsche Ausgabe Prestel Verlag, München · London · New York, 2017,
in der Verlagsgruppe Random House GmbH
Neumarkter Straße 28 · 81673 München

Die Originalausgabe erschien 2017 unter dem Titel *Drawing Masterclass* bei
Quintessence Editions Ltd.

Der Verlag weist ausdrücklich darauf hin, dass im Text enthaltene externe
Links vom Verlag nur bis zum Zeitpunkt der Buchveröffentlichung eingesehen
werden konnten. Auf spätere Veränderungen hat der Verlag keinerlei Einfluss.
Eine Haftung des Verlags ist daher ausgeschlossen.

© für die Zeichnungen bei den Künstlern und ihren Rechtsnachfolgern, 2017,
siehe Bildnachweis auf S. 288

Dieses Buch wurde produziert von
Quintessence Editions Ltd.
The Old Brewery
6 Blundell Street
London N7 9BH

Umschlagvorderseite: Leonardo da Vinci, **Studie für einen Mädchenkopf**, um 1483,
siehe Seite 73

Umschlagrückseite: Paul Gauguin, **Tahitische Gesichter (Vorder- und Profilansicht)**,
um 1899, siehe Seite 94; Vincent van Gogh, **Grabender in einem Kartoffelfeld. Februar**,
1885, siehe Seite 165

Frontispiz: **Head No. 6 (Detail)**, 2015, © Guy Noble
Folgende Seite: **Yellow Girl No. 2 (Detail)**, 2003, © Guy Noble

Projektleitung Verlag: Claudia Stäuble, Julie Kiefer
Projektmanagement und Satz: Bookwise medienproduktion GmbH, München
Übersetzung ins Deutsche: Dr. Mechthild Barth, Manuela Schomann
Lektorat: Antje Eszerski für Bookwise GmbH

Covergestaltung: Luisa Klose

Druck und Bindung: C&C Offset Printing Co., LTD.

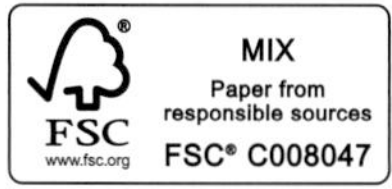

Verlagsgruppe Random House FSC® N001967

Printed in China

ISBN 978-3-7913-8416-0

www.prestel.de

Inhalt

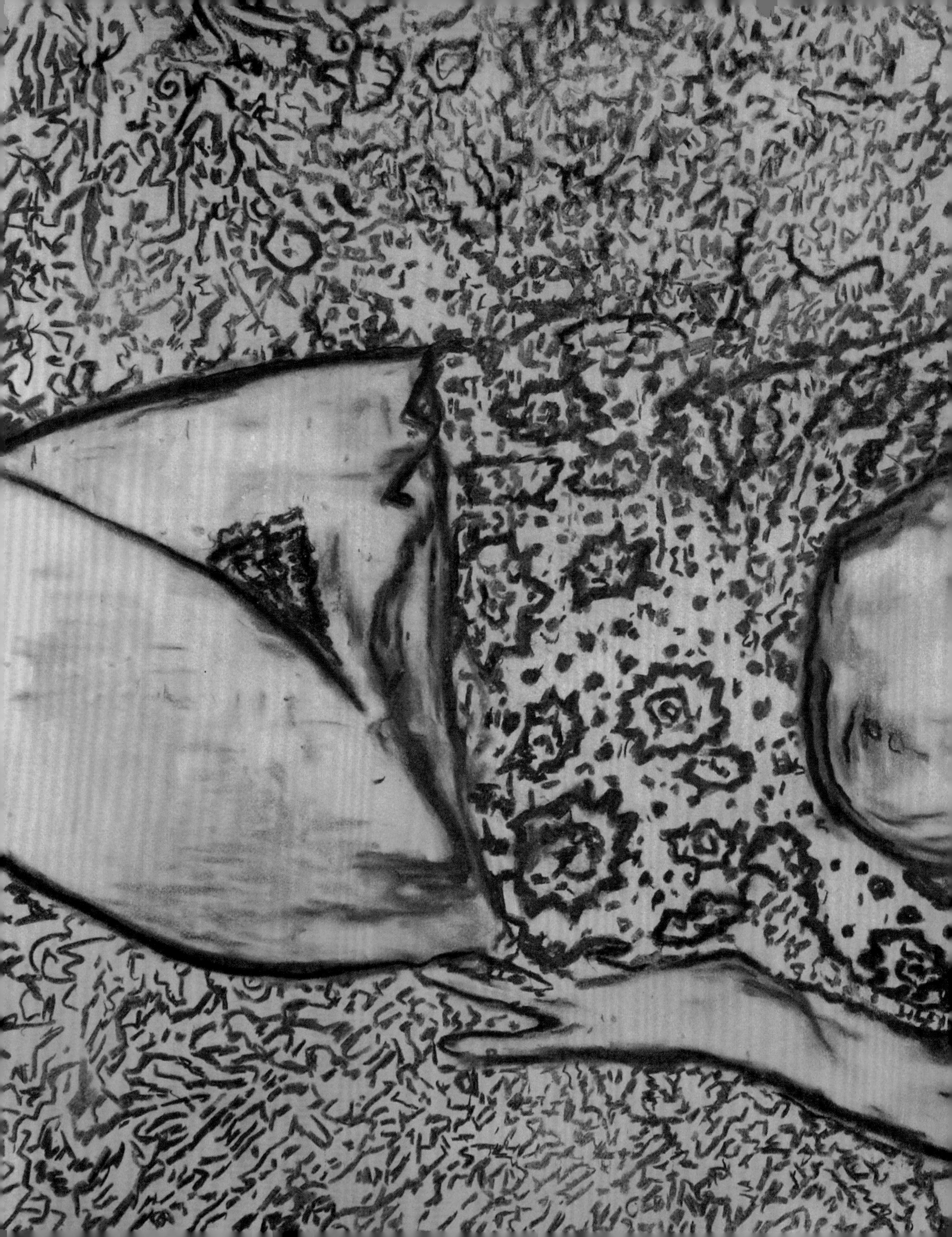

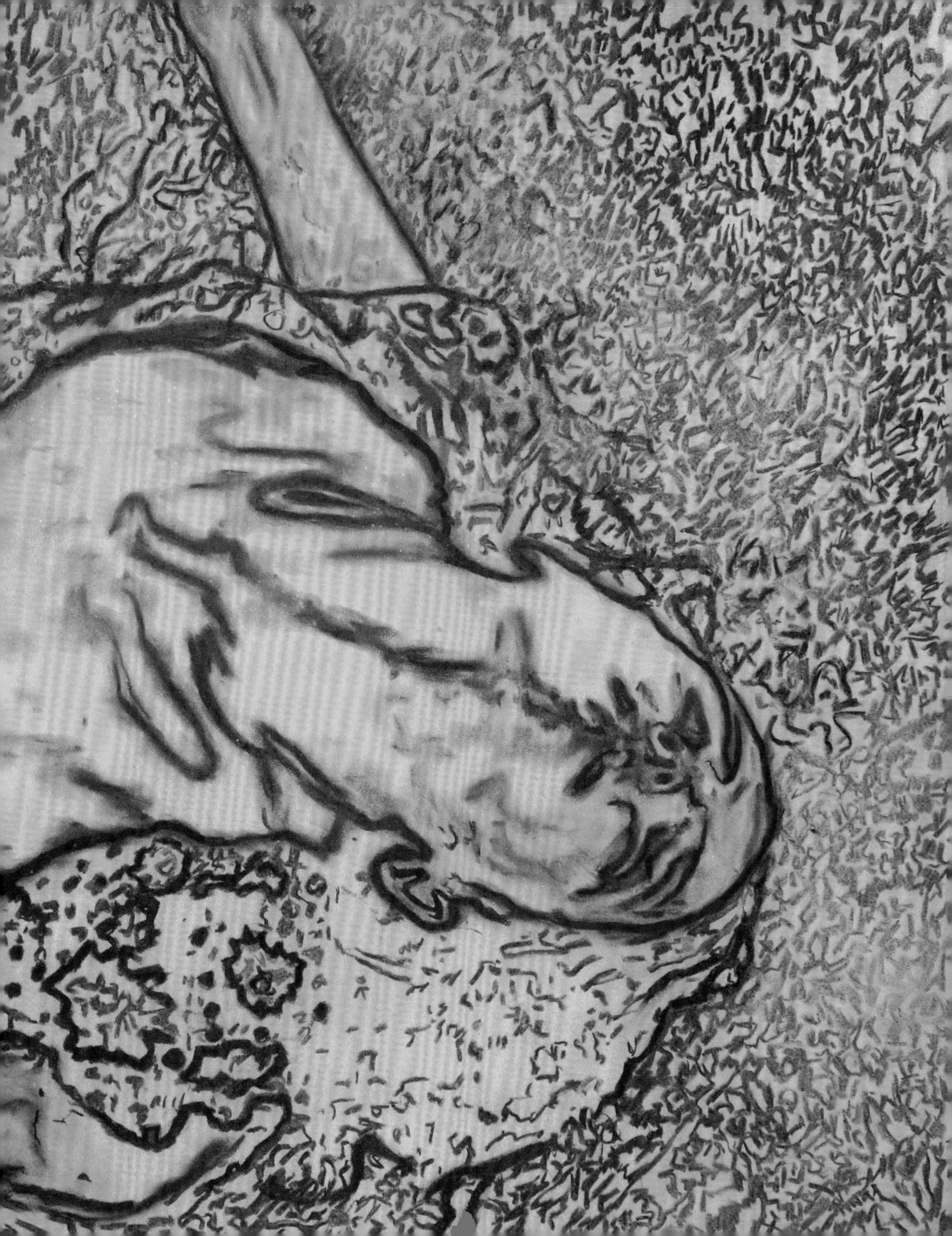

Einführung

Zeichnen ist ein intimer Akt, dessen Ergebnis über die jeweilige Künstlerin oder den Künstler überaus viel verrät. Auch wenn eine Zeichnung lediglich als grobe Skizze oder schematisch angelegt ist, setzt sie doch wesentliche Akzente, erforscht die Perspektive und legt die Beziehungen zwischen Raum und Dimension fest. Zeichnungen dienen häufig als Studien für größer angelegte Werke. Doch tritt die Persönlichkeit eines Künstlers in seinen Zeichnungen manchmal weitaus direkter zutage als in anderen Aspekten seiner Arbeit. Aus diesem Grund kann man großen Künstlern, die einem vielleicht fremd und unnahbar erscheinen, über ihre Zeichnungen womöglich näher kommen, als wenn man ihre großen Werke gerahmt in einer Galerie hängen sieht.

Die Frage aller Fragen: Was ist »Zeichnen«?

Im Jahr 2014 war ich in London zu einem Seminar im British Museum eingeladen, das sich dem Thema Zeichnen widmete. Fast einen ganzen Tag verbrachten wir mit dem Versuch, den Begriff »Zeichnen« zu definieren. Einige Wochen zuvor hatte die britische Künstlerin Alison Carlier (geb. 1971) den angesehenen Jerwood Drawing Prize mit ihrer Klanginstallation *Adjectives, lines and marks* gewonnen, die sie selbst als »eine Audio-Zeichnung mit unbestimmtem Ende« bezeichnete. In der zwanzigjährigen Geschichte dieses Preises wurde damit zum ersten Mal ein Kunstwerk ausgezeichnet, das überwiegend aus Klang besteht. Heutzutage scheint der Begriff des Zeichnens vielschichtiger gefasst zu sein als noch zu Lebzeiten Paul Klees (1879–1940), von dem das Zitat »Zeichnen ist die Kunst, Striche spazieren zu führen« stammt. Zeichnen als Ausdrucksform lässt sich nicht fest abgrenzen und aus diesem Grund auch nicht leicht klassifizieren.

Das gezeichnete Bild ist das erste uns bekannte Mittel, mit dem Menschen Ideen fixiert haben. Von Anfang an diente es der Kommunikation. Ganz unabhängig von jüngeren technologischen Phänomenen wie Snapchat und Selfie oder der Entwicklung neuer künstlerischer Formen spielt die Zeichnung als Ausdruck der menschlichen Kreativität eine ganz besondere Rolle.

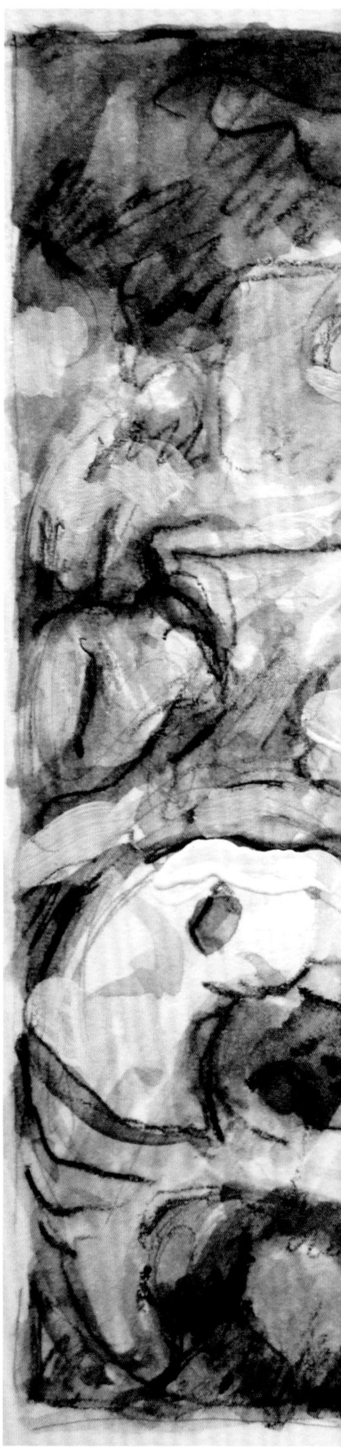

Alle Zeichnungen im Kapitel »Einführun stammen vom Autor Guy Noble.

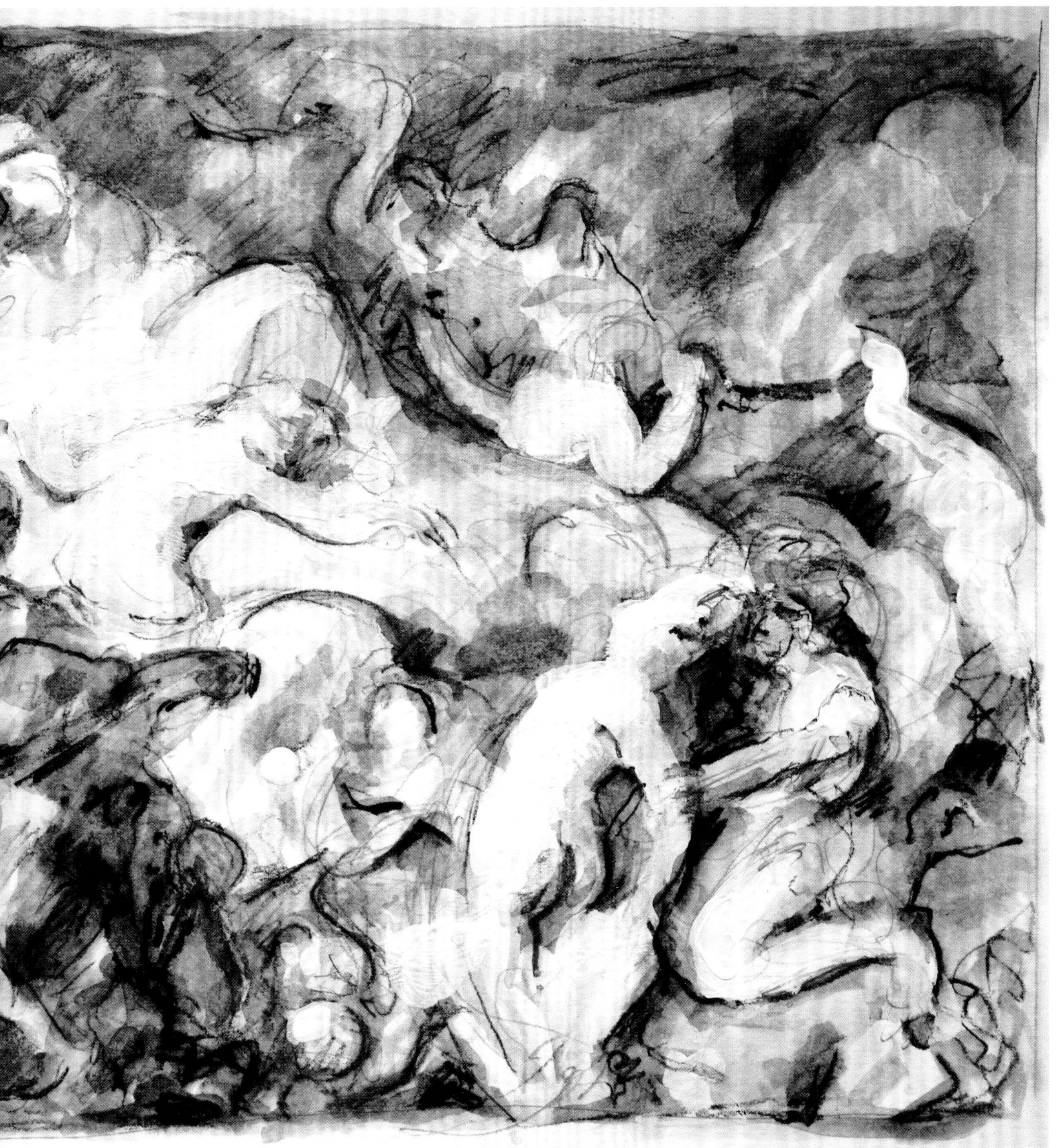

Skizzenbuchzeichnung nach dem Gemälde *Der Tod des Sardanapal* (1827) von Eugène Delacroix 2015
Bleistift, lavierte Tusche, wasserlöslicher Grafitbleistift und weiße Acrylfarbe auf Papier
18 × 23 cm

Hier konzentrierte sich der Künstler ganz auf die wirbelnden Rhythmen, ohne Wert auf Details zu legen. Mit Pinsel und Bleistift bewahrte er die rhythmischen Konturen, achtete aber auf die Abstufungen der Tonwerte. Zu dunkel geratene Bereiche arbeitete er mit weißer Acrylfarbe nach.

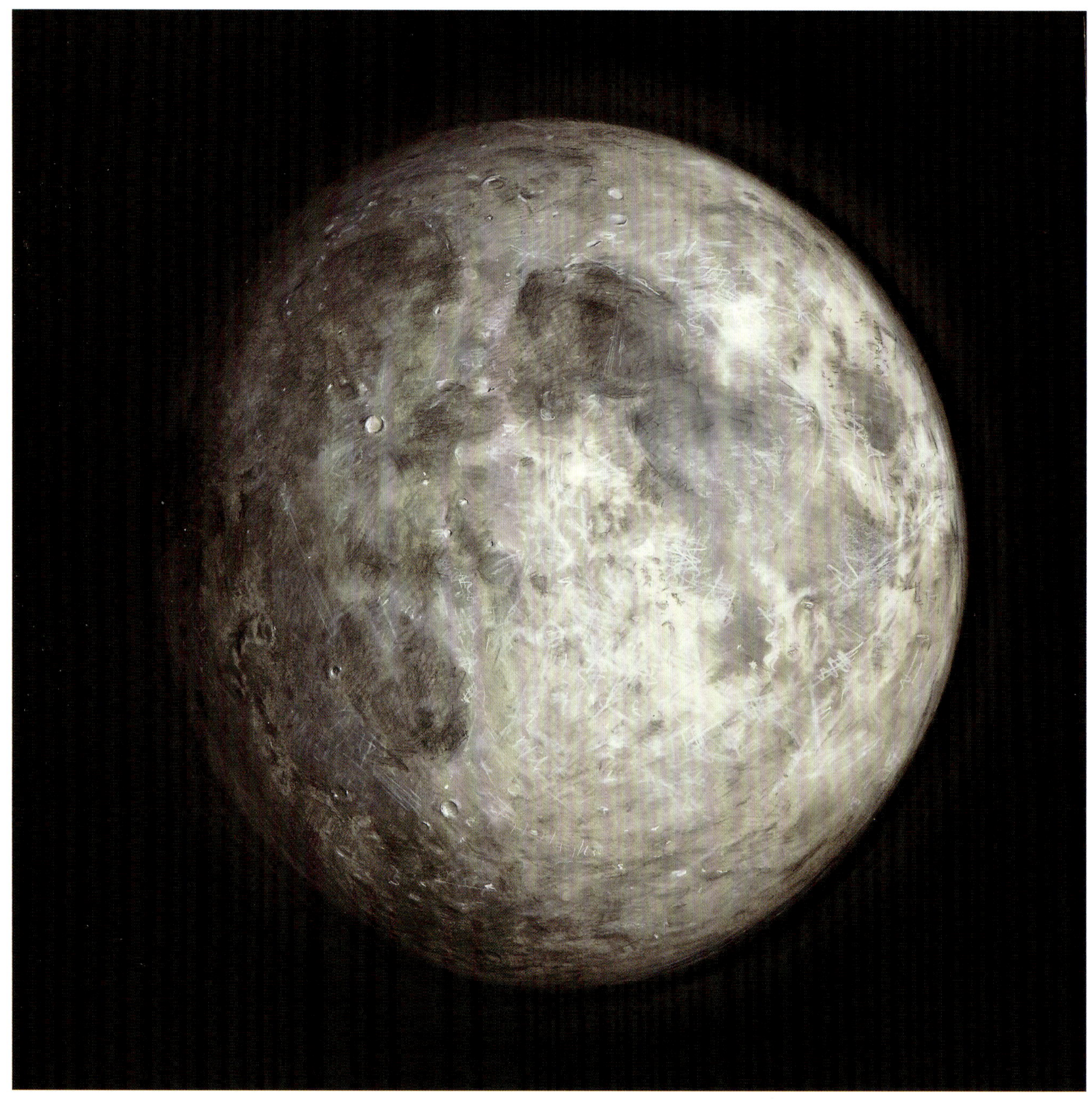

Spooky Moon 2014
Mischtechnik auf Papier
122 × 122 cm
Sammlung Mary und Philip Hay-Jahans

Da der Mond kein klassisches Zeichenmotiv ist, benötigt man fotografische Vorlagen. Dieses Motiv wählte der Künstler nach einem tragischen Ereignis in seinem Leben. Es sollte universell und gleichzeitig sehr persönlich sein. Dem entspricht der Mond mit seiner tiefen symbolischen Verbindung zu unseren Lebenszyklen.

The Undertaker 2012
Monoprint, Kohle und Aquarellfarbe auf Papier
59 × 42 cm

Der Besuch eines ungewöhnlichen Museums unter dem Büro eines Bestattungsinstituts inspirierte den Künstler zu diesem Bild. Das Museum präsentierte eine Sammlung von Leichenwagen und Särgen aus vergangenen Jahrhunderten. Jedes Ausstellungsstück wurde durch Figuren in Bestatterbekleidung ergänzt, die Räume waren mit dumpfem Neonlicht ausgeleuchtet. Die Zeichnung wirkt verstörend. Sie wurde nicht zu einer Serie weiterverarbeitet.

Als universelle, einfache und vielseitige Kunstform überwindet das Zeichnen geografische und soziale Grenzen. Grafische Arbeiten existieren immer, überall und in jeder Kultur – ob dekorativ, instruktiv oder expressiv. Aufwendiges Material braucht man dazu nicht. Zugang zu Zeichenmitteln haben die meisten Menschen, seien es Bleistift und Papier oder auch nur ein Stein oder ein Stock im Sand. Mit wenig Aufwand lassen sich bereits gute Ergebnisse und verblüffend kunstvolle Effekte mit diesem Medium erzielen.

Die Geschichte des Zeichnens

Bücher zum Thema Zeichnen beginnen meist mit der Erklärung, dass Menschen schon vor Tausenden von Jahren Zeichnungen hinterlassen haben, um die Welt um sich herum zu deuten. Vermutlich entstanden die ersten Darstellungen in Höhlen vor etwa 35.000 Jahren. Ihre Funktion ist jedoch umstritten. Dienten sie kommunikativen Zwecken, hatten sie religiöse und zeremonielle Bedeutung, oder waren sie vielleicht bloß Dekoration? Am naheliegendsten ist das Bedürfnis, Gefühle oder eine Idee festhalten und mitteilen zu wollen. Indem Symbole mit bestimmter Bedeutung belegt wurden, entstanden aus den prähistorischen Zeichen nach und nach hochentwickelte Kommunikationsformen wie die Schrift.

Die Erfindung von papierähnlichen Materialien revolutionierte schließlich die Verbreitung von symbolhaften Zeichen. In China benutzte man bereits im 2. Jahrhundert v. Chr. eine Art Papier. Doch erst im 13. Jahrhundert gelangte diese Erfindung nach Europa, wo Künstler in den darauffolgenden Jahhunderten begannen, auf Papier zu zeichnen, das damals noch als eine äußerst kostspielige und schwer herzustellende Luxusware gehandelt wurde.

Die älteste Zeichnung in diesem Buch stammt von Leonardo da Vinci (Seite 72). Er verwendete die damals beliebte Technik der Silberstiftzeichnung auf speziell beschichtetem Papier für seine *Studie für einen Mädchenkopf* aus dem Jahr 1483. Die Studie ist wunderbar präzise ausgeführt und ähnelt darin den Werken vieler nordeuropäischer Künstler aus dem 14. Jahrhundert wie Robert Campin, Jan van Eyck oder Rogier van der Weyden.

Bis zum Beginn des 20. Jahrhunderts konnten Künstler sich auf bewährte Traditionen und Fertigkeiten verlassen. Auch die Werke jeder Künstlergeneration waren von einer einzigartigen, beinahe unverwechselbaren Sichtweise geprägt.

Im frühen 15. Jahrhundert nahm die Renaissance ihren Anfang, die die Kunst auf allen Gebieten revolutionieren sollte. In der Hochrenaissance, im 16. Jahrhundert, glänzten überwiegend italienische Künstler: Leonardo da Vinci, Michelangelo (Seite 140), Tizian (Seite 258) und Raffael (Seite 74 und 188) waren die großen Meister, die jeder für sich einen individuellen Stil entwickelten. Selbst den Zeitgenossen war bewusst, dass diese Künstler Hochleistungen auf unterschiedlichen Gebieten schufen. Michelangelos monumentale Formensprache unterschied sich deutlich von Tizians malerischem Spätwerk. Zur gleichen Zeit wie Leonardo da Vinci gestaltete der Niederländer Hieronymus Bosch (Seite 256) völlig andersartige Werke. Noch immer vertritt die Kunstgeschichte die Meinung, dass sich die Kunst progressiv und hin zur Abstraktion entwickelt. Diese Vorstellung entspricht keineswegs der Realität, denn die Ideenwelt eines Hieronymus Bosch hat mit der von René Magrittes (Seite 266) mehr gemein als mit der Leonardos. Für alle großen Künstler dieser Zeit spielte das Zeichnen eine zentrale Rolle. Sie planten nicht nur ihre Gemälde mittels Skizzen und Studien, sondern setzten die Zeichnung auch als unabhängige Kunstform ein.

Im 17. Jahrhundert verwendete Peter Paul Rubens (Seite 262) Zeichnungen für komplexe Kompositionen, während Rembrandt van Rijn (Seite 146) Bibelgeschichten zeichnerisch erforschte und Claude Lorrain (Seite 114) wiederum Zeichnungen als visuellen Katalog seiner gemalten Kompositionen schuf.

Das 18. Jahrhundert mag auf den ersten Blick als eher frivole, dekadente Epoche erscheinen, brachte aber große Künstler hervor. Jean-Baptiste-Siméon Chardin, François Boucher (Seite 216), Francesco Guardi (Seite 120), Thomas Gainsborough (Seite 118), Jean-Honoré Fragonard (Seite 116) und später auch Francisco Goya (Seite 150) nutzten die Zeichnung als wichtigen Bestandteil für ihr künstlerisches Werk.

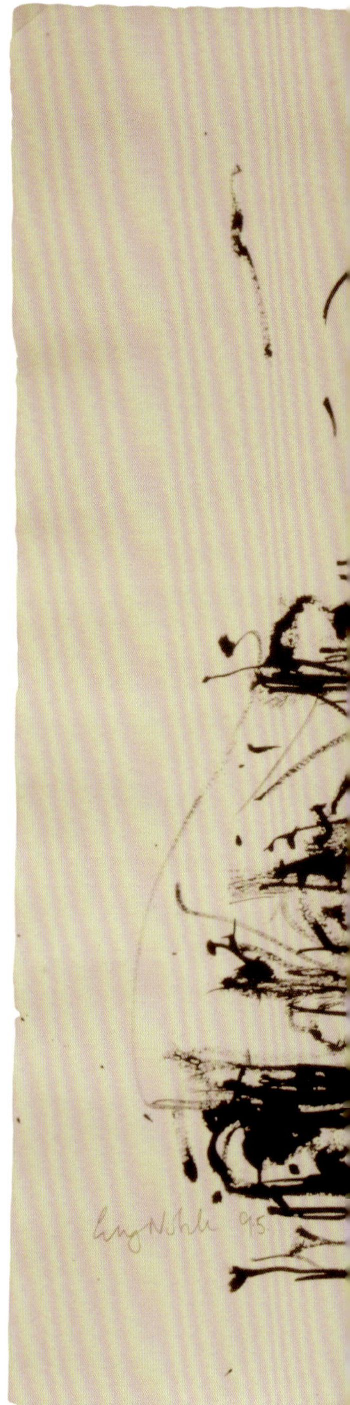

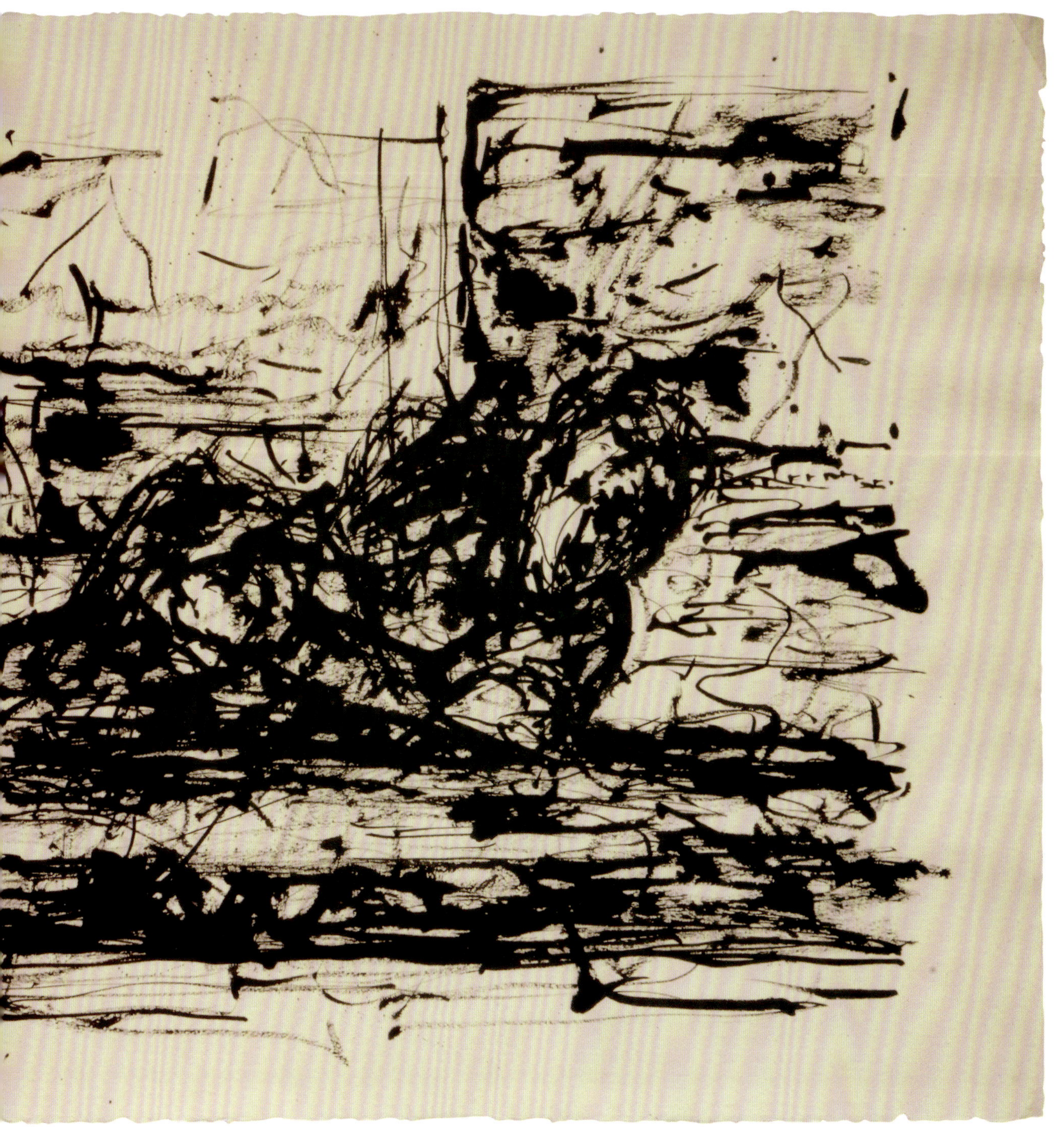

Man Lying in the Street 1995
Schellacktusche auf cremefarbenem Velin
86 × 78 cm

Die Vorlage für diese Zeichnung bestand aus einem sehr schlechten, nachts aufgenommenen Foto. Der Künstler löste mit lebhaften Pinselstrichen die Form auf. Er verwendete dazu einen dünnen Schlepperpinsel mit Langhaar, wie er bei Plakatmalern häufig zum Einsatz kommt.

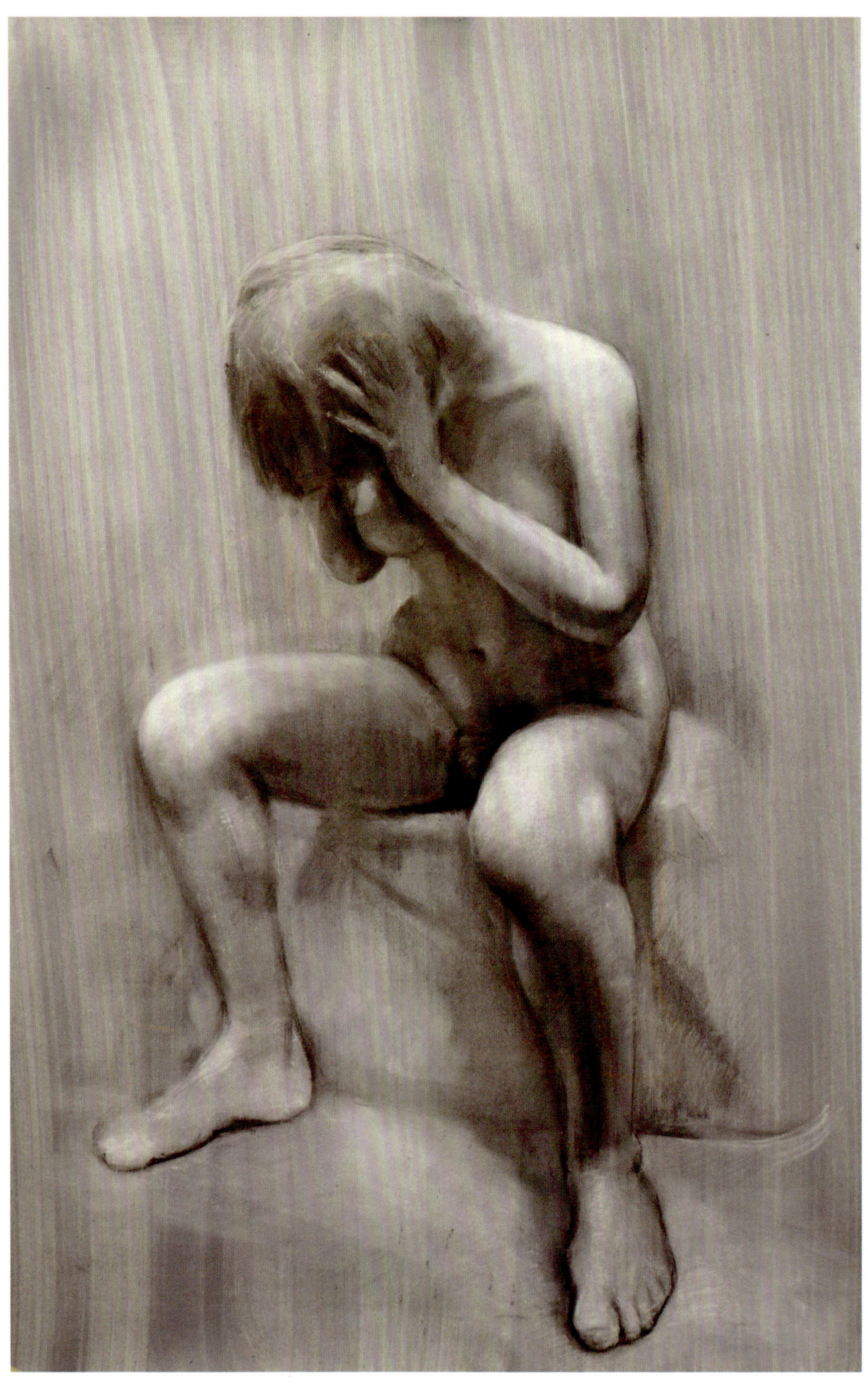

(links) **Girl with Head in Hands** 2015
Kohle auf handgefärbtem grauem Papier
86 × 63 cm

Bei dieser Aktzeichnung benutzte der Künstler ein Papier, das mittelgrau eingefärbt ist und eine leicht körnige Textur hat. Auf der Oberfläche des eingefärbten Papiers haftet Kohle sehr gut, weshalb sich dieses Zeichenmittel besonders eignete.

(rechts) **Woman Looking Back** 2010
Kreide auf Papier
63 × 36 cm

Hier blieb der Hintergrund absichtlich frei von Details oder farbigen Akzenten, um das Auge des Betrachters auf die Figur, insbesondere auf das Gesicht mit dem nach innen gerichteten Blick, zu lenken.

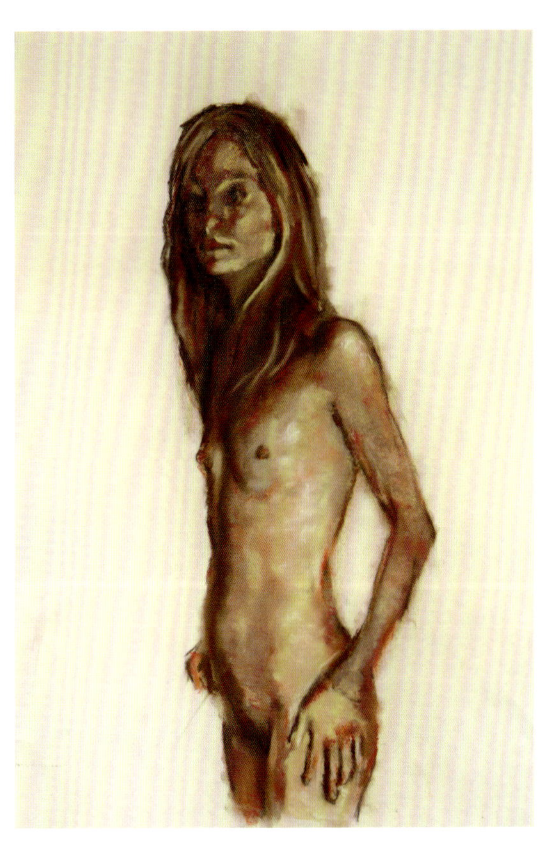

Die Kunst des 19. Jahrhunderts ist den meisten Kunstinteressierten recht gut vertraut. Edgar Degas (Seite 160), Paul Cézanne (Seite 224) und Vincent van Gogh (Seite 126 und 164) stehen exemplarisch für die Entwicklung der Kunst jenes Jahrhunderts. Degas wollte Historiengemälde erschaffen, während rebellische Künstler wie Cézanne eine moderne, antiakademische Richtung einschlugen und der Kunst der Vergangenheit den Rücken kehrten. Eine der bewegendsten Figuren der Kunstgeschichte dieser Zeit war zweifellos Vincent van Gogh. Sein Leben wurde in Literatur und Film verarbeitet, und seine Zeichnungen und Gemälde begeistern auch das junge Publikum von heute. Da ich bei all den in diesem Buch vertretenen Künstlern die technische Expertise im Blick habe, sei hier erwähnt, wie einzigartig die Rohrfeder-Zeichnungen van Goghs sind. Sie zeigen beispielhaft, wie ein Künstler die Ausdrucksformen der Zeichnung an seine Bedürfnisse anpasst.

Wie ein Komet am Horizont tauchte zu Beginn des 20. Jahrhunderts der Ausnahmekünstler Pablo Picasso (Seite 170) auf und dominiert die Kunst der folgenden Jahrzehnte. Sein Experimentierhunger brachte ihn dazu, zahllose kreative Möglichkeiten zu erkunden. Henri Matisse (Seite 174 und 234), der etwas älter als Picasso war und den dieser als seinen einzigen Rivalen ansah, war der zweite Ausnahmekünstler des vergangenen Jahrhunderts. Tausende von Zeichnungen haben die beiden Künstler geschaffen. Nicht alle davon sind großartig, aber die besten Zeichnungen können mit den Meisterwerken jeder Epoche der Kunst konkurrieren.

Es ist unmöglich, noch nicht vergangene Epochen objektiv zu beurteilen, weshalb man rasch ausgesprochene Urteile über die Kunst am Ende des 20. und zu Beginn des 21. Jahrhunderts mit einer gesunden Skepsis betrachten muss. Mit dem Zeitgeist und der zeitgenössischen Debatte über Kunst sollte man sich dennoch beschäftigen. Fest steht: Von Leonardo bis zu dem Zeitgenossen Peter Doig (Seite 180) formen Zeichnungen das künstlerische Denken und Schaffen. Studiert man, wie bestimmte Künstler in der Vergangenheit gezeichnet haben, kann man nicht nur deren Bilder besser verstehen, sondern auch die eigenen Werke.

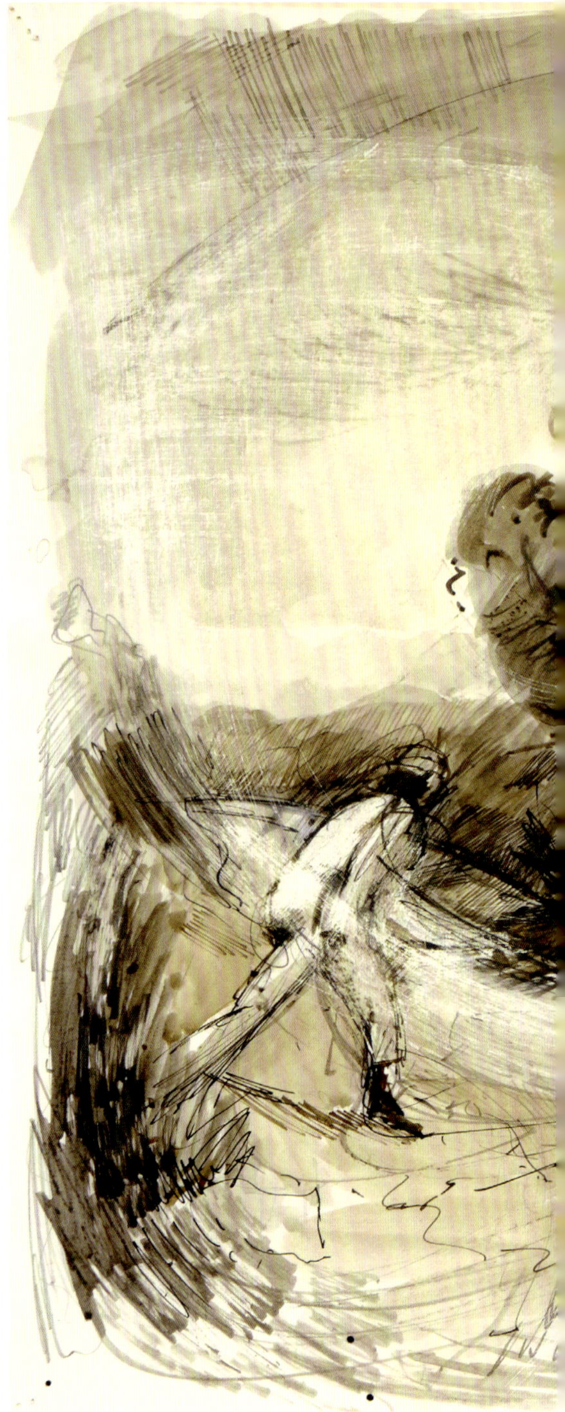

Aufbau und Schemata beim Zeichnen

Die nützlichste der formalen künstlerischen Konventionen und Darstellungssysteme ist wohl die Perspektive. Die erste bekannte Beschreibung der räumlichen Darstellung stammt von dem Renaissancekünstler und Kunsttheroretiker Leon Battista Alberti. Sie ist Teil seiner Abhandlung *De pictura* (Über die Malkunst) aus den Jahren 1435/1436. Die perspektivische Darstellung hat sich seither als eine der effektivsten Methoden erwiesen, um einen dreidimensionalen Raum auf einer zweidimensionalen Oberfläche darzustellen. Beinahe alle Künstler bedienen sich dieser Methode. Doch wie jedes System hat auch die perspektivische Darstellung ihre Grenzen. Zu Beginn des 20. Jahrhunderts stellten insbesondere die Künstler des Kubismus die Notwendigkeit einer perspektivischen Darstellung in Zweifel. Wer am Zeichnen interessiert ist, sollte sich in jedem Fall ein Grundverständnis der Perspektive und anderer gängiger Darstellungssysteme aneignen.

Kinder, die gerade lernen, sich mittels Stift und Papier auszudrücken, zeichnen meist ein Oval anstelle eines Kopfes. Natürlich ist ein Kopf nicht oval, doch von den einfachen geometrischen Formen kommt ihm ein Oval am nächsten. Baut man eine Figur aus geometrischen Körpern auf, entsteht eine überzeugende Zeichnung, auch wenn diese sich mehr mit unserem Wissen deckt als mit dem, was man sieht, wenn man eine Figur betrachtet. Versucht ein Künstler dagegen das, was er tatsächlich sieht, mit der konventionellen Bildsprache darzustellen, stößt er schnell an Grenzen. Genau hierin besteht einer der wesentlichen Unterschiede zwischen Illustration und Kunst, wobei wir damit wieder an das Problem der Definition stoßen. Eine Illustration versucht, dem Betrachter etwas zu vermitteln, was er oder sie bereits weiß, und das vielleicht sogar auf unterhaltsame Weise. Im Grunde will eine Illustration die Fakten auf den Tisch legen. In der bildenden Kunst, besonders beim Zeichnen, geht es jedoch um das Erscheinungsbild: Der Betrachter soll durch das Bild etwas erfahren, was er noch nicht weiß. Die Umformung der Realität soll für ihn überraschend sein. Auf diesen Unterschied kommt es beim Zeichnen an.

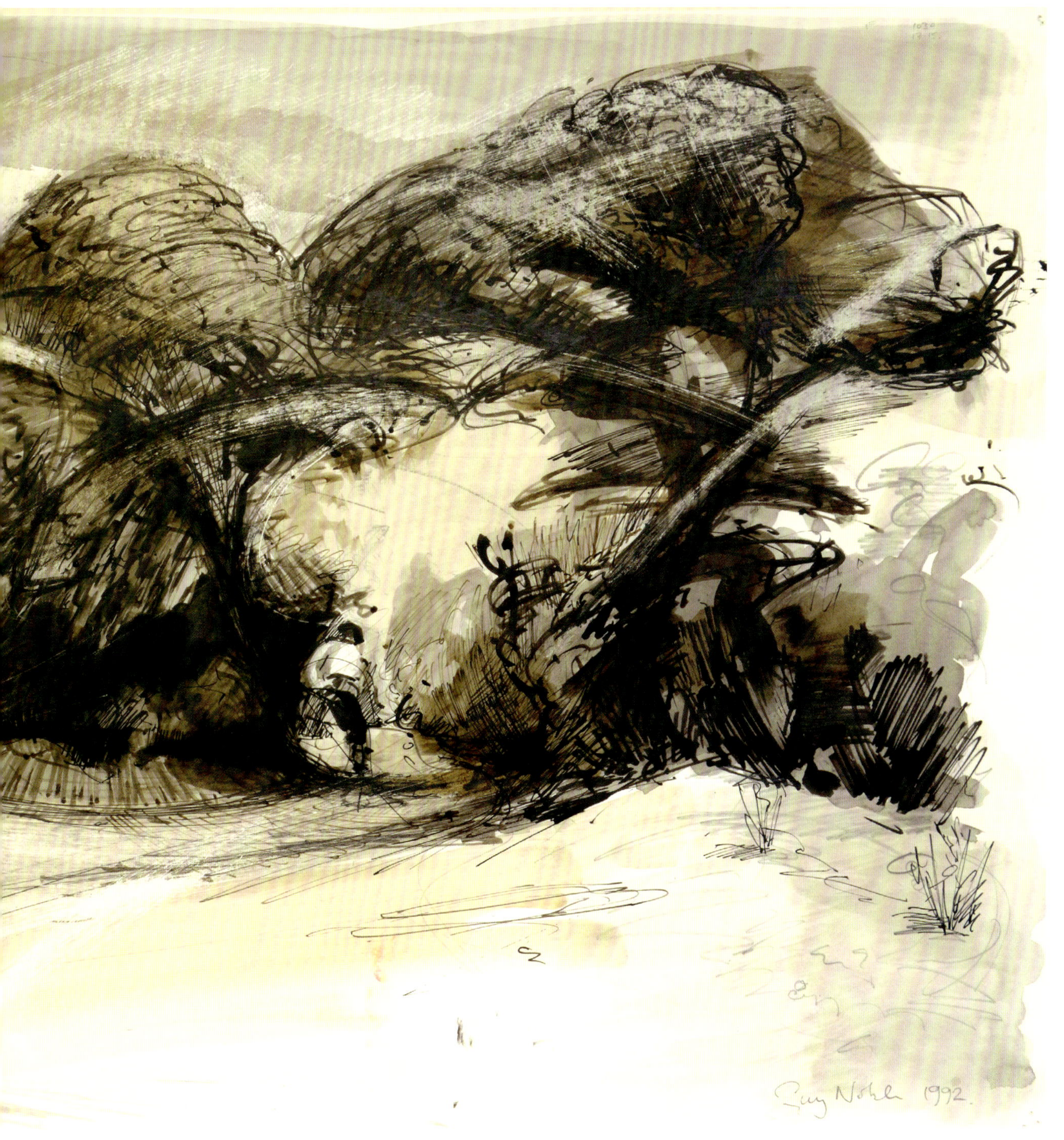

Two Men at a Forest Crossroad 1989
Kohle, Tusche, Bleistift und weiße Kreide
87 × 56 cm

Die Zeichnung ist Teil einer Serie, die erforscht, wie Figuren zum Fokus werden und ein Bild auf rhythmische Weise beleben. Die von den beiden Figuren erzeugte Bewegung spiegelt sich in der gesamten Bildkomposition.

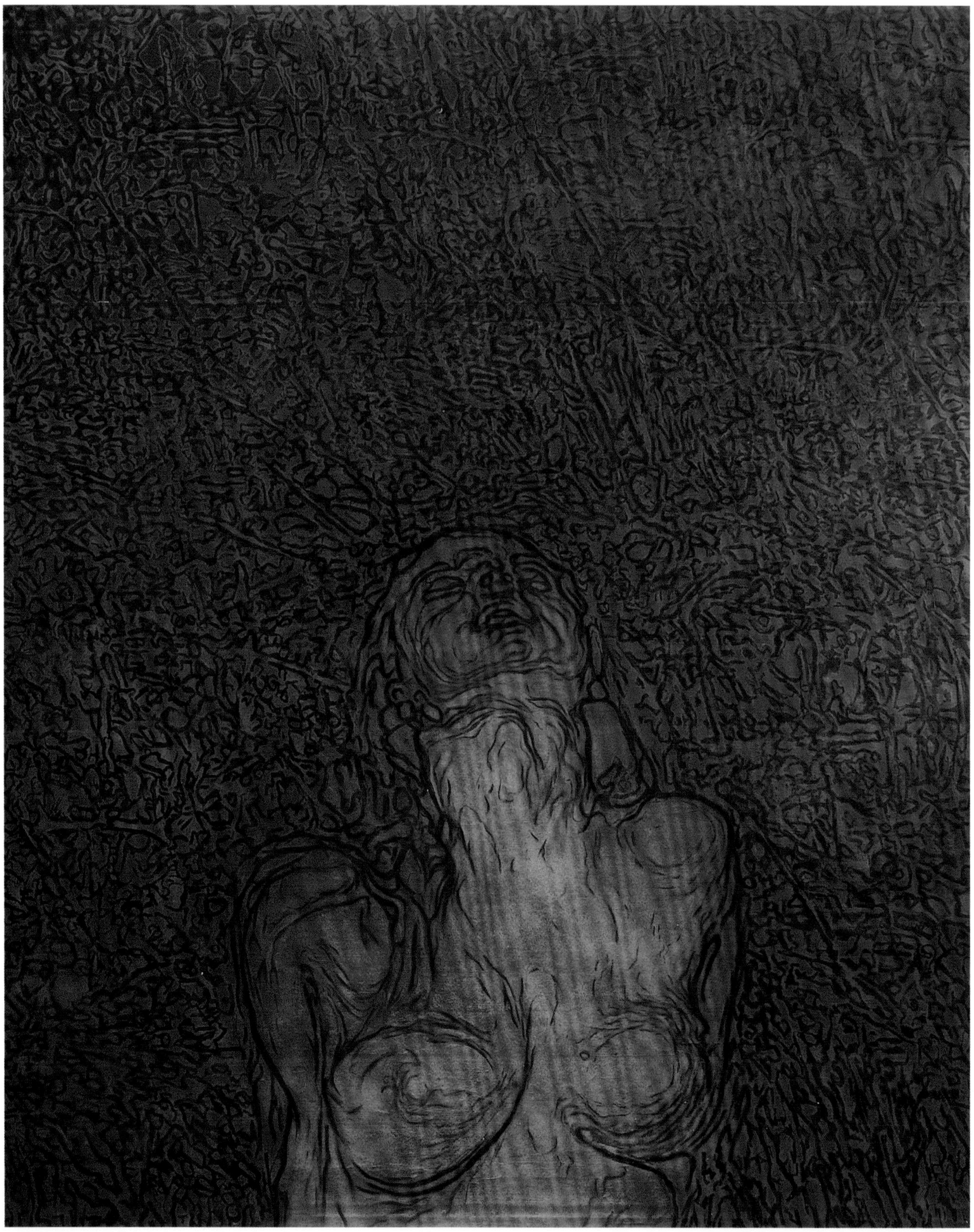

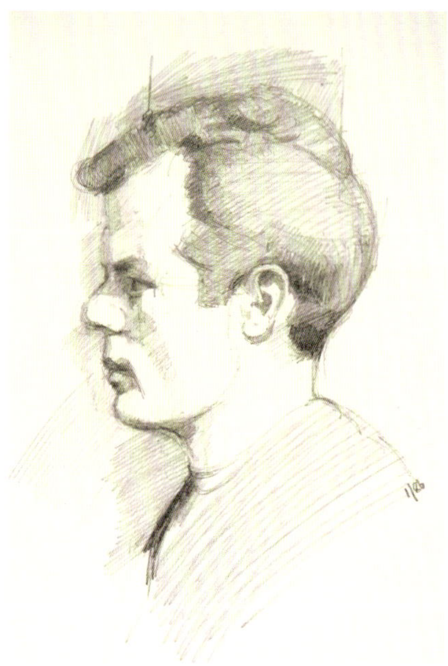

(oben) **Selbstporträt im Profil** 1985
Bleistift auf Papier
45 × 31 cm

Es ist sehr schwierig, ein Selbstporträt im Profil anzufertigen – ohne Spiegel ist das kaum möglich. Dazu sollte das Licht, das durch zwei Spiegel reflektiert werden muss, stark genug sein, sodass es die Form des Kopfes in gewünschter Weise abbilden kann. In diesem Selbstporträt hat der Künstler versucht, jede Fläche klar herauszuarbeiten. Statt die Einzelflächen voneinander zu trennen, reduzierte er die Tonwerttrennung. Doch diese Arbeitsweise bringt Probleme mit sich: Im Gesicht sind die Flächen gut sichtbar. Betrachtet man jedoch eine anspruchsvollere Oberfläche wie die Haare, erscheint diese zu künstlich, um wirklich überzeugend zu sein.

(links) **Burning Up No. 1** 2005
Kohle und Sprühfarbe auf Papier
213 × 183 cm

Das Gefühl, die Hitze der Sonne auf der Haut zu spüren und dabei in den blauen Himmel zu blicken, inspirierte den Künstler zu diesem Bild. Der blaue Himmel ist ein eigenartiges Naturphänomen – eine intensive Farbe ohne Oberfläche. Starrt man ihn eine Weile intensiv an, scheint er zu vibrieren. Diese Zeichnung versucht, diese Empfindungen nachzubilden.

Der Kunstunterricht baut allerdings häufig auf der Idee auf, dass Illustration und bildende Kunst im Grunde ein und dasselbe sind. Nun, dem ist nicht so. Eine Klanginstallation kann fantastisch sein, eine Illustration kann ebenso wunderbar sein wie ein Werk der bildenden Kunst – aber identisch sind diese Werke trotzdem nicht.

Die eigene Sichtweise entdecken

Wer jemals versucht hat, zeichnen zu lernen oder zu lehren, der weiß, dass die Art des Lernens stark von der eigenen Persönlichkeit abhängt. Wer sich eher mit den ursprünglichen und instinktiven Wurzeln des Zeichnens verbunden fühlt, wird ständig bemüht sein, diese Kräfte zu zähmen. Andere wiederum, die beim Zeichnen methodischer und organisierter vorgehen, haben Probleme damit, ihren intuitiven Einschätzungen zu vertrauen.

Heutzutage kann jeder Künstler eine eigene visuelle Sprache entwickeln – es gibt keine überlieferte Tradition, an der man sich orientieren muss oder gegen die man aufbegehren kann. Doch sind nicht alle Bildsprachen, die man einsetzen kann, unbedingt gleichwertig. Um sich für einen bestimmten Stil zu entscheiden, muss man sich erst ein eigenes Urteil bilden, was viele Menschen überfordert und zudem der Idee der kreativen Freiheit zu widersprechen scheint. Obwohl es seinen Reiz haben kann, allein und auf sich gestellt zu arbeiten (wer keine anderen Kunstwerke betrachtet, bewahrt sich die eigene individuelle Sichtweise), hat sich diese Strategie für das Zeichnenlernen als nicht sehr erfolgreich erwiesen. Künstler, die die Meister der Vergangenheit gründlich studiert haben, scheinen dagegen sehr davon zu profitieren. Wer allerdings die Werke großer Künstler lediglich sklavisch kopiert, schult zwar sein Können, entwickelt aber keine eigene Sicht.

Blickt man 200 Jahre zurück, gewinnt man den Eindruck, dass es damals einfacher war, Kunst zu schaffen. Man konnte Traditionen folgen, sie weiterentwickeln oder sich dagegen auflehnen. Heute müssen Künstler selbst entscheiden, was sie tun möchten. Liest man jedoch Tagebücher von Künstlern früherer Zeiten, dann wird klar, dass es immer schwer war, den eigenen Weg zu finden.

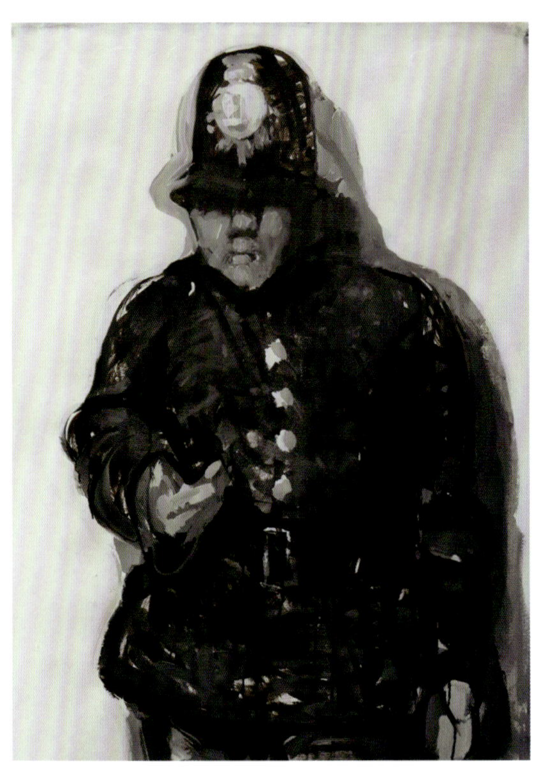

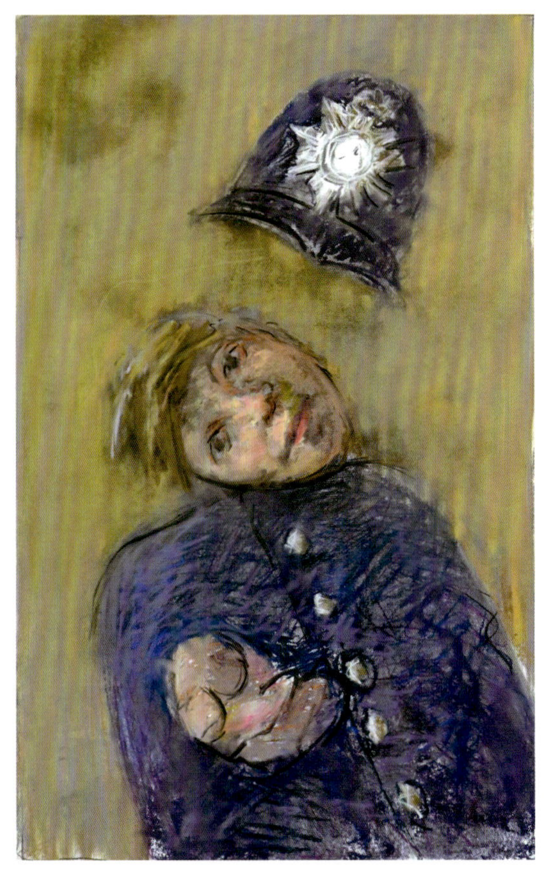

Schaut man sich einmal die Werke großer Meister unabhängig von den kulturellen und modischen Betrachtungen unserer Tage an, tritt ihre ganze technische Meisterschaft in Erscheinung: So zeugen zum Beispiel die Werke von Leonardo da Vinci (Seite 72) oder Pierre-Paul Prud'hon (Seite 218) von fast unerreichbarem künstlerischen Geschick.

Es ist nicht leicht aus unserer heutigen Sicht, die verschiedenen Einflüsse, denen ein Künstler früherer Zeit unterlag, zu beurteilen. An erster Stelle der Einflüsse stehen wohl sein persönlicher Geschmack sowie die Wünsche und Ziele, die er verfolgte. Hinzu kommt die Meinung von Freunden und von Leuten, die der Künstler wertschätzte. Dann natürlich die Notwendigkeit, Geld zu verdienen, und die Anforderungen von Sammlern und Galerien, Modeerscheinungen und aktuelle Strömungen. Diese Liste ließe sich noch lange fortführen. Nur zu leicht verliert man bei dieser Art von Betrachtung die wesentliche Idee, die hinter der von uns allen geliebten Kunst steht, aus den Augen.

Auf den Spuren der Meister

Es gibt Künstler, die sich zeitlebens auf eine einzige künstlerische Sichtweise konzentrieren und andere Strömungen ihrer Zeit quasi als störende Hintergrundgeräusche ausblenden. Betrachtet man zum Beispiel das Werk eines Künstlers wie Lucian Freud (Seite 106), ist nur schwer vorstellbar, dass sein Schaffen nicht vom Abstrakten Expressionismus beeinflusst wurde. Dennoch lässt sich Freuds Beitrag zur Malerei des späten 20. Jahrhunderts nicht leugnen. Die Welt der Kunst bietet eben Platz genug für den Abstrakten Expressionismus und für Lucian Freud – so wie sie groß genug für Raffael und Tizian war.

Dann gibt es Künstler wie Giorgio Morandi (Seite 64), die sich auf eine Sache spezialisieren und ein bestimmtes Genre auf brillante Weise ausführen. Obwohl Morandi anfangs mit dem Surrealismus liebäugelte, verbrachte er die meiste Zeit damit, schlichte Stillleben abzubilden – nur einige Gefäße und Vasen in perlfarbenem Licht. Seine Zeichnungen und Gemälde verraten nichts über

(links oben) **The Third Policeman No. 4** 2015
Kreide, Kohle, Schellacktusche und Acrylfarbe auf Papier
150 × 120 cm

Das Bild-Trio auf dieser Doppelseite wurde von Flann O'Briens Roman *Der dritte Polizist* (1967) inspiriert. Der Künstler hörte sich das Hörbuch an, während er zügig an den Zeichnungen arbeitete, die jedoch nicht zur Illustration des Gehörten dienen sollten. In den großen Zeichnungen kam den Zeichenmitteln Kreide und Kohle eine wesentliche Bedeutung zu: Sie drängten die Gestaltung in eine bestimmte Richtung. Dadurch entstanden, entgegen den ursprünglichen Absichten des Künstlers, massivere Formen.

(links unten) **Discombobulated Policeman No. 6** 2016
Pastellkreide, Kohle, Tusche und Bleistift auf Papier
167 × 110 cm

In dieser Zeichnung löste der Künstler die Verbindung zwischen den einzelnen Bildelementen auf, um die Erwartungen des Betrachters zu durchbrechen – eine spannende Mischung aus Realismus und Fantasie. Das Bild erforscht die Beziehung zwischen Gefühl und Erfahrung.

(rechts) **The Third Policeman** 2015
Pastellkreide, Kreide und Kohle auf Papier
160 × 120 cm

Auf diesem Bild verwischte der Künstler die Pastellkreide fast nicht. So blieben die einzelnen Striche und Farbnuancen gut sichtbar.

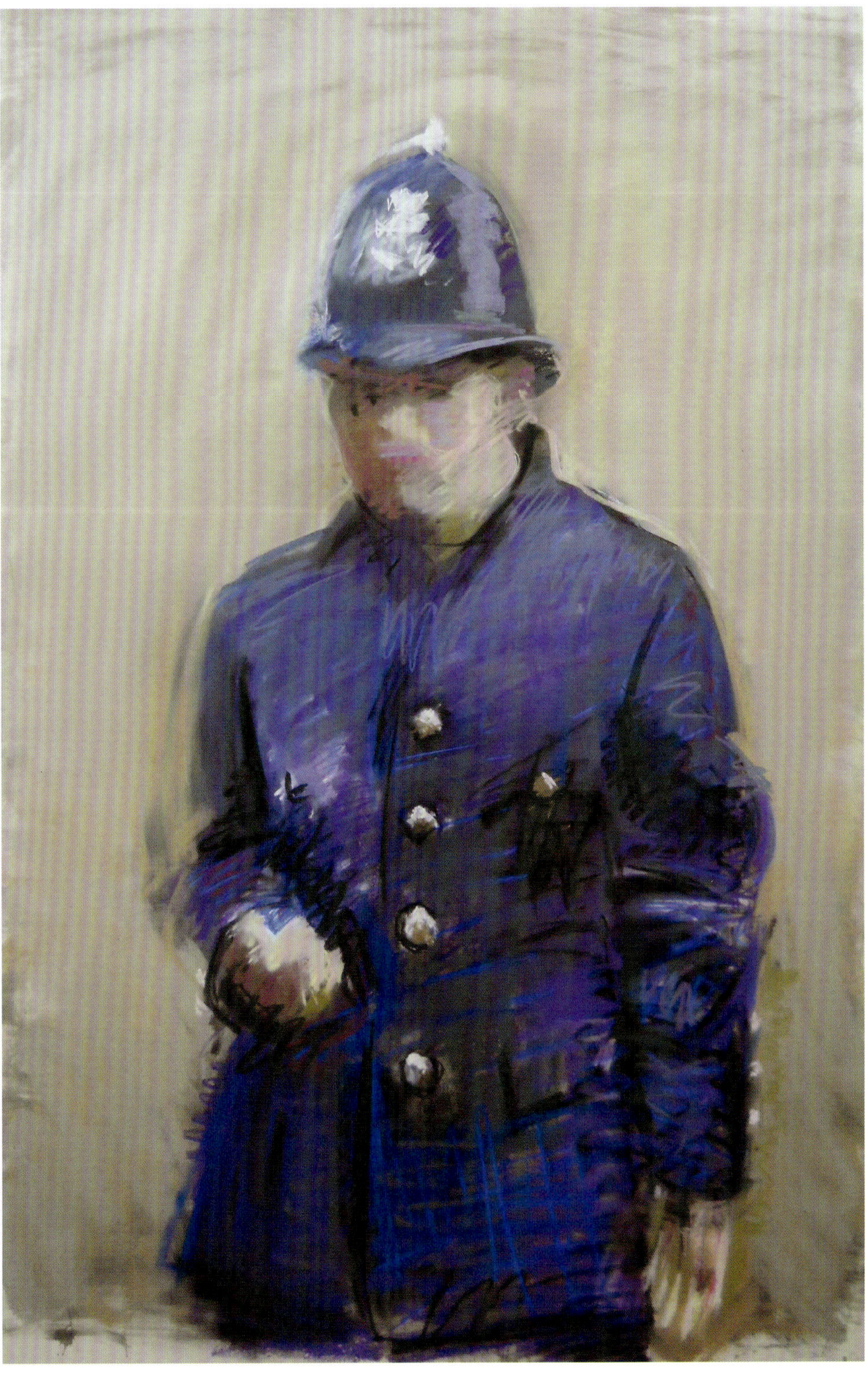

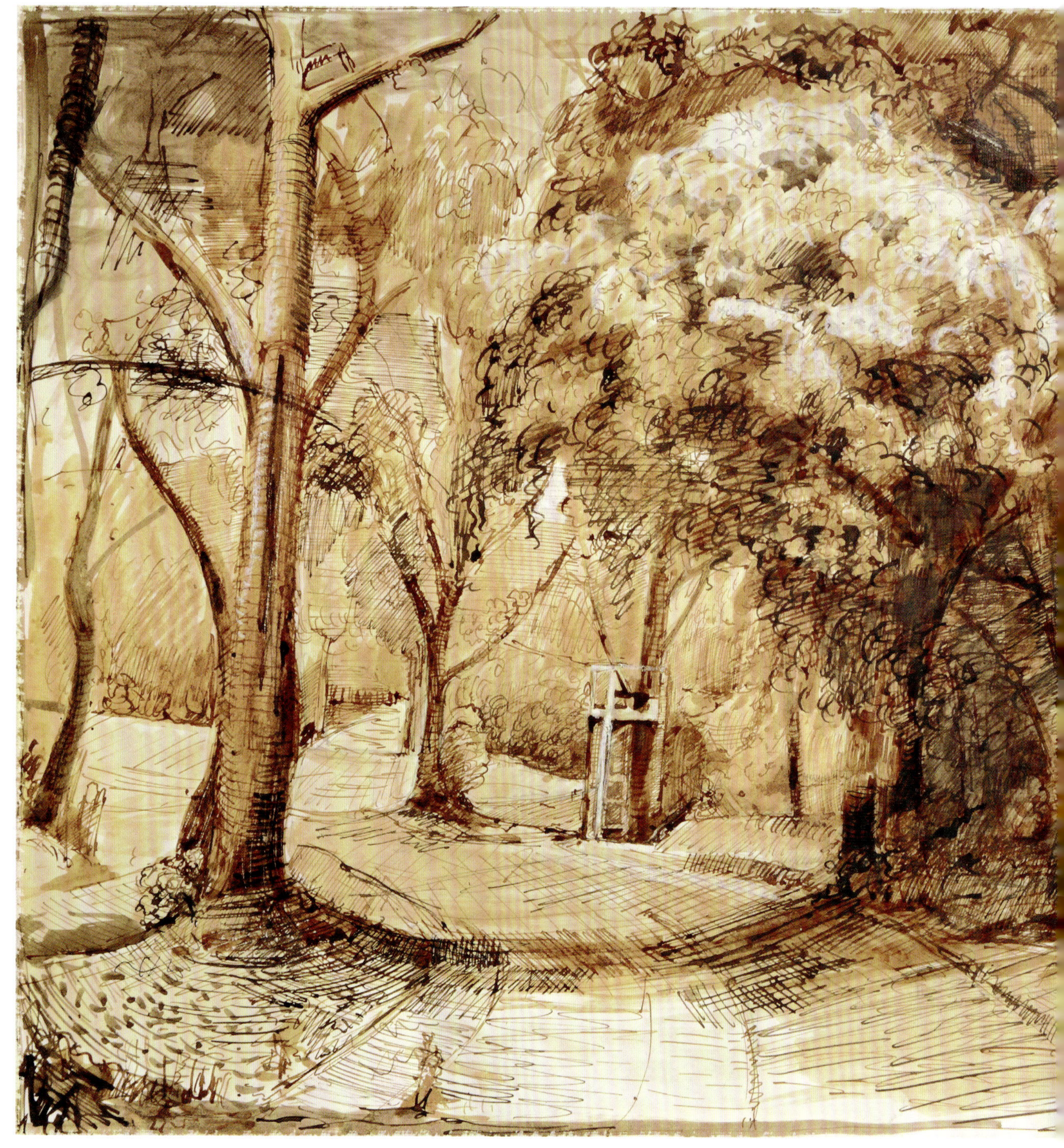

Wald 1989
Bleistift, Sepiatusche und
weiße Kreide auf Papier
55 × 38 cm

Diese Zeichnung ist schichtweise aufgebaut, wobei die Grundkomposition gewahrt wurde. Der Künstler interessierte sich vor allem für den ungewöhnlich geformten Baum rechts von der Bildmitte. Im Zentrum steht der Hochsitz.

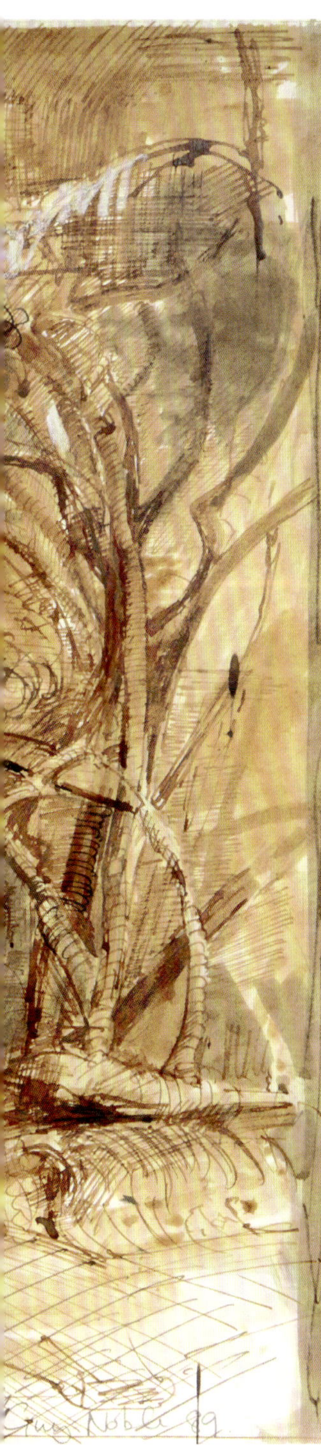

die Epoche, in der er lebte, oder über seine Beziehungen. Es sind kühle, optische Betrachtungen einfacher Objekte in einer klar strukturierten Umgebung. Andere Künstler dagegen wie Pablo Picasso (Seite 170) bewegten sich spielerisch zwischen verschiedenen Stilen und Medien hin und her, sodass es schwerfällt, ein gemeinsames Thema in ihrem Schaffen zu erkennen. Als Picasso begann, die Ideen zu formulieren, die schließlich zum Kubismus führen sollten, sperrte er sich mit einem Modell in sein marodes Atelier ein und produzierte Hunderte von Zeichnungen. Für einige benötigte er nur ein paar Sekunden, andere wiederum waren ausgefeilt. Durch diesen Prozess entstand sein Meisterwerk *Les Demoiselles d'Avignon* (1907), mit dem es ihm beinahe im Alleingang gelang, die Malerei zu revolutionieren.

Die genannten Beispiele zeigen, wie wichtig es ist, sich treu zu bleiben und den eigenen Interessen zu folgen. Bei all dem sollte man sich aber immer von dem Wunsch leiten lassen, Erkenntnisse zu gewinnen und Fertigkeiten zu perfektionieren – schließlich geht es nicht um einen Kompromiss, sondern um Ausgewogenheit. Um eine eigene Bildsprache zu entwickeln, ist es daher hilfreich, sich den Weg anzusehen, den andere Künstler gegangen sind – allerdings ohne diese blind zu kopieren, denn sonst wirkt dieser Weg nicht befreiend, sondern führt unweigerlich in eine Sackgasse.

In der heutigen Zeit werden individuelle künstlerische Visionen geschätzt. Doch es ist auch eine Zeit, in der Kunst als Produkt betrachtet wird. Liest man die Texte vieler Kommentatoren, Kritiker und Autoren, möchte man meinen, in einer Epoche großartiger Künstler zu leben. Oft erzielen Werke zeitgenössischer Künstler Preise von mehreren Millionen Euro, während Werke bedeutender Alter Meister für wesentlich geringere Summen verkauft werden. Zum Glück weiß der kritische Betrachter, dass sich die Qualität eines Werks selten am Marktpreis ablesen lässt.

Da jede Epoche große Künstler hervorbringt, könnte man annehmen, durch das Kopieren angesehener zeitgenössischer Künstler sei einem zumindest ein Platz in der Geschichte sicher. Aber stimmt das auch? Das Urteil über die Kunst der eigenen Epoche

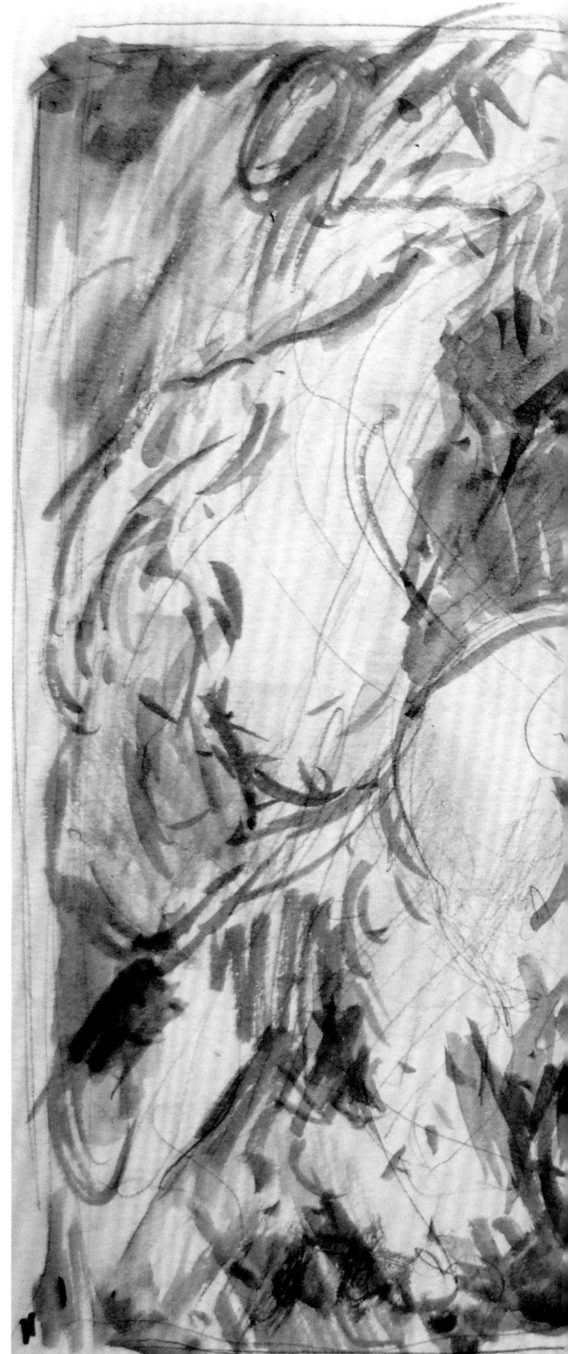

unterliegt zu vielen unberechenbaren Einflüssen. Die Geschichte hat gezeigt, dass es um 1700 nach unserer Vorstellung nur einen einzigen Künstler gab, der nachfolgende Generationen nachhaltig beeinflusst hat – Jean-Antoine Watteau (Seite 86). Und genauso wäre es denkbar, dass unsere Nachfahren unsere Epoche einmal als eine Zeit ohne überragende Künstler wahrnehmen.

Über dieses Buch

In »Meisterklasse Zeichnen« möchte ich den individuellen Künstler und seine Beziehung zum Zeichnen in den Mittelpunkt stellen. Das Buch geht der Frage nach, was eine Zeichnung ausmacht und wie sie ihre Wirkung entfaltet. An die 100 Zeichnungen dienen als Anschauungsmaterial, an deren Beispiel jeweils ein Aspekt der künstlerischen Praxis erläutert wird. Die Zeichnung *Mann, eine Urne tragend* von Edgar Degas (Seite 160) zeigt beispielsweise, wie gekonnt Degas das Gewicht einer Urne andeutet, ohne sie tatsächlich zu zeichnen. Der Betrachter greift auf sein Wissen zurück, um nachzuvollziehen, wie sich dieses Gewicht anfühlen könnte. Damit erreicht Degas Außerordentliches, denn genau dieses Objekt hat er nicht näher ausgeführt. Indem er einige Elemente betont, schafft er eine Zeichnung, anhand derer sich beinahe exakt das Gewicht bestimmen ließe. Darum geht es nicht wirklich in dieser Darstellung – aber der Betrachter kann daraus lernen, wie man die Wirkung des Gewichts mit wenigen Linien andeutet.

Durch die Analyse einer jeden Zeichnung entwickelt der Leser mehr und mehr ein konstruktives Verständnis, das die Richtung der eigenen Arbeit verändern kann. Textkästen mit kreativen Tipps und erläuternden Zeichnungen dienen als Praxisbeispiele und bieten einfache Übungen, um die eigenen Fertigkeiten zu verbessern. Die in diesem Buch vorgestellten Künstler decken eine große Bandbreite ab, gehören jedoch alle zum klassischen Kanon der Zeichnung. So verkörpert die durch intensive Beobachtung entstandene Zeichnung von Degas eine konkrete Herangehensweise, während die zeichnerische Methode von Ken Kiff (Seite 274) mehr mit der Erschaffung einer imaginären Welt zu tun hat.

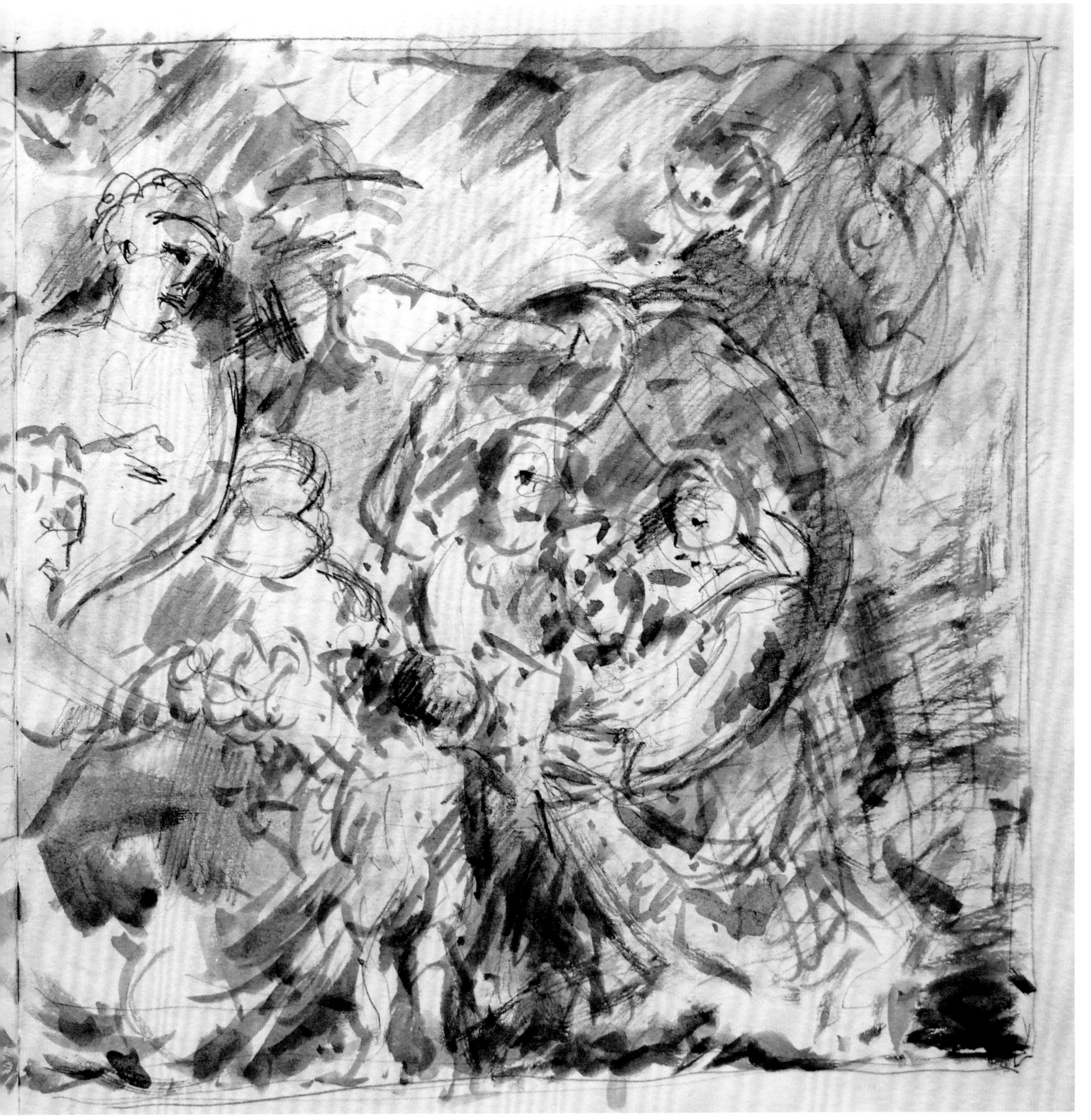

Skizzenbuchzeichnung nach dem Gemälde *Minerva beschützt Pax vor Mars (Friede und Krieg)* von Peter Paul Rubens (1629/1630) 2015
Bleistift, lavierte Tusche und wasserlöslicher Grafitbleistift auf Papier
58 × 80 cm

Der Künstler vollendete diese Skizze in der National Gallery in London, wo das Gemälde von Peter Paul Rubens ausgestellt ist. Gemälde zeichnet man am besten direkt im Museum oder in der Galerie ab und nicht nach einer Fotovorlage (obwohl Vorlagen natürlich sinnvoll sind). Manchmal ist es unangenehm, die neugierigen Besucherblicke zu spüren. Doch man gewöhnt sich daran.

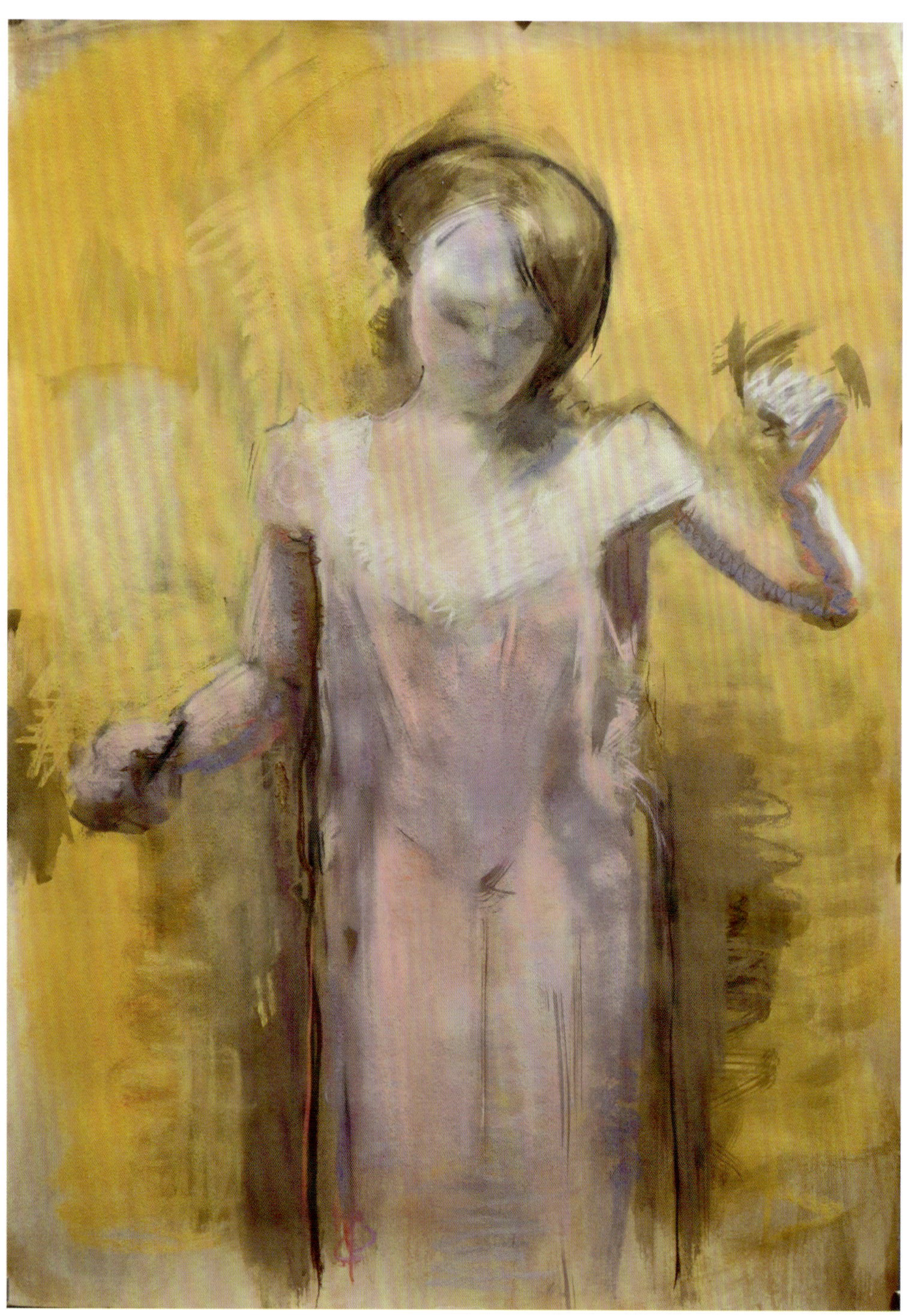

(links) **Ghosts No. 5** 2016
Pastellkreide, Tusche und
Kohle auf Papier
80 × 58 cm

(rechts) **Ghosts No. 7** 2016
Pastellkreide, Tusche und
Kohle auf Papier
80 × 58 cm

Dies ist ein Bild aus einer Serie von insgesamt 14 Zeichnungen, die an aufeinanderfolgenden Tagen entstanden. Obwohl die Zeichnungen mit den sanften Farbabstufungen spontan entstanden, wurde diese Komposition ausgearbeitet. Die Vertikalen und die Winkel der Arme ergeben eine ruhige und dennoch fließende Komposition.

(rechts unten) **Red Hoodie** 2012
Mischtechnik auf Papier
60 × 42 cm

Bei diesem experimentellen Bild verwendete der Künstler Löschpapier und einen Tintenstrahldrucker. Auf dem vorgedruckten Papier zeichnete er die Details mit Aquarellfarbe und Tusche. Die Flecken wurden zum festen Bestandteil der Entwicklung des Bilds. Der schwarze Fleck auf der Innenseite der Kapuze ist zufällig entstanden.

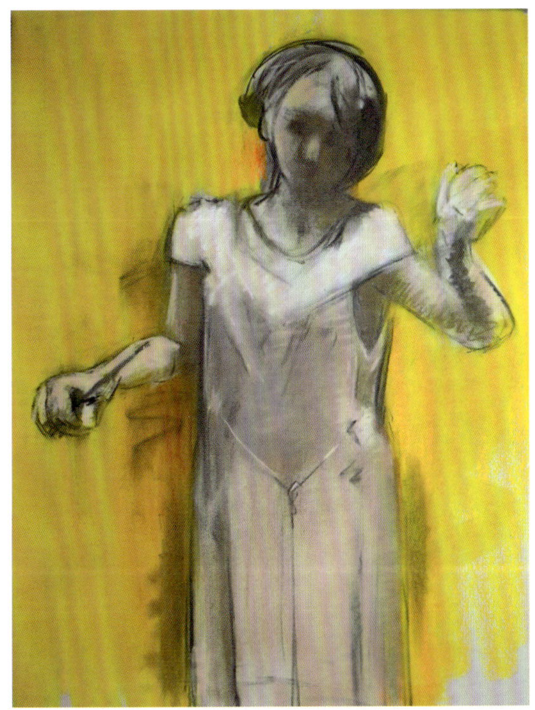

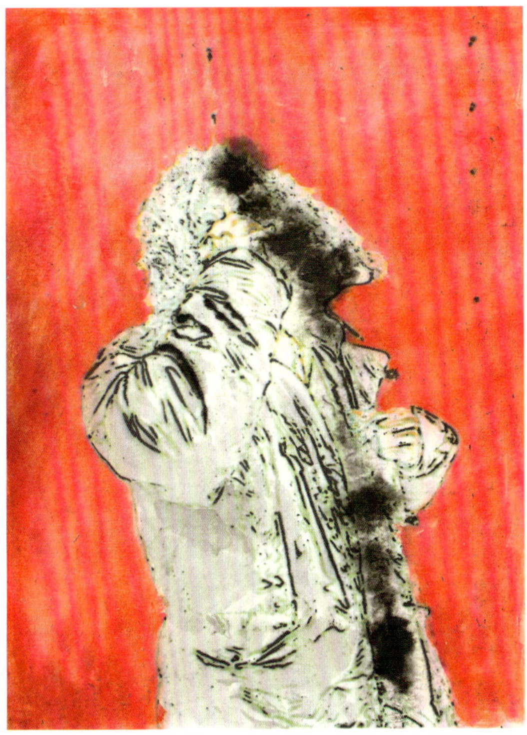

Der historische Kontext, in dem die einzelnen Beispielzeichnungen entstanden sind, unterscheidet sich stark – von Zeiten großer sozialer Unruhen, verheerender Epidemien und schrecklicher Kriege bis hin zu scheinbar unbeschwerten Zeiten. Auch religiöse und politische Ideen, Philosophie und soziale Konventionen formen die Lebensumstände, in denen Künstler tätig werden. Und schließlich kommt es natürlich immer auf die Persönlichkeit des Künstlers oder der Künstlerin an, denn er oder sie formt ja letztlich die Striche auf dem Papier.

Einheit und Geschlossenheit

Ein Thema, das in diesem Buch immer wieder zur Sprache kommt, ist die Bedeutung des großen Ganzen. Je mehr man sich mit den Vorstellungen und Ideen großer Künstler beschäftigt, desto klarer wird, dass für die Künstler die Einheit und Geschlossenheit ihrer Bilder über allem anderen steht. Doch was ist damit gemeint? Einfach ausgedrückt soll jeder Teil des Bildes zum Gesamtbild beitragen, ohne es zu zerstören. In sich geschlossene Bilder scheinen dem Betrachter ein tiefes Gefühl der Befriedigung zu vermitteln, selbst wenn das Motiv verstörend wirkt. Umgekehrt können Bilder mit relativ harmlosen Motiven völlig uninteressant wirken, wenn die Details wie eine Einkaufsliste abgearbeitet wurden.

Von der Auswahl der Bilder über die sorgfältige Analyse eines jeden Werks bis zu kreativen Tipps soll die ganzheitliche Herangehensweise dieses Buchs den Anfänger wie auch den bereits erfahreneren Künstler ansprechen und inspirieren. Die für das Zeichnen nötige Aufmerksamkeit, Disziplin und Sorgfalt kann sich dabei durchaus auch als therapeutisch erweisen. Und hier noch einmal meine Aufforderung: Jeder angehende Künstler sollte die Werke anderer Künstler untersuchen. Kürzlich hatte ich das Glück, Paula Rego (Seite 178) persönlich kennenzulernen. Als ich ihr erklärte, dass ich gerade an einem Buch über das Zeichnen arbeite, fragte sie mich nach meiner Motivation. Ich antwortete spontan: »Weil ich das Zeichnen liebe und mir deshalb wünsche, dass es anderen Menschen ebenso ergeht.«

Kreative Tipps und Techniken

Im Folgenden wird jeder Themeneintrag von kreativen Tipps begleitet. Sie beziehen sich auf spezielle Techniken, die der jeweilige Künstler in seinen Beispielzeichnungen verwendet hat. Obwohl Künstler sehr unterschiedliche Methoden für den von ihnen gewünschten Effekt verwenden, ist es dennoch möglich, sich wiederholende Muster zu erkennen und einige Grundelemente zu untersuchen. Das Verständnis dieser Techniken sollte einer der ersten Schritte auf dem Weg zum Künstler sein. Behandelt werden unter anderen Themen wie Tonwerte, Raum, Körper, Form, Linie und Farbe.

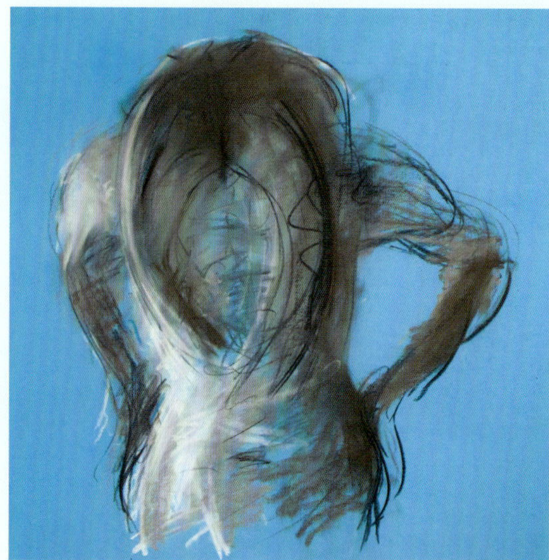

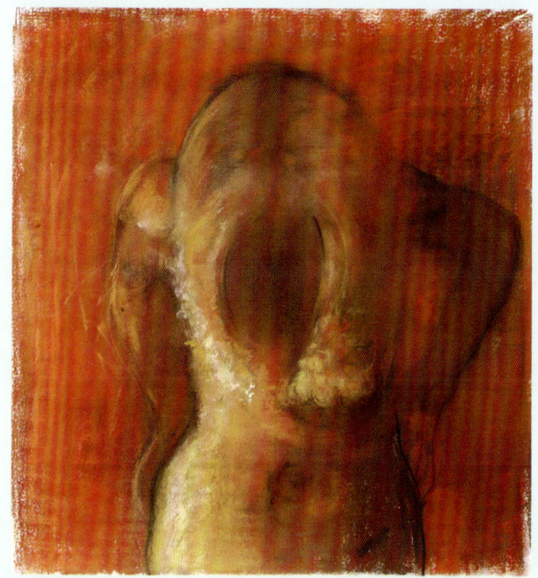

Tonwerte

Licht und Schatten, Chiaroscuro, Tonwerte – all diese Ausdrücke bezeichnen letzlich die Abstufungen zwischen Weiß und Schwarz in einem Bild. Bei den meisten Zeichnungen verwendet man einen Bleistift oder ein anderes Zeichengerät, um auf einer weißen oder hellen Oberfläche einen dunkleren Strich zu erzeugen. Beim einfachen tonalen Zeichnen geht es darum, das Licht auf der Zeichenoberfläche zu reduzieren, indem man dunkle Striche zieht. Die Übergänge zwischen den Tonwerten von Weiß und Schwarz werden Halbtöne, Vierteltöne oder schlicht Übergangstöne genannt.

Dieses System aus Übergangstönen wird von Künstlern seit Hunderten von Jahren eingesetzt und ist nach wie vor die effektivste Methode, um einen plastischen Bildeindruck zu erzeugen und das Spiel von Licht und Schatten darzustellen. Dennoch scheint es, als ob die Alten Meister andere Methoden als die zeitgenössischen Künstler angewendet hätten. Viele der Darstellungskonventionen, denen man früher folgte, sind heute nicht mehr bindend. Dennoch gilt das System der Tonwerte noch immer. Tonwertabweichungen können auch verwendet werden, um einen Strich vom anderen zu unterscheiden und nicht nur um Licht und Schatten darzustellen (»Linie«, Seite 33).

Wenn man Tonwerte direkt der Realität entnimmt, darf man nicht vergessen, dass das Auge die bemerkenswerte Fähigkeit besitzt, auch im Schatten zu sehen. Dabei verstärkt es die Unterschiede, um die im Schatten verborgenen Informationen zu begreifen. Betrachtet ein Künstler also ein Objekt mit Schattenelementen, besteht die Versuchung, die Unterschiede im verschatteten Bereich durch Tonwerte überzubetonen. Das betrifft zwar ebenso die sehr hellen Flächen, fällt aber bei den Schatten stärker auf. Um dieser Versuchung nicht zu erliegen, muss ein Künstler stets abgleichen, indem er seine Aufmerksamkeit von großen Bereichen zu kleinen Schatteninseln verlagert.

Arbeitet man nach der Natur, muss man das Motiv ebenso betrachten wie die Zeichnung. Der Künstler begutachtet die Tonwertbeziehungen zuerst in der Realität und wendet sich dann der Zeichnung zu, um zu sehen, ob die geschaffene Tonalität mit den eben betrachteten Tonwerten übereinstimmt.

(links oben) **Woman Looking Down** 2016
Kohle und weiße Kreide auf blauem Papier
76 × 78 cm

Hier verwendete der Künstler getöntes Papier. Lichter und Schatten betonte er entweder mit weißer Kreide oder schwarzer Kohle.

(links unten) **Model Looking Down** 2006
Bleistift, Kohle und Pastellkreide auf cremefarbenem Velin
76 × 78 cm

Die Vorlage war ein detalliertes Foto. Der Künstler konzentrierte sich darauf, unterschiedliche Texturen darzustellen. Obwohl die Farbauswahl nur Rot-, Gold- und Gelbtöne umfasst, wurden die Tonwerte überwiegend getrennt gesetzt. Linien in unterschiedlichen Tönen überlappen sich. Sie erzeugen eine transparente Wirkung mit unterschiedlichen Dichtegraden von fest über rauchig bis hin zu durchsichtig.

(rechts) **Nude Seen from Behind** 2016
Kohle und weiße Kreide auf grauem Tonpapier
80 × 53 cm

Die energiegeladene Aktzeichnung hat eine einfache Struktur. Die Bewegung verläuft von der linken Fußsohle des Modells das Bein hinauf bis zum Gesäß und von dort durch die Schultern und den Kopf nach rechts oben. Die Bewegungslinie wird nie illusionistisch dargestellt, vermittelt aber dennoch viel Tiefe. Licht, Schatten und Konturen sind miteinander verwoben und lassen dramatische Formen entstehen. Die Zeichnung wurde innerhalb von knapp 60 Minuten vollendet.

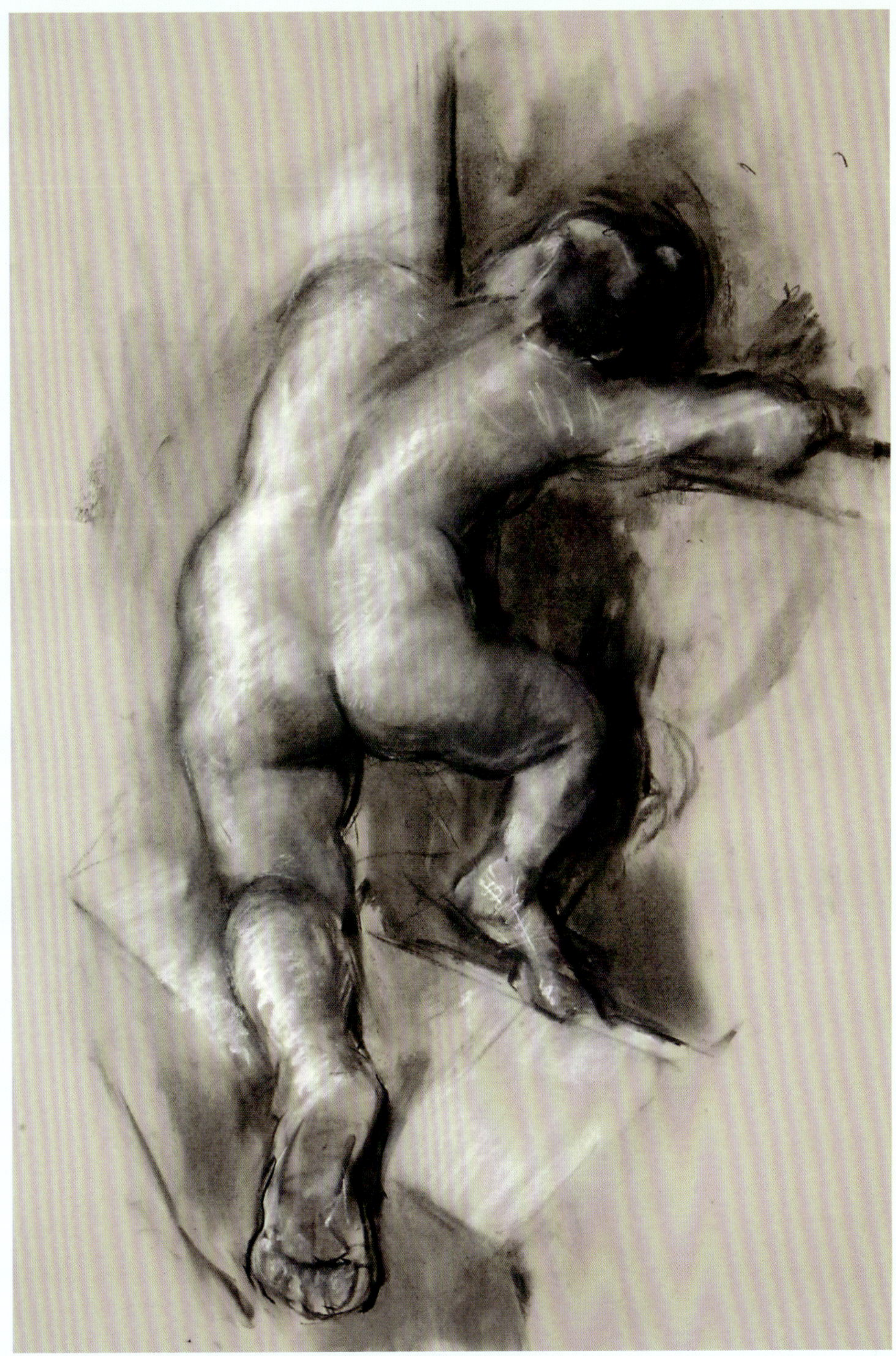

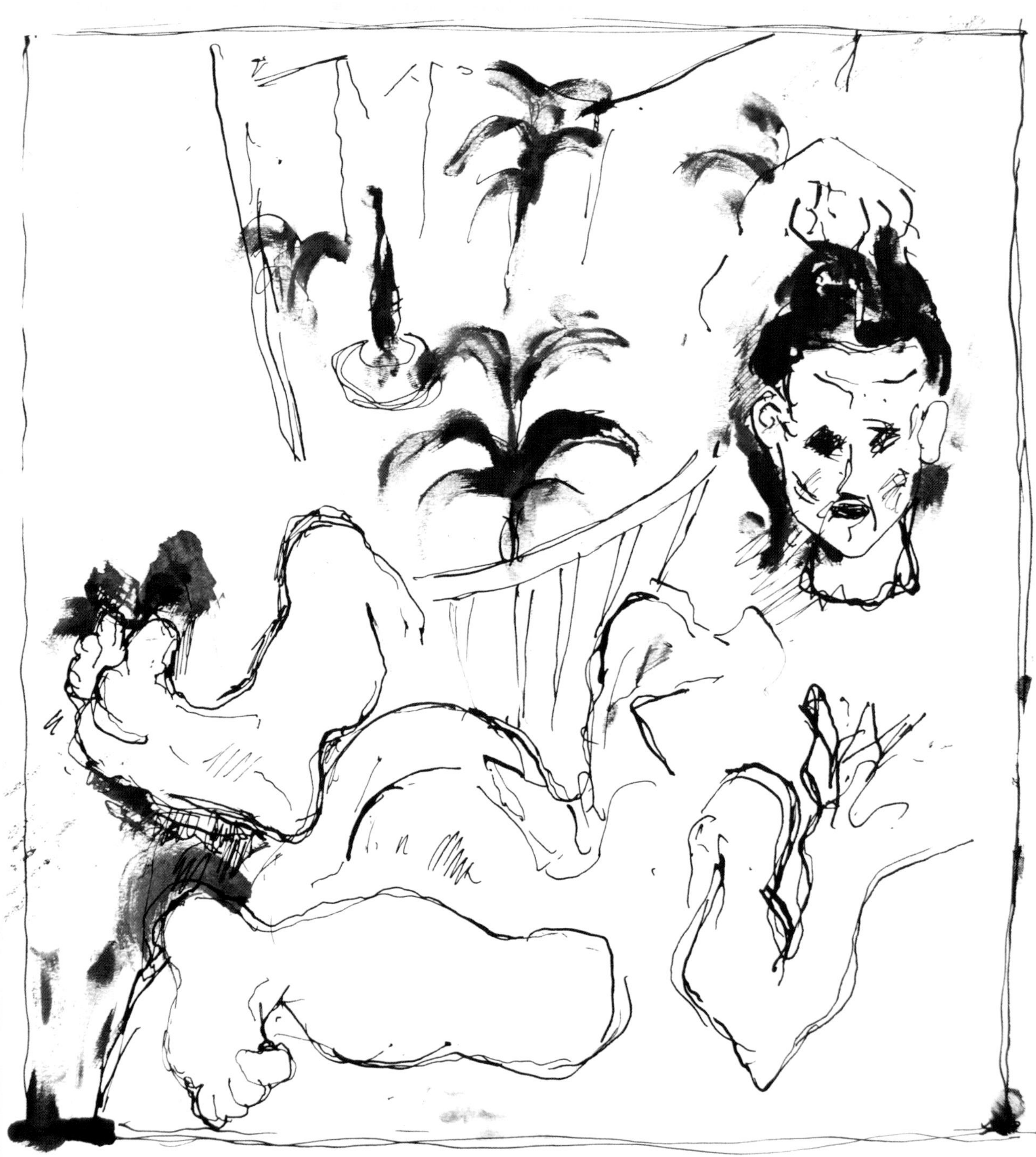

Barcelona Drawing No. 12 1992
Feder und Tusche auf Papier
58 × 58 cm

Hier entstand ein imaginärer Raum, in dem jeder Bereich eigenartig zu schweben scheint. Der Künstler zerschnitt dazu eine logisch konstruierte Zeichnung und ordnete die Stücke auf einem leeren Blatt Papier neu an. Danach zeichnete er dieses Arrangements.

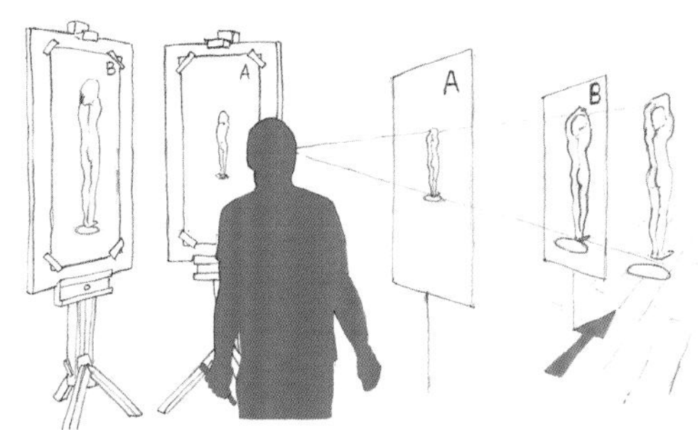

Bildebene
Diese imaginäre Ebene liegt zwischen dem Motiv und dem Künstler und repräsentiert die Oberfläche der Zeichnung. Steht der Künstler still und das Objekt befindet sich in einer bestimmten Entfernung, so wird das Objekt im »Fenster« der Bildebene immer größer erscheinen, je näher die Bildebene an das Objekt herangerückt wird.

Raum

Beim Zeichnen existieren drei Arten von Räumen. Der reale Raum ist der Raum, den wir um uns herum wahrnehmen und den wir in realistischen Zeichnungen perspektivisch abbilden. Den zweidimensionalen Raum sieht man auf einer Zeichnung. Und schließlich gibt es noch den imaginären Raum, der in unserer Vorstellung entsteht. Diesen Raum wollen wir manchmal in einer Zeichnung auf Papier bannen.

Doch zuerst soll ein Begriff erläutert werden, von dem im Zusammenhang mit Malen und Zeichnen oft die Rede ist: Die Bildebene. Wie im Diagramm links dargestellt, ist sie eine imaginäre, flache Ebene zwischen dem Künstler und dem Motiv, das er abbildet. Sie repräsentiert sozusagen eine durchsichtige Version der Papieroberfläche. Wenn man stillsteht und das Motiv betrachtet, erscheint es klein im Verhältnis zur Bildebene, solange sich diese nahe beim Betrachter befindet. Wird die Bildebene näher an das Motiv gerückt, erscheint das Motiv größer.

Die meisten Künstler sahen bis zur Mitte des 19. Jahrhunderts ein Bild als Fenster zur Realität (oder zu einer parallelen Wirklichkeit) an. Gelegentlich variierten sie diese Idee auf spielerische Weise, wie bei den spektakulären illusionistischen Effekten der Trompe-l'œil-Malerei. Betrachtet man jedoch manche Zeichnungen großer Meister, kann man darin noch eine andere Art von Raumwahrnehmung erkennen. Denn diese Künstler scheinen zu verstehen, dass ein Gemälde Tiefe besitzt, zugleich aber flach ist. Genau diese außerordentliche Dualität macht Bilder oft so eindrucksvoll und bewegend.

Um die Mitte des 19. Jahrhunderts verlagerten sich die künstlerischen Schwerpunkte. Die Entwicklung der Fotografie trug maßgeblich dazu bei, Gemälde und Zeichnungen von ihrer Rolle als die Wirklichkeit beschreibende Kunstform zu befreien. Aber noch heute, 200 Jahre nach der Erfindung der Fotografie, fasziniert Künstler das Wechselspiel zwischen Fläche und Tiefe. Und nach wie vor wollen sie die Realität repräsentieren.

Form

Von den Fachbegriffen der visuellen Sprache der Kunst ist die Form wahrscheinlich der am leichtesten verständliche Ausdruck, denn er korrespondiert am direktesten mit der zweidimensionalen Oberfläche des Papiers. Obwohl die Form einfach als Silhouette eines Körpers zu begreifen ist, steht sie immer auch in Beziehung zu den anderen Formen, die ein Objekt in einer Komposition umgeben. Verwirrenderweise werden diese umgebenden Formen oft als negativer Raum bezeichnet, da sie nicht das Zentrum der Aufmerksamkeit bilden. Für den Künstler ist der Begriff »negativer Raum« aber nicht hilfreich, denn er oder sie versucht ja, ein geschlossenes Bild zu schaffen, in dem alle Bildelemente miteinander in Verbindung treten. Konzentriert man sich dagegen nur auf ein Element, nämlich das Objekt, wirkt es im Bild oft wie losgelöst vom großen Ganzen.

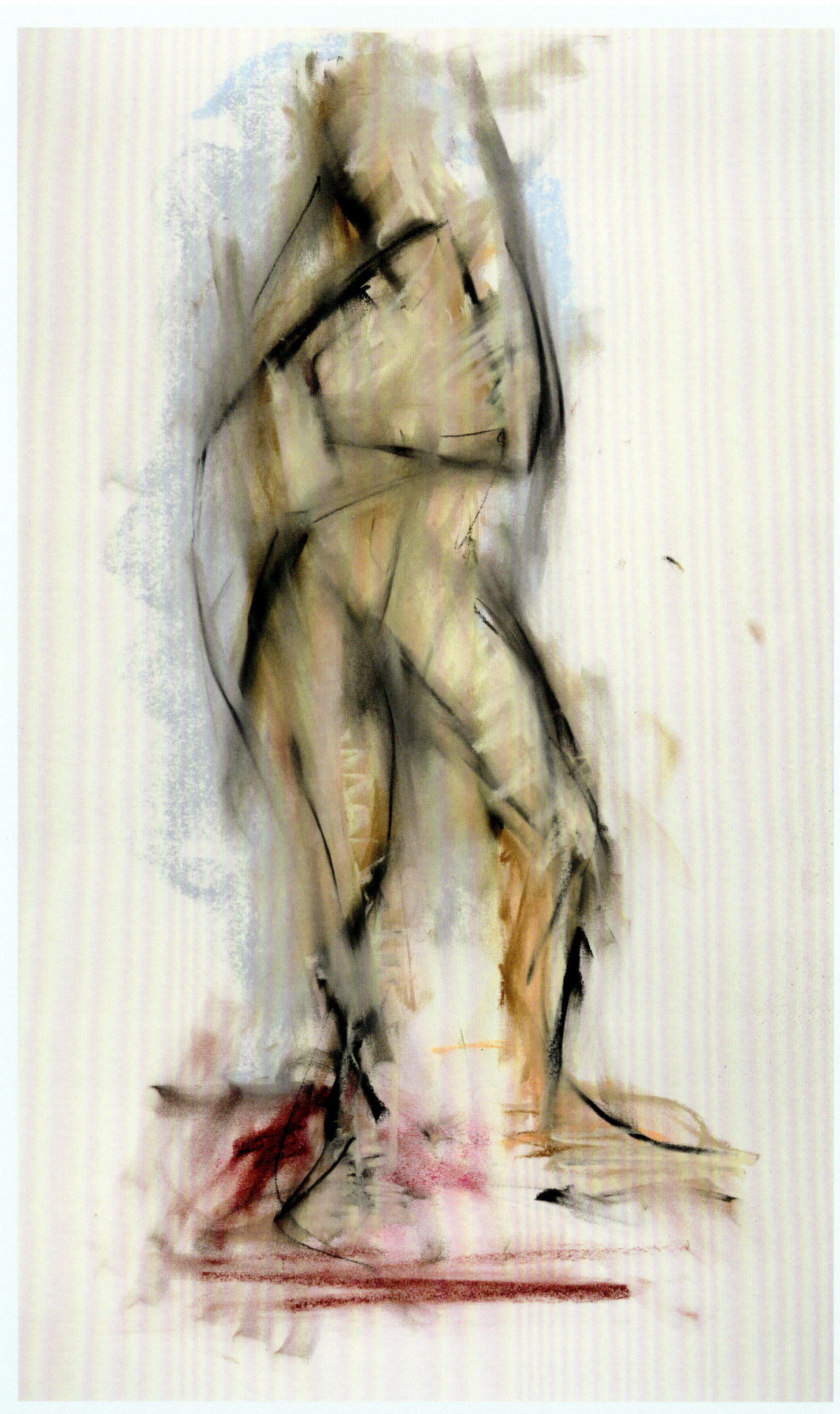

(links) **Standing Figure** 2015
Pastellkreide auf grauem Papier
45 × 25 cm

Der Künstler hat den Körper auf geometrische Formen reduziert. Diese Formen sind mit den Konturen verbunden.

(rechts) **Skizzenbuchzeichnung nach dem Gemälde *Minerva beschützt Pax vor Mars (Friede und Krieg)* von Peter Paul Rubens (1629/1630)** 2014
Bleistift, lavierte Tusche und weiße Acrylfarbe auf Papier
21 × 30 cm

Die Werke von Rubens eignen sich als Zeichenvorlage hervorragend, da sie meistens eine klare Kompositionsstruktur haben. Diese Struktur erlaubte es Rubens, sein Bild mit opulenten Details zu füllen.

Körper

In diesem Buch ist mit »Körper« stets eine dreidimensionale Form oder ein Volumen gemeint. Ein dreidimensionaler Körper kann unterschiedliche Qualitäten haben: Er kann durchscheinend wie eine Luftblase sein oder undurchsichtig wie ein Stück Beton. Er kann in viele Teile zergliedert oder ganz sein.

Der Körper steht in enger Verbindung zur Form. Je klarer die Form definiert ist, desto wahrscheinlicher ist es, dass der Körper flach und zweidimensional wirkt. Deutlich wird dies bei der Zeichnung *Standing Figure* (linke Seite). Hier kann man erkennen, dass die übertriebenen Konturen (sich überschneidende Linien) deutlicher einen dreidimensionalen Körper hervortreten lassen, als es eine durchgehende Umrisslinie könnte. Die Kontur steht in enger Beziehung zum Körper. Dieses Thema wird noch genauer im folgenden Abschnitt zur »Linie« behandelt. Dabei geht es um die Art und Weise, wie Körper und Konturen einen Rhythmus erschaffen und dadurch eine Zeichnung lebendig wirken lassen wie in der Studie von Tintoretto auf Seite 260.

Linie

Eine Linie kann ein Punkt sein oder ein langer durchgehender Strich. Sie kann den Rand eines Objekts oder seine Kontur darstellen. Eine durchgehende Linie lässt einen Körper flach erscheinen, während eine Konturlinie (eine Linie oder eine Reihe von Linien, die sich überschneiden) dreidimensional wirkt.

Eine Linie lässt sich für unterschiedlichste Zwecke einsetzen. Wie schon in der Einführung erwähnt, definierte Paul Klee Zeichnen als die Kunst »Striche spazieren zu führen«. Die Linie wird nicht nur als Umriss der Silhouette verwendet, sondern auch als Kontur. In der Art und Weise, wie sich das Bild präsentiert, kommt ihr noch eine weitere Aufgabe zu: Die Linie kann die Aussage des Künstlers versinnbildlichen. Diese Aussage muss in keinem Zusammenhang mit der Repräsentation eines Objekts in der Realität stehen. Sie kann auch nur die Bewegung des Künstlers andeuten, der eine enorme Kraft innewohnt, wie im Beispiel von Frank Auerbach auf Seite 202.

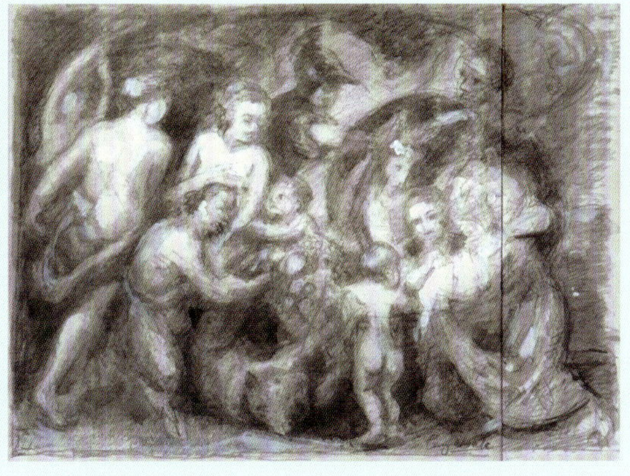

Struktur

Die Struktur einer Zeichnung bildet das Grundgerüst, das bestimmte Elemente mit dem Bild als Ganzem verbindet und das Auge des Betrachters durch die Komposition leitet. Generell gilt: Die Struktur sollte immer möglichst einfach und gut durchdacht sein, egal wie komplex der Inhalt der Zeichnung oder des Gemäldes auch sein mag. In dem großartigem Gemälde *Minerva beschützt Pax vor Mars (Friede und Krieg)* von Peter Paul Rubens erfolgt die Bewegung der Figuren, wie in der Zeichnung links zu sehen, in einer geneigten elliptischen Struktur. Die elliptische Form korrespondiert nicht unbedingt mit einem anderen Element der Komposition, sondern ist das Ergebnis des Zusammenspiels der verschiedenen Körper.

Komposition

Die Komposition ordnet die visuellen Elemente eines Bildes zu einem stimmigen Ganzen. Dabei setzen die einfachen geometrischen Formen der Komposition die Hauptbestandteile in Beziehung zum Bildformat. Diese geometrischen Formen müssen nicht auf den ersten Blick zu erkennen sein, doch stützen sie die Verteilung der Bildelemente. So basiert beispielsweise die Komposition der Zeichnung einer Madonna mit Kind in der Abbildung rechts oben auf einfachen geometrischen Formen, die bestimmten Teilen der Zeichnung entsprechen.

Es gibt eine Reihe von Kompositionsregeln, mit denen sich aussagestarke Bilder erschaffen lassen. Doch Regeln sind dazu da, um sie zu brechen (das sollten Sie immer beherzigen!). Überlegen Sie als Erstes, was Sie mit Ihrem Bild ausdrücken möchten. Dann entscheiden Sie, wie und mit welchen formalen Mitteln sich diese Aussage im Bild umsetzen lässt.

Für die Aufteilung einer Bildfläche existieren grundsätzlich drei Regeln: die Drittel-Regel, die Fibonacci-Folge und der Goldene Schnitt (der wiederum mit der Fibonacci-Folge zusammenhängt). Ganz offensichtlich empfinden wir diese Bildaufteilungen als besonders harmonisch. Dies hat auch die Wahrnehmungspsychologie bestätigt. Welche der mathematischen und geometrischen Prinzipien bei einer Komposition zum Einsatz kommen, hängt jedoch individuell vom Künstler oder der Epoche ab, in der er lebt oder gelebt hat.

Immer wieder bemühen sich Künstler, diese Regeln mit neuen Methoden zu umgehen. Bei all den kreativen Möglichkeiten aber muss sich ein Künstler fragen, ob die jeweilige Methode für ihn praktikabel ist. Wenn Sie den Eindruck haben, dass Sie mithilfe mathematischer und geometrischer Vorgaben spannende Kompositionen erschaffen können, ist das Grund genug, sich mit diesen Gestaltungsregeln näher zu beschäftigen.

Vorlagen

Fotografien als Zeichenvorlage

Irgendwann in ihrer Laufbahn verwenden die meisten modernen Künstler fotografische Vorlagen. Die Art der Vorlage hat dabei großen Einfluss auf den Entstehungsprozess eines Bildes und seine Wirkung. Soll es von der Bildwirkung her zum Beispiel um Details gehen, dann ist ein Foto mit starken Kontrasten als Vorlage ungünstig. Beachten Sie daher folgende Regeln, wenn es um die Vorlagenwahl geht: Wenig sinnvoll ist es, ein Foto beim Zeichnen 1:1 zu kopieren. Die Vorlage sollte zudem viele Details in Licht und Schatten zeigen, selbst wenn sie insgesamt wenig eindrucksvoll wirkt. Ein Foto lässt sich zwar gut als Anregung für eine bestimmte Stimmung verwenden, doch allzu leicht erliegt man der Versuchung, eine reine Replik zu erschaffen. In diesem Fall setzt man die Vorlage besser als Gedächtnisstütze ein. Das Ziel ist erreicht, wenn die fertige Zeichnung mit der Vorlage nur entfernt verwandt ist.

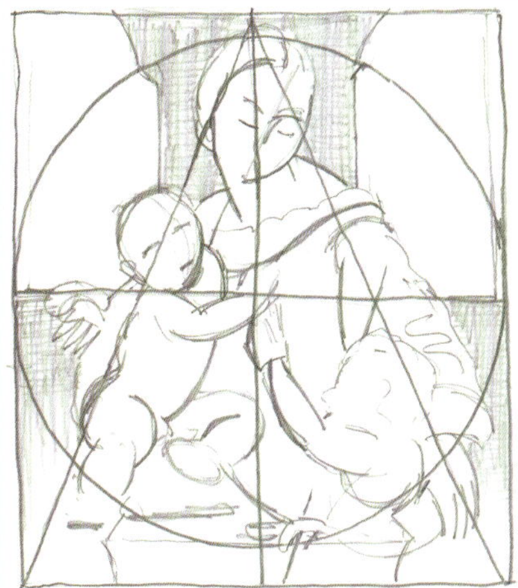

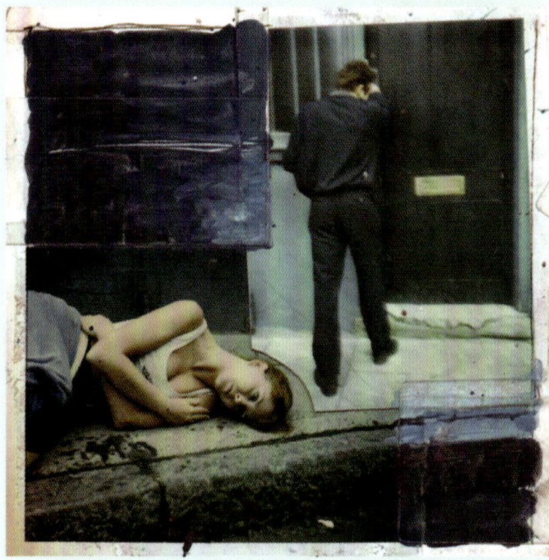

(ganz oben) **Komposition *Madonna mit Kind*** 1993

Die Grundkomposition besteht aus einfachen geometrischen Formen (Kreis, Quadrat, Dreieck). Eine Dreiecksform zieht sich von der Basis hinauf zur Mitte des oberen Bildrands, was den Bildelementen Symmetrie und Stabilität verleiht.

(oben) **Zwei Figuren auf der Straße** 1993
Polaroidfoto mit Farbe
16 × 16 cm

Das collageartige Foto schafft einen unwirklichen Raum. Die männliche Figur an der Tür könnte man als Imagination des liegenden Mädchens interpretieren. Eine realistischere Abbildung brächte diese Stimmung nicht so gut zum Ausdruck.

(rechts) **Mädchen auf der Straße** 1995
Chinesische Tusche auf cremefarbenem Velin
85 × 83 cm

Die Zeichnung ist durch das Polaroidfoto (oben) inspiriert. Die Atmosphäre des Bildmotivs wird durch expressive Pinselstriche wiedergegeben.

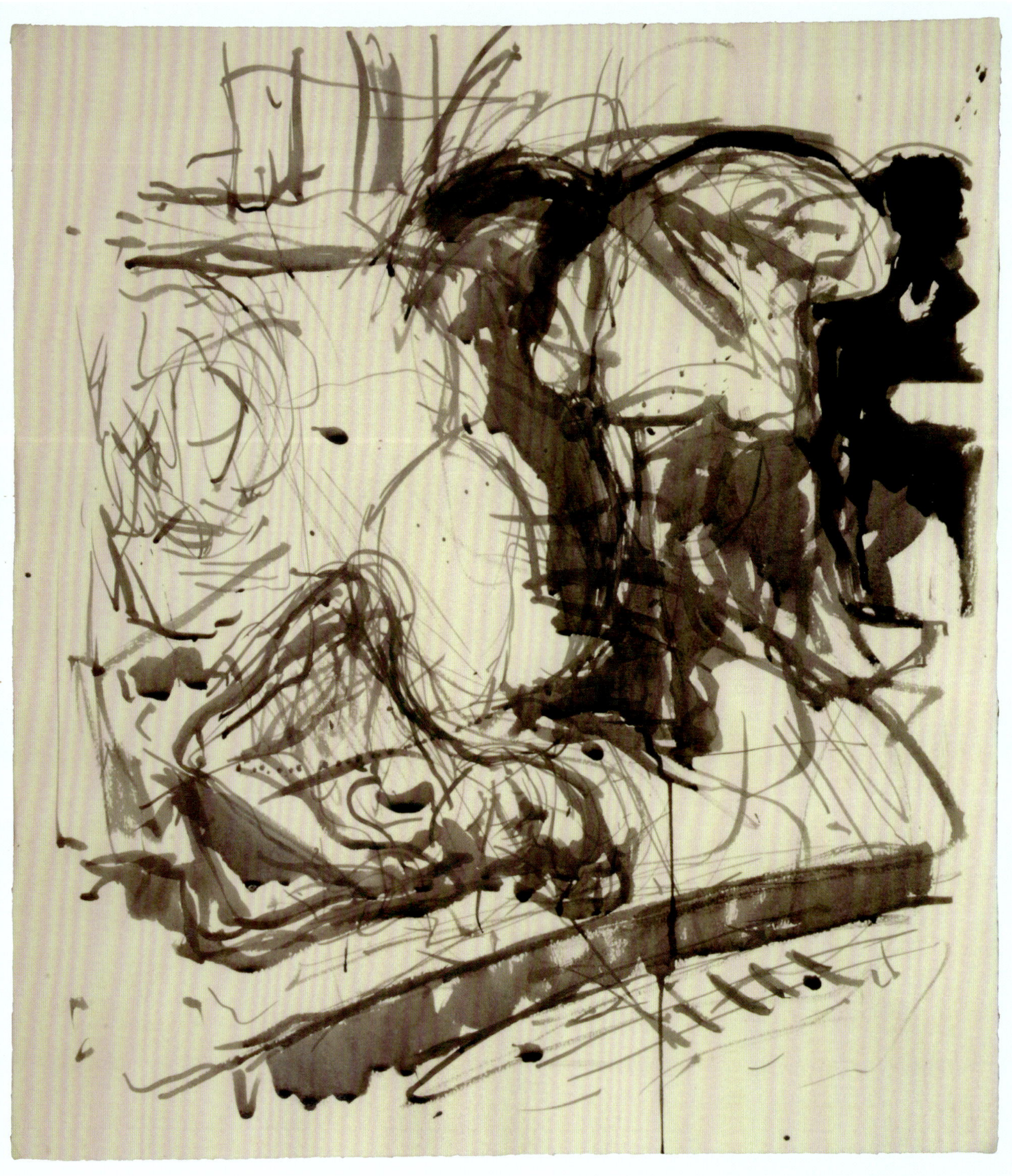

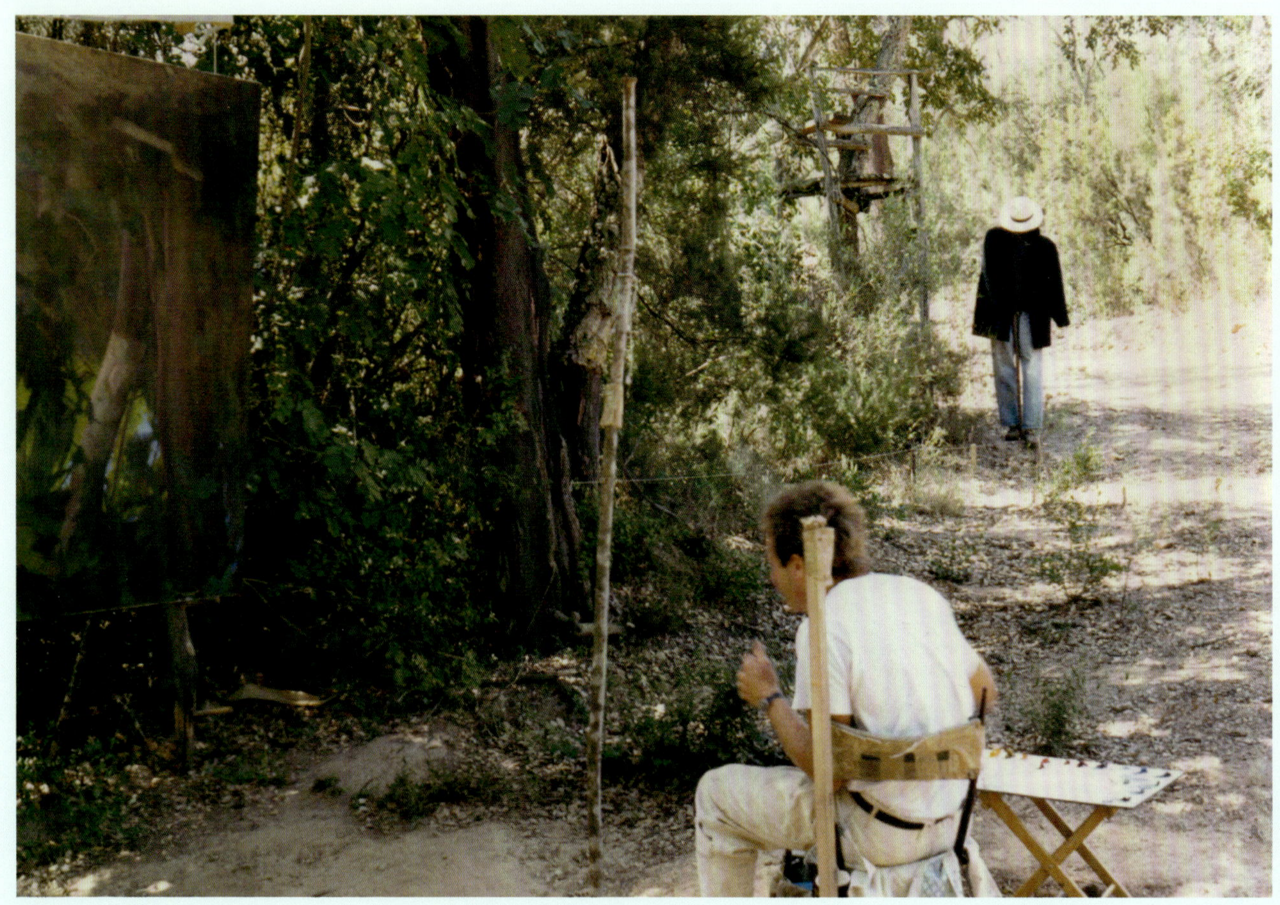

Noch ein Tipp: Oft sind Fotografien von schlechter Qualität (über- oder unterbelichtet, leicht unscharf) die bessere Vorlage. Wählen Sie ein Medium, das ein exaktes Kopieren des Fotos erschwert. Legt man einer Zeichnung oder einem Aquarell ein kleines markantes Foto zugrunde und verwendet überdies große Pinsel, kann das Ergebnis geradezu magisch wirken.

Zeichnen im Freien

Es ist kalt, oft ungemütlich, und man ist Teil der Öffentlichkeit – warum sollte man also draußen zeichnen? Die Antwort lautet: Hier lässt sich die Welt unmittelbar erleben. Unsere Reaktionen und Gefühle sind vielschichtig und vielfältig. Das Zeichnen im Freien ist eine Herangehensweise, mit der sich diese Lebendigkeit in einer Zeichnung am besten einfangen lässt. Im Freien kann man sich auf das Zeichnen von statischen Gebäuden relativ leicht konzentrieren. Doch sind die Menschen auf der Straße ebenso wichtig. Sie beleben eine Szene, verdeutlichen Größenverhältnisse von Gebäuden und können den Blick des Betrachters ins Bild führen. Wenn Sie eine Landschaft oder Stadtansicht anfertigen, dann arbeiten Sie stets am ganzen Bild gleichzeitig. Falls Sie Schwämme oder breite Flachpinsel verwenden, sollten diese abstrakten Striche auf die gesamte Bildfläche verteilt sein. Sie verleihen der Oberfläche eine rhythmische Energie.

Vom Abstrakten ausgehen

Es ist sinnvoll, eine Zeichnung vom Abstrakten zum Konkreten (oder andersherum) hin zu entwickeln. Wenn Sie eine Geschichte erzählen wollen, müssen Sie auch die Elemente zu einem Ganzen zusammenfügen. Konzentrieren Sie sich am besten auf die abstrakten Qualitäten des Motivs. Betrachten Sie die Räume und Formen zwischen den einzelnen Objekten. Oft ändert sich dadurch die Sichtweise. Womöglich glauben Sie, ein Objekt so (links) **Foto von Guy Noble mit Gemälde und Modell** 1989

Nicht jede Malumgebung ist so ideal beschaffen: Der Künstler Guy Noble konnte in einem Wäldchen auf Privatgelände seine Staffelei dauerhaft installieren. Nachts wurde das Gemälde einfach mit einer Plastikplane abgedeckt.

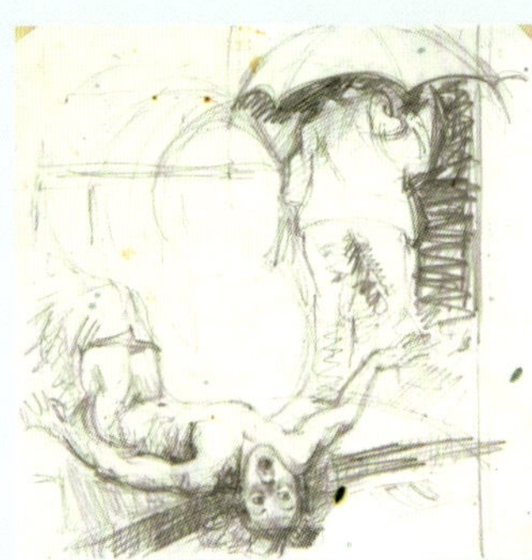
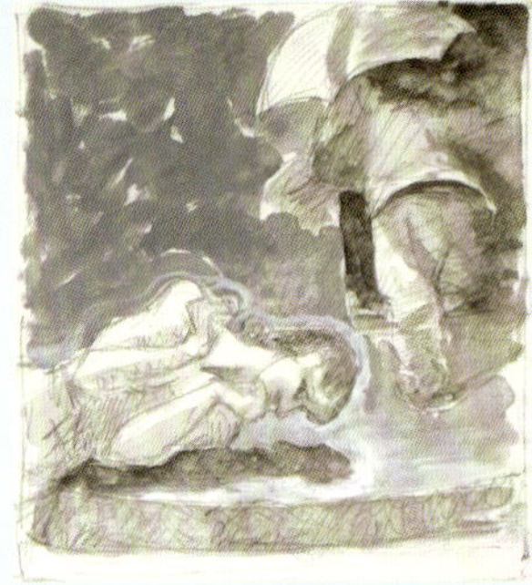
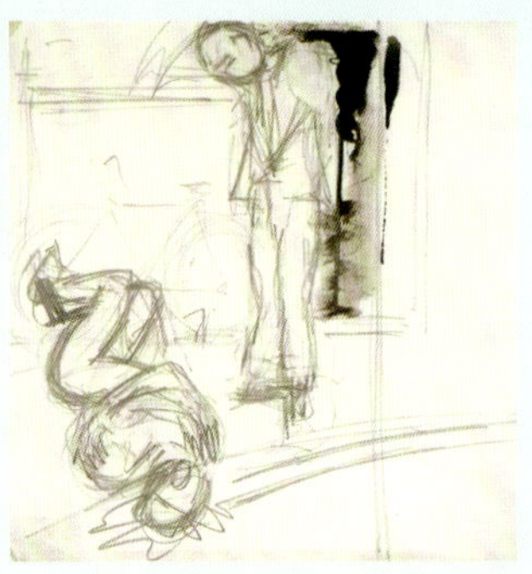
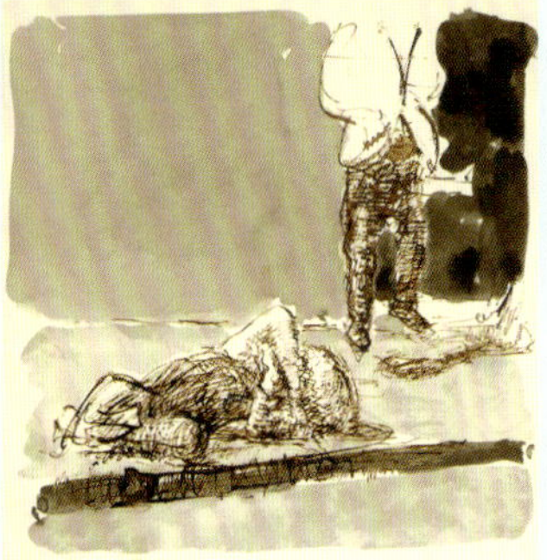
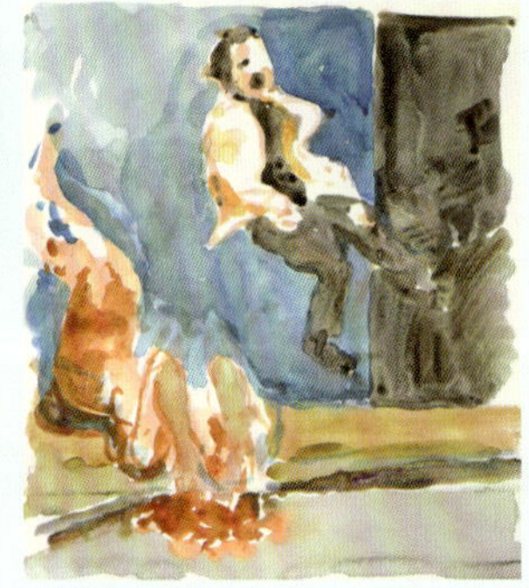
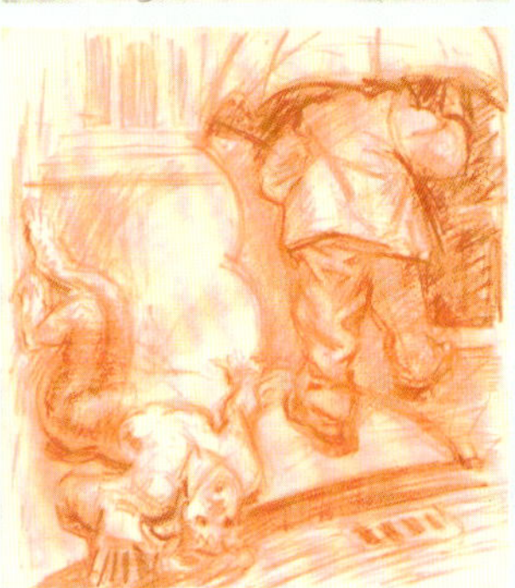

(rechts) **Sechs kleine Skizzen für Figuren auf der Straße** 1994/1996
Bleistift, Tusche, Aquarellfarbe, Conté-Stift auf Papier
ca. 25 × 25 cm

Beim zügigen Arbeiten an einer Serie von kleinen Zeichnungen entstehen immer auch Skizzen, die Ihnen vielleicht auf den ersten Blick uninteressant oder misslungen erscheinen. Bewahren Sie diese Skizzen auf. Möglich, dass Sie später darin etwas entdecken, das sich weiterentwickeln lässt.

noch nie zuvor gesehen zu haben. Als Leonardo da Vinci Felsformationen zeichnete, begann er ebenfalls mit abstrakten Formen. Oft findet man durch diese Übung Ideen für eine Komposition.

Zeichnungen als Vorlage

Eigene Zeichnungen sind oft gute Vorlagen. Auch kleine Skizzen lassen sich effektvoll vergrößern. Eine Übung: Oft findet man Zeichnungen Alter Meister, die von einem Gitternetz überzogen sind. Solche Vorlagen lassen sich einfach vergrößern: Zeichnen Sie die gleiche Anzahl an Quadraten auf ein großes Stück Papier und kopieren Sie jedes Quadrat als Vergrößerung.

Werke anderer Künstler kopieren

Früher verdienten sich viele Künstler ihr Geld damit, berühmte Gemälde zu kopieren. Diese Tradition lebte lange fort, besonders im Frankreich des 19. Jahrhunderts. Die Kopien wurden vom französischen Staat angekauft und an Galerien in der Provinz verschickt. Auch Henri Matisse (Seite 174 und 234) fertigte viele derartige Werke an. Allerdings gelang es ihm nicht, sie an den Staat zu verkaufen. Immer wieder aber betonte er, wie lehrreich das Kopieren für ihn gewesen sei. Wenn Sie eine Kopie anfertigen, dann sollten Sie nicht nur eine exakte Replik herstellen, sondern auch versuchen, das Konzept des Künstlers zu erfassen. Nach dem Kopieren eines Werks ist es durchaus sinnvoll, zur Abwechslung mal ein reales Motiv nach der Natur zu zeichnen.

Ein Skizzenbuch führen

Wer Zeichnen lernen möchte, sollte sich zu Übungszwecken unbedingt ein Skizzenbuch zulegen. Der Künstler Eugène Delacroix (1798–1863) war der Meinung, ein guter Zeichner sollte eine ordentliche Skizze von einem Mann, der aus dem fünften Stock fällt, vollendet haben, wenn der Mann auf dem Boden aufschlägt.

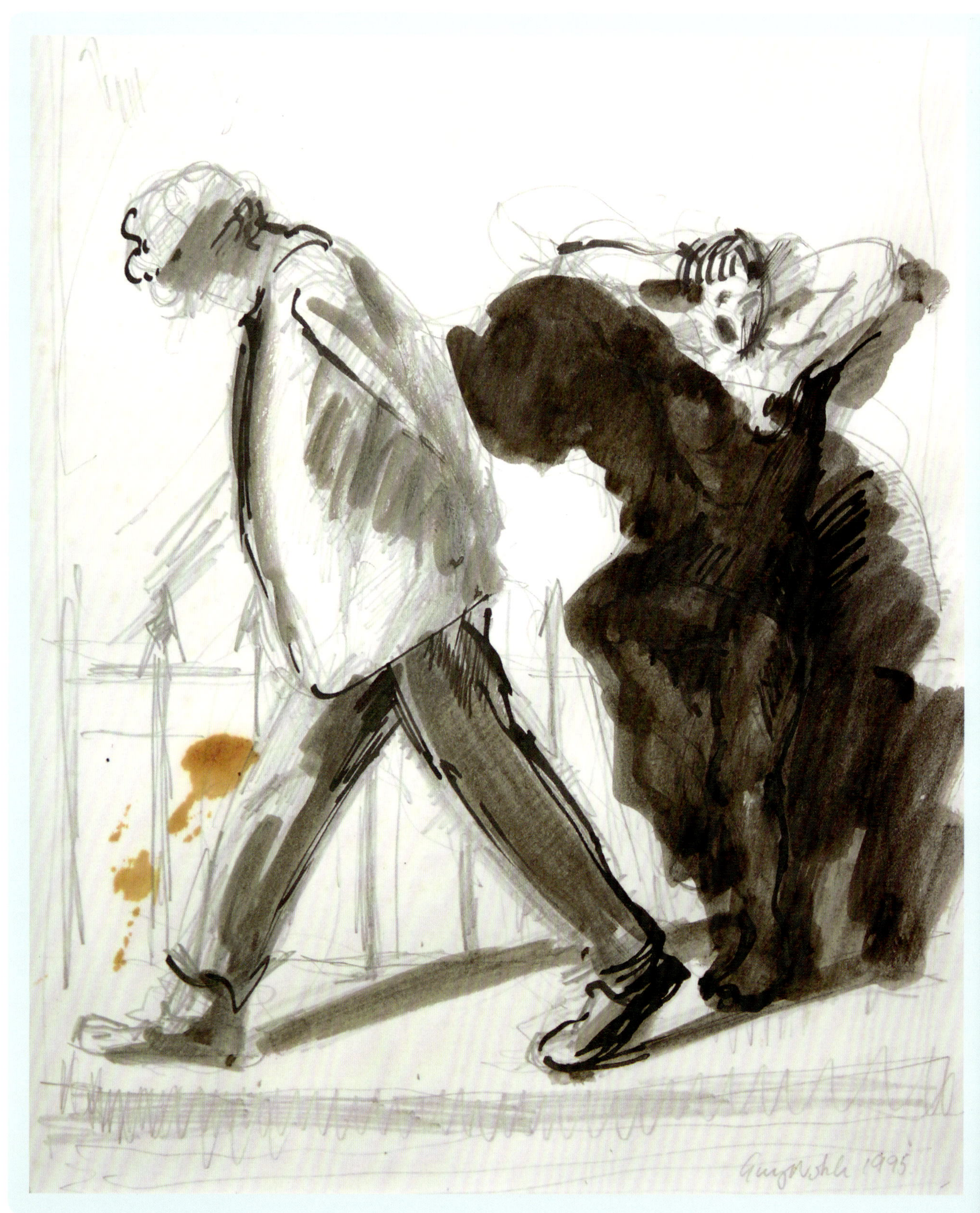

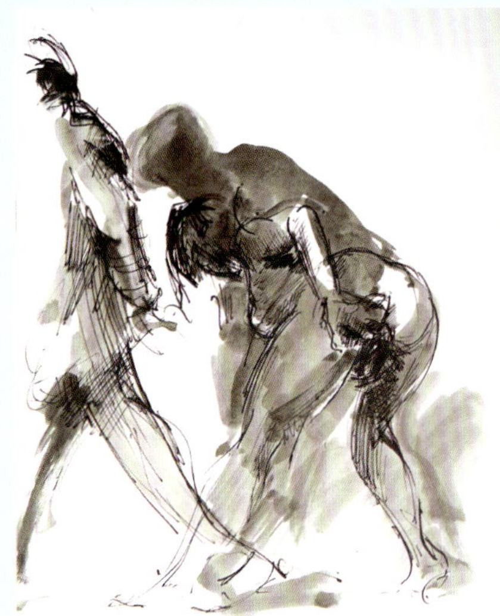

(links) **Man Walking with Woman in Shadow** 1994
Tusche, Bleistift und Kohle auf Papier
32 × 28 cm

Skizze aus einer Serie mit dem Motiv »Straße«. Dominantes Element ist der Schatten, der einem gehenden Mann folgt. Dabei erforscht der Künstler die Möglichkeiten des Konzepts »Schatten«. Ist die Frau im Schatten der Fantasie des Mannes entsprungen, könnte der Betrachter sich fragen.

(oben) **Woman in the Shadow No. 3** 1995
Bleistift, Feder und Tusche, und lavierte Tusche mit Kratztechnik auf Papier
28 × 23 cm

In dieser Skizze der Serie folgt wiederum der Schatten einer nackten Frau dem gehenden Mann. Beide Figuren sind auf gelungene Weise formal miteinander verbunden. Hier zeigt sich, dass selbst ein problematisches, weil pornografisches Motiv in einer überzeugenden Zeichnung dargestellt werden kann.

In Serie arbeiten

Viele Künstler arbeiten in Serie. Obwohl es oft mühevoll ist, eine ganze Reihe von Werken zu vollenden, befreit diese Methode den Künstler von dem Druck, sich zu stark auf ein einzelnes Bild zu konzentrieren. Unterschiedliche Alternativen lassen sich beim Erstellen einer Serie ausprobieren und entwickeln. Allerdings besteht immer auch die Gefahr, dass der Bezug zum ursprünglichen Thema verloren geht.

Motiv

Am Beginn des Zeichenprozesses steht in den meisten Fällen eine der wichtigsten Fragen überhaupt, nämlich die nach dem Motiv oder der Szene, die im Bild erfasst werden soll. Es ist zwar wichtig, dass das Motiv fesselnd wirkt oder man einen persönlichen Bezug zum Motiv hat. Doch erstaunlicherweise vergisst man während des Zeichnens nach und nach, was genau man gerade abzubilden versucht. Oft werde ich gefragt »Wie kannst du eine schöne nackte Frau einfach so zeichnen – bist du da nicht abgelenkt?« Die Antwort klingt vielleicht nach Klischee, aber jeder Künstler wird auf diese Frage hin versichern, dass er sich beim Zeichnen schnell in den Schaffensprozess versenkt und alles um sich herum ausblendet.

Akzeptable und inakzeptable Motive

Bei diesem Thema scheiden sich die Geister. Und so gibt es auf die Frage, welche Motive akzeptabel sind und welche nicht, keine simple Anwort. Die Einschätzung, was dargestellt werden darf und in welcher Weise, hängt in hohem Maße davon ab, ob die Art der Darstellung den gesellschaftlichen Normen entspricht. Das war nicht nur in früheren Zeiten so. Trotz großer individueller Freiheit des Künstlers gibt es auch heute Tabu-Themen und spielt die gesellschaftliche Akzeptanz der dargestellten Motive eine Rolle.

Zeichnen nach der Natur

In beinahe jeder Epoche der Kunstgeschichte haben Künstler das Zeichnen nach der Natur geübt und dabei die dreidimensionale Welt unmittelbar in die zweidimensionale Realität des Zeichenpapiers übertragen. Noch immer arbeiten Künstler direkt vor dem Objekt, der Landschaft oder dem Modell.
Zum Thema »Zeichnen nach der Natur« vertraten zwei Künstler des späten 20. Jahrhunderts – Francis Bacon (1909–1992) und Lucian Freud (Seite 106) – ganz unterschiedliche Ansichten. Bacon empfand das Arbeiten nach der Natur als ablenkend und eher peinlich. Er suchte stattdessen einen Zugang zum Motiv über seine Vorstellungskraft oder eine Anregung in Form einer fotografischen Vorlage. Lucian Freud dagegen lehnte das Zeichnen aus der Vorstellung oder nach Bildvorlagen ab. Für ihn spielte der direkte Sichtkontakt zum Objekt bzw. Modell eine zentrale Rolle im Schaffensprozess.

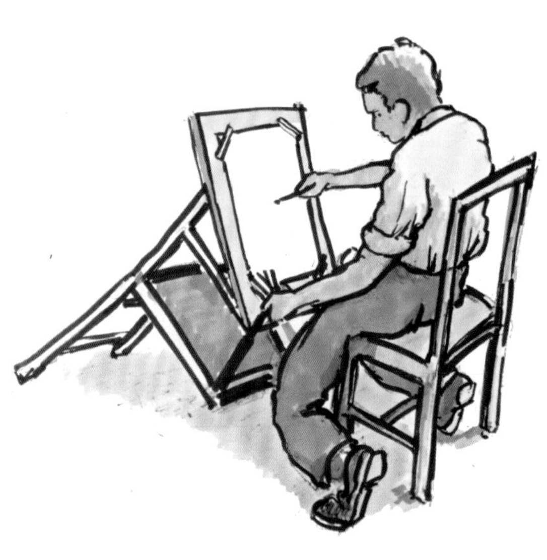

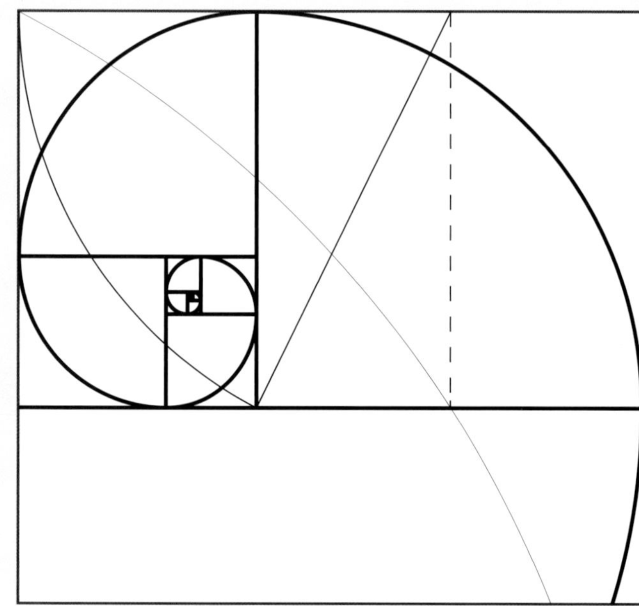

Grundlegende Zeichentechniken

Mit der Zeit entwickelt jeder Künstler durch Ausprobieren und Üben seine eigenen Techniken. Bevor man jedoch mit dem Experimentieren beginnt, sollte man den Umgang mit den Grundtechniken und Materialien erlernen. Viele der im Folgenden vorgestellten Methoden werden in den einzelnen Kapiteln unter der Rubrik »Kreative Tipps« näher erklärt.

Praktischer Aufbau

Am bequemsten ist das Zeichnen in einem Atelier. Im Raum kann man sich so positionieren, dass ungehinderte Sicht auf das Zeichenobjekt oder Modell gegeben ist und ein konzentriertes Betrachten des Motivs möglich wird. Wer keine Staffelei hat, benutzt einen umgedrehten Stuhl und lehnt das Zeichenbrett daran an, wie in der Abbildung oben links zu sehen ist. Rechtshänder sollten dem Zeichenobjekt die linke Schulter zuwenden.

Wer im Freien zeichnet, sollte darauf achten, dass ihm nicht kalt wird. Denn selbst in warmen Gegenden friert man nach längerem Stillsitzen schnell. Ein Zeichenhocker ist für diesen Zweck sehr praktisch: So kann man sich den idealen Platz aussuchen.

Wahl der Komposition

Das Gespür für die passende Komposition eines Bildes beruht auf mehreren Faktoren – auf dem eigenen Empfinden, auf der Kenntnis von Kompositionen anderer Künstler und auf dem Verständnis der Kompositionstheorie. In vielen Fällen verlassen wir uns hauptsächlich auf unser Empfinden: Nur selten lässt sich rational begründen, warum etwas besser aussieht, wenn man es einige Zentimeter nach links oder rechts verschiebt. Dies ist übrigens eine sehr nützliche Methode, um sich für eine Komposition zu entscheiden. Allerdings täuscht man sich dabei auch leicht. Am besten ist es wohl, die Werke anderer Künstler zu studieren, um festzustellen, wie sie ihre Bilder aufgebaut haben.

Die Kompositionstheorie – die Fibonacci-Folge, der Goldene Schnitt, die Drittel-Regel und viele weitere Regeln – ist für manche Künstler hilfreich. Andere fühlen sich davon eher irritiert. Wer sich den Großteil der Arbeitszeit auf eine mathematische Formel konzentriert, verliert unter Umständen andere praktische Aspekte aus dem Blick. Wichtig ist, was auch für die meisten anderen Technikratschläge gilt: Verwenden Sie nur die Regeln, die Ihnen bei der Erreichung Ihres Ziels hilfreich erscheinen.

(ganz links) **Praktische Aufstellung**
Haben Sie keine Staffelei zur Verfügung, dann lehnen Sie Ihr Zeichenbrett, wie in der Abbildung zu sehen, an einen umgedrehten Stuhl oder stellen das Zeichenbrett einfach auf die Sitzfläche eines Stuhls und stützen Sie es an der Lehne ab. Damit das Zeichenbrett nicht von der Sitzfläche rutscht, fixieren Sie den unteren Rand des Bretts mit einem Klebestreifen oder mit Posterklebern.

(links) **Kompositionstheorie**
Die Fibonacci-Folge umfasst eine Reihe von Zahlen, die man erhält, wenn man die beiden vorherigen Ziffern zusammenzählt (1, 1, 2, 3, 5, 8, 13, 21, 34 etc.). Die Zahlenfolge und die Komposition von Kunstwerken stehen in einem Zusammenhang. Stellt man sich jede Zahl als jeweils größer werdendes Quadrat vor und verbindet die gegenüberliegenden Ecken eines jeden Quadrats, so entsteht die Fibonacci-Spirale, die sich zur Schaffung von ästhetisch ansprechenden Bildern einsetzen lässt (Seite 280).

(rechts) **Gerahmte Komposition**
Aus zwei Stücken Karton in L-Form lässt sich schnell ein Rahmen improvisieren, den man vor das Zeichenmotiv halten kann.

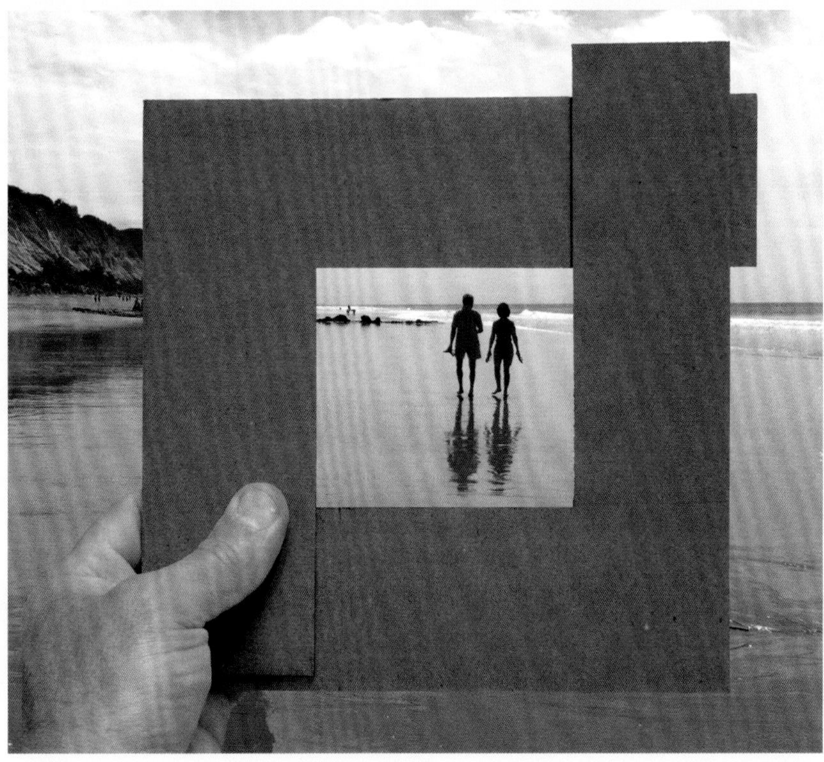

Es kann durchaus sinnvoll sein, zur Übung oder als ersten Schritt Fotos zu machen, sie auf unterschiedliche Art und Weise zu bearbeiten und sich dann die Ergebnisse unter mehreren Gesichtspunkten anzusehen: Beurteilen Sie die Fotos als Erstes rein intuitiv, dann fragen Sie sich, ob sie Ihnen bekannten Bildern oder Zeichnungen ähneln – und schließlich betrachten Sie sie unter dem Gesichtspunkt der gängigen Kompositionsregeln.

Mit zwei L-förmigen Kartonstücken lässt sich schnell entscheiden, wo die wichtigsten Objekte der Komposition später im Gesamtbild erscheinen sollen. Oft ist es von Vorteil, die Zeichnung kleiner als das Gesamtformat des Papiers anzufertigen – so ist es möglich die Zeichnung in jede Richtung zu erweitern.

Fotos als Vorlage

Für den Arbeitsprozess sind sämtliche Arten von Fotografien von Nutzen. Ganz allgemein sollte die Fotovorlage mehr Informationen enthalten, als man für die Vollendung der Zeichnung benötigt. Gut eignen sich Fotos, die viele Details in den Schatten und den hellen Bereichen haben und nicht unter- oder überbelichtet sind. Viele dieser Fotos wirken zwar recht flach, liefern aber reichlich verwertbare Informationen. Das Foto sollte so groß wie möglich sein. Mein Tipp: Am besten drucken Sie sich am Computer zwei DIN-A4-Blätter aus und kleben diese zu einem DIN-A3-Foto zusammen.

Fotos als Gedächtnisstütze

Möglicherweise benötigen Sie zusätzliche Detailinformationen, die Sie in ein größeres Werk einbauen möchten. In diesem Fall ist es sinnvoll, eine Reihe von fotografischen Informationen zu sammeln. Wenn Sie diese Details später einfügen, vergessen Sie nicht, dass das Foto lediglich als Vorlage dient und Sie es nicht kopieren wollen (außer, Sie haben genau das vor).

Fotos als Anregung

Es kann durchaus sehr produktiv sein, eine fotografische Vorlage von schlechter Qualität zu verwenden, vor allem, wenn diese Abbildung Sie an eine besondere Stimmung oder Atmosphäre erinnert, die wenig mit dem tatsächlichen Fotomotiv zu tun hat. Auf diese Weise lassen sich simple Fotografien wirkungsvoll in die Arbeit an einer Zeichnung integrieren.

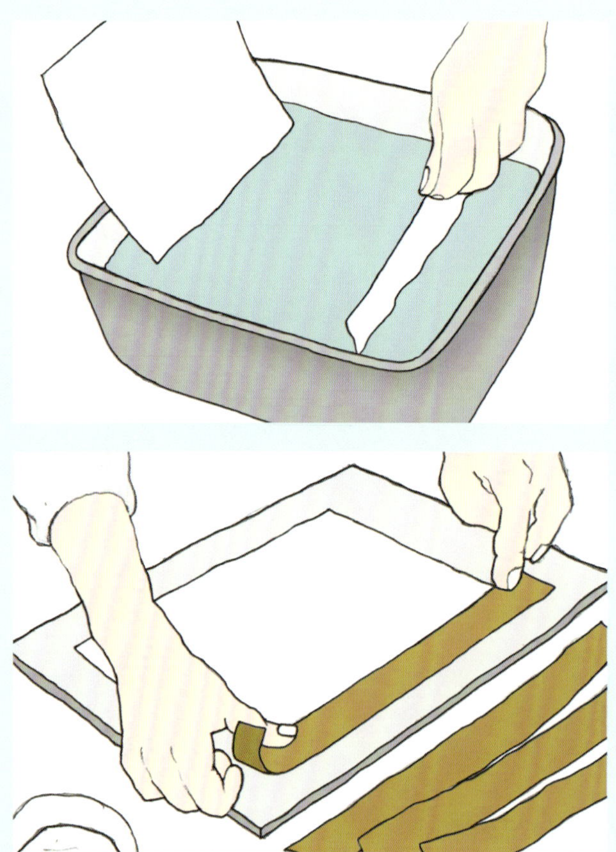

(links oben und unten) **Papier aufspannen**
Das Papier zurechtschneiden und einige Streifen Nassklebeband abschneiden. Papier und Band wie in der Abbildung links oben durch eine Schale mit Wasser ziehen oder mit einem nassen Schwamm betupfen. Das Papier danach auf das Zeichenbrett legen und die Kanten mit dem Klebeband befestigen, wie in der Abbildung unten zu sehen. Das Klebeband hält das Papier an seinem Platz und dehnt es beim Trocknen.

(rechts) **Bleistiftzeichnung**
Die Figuren in dieser Zeichnung wurden plastisch herausgearbeitet, indem die lichten Stellen betont und die dunklen Bereiche durch Schattierungen verstärkt wurden. Bei näherer Betrachtung sieht man, dass für die weichen Schatten und die starken Konturen unterschiedlich harte Bleistifte zum Einsatz kamen.

(ganz rechts) **Kohlehintergrund**
Will man eine Zeichnung mit Fokus auf Licht und Schatten anfertigen, dann tönt man das Papier am besten zuerst mit Zeichenkohle. Dann füllt man die dunklen Bereiche aus und schafft hellere Bereiche mithilfe eines Knetradiergummis. Denken Sie daran, dass Sie den losen Kohlestaub der Schattierungen in die Papieroberfläche einreiben müssen. Das funtkioniert recht gut mit einem weichen Papiertaschentuch.

Die Form erforschen

Eine gute Übung, bevor man mit dem Zeichnen beginnt, ist das Skizzieren einfacher geometrischer Formen, um das Schattieren und Platzieren der Objekte auf dem Papier zu lernen. Die ausgewählten Objekte sollten dabei nicht zu kleinteilig gemustert sein, da dies ihre dreidimensionale Form verschleiert und einen dazu verleitet, statt der Gesamtform das Muster zu zeichnen. Achten Sie außerdem darauf, dass die Objekte nur von einer Lichtquelle als Hauptlicht beleuchtet werden.

Das Papier aufspannen

Verwendet man ein feuchtes Zeichenmittel wie Aquarellfarben oder Tusche, wölbt sich das Papier sehr schnell, was nicht nur unschön aussieht, sondern auch die Ausführung erschwert. Um dies vor allem bei sehr feuchten Aquarellarbeiten zu verhindern, spannt man das Papier am besten zu Beginn der Arbeit auf einem Brett auf, wie in der Abbildung oben zu sehen. Natürlich kann sich das Papier trotzdem beim Arbeiten ein klein wenig wellen. Aber keine Sorge: Es strafft sich beim Trocknen wieder und lässt sich nach der Fertigstellung einfach vom Brett lösen.

Mit dem Bleistift arbeiten

Mit dem Bleistift zu zeichnen, ist unkompliziert, technisch sehr abwechslungsreich und bietet viele Vorteile. Kleine Zeichnungen im Skizzenbuch sind zum Beispiel mit dem Bleistift in Sekundenschnelle angefertigt – und an komplizierteren Passagen und Details kann man problemlos auch über lange Zeit arbeiten. Ein Bleistift ist aber vor allem eines: präzise. Wer also eine großformatige, dynamische Zeichnung ausführen möchte, wählt dafür wahrscheinlich eher keinen Bleistift.

Am besten spitzt man Bleistifte mit einem scharfen Messer. Doch da es eine Weile braucht, bis man diese Technik gut beherrscht, ist auch ein gewöhnlicher Bleistiftspitzer völlig in Ordnung. Bleistiftstriche unterscheiden sich sehr, je nachdem wie stark man den Stift auf das Papier drückt, wie schnell man zeichnet, wie stumpf oder spitz der Stift ist und welchen Härtegrad er hat. Es gibt zwanzig verschiedene Bleistifthärtegrade – vom sehr weichen 9B bis zum sehr harten 9H. Mit einem 9B-Stift, der rasch stumpf wird, lassen sich satte, tintenschwarze Linien ziehen. Ein 9H-Stift dagegen ist extrem hart. Dementsprechend hauchdünn und hellgrau sind die Striche.

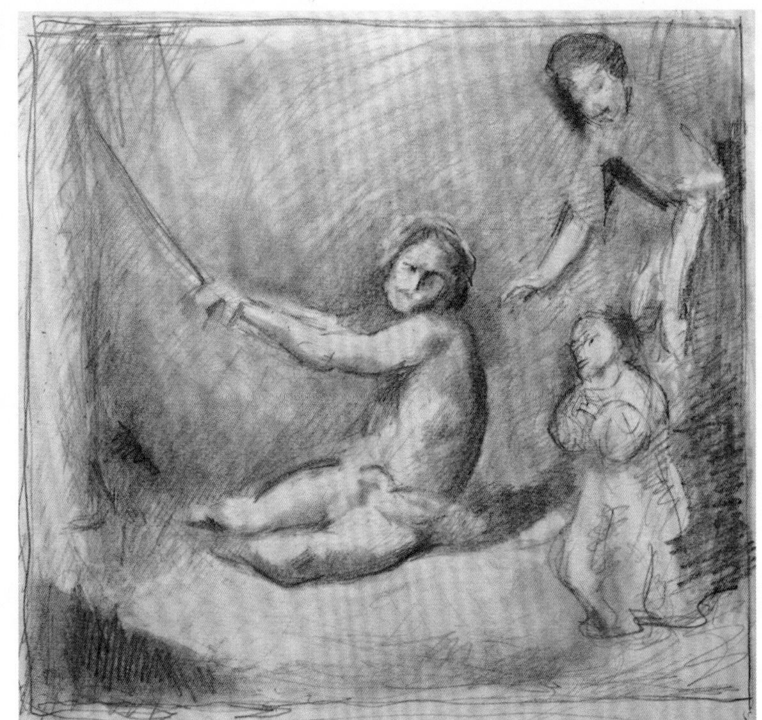

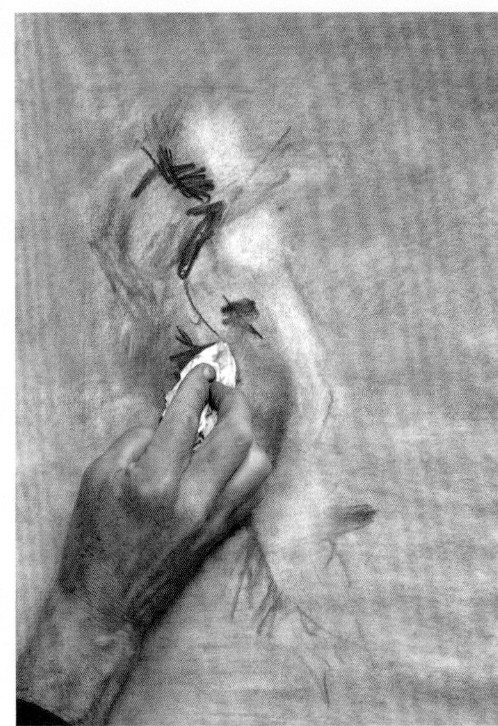

Mit Kohle arbeiten

Während der Bleistift präzise ist, lässt sich über die Kohle das Gegenteil sagen. Georgia O'Keeffe mit ihren wunderbaren Zeichnungen (Seite 100) bildet dabei eine Ausnahme. Ihre Bilder beweisen, dass es durchaus möglich ist, großformatige, aber dennoch feinteilige Kohlezeichnungen anzufertigen. Kleinere Zeichnungen lassen sich mit Kohle rasch und problemlos zeichnen. Will man jedoch Details ausarbeiten, entpuppt sich die Kohle als problematisch, da es technisch schwierig ist, feine Partien damit zu gestalten. Dies lässt sich zum Teil durch die Verwendung von Reißkohle oder durch einen Conté-Stift umgehen (Seite 47).

Kohle bietet sich für die Zeichnung von Licht und Schatten und für starke, energische Linien an, wie Zeichnungen von Lee Krasner (Seite 190) und Hans Hofmann (Seite 194) zeigen. Eine Methode, um die plastische Wirkung zu erhöhen ist es, ein Blatt Papier vorher mit Kohle zu tönen (Seite 234). Wichtig: Damit die Kohle besser am Papier haftet, kann man sie mit einem Papiertaschentuch leicht in die Oberfläche einreiben. Drückt man dabei zu fest auf, lässt sich die Kohle später nicht mehr gut entfernen. Achten Sie auch darauf, das Papier möglichst wenig zu berühren, da das Hautfett an der Hand Flecken auf dem Papier hinterlässt (gleichen Sie diese Bereiche nicht mit Linien aus, sondern konzentrieren Sie sich auf das Gesamtbild). Soll ein Strich dunkel erscheinen, drücken Sie fest mit dem Stift auf die Papieroberfläche und reiben Sie dann mit dem Finger über den Strich, ohne den Rest des Papiers unnötig zu berühren. Denn ist die Kohle erst einmal auf dem Papier, lässt sie sich kaum wieder wegradieren. Zum Entfernen von Kreide, Kohle oder Conté-Stift eignet sich übrigens Klebeband. So vermeidet man den Schmiereffekt, der sich beim Radieren gern einstellt. Am besten verwendet man für Kohle ein glattes, dickes Papier. Wer sich ungern schmutzig macht, wickelt Alufolie um das Ende des Kohlestäbchens.

Mit Kreide oder Conté-Stift arbeiten

Mit einem Conté-Stift (Seite 47) kann man sehr viel präziser arbeiten als mit Zeichenkohle, obwohl sich beide Materialien ähneln. Ein wichtiger Unterschied aber liegt darin, dass die Conté-Kreide mit Wachs gemischtes Pigment enthält, was dazu führt, dass man sie nur sehr schwer ausradieren kann, wenn sie schon einmal auf die Papieroberfläche aufgetragen wurde.

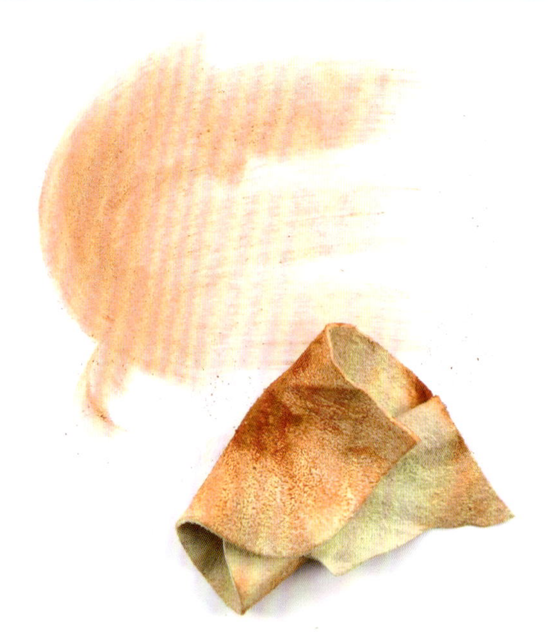

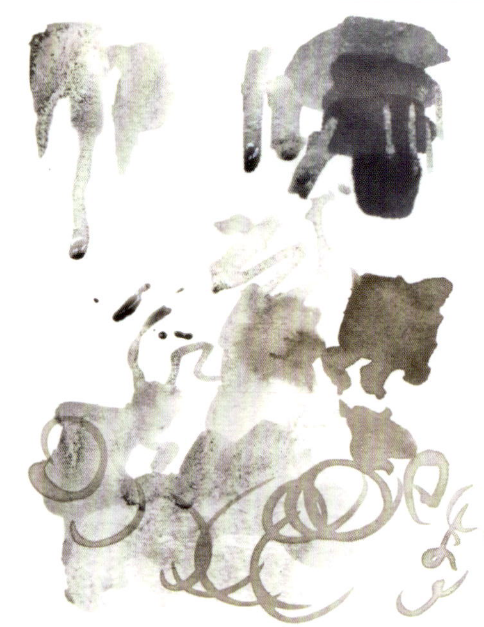

Außerdem besitzt der Conté-Stift eine höhere Dichte als die Zeichenkohle. Man kann ihn deshalb spitzen und damit klare Linien und Details zeichnen. Weiche, effektvolle Tonübergänge lassen sich erzielen, wenn man zu Beginn der Zeichnung ein Sämischleder (oben links) verwendet, um die Linien zu verwischen.

Mit Pastellkreiden arbeiten

Wer an einer farbigen Zeichnung mit verschiedenen Pastelltönen arbeitet, sollte daran denken, dass es bei diesem Zeichenmittel schwierig sein kann, die Primärfarben für sanfte Abstufungen zu mischen. In diesem Fall ist es zu empfehlen, die einzelnen Farben nebeneinander stehen zu lassen. Zeichnen Sie Striche in anderen Farben dazwischen, lässt sich ein interessanter Effekt erzielen. Viele Künstler, die mit Pastell arbeiten, verwischen ihre Farben, sodass sie fließend ineinander übergehen. Auch wenn das hin und wieder recht eindrucksvoll aussehen kann, besteht doch die Gefahr, dass der Effekt schnell süßlich und glatt wirkt. Edgar Degas (Seite 226) war ein Meister der Pastellzeichnung. Zwar gestaltete er seine Farben gelegentlich mit Übergängen, aber im Allgemeinen standen die Farben getrennt nebeneinander.

Mit Tuschen arbeiten

Der Hauptvorteil an der Verwendung von Tuschen liegt darin, dass sie fast alle transparent und zugleich mit Pigmenten gesättigt sind. Das Weiß des Papiergrunds verleiht den Farben eine stärkere Leuchtkraft. Das trifft natürlich nicht auf schwarze Tusche zu, die ihre visuelle Kraft gerade aus ihrer Undurchsichtigkeit bezieht. Trägt man dieses Schwarz dünn auf, erhält man eine Reihe von herrlichen Grautönen. Ineinanderlaufende Tuscheflächen oder scharfe Tuscheränder verleihen Zeichnungen nach dem Trocken einen besonderen Charme. Mit Tusche auf trockenem Papier zu zeichnen, ist dagegen etwas völlig anderes, als feuchtes Papier zu verwenden. Mit beiden Techniken sollte man vor der Anwendung ein wenig experimentieren.

Mit einer Feder arbeiten

Wenn eine Zeichenfeder zu viel Tusche aufnimmt, kann das zu Problemen führen: Sobald sie das Papier berührt, fließt sofort ein großer Tropfen von der Feder aufs Papier. Das liegt oft daran, dass das Reservoir – ein kleines Dreieck aus Metall oder Plastik direkt unter der Feder – nicht richtig positioniert ist. Obwohl es

(ganz links) **Conté-Stift**
Sanfte Tonabstufungen lassen sich bei der Verwendung von Conté-Kreide erzielen, wenn man die Kreide nachher mit Sämischleder verwischt.

(links) **Mit feuchten Zeichenmitteln arbeiten**
Mit feuchten Zeichenmitteln kann man Linien ziehen und diese anschließend bearbeiten: unterschiedliche Schwarztöne mit Chinesischer Tusche (oben links), Schellacktusche (unten) und Elfenbeinschwarz-Aquarellfarbe (oben rechts).

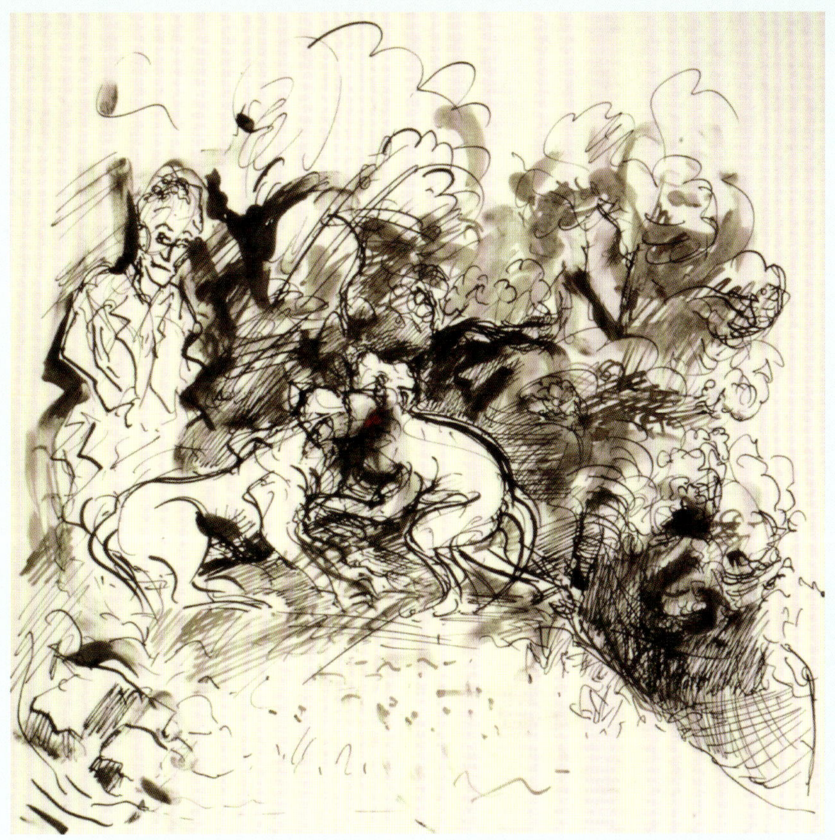

(rechts) **Dogs Fighting** 1990
Pastellkreiden auf grauem Tonpapier
30 × 30 cm

Zur Vorbereitung dieser Zeichnung legte der Künstler sich vor dem Einschlafen ein Aufzeichnungsgerät neben sein Bett: Immer wenn er nachts aus einem Traum erwachte, sprach er alle erinnerten Details des Traums auf Band. Am nächsten Morgen zeichnete er eine Stunde lang eine Version des Traums. Im Bild sind die chaotischen Striche der Landschaft als ein Teil der gewalttätigen Auseinandersetzung zwischen zwei Hunden und einem Jäger dargestellt.

schwierig ist, die Lage zu ändern, lohnt sich das Reservoir: So lässt sich eine wesentlich längere Linie mit der Feder ziehen, bevor man sie wieder in die Tusche tauchen muss. Um eine Feder zu verwenden, braucht man ein wenig Geschick, das man durch Übung erlangt. Allerdings kann man inzwischen auch Nylonfedern kaufen, die recht gut sind. Beim Arbeiten mit Feder und Tusche muss man bedenken, dass die Tusche oft nicht sehr haltbar ist und im Lauf der Zeit verblasst oder sich verfärbt.

Mischtechnik

Die meisten zeitgenössischen Zeichnungen werden als Mischtechnik (Mixed Media) bezeichnet, weil moderne Künstler gern verschiedene Zeichenmittel kombinieren. Dies kann eine Kombination aus nur zwei Medien sein, beispielsweise Kohle und Kreide, oder mehrere Komponenten enthalten wie Bleistift, Acrylfarbe, Tusche und Sand. Am besten ist es, sich bei der Auswahl zurückzuhalten und ein haltbares Zeichenmittel zu wählen, das sich nicht innerhalb kurzer Zeit verändert. Die Restaurierungsabteilung der Tate Modern in London hat wesentlich mehr Arbeit mit relativ jungen Kunstwerken als die entsprechende Abteilung der National Gallery, die sich mit den Werken Alter Meister beschäftigt. Das liegt daran, dass die experimentelle Ader der Kunst in den letzten hundert Jahren dazu führte, dass allerhand verrückte Materialien zum Einsatz kamen. In den vergangenen Jahren wurden die (Acryl-)Farben stabiler und können nun in Zeichnungen auf Papier kombiniert werden. Ein Foto mit anderen Materialien zur Collage zu verarbeiten, kann eine interessante Wirkung haben. Doch wie wir alle wissen, haben mit dem Tintenstrahldrucker ausgedruckte Fotos nur eine begrenzte Haltbarkeit.

Die Pinsel säubern

Die Pinsel sollte man nach Gebrauch unbedingt säubern, damit keine Tusche oder Farbe hinauf zur Basis der Borsten wandert. Wenn sich dort mehr und mehr Farbe ansammelt, biegen sich die Borsten oder Haare nach außen, sodass man schließlich einen fächerförmigen Pinsel hat. Am besten reinigt man Pinsel unter lauwarmem Wasser mit einem Stück Seife. Dazu hält man die Seife in einer Hand und fährt mit dem Pinsel leicht rotierend über die Oberfläche. Zwischendurch drückt man die Seife aus den Borsten und spült den Pinsel mehrmals aus.

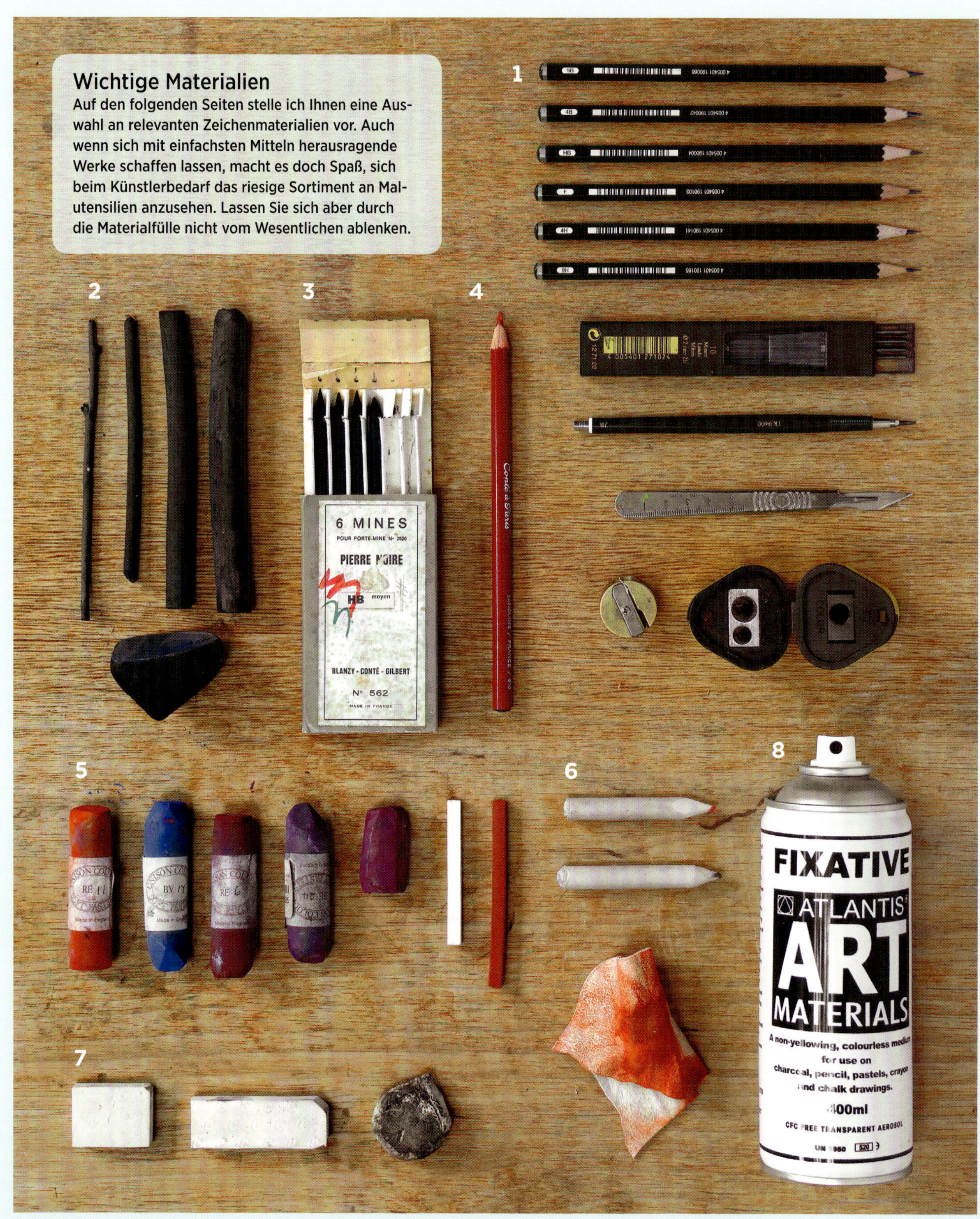

Wichtige Materialien

Auf den folgenden Seiten stelle ich Ihnen eine Auswahl an relevanten Zeichenmaterialien vor. Auch wenn sich mit einfachsten Mitteln herausragende Werke schaffen lassen, macht es doch Spaß, sich beim Künstlerbedarf das riesige Sortiment an Malutensilien anzusehen. Lassen Sie sich aber durch die Materialfülle nicht vom Wesentlichen ablenken.

1 Bleistift

Lange Zeit lag die wichtigste Lagerstätte für festen Grafit in Cumbria (England). Erst als England Ende des 18. Jahrhunderts eine Handelssperre für den Export von Grafit nach Frankreich errichtete, suchte man in Frankreich nach einer Alternative. Napoleon betraute mit dieser Aufgabe den Chemiker und Maler Nicolas-Jacques Conté. Conté entdeckte ein Verfahren, mit dem man Grafitpulver in einen dünnen Holzschaft pressen kann – und erfand so den Bleistift. Moderne Bleistifte haben unterschiedliche Härtegrade. Die Stärke H ist in neun Stärken von H bis 9H (»sehr hart«), die Stärke B in neun Stärken von B bis 9B (»sehr weich«) unterteilt. Billige Bleistifte sind nicht immer korrekt ausgezeichnet.

2 Zeichenkohle

Kohle ist ein praktisches Zeichenmaterial, das sich vielfach einsetzen und leicht verändern lässt. Die beste und brauchbarste Zeichenkohle wird aus dem Holz von Weide oder Weinstock hergestellt. Das Produkt variiert je nach Hersteller. Zeichenkohle ist leicht zerbrechlich und wird in Stäbchen verschiedener Größe und auch in größeren, robusteren Stücken angeboten. Mit Kohle arbeitet es sich leichter auf großen Formaten (größer als A3).

3 Reißkohle

Reißkohle ist Kohlestaub, vermischt mit einem kleinen Anteil Gummi arabicum oder Wachs, der zu bleistiftgroßen Stiften gepresst wird. Diese Stifte lassen sich spitzen und ähneln dem schwarzen Conté-Stift. Da als Bindemittel Wachs verwendet wird, ist die Reißkohle schwerer wieder von der Papieroberfläche zu entfernen als Bleistift. Dafür lassen sich jedoch mit ihr präzise Striche ausführen. Reißkohle wird meist in Form zylindrischer Stäbchen verkauft, die man in einen Halter einspannen kann.

4 Conté-Stifte oder -Kreide

In der Regel bekommt man Conté-Kreide in kurzen, quadratischen Stäbchen (ca. 8 cm) oder in Form von Conté-Stiften. Wie die Reißkohle besteht Conté-Kreide aus schwarzem Pigment mit einem kleinen Anteil Gummi arabicum oder Wachs. Die Original Conté-Kreide, die es inzwischen in vielen verschiedenen Farben gibt, ist immer noch am besten für das Zeichnen geeignet. Wer Conté-Kreide überwiegend für Rötelzeichnungen verwenden möchte, sollte den Farbton »sanguine 2450« verwenden. Conté-Stifte sind meist etwas hart und kratzig, stellen aber eine Alternative zur weicheren Conté-Kreide dar.

5 Farb-, Pastellkreiden, weiße Kreide

Der teuerste Anteil der Farbkreiden ist das Pigment. Kosten die Kreiden also nicht viel, enthalten sie auch wenig Pigment. Besonders auffällig ist dies bei weißer Kreide. Besser, Sie geben ein wenig mehr Geld beim Kauf der Kreide aus und erhalten dafür ein Produkt von guter Qualität. Wem weiche Pastellkreiden zu ungenau sind, kann stattdessen einen weißen 2B-Conté-Stift nehmen.

6 Wischwerkzeuge

Der Estompe besteht aus komprimiertem gerollten Papier, das angespitzt werden kann. Mit ihm lassen sich Bleistift- oder Kohlestriche verwischen bzw. schattierte Flächen anlegen. Für diesen Zweck kann man natürlich auch ein Papiertaschentuch (am besten ein Kosmetiktuch) oder ein Stück weichen Stoff verwenden. Sämischleder (Chamoisleder) eignet sich ebenfalls hervorragend als Werkzeug zum Verwischen von Bleistift, Kohle oder Kreide. Besonders praktisch ist das Leder bei Rötelzeichnungen, da sich damit wunderbar feine Übergänge ausführen lassen, die man zum Teil sogar wieder mit einem normalen Radiergummi entfernen kann.

7 Radiergummi und Knetgummi

Um 1770 entdeckte man, dass sich natürlicher Gummi von Pflanzen (Kautschuk) zum Radieren von Kohle und Grafit eignet. Früher verwendete man Materialien wie Stein und Wachs, um Striche auf Papier zu entfernen. Die Kautschuk-Radierer waren jedoch nicht besonders wirksam. Erst 1839 erfand Charles Goodyear das Vulkanisierverfahren zur Erhitzung von Kautschuk – und damit den Werkstoff Gummi. Mit dem Radiergummi lassen sich Bleistiftstriche gut, Kohlestriche aber weniger gut entfernen. Dafür verwendet man am besten einen weißen Knetgummi, der allerdings mit Gebrauch allmählich die Farbe der Kohle annimmt. Weiche Knetgummis sollte man nicht nehmen, da sie sich in den Händen erwärmen und weich werden. Am besten ist ein harter, weißer Knetgummi geeignet.

8 Fixative und Haarspray

Wer mit trockenen Zeichenmitteln wie Kohle oder Kreide arbeitet, verwendet zur Haltbarmachung ein Fixativ. Außerdem lässt sich damit die Wirkung der Zeichenkohle auf dem Papier verstärken, denn ein großer Nachteil der Kohle besteht darin, dass man ohne Fixativ nur sehr schwer ein intensives Schwarz erreicht. Inzwischen gibt es zahlreiche Fixativsprays oder flüssiges Fixativ, das mit einem Sprühfläschchen aufgetragen wird. Wichtig ist, das Fixativ nicht zu dick aufzusprühen. Viele angehende Künstler sprühen ihre Werke jedoch aus viel zu großer Entfernung ein, sodass sich kein Effekt entwickeln kann. Folgen Sie der Gebrauchsanweisung auf dem Spray. In manchen Fällen ist es auch angeraten, die Zeichnungen sogar während des Zeichnens immer wieder zu fixieren. So lassen sich die dunklen Stellen der Zeichnung durch mehrere Schichten besser aufbauen.

Haarspray lässt sich ebenfalls als günstiges Fixativ verwenden, ist aber nur eine Notlösung.

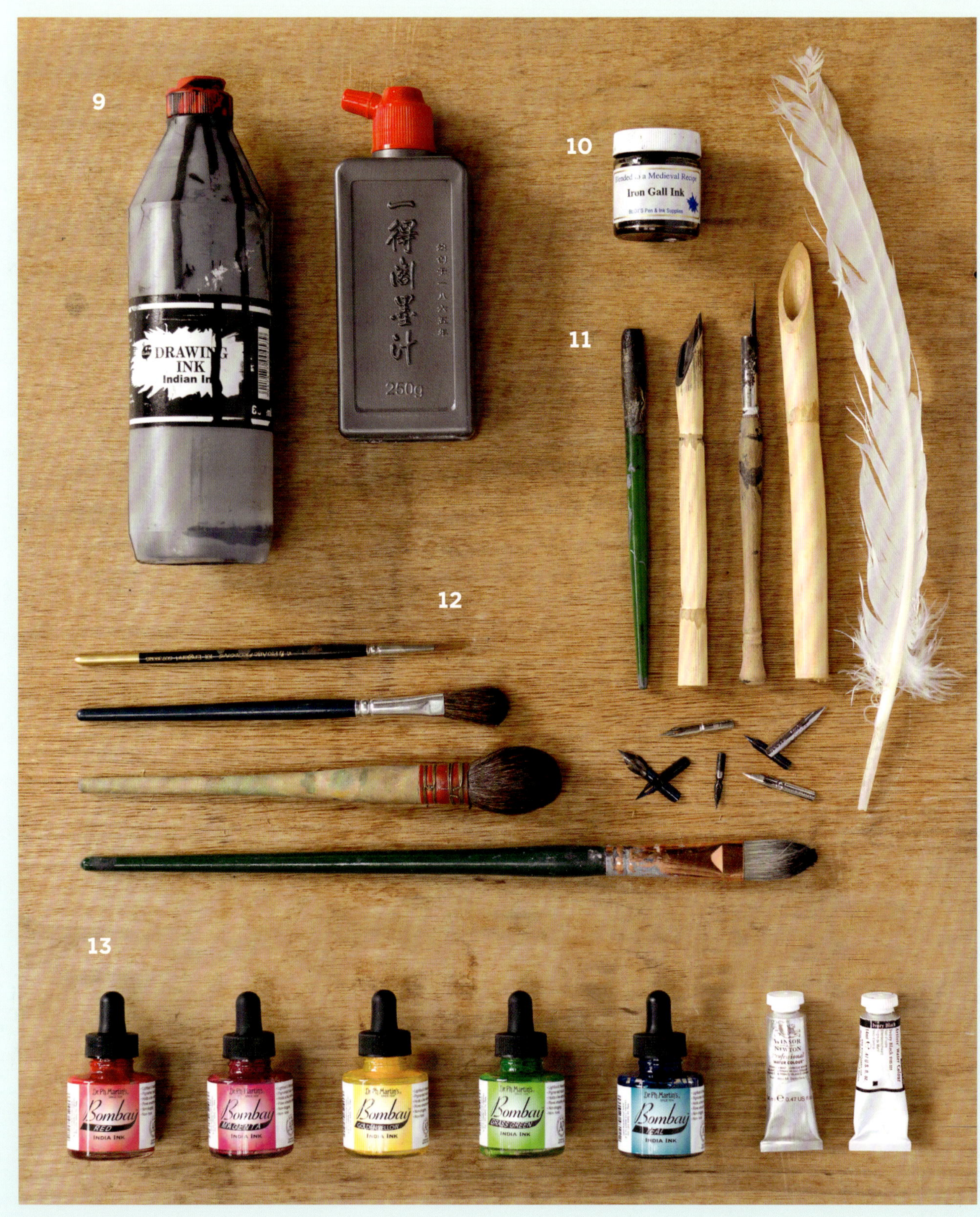
9
DRAWING
INK
一得阁墨汁
250g
10
Iron Gall Ink
11
12
13
Bombay
RED
INDIA INK
Bombay
MAGENTA
INDIA INK
Bombay
Bombay
GRASS GREEN
INDIA INK
Bombay
TEAL
INDIA INK

9 Chinesische Tusche und Schellacktusche (Indische Tusche)

Echte chinesische Tusche besteht aus schwarzem Pigment. Es gibt sie entweder in Stäbchenform (reiben und mit Wasser vermischen) oder als fertige Lösung. Die Qualität dieser Tusche kann sehr unterschiedlich sein: Ein gutes Zeichen ist es, wenn sie leicht nach Pinienkernen und Torf duftet. Riecht sie dagegen giftig, wurde sie vermutlich aus einem Nebenprodukt der Erdölproduktion hergestellt. Das Schöne an der chinesischen Tusche ist, dass sie nicht permanent ist: Man kann also das Papier anfeuchten und sie größtenteils danach wieder entfernen. Der Farbton variiert, ist aber meist etwas kälter und heller als Schellacktusche.

Während chinesische Tusche nach dem Trocknen wieder angefeuchtet und entfernt werden kann, ist dies bei der Schellacktusche nicht möglich, da das Pigment mit einem Bindemittel, eben zumeist Schellack, versetzt wird. Schellack ist alkohollöslich. Die Abbildung auf Seite 44 zeigt chinesische und Schellacktusche neben Elfenbeinschwarz-Aquarellfarbe. Die Schellacktusche unten hat einen leichten Gelbstich.

10 Eisengallustinte

Die Verwendung von Tinten, die aus Eisensalzen, Gerbstoffen und pflanzlichen Bestandteilen hergestellt werden, hat eine sehr lange Tradition, die bis in die Antike zurückreicht. Schon seit dem 19. Jahrhundert sind sie jedoch als Schreib- oder Zeichenmittel kaum mehr in Gebrauch. Zu dieser Zeit wurden dauerhaftere, weil lichtbeständigere Produkte entwickelt. Viele Alte Meister benutzten Gallustinte für ihre Zeichnungen. Die Zeichnung auf Seite 146 fertigte Rembrandt van Rijn ebenfalls mit dieser Tinte an. Die Tinte hat sich jedoch im Lauf der Zeit verändert. Direkt nach Fertigstellung der Zeichnung war sie schwarzblau, nun geht der Farbton ins Bräunliche.

11 Federn, Brush Pens, Rohr- oder Bambusfedern und Gänsekiele

Federn sind ein spezielles Zeichenmittel. Stahl- oder Messing-Schreibfedern in vielen verschiedenen Ausführungen sind im Künstlerbedarf erhältlich. Mit etwas Übung lassen sie sich für unterschiedlichste Stricharten einsetzen, die eine Zeichnung lebendiger gestalten.

Wie Vincent van Gogh (Seite 164) kann man sich auch aus Rohr oder Bambus eine Feder selbst herstellen. Bambusrohr für diese Zwecke wird in Fachgeschäften für Künstlerbedarf oder Kalligrafie angeboten. Leichter als Bambusrohr lassen sich Federn aus Gänsekielen schneiden. Sie bleiben überdies länger scharf. Vergessen darf man nicht, dass man reichlich Übung benötigt, um das kreative Potenzial einer Feder auszuschöpfen. Hinzu kommt, dass die Tuschen oft nicht permanent sind und schnell verblassen. Das kann übrigens innerhalb von 3 bis 4 Jahren geschehen, wenn die Tuschezeichnung an einer Wand gegenüber einem Fenster hängt.

12 Pinsel

Pinsel haben aus verschiedenen Gründen einen langen Stiel. Der wichtigste Grund liegt darin, dass Künstler bei großformatigen Ölgemälden einen gewissen Abstand zur Oberfläche des Malgrunds haben müssen, um die gesetzten Striche im Kontext beurteilen und sehen zu können. Wer auf einem kleineren Format arbeitet, tut sich mit kurzstieligen Pinseln leichter. Pinsel können auch aus ungewöhnlichen Materialien gefertigt sein, wie zum Beispiel aus Styropor, Zweigen oder Blättern.

13 Gouache, Aquarellfarben und farbige Zeichentusche

Die Verwendung von Farben in Zeichnungen führe ich nicht näher aus, da dieses umfangreiche Thema in zahlreichen hervorragenden Büchern behandelt wird. Grundsätzlich gilt: Wenn man mit feuchten Zeichenmitteln (Tuschen, Aquarellfarben) arbeitet, sollte man eine reduzierte Farbpalette benutzen, um die Zeichnung nicht zu überladen.

Lithografie, Radierung und andere Druckverfahren

Zeichnungen und Drucke stehen in engem Zusammenhang, weshalb in diesem Buch auch Aspekte des Drucks angesprochen werden. Der Zeichnung am nächsten steht die Lithografie. Hier wird mit einer Lithografiefeder direkt auf einen vorbereiteten Stein oder eine Platte gezeichnet (Seite 230). Eine Radierung entsteht durch einen etwas komplizierteren Prozess in mehreren Stufen und gilt als Tiefdruckverfahren, da Linien in eine Platte eingetieft werden. Die Qualität der Linie und der Tonwerte, die bei einer Radierung entsteht, ist manchmal von bestimmten Zeichnungen kaum zu unterscheiden. Methoden wie das Siebdruckverfahren gehören schon fast einem anderen Bereich der Kunst an und sind hier weniger relevant.

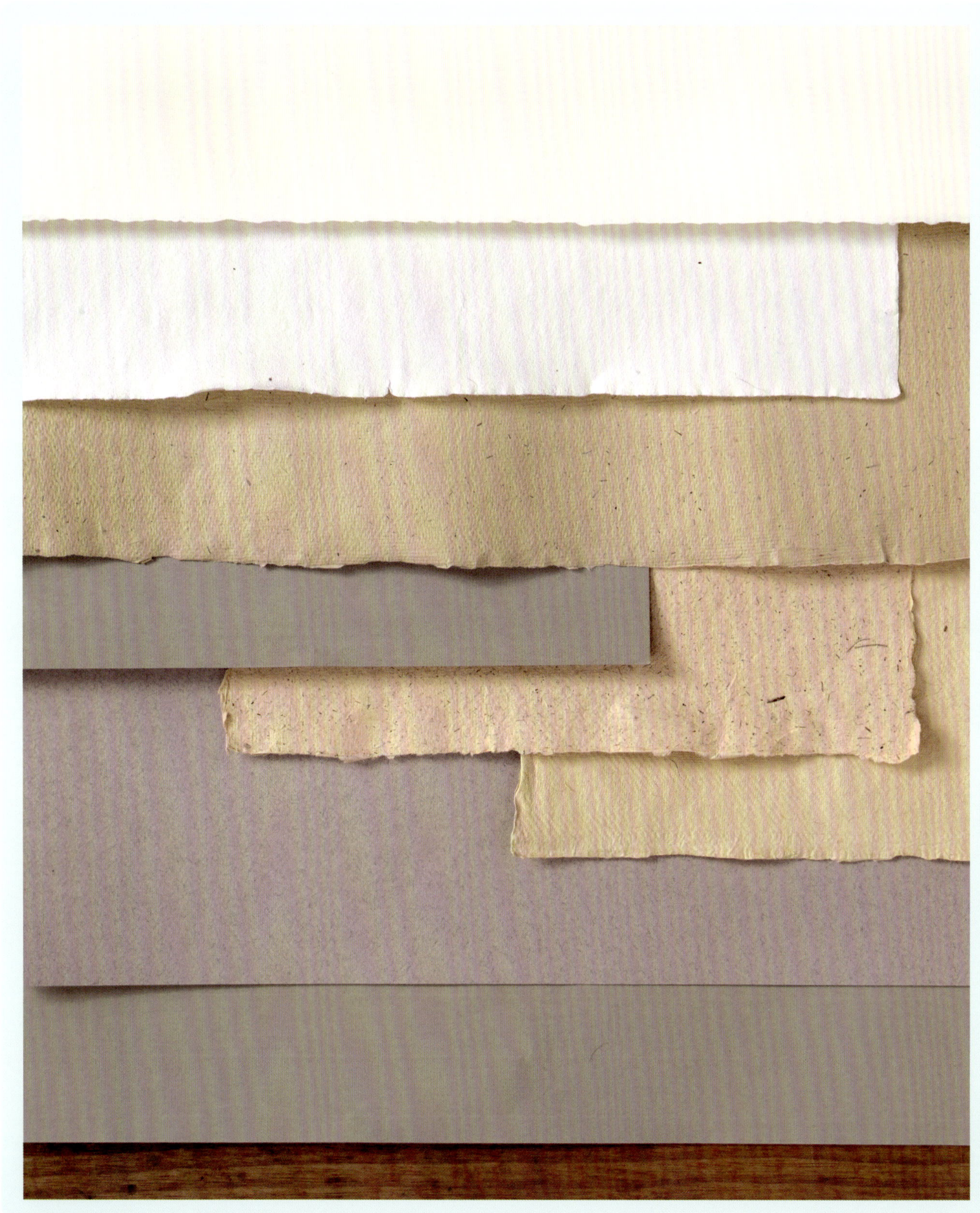

Handgeschöpftes Papier

Bis Mitte des 19. Jahrhunderts wurde Künstlerpapier aus Hadern (Lumpen) von Hand geschöpft. Aus diesem Grund war es kostspielig und die einzelnen Blätter kleinformatig. Das bedeutete aber auch, dass man die Bestandteile jedes einzelnen Blattes bei der Herstellung kontrollieren konnte und so Papier von hoher Qualität erhielt. Gutes handgeschöpftes Papier ist überall erhältlich. Nach wie vor ist es teuer und gilt als hervorragender Zeichengrund.

Maschinell hergestelltes Papier

Mit der Einführung von Holzpulpe in den 1840er-Jahren wurde die Papierherstellung wesentlich günstiger, sodass Papier zur Massenware wurde. Durch die Industrialisierung ließen sich nun auch große Papierbögen einfach und billig herstellen. In der Geschichte der Kunst führen Erfindungen und Entdeckungen häufig zu einer Veränderung der künstlerischen Praxis. So auch hier: Durch die leichtere Verfügbarkeit von Papier gewann das Zeichnen immer mehr an Eigenständigkeit und Bedeutung.

Textur des Papiers – rau oder glatt

Plant man eine Zeichnung, ist es überaus wichtig, ein Papier mit der passenden Oberfläche auszuwählen. Mit Kohle auf einem glattem Papier zu arbeiten ist beispielsweise ungünstig, da die Kohlepartikel nicht auf der Oberfläche haften. Für eine Kohlezeichnung eignet sich daher am besten ein dickeres, robusteres Papier. Eine präzise Bleistiftzeichnung dagegen gelingt am besten auf einem möglichst glatten Papier. Was die Textur angeht, so hat handgeschöpftes Papier wegen der verwendeten Materialien eine grobe Struktur. Hanf-, Leinen- und Baumwollhadern werden bei der Herstellung zu einer breiigen Masse verarbeitet und in flache Schalen gefüllt. Über diese Schalen sind dünne Drähte gespannt, die die Masse an Ort und Stelle halten, aber auch schmale Grate auf dem fertigen Bogen hinterlassen. Handgeschöpftes Papier lässt sich leicht einfärben und besitzt einen besonderen Charme der maschinell erzeugtem Papier fehlt.

Generell gilt: Glattes, glänzendes, maschinell hergestelltes Papier fühlt sich kälter an, während dickeres, grobes Papier wärmer wirkt.

Eingefärbtes Papier

Maschinell gefärbtes Papier ist in der Regel von minderer Qualität: Die Farben sind viel zu gleichmäßig und meist zu intensiv. Zum Zeichnen eignet sich allenfalls ein graues Tonpapier sehr gut. Dabei darf man jedoch nicht außer Acht lassen, dass die bei billigem Papier verwendete Farbe mit der Zeit verblasst, besonders wenn die Zeichnung gerahmt und in Fensternähe aufgehängt wird. Als Alternative bieten sich einige handgeschöpfte Papiersorten in verschiedener Färbung an, die aber recht kostspielig sein können. Eine Lösung ist es, das Papier per Hand mit Aquarellfarben oder Tinte einzufärben, wobei später an den Stellen, an denen radiert wird, die aufgetragene Farbe wieder verlorengeht.

Collagetechnik

Zum Thema Collage existieren viele hilfreiche Bücher, die man zu Rate ziehen kann. Neben der Wahl des richtigen Papiers gilt die wichtigste Überlegung dem Klebstoff, mit dem man etwas auf dem Papier fixieren möchte. Bewährt haben sich pH-neutrale Klebstoffe oder Klebstoffe mit Archivqualität. Lassen Sie sich dazu am besten in einem Geschäft für Künstlerbedarf beraten.

Stille

ben

Unter einem Stillleben versteht man in der europäischen Kunsttradition die Darstellung toter bzw. regloser Motive wie Blumen, Früchte, tote Tiere, Gefäße oder Instrumente. In ihrer Klassifikation der Kunstgattungen stellte die einflussreiche französische Akademie das Stillleben an das untere Ende der Stufenleiter. Das Historiengemälde nahm in der Hierarchie die wichtigste Position ein, gefolgt von Porträt-, Landschafts- und Genremalerei (Darstellung von Alltagsszenen).

Ein Stillleben sei kein Stillleben, wenn man es nicht berühren könne, erklärte Georges Braque (Seite 62) einmal sehr treffend. Zudem implizieren die Objekte in einem Stillleben immer mehr als das, was auf dem Bild tatsächlich zu sehen ist. Es geht um die besondere Beziehung zwischen den gezeigten Objekten und uns. Ein Stillleben ist wie eine Welt im Kleinen, die voller Möglichkeiten steckt.

Konzentriert sich ein Künstler bei der Arbeit an einem Stillleben auf die Objekte vor sich, entsteht eine besondere Dichte. Das Stillleben und sein Umfeld werden so zu einer Erweiterung unserer Innenwelt. Diese Betrachtung der Dinge kann durchaus befreiend wirken, denn die Momente der Versenkung in die künstlerische Arbeit erfordern keine Interaktion mit anderen. In diesen meditativen Augenblicken steht die Zeit still. Dies ist in den Zeichnungen von Giorgio Morandi (Seite 64) spürbar. Sie scheinen uns einen tranceartigen Zustand des Künstlers zu offenbaren. Piet Mondrians (Seite 56) Darstellung der Struktur von Blütenblättern dagegen wirkt beinahe hypnotisierend.

In vielen Kunstwerken gibt es derartige »Stillleben-Elemente«. Haben sich über die Jahrhunderte auch Stil und Technik der Stillleben geändert, so blieben doch die Motive weitgehend konstant.

Piet Mondrian

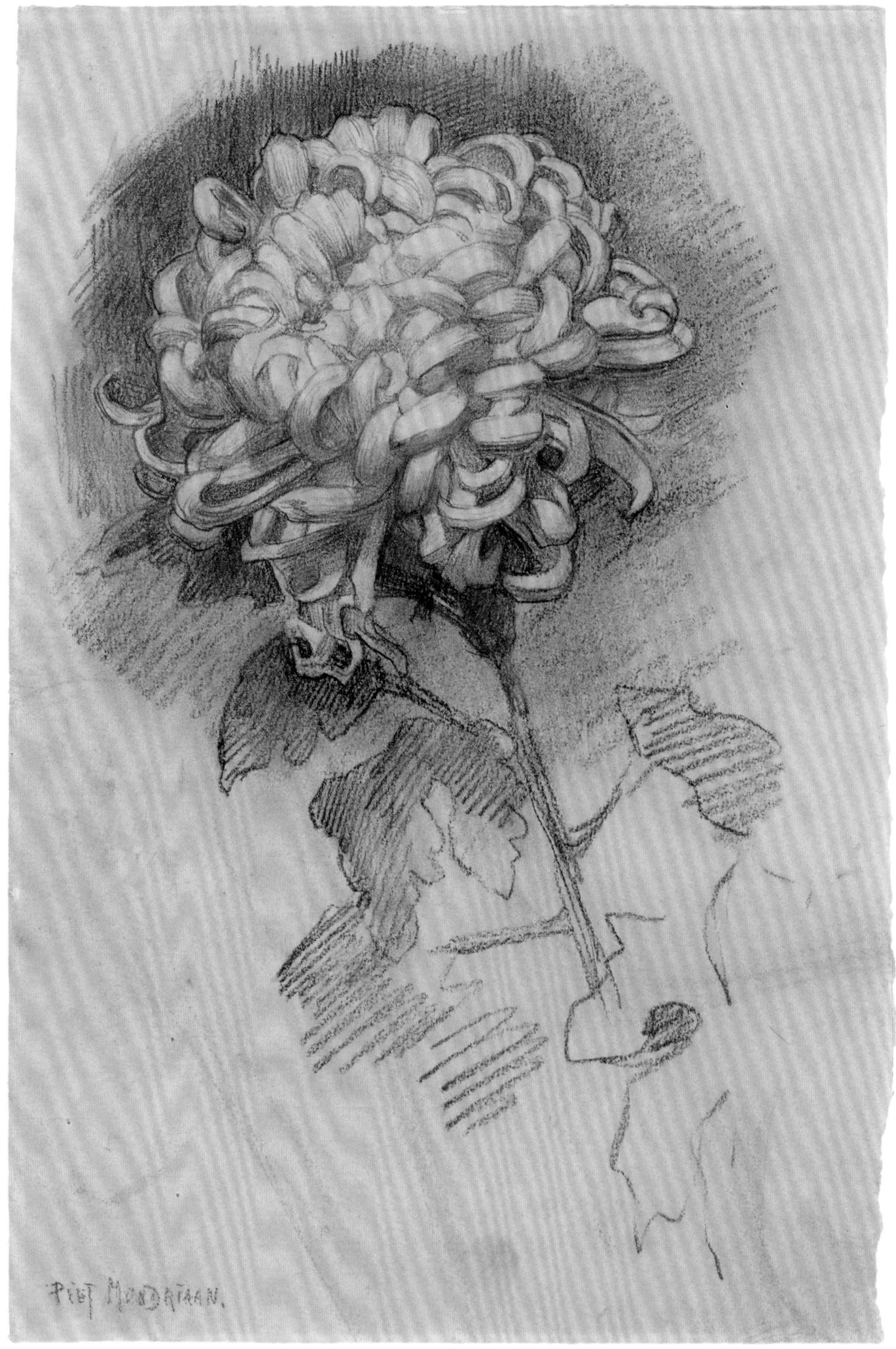

Chrysantheme 1906
Kohle auf Papier
36,2 × 24,5 cm
Museum of Modern Art, New York, USA

Nach der Kunsthochschule experimentierte Piet Mondrian ab 1897 mit verschiedenen Stilrichtungen. In den folgenden 25 Jahren kehrte er immer wieder zur Darstellung von Blumen zurück und vollendete an die hundert Arbeiten mit Blumenmotiven. Später erklärte er, er male gern einzelne Blumen, um ihre plastische Struktur besser vermitteln zu können. Eben dieses Interesse an dem, was Mondrian »plastische Struktur« nennt, führte ihn letztlich zu den stark reduzierten, gitterartigen Kompositionen, wie wir sie aus seinem späteren Werk kennen.

Ab 1909 beschäftigte Mondrian sich mit der Theosophie, einem philosophischen Mystizismus, der danach strebt, das verborgene Wesen hinter der Realität zu erkennen. Das Wesen der universellen Harmonie jenseits der sichtbaren Welt war es auch, was Mondrian fortan faszinierte. Im Zuge dessen äußerte er sich mehrfach über Blumen, die ihn aufgrund ihrer tieferen, verborgenen Schönheit weit mehr als wegen ihrer äußeren Schönheit anzogen.

Mondrians Zeichnung einer Chrysantheme (linke Seite) ist weniger streng und symmetrisch als die meisten seiner Blumendarstellungen. Dennoch illustriert sie seine permanente künstlerische Suche nach den rhythmischen Strukturen, die eine Form letztlich zusammenhalten. In dieser Zeichnung kam es Mondrian nicht darauf an, die Chrysantheme im Raum realistisch abzubilden. Ihn interessierte allein die Form ihrer Blüte und wie die einzelnen Blütenblätter ineinandergreifen und ein harmonisches Ganzes bilden. Mondrian behandelt die Blume dabei beinahe schon mit einem naturwissenschaftlichen Blick. Ein unsichtbares Muster erspürend, ziehen die weißen, plastisch herausgearbeiteten Blütenblätter den Betrachter in ihren Bann.

Siehe auch

Leonardo da Vinci (S. 72),
Georgia O'Keeffe (S. 100),
Eva Hesse (S. 200)

Piet Mondrian (Niederlande, 1872 bis 1944) hieß eigentlich Pieter Cornelis Mondriaan. 1906 änderte er seinen Namen. Sein Onkel, der Künstler Frits Mondriaan (1853–1932), brachte ihm das Zeichnen und Malen bei. Mondrian studierte an der Akademie in Amsterdam, wo er zuerst realistische Landschaftsbilder anfertigte. 1911 zog er nach Paris, kehrte aber im Ersten Weltkrieg nach Holland zurück und war 1917 Mitbegründer der Gruppe De Stijl. Nach seinem Rückzug 1919 nach Paris entwickelte er den Neo-Plastizismus und reduzierte seine Bilder auf gerade horizontale und vertikale Linien unter Verwendung der Primärfarben sowie Weiß, Schwarz und Grau. Von 1940 bis zu seinem Tod lebte er in New York.

Themenwahl
Mondrians Zeichnung einer Wasserfläche (links) ist ein gutes Beispiel dafür, wie man als Künstler die Welt um sich herum erforschen kann. Die Suche nach unterschiedlichen Strukturen hilft, die Bandbreite der Ausdrucksmöglichkeiten von Bleistift und Papier intensiv zu studieren. Die Zeichnung zeigt eine leicht bewegte Wasseroberfläche, die sich aus horizontalen Strukturen zusammensetzt.

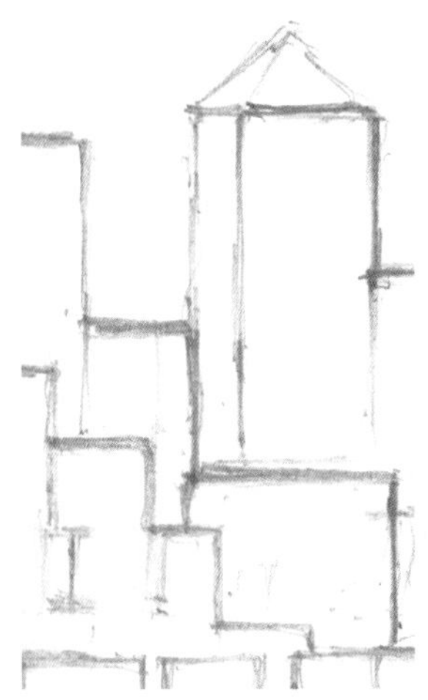

Aufbau
In seiner Zeichnung auf der linken Seite war Mondrian vor allem an der komplexen Anordnung der Blütenblätter interessiert. Obwohl er jedes Blättchen detailgenau zeichnet, stehen doch alle in einem gemeinsamen Kontext. Übung: Überlegen Sie nicht, wie Sie das Bild konzipieren, und konzentrieren Sie sich nicht auf die Ränder des Papiers. Wesentlich ist die Verbindung der Elemente, wie in der Skizze geometrischer Häuserformen (links).

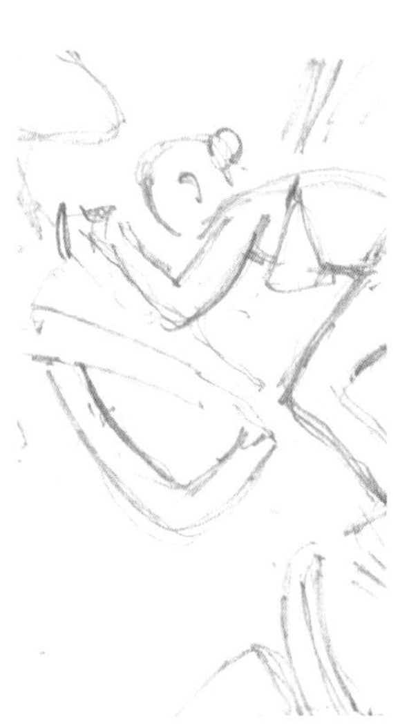

Formen
Versuchen Sie beim Zeichnen eine rhythmische Struktur zu finden, auf die Sie sich konzentrieren. Folgen Sie den Wiederholungen dieser Struktur und sehen Sie, wie sie den Rest Ihres Bildthemas durchdringt. In der Darstellung links wiederholen sich zum Beispiel rechteckige Formen und eckige Räume (der angewinkelte Arm und das Bein sowie das Trainingsrad) auf dem ganzen Blatt, um letztlich ein Ganzes zu bilden.

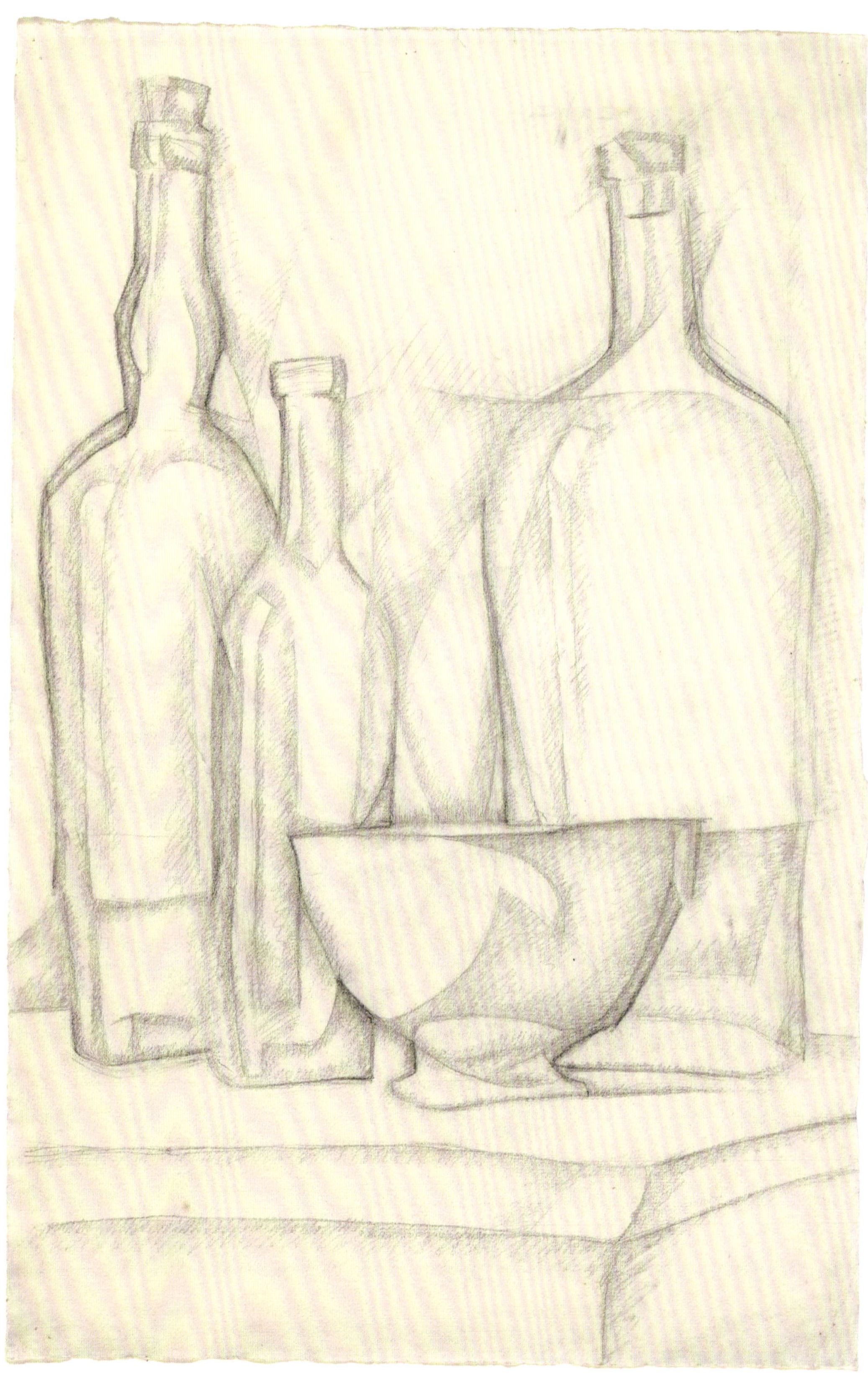

Flasche und Schale 1911
Grafitstift auf Büttenpapier
48 × 31,7 cm
National Gallery of Art, Washington DC, USA

Juan Gris starb bereits im Alter von 40 Jahren. Er hatte 1904 bis 1905 die Kunsthochschule in seiner Heimatstadt Madrid besucht, doch erst 1910, ein Jahr vor Fertigstellung der Zeichnung auf der linken Seite, begann er, sich ernsthaft der Malerei zuzuwenden.

Als Gris 1906 nach Paris zog, wohnte er im Bateau-Lavoir, dem inzwischen berühmten Haus mit Ateliers, in dem auch Pablo Picasso (Seite 170) lebte und Georges Braque (Seite Seite 62) häufig anzutreffen war. Obgleich Gris den Kubismus nicht mitbegründete, war er doch von Anfang an aktiv an dieser neuen Stilrichtung beteiligt. Der Kubismus wollte eine Bildsprache entwickeln, die zu einem vollständigeren visuellen Verständnis der Welt führen sollte. Letztlich gelang das nicht ganz, da man die Farbe um der Entwicklung der Form willen opferte.

In der Zeichnung *Flasche und Schale* (linke Seite) sind die ersten Schritte des Künstlers auf dem Weg zu einer kubistischen Sicht der Wirklichkeit erkennbar. Die Unterteilungen in Schattierung, Umriss und Kontur sind deutlich. Gris reduziert die realistische Darstellung der Objekte und definiert stattdessen die Körper sowie den Raum um sie herum neu. Beachtet man die Lücke zwischen den zwei größeren Flaschen, wird eine Linie deutlich, die vertikal in den Hintergrund verläuft. Eine weitere geschwungene Linie, von links nach rechts, verschmilzt mit dem runden Rand der Flasche ganz rechts. Für Gris sind diese Unterteilungen noch vorläufig, denn sie unterteilen noch nicht die einzelnen Formen. Schon bald, nachdem er diese Zeichnung fertiggestellt hatte, wendete er sich der Formensprache des Kubismus ganz zu.

Siehe auch

Pierre Bonnard (S. 60),
Giorgio Morandi (S. 64),
Nicholas Volley (S. 66)

Juan Gris (Spanien, 1887–1927) kam als José Victoriano González-Pérez in Madrid auf die Welt und studierte zuerst an der Escuela de Artes y Manufacturas, ehe er sich von 1904 bis 1905 bei dem Akademiekünstler José Moreno Carbonero (1860–1942) ausbilden ließ und dabei den Namen Juan Gris annahm. 1906 zog er nach Paris und bewegte sich in denselben Kreisen wie Pablo Picasso (1881–1973) und Georges Braque (1882–1963). Gris begann, sich mit den Ideen des Kubismus zu beschäftigen, und zerlegte die traditionellen Porträts und Stillleben, indem er erst im Stil des analytischen Kubismus und nach 1913 im Stil des synthetischen Kubismus arbeitete. Zugleich wandte er sich verstärkt der Collage zu.

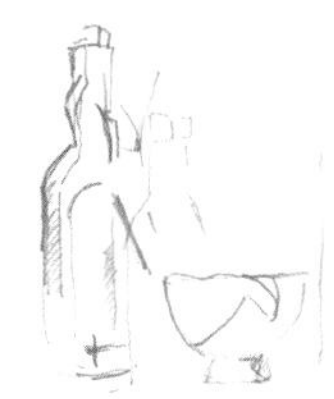

Raum
Ein Stillleben ist ein guter Ausgangspunkt, um diese Art der experimentellen Zeichnung, wie sie Gris auf der linken Seite ausgeführt hat, zu üben. Auch wenn Sie die Formensprache des Kubismus kennen, kann es schwierig sein, diese in das eigene Werk zu integrieren. Lassen Sie nicht zu viel Freiraum um die Gegenstände und versuchen Sie, eine geschlossene Oberfläche zu schaffen. Bleibt viel freie Fläche, wird es schwierig (links).

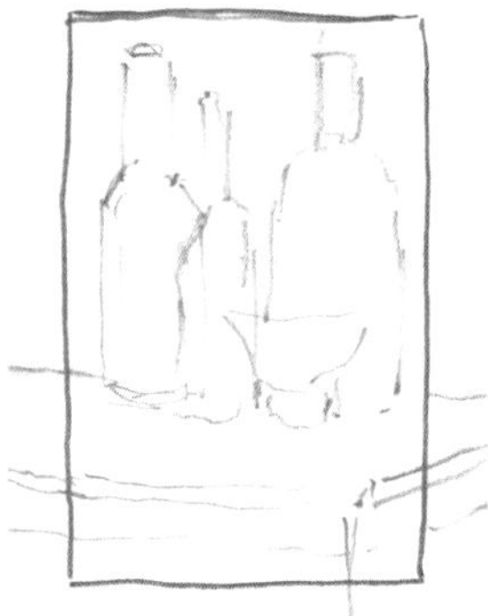
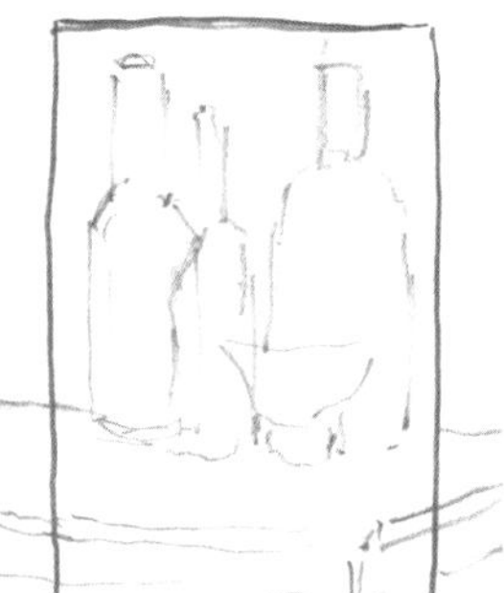

Aufbau
Um die Gruppe von Objekten herum bleibt in der Zeichnung von Gris (linke Seite) kaum Raum auf dem Papier, da die Objekte nah an den Rand rücken. Dadurch entstehen kleine Flächen zwischen den Objekten. Geben Sie diesen Flächen die gleiche Wertigkeit wie den Objekten und bauen Sie das Bild so schlicht wie möglich auf. Während des Zeichnens unterteilen Sie das Bild dann in immer kleinere Segmente (links).

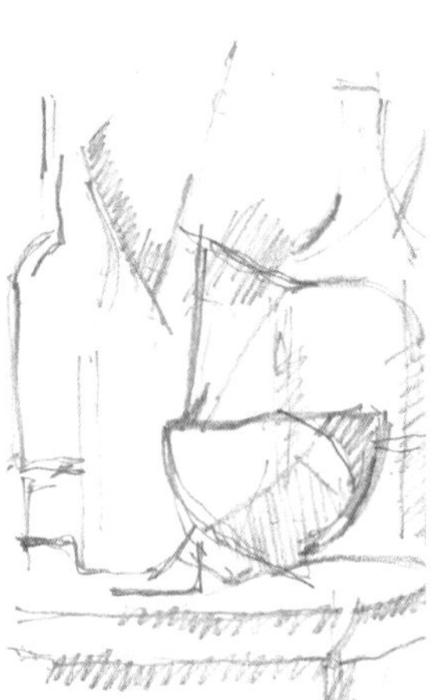

Form
Konzentrieren Sie sich auf die Begrenzungen jedes einzelnen Segments Ihrer Zeichnung. Sie sollten nicht verkrampft versuchen, ein kubistisches Bild nachzuahmen. Es geht vielmehr darum zu verstehen, was es bedeutet, eine kubistische Zeichnung anzufertigen. So zeigt die Skizze links gleichmäßig unterteilte und schattierte Formen, von denen jede Form innerhalb des ganzen Bildes deutlich umrissen ist.

Pierre Bonnard

Vorbereitende Skizze für *Der Kaffee* 1915
Grafitstift auf Papier
9,6 × 13,7 cm
Tate, London, Großbritannien

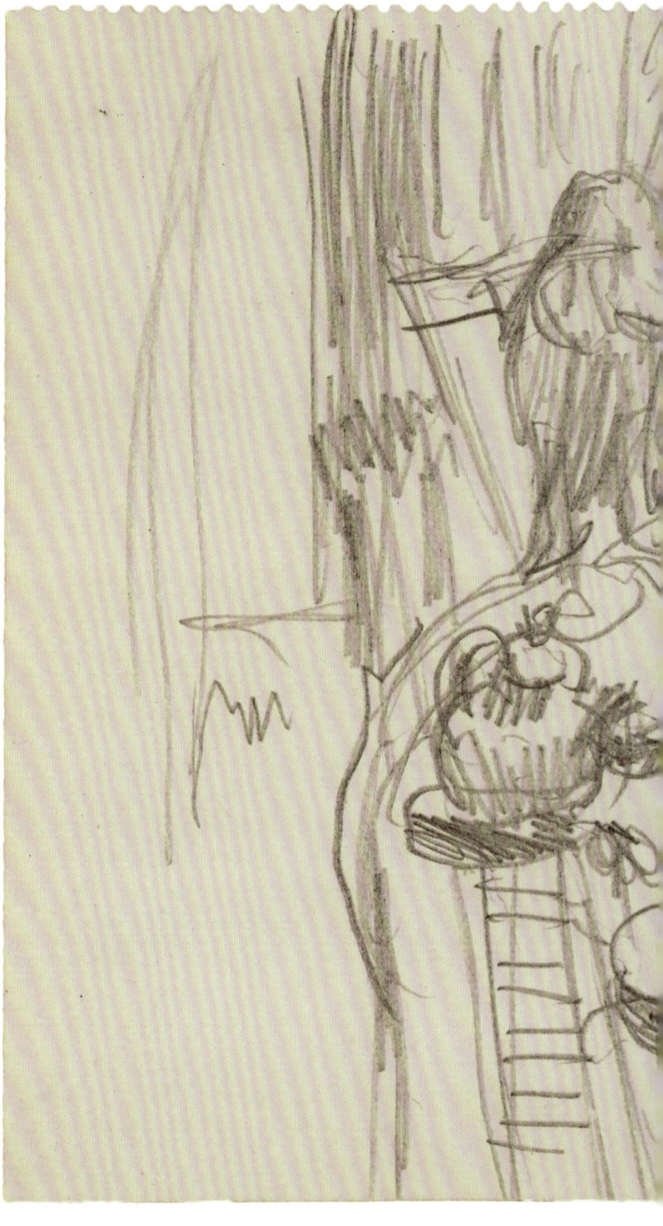

Nach Pierre Bonnards Tod im Jahr 1947 galt sein Werk eine Weile als altmodisch. Wer sich jedoch dafür interessiert, wie Künstler die Beziehung zwischen ihren Empfindungen und dem Aufbau eines Bildes gestalten, wird von Bonnard fasziniert sein.

Bonnard arbeitete nicht direkt vor dem Modell oder im Freien. Er skizzierte oder fotografierte seine Sujets und brachte sie dann in seinem Atelier auf die Leinwand. Die hier abgebildete Zeichnung aus seinem Skizzenbuch zeigt eine häusliche Szene, wobei das halbe Blatt von einer karierten Tischdecke eingenommen wird. Die einfache Komposition hat einen geometrischen Aufbau, in dem die kleineren Objekte auf dem Tisch beinahe zu schweben scheinen. Links drängt eine relativ freie Fläche gegen den Tisch und den Raum darüber. Der Tisch seinerseits drängt nach oben und drückt Frau und Hund von unten und von links zusammen. Diese kompositorischen Elemente führen zu einer Spannung, die eine vertraute Szene auf ungewöhnliche Weise präsentiert. Bonnard platziert die Bildelemente so geschickt, dass sich insgesamt eine ausgewogene ruhige Atmosphäre ergibt.

Auf Grundlage dieser Skizze entstand 1915 das Gemälde *Der Kaffee*. Die gezeichnete Komposition änderte sich mit der Hinzunahme von Farbe. Die intensiven Farbbeziehungen und die konturauflösenden Eigenschaften des Lichts wirken wie hineingewebt in den kompositorischen Aufbau. Dennoch bleibt der Aufbau erhalten, ganz gleich, wie flüchtig Farben und Licht auch sein mögen. Mit seiner Skizze gelingt Bonnard ein perfektes grafisches Pendant zu seinem Gemälde.

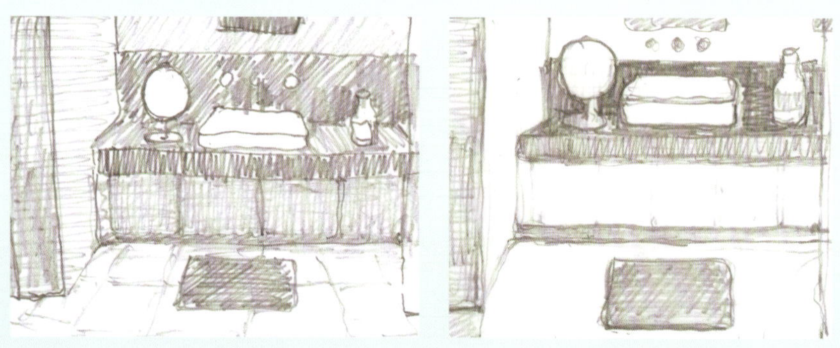

Themenwahl
Suchen Sie nach Alltagsthemen. Ein Beispiel: Sie sitzen in der Badewanne. Was sehen Sie, wenn Sie den Blick schweifen lassen? Fertigen Sie mehrere zweiminütige Skizzen von der Szene vor Ihren Augen an, wie hier bei der Zeichnung von einem Bad (ganz links). Am nächsten Tag wiederholen Sie das Ganze, wobei Sie diesmal versuchen, sich von der rein beschreibenden Darstellung zu lösen. Versuchen Sie stattdessen,

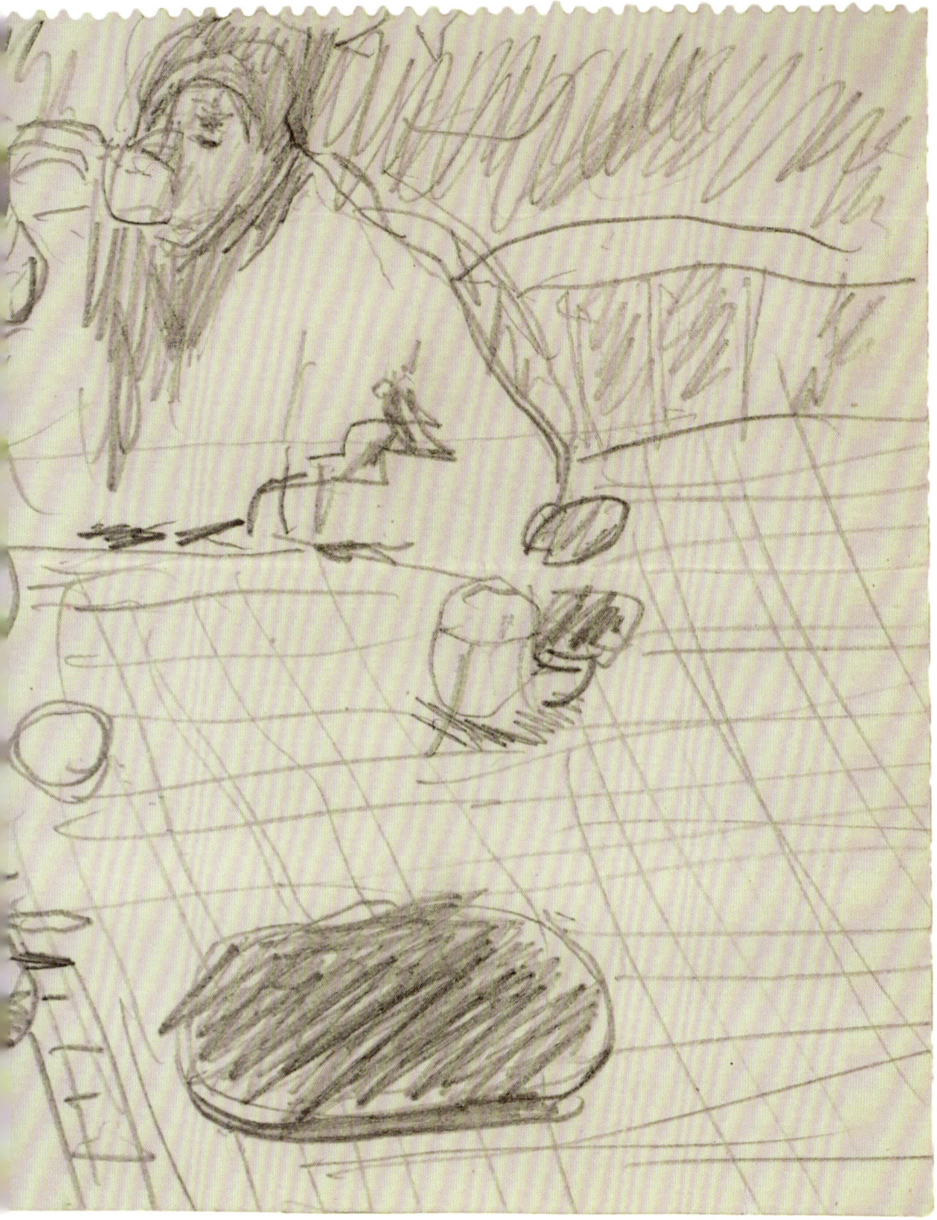

Pierre Bonnard (Frankreich, 1867 bis 1947) war Maler und Grafiker. Ursprünglich gab er dem Druck der Familie nach und studierte Jura. Entschlossen, Künstler zu werden, nahm er jedoch parallel zum Studium Unterricht in der École des Beaux-Arts und der Académie Julien. Zum ersten Mal stellte er 1891 seine Bilder in der Societé des Artistes Indépendants aus. Bonnard war ein erfolgreicher Künstler und Mitbegründer der Nabis, einer Gruppe von avantgardistischen Malern. Berühmt wurde er vor allem für seine Alltagsszenen, in denen ihm seine Frau Marthe oft Modell saß und die eine Atmosphäre der Innigkeit und Behaglichkeit ausstrahlen. Er ist auch für seine Plakate, Illustrationen, Grafiken und Bühnenbilder bekannt.

Siehe auch

Georges Braque (S. 62)
John Constable (S. 122)
John Singer Sargent (S. 162)

darzustellen, aus welchen Formen, Schattierungen und Linien die Szenerie, die Sie sehen, besteht. Ihre Zeichnungen sollten bei dieser Übung eine Entwicklung aufzeigen – von einer deskriptiven, also beschreibenden Sichtweise, hin zur Konzentration auf die Formen der Objekte. In der Skizze links wurden Spiegel oder Waschbecken nun zu konkreteren, leicht erkennbaren Formen.

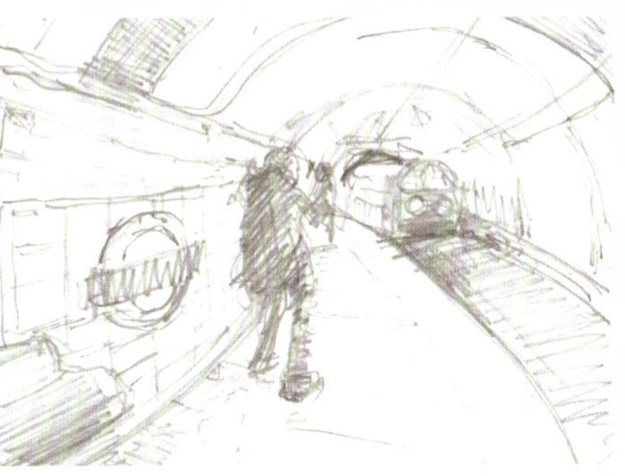

Vorlagen

Die Welt als potenzielles Bild zu betrachten, kann zur Gewohnheit werden. Man sieht anders und nimmt die Umgebung bewusster wahr. Form, Raum, Farbe und Licht werden deutlicher. Nehmen Sie ein Skizzenbuch mit, wenn Sie unterwegs sind und zeichnen Sie, während Sie zum Beispiel auf die U-Bahn warten (links). Notieren Sie Ihre Sinneseindrücke. Das hilft Ihnen, Ihre Fantasie zu wecken.

Georges Braque

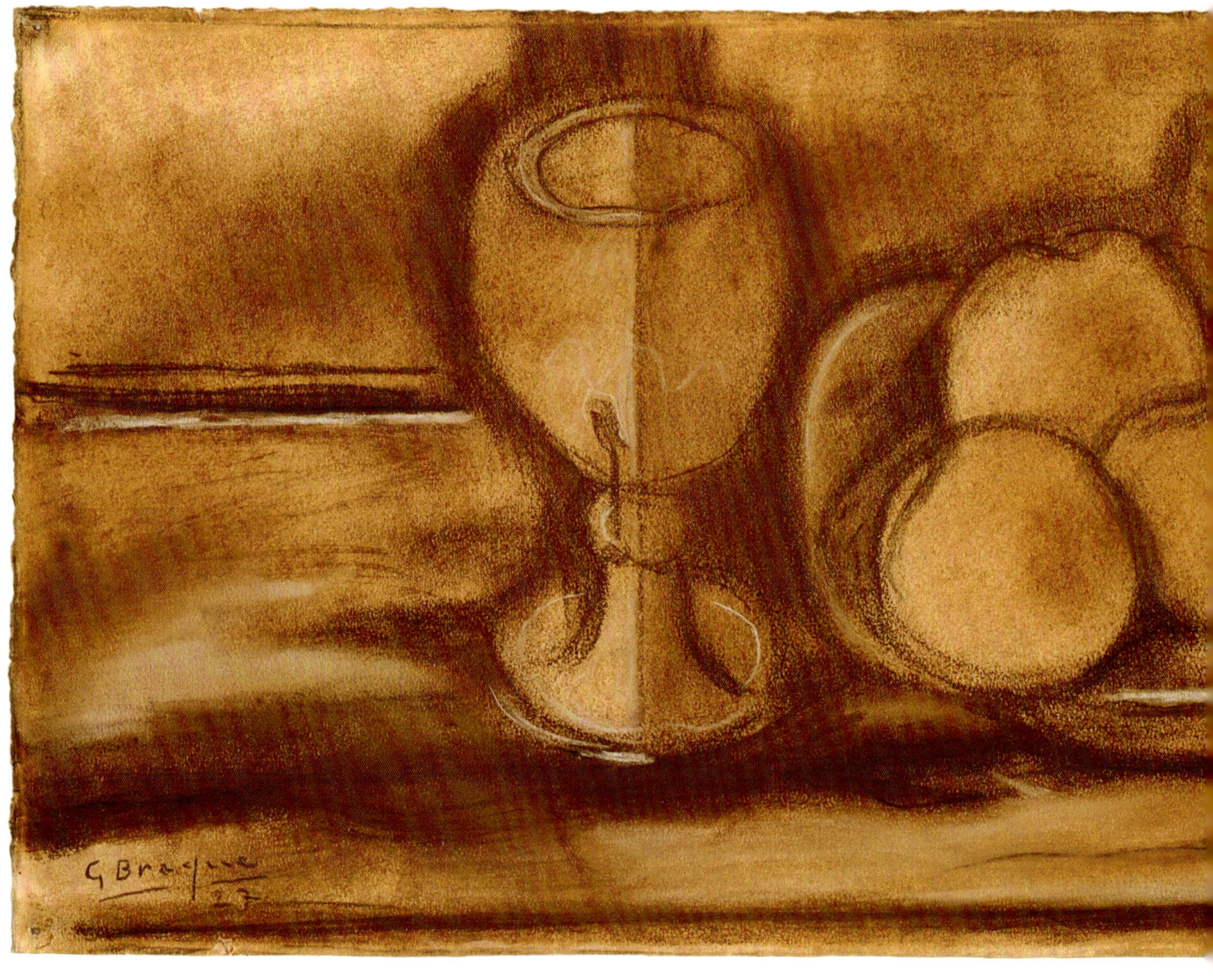

Stillleben mit Glas, Obstschale und Messer 1927
Pastellkreide, mit etwas Kohle, Kreide und Spuren von roter Conté-Kreide auf cremefarbenem Velin
26,2 × 65,4 cm
Art Institute of Chicago, Illinois, USA

Neben Pablo Picasso spielte Georges Braque eine zentrale Rolle in der Entwicklung des Kubismus, der zweifellos revolutionärsten Kunstbewegung des 20. Jahrhunderts. Für sein späteres, außergewöhnliches Werk ist Braque weniger bekannt. Er konzentrierte sich sein Leben lang auf Stillleben und die Art und Weise, wie Objekte aus verschiedenen Perspektiven wahrgenommen werden.

In der großen Zeichnung *Stillleben mit Glas, Obstschale und Messer* von 1927 (oben) ist ein auf den ersten Blick etwas ungelenk wirkendes klassisches Stillleben im Horizontalformat zu sehen. Braque wählte das Thema aus rein formalen Gründen: Die sich wiederholenden runden Formen des Weinglases und der Früchte auf dem Teller ziehen das Auge des Betrachters von links nach rechts über das Papier. Ob es sich hierbei um Äpfel oder anderes Obst handelt, ist für ihn unwichtig. In der Darstellung tritt auch der Gedanke an die Saftigkeit oder den Duft reifer Früchte völlig in den Hintergrund. Die Formen der dargestellten Objekte sind nicht plastisch herausgearbeitet, sondern sehen aus wie auf die Papierfläche gewalzt. Die Masse der dargestellten Körper wirkt konzentriert und komprimiert. Auch der Raum um die Objekte herum scheint wie in die Fläche gepresst zu sein. Der Raum im Bild erhält durch diese Art der Darstellung eine völlig andere Wirkung als ein illusionistischer Raum: Er wirkt selbst wie ein Objekt. Braque beschrieb den Raum, der die Objekte voneinander trennt, als »visuellen Raum«. Ihm kam es primär darauf an, eben diesen Raum im Bild festzuhalten. Im Gegensatz dazu setzte er den »fühlbaren Raum«, der uns als Betrachter von den Objekten trennt.

Braque verwies immer wieder auch darauf, dass ein Sujet, das man nicht berühren kann, kein Stillleben sei. Derartige Überlegungen hätte es ohne den Kubismus nie gegeben.

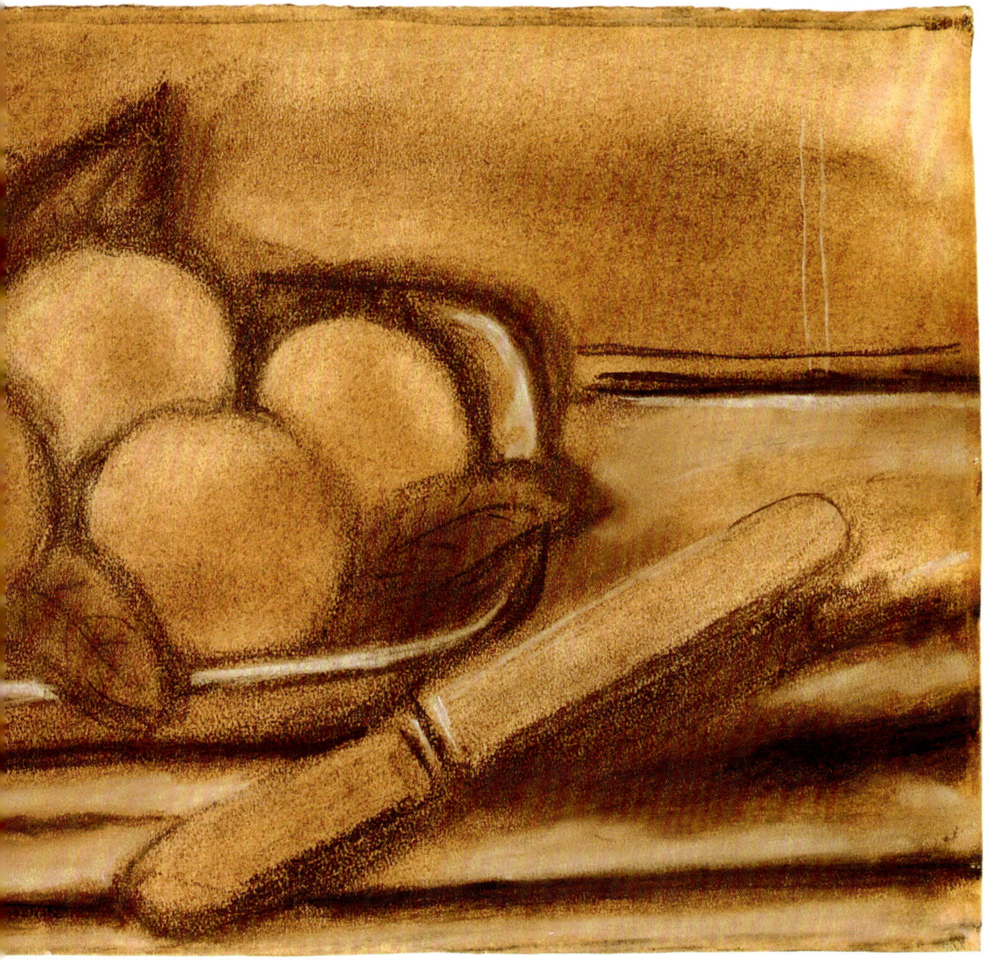

Georges Braque (Frankreich, 1882 bis 1963) kam in Argenteuil-sur-Seine auf die Welt, wuchs aber in Le Havre auf. Braque machte eine Lehre als Dekorationsmaler und besuchte gleichzeitig den Abendunterricht in der Kunsthochschule. Frühe Einflüsse waren der Impressionismus, Fauvismus und das Werk von Paul Cézanne (1839–1973). 1907 lernte er den spanischen Künstler Pablo Picasso (1881–1973) kennen, mit dem er gemeinsam den Kubismus entwickelte. Braque wurde 1914 einberufen und kämpfte im Ersten Weltkrieg, bis er 1917 verletzt wurde. Er zog in die Normandie, wo er im kubistischen Stil weiterarbeitete, aber eine eigene Richtung einschlug.

Siehe auch

Nicholas Volley (S. 66)

Michelangelo (S. 140)

Alberto Giacometti (S. 242)

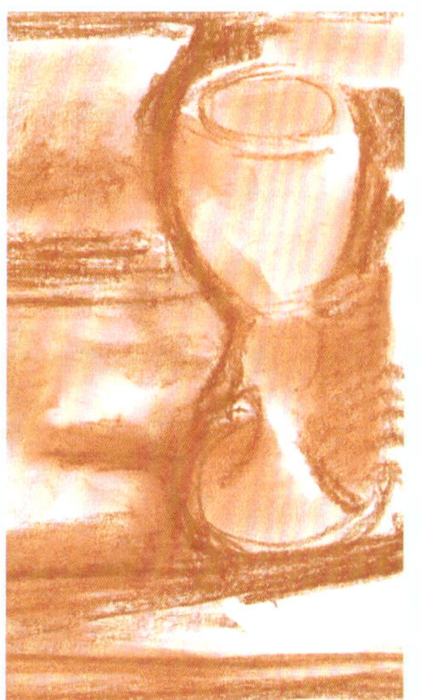

Schattierung

Obwohl es verschiedene Tonwerte in Braques Zeichnung (oben) gibt, geht es ihm nur indirekt um Licht und Schatten. Das Weinglas zum Beispiel wird von einem Schatten umgeben, der in keinerlei Beziehung zum Einfall des Lichts oder zum Hintergrund steht. Wenn man direkt vor dem Modell zeichnet, ist es recht einfach, die richtigen Schattierungen zu treffen. In der Skizze links wurden die Schattierungen eingesetzt, um den Bereich zu betonen.

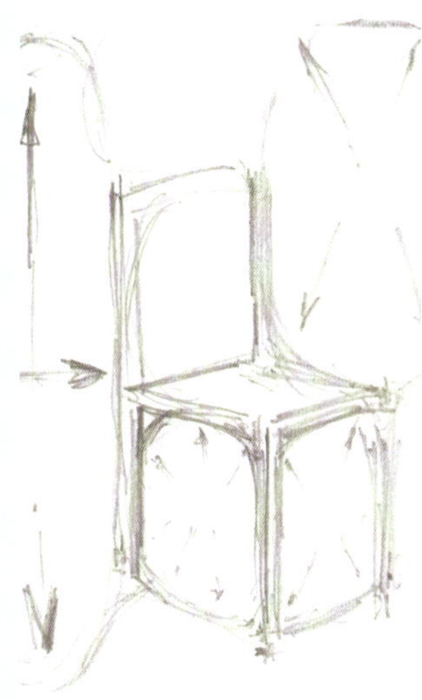

Raum

Wie kann man den Raum so betrachten, als wäre er ein Objekt? Und vor allem: Wie kann man ihn so zeichnen? Stellen Sie sich den Raum zwischen den Beinen eines Stuhls, dem Boden und der Sitzfläche vor (links). Malen Sie sich aus, wie diese Lücke von einem Quadrat oder einem eckigen Ballon ausgefüllt wird. So wird es leichter, sich den Raum vorzustellen, und man zeichnet nicht mehr nur eine Lücke, sondern vielmehr eine Art Ballon in Form einer Lücke.

Giorgio Morandi

Siehe auch

Georges Braque (S. 62)
Nicholas Volley (S. 66)
Alberto Giacometti (S. 242)

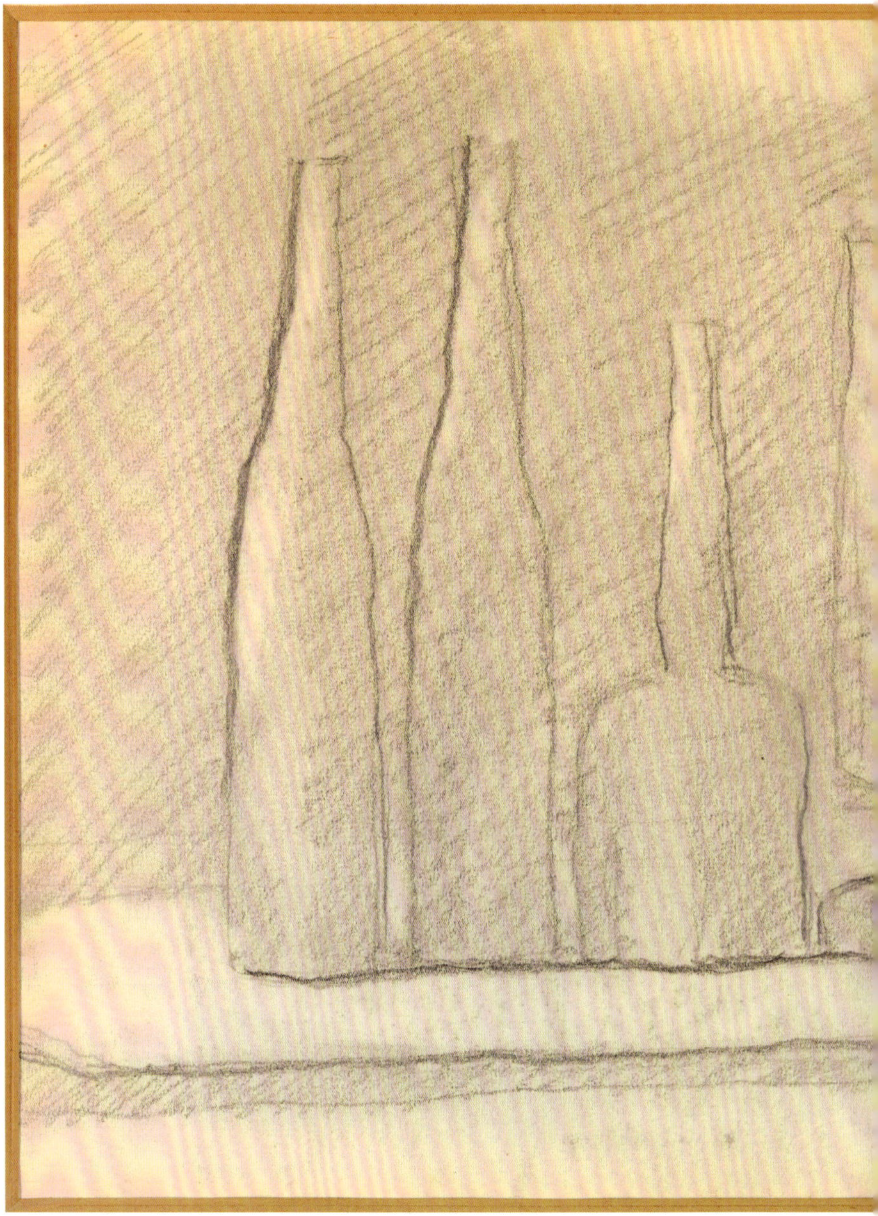

Giorgio Morandi (Italien, 1890–1964) wurde in Bologna geboren, wo er zeitlebens blieb und Stillleben von Flaschen, Krügen, Küchengeräten und Schüsseln in seinem kleinen Atelier anfertigte. Er studierte an der örtlichen Kunstakademie, gab Malunterricht an Schulen und lehrte später Radierkunst an der Akademie. Ursprünglich wurde er der Bewegung der Pittura Metafisica (Metaphysische Malerei) zugerechnet, doch seine spärlichen Verbindungen dorthin lösten sich gegen Ende der 1920er-Jahre auf. Nun verfolgte Morandi seine Erkundungen des Wesens der Malerei ohne Zugeständnisse an stilistische Vorstöße anderer. 1948 erhielt Morandi den ersten Preis für Malerei auf der Biennale von Venedig.

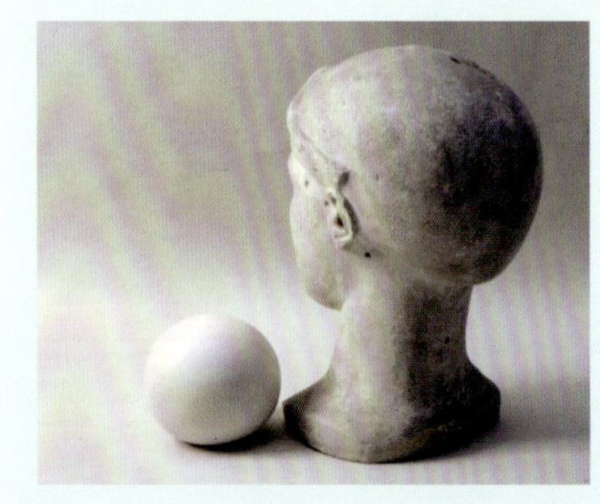

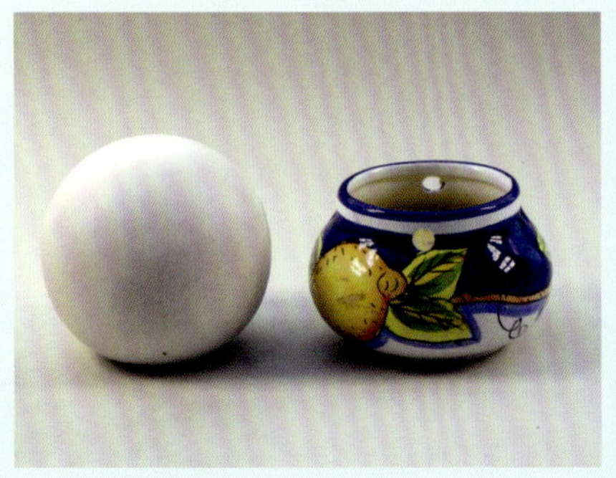

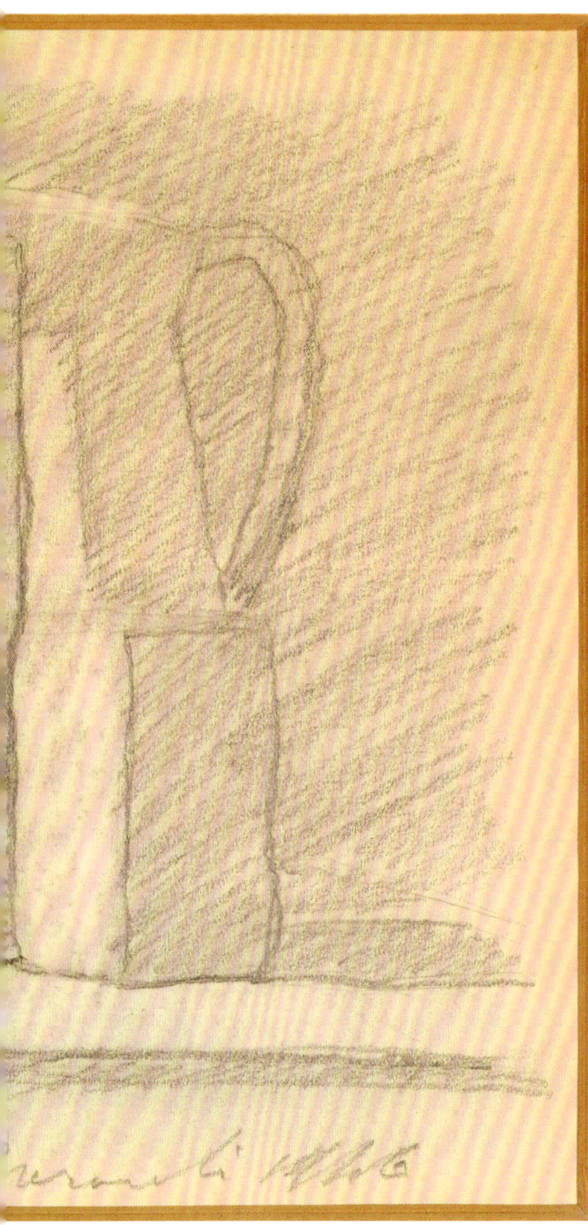

Stillleben 1946
Grafitstift auf Papier
17,8 × 25,4 cm
Metropolitan Museum of Art, New York, USA

Zu Morandis Lebzeiten gab es in seiner Heimat Italien verschiedene künstlerische Bewegungen, die ihre neuesten Manifeste verkündeten. Doch Morandi trat nie einer Bewegung sonderlich enthusiastisch oder aktiv bei. Außer etwa einem halben Dutzend Reisen ins Ausland verbrachte er sein Leben lang in Bologna. 1910 besuchte er Florenz, wo er die Werke von Giotto (1266–1337), Masaccio (1401 bis um 1428), Piero della Francesca (1420–1492) und Paolo Uccello (1397–1475) sah, die einen tiefen Eindruck auf ihn machten.

Für Morandi war die moderne Malerei eine Frage der Konzentration auf die formale Grammatik eines Bildes. Langsam filterte er seine Wahrnehmungen in Darstellungen, die solide und monumental wirken und zugleich ein weiches Licht wie eine Fata Morgana ausstrahlen. Eine Fotografie hält einen Moment fest, den man dann genauer betrachten kann. Morandi scheint es zu gelingen, die Zeit an sich in einem einzigen Bild zu komprimieren.

In der Zeichnung links stehen die Dosen, Krüge und Vasen wie zittrige Gestalten in einer Reihe nebeneinander, als würden sie auf einen Bus warten. Die Formen zwischen den Objekten bilden ihre eigenen Körper, und wenn man die Basis der Objekte betrachtet, scheint die Gruppe kurz vor einer Verschmelzung zu stehen.
Wir wissen, dass Morandi seine Objekte stundenlang anordnete, und selbst wenn er bereits mit dem Malen begonnen hatte, nahm er noch Änderungen in der Anordnung vor, damit alles seiner Bildvorstellung entsprach. Morandi zeigt uns, wie eindrucksvoll und tiefgreifend das Malen direkt vor dem Modell sein kann.

Themenwahl

Das Angenehme bei Stillleben ist es, dass man sein Sujet beliebig verändern kann. Schwierig wird es, wenn die Oberflächen der ausgewählten Objekte zu stark gemustert sind. Die Bemalung auf der Vase links im Bild ist zum Beispiel so dominant, dass sie die plastische Form des bauchigen Gefäßes überlagert. Starke Kontraste von Farbe oder Schattierung treten ebenfalls stärker hervor als die Gesamtform des Objekts. Auf Fotos von Morandis Atelier ist zu sehen, dass die Gegenstände für seine Stillleben kaum oder überhaupt keine Struktur hatten. Eine gute Übung ist es, ein Objekt zu wählen und es mit einer hellen, matten Farbe anzumalen (ganz links). Auch der Lichteinfall ist wichtig. Das Licht sollte nicht direkt auf die Objekte fallen, sondern aus einem leichten Winkel (links).

Materialien

Die meisten Zeichnungen von Morandi entstanden mit einem einfachen Bleistift (Härtegrad HB oder 2B) auf hellbraunem oder cremefarbenem Velinpapier. Bleistift ist für solch zarte Linien, die ein Gefühl des Vibrierens auf dem Papier erzeugen, und die einheitlichen, schrägen Schraffuren besonders geeignet. Generell gilt: Ein demonstrativ eigener Stil lenkt zu sehr von der Zeichnung ab.

Nicholas Volley

Korb und Kerzenständer 1997
Kohle auf Papier
109,2 × 112 cm
Privatsammlung

Blickt man auf die vergangenen fünfzig Jahre zurück, wird deutlich, dass es mehr Künstler gab, die direkt vor dem Modell arbeiteten, als von Kritikern und Kunsthistorikern gern behauptet wird. Einige der interessantesten Künstler haben so gearbeitet – unter ihnen Lucian Freud (Seite 106), Frank Auerbach (Seite 202) und Alberto Giacometti (Seite 242). Obgleich Nicholas Volley versuchte, aus der Erinnerung oder mithilfe der Vorstellungskraft zu malen, sagte ihm das nie ganz zu. Ihn faszinierte besonders die direkte Begegnung mit einem Menschen, einem Objekt oder einer Landschaft im Raum oder in einem bestimmten Licht.

Die Zeichnung auf der linken Seite zeigt ein Motiv, das durchaus schon vor dreihundert Jahren Bildgegenstand hätte sein können. Die Gegenstände, die Volley in seiner Zeichnung auf der rechten Seite darstellt, liegen auf einem Tisch – irgendwo in einem baufälligen Gartenschuppen oder in einem schicken New Yorker Loft. Es war für Volley zwar wichtig, die Objekte zu zeigen, doch geht es ihm hier vorrangig um Raum und Form. Einzelne Raumpartien, nicht Details, stechen hervor, scheinen sich zu bewegen und mit anderen Bereichen und Komponenten zu interagieren (achten Sie darauf, wie das Messer den Raum durchschneidet). Der hintere Teil des Tischs scheint an der richtigen Stelle zu sein, sobald jedoch der Blick über den Tisch wandert, gelangt man auf einmal auf die Oberfläche des Papiers. So ergibt sich ein permanentes optisches Drängen und Ziehen. Das geschieht nicht willkürlich: Eine Reihe von Irritationen führt dazu, dass wir beim Betrachten den Aufbau des Bilds immer wieder neu strukturieren.

Nicholas Volley (Großbritannien, 1950–2006) machte sich mehr als Maler denn als Zeichner einen Namen, auch wenn das seinen Zeichnungen nicht gerecht wird. Er wurde in eine Arbeiterfamilie in Grimsby in Lincolnshire geboren und lernte von 1967 bis 1970 an der örtlichen Kunstschule. Danach studierte er fünf Jahre lang an der Slade School of Fine Art in London, wo ihn Euan Uglow (1932–2000), Patrick George (1923–2016) und William Coldstream (1908–1987) unterrichteten. Von Peter Paul Rubens (1577–1640), Édouard Manet (1832–1883), Vincent van Gogh (1853–1890) und Paul Cézanne (1839–1906) beeinflusst, zeichnen sich seine Porträts sowie seine Stillleben von vertrauten Gegenständen durch einen traditionellen Stil aus. Sein Werk findet sich in Privatsammlungen und Sammlungen in ganz Großbritannien.

Siehe auch

Georges Braque (S. 62)
Giorgio Morandi (S. 64)
Alberto Giacometti (S. 242)

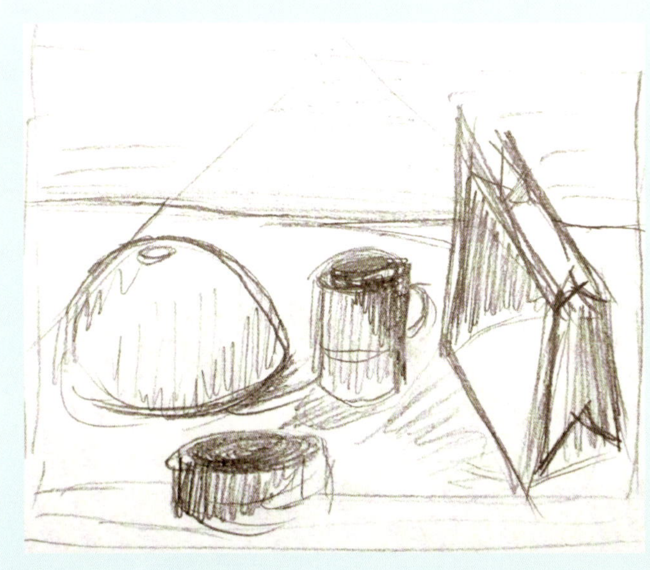

Raum und Form

Stillleben sind die praktischsten Bildthemen, die man sich aussuchen kann. Doch schnell ist etwas falsch arrangiert. Die meisten machen den Fehler, in wenigen Minuten ein paar Objekte zusammenzustellen und sofort mit dem Zeichnen zu beginnen. Die großen Stillleben-Künstler verbrachten dagegen Stunden damit, ihre Objekte exakt anzuordnen. Trauen Sie sich, auch noch während des Zeichnens etwas umzustellen, wenn ein Objekt an einem Platz nicht gut funktioniert.

Volleys Zeichnung auf der rechten Seite handelt vom Prozess des Sehens und seiner Umsetzung auf dem Papier. Die Flächen sind als aktive Teile der Komposition zu sehen. Jede Linie dient einem Zweck, Schattierungen gibt es kaum. Details wie der Löffel oder das Messer treten hinter der Bedeutung der Raumpartien zurück. Der optische Trick: Eine kleine Unstimmigkeit in der Zeichnung lenkt die Aufmerksamkeit von einer Fläche auf ein Detail und bricht so die Einheit.

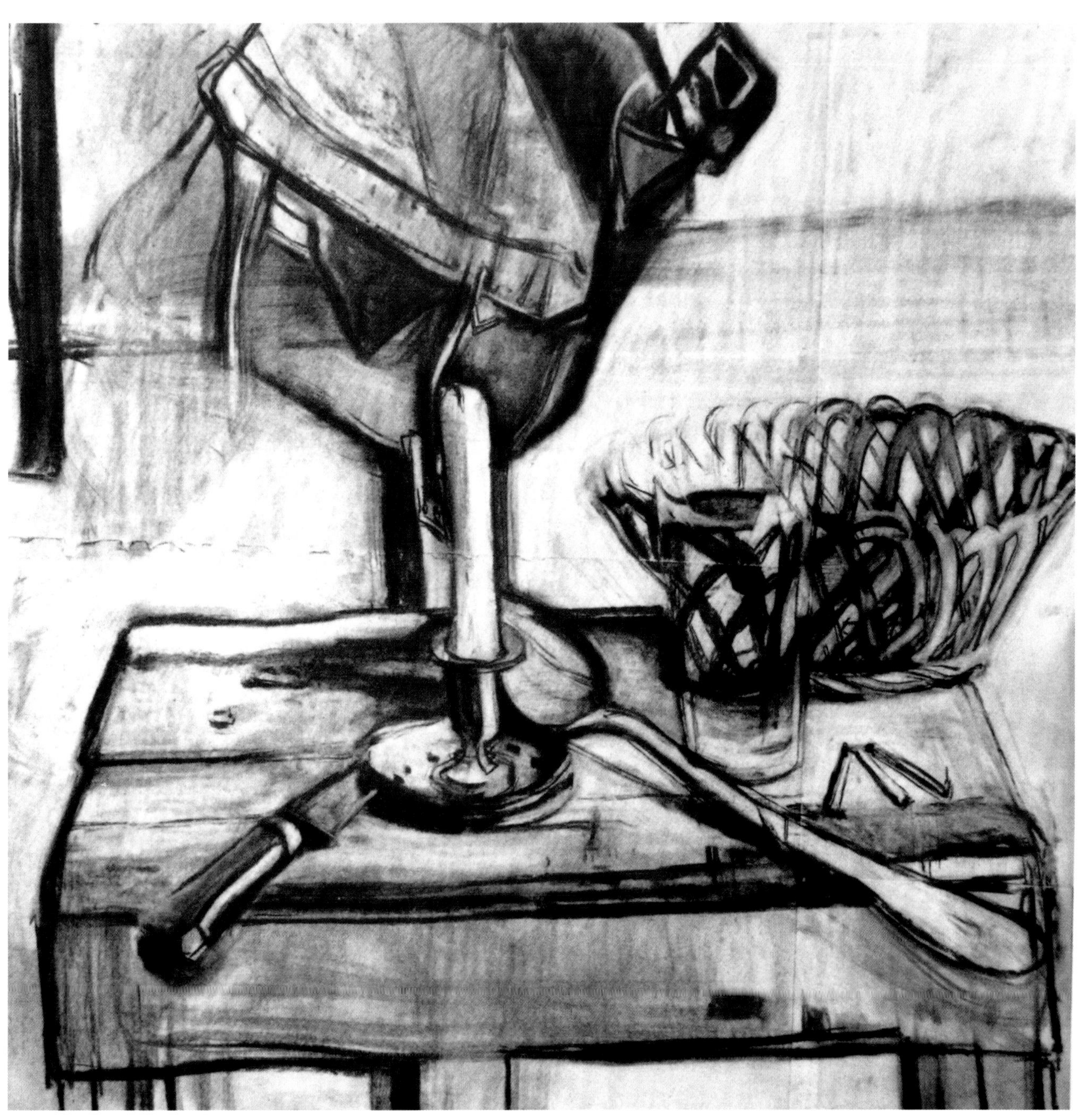

Köpfe

Als Motiv bietet der menschliche Kopf zahlreiche Aspekte der künstlerischen Auseinandersetzung und vereint eine große Bandbeite an emotionalen, psychologischen und formalen Überlegungen. Jede Generation hat dabei ihr eigenes Empfindungsvermögen, doch im Grunde verändert sich die Menschheit nicht. Der Kopf als Motiv ist daher kaum zu übertreffen. Von großer Bedeutung ist die Unterscheidung zwischen »Kopf« und »Porträt«, denn die Beziehung zwischen dem Gesicht und dem gesamten Kopf ist wichtiger, als man vermuten möchte. Große Künstler, von Leonardo da Vinci (Seite 72), Rembrandt van Rijn (Seite 146) bis zu Vincent van Gogh (Seite 126) und Pablo Picasso (Seite 102) fertigten Zeichnungen und Gemälde von Köpfen an, die als Porträts bezeichnet werden. Ihre Werke aber gehen über das Konzept der reinen Ähnlichkeit des Gesichts weit hinaus.

Diese Köpfe stehen nicht für den einzelnen Menschen, sondern für das allgemein Menschliche, während ein Porträt in der Abbildung des Gesichts – der äußeren Fassade sozusagen – die Persönlichkeit einer bestimmten Person wiedergibt.

Als Betrachter stellen wir hohe Anforderungen an das Können der Künstler, die ihre Fertigkeiten einsetzen, um nach dem Unmöglichen zu streben. Je mehr Informationen der Künstler aber in das Bildnis einer Person einfließen lässt, desto höher sind die Erwartungen des Betrachters nach Ähnlichkeit. Liefert der Künstler dagegen weniger Details oder Informationen, ist der Betrachter umso williger, die Fehlstellen selbst zu ergänzen. Aus diesem Paradox können Künstler einen Vorteil ziehen und ihre Werke mit beinahe mystischen Qualitäten aufladen, wie es Rembrandt in seinen geheimnisvollen, ausdrucksstarken Selbstporträts gelang.

Leonardo da Vinci

Studie für einen Mädchenkopf um 1483
Silberstift auf Papier
18,1 × 15,9 cm
Biblioteca Reale, Turin, Italien

Leonardo da Vinci war dreißig Jahre älter als sein Zeitgenosse Raffael, der im Jahr 1503 eine ganz ähnliche Studie anfertigte: *Eine junge Frau, Halbfigur, sitzend* (Seite 74). Während Raffael die junge Frau mit schwarzer Kreide zeichnete, verwendete Leonardo einen Silberstift, der im 15. Jahrhundert viel vewendet wurde, gegen Ende des Jahrhunderts jedoch kaum mehr in Gebrauch war. Der Silberstift aus einem dünnen Metalldraht hinterlässt auf einer präparierten Oberfläche feine Linien, die sich jedoch nicht mehr auszuradieren lassen. Zudem ist es mühsam, größere Flächen mit diesem Stift zu bearbeiten. Die Künstler sehnten sich zu Leonardos Zeit nach vielseitigen Materialien. Nach der Entdeckung von Grafitlagerstätten in Cumbria (England) kamen im 16. Jahrhundert Grafitstäbe zum Zeichnen in Gebrauch.

Auffällig an Leonardos Silberstiftzeichnung (rechte Seite) ist die perfekte Kontrolle der Tonwertabstufungen: Jeder Bereich des jugendlichen Gesichts ist aus einer Reihe von feinen Linien unterschiedlicher Dichte aufgebaut. Die Entwicklung dieser Technik ist auf der unteren Hälfte der Zeichnung zu erkennen. Leonardo setzte erst einige unverbundene Konturen, dann erfolgte die genaue Schattierung. Bemerkenswert ist eine Korrektur der Kontur an der Seite des Gesichts. Die geheimnisvolle Atmosphäre der Zeichnung speist sich aus ihrer Unvollkommenheit. Blickt man vom rechten Auge hinauf zur Stirn, scheint das Auge geradezu herauszufallen. Sieht man weiter nach oben, geraten die Kurve und die Form des Oberkopfes in den Blick und drängen das Auge optisch zurück.

Leonardo da Vinci (Italien, 1452 bis 1519) wurde in der Toskana als Leonardo di ser Piero da Vinci geboren. Nach einer Lehre bei dem Bildhauer Andrea del Verrocchio (um 1435 bis 1488) arbeitete er als Künstler in Florenz. 1482 ging er nach Mailand an den Hof des Herzogs Ludovico Sforza, wo er *Das letzte Abendmahl* (1495–1498) schuf. Zu Beginn des 16. Jahrhunderts begann er in Florenz mit der *Mona Lisa*. 1508 wurde er in Mailand Berater für Architektur und Ingenieurskunst am Hof von Ludwig XII., des Herzogs von Mailand und König von Frankreich. 1516 zog Leonardo da Vinci nach Frankreich, um unter dem jungen König Franz I. führender Künstler und Ingenieur zu werden.

Siehe auch

Piet Mondrian (S. 56)

Raffael (S. 74)

Pierre-Paul Prud'hon (S. 218)

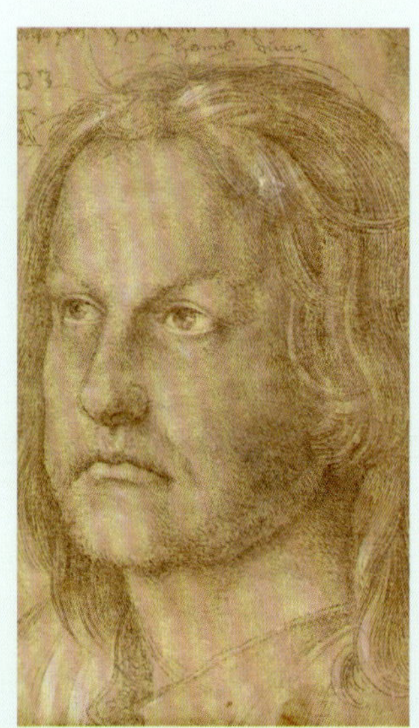

Materialien

Schwarztöne, die sich mit Conté-Stift erzielen lassen, erreicht man mit einem Silberstift nicht. Verschattete Partien müssen durch lineare Schraffur aufgebaut werden, wie man in der Abbildung links und rechts (Detail) sehen kann. Dadurch kann man im Vergleich zur gestischen Unmittelbarkeit einer Kohle- oder Kreidezeichnung natürlich kontrollierter arbeiten. Tipp: Sie können beim Zeichnen eines Kopfs das Zeichenmittel wechseln. Das eröffnet ganz neue Möglichkeiten.

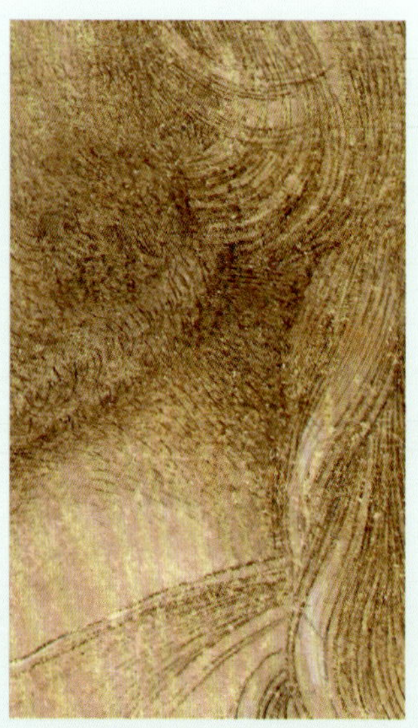

Die Technik sollte aber immer nur Mittel zum Zweck bleiben. Der Silberstift funktioniert folgendermaßen: Wenn man weiches Metall über eine leicht abreibbare Oberfläche zieht, hinterlässt dies einen Strich. Das Papier wird vorher mit einer Mischung aus Zinkweiß-Gouachefarbe und Gummi arabicum präpariert (kann man als Fertigmischung kaufen): Die Flüssigkeit wird dabei gleichmäßig auf dickes Papier aufgetragen, das sich nicht so leicht wellt – oder man spannt das Papier auf (Seite 42).

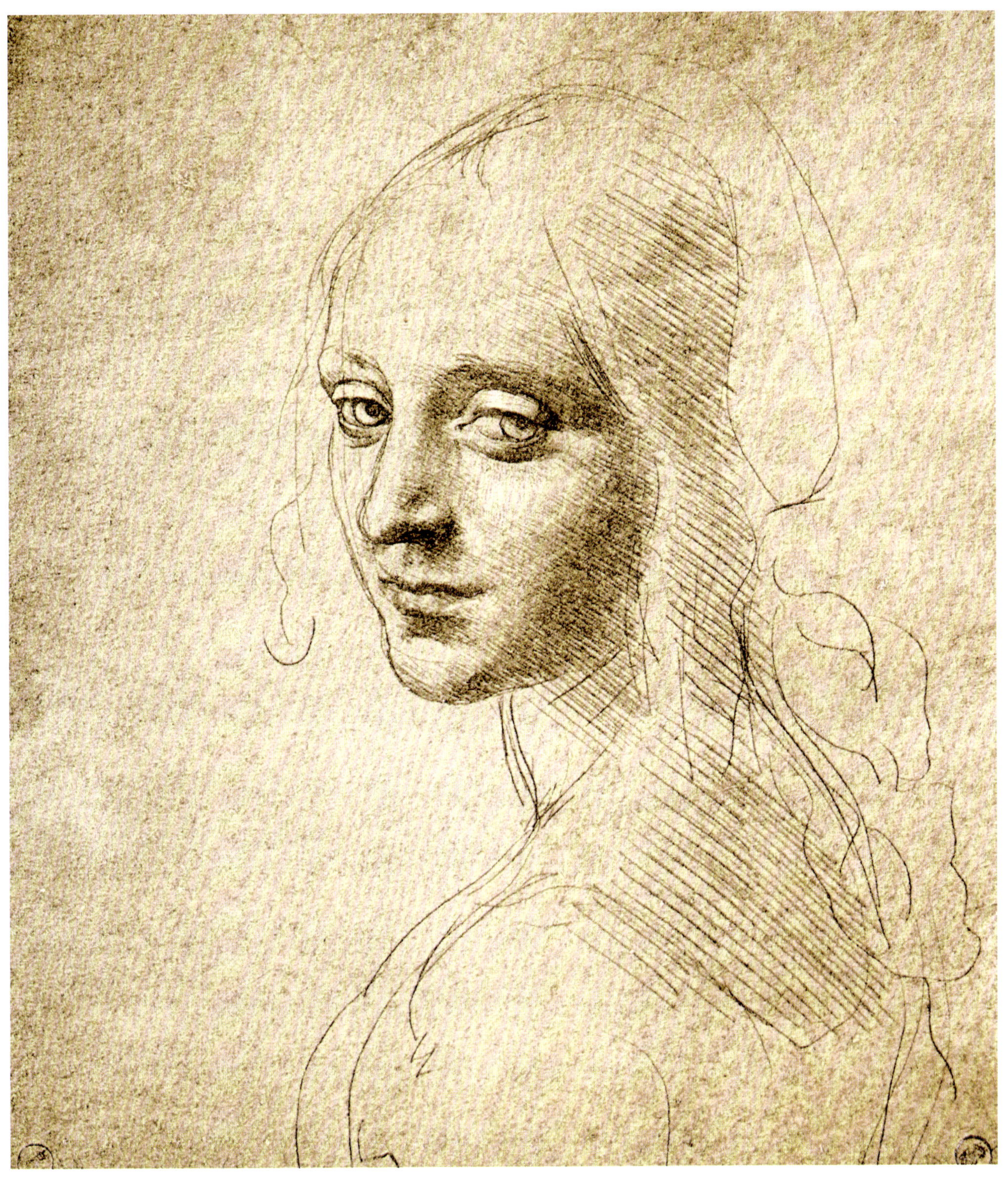

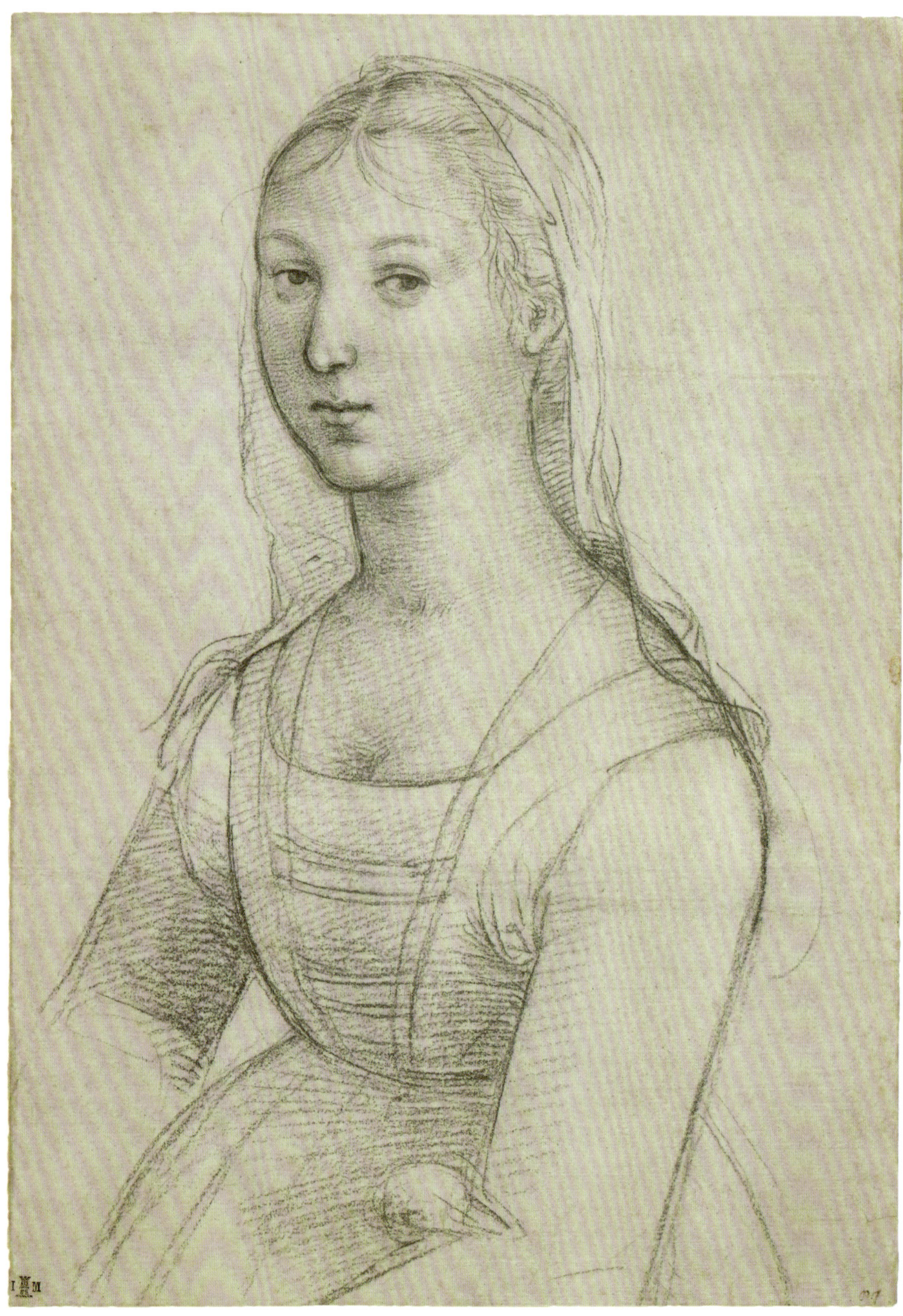

Eine junge Frau, Halbfigur, sitzend 1503

Schwarze Kreide
25,7 × 18,2 cm
British Museum, London, Großbritannien

Bei der Reproduktion eines Werks lässt sich die Größe der Originalzeichnung oft schwer einschätzen. Die Zeichnung von Raffael ist etwas kleiner als ein DIN-A4-Blatt. Das kleine Format hat Vorteile. Wenn man ein dünnes Zeichenmittel wie gespitzte Kreide oder einen Bleistift verwendet, kann ein zu großes Format technisch schwierig werden, denn man muss eine große Fläche füllen und verliert das Gesamtbild schnell aus dem Blick.

Als Raffael die Zeichnung auf der linken Seite anfertigte, war er etwa zwanzig Jahre alt. Hier zeigt Raffael bereits sein technisches Können. Entscheidend ist die Positionierung der Figur auf dem Papier: Das Mädchen scheint sich darauf zu konzentrieren, völlig still zu sitzen. Die Pose wirkt etwas unnatürlich, aber überzeugend, denn der Betrachter spürt die Anspannung. Die Anordnung der Gesichtszüge verstärkt dies – bereits eine winzige Verschiebung nach links wäre nicht passend. Lässt man den Blick von der Haarlinie zum rechten Auge wandern, scheint das Auge des Mädchens eine Sekunde lang zu schweben, nur um im nächsten Moment wieder zum Bestandteil des Kopfes zu werden.

Raffaels Fähigkeit, Konturen in die Gesamtheit der Zeichnung zu integrieren und dabei dennoch ihre Unabhängigkeit zu bewahren, ist geradezu unheimlich. Wandert der Blick vom Kleid des Mädchens hinauf zu Schultern, Hals und Kopf, werden die Konturen fester und verbinden sich mit den Tonwertabstufungen. Die untere Hälfte des Bildes besitzt diese Qualität nicht, da sie nicht weiter ausgearbeitet wurde. Das Werk blieb unvollendet, aber im Auge des modernen Betrachters macht jedoch gerade dies den besonderen Charme der Zeichnung aus.

Raffael (Italien, 1483–1520) wurde in Umbrien als Raffaello Sanzio da Urbino geboren. Er war der Sohn von Giovanni Santi (um 1435–1494), dem Hofmaler des Herzogs von Urbino. Raffael trat nach dem Tode seines Vaters in die Werkstatt von Pietro Perugino ein (um 1446–1523). Im Alter von 21 Jahren arbeitete er in Florenz und galt den älteren Künstlern Leonardo (1452–1519) und Michelangelo (1475–1564) als ebenbürtig. 1508 zog Raffael nach Rom, wo er sein restliches Leben verbrachte und die berühmten Gemächer »Stanzen des Raffael« im Vatikanpalast mit Wandbildern ausschmückte.

Siehe auch

Leonardo da Vinci (S. 72)

Jean-Auguste-Dominique Ingres (S. 152)

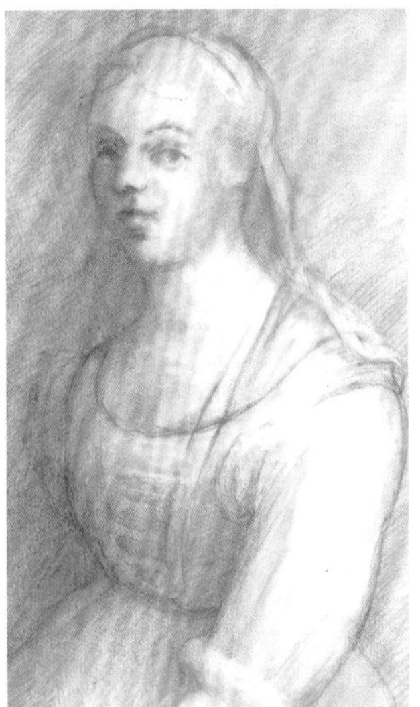

Schattierung

Die Grundkomposition von Raffaels Zeichnung (linke Seite) ist linear, Leonardo da Vinci dagegen (Seite 72) legt den Fokus auf die Schattierung. Ihn interessierte, wie Körper sich in Licht und Schatten verhalten. Es gilt: Konturen, die sich auflösen, ergeben eine stärkere Modellierung. Nehmen Sie eine linienbetonte Vorlage, wie die Zeichnung von Raffael (linke Seite) und zeichnen Sie eine tonale Version davon (links). Danach zeichnen Sie Motiv im linearen Stil.

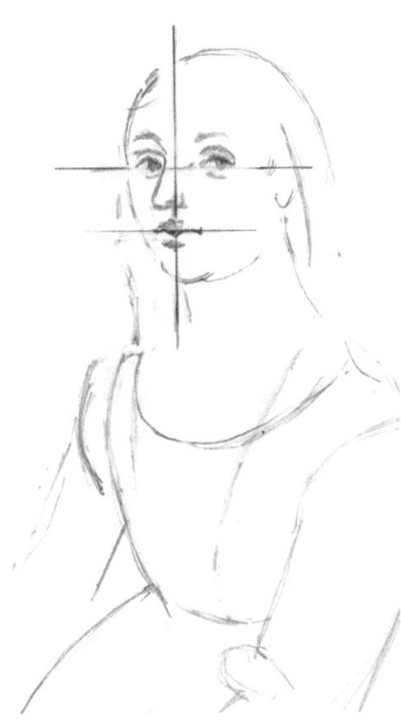

Komposition

Durch Ausrichtung und Lage des Kopfes erzielt Raffael in seiner Zeichnung auf der linken Seite eine harmonische Komposition. Die vertikalen und horizontalen Linien sorgen für Stabilität. Die zentrale Achse des Kopfes ist vertikal, die Gesichtszüge stehen dazu im rechten Winkel (links). Meisterhaft ist die Spannung zwischen dieser Ausrichtung und den alles verbindenden Formen rund um den Kopf. Hals, Körper und Rock zeigen einfache Kurven, die aufeinander Bezug nehmen.

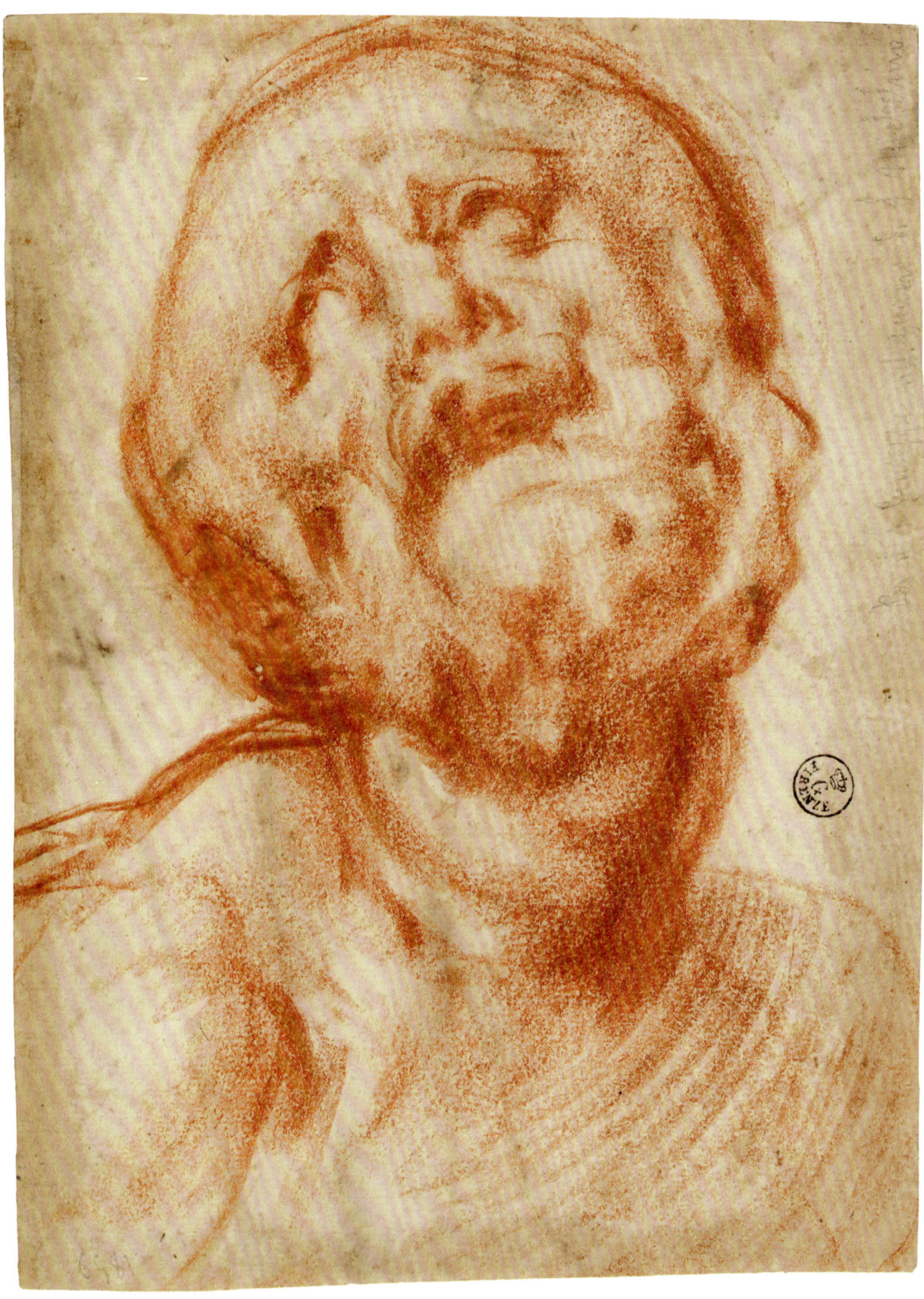

Kopf eines bärtigen Mannes (Studie für Pala Pucci) 1517

Rötel auf Papier
17,5 × 12,7 cm
Uffizien, Florenz, Italien

Die meisten Künstler nutzten bis zur Mitte des 19. Jahrhunderts die Errungenschaften früherer Künstlergenerationen und modifizierten die traditionelle Sprache der Kunst immer wieder. Auch Pontormo folgte in seinem Zeichenvokabular diesem Vorbild.

Die Zeichnung eines bärtigen Mannes auf der linken Seite nutzte Pontormo als Studie für sein Gemälde *Maria mit Christuskind und Heiligen* (auch bekannt als *Pala Pucci*), das er 1518 fertigstellte. In der Zeichnung links werden Licht, Schatten und Übergangstöne klar voneinander abgegrenzt. Linien sind sparsam als Kontur eingesetzt, um Innenflächen eine Richtung zu geben. Der Gesichtsausdruck des Bärtigen ist lediglich angedeutet.

Wie gelang Pontormo diese kraftvolle Ausstrahlung? Die Antwort darauf liegt in der spontanen Qualität der Konturen und den breiten Strichen im Inneren, die eine rhythmische Bewegung erzeugen. Interessanterweise ist die Zeichnung kleiner als DIN-A5. Papier war im 16. Jahrhundert teuer. Von daher war es eine Frage der Sparsamkeit, auf kleinem Format zu zeichnen. Ein kleines Format hat aber durchaus Vorteile: Erstens sieht man das Bild auf einen Blick, sodass der Künstler während der Arbeit die Wirkung der ganzen Komposition vor Augen hat und den Rhythmus des Bildes leichter gestalten kann. Zweitens muss der Künstler weniger Fläche füllen und kann Schattierungen als aktiven Part der Zeichnung einsetzen. Schließlich scheint die Geschwindigkeit, mit der der Blick über das Bild wandert, der Arbeitsgeschwindigkeit zu entsprechen.

Pontormo (Italien, 1494 – ca. 1556) wurde als Jacopo Carucci geboren, wird aber nach seinem toskanischen Geburtsort bezeichnet. Jacopo, der Sohn eines Malers, wuchs umgeben von Meisterwerken und Künstlern der Hochrenaissance auf, da er bei mehreren Künstlern in Florenz in die Lehre ging, darunter auch bei Leonardo da Vinci (1452–1519). Im Gegensatz zu seinen florentinischen Zeitgenossen studierte Pontormo die Werke der Künstler aus Nord- und Mitteleuropa, besonders die von Albrecht Dürer (1471–1528). Beeinflusst von Michelangelo (1475 bis 1564), entwickelte er seinen eigenen Stil und gilt als einer der wichtigsten Maler des Manierismus.

Siehe auch
Hans Holbein d. Jüngere (S. 80)
Federico Barocci (S. 82)
Annibale Carracci (S. 84)

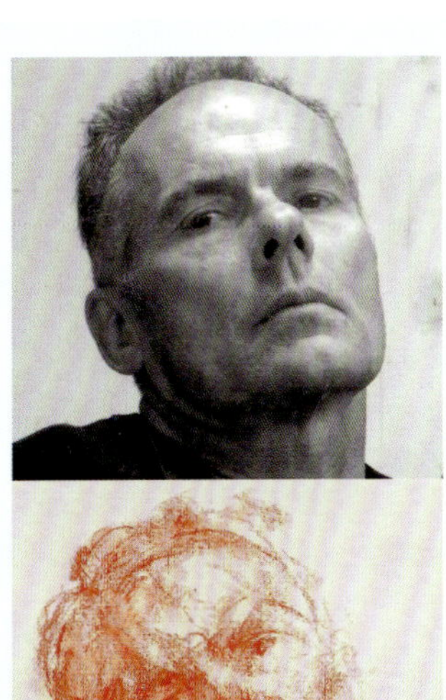

Form

Die Beziehung zwischen Gesicht und Kopf ist wichtig. Betrachten Sie zuerst den ganzen Kopf. Sehen Sie sich das Motiv an (links oben) und blicken Sie von Bereich zu Bereich, während Sie überlegen, welche besondere Eigenschaft Sie in Ihrer Zeichnung festhalten wollen. Beim Zeichnen lassen Sie Ihren Blick erneut von Bereich zu Bereich wandern, während Sie die Striche setzen. In der Zeichnung links unten sind die Striche gestisch sehr frei gesetzt, beschreiben aber dennoch individuelle Gesichtszüge.

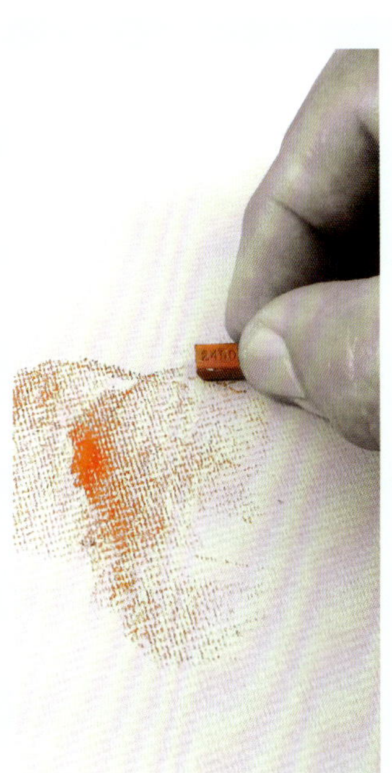

Linienführung

Als Künstler sollte man unterschiedliche Stricharten beherrschen. Sie können die Kreide verwischen oder Schatten durch Linien erzeugen. Mit Kreidestücken oder mit der Seitenfläche eines Kreidestäbchens (links) lassen sich Variationen erzielen. Zu viele Stricharten können jedoch visuell verwirrend sein. Auf der anderen Seite wirkt eine eintönige Zeichnung stilistisch meist zu monoton. Drücken Sie mit der Kreidelängsseite auf auf einer Seite ein wenig stärker auf das Papier, erhalten Sie Tonwertabstufungen.

Polidoro da Caravaggio

Der Kopf des hl. Thomas um 1527
Rötel
20,9 × 26,8 cm
Royal Collection Trust, London, Großbritannien

Auf den ersten Blick fasziniert diese Rötelstudie. Obwohl Polidoro da Caravaggio den Ausdruck auf dem Gesicht des Mannes brillant gezeichnet hat, entsteht die Wirkung des Bildes in erster Linie durch die Komposition und durch einen genialen Trick: Betrachten Sie als Erstes die Größe des Kopfes im Verhältnis zur Größe des Papiers. Der Kopf nimmt beinahe die Hälfte der Papierfläche ein, was beim Betrachter ein Gefühl großer Nähe auslöst und fast schon ein wenig klaustrophobisch wirkt. Das Ohr des Mannes ist unglaublich gut gezeichnet: Dennoch beeindruckt nicht die Brillanz der Details, sondern die Art und Weise, wie sich jedes einzelne Detail in das Gesamtbild des Kopfes einfügt. Das Ohr scheint seltsam abgetrennt von den Haaren. Beiderseits des Ohres wirkt das Haar überzeugend, aber etwas weiter oben sieht es sehr flach und unnatürlich aus. Auch die Nase ist bemerkenswert: Das Nasenloch scheint sich dem Betrachter förmlich entgegenzuwölben, obwohl man von oben auf die Nase blickt.

Es stellt sich die Frage, ob der Künstler diese proportionalen Verschiebungen mit Absicht gestaltet hat – und, falls ja, warum? Die Antwort werden wir nie erfahren. Caravaggio scheint jedenfalls einen Mann gezeichnet zu haben, der intensiv, vielleicht sogar besorgt etwas erblickt, das sich rechts vom Betrachter befindet. Der Titel lässt vermuten, dass das Bild den heiligen Thomas darstellt, und zwar in dem Moment, als der wiederauferstandene Christus dem ungläubigen Jünger seine Wunde zeigt. Die Zeichnung macht deutlich, wie sich das Erscheinungsbild des Mannes durch den Ausdruck der Sorge auf seinem Gesicht verändert.

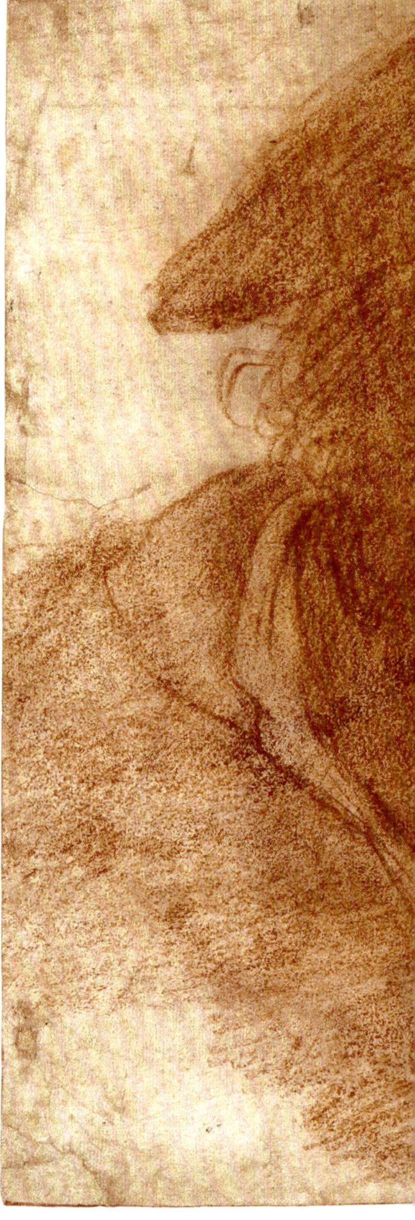

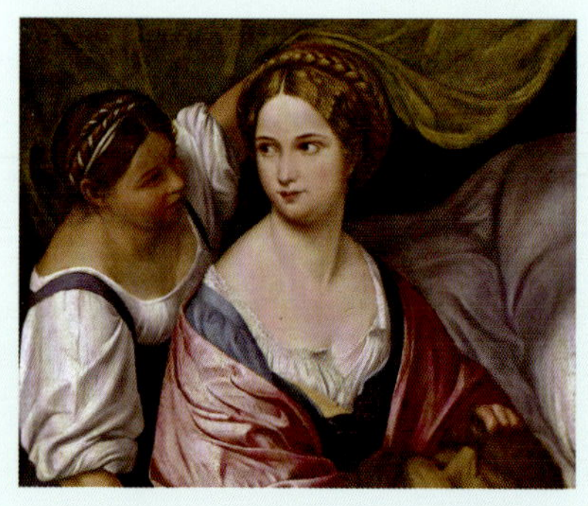

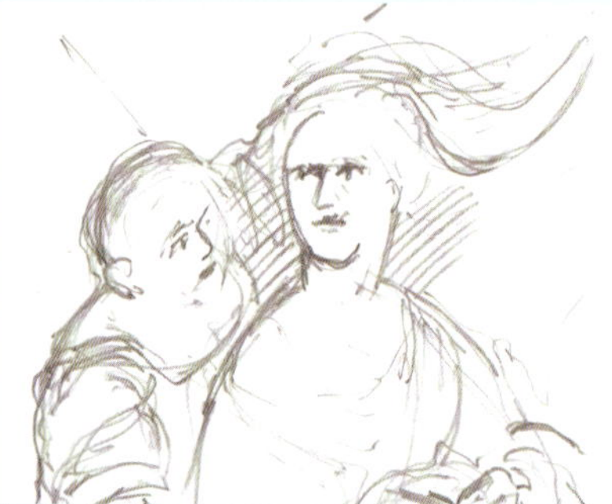

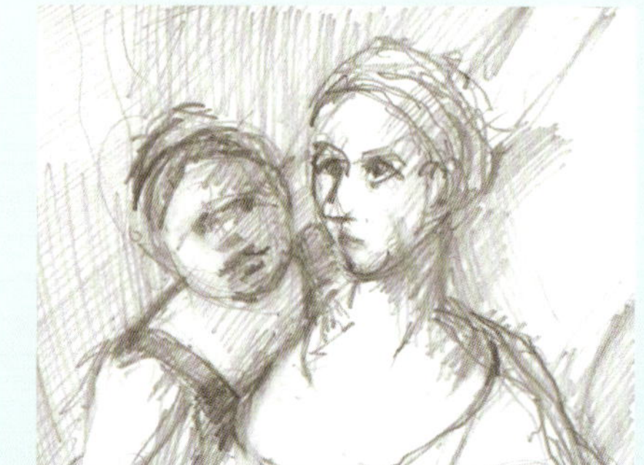

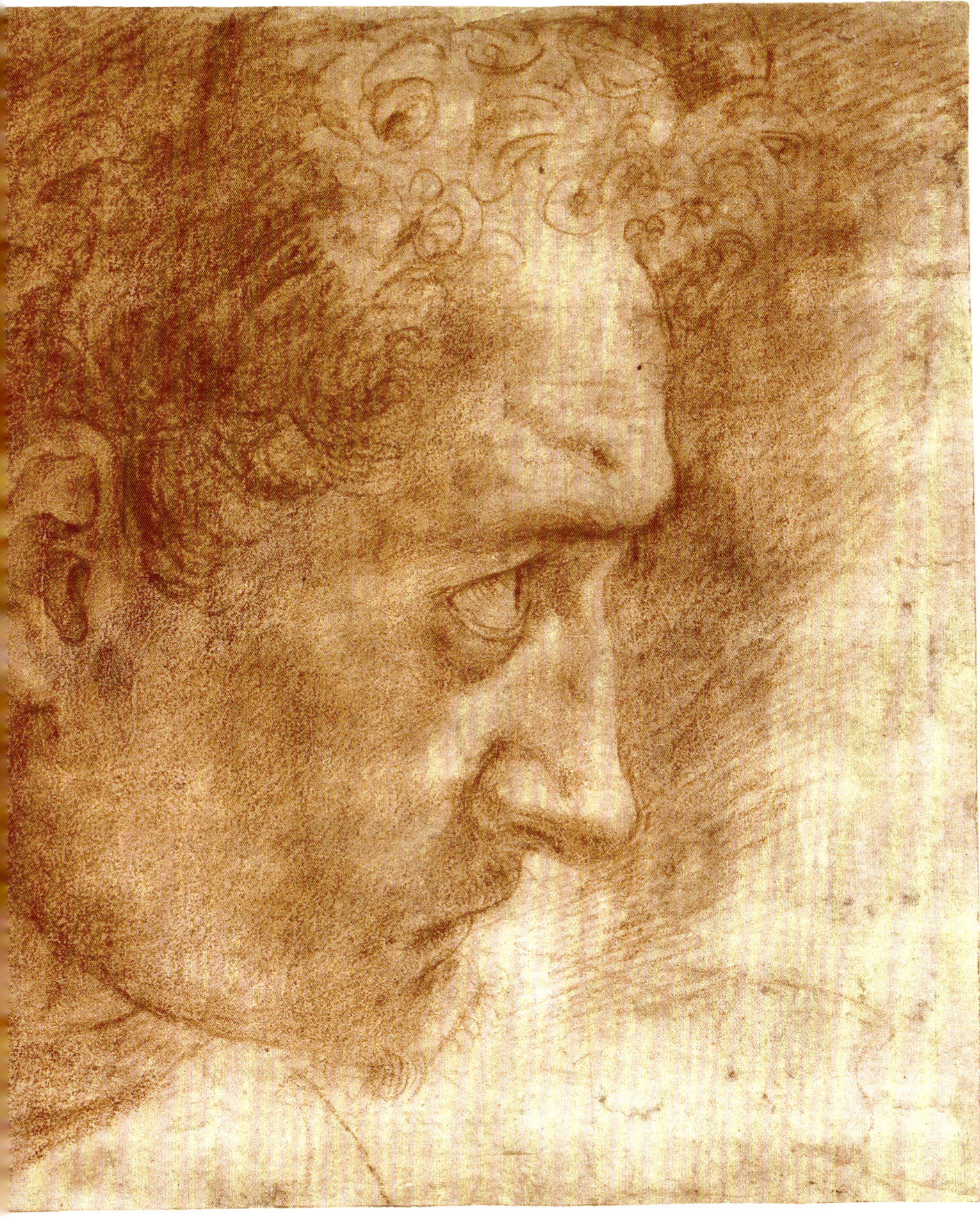

Polidoro da Caravaggio (Italien, um 1499–1543) wurde nach seinem Geburtsort Caravaggio in der Lombardei benannt. In jungen Jahren ging er nach Rom, wo er Raffael (1483–1520) bei der Gestaltung von Wandgemälden unterstützte. Mit Maturino da Firenze (1490–1528) arbeitete er als Maler von Palastfassaden bis zur Plünderung Roms im Jahre 1527. Caravaggio floh 1527 aus der Stadt, zuerst nach Neapel und von dort nach Messina. Nach der Vollendung mehrerer Projekte beabsichtigte Caravaggio, nach Rom zurückzukehren, und hob für die Reise seine Ersparnisse ab. Doch einer seiner Assistenten ermordete ihn des Geldes wegen.

Siehe auch

Francisco Goya (S. 150)

Pierre-Paul Prud'hon (S. 218)

Motiv

Mit der Wahl des Blickwinkels kann man den interessantesten Aspekt eines Motivs herausstellen. Ein falscher Blickwinkel dagegen ruiniert ein Werk schnell. Wählen Sie ein berühmtes Werk als Vorlage (ganz links): Zeichnen Sie erst das Werk ab (Mitte links) und fertigen Sie dann eine Zeichnung aus einem ganz anderen Blickwinkel an (links). Dadurch wird klar, warum der Künstler exakt diesen Blickwinkel für sein Werk gewählt hat.

Tipp: Bei einem Profilbild konzentrieren sich Künstler oft zu stark auf Augen, Nase und Lippen. Für ein überzeugendes dreidimensionales Kopfbild ist es besser, wenn Sie sich auf Schläfe und Ohr konzentrieren wie im Bild oben, da dieser Bereich in der Mitte des Kopfes liegt. Kehren Sie immer wieder zum Zentrum zurück und zeichnen Sie die äußeren Konturen als Ausdruck der Gesichtszüge.

Hans Holbein der Jüngere

Sir Thomas Lestrange (um 1490–1545) um 1536
Kreiden, Feder, Tusche und Metallstift auf rosa präpariertem Papier
24,3 × 21 cm
Royal Collection Trust, London, Großbritannien

Mit einem Empfehlungsschreiben des Humanisten Erasmus von Rotterdam ging Hans Holbein der Jüngere 1526 von Deutschland nach England an den Hof von König Heinrich VIII. Europa befand sich damals in einer Epoche religiöser und politischer Umwälzungen. Tizian und Michelangelo waren auf dem Höhepunkt ihres Schaffens, doch Rom wurde 1527 durch deutsche Landsknechte sowie spanische und italienische Söldner geplündert. Viele Historiker sehen in diesem Datum das Ende der Hochrenaissance.

In Mittel- und Nordeuropa hatten die Künstler zu Beginn des 16. Jahrhunderts einen realistischen und präzisen Stil entwickelt. Auch Holbein wurde für seine Fähigkeit bewundert, sehr lebensnahe Bildnisse zu schaffen. Er war zwar nicht der höchstbezahlte Hofkünstler, aber seine Arbeiten galten als sehr bedeutend und wurden gern gesammelt.

Wir wissen, dass Holbein seine Zeichnungen in etwa dreistündigen Sitzungen anfertigte. Die schlichte und direkte Technik lässt seine Bildnisse modern erscheinen, wie auch dieses Porträt des Höflings Sir Thomas Lestrange. Das Gesicht des jungen Mannes ist äußerst nuancenreich gearbeitet und nur sanft schattiert. Die leicht betonten Linien von Augen, Nase, Lippen und Kragen reichen für diese subtile Schattierung aus. Besonders die Lippen sind gut getroffen. Sobald eine Zeichnung vollendet war, übertrug Holbein sie mit einem mechanischen Gerät auf eine Holztafel. Er schuf zahlreiche Porträtzeichnungen – außerordentliche visuelle Dokumente der führenden Köpfe am Hofe von Heinrich VIII.

Hans Holbein der Jüngere
(Deutschland, um 1497–1543) lernte in der Malerwerkstatt seines Vaters in der Renaissance-Stadt Augsburg. 1515 fand er Arbeit in Basel, einem Zentrum des humanistischen Denkens. Dort zeichnete Holbein den niederländischen humanistischen Gelehrten Erasmus von Rotterdam. 1526 ging Holbein mit einem Empfehlungsschreiben von Erasmus nach London, um die Familie des Staatsmanns und Humanisten Sir Thomas Morus zu malen. Holbein fertigte auch Entwürfe für Schmuck und Silberwaren an. Während seines zweiten Aufenthalts in London ab 1532 fand er seinen unverwechselbaren Stil für Porträts und wurde 1535 Hofmaler des englischen Königs Heinrich VIII.

Siehe auch
Jean-Antoine Watteau (S. 86)
Antonin Artaud (S. 104)
Edgar Degas (S. 160)

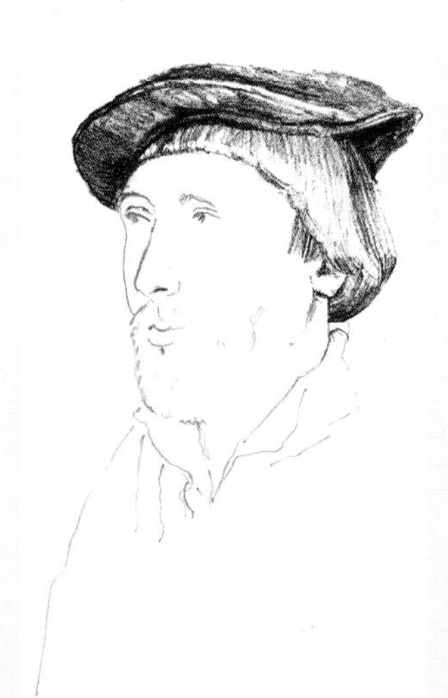

Linienführung
Bei einem Porträt konzentrieren Sie sich besser auf Übereinstimmungen als auf Unterschiede. So ähneln sich in der Zeichnung Holbeins Hut und Haar im Tonwert (links), wobei der Unterschied nur in geringen Abweichungen der Textur liegt. Dieser kleine Unteschied reicht jedoch aus, um die Formen voneinander abzugrenzen, ohne die Geschlossenheit zu stören. Damit das fertige Porträt eine Einheit bildet, sollten Sie möglichst sorgfältig zeichnen.

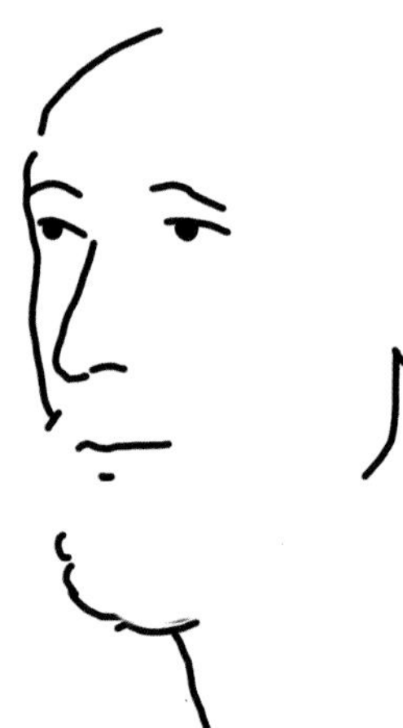

Vorlagen
Beim Porträtzeichnen macht man sich meist zu viele Gedanken darüber, ob man die Ähnlichkeit mit dem Modell hinbekommt. Genau das ist der Haken bei der Sache. Sobald Sie sich darauf konzentrieren, denken Sie weniger daran, eine gute Zeichnung anzufertigen. Ähnlichkeit erzielt man aber nur, wenn die Form des Gesichts und die Position der Gesichtszüge getroffen werden (links). Je mehr Sie das Ganze im Blick haben, desto besser gelingt das Bild.

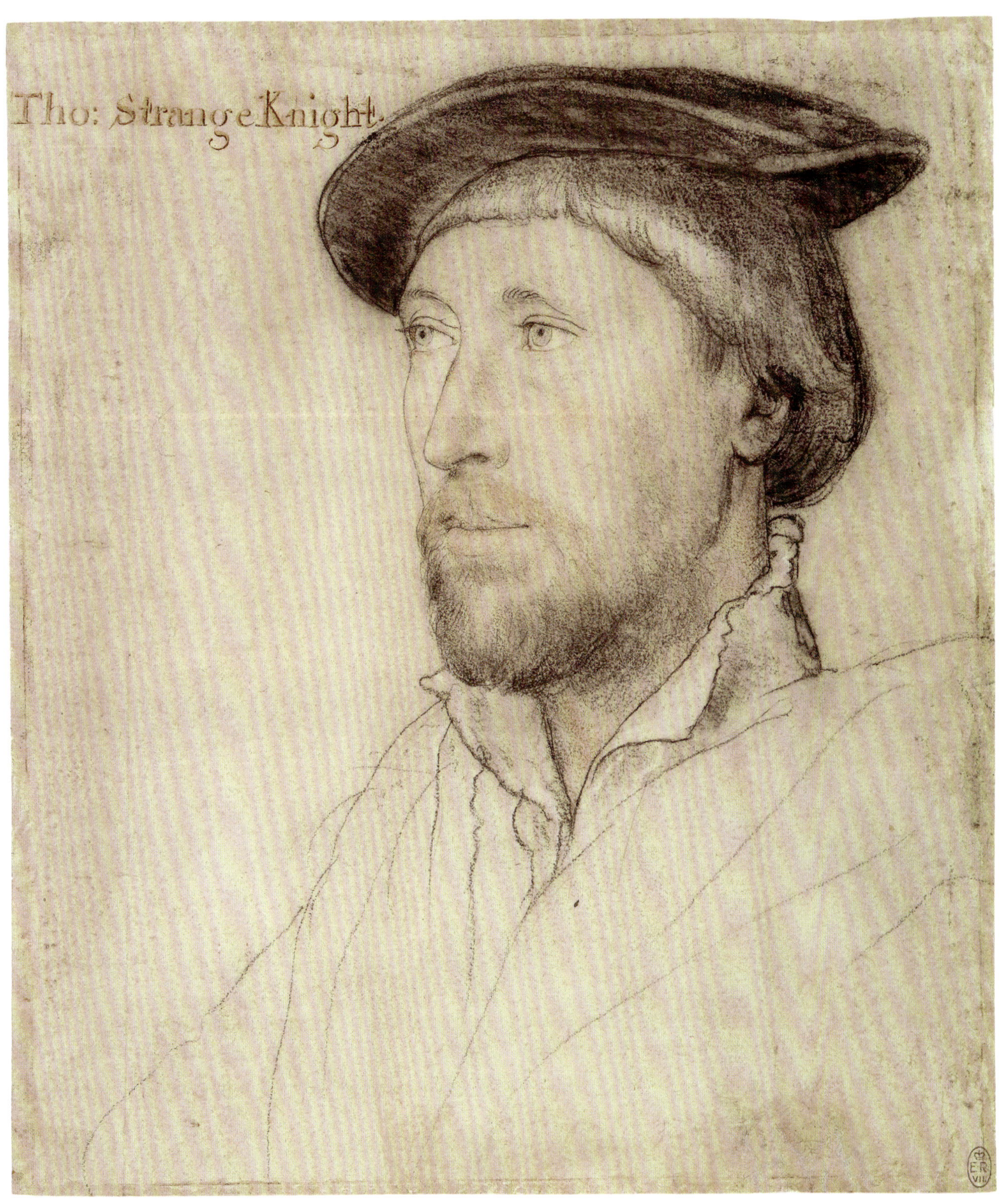
Tho: Strange Knight

Federico Barocci

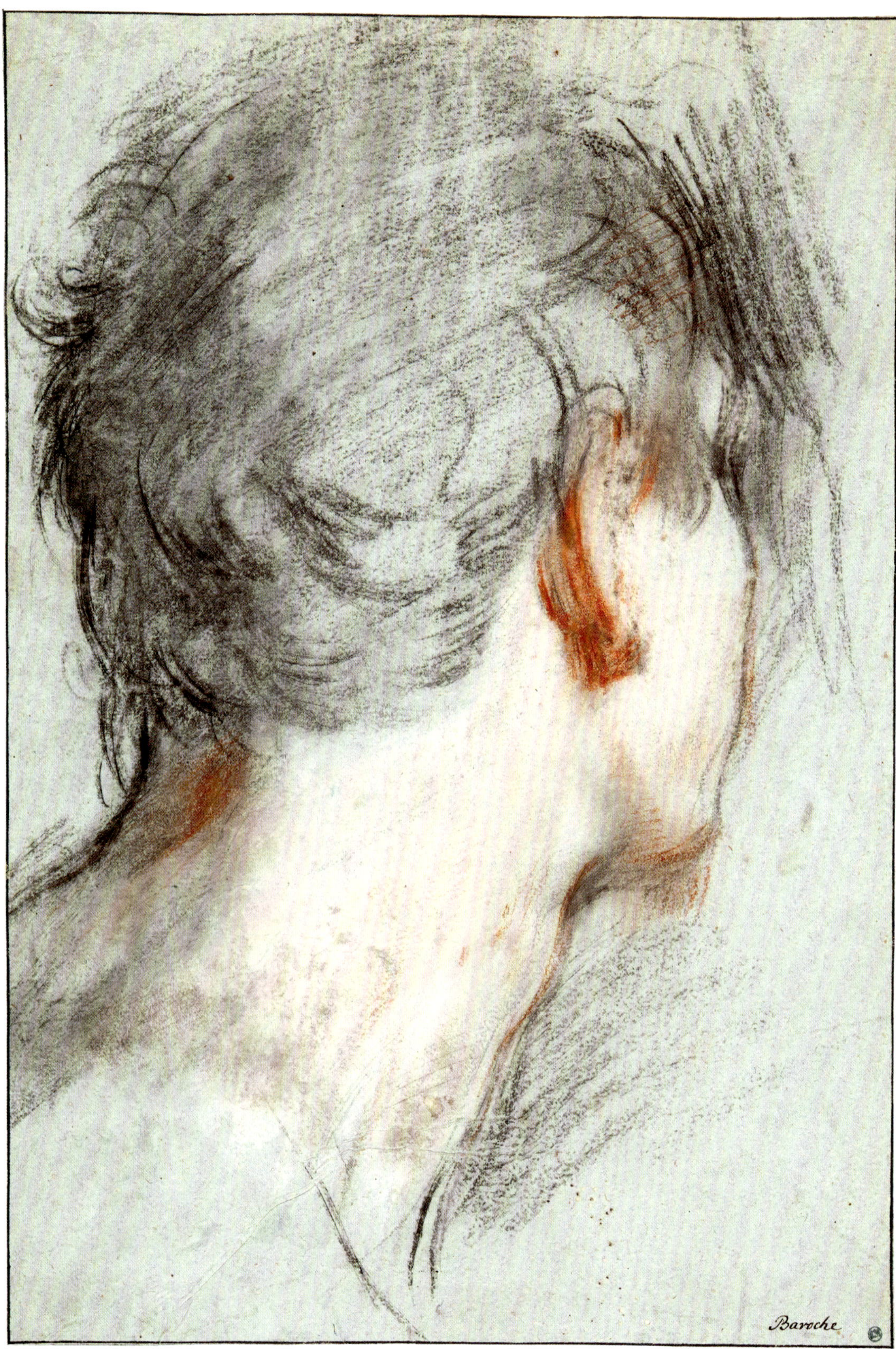

Kopf eines Mannes, von hinten gesehen 1583–1590

Schwarze Kreide und Rötel auf blaugrauem Papier
36,7 × 25,3 cm
Nationalmuseum, Stockholm, Schweden

Beim Zeichnen nach der Natur müssen Kunststudenten oft aus sehr schwierigen Winkeln arbeiten, besonders bei einem Kopfbild, schließlich können nicht alle zugleich die beste Position einnehmen, weshalb immer einige Studenten mit einem ungünstigen Blickwinkel kämpfen müssen.

In der Zeichnung auf der linken Seite machte Federico Barocci das Beste aus einem Kopf, dessen Gesichtszüge kaum zu sehen sind: Er konzentrierte sich einfach auf den Unterschied zwischen Hals und Gesichtsseite und auf den Kontrast zum Haar. Die Konturen sind fließend, das Ohr scheint auf der Seite des Kopfes zu schweben. Verglichen mit Werken modernerer Künstler wie beispielsweise Pierre Bonnard (Seite 60) wirkt Baroccis Kopf in sich geschlossen. Doch je länger man die Zeichnung betrachtet, desto offensichtlicher wird sein Gespür für Bewegung.

Barocci zeichnete gern einfache Leute auf der Straße und interessierte sich für unterschiedlichste Physiognomien. Zudem hatte er wohl begriffen, dass das Zeichnen nach der Natur den Werken eine besondere Qualität verleiht, die mit Studien als Vorlage oder mit Gedächtnisskizzen nur schwer zu erreichen ist. Seine unmittelbare Wirkung auf die Modelle wiederum trug wohl ebenso dazu bei, dass seine Bilder so faszinierend und lebendig wirken. Überdies fertigte er sich aber auch kleine Modelle aus Ton und Wachs (Maquetten), die er ankleidete und zeichnete. Barocci zählt zwar nicht zu den berühmtesten Künstlern der Spätrenaissance, deren Zeitgenosse er war, zeigt jedoch in seinen Zeichnungen eine enorme grafische Geschicklichkeit und Perfektion.

Federico Barocci (Italien, um 1535 bis 1612) wurde in Urbino geboren, wo er, abgesehen von zwei Reisen nach Rom, auch sein gesamtes Leben verbrachte. Auf seiner zweiten Romreise soll er die Arbeit an einigen Fresken abgebrochen haben, in dem Glauben, vergiftet worden zu sein. Für den Rest seines Lebens litt er an Bauchschmerzen. Dem Großteil seiner Werke lagen religiöse Motive zugrunde. In der zweiten Hälfte des 16. Jahrhunderts galt er als der führende Maler von Altarbildern. Barocci war überaus produktiv und hat als einer der ersten Künstler häufig Pastellkreiden eingesetzt.

Siehe auch
Annibale Carracci (S. 84)
Jean-Antoine Watteau (S. 86)
François Boucher (S. 216)

Materialien
Die großen Zeichner benutzten nur wenige Farbtöne. Da Blautöne teuer waren, nahmen sie für kühles Grau oft Schwarz. Barocci zeichnete gern mit Pastellkreiden in wenigen verschiedenen Farben. In der Zeichnung auf der linken Seite setzt er das kühle Blaugrau des Papiers gekonnt als Kontrast zu den warmen Hauttönen ein. Im Beispiel links geht der bräunliche Schatten in die weißen Lichter über. Der Übergang ist mit wenig Kreide gestaltet, da das Papier durchscheint.

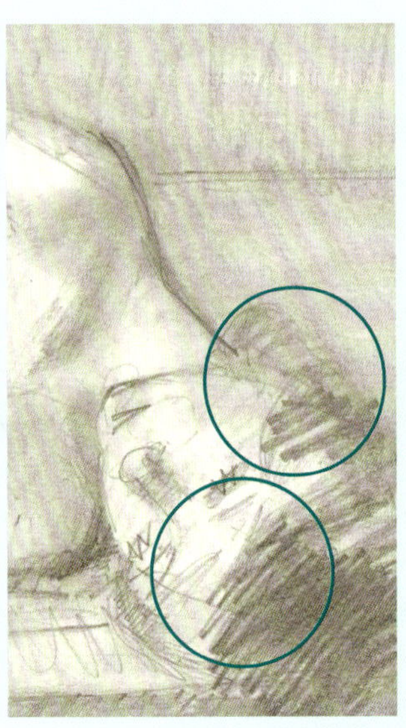

Schattierung und Linien
Im Beispiel links springen starke Kontraste ins Auge und drängen nach vorn (siehe Markierungen), während schwächere Kontraste in den Raum zurückweichen und die Illusion von Tiefe schaffen. Versuchen Sie die Tonwertkontraste rund um die Konturen abzuschwächen. Wenn Sie vielfache Konturen zeichnen, erzeugen Sie einen starken Kontrast zwischen dem Hintergrundton und der dunklen Konturlinie. Mit einem schattierten Hintergrund reduzieren Sie den Kontrast.

Annibale Carracci

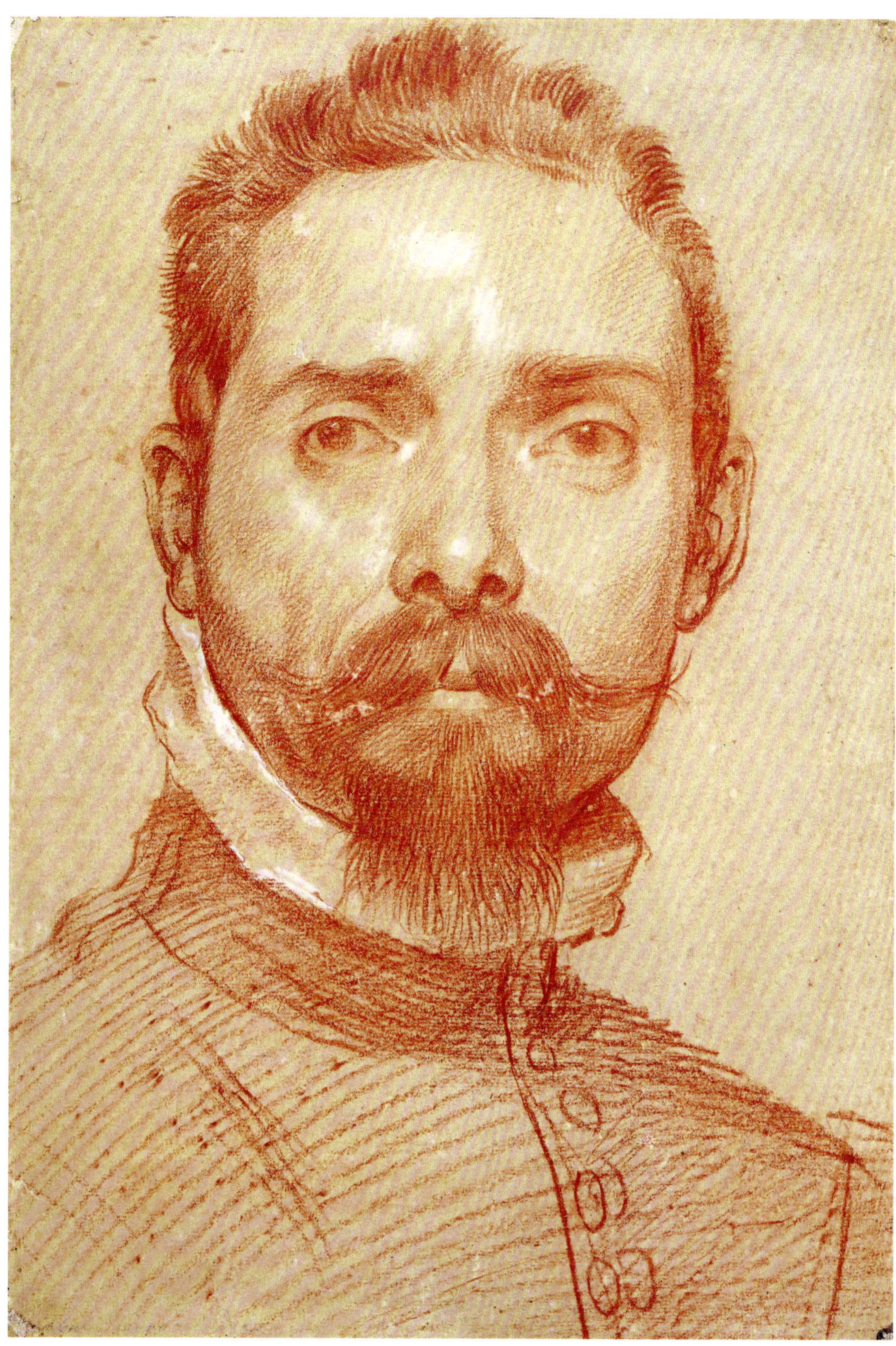

Männliches Porträt (Der Lautenspieler Mascheroni) um 1593
Rötel, mit Weiß gehöht, auf rötlich-braunem Papier
41,1 × 28,4 cm
Albertina, Wien, Österreich

Die Zeichnung auf der linken Seite besticht durch Raffinesse und Eleganz. Annibale Carracci schuf sie, gemeinsam mit mehreren anderen Skizzen, als vorbereitende Studie für ein Porträt des berühmten Lautenspielers Giulio Mascheroni. Einige dieser Zeichnungen, wie die hier abgebildete, hat Caracci fein ausgearbeitet. Papier war im 16. Jahrhundert ein teures Luxusgut, weshalb sich auf der Rückseite der Zeichnungen Alter Meister auch häufig Skizzen der Künstler finden. Für die vorliegende Zeichnung wählte Carracci ein größeres Papierformat, als es in dieser Zeit üblich war. Der Kopf des jungen Mannes ist etwas mehr als lebensgroß wiedergegeben. Die orangerote Kreide und das rötlich-braune Papier bilden eine ansprechende Farbgebung, die in Kombination mit den wenigen, aber wohlplatzierten Weißhöhungen den Porträtierten auf brillante Weise und vorteilhaft präsentiert. Die einzelnen Partien sind fein nuanciert, die Schattierung der Wange geht wunderbar in die Textur des Haares über.

Einige Bereiche der Komposition sind weniger detailliert gestaltet: So wurden die Schultern und der Mantel des Mannes nur leicht schattiert. Wenn man jedoch die Knöpfe und die Kreuzschraffur betrachtet und dann den Blick nach oben lenkt, überrascht die Form des Kopfes. Die nur grob skizzierten Schultern lassen den Kopf umso emphatischer erscheinen. Achten Sie auf die überarbeiteten Konturen an der Schulter links – Carracci versuchte nicht, die ersten beiden Linien auszuradieren. Diese Wiederholung der Kontur lässt die Wange klarer herauskommen, selbst wenn sie unglaublich zart gezeichnet wurde. Für Carracci besaß das Zeichnen nach der Natur eine überaus wichtige Bedeutung in seinem künstlerischen Schaffen.

Siehe auch

Pontormo (S. 76)
Polidoro da Caravaggio (S. 78),
Antonin Artaud (S. 104),

Annibale Carracci (Italien, 1560–1609) gilt als das talentierteste Mitglied der Künstlerfamilie Carracci, die ursprünglich in Bologna arbeitete, wo auch Annibale geboren wurde. Schon von früher Jugend an war er zusammen mit seinem Bruder Agostino (1557–1602) im Atelier seines Cousins Ludovico (1555–1619) in Parma tätig. 1595 ging Annibale nach Rom, wo er die Werke von Raffael (1483–1520), Michelangelo (1475–1564) sowie antike Quellen zu studieren begann und den Auftrag erhielt, die Decken des Palazzo Farnese zu gestalten. Zehn Jahre lang arbeitete Caracci an der Ausarbeitung der mythologischen Fresken. Seine monumentalen klassischen Akte wurden zu einem Prüfstein für Künstler, die nach der »großen Manier« malten.

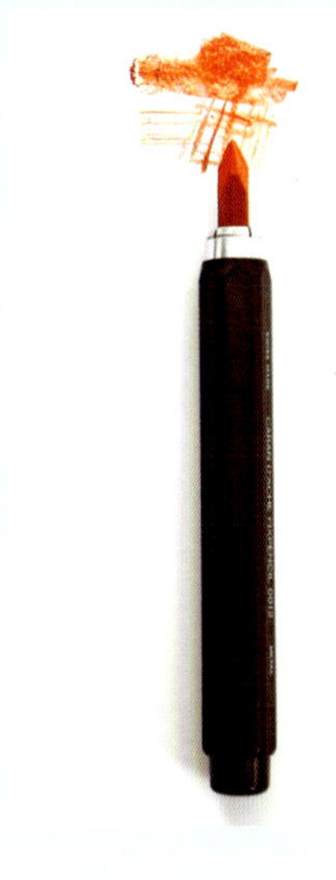

Materialien

Rote Conté-Kreide ist für diese Art von Porträtzeichnung (linke Seite) ideal. Die Kreide ist fester und stabiler als Kohle und lässt sich gut fein spitzen. So lassen sich Schattierungen durch Linien, beispielsweise Schraffur und Kreuzschraffur, ausführen. Conté-Kreiden werden als kurze Stäbchen (ca. 5 cm) verkauft. Falls Ihnen die Stäbchen zu kurz sind, können Sie im Künstlerbedarf oder online spezielle Halter dazu kaufen (links).

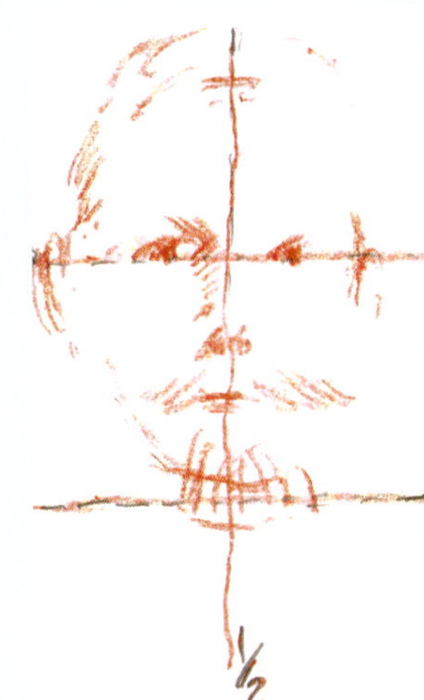

Form

Wenn Sie ein Porträt nach einer Vorlage zeichnen, sollten Sie zuerst überlegen, wo Sie den Kopf auf dem Blatt platzieren. Eine ovale Linie ist hilfreich, doch markiert man damit lediglich die äußeren Ränder der Form. Bauen Sie die Form besser von der Mitte nach außen auf, um Volumen zu erzeugen. Die Wangenmitte ist ein guter Ausgangspunkt (links): Von dort aus weichen Sie beim Zeichnen in Richtung Kontur in den Raum zurück.

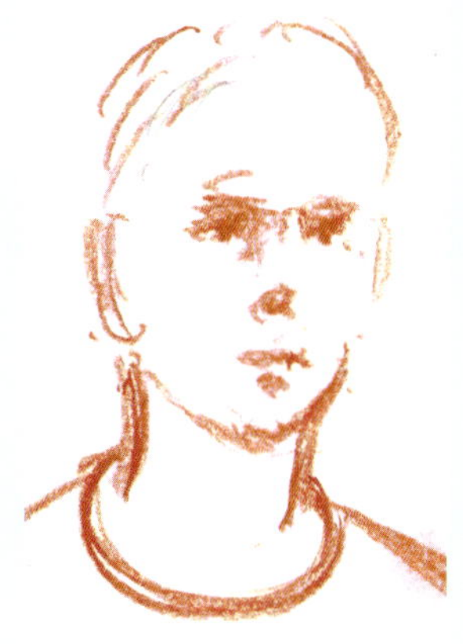

Komposition

Es ist wichtig, immer an der ganzen Zeichnung gleichzeitig zu arbeiten und sich nicht nur auf einen Bereich zu konzentrieren. Obwohl die Schultern und die Brust im Beispiel links wenig ausgearbeitet sind, gewinnt der Kopf dadurch an Substanz. Blickt man vom Kopf hinab zu den Schultern, scheint sich die Intensität des Kopfes zu verstärken. Auch Carracci opferte einige Details (linke Seite), um damit das zu betonen, was ihm wichtig war.

Jean-Antoine Watteau

Kopf eines Mannes um 1718
Weiße, rote und schwarze Kreide auf cremefarbenem Papier
14,9 × 13,1 cm
Metropolitan Museum of Art, New York, USA

Der Übergang vom 17. zum 18. Jahrhundert war eine interessante Phase der Kunstgeschichte: Sie lag zwischen den Epochen des Barock und des Rokoko, die beide viele große Künstler hervorbrachten. Dennoch zählt Antoine Watteau zu den wenigen Künstlern, die in dieser Übergangszeit bedeutende Werke schufen.

Zu Lebzeiten war Watteau außerhalb eines kleinen Kreises von Bewunderern kaum bekannt. Die Bourgeoisie und wohlhabende Bankiers kauften seine Werke, aber er hatte keinen einflussreichen aristokratischen Gönner. Watteau perfektionierte eine Technik, die als Drei-Farbkreiden-Technik (*trois crayons*) bekannt ist. Sie umfasst die Verwendung von schwarzer, weißer und roter Kreide, häufig auf cremefarbenem Papier. Erst ab Mitte des 19. Jahrhunderts waren preiswerte blaue Pigmente verfügbar. Bis dahin mussten Künstler entweder teures Lapislazuli verwenden oder Schwarz mit Weiß mischen, um einen bläulichen Grauton zu erhalten. Setzt man das Grau neben eine warme Farbe, erschien es sehr kühl und erzeugt eine zusätzliche Dimension. Das Rotbraun hingegen lässt warme Schatten entstehen. Das cremefarbene Papier und die weiße Kreide sorgen für die Lichter.

Watteau deutet in seiner Zeichnung auf der rechten Seite – einer vorbereitenden Studie für einen Männerkopf im Gemälde *Mezzetin* (1718–1720) – Position und Grundform des Kopfes zuerst mit hellem Rötel an. Danach zeichnete er abwechselnd mit weißer und schwarzer Kreide.

Jean-Antoine Watteau (Frankreich, 1684–1721) wurde in der französischen Grenzstadt Valenciennes geboren und ging 1702 nach Paris. Seine künstlerische Ausbildung absolvierte er von 1705 bis 1708 bei Claude Gillot (1673–1722), einem Bühnenmaler. Gillot sah sich mit seinem Schüler die Theateraufführungen der *commedia dell'arte* an, die Watteau zu seiner wichtigsten Bildgattung inspirierten – der *fête galante* (Galantes Fest): Inmitten idyllischer Parklandschaften vertreiben sich elegante Figuren die Zeit mit Tändeleien. Die Französische Akademie erfand diesen Begriff, um Watteaus Werke nach seiner Aufnahme (1717) einordnen zu können.

Siehe auch

Hans Holbein d. Jüngere (S. 80)
Adélaïde Labille-Guiard (S. 88)
François Boucher (S. 216)

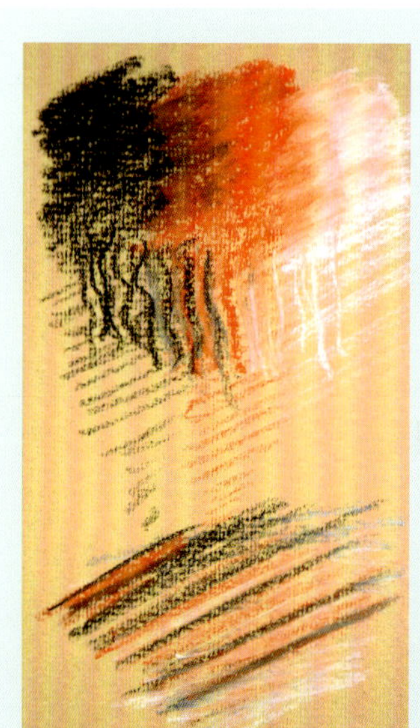

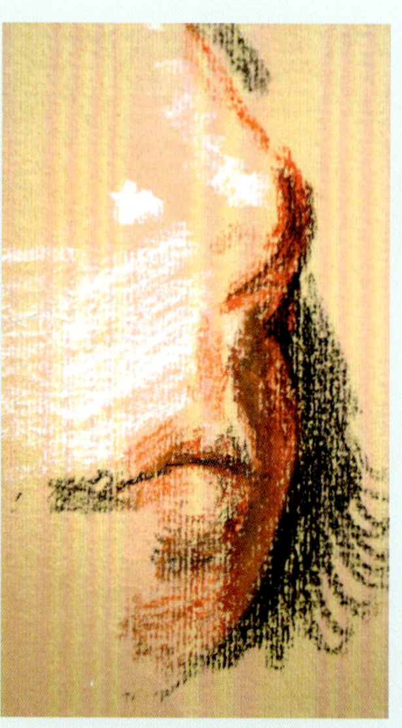

Materialien und Linien
Bei der Drei-Farbkreiden-Technik von Watteau dominieren Wärme und Kälte (rot, schwarz), Licht und Schatten sowie starke und schwache Kontraste (ganz links). Verwenden Sie schwarze und weiße Kreiden, dann legen Sie fest, wo die hellsten und dunkelsten Bereiche liegen. Schwarz lässt sich mit Weiß zu Grautönen vermischen, die so kalt wie Blautöne wirken können. Rot und Weiß ergeben Rosa. Starke Kontraste springen ins Auge, sanfte Kontraste weichen zurück.

Getöntes Papier lässt das Weiß stärker hervortreten. Vergessen Sie nicht, dass Sie Ähnlichkeit anstreben und keine Kopie erstellen wollen. Legen Sie fest, welcher Aspekt des Motivs Ihnen am wichtigsten erscheint. Wenn Sie eine dreidimensionale Form erschaffen wollen, sollten Sie die Kontraste an den Rändern abmildern (links), denn ein starker Kontrast schiebt das Objekt in den Bildvordergrund statt ihn in die Tiefe des Raumes zurückweichen zu lassen.

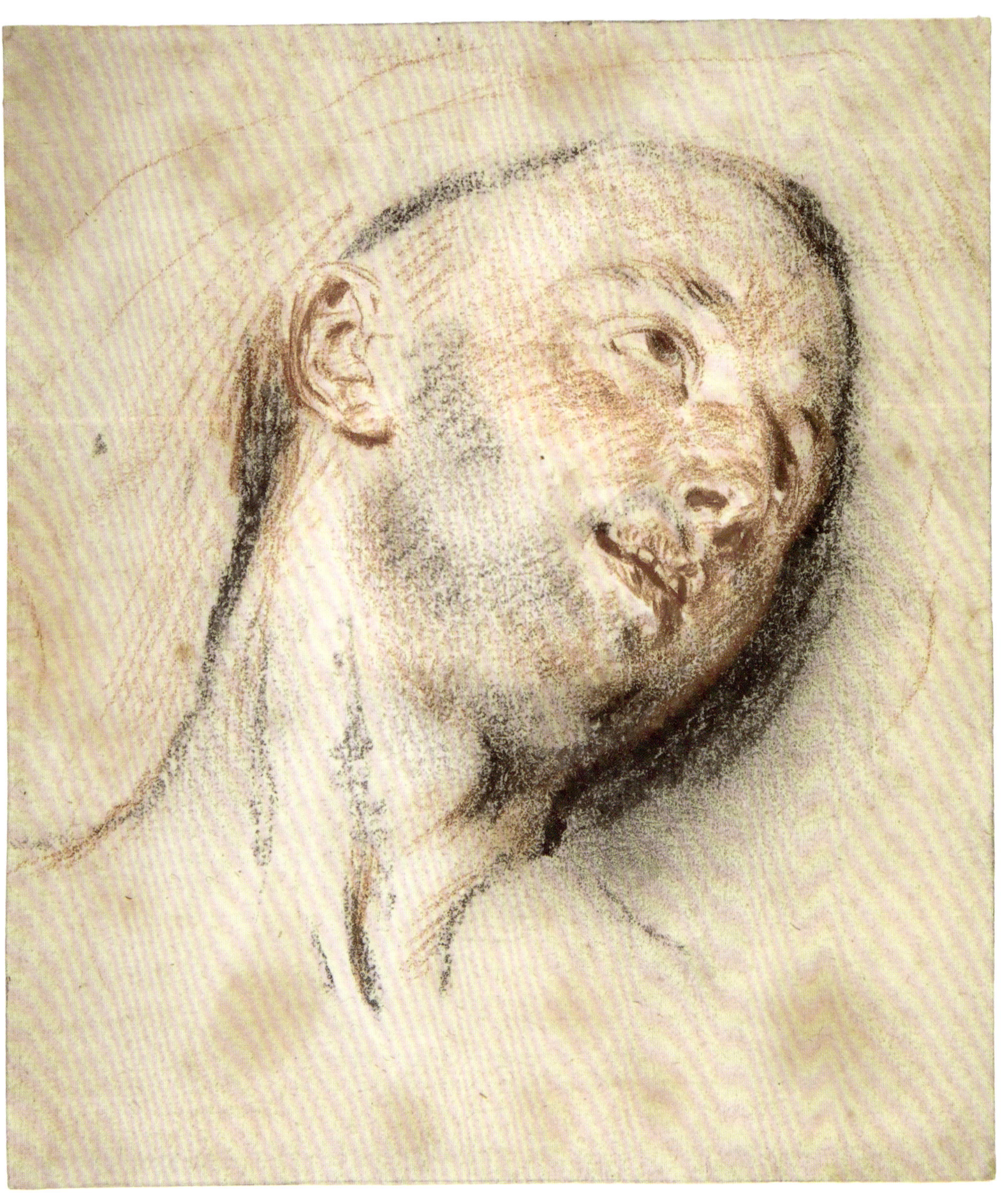

Adélaïde Labille-Guiard

Studie einer sitzenden Frau, von hinten gesehen (Marie-Gabrielle Capet) 1789
Kreide auf getöntem Büttenpapier
52 × 48 cm
Metropolitan Museum of Art, New York, USA

Adélaïde Labille-Guiard war zwölf Jahre älter als ihre Schülerin Marie-Gabrielle Capet – das Modell dieser Zeichnung. Sie wurden enge Freundinnen und Capet zog schließlich in die Wohnung der Künstlerin am Louvre in Paris. Über die Ausbildung von Labille-Guiard ist wenig bekannt, obwohl ihre familiären Beziehungen vermuten lassen, dass sie viele bekannte Künstler ihrer Zeit kannte. Labille-Guiard und der klassizistische Maler Jacques-Louis David lebten beinahe zur gleichen Zeit. Im Vergleich zu seinem Werk wirkt ihr Werk vielleicht weniger bedeutend. Doch vergleicht man es mit den meisten Werken ihrer Zeitgenossen, so ist es außerordentlich. Gegen Ende des 18. Jahrhunderts ebbte der Rokokostil ab. Schon bald sollte er vom Klassizismus ersetzt werden.

Die Porträtdarstellungen des 17. Jahrhunderts wirken teils oberflächlich und frivol. Labille-Guiards Werk hat jedoch eine ganz andere Qualität. In ihrer Zeichnung auf der rechten Seite bannt sie auf brillante Weise die Beziehung zwischen Künstler und Modell aufs Papier. Während der Blick vom Stuhl hinauf zum Haar rund um das Gesicht der abgebildeten Frau wandert, wird sich der Betrachter der plastischen Qualität der Schulter bewusst. Betrachtet man den Gesichtsausdruck des Modells, tritt die sinnliche Anmutung der Schulter noch eindringlicher in den Vordergrund.

Adélaïde Labille-Guiard (Frankreich, 1749–1803) wurde in Paris geboren. Als Jugendliche nahm sie Privatstunden und ging von 1769 bis 1774 bei dem Pastellkünstler Maurice Quentin de La Tour (1704–1788) in die Lehre. Danach stellte sie eine ihrer Pastellzeichnungen in der Académie de Saint-Luc aus, wo sie bis zur Schließung (1776) mehrere ihrer Werke zeigen konnte. Ein Jahr später trennte sie sich von ihrem ersten Ehemann und verdiente sich fortan ihren Lebensunterhalt mit Kunstunterricht. 1783 wurde sie in die Académie Royale de Peinture et de Sculpture aufgenommen und erhielt den Titel Peintre des Mesdames (Maler der Tanten des Königs). Labille-Guiard unterstützte die Französische Revolution und schuf auch Porträts der Abgeordneten der Nationalversammlung.

Siehe auch
Jean-Antoine Watteau (S. 86)
François Boucher (S. 216)

Materialien

Die Zeichnung von Labille-Guiard (rechte Seite) ist ein relativ großes, mit drei Farbkreiden (schwarz, rot, weiß) gezeichnetes Porträt. Das getönte braune Papier lässt das Weiß klar hervortreten. Wenn Sie an Zeichnungen in diesem Format arbeiten, sollten Sie den Prozess nicht aufspalten, sondern gleichmäßig an allen Partien arbeiten. Sehen Sie das Bild als Ganzes und konzentrieren Sie sich auf die Komposition, wenn Sie nach und nach die einzelnen Körper entwickeln.

Vorlagen

Eine Zeichnung wird eindrucksvoller, wenn man Klischees vermeidet. Manche Motive bringen Künstler allerdings in eine Zwickmühle. Originalität wirkt schnell lächerlich. Andererseits bedienen gerade Bilder ohne jede Originalität oft Klischees. Besonders schwierig ist es, auf überzeugende Weise sexuelle Anziehung oder Sinnlichkeit darzustellen. Mit diesem Problem konfrontiert, schaffen Künstler manchmal stark ironische Bilder, während andere das Motiv schockierend direkt angehen. Die Szene sollte so subtil wie möglich wirken.

Labille-Guiard konzentriert sich in ihrem Porträt auf Schulter und Arm ihres Modells. Sie versucht dabei nicht, deren Glattheit zu zeigen. Stattdessen demonstriert sie die feinteilige Verbindung zwischen der zusammengedrückten Haut unter dem Arm und der Brust des Modells, die sie in den Falten des weißen Oberteils aufgreift.

Wie sich am Beispiel zeigen lässt, macht technisches Können allein noch keinen großen Künstler – ansonsten wäre die Welt voller Meisterwerke. Aber das zeichnerische Können hat im Lauf der Jahrhunderte mehr und mehr abgenommen. Da wir keine Meister im Zeichnen sind, können wir uns nicht darauf verlassen, einen bestimmten Look zu erzielen, denn wir besitzen einfach nicht die nötige technische Raffinesse dafür. Durch genaues Studium der Werke großer Meister kann man jedoch viel lernen. Je mehr man zeichnet, desto versierter wird man technisch. Doch generell gilt: Die Technik sollte sich stets den Zielen unterordnen.

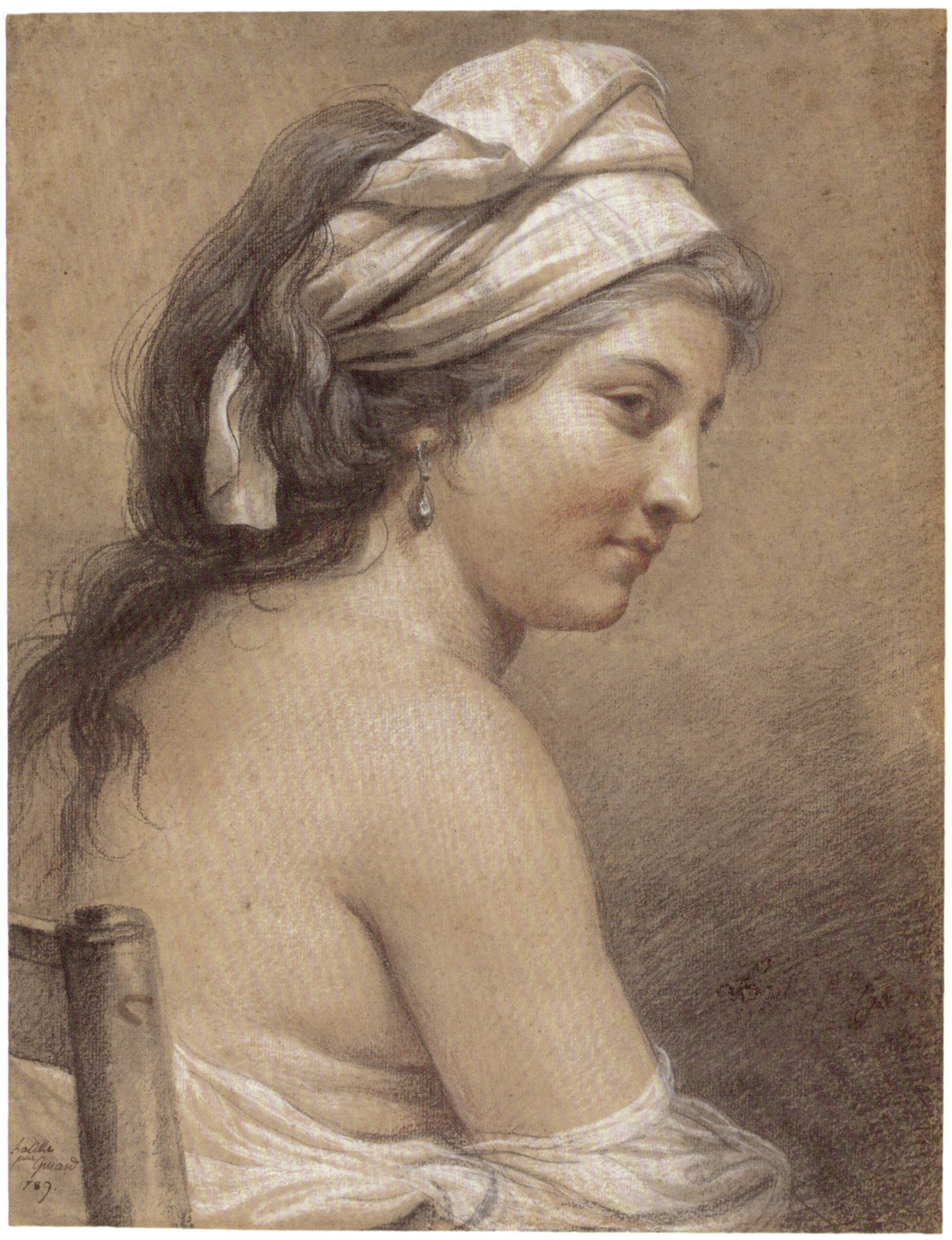

Carl Philipp Fohr

Selbstporträt 1816
Feder, Schellacktusche und Lavur auf gelblichem Papier
23,5 × 18,5 cm
Kurpfälzisches Museum, Heidelberg

Es überrascht nicht, dass Carl Philipp Fohr heute kaum bekannt ist, denn er wurde nur 23 Jahre alt. Fohr arbeitete zu einer Zeit, als das Interesse an den Werken Albrecht Dürers (1471–1528) wiedererwachte. Auch von Caspar David Friedrich (1774–1840) wurde Fohr beeinflusst. Unschwer lässt sich an Fohrs Werken erkennen, dass er ein überaus talentierter Künstler war. Zum Großteil Autodidakt, folgte er seinen Empfindungen und Impulsen. Diese führten ihn schon bald nach Rom, wo er mit Joseph Anton Koch (1768–1839) an Landschaftsbildern arbeitete.

Die hier vorgestellte Zeichnung von Fohr wirkt verblüffend modern. Betrachtet man sie neben Lucian Freuds Selbstporträt (Seite 106), könnte man beinahe glauben, beide Werke seien aus einer Hand. Weitere Parallelen sind zu erkennen, wenn man an das Werk von Hans Holbein dem Jüngeren (Seite 80) denkt. Was an diesem Porträt sofort ins Auge fällt, ist die kühle Präzision und die sparsame Verwendung des zeichnerischen Vokabulars. Jedes Element wird auf seine grundlegenden Qualitäten reduziert. Die Aufmerksamkeit des Betrachters konzentriert sich deshalb auf Details. Bei einer lebhaften Zeichnung erhält man schnell einen Eindruck von der Persönlichkeit des Künstlers, doch bleibt dieser schnelle und vage Eindruck oft erhalten und nichts im Bild wird konkret greifbar. Hier ist das Gegenteil der Fall. Große Partien des Gesichts sind wunderbar präzise ausgearbeitet. Minutiös herausgearbeitete Details ziehen den Betrachter ins Bild und erzeugen eine intime Atmosphäre. Dennoch gewinnen wir paradoxerweise den Eindruck, dass der Künstler seine Gefühle vor uns verbirgt.

Carl Philipp Fohr (Deutschland, 1795–1818) wurde in Heidelberg geboren. Er studierte in München, ging aber 1816 nach Rom, wo er dem Kreis der Nazarener angehörte. Die Nazarener waren eine Gruppe von deutschen Künstlern der Romantik, die Werke mit spirituellem Wert schaffen wollten. Fohr war in der deutschen Künstlerkolonie, die sich im Caffè Greco in Rom traf, bald gern gesehen. Er spezialisierte sich auf Landschaften und schuf Ansichten seiner Heimat und von Tivoli bei Rom. Doch seine aufblühende Karriere fand ein jähes Ende, als er beim Baden im Tiber ertrank.

Siehe auch
Hans Holbein d. Jüngere (S. 80)
Lucian Freud (S. 106)
Jean-Auguste-Dominique Ingres (S. 152)

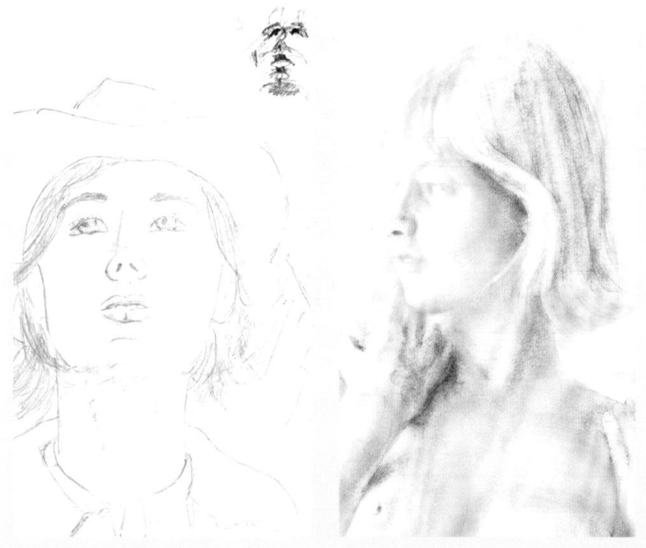

Linienführung und Form
Beeindruckend an Fohrs Zeichnung ist der schlichte Gesamteindruck. Bei eigenen Zeichnungen lässt man gern mal Schattierungen oder Linien im Inneren weg oder vernachlässigt sie und konzentriert sich stattdessen auf den Umriss (ganz links). Dadurch wirkt das Bild flach, und man muss verstärkt darauf achten, den Charakter der Kontur nicht zu verlieren. Wenn Sie es richtig angehen, lassen sich auch pralle Formen mit sparsamer Ausarbeitung und Definition gestalten.

Um etwas zu vereinfachen, muss man besonders präzise arbeiten. Beginnen Sie die Zeichnung behutsam mit einem etwas härteren Bleistift, der aber leicht über das Papier gleiten sollte (links). Widerstehen Sie der Versuchung, immer mehr Details zu zeichnen. Fohr ging bei der Auswahl der Details in seinem Selbstporträt (rechte Seite) sparsam vor. Legen Sie erst fest, welche Details Ihnen wichtig sind. Dann überlegen Sie, wie Sie diese vereinfachen und positionieren.

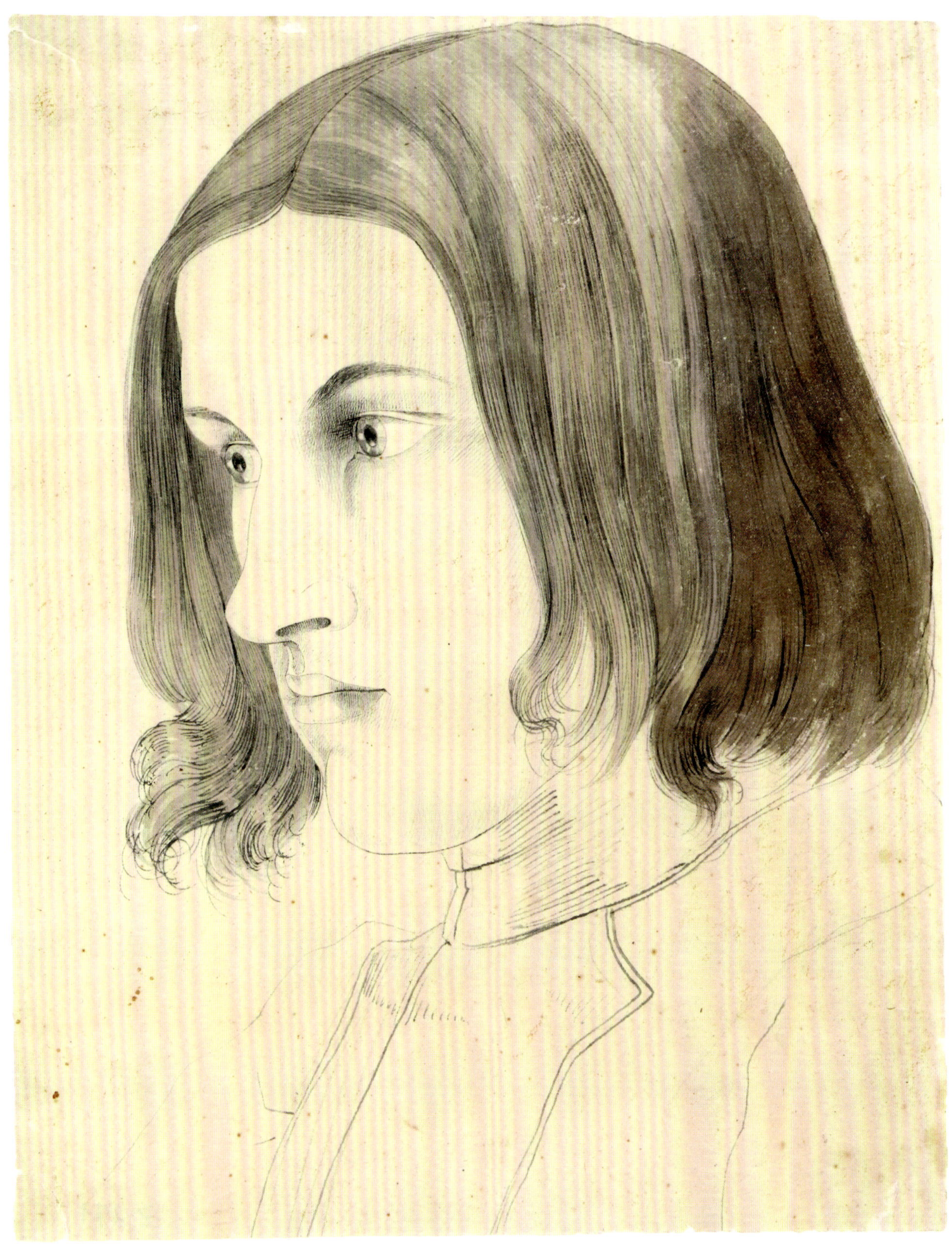

Gustave Courbet

Selbstporträt um 1849
Schwarze Kreide auf Papier
29,2 × 22,2 cm
Wadsworth Atheneum Museum of Art, Hartford, Connecticut, USA

Diese überraschend kleine Zeichnung zeigt eine Geschlossenheit, wie sie meist nur vollendete Gemälde haben. Beinahe jeder Quadratzentimeter des Blattes ist mit schwarzer Conté-Kreide bedeckt. Die raue Textur des Papiers erschwert dabei die Darstellung präziser Details. Dennoch hilft das strukturierte Papier, etwas Licht ins Dunkel zu bringen, denn die kleinen Vertiefungen im Papier bleiben frei. Die Art und Weise, wie manche Ränder hervortreten, während andere Bereiche weniger stark definiert sind, erinnert an das Werk von Jean-Siméon Chardin (1699–1779), einem Künstler, den Courbet sehr bewunderte.

Courbet galt als ein Pionier des Realismus. Seine Werke wirken oft düster. Er schuf mehrere riesige Gemälde, teils über sechs Meter lang, die heute im Louvre hängen. Henri Matisse (Seite 174 und 234) beschrieb einmal Courbets Unfähigkeit, mit Figuren eine Atmosphäre zu erschaffen und kritisierte die fehlende Plastizität seiner Aktdarstellungen in der Landschaft. Was die Gemälde Courbets anbelangt, so hatte Matisse zweifellos recht mit seiner harschen Kritik. Das hier vorgestellte Selbstporträt von Courbet jedoch wirkt überzeugend und zeigt durchaus Atmosphäre.

Courbet konzentriert sich in seiner Darstellung ganz auf die Abstufungen von Licht und Schatten und demonstriert präzise, wie diese die Formen betonen oder verhüllen. Lippen, Nase, Hut und Kragen treten klar und kompakt aus einem verschwommen schattierten Bereich hervor. In seinen Gemälden scheint Courbet diese Einheit von Licht und Schatten zugunsten der Plastizität und Monumentalität der Form zu opfern.

Gustave Courbet (Frankreich, 1819 bis 1877) wurde in Ornans in Ostfrankreich geboren. Er verbrachte die meiste Zeit seines Lebens in Paris, fühlte sich aber immer zum Landleben hingezogen. Courbet war ein führender Vertreter des Realismus, der das Landleben auf naturalistische Weise abbildete. Bei der Ausstellung des Pariser Salon von 1850 schockierte er die Kritiker durch monumentale Gemälde mit Szenen aus dem bäuerlichen Alltag, da das Großformat traditionell nur den Historiengemälden vorbehalten war. Nach dem Fall des Zweiten Kaiserreichs 1871 wurde Courbet zum Präsident der Künstlervereinigung gewählt, die sich für die Abschaffung der Zensur einsetzte. Auch in der Pariser Kommune 1871 war er aktiv.

Siehe auch
Antonin Artaud (S. 104)
Paul Cézanne (S. 224)
Georges Seurat (S. 228)

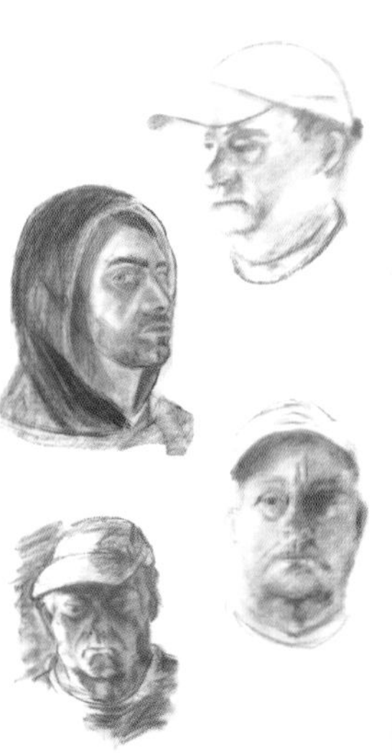

Motiv
Das Selbstporträt zählt als angesehenes Genre mit langer Tradition zu den beliebtesten Motiven der Künstler. Für Ihr eigenes Selbstporträt empfehle ich Requisiten, die das Bild interessanter gestalten. Nützlich sind zum Beispiel Hüte, da sie die Lichtverhältnisse im Gesicht verändern (links). Bei der Arbeit an einem Selbstporträt lenkt der Blick in den Spiegel schnell ab. Die Konzentration auf die Wirkung des Hutes kann daher das Arbeiten oft erleichtern.

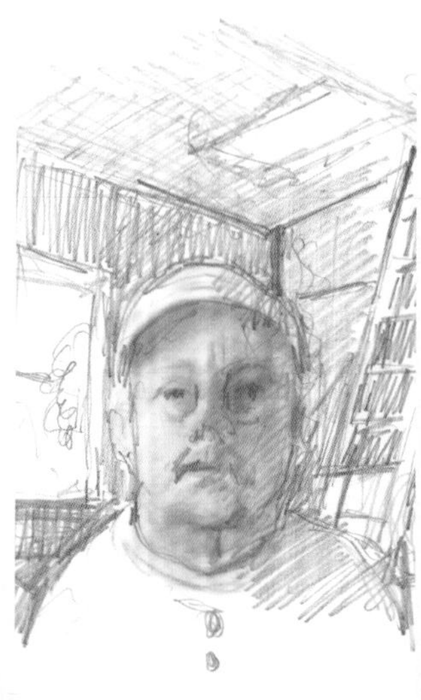

Schattierung
Bei einem Selbstporträt ist der Lichteinfallswinkel von großer Bedeutung. Erst wenn das Licht tadellos ist, sollten Sie mit dem Zeichnen beginnen. Sobald Sie sich auf Licht und Schatten konzentrieren, müssen Sie immer die ganze Szene im Auge behalten. Störende Kontraste im Hintergrund lenken vom Motiv ab (links). Der Hintergrund sollte möglichst dunkel sein. Arrangieren Sie Gegenstände im Raum so, dass die hellsten Stellen auf Ihrem Gesicht liegen.

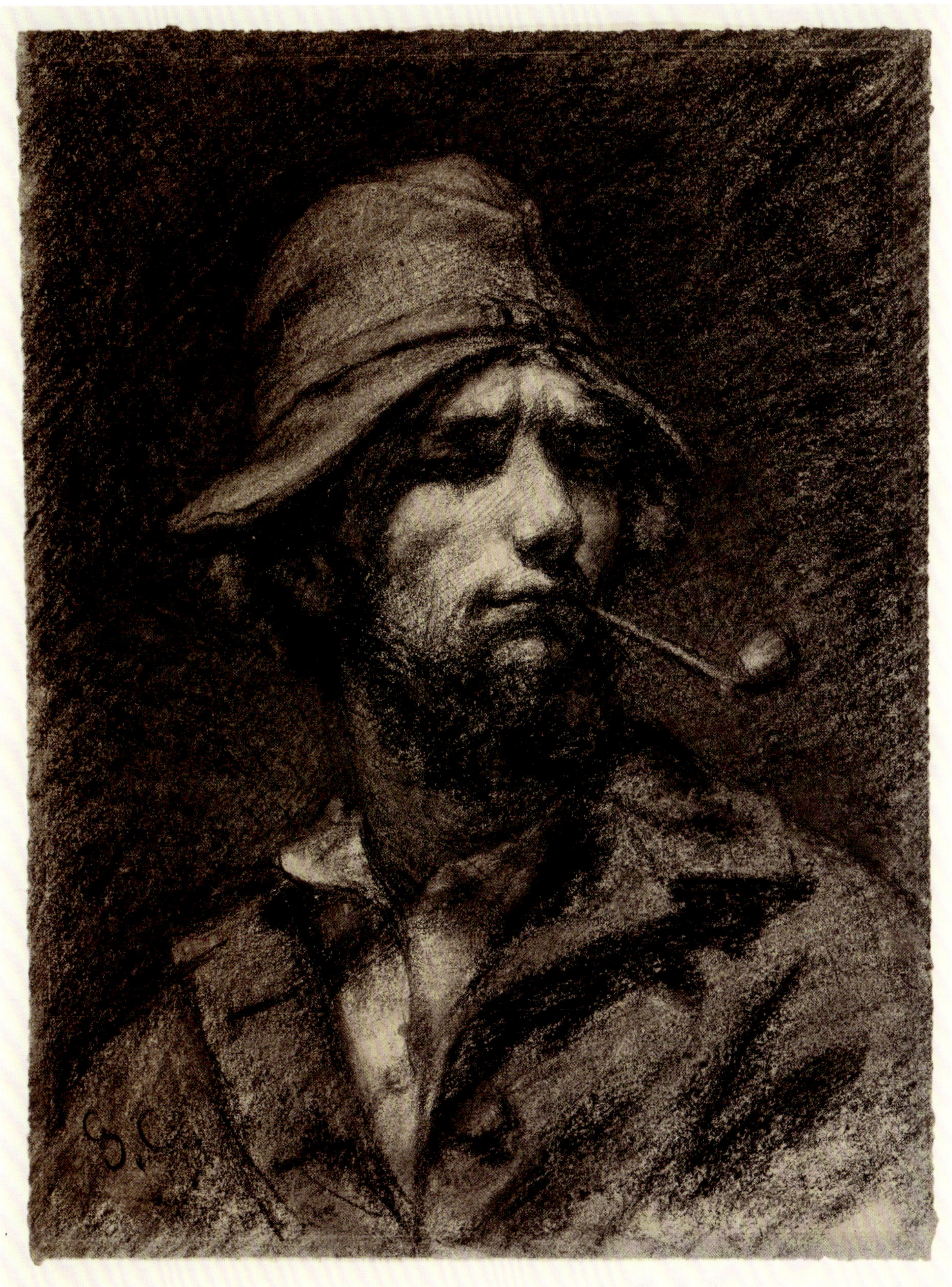
G.C.

Paul Gauguin

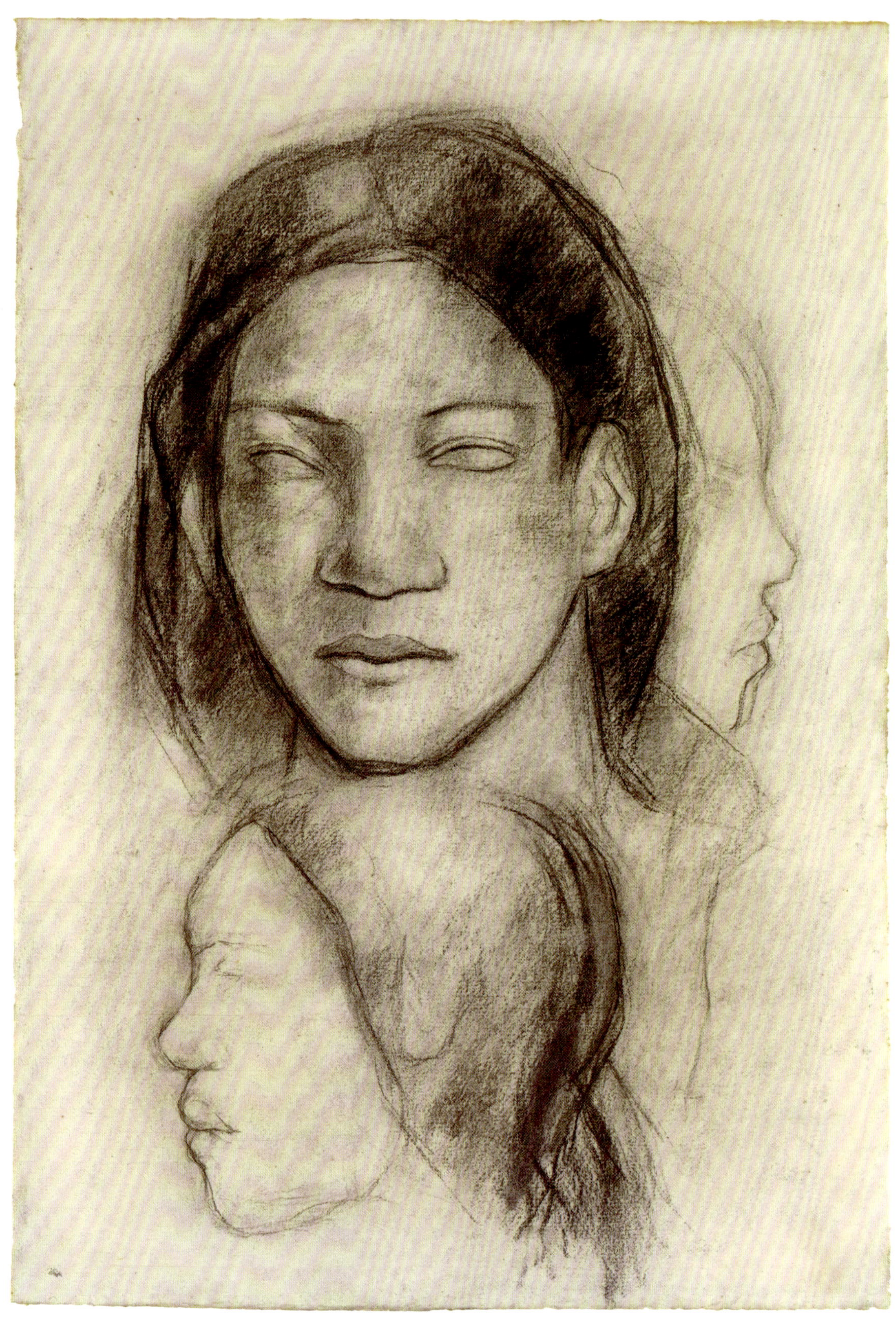

Tahitische Gesichter (Vorder- und Profilansicht) um 1899
Kohle auf Büttenpapier
41 × 31,1 cm
Metropolitan Museum of Art, New York, USA

In dieser Studie von Paul Gauguin lassen sich drei tahitische Gesichter erkennen – zwei im Profil und eines in Vorderansicht. Der Hals des mittleren Kopfes scheint unnatürlich verdreht, was die Zeichnung etwas unbeholfen wirken lässt.

Gauguin war zurückhaltend, wenn es um seine Zeichnungen ging, die er nur selten herzeigte. Viele davon bildeten individuelle Objekte, Figuren oder Köpfe ab und waren Studien für Gemälde. Berücksichtigt man diese Gemälde, wird deutlich, dass Gauguin sich vor allem mit der Frage beschäftigte, wie sich große Farbflächen auf einem Gemälde anordnen lassen. Die Formen unterteilte er nach Bedarf in komplexe oder einfache Strukturen.

Bei einem Blick auf seine Zeichnungen lässt sich erkennen, dass es Gauguin offenbar schwerfiel, die Verteilung von Formen in die Schwarz-Weiß-Sprache der Grafik zu übersetzen. Sobald er Farbe ins Spiel bringt, nehmen die Formen eine größere Bedeutung an, die über individuelle Figuren oder Objekte hinausgeht. Um aber seine Schwarz-Weiß-Studien, wie die hier vorgestellte, wertschätzen zu können, muss man sich die internen Bezüge im Bild genauer ansehen – die Form der Haare, der Gesichter oder des Halses bei dem zentralen Kopf, und dazu die Form des Auges verglichen mit der Form der Lippen. Bei näherer Betrachtung fallen die mehrfach überarbeiteten Konturen auf: Es scheint, als hätte Gauguin versucht, die Formen in die Papieroberfläche hineinzupressen. Die Gesichtszüge des mittleren Kopfes sind eingebettet in den flächig gestalteten Kopf. Konzentriert man sich auf die miteinander verwobenen Formen, wird die Unmittelbarkeit der Zeichnung spürbar.

Paul Gauguin (Frankreich, 1848–1903) wurde durch seine farbenfrohen Gemälde mit exotischer Szenerie bekannt. Gauguin war erfolgreicher Börsenmakler in Paris, heiratete und wurde Vater von fünf Kindern. Doch er verließ Frau und Familie, um seine künstlerischen Ziele zu verfolgen. 1885 verkehrte er in Pariser Künstlerkreisen. Später zog er in die Bretagne, um ein sorgenfreieres Leben zu führen. 1888 war sein Stil schließlich fast schon expressionistisch geworden. Sieben Jahre später reiste er auf der Suche nach Inspiration in der ursprünglichen Kultur der Ureinwohner nach Tahiti und Ozeanien, wo er verarmt starb.

Siehe auch
Georges Braque (S. 62)
Robert Pugh (S. 182)
Suzanne Valadon (S. 238)

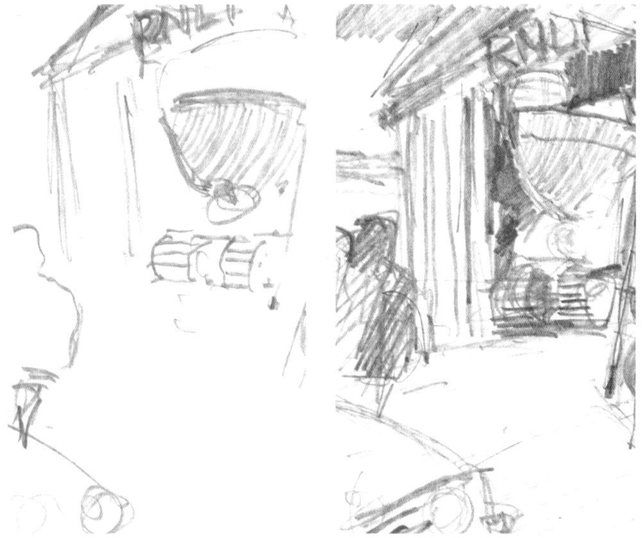

Motiv
Gauguins Studie zu tahitischen Gesichtern (linke Seite) entstand wahrscheinlich nach der Natur, wirkt aber wie ein aus der Erinnerung gezeichneter Kopf. Bevor Sie mit dem Zeichnen eines Kopfs beginnen, sollten Sie üben, etwas ohne Vorlage zu zeichnen. Schließen Sie dazu Ihre Augen und stellen Sie sich ein beliebiges Bild vor. Skizzieren Sie dieses Bild. Es sollte nicht ausführlich werden, sondern schlicht wie das Beispiel ganz links. Schon wenige Linien liefern ausreichend Informationen. Wenn man aus dem Gedächtnis zeichnet, erinnert man sich oft nur an Fragmente: Fügen Sie diese Fragmente in Ihre Zeichnung ein, ohne sich Gedanken darüber zu machen, ob sie ein logisches Ganzes ergeben. Sobald Sie sich mehr zutrauen, wird auch das Bild in Ihrer Vorstellung vollständiger werden (links). Überflüssiges können Sie jederzeit ausradieren. Versuchen Sie nun, mit dieser Methode einen Kopf zu zeichnen.

Henry Tonks

Portrait of a Serviceman 1916–1918
Pastellkreiden auf Papier
26,6 × 20,6 cm
Hunterian Museum, London, Großbritannien

Henry Tonks war ein britischer Chirurg, der zu einem der einflussreichsten englischen Kunstlehrer der ersten Hälfte des 20. Jahrhunderts wurde. Obwohl Tonks Einflüsse des französischen Impressionismus aufnahm, stand er modernen Kunstrichtungen skeptisch gegenüber. Tonks nahm seine medizinische Laufbahn während des Ersten Weltkrieges auf, als er Pastellzeichnungen von Gesichtsverletzungen im Cambridge-Militärkrankenhaus und im Queen's Hospital anfertigte. Im Jahr 1918 wurde er zu einem offiziellen Frontmaler ernannt. Tonks Werke wirken nicht ganz so eindrucksvoll, wenn man sie vor dem Hintergrund der Kunstgeschichte betrachtet. Er ist einer Generation von britischen Künstlern zuzurechnen, die eher zurück in die Vergangenheit blickten, als neue kreative Möglichkeiten zu erkunden.

Die Zeichnungen jedoch, die Tonks von verwundeten Soldaten anfertigte, zählen zu den bestürzendsten Bildern jener Epoche. Dazu gehört auch die Darstellung auf der rechten Seite. Für den modernen Betrachter besitzen diese Bilder eine schockierende Direktheit und Kraft. Es ist gar nicht unbedingt die durch Waffengewalt erlittene Deformierung des jungen Gesichts, die uns so erschreckt, sondern die Schönheit, mit der diese gezeichnet wurde. Tonks behandelt die Entstellungen mit bemerkenswerter Offenheit. Wem jemals eine ernsthafte Verletzung zugefügt wurde, wird diese Ehrlichkeit vermutlich zu schätzen wissen.

Henry Tonks (Großbritannien, 1862 bis 1937) studierte Medizin und wurde 1886 Chirurg im London Hospital. Ab 1892 lehrte er Anatomie an der London Hospital Medical School. Neben seiner beruflichen Tätigkeit besuchte er seit 1888 Abendkurse an der Westminster School of Art und stellte seine Gemälde erstmals 1891 mit dem New English Art Club aus. Ab 1892 lehrte er an der Slade School of Fine Art. Tonks diente im Ersten Weltkrieg im Sanitätskorps und fertigte Pastellzeichnungen von Gesichtsverletzungen an, bevor er 1918 offiziell zum Frontmaler ernannt wurde. Von 1918 bis 1930 war er als Professor für Kunst tätig.

Siehe auch
Antonin Artaud (S. 104)
George Grosz (S. 168)
Georg Baselitz (S. 176)

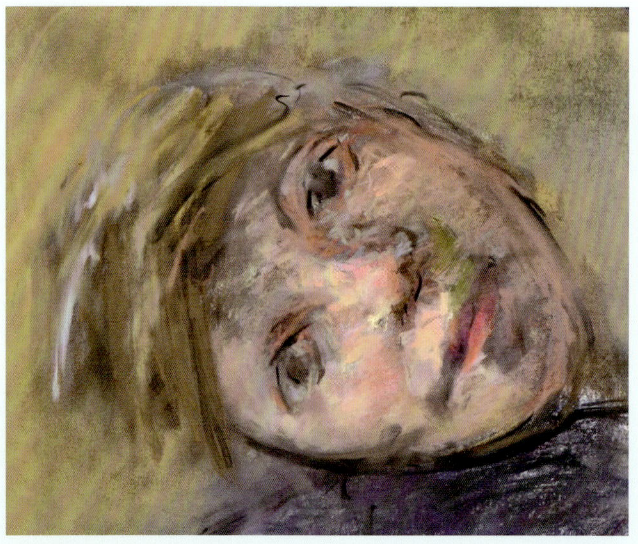

Materialien
Tonks setzt in seinem Porträt auf der rechten Seite die Pastellkreiden auf brillante Weise ein. Die weiche Konsistenz erleichtert Farbübergänge, doch ihm gelingt es, an passenden Stellen die raue Anmutung der Kreiden zu bewahren. Stellen Sie sich die unterschiedlichen Texturen von Stoff, Haar und Haut vor und versuchen Sie, diese in Kreidestrichen nachzuahmen. Im Beispiel links legte der Künstler Farbübergänge an, verwendete aber neben Kreide auch Kohle.

Vorlagen
Viele Menschen fühlen sich von Tonks' Motiven so erschüttert, dass sie nicht über die praktische Seite der Ausführung diskutieren möchten. Doch genau dies ist die Gabe der Frontmaler – sie bannen den Horror ins Bild und versuchen auf ihre eigene Weise, zukünftige Konflikte zu verhindern. Tonks betrachtete als Meister seines Fachs die feinen Übergänge zwischen Licht, Schatten und Farbe. Dadurch verwandelte er das unaussprechbar Schreckliche und Groteske in Schönheit.

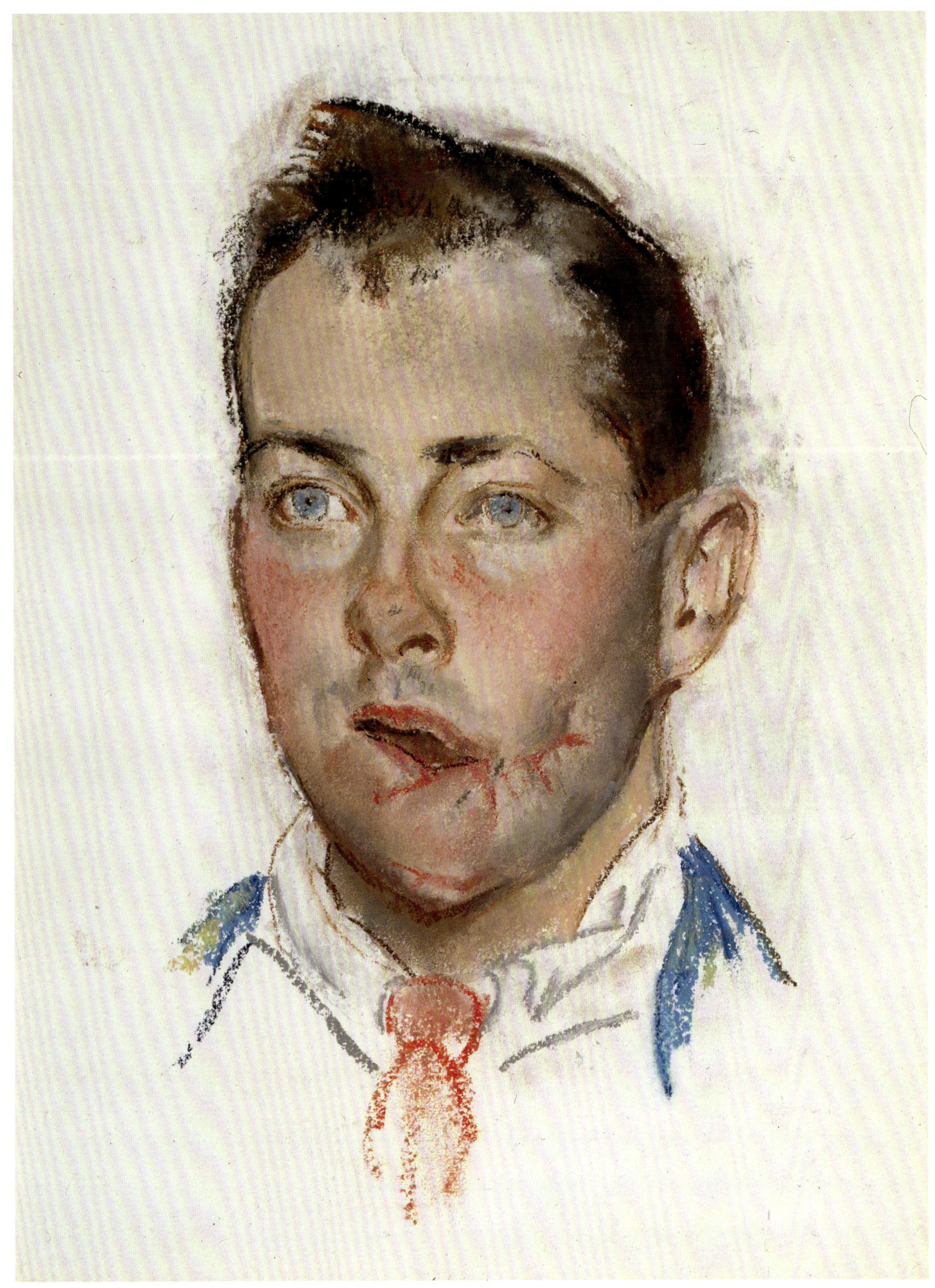

Francis Picabia

La Chienne des Baskerville 1932–1933
Pinsel, Schellacktusche, Kohle auf Papier
64,1 × 49,2 cm
Privatsammlung

Francis Picabia ist nach wie vor ein Liebling der Kunstwelt. Kunsthändler und Galeristen schätzen ihn wegen seiner Produktivität, Künstler bewundern ihn für seinen Erfindungsreichtum, Studenten verehren ihn, weil er respektlos und geistreich war.

Von 1928 bis Mitte der 1930er-Jahre schuf Picabia eine große Anzahl von Werken, die auf einer Idee basierten. Diese Idee war seiner Beschreibung nach der imaginäre Raum, der es ihm ermöglichen sollte, im Werk sein Begehren und seine Instinkte auszuleben. Picabia orientierte sich an Bildwelten vom antiken Rom bis zur Renaissance und kombinierte unvereinbare Objekte. Seine Bildfindungen speisten sich dabei nicht nur aus eigenen Erfahrungen, sondern auch aus seinem Interesse an Fotografie und Film.

Bei der Zeichnung auf der rechten Seite scheint die dargestellte Person ein Objekt zu betrachten, während sie an ein anderes denkt. Der Betrachter kann die Gedanken beinahe abschweifen sehen. Zwei transparente Schichten scheinen sich im Bild zu überlagern. Für diese originelle Bildfindung musste Picabia jedoch einige Abstriche in seiner Zeichnung machen. Da Schichten des Bildes transparent sind, konnte er den weiblichen Körper nicht plastisch entwickeln. Das Fehlen der dreidimensionalen Form der kopflosen Frau kompensiert er durch die Betonung der schwarzen Kontur, während der schattierte Kopf wesentlich feiner gezeichnet ist. Die Aufmerksamkeit des Betrachters oszilliert so zwischen den verschiedenen Schichten des Bildes.

Francis Picabia (Frankreich, 1879 bis 1953) wuchs in Paris auf und studierte dort an der École des Beaux-Arts und der École des Arts Décoratifs. Zusammen mit Marcel Duchamp (1887–1968) gründete er 1912 die kubistische Section d'Or. Ein Jahr später stellte er auf der Armory Show in den USA aus. 1914 reiste er nach New York, wo er mit Duchamp und Man Ray (1890–1976) die Gründung der New Yorker Dadaisten unterstützte. 1917 hatte Picabia seine ersten mechanischen Zeichnungen veröffentlicht, distanzierte sich aber bereits 1921 wieder vom Dadaismus. Er konstruierte daraufhin Collagen und arbeitete mit transparenten Schichten, da er nach visuellen Möglichkeiten suchte, den dreidimensionalen Raum ohne traditionelle Perspektive darzustellen.

Siehe auch
Joan Miró (S. 204)
René Magritte (S. 266)
Paul Klee (S. 268)

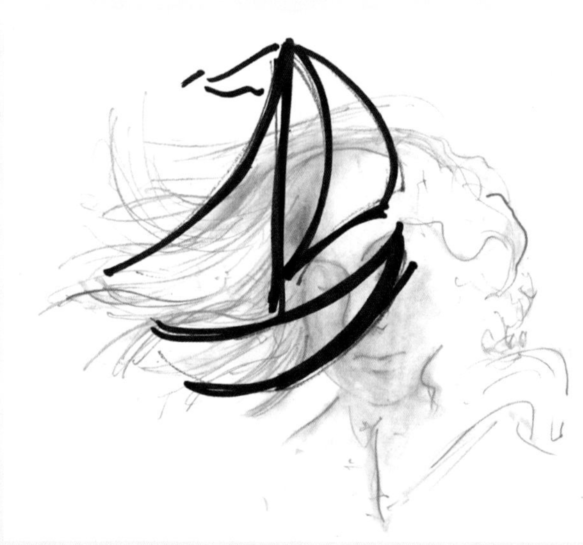

Motiv
Auch wenn man nur einfache visuelle Mittel wie Linie, Form, Tonwerte und Farbe einsetzt, muss man sich nicht auf eine realistische Darstellung beschränken. Picabia kombiniert in seiner Zeichnung (rechte Seite) geschickt Linien und Tonwerte. Spielen Sie mit unterschiedlichen Motiven, kombinieren Sie scheinbar unvereinbare Dinge miteinander. Dadurch entstehen oft sehr interessante Bilder. Im Wind wehendes Haar erinnert so plötzlich an Wellen (links).

Materialien
Die Kombination verschiedener Zeichenmittel kann einen starken Effekt haben. Seien Sie bei der Umsetzung beharrlich – bleiben Sie dran, bis Sie Ihr Ziel erreicht haben. Das Zeichenmittel soll sich Ihren Absichten unterordnen. Bewegt sich die Zeichnung nicht in die Richtung, die Ihnen vorschwebt, lassen Sie sich von einfach der Zeichnung leiten. Bis man so weit ist, dass man ein Zeichenmittel beherrscht und entsprechend einsetzen kann, dauert es eine Weile.

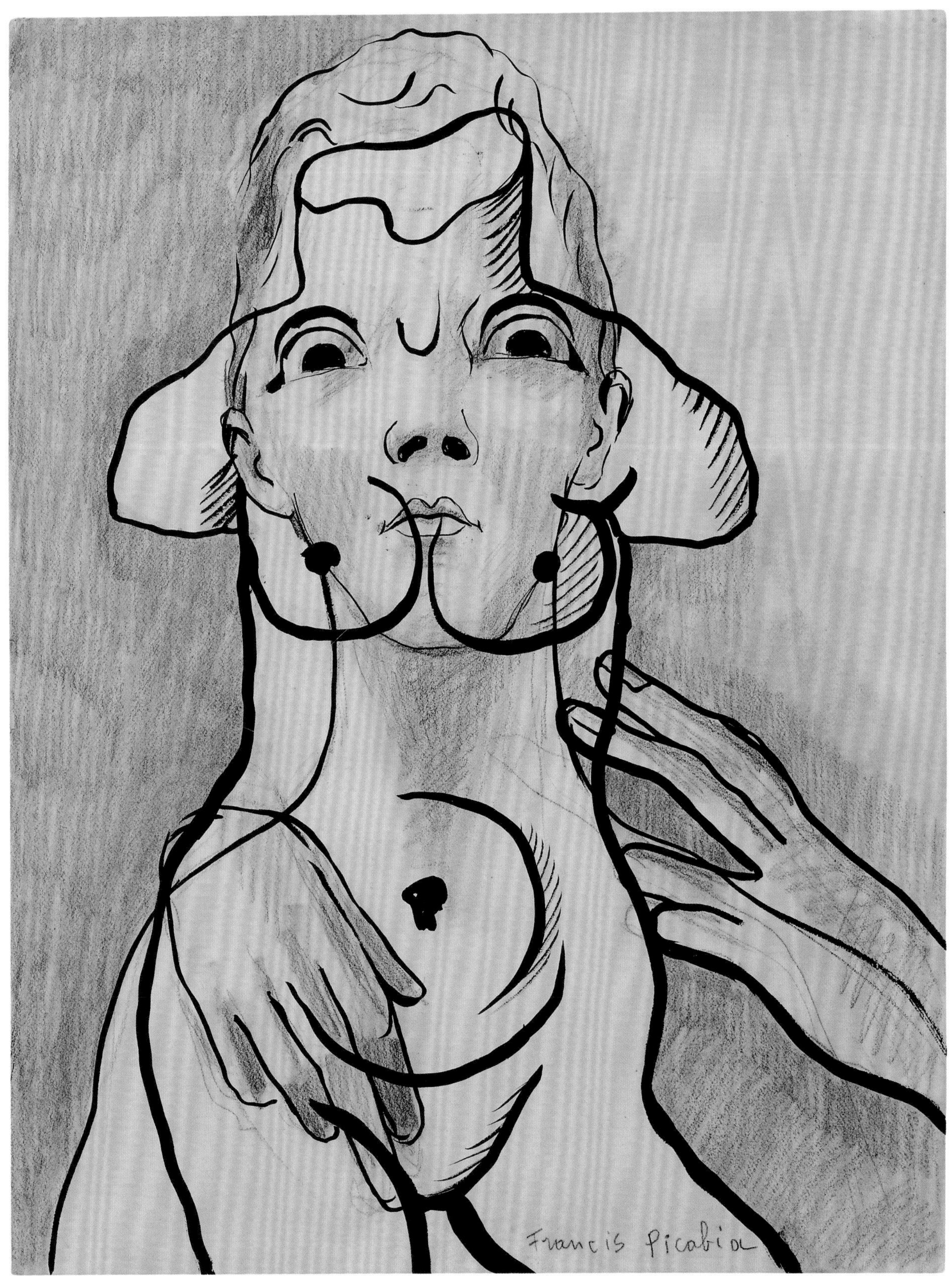
Francis Picabia

Georgia O’Keeffe

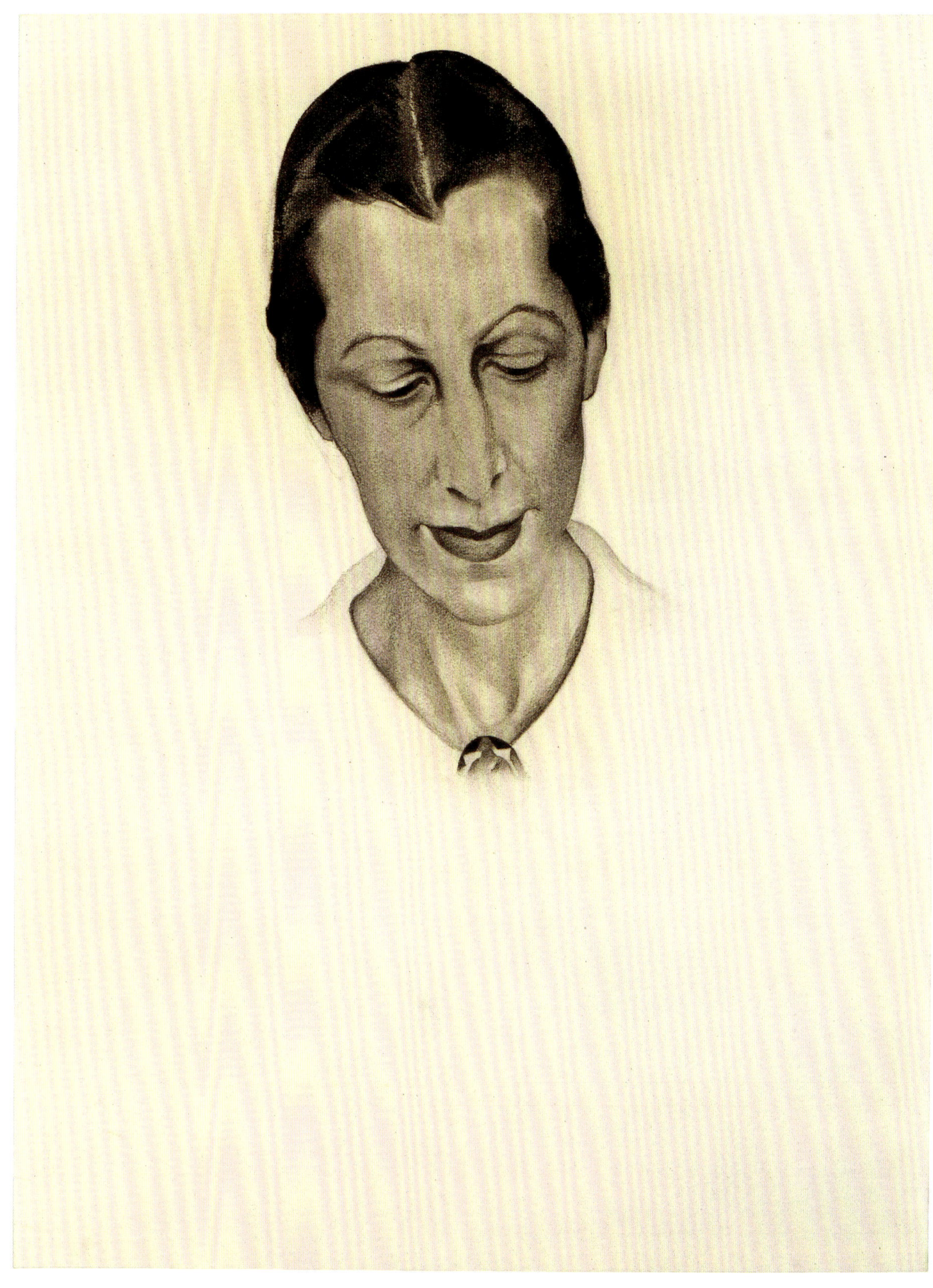

Dorothy Schubart 1936
Kohle auf Papier
60,3 × 45,3 cm
Georgia O'Keeffe Museum, Santa Fe, New Mexico, USA

Georgia O'Keeffe wurde in den 1880er-Jahren in Wisconsin geboren, einem goldenen Zeitalter, in dem viele großartige Künstler des 20. Jahrhunderts zur Welt kamen. Da sie so lange lebte (sie starb mit 98 Jahren), zählen wir sie eher zu den Künstlern, die Mitte bis Ende des 20. Jahrhunderts tätig waren. Wie ihr Zeitgenosse Edward Hopper (Seite 128) arbeitete O'Keeffe kommerziell als Illustratorin. Am bekanntesten sind heute ihre großen Bilder von formatfüllenden, abstrahierten Blüten, die ein äußerst suggestives, sexualisiertes Erscheinungsbild haben. Umso überraschender wirken ihre eher figurativen Arbeiten.

O'Keeffe zeichnete nur wenige Porträts. Wahrscheinlich entstanden ihre in Kohle ausgeführten Porträtstudien nach der Natur. O'Keeffe vollendete das akkurat gearbeitete Porträt von Dorothy Schubart (linke Seite) 1936, als sie sich in ihrer produktivsten Phase befand. Auf den ersten Blick ist kaum zu erkennen, dass die Porträtstudie mit Kohle gezeichnet wurde. Es sind keine Skizzierlinien zu sehen, keine groben Schattierungen und auch keine Überarbeitungen. Alles ist sorgfältig und mit äußerster Präzision ausgeführt. Bemerkenswerterweise existieren auch keine für Kohlezeichnungen typischen Flecken oder Verwischungen. O'Keeffe interessierte sich in ihrer Darstellung in erster Linie für die Form und die Oberfläche. Der Raum um den Kopf des Modells, scheint unbedeutend. Auch der Kopf hat keine räumliche Position und scheint im Leeren zu schweben. Der Gesamteindruck konzentriert sich auf die Dichte der Linie, die durch die Leichtigkeit und Transparenz des umgebenden leeren Raums hervorgehoben wird.

Georgia O'Keeffe (USA, 1887–1986) studierte nur ein Jahr an der School of the Art Institute of Chicago, denn sie erkrankte an Typhus und musste die Schule verlassen. 1907 nahm sie an Kursen der Art Students League in New York teil und arbeitete als Illustratorin. Zu einem ersten künstlerischen Durchbruch kam es 1915, als ein Freund von O'Keeffe einige abstrakte Kohlezeichnungen von ihr dem Fotografen und Galeristen Alfred Stieglitz (1864–1946) zeigte. Stieglitz stellte daraufhin Zeichnungen der Künstlerin in seiner Gallery in New York aus. O'Keeffe und Stieglitz wurden ein Paar und heirateten 1924. Ab 1929 verbrachte O'Keeffe einen Teil des Jahres in New Mexico, wo die Landschaft sie künstlerisch inspirierte.

Siehe auch
Hans Holbein d. Jüngere (S. 80)
Antonin Artaud (S. 104)

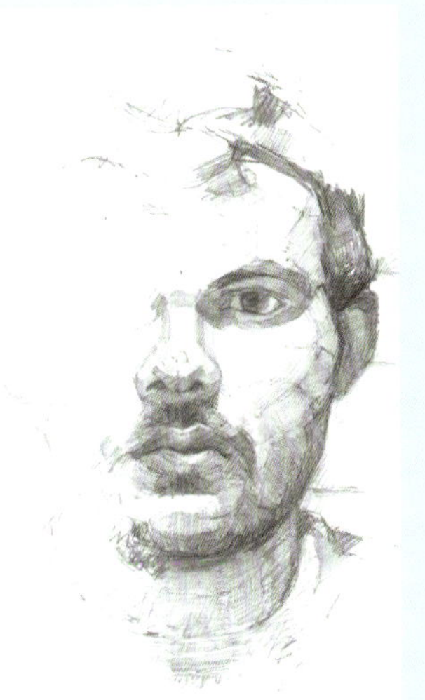

Materialien
Für die Zeichnung auf der linken Seite hat O'Keeffe nur einfache Kohle verwendet. Man muss ihre Meisterschaft mit diesem Zeichenmittel bewundern. Der Betrachter merkt nicht einmal, dass sie mit Kohle zeichnete. Dies erreichte sie durch einen graduellen Aufbau der Schichten, wahrscheinlich jeweils durch ein Fixativ (Seite 47) getrennt. Besonderes Augenmerk legte sie auf die Oberfläche. Man empfindet hier quasi eine langsame Reise über das Gesicht nach.

Im Beispiel links habe ich mit Bleistift eine grobe Version eines exakt ausgearbeiteten Kopfes im Stil von O'Keeffe angelegt. Jede Fläche ist genau definiert: Im Verlauf des Zeichenprozesses habe ich die Übergänge verfeinert. Bei dieser Art von Zeichnung ist es wichtig, darauf zu achten, wo man den Kopf auf dem Papier positioniert. Im Beispiel habe ich die Position der Teile skizziert, die noch ausgearbeitet werden müssen. Diese Anhaltspunkte helfen einem bei der Entwicklung des Werks.

Raum
O'Keeffe beschreibt die Oberfläche des Gesichts und der Haare akribisch. Dennoch ist dies keine fotorealistische Arbeit, sondern eine idealisierte Darstellung. Die komplizierten Tonwertveränderungen von einer Oberfläche zur nächsten führt sie mit Raffinesse aus. Grobe Schattierungen oder abstrakte Linien würden die Einheit dieser Oberfläche durchbrechen. Räumliche Beziehungen entstehen durch feine Veränderungen der Skala oder der Tonwerte.

Pablo Picasso

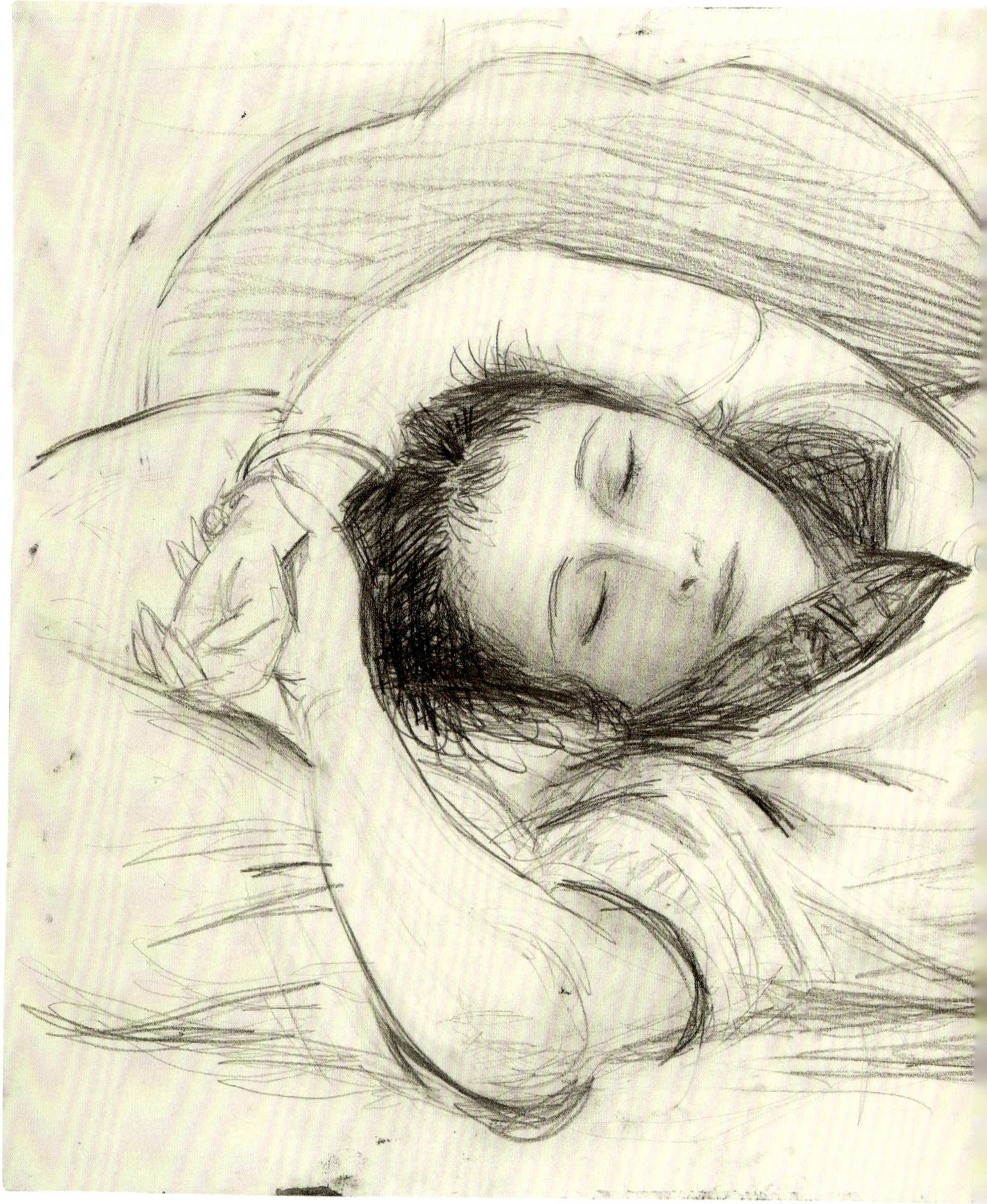

Pablo Picasso (Spanien, 1881–1973) dominierte die Kunst des 20. Jahrhunderts mit verschiedenen Stilen und Medien. Sein Schaffen war originell und oft provokativ. Picasso studierte bereits mit elf Jahren an der Kunstschule von La Coruña und schrieb sich später in Madrid an der Real Academia de Bellas Artes ein. 1904 ließ er sich in Paris nieder, wo 1907 sein bahnbrechendes Werk *Les Demoiselles d'Avignon* (1907) entstand. Es zeigt den Einfluss der afrikanischen Kunst und eine Bewegung hin zum Kubismus. Während des Spanischen Bürgerkriegs schuf Picasso sein monumentales Gemälde *Guernica* (1937).

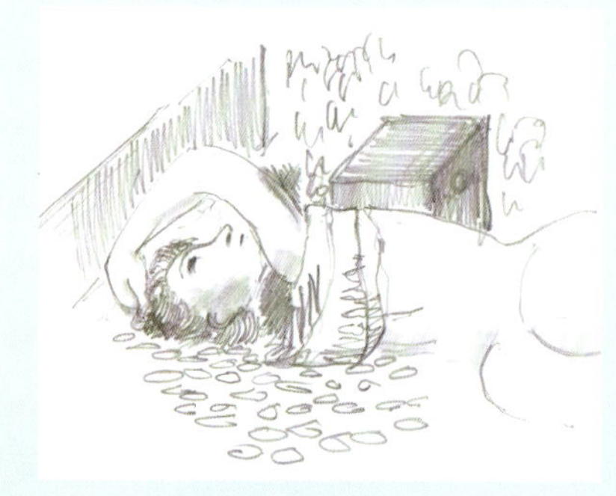

Vorlagen

Die Variationen im Bleistiftstrich, die Picasso im Bild oben einsetzt, lassen die Texturen klar hervortreten. Denken Sie beim Zeichnen an die charakteristischen Formen und Linien. Erst, wenn diese im ganzen Bild aufeinander Bezug nehmen, wird eine Zeichnung zu einer Einheit zusammengefasst. Im Beispiel links wiederholen sich die rundlichen Kringel auf dem Bettlaken in ähnlichen Formen im Hintergrund. Unser Gehirn entdeckt gern solche Verbindungen, während der Blick über das Bild wandert. Denken Sie auch daran, dass Sie die Länge der Striche variieren können. Ein kurzer gebogener Strich kann eine längere gebogene Linie spiegeln, so wie in diesem Beispiel die Kurve des Arms und des Handgelenks die Kurve der Pobacken wieder aufnimmt. Ziel ist es, ein ansprechendes und zugleich geschlossenes Ganzes zu erschaffen.

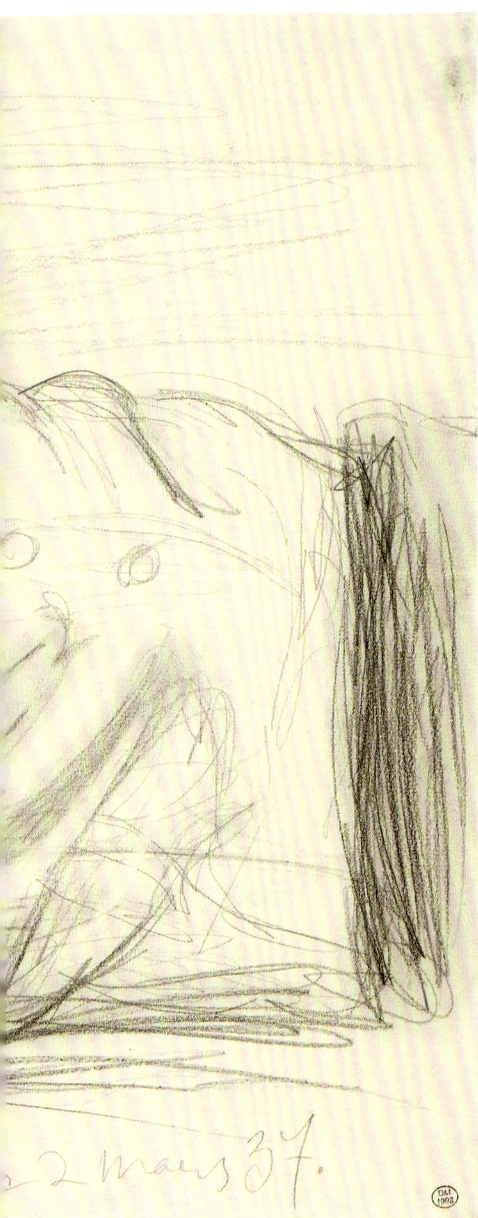

Porträt der schlafenden Dora Maar 1937
Bleistift auf Papier
37,6 × 50,8 cm
Privatsammlung

Pablo Picasso war bereits zu Lebzeiten eine Berühmtheit in der Kunstwelt. Im Jahr 1937 schuf er mit *Guernica* eines der außergewöhnlichsten Gemälde des 20. Jahrhunderts und ein politisches und schockierend revolutionäres Werk. Das *Porträt der schlafenden Dora Maar* auf der linken Seite entstand im selben Jahr und unterscheidet sich drastisch von dem Gemälde.

Picasso hatte 1936 die talentierte Fotografin Dora Maar kennengelernt. Dora war überspannt, anspruchsvoll und gewieft – und ein völlig anderer Charakter als Picassos Modell und Geliebte Marie-Therèse Walter, die als nachgiebig und empfindsam galt. Die Beziehung zu Dora hielt neun Jahre, war jedoch schwierig.

Diese Zeichnung zeigt eine andere Seite von Picasso und Dora. Bleistiftzeichnungen in einem derart großen Format gelingen selten. Bei Picasso jedoch sind Komposition und Platzierung perfekt. Ohne den Bogen des Kissens aber wäre die Einheit der Figur verloren gegangen und das Bild nicht so gelungen.

Wie in anderen Beispielen, die ich in diesem Buch vorstelle, wird auch in dieser meisterhaften Zeichnung wenig Wert auf anatomisch korrekte Proportionen gelegt, was sich vor allem an den kleinen Händen der Dora Maar zeigt. Was die Zeichnung besonders feinfühlig macht, ist das wunderbare Leuchten der Haut auf dem Gesicht. Picasso hat die Texturen voneinander abgesetzt. Die groben Texturen des Haars und des Schals erzeugen den Eindruck der Weichheit im Gesicht, die einen fast dazu verführt, das Gesicht der Schlafenden zu berühren. Die kratzigen Bleistiftstriche im Rest der Zeichnung scheinen dennoch immer Teil der Komposition zu sein, was bemerkenswert ist. Picasso stellt die Formen nicht als einzelne Teile dar, sondern setzt sie in Beziehung zueinander.

Siehe auch
Philip Guston (S. 196),
Anselm Kiefer (S. 272)

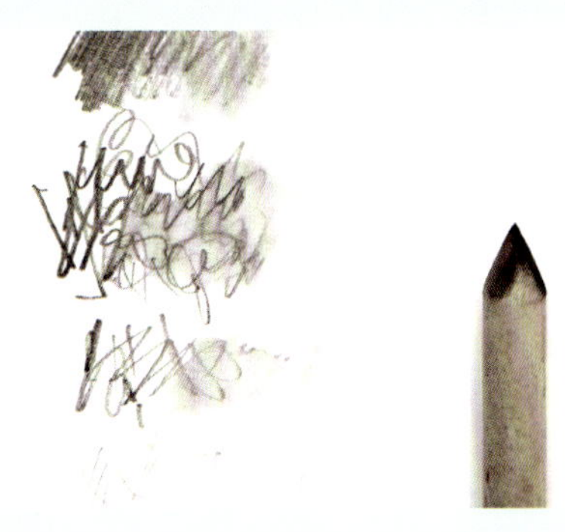

Materialien
Picasso setzte die unterschiedlichsten Materialien ein – von der Wachsmalkreide bis zu ausgefeilten Techniken. Bei technischen Experimenten aber sollte die visuelle Idee immer die stärkste Antriebskraft sein. Picasso verwendete für seine Zeichnung (oben) einfache Materialien – Bleistift, Papier und Estompe (Seite 47) zum Verwischen. Experimentieren Sie mit Grundmaterialien (links).

Antonin Artaud

Selbstporträt 1946
Grafit auf Papier
59,6 × 45,3 cm
Privatsammlung

Antonin Artaud war künstlerisch überaus vielseitig: Er arbeitete als Schauspieler und Regisseur avantgardistischer Stücke, schrieb Lyrik und zeichnete. Oft verwendete er gezeichnete Storyboards für seine Theaterarbeit. Viele Künstler des 20. Jahrhunderts wie Henri Matisse (Seite 174 und 234) oder Francis Bacon (1909–1992) ließen sich von Sigmund Freud, Friedrich Nietzsche und Karl Marx beeinflussen. Artaud stellt da keine Ausnahme dar. Indem er das Unbewusste ansprach und mit Ideen des Surrealismus spielte, wollte er das Theaterpublikum zu instinktiven Reaktionen bewegen. Sein *Theater der Grausamkeit* sollte dem Leben eine leidenschaftliche und konvulsivische Facette zurückgeben. Der Begriff Grausamkeit ist dabei im Sinne gewaltsamer Strenge und extremer Verdichtung von szenischen Elementen zu verstehen.

Wer ein realistisches Selbstporträt erwartet, wird Artauds Zeichnung auf der rechten Seite vielleicht als amateurhaft empfinden – wenn auch der Kopf auf weniger schockierende oder brutale Weise dargestellt ist wie bei Jean Dubuffet (1901–1985) oder Jean-Michel Basquiat (1960–1988). Artaud unternahm keinen Versuch, irgendetwas zu verschönern. Die Positionierung des Kopfes unterstreicht seine unkonventionelle Interpretation. Die Oberflächen sind kratzig, grob und direkt. Das Ergebnis wirkt verstörend, der Kopf wie abgeschlagen. Artauds Bildnis ist auf eine besondere Weise ungekünstelt, die sich einprägt.

Antonin Artaud (Frankreich, 1896 bis 1948) war ein bedeutender Theaterautor, Essayist und Schauspieler. Als Theoretiker des Surrealismus stellte er das Konzept des »Theaters der Grausamkeit« auf, das einen großen Einfluss auf das Avantgarde-Theater des 20. Jahrhunderts ausübte. Artaud wurde in Marseille geboren und erkrankte als Kind an Meningitis. Für den Rest seines Lebens war er kränklich und litt später an einer Opiatabhängigkeit. In den 1940er-Jahren wurde bei Artaud Schizophrenie diagnostiziert, weshalb er neun Jahre in psychiatrischen Einrichtungen verbrachte. Um seine Wahnvorstellungen zu kontrollieren, begann er zu zeichnen.

Siehe auch
Georg Baselitz (S. 176)
William Turnbull (S. 198)
Edvard Munch (S. 230)

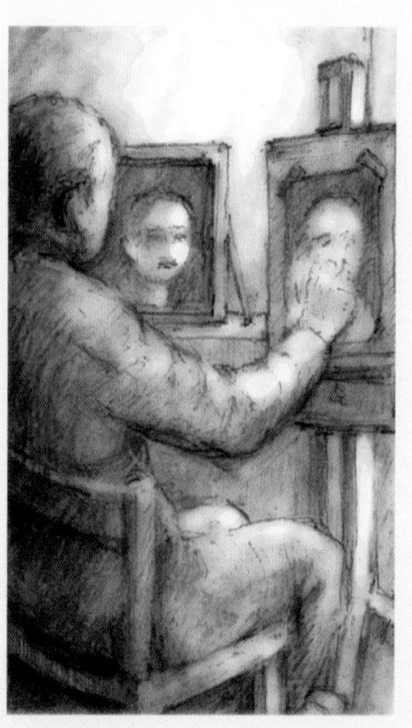

Form
Für ein Selbstporträt sollten Sie mit einem Spiegel arbeiten statt mit einem Foto. Der Spiegel sollte so groß sein, dass Sie Ihren Kopf darin vollständig sehen können (links). Achten Sie darauf, dass Sie nahe genug am Spiegel sitzen, da Sie auf der Zeichnung sonst den ganzen Körper und nicht nur den Kopf darstellen. Es ist wichtig, dass Sie bequem in den Spiegel sehen können, denn Sie verbringen mehr Zeit damit, Ihren Kopf zu betrachten als Ihre Zeichnung.

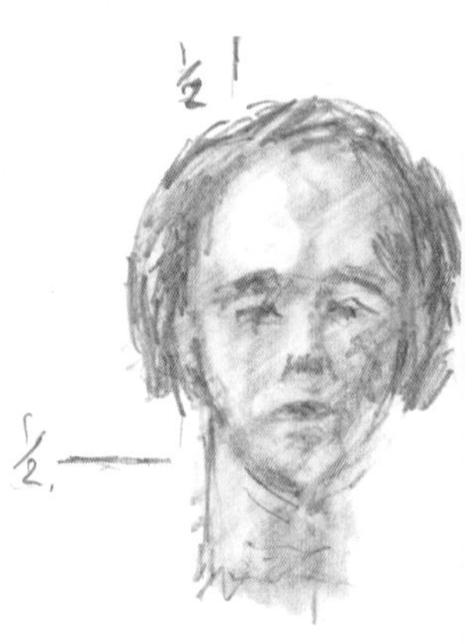

Linienführung und Volumen
In Artauds Werk (rechte Seite) wird jedes Detail mit sicherem Strich dargestellt. Der Kopf ist gut geformt. Beachten Sie die Platzierung des Kopfes (siehe links): Wäre er genau in der Mitte, würde er statisch wirken. Die Größe des Kopfes im Vergleich zum Papierformat lässt einen Blick aus der Ferne vermuten. Wäre der Kopf größer, würde er eine intensivere Verbindung zum Betrachter schaffen. Der Hals ist so dargestellt, als ob er vom Körper gerissen worden wäre.

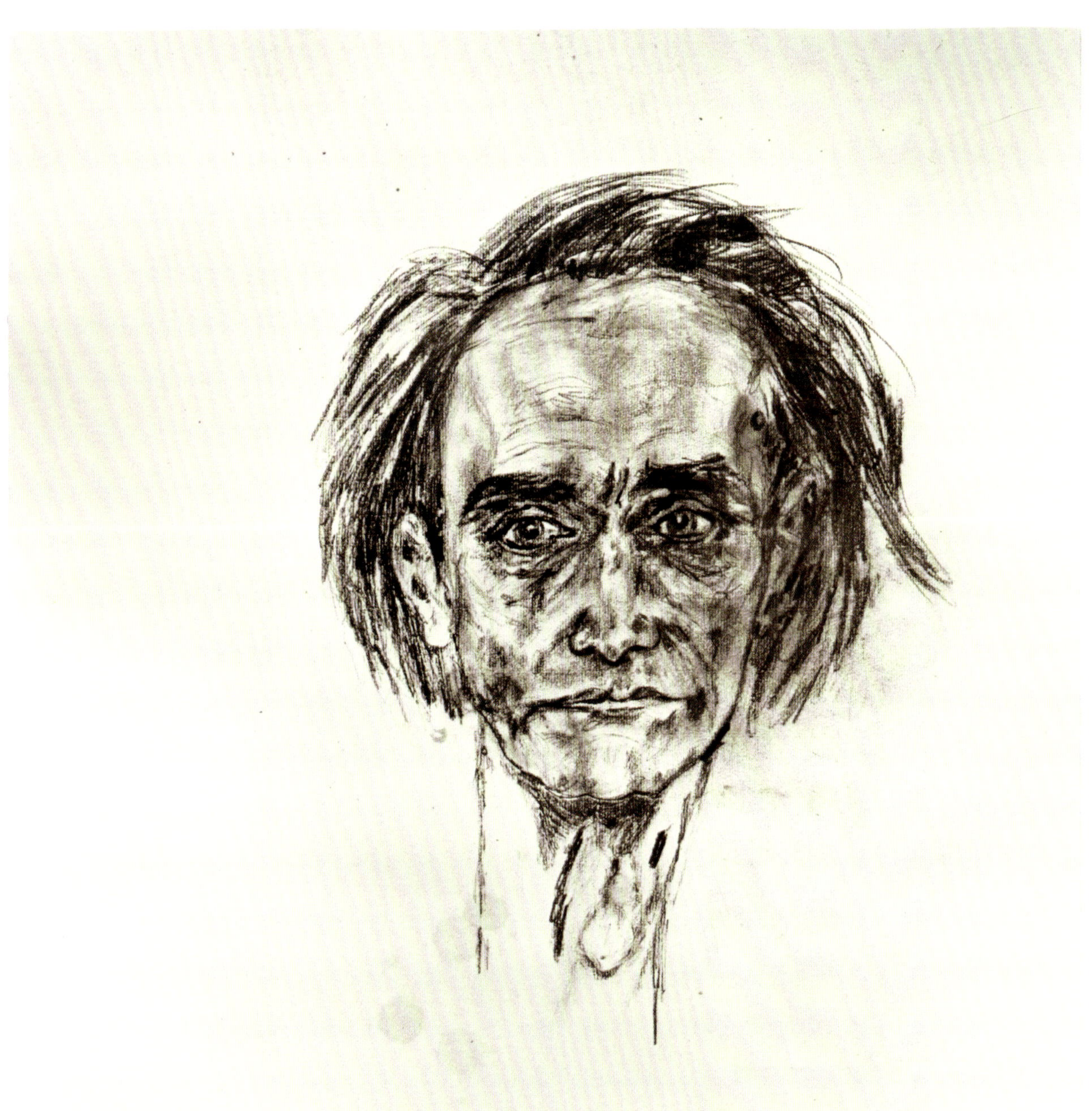
antonin artaud
17 decembre 1946

Lucian Freud

Man at Night (Selbstporträt) 1947–1948
Feder und Tusche auf Papier
51,5 × 42,5 cm
Privatsammlung

Lucian Freud gilt als einer der führenden figurativen Maler des 20. Jahrhunderts. Lose mit der Künstlergruppe School of London verbunden, die Künstler wie Francis Bacon (1909–1992), Frank Auerbach (Seite 202), Michael James Andrews (1992–1995) und Leon Kossoff (Seite 206) hervorbrachte, arbeitete Freud zeitlebens unermüdlich in einem schmalen Stilbereich. Die Bekanntschaft mit Francis Bacon in den frühen 1960er-Jahren lockerte seinen Malstil auf. Abgesehen von einer surrealistischen Phase arbeitete Freud ausschließlich nach der Natur. Schon früh zog sein präziser Stil das Interesse des Kunsthistorikers Kenneth Clark auf sich, der Freuds Werk fortan förderte.

Das hier vorgestellte Selbstporträt von Freud auf der rechten Seite ist extrem kontrolliert und fast schon starr. Die Zeichnung wirkt wie die Luftbildaufnahme einer Landschaft, in der jedes Feld, jeder See und jedes Merkmal der Landschaft spezifiziert werden. Auf fast magische Weise gelingt es Freud, diese einzelnen Bereiche zu einer geschlossenen Komposition zusammenzufassen und eine Aura der Ruhe herzustellen. Die Zeit, die Freud aufwandte, um die feinen Texturen im Bild auszuarbeiten, zahlt sich aus. Die Texturen haben die Qualität einer abstrakten minimalistischen Zeichnung. Beim Betrachten der Bildoberfläche verliert man sich in der Komplexität jeder winzigen, zellenartigen Struktur. Durch Kontraste, Übergänge und scharfe oder weiche Ränder entsteht ein Flirren und Flimmern – die Striche bleiben jedoch immer präzise.

Lucian Freud (Großbritannien, 1922 bis 2011) wurde in Berlin geboren und war der Enkel Sigmund Freuds, des Begründers der Psychoanalyse. 1933 floh die Familie Freud vor den Nationalsozialisten nach London. Lucian studierte dort an der Central School of Art und an der East Anglian School of Painting and Drawing in Essex. 1941 ging er zur Handelsmarine, wurde aber nach einer Verletzung vom Militärdienst entlassen. Danach besuchte er das Goldsmiths College, begann zu malen und reiste 1943 nach Paris und Griechenland. In Paris freundete er sich mit Pablo Picasso (1881–1973) und Alberto Giacometti (1901–1966) an. Nach seiner Rückkehr nach London lehrte er an der Slade School of Fine Art.

Siehe auch

Hans Holbein d. Jüngere (S. 80)
Carl Philipp Fohr (S. 90)
Vincent van Gogh (S. 126)

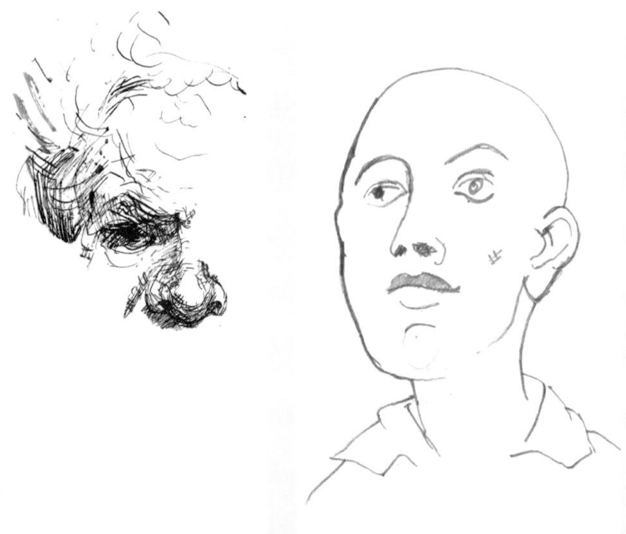

Vorlagen

Freud entwickelte seine Zeichen- und Malmethode im Laufe vieler Jahre. Er wusste genau, wie das fertige Bild aussehen sollte. Er arbeitete wenig systematisch, sondern bewegte sich von Detail zu Detail (ganz links). Studenten verspüren oft den Drang, ebenso zu arbeiten. Doch wenn man kein klares Konzept vor Augen hat, verliert man dabei die Gesamtheit ganz schnell aus dem Blick.

Das Prinzip des »fertigen Bilds« funktioniert bei einer Einzelabbildung am besten, denn bei einer Collage würde der Gesamteindruck des ganzen Blattes eine Einheit bilden. Steckt die Zeichnung voller Details, entwickeln Sie die Details peu à peu, aber nicht wie eine Einkaufsliste aus verschiedenen Dingen, die kein kohärentes Ganzes bilden und nicht wirklich zusammenpassen (links). Am wichtigsten ist es, die Gesamtstruktur des Bildes zu erfassen und zu erkennen, in welcher Beziehung jedes einzelne Detail zu dieser Gesamtsruktur steht.

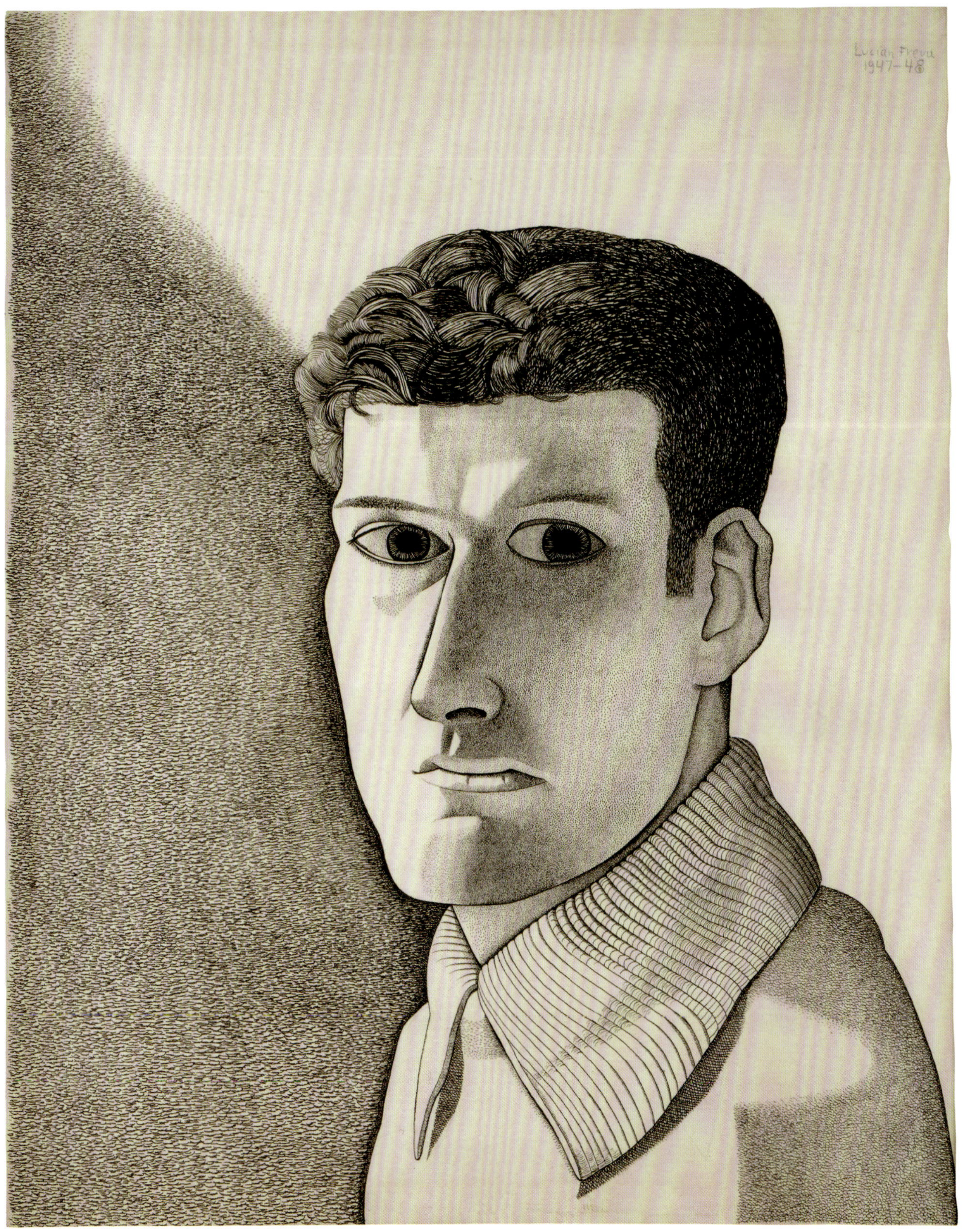
Lucian Freud
1947–48

Lands

chaft

In der Landschaft findet der Mensch zu sich selbst – ob durch die weichen Farbtöne einer Wiese bei Sonnenaufgang oder durch das an eine zerklüftete Küste brandende Meer. Die metaphorische Kraft der Natur spiegelt unsere archaische menschliche Natur wider. So wie uns Aktbilder direkt mit unserer menschlichen Physis konfrontieren, verbindet uns die Landschaft mit unserem Platz in der Welt.

Als Motiv rückte die Darstellung der Landschaft seit dem 15. Jahrhundert mehr und mehr in den Blick der Künstler. Einen Höhepunkt erlebte die Landschaftsmalerei im 17. Jahrhundert in den Niederlanden. Im späten 19. Jahrhundert belebten die Impressionisten erneut das Interesse an der Landschaft. Wenige Künstler dieser Zeit jedoch fertigten Landschaftszeichnungen an. Natürlich gibt es Ausnahmen, darunter Vincent van Gogh (Seite 126), der aber nicht wirklich zu den Impressionisten gezählt wird. Künstler wie Claude Monet (Seite 124) zeichneten zwar auch Landschaften, bevorzugten aber das Gemälde als Ausdrucksform für die Darstellung der wechselnden Eigenschaften des Lichts.

Im 20. Jahrhundert setzten Künstler die Landschaft als Motiv immer wieder ein, um stilistisch von der gegenständlichen Kunst zur Abstraktion überzugehen. Die Verbindung zwischen der konkreten Darstellung und der Abstraktion brachte dabei einige der überzeugendsten Werke des vergangenen Jahrhunderts hervor.

Die großen Meister einer jeden Epoche wussten, wie diese Verbindung zustande kommt: Die späten Gemälde von Tizian (Seite 258) und Rembrandt (Seite 146) beispielsweise wären keine Meisterwerke, wenn es sich dabei einzig und allein um die schlichte Repräsentation eines vorgeschriebenen Stils handeln würde.

Pieter Bruegel der Ältere

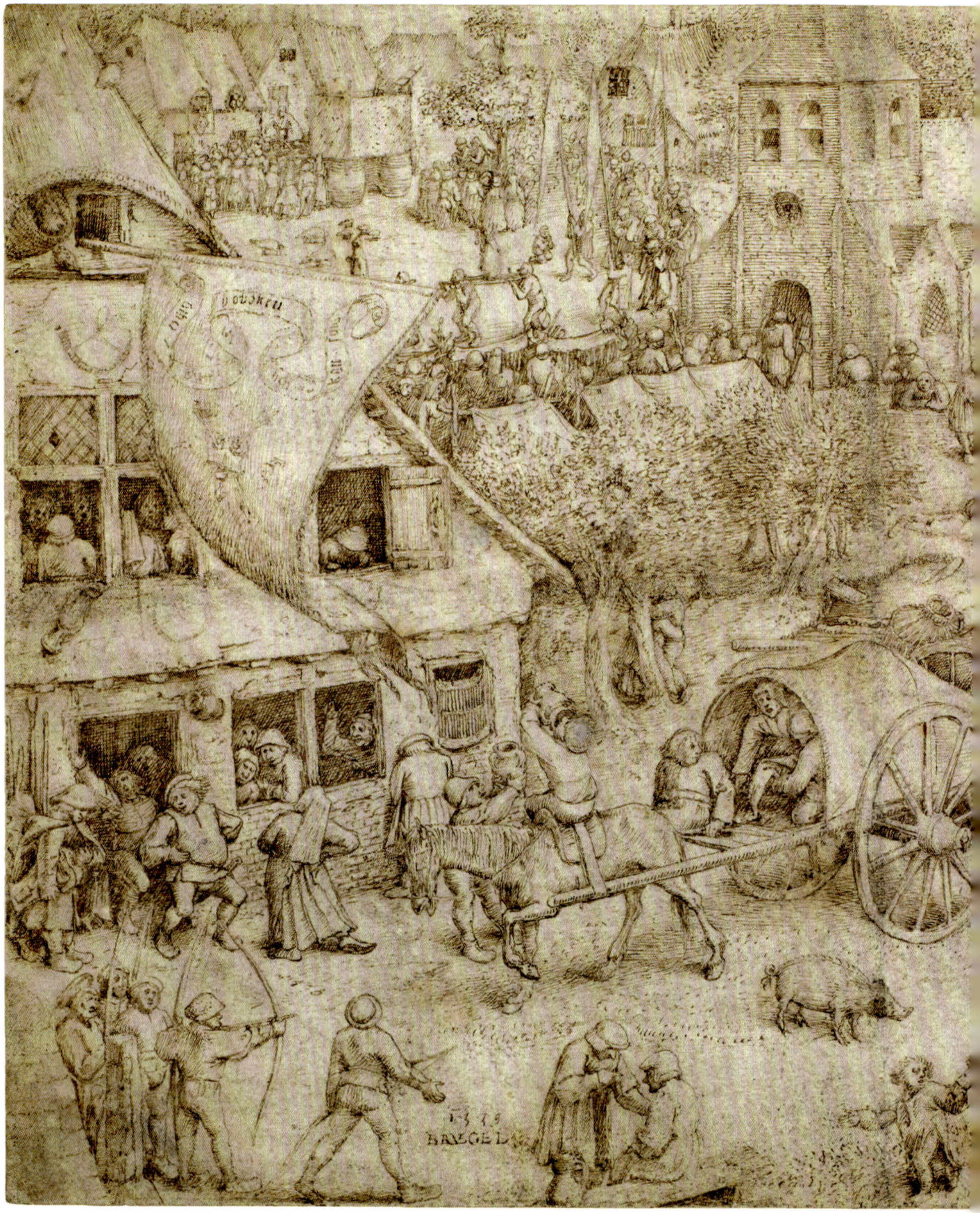

Pieter Bruegel der Ältere (Niederlande, um 1525–1569) ging bei Pieter Coecke van Aelst (1502–1550) in Antwerpen in die Lehre und heiratete dessen Tochter Mayken. Später arbeitete er für den Maler, Graveur und Drucker Hieronymus Cock (1518–1570) und trat 1551 der Antwerpener Malergilde bei, bevor er eine Reise nach Italien unternahm. Viele seiner frühen Werke zeigen Einflüsse der flämischen Tradition. In seinem späteren Werk finden sich dagegen italienisch anmutende Elemente. 1555 verkehrte er in Antwerpen in Intellektuellenzirkeln. 1559 legte er das »h« in seinem Namen ab, während sein Sohn Pieter Brueghel der Jüngere den ursprünglichen Familiennamen beibehielt.

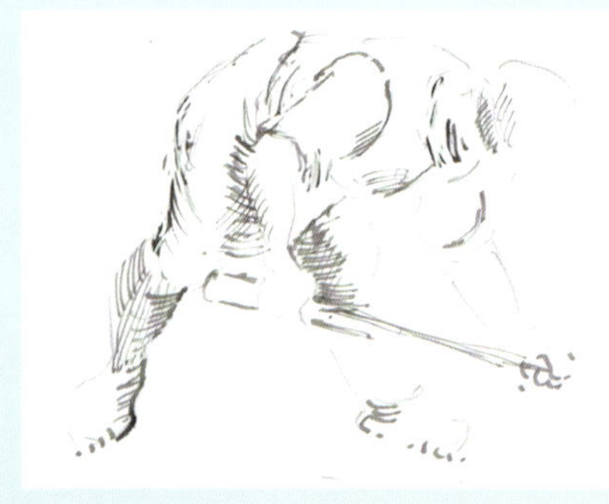

Materialien
Wenn man die Details im Bild oben betrachtet, erscheint einem die Zeichnung klein, obwohl sie im Vergleich zu anderen Zeichnungen der Epoche relativ groß ist. Geschlossenheit lässt sich bei einer Zeichnung mit Feder und Tusche erreichen, wenn man jedes Detail ausarbeitet. Fertigen Sie bei einer Tuschezeichnung erst Skizzen an oder zeichnen Sie Konstruktionslinien, bevor Sie loslegen (links).

Raum
Bruegels Motiv (oben) wirkt zuerst glaubwürdig. Vergleicht man die Darstellung jedoch mit einem realen Dorffest, das man von einem Kirchturm oder einem kleinen Hügel aus betrachtet, wird klar, dass Bruegel den Raum hier raffiniert komprimiert hat und Details wie im Zoom darstellt. Ein Foto liefert zwar ein fast korrektes topografisches Abbild einer Szene, ist aber nie so komprimiert wie eine Zeichnung.

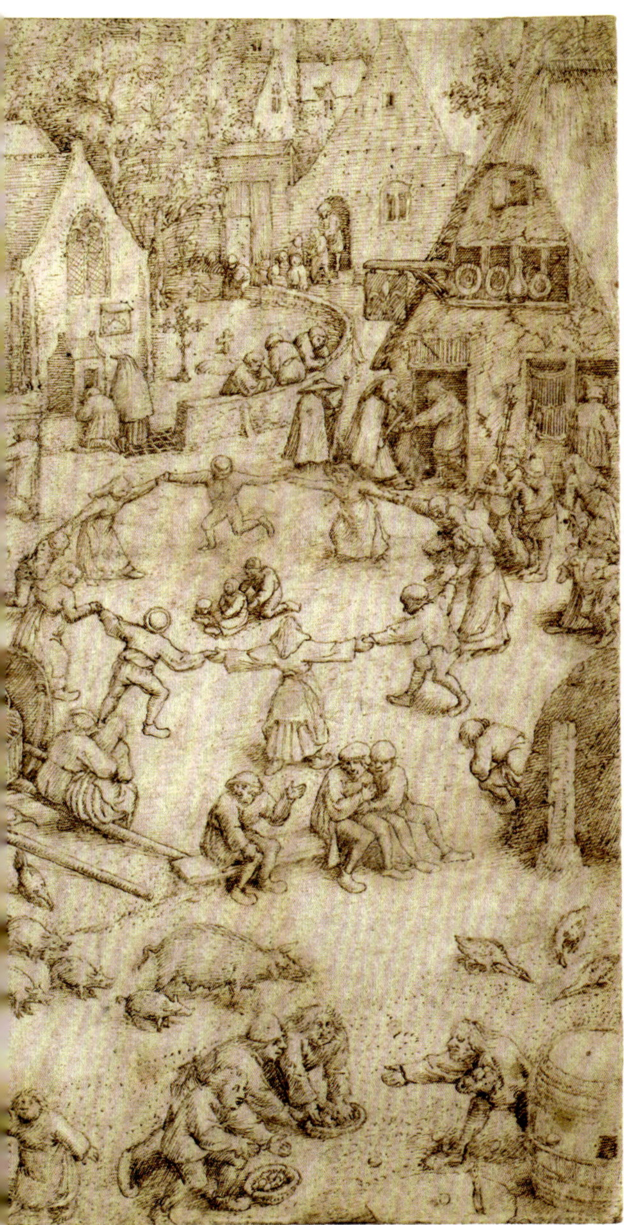

Die Kirmes von Hoboken 1559

Feder und braune Tusche auf Büttenpapier
26,5 × 39,4 cm
Courtauld Gallery, London, Großbritannien

Man vergisst leicht, dass in der Zeit, als Michelangelo (Seite 140), Tizian (Seite 258) und Tintoretto (Seite 260) ihre Meisterwerke der italienischen Renaissance schufen, Pieter Bruegel der Ältere in den Niederlanden an einigen der erstaunlichsten Gemälde arbeitete. Ebenso überraschend ist es, dass die Organisation und der Fokus von Bruegels Arbeit ganz anders geartet waren. In der italienischen Renaissancekunst finden sich kaum Parallelen.

Bruegel reiste 1551 nach Italien und verbrachte einige Zeit in Rom, wo er sicher in Kontakt mit vielen Künstlern der Hochrenaissance kam und deren Werke kennenlernte. Es lässt sich allerdings nur schwer beurteilen, wie sehr ihn diese italienischen Gemälde tatsächlich beeinflussten.

In seiner Zeichnung *Die Kirmes von Hoboken* (linke Seite) hält Bruegel das bunte Leben der Bauern im Bild fest, wie er es im flämischen Dorf Hoboken auf einem *kermis* (oder *kermesse*) genannten sommerlichen Volksfest erlebt hat. Diese Art von Motiv wird der Genremalerei zugerechnet. Der Künstler sieht von hoch oben aus der Volgelperspektive auf die Menschen hinab und beobachtet jeden geheimen Moment, jede Posse und jeden Streich. Bruegels Zeichnung zeigt einen scharfen Blick für die Details des Alltagslebens. Die Szene scheint sich nicht wie ein Standfoto oder eine Szene aus einem Storyboard zu entfalten, sondern wie ein ganzer Film, der auf eine einzige bemerkenswerte Aufnahme reduziert wurde. Das Besondere an dieser Zeichnung und an Bruegels gesamter Arbeit ist die Qualität der Zeitlosigkeit. Auch diese Zeichnung gleicht einer Sammlung von Erinnerungen, die authentisch dargestellt und wunderbar ausführlich erzählt werden.

Siehe auch
Cecily Brown (S. 248),
Dexter Dalwood (S. 276),
Paul Harbutt (S. 278)

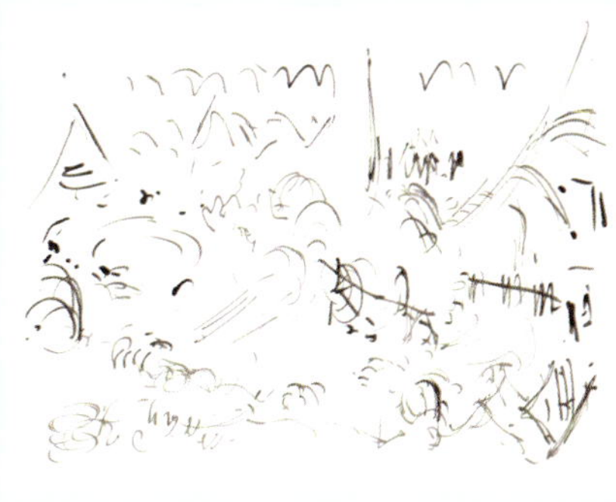

Vorlagen
Wir können Bruegels Genrezeichnung (oben) auf zwei Arten betrachten: Aus der Ferne flirrt die Oberfläche vor Aktivität, unabhängig vom Dargestellten. Von Nahem werden die Details sichtbar. Fertigen Sie aus einer Entfernung, aus der Sie keine Einzelheiten erkennen können, eine Skizze der Zeichnung von der Kirmes an. Zeichnen Sie statt spezifischer Details die abstrakte Aktivität (links).

Claude Lorrain

Siehe auch
Thomas Gainsborough (S. 118)
Claude Monet (S. 124)
Edward Hopper (S. 128)

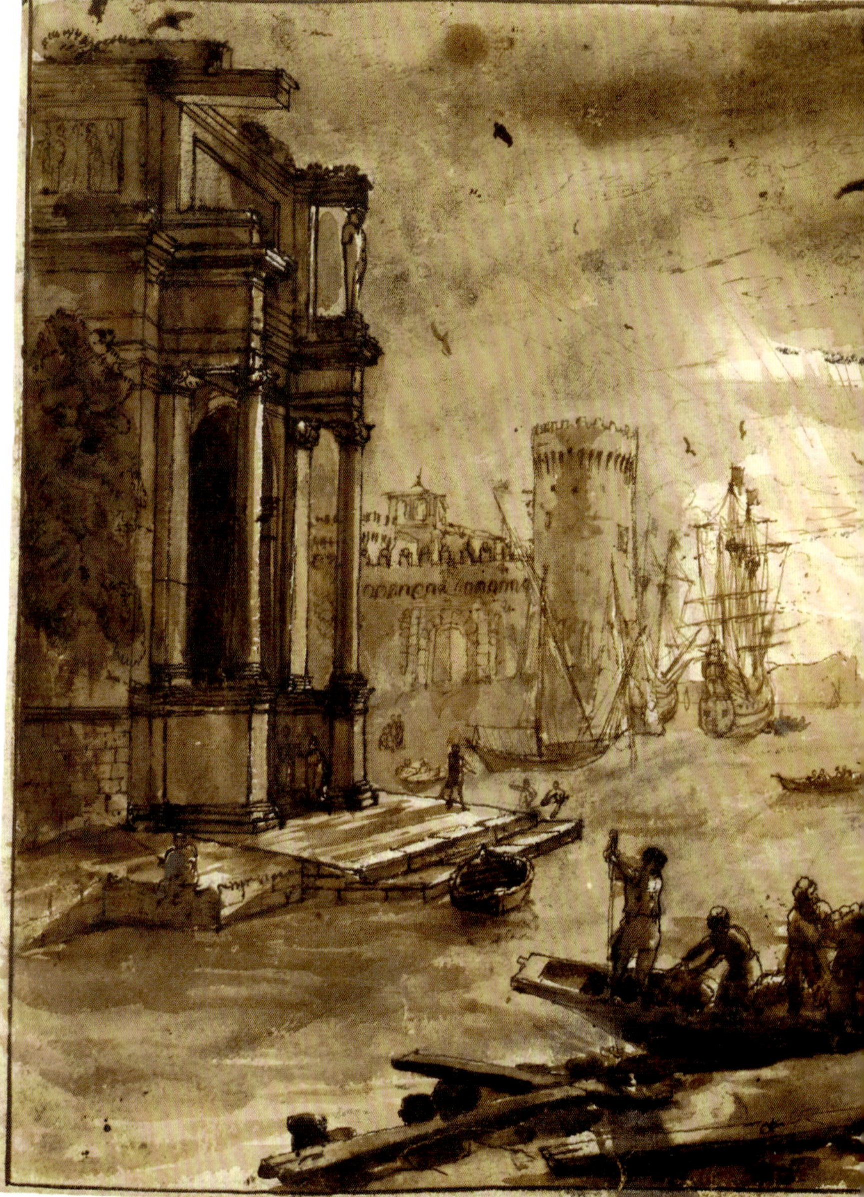

Claude Lorrain (um 1604–1682) wurde als Claude Gellée als Sohn armer Eltern im Herzogtum Lorraine im Nordosten Frankreichs geboren. Im Alter von zwölf Jahren war er bereits Waise. Er arbeitete zunächst als Pastetenbäcker und gelangte durch seinen Beruf schon früh nach Rom und Neapel. 1625 kehrte er zurück, um bei dem Barockmaler Claude Deruet (1588–1660) in die Lehre zu gehen. Nach einem Jahr zog Lorrain erneut nach Rom, wo er den Rest seines Lebens verbrachte. Er schuf großartige Landschaften nach detaillierten Skizzen, die er in der Umgebung Roms anfertigte. Zwischen 1635 und 1638 malte er vier Gemälde für Papst Urban VIII.

Tonwerte
Die Szene oben setzt sich aus großen Formen und Flächen mit unterschiedlichen Tonwerten zusammen. Der Lichtfleck in der Mitte des Kais erscheint falsch. Falls Ihnen das bei Ihrer Arbeit auch so geht, schließen Sie ein Auge und decken Sie die Stellen mit einem Finger ab. Wirkt der Bereich nun insgesamt geschlossener, können Sie die Stelle mit nur einem Tonwert überarbeiten (rechts).

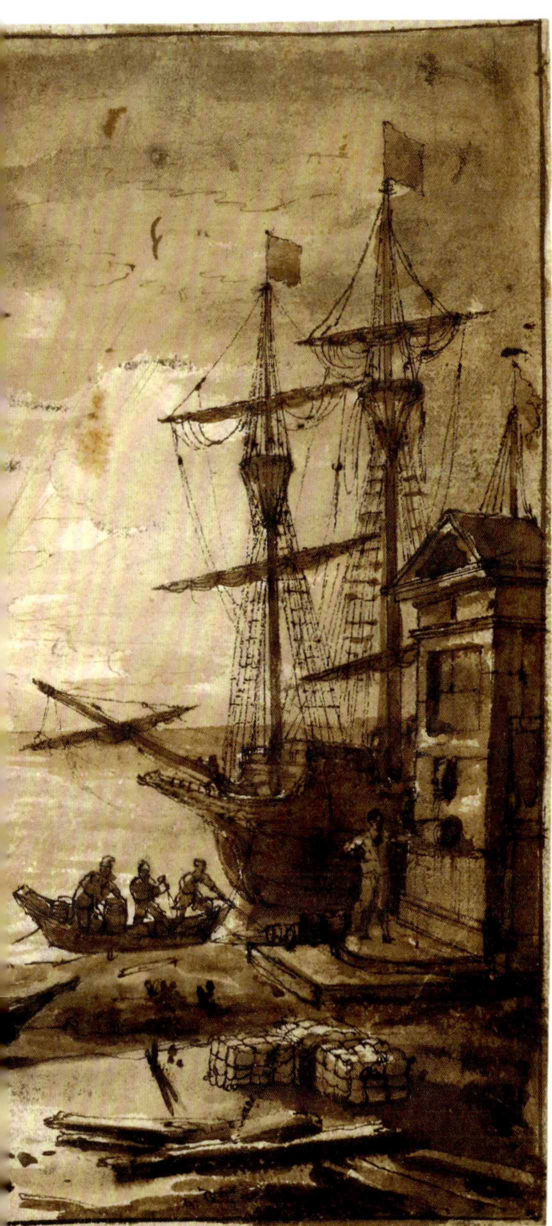

Hafenszene 1635–1682
Feder und braune Tusche mit brauner Lavur und Weißhöhung auf weißem Papier
19,6 × 25,6 cm
British Museum, London, Großbritannien

Claude Lorrain verbrachte die meiste Zeit seines Lebens in Italien, obwohl er in Frankreich geboren wurde. Seine Zeichnungen lassen sich in drei Gruppen unterteilen: Zeichnungen nach der Natur, Studien für Gemälde sowie Zeichnungen nach fertigen Gemälden aus dem sogenannten *Liber Veritatis (Buch der Wahrheit)*. In diesem Buch dokumentierte Lorrain zeichnerisch die Gemälde, die er zwischen 1635 und 1682 angefertigt hatte.

Auch die kleine Zeichnung auf der linken Seite mit dem Titel *Hafenszene*, eine gelungene Kombination aus Feder, brauner Tusche und Weißhöhung, stammt aus dem *Liber Veritatis*. Für eine Gemäldekopie wirkt sie äußerst spontan. Die von Lorrain benutzten Kompositionstricks, die heute ziemlich klischeehaft wirken, waren damals äußerst innovativ. Die Lichtquelle, also die Sonne, befindet sich fast in der Bildmitte und zieht den Blick auf sich. Ihre Strahlen treffen im Fluchtpunkt der Perspektive aufeinander. Auch Spuren der Konstruktionslinien sind zu erkennen.

Es gibt eine Grundregel, um eine räumliche Atmosphäre zu erzeugen, die Claude Lorrain hier auf brillante Weise umgesetzt hat: Demnach treten einfache und starke Kontraste aus dem Bild hervor, während weiche und schwächere Kontraste Tiefe schaffen. Das Boot im Vordergrund, das gerade entladen wird, setzt sich scharf vom Wasser ab, wohingegen sich die Boote in der Ferne lediglich aus zarteren, unterbrochenen Strichen mit geringerem Kontrast zusammensetzen. Auf der linken Seite der Komposition steht ein etwas eigenartig gestaltetes Gebäude, das fast auf dem Wasser zu treiben scheint und nicht überzeugend im Raum verankert ist. Dieses Gebäude wurde vielleicht dunkler gezeichnet, um den Kontrast zum Sonnenlicht zu verstärken, denn das Werk zeigt eine imaginative Landschaft und keine topografische Zeichnung.

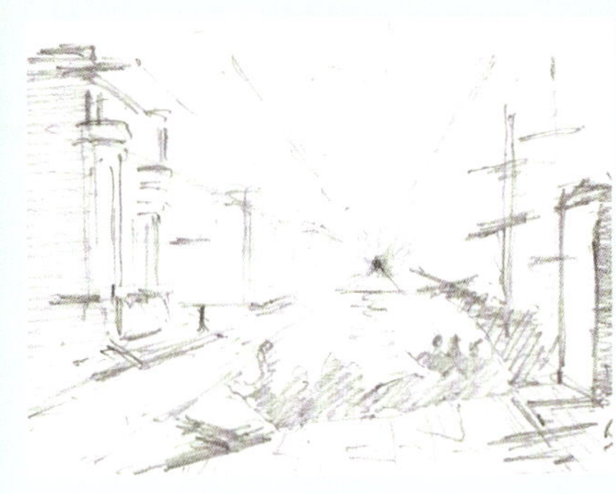

Komposition

In der Zeichnung von Lorrain sind die großen Licht- und Schattenfelder eng mit der Komposition der Zeichnung verbunden. Obwohl der helle Bereich rund um die Sonne im Fokus steht, bewegen sich lange Linien im Zickzack in den Raum hinein (links). Die Komposition der Zeichnung besteht aus diesen großen tonalen Bereichen und den starken linearen Richtungsweisern, die den Blick über das Bild lenken. Lorrain ist gegenüber den Künstlern, die Landschaften direkt nach der Natur malen, im Vorteil: Er wählte seine Motive im Geiste so aus, dass sie seine Struktur- und Kompositionsanforderungen erfüllten. Wenn ihm ein sich diagonal in den Raum erstreckender Hafenkai besser ins Konzept passte, änderte er den Winkel einfach seiner Vorstellung entsprechend.

Jean-Honoré Fragonard

Siehe auch

Claude Lorrain (S. 114)

Rembrandt van Rijn (S. 146)

Claude Monet (S. 124)

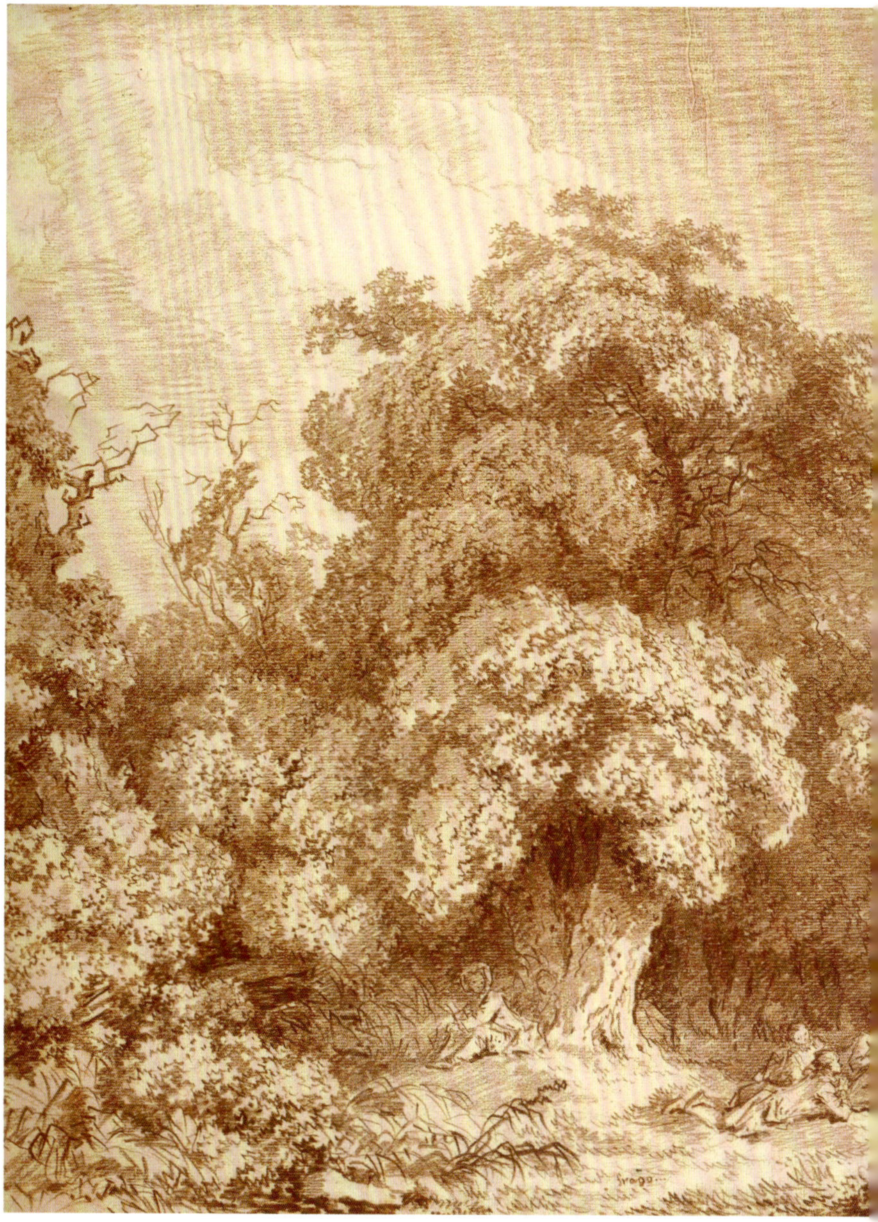

Jean-Honoré Fragonard (Frankreich, 1732–1806) wurde in Grasse im Süden Frankreichs geboren und ging mit 18 Jahren nach Paris, wo er bei François Boucher (1703–1770), Jean-Baptiste-Siméon Chardin (1699–1779) und Charles André van Loo (1705–1765) in die Lehre ging. 1752 gewann Fragonard den angesehenen Prix de Rome, der es ihm erlaubte, in Italien zu studieren. In Rom wurde er Mitglied der Académie de France. Zurück in Frankreich fand er als zentrale Künstlerpersönlichkeit des Rokoko wohlhabende Mäzene. Doch das Aufkommen des Klassizismus bedeutete den Niedergang des verspielten Rokokostils. Da seine Mäzene unter der Guillotine der Französischen Revolution endeten, starb Fragonard verarmt.

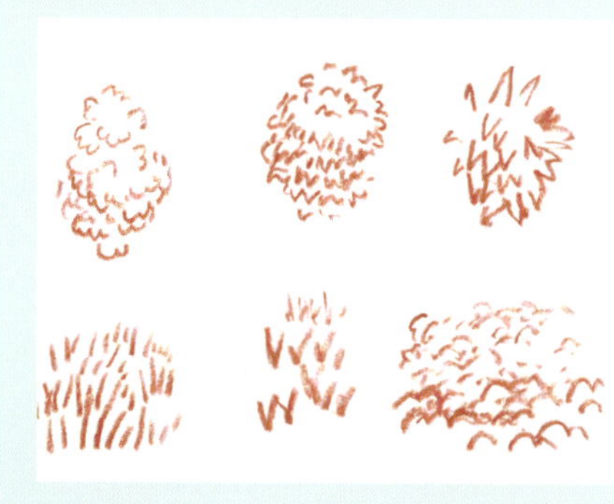

Linienführung

Üben Sie die Linienführung für Blätter, Bäume und Gras (links). Fragonard bildet in der Zeichnung oben nicht jedes einzelne Blatt durch verschiedene Striche ab, sondern imitiert das Aussehen von Laub. Selbst wenn Sie sich nur für die Struktur interessieren, die durch die Striche entsteht, müssen Sie beachten, dass der Wechsel von Licht und Schatten immer auch die Form verändert.

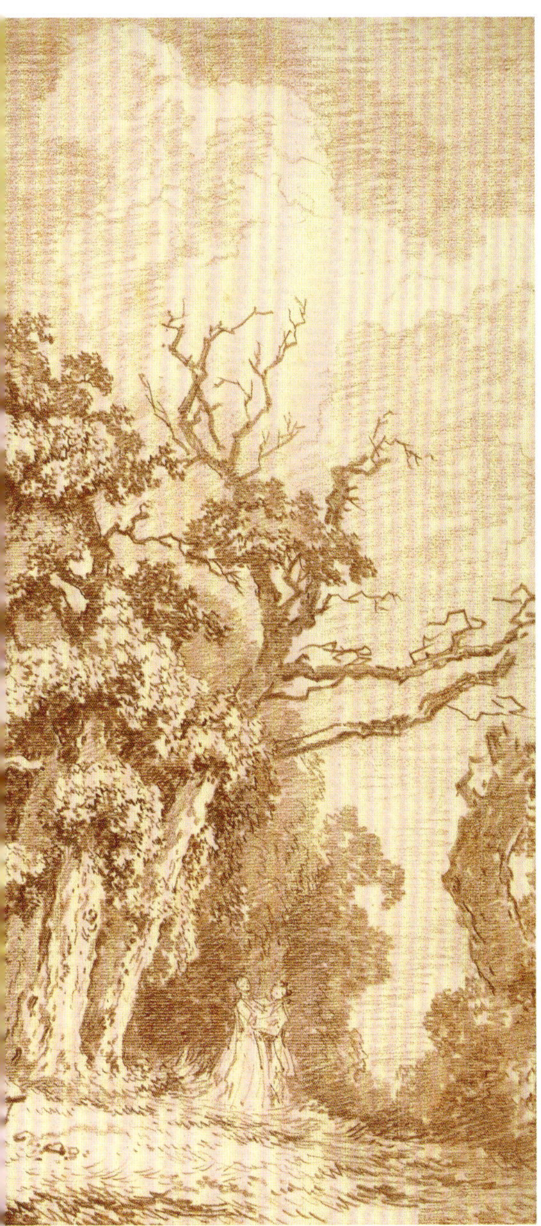

Ein Treffen am Waldesrand um 1770–1773
Rötel auf Papier
37,5 × 49,2 cm
Metropolitan Museum of Art, New York, USA

Die Zeichnung auf der linken Seite mit dem erzählenden Titel *Ein Treffen am Waldesrand* sticht durch ihre Oberflächenqualität ins Auge: Die winzigen horizontalen Grate des Büttenpapiers verleihen der Rötelzeichnung eine beinahe maschinelle Perfektion. Es gibt keine hässlichen Radierspuren auf dem Blatt – jedes Detail wirkt beabsichtigt und kontrolliert. Die Zeichnung scheint genauso unangestrengt und locker wie die dargestellte Szenerie unter den mächtigen Bäumen. Wie bei allen großen Kunstwerken lässt die offensichtliche Leichtigkeit der Ausführung das hart erarbeitete Können und die außerordentliche Technik des Künstlers in den Hintergrund treten. Fragonard arbeitete ein halbes Jahr im Atelier von Jean-Baptiste-Siméon Chardin in Paris und ging danach für mehrere Jahre bei François Boucher (Seite 216) in die Lehre. Wann genau Fragonard diese Zeichnung angefertigt hat, ist unklar. Vermutlich entstand sie zu Beginn der 1770er-Jahre.

Fragonards Zeichnungen wurden von einem wachsenden kunstinteressierten Publikum als originelle Werke aus der Hand des Künstlers geschätzt und erzielten bei öffentlichen Auktionen gute Preise. Dies lässt vermuten, dass sie als eigenständige Kunstwerke angelegt waren.

Für alle, die das Glück hatten, mit Privilegien und Reichtümern geboren worden zu sein, war das späte Rokoko eine großartige Epoche. Auch Jean-Honoré Fragonard konnte aufgrund seiner Mäzene als Künstler ein unbeschwertes Leben bis zur Französischen Revolution 1789 führen. Danach änderte sich seine Situation drastisch. 1790 musste er Paris verlassen und steuerte auf eine ungewisse Zukunft zu, die in Armut und Vergessenheit mündete.

Motiv

Es ist unwahrscheinlich, dass Fragonard die Zeichnung oben im Freien angefertigte. Dazu ist sie zu groß und zu fein ausgearbeitet. Fragonard zeichnete jedoch viel in der Natur, und diese Erfahrung zahlte sich auch bei der imaginierten Landschaft aus. Tipp: Wenn Sie an einer großen Zeichnung arbeiten, sollten Sie ab und an das Bild aus der Distanz betrachten, bevor Sie einen Bereich vollenden.

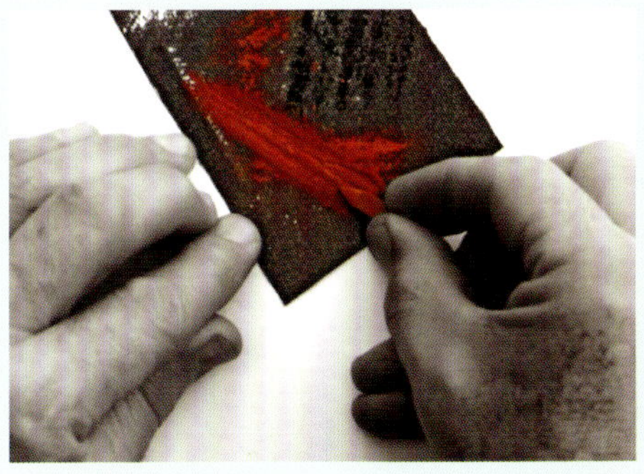

Materialien

Experimentieren Sie mit den Materialien und Techniken, die Fragonard in der Zeichnung oben eingesetzt hat. Büttenpapier ist handgeschöpftes Papier, das in unterschiedlichen Oberflächen erhältlich ist. Kaufen Sie davon am besten große Bögen. Rötel (links) bekommen Sie im Künstlerbedarf. Überschüssige Rötelkreide lässt sich mit der Klebeseite eines Klebebands abtragen.

Thomas Gainsborough

Rocky Wooded Landscape with Waterfall 1785–1788
Kreide und Estompe mit Weißhöhung auf Papier
22,5 × 31,9 cm
British Museum, London, Großbritannien

Obwohl Thomas Gainsborough außergewöhnliche Porträts schuf, galt seine besondere Vorliebe der Landschaftsdarstellung. Er schuf dramatische Reinterpretationen britischer Landstriche, die wenig mit den sanft geschwungenen Hügeln Englands gemein haben. Der französische Schriftsteller Émile Zola (1840–1902) beschrieb diese Darstellungen treffend als ein Fleckchen Natur, das von einem ganz bestimmten künstlerischen Naturell erschaffen wurde.

Gainsborough besaß eine bemerkenswerte Vorgehensweise bei seinen Landschaftsbildern: Er arbeitete mit Modellen und komponierte seine Landschaften en miniature mithilfe von Steinen, Erde, Glasstücken und Zweigen, die er auf einer Tischplatte arrangierte. Diese Anordnung platzierte er dann so vor dem Fenster, dass das Licht im gewünschten Winkel einfiel. Um die Größenverhältnisse in der Zeichnung deutlich zu machen, fügte er kleine Figuren als Staffage hinzu. Dies verleiht seinen Bildern eine unmittelbare Wirkung.

Die Zeichnung auf der rechten Seite vermittelt die urwüchsige Kraft der Natur auf beeindruckende Weise. Der dramatische Einsatz von Licht und Schatten, der durch den räumlichen Eindruck noch verstärkt wird, lässt den Betrachter seine eigene Unbedeutendheit im Angesicht der Naturgewalten erfahren. Die Künstler der englischen Romantik entwickelten die Thematik der erhabenen Landschaft noch weiter. Gainsborough erscheint pragmatisch: In vielen seiner Arbeiten spürt man eine Direktheit und Ehrlichkeit, die seiner eigenen visuellen Beobachtung entspringt.

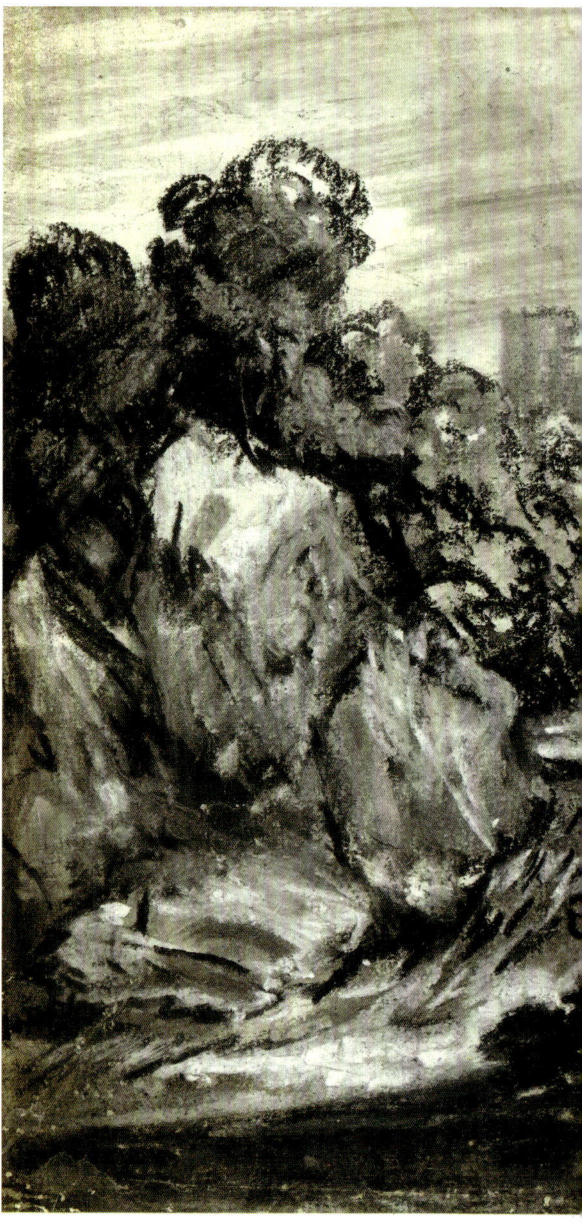

Vorlagen
Bevor Sie eine Landschaft nach Vorlage zeichnen, sollten Sie überlegen, welche Atmosphäre Sie erzielen wollen. Wenn Sie eine dramatische Landschaft ähnlich der von Gainsborough (oben) anstreben, sind zerklüftete Berge und Felsformationen wichtig. Eine liebliche (pastorale) Landschaft besteht stattdessen aus sanft geschwungenen Hügeln mit Feldern und mäandernden Flüssen (links).

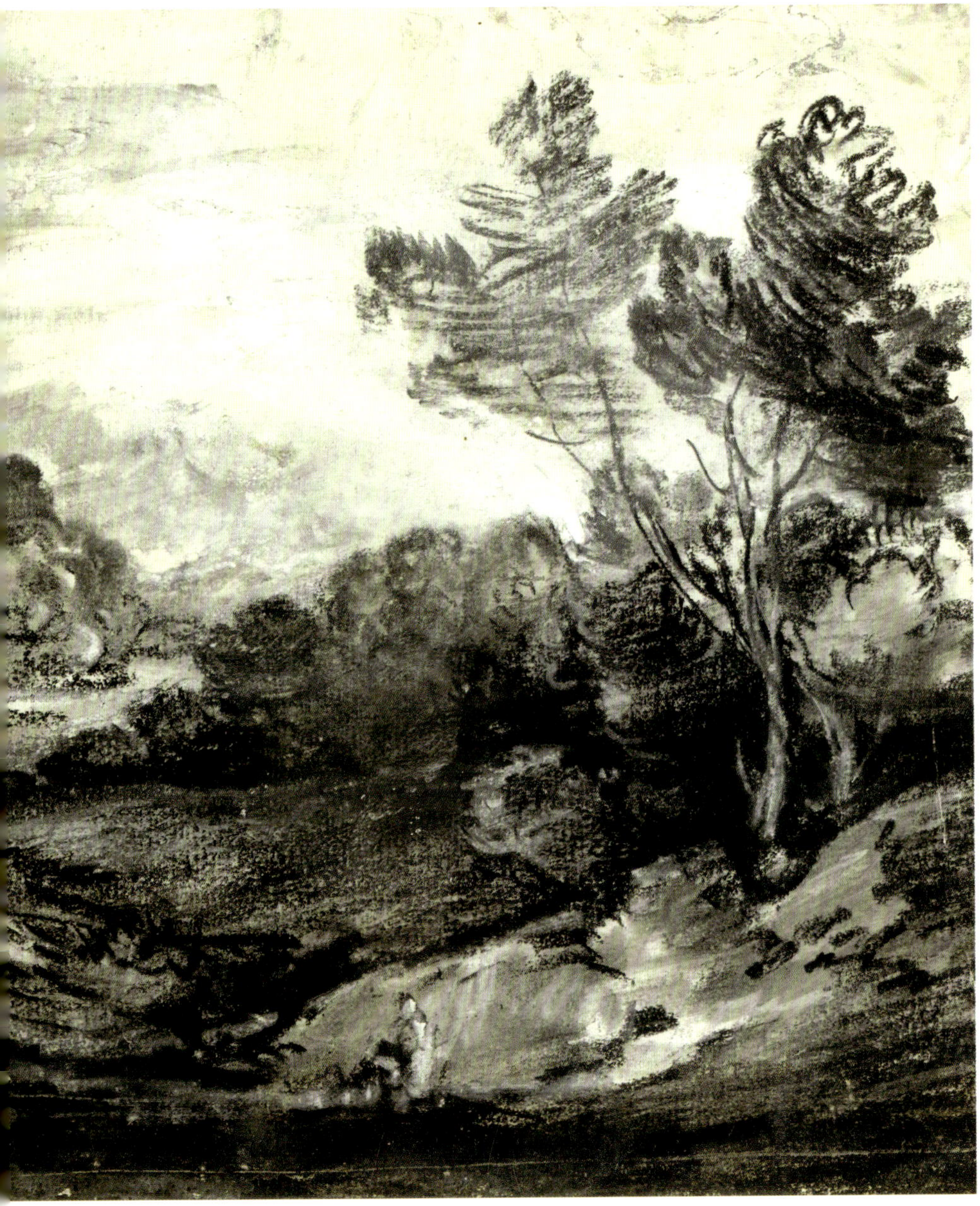

Thomas Gainsborough (Großbritannien, 1727–1788) ging vermutlich in London bei dem französischen Graveur Hubert-François Gravelot (1699–1773) und dem englischen Maler Francis Hayman (1708–1776) in die Lehre. Seine Landschaftsgemälde wurden bewundert, verkauften sich aber nicht besonders gut. 1748 kehrte Gainsborough in seine Heimatstadt Sudbury zurück, um sich als Porträtmaler zu betätigen. Dort entstand auch sein bekanntes Gemälde *Mr and Mrs Andrews* (um 1750). Auf der Suche nach Kunden zog er nach Ipswich und dann nach Bath. Er war 1768 eines der Gründungsmitglieder der Royal Academy of Arts und ließ sich später in London nieder, wo er an Landschaftsbildern arbeitete.

Siehe auch

Claude Lorrain (S. 114)

Dennis Creffield (S. 134)

Frank Auerbach (S. 202)

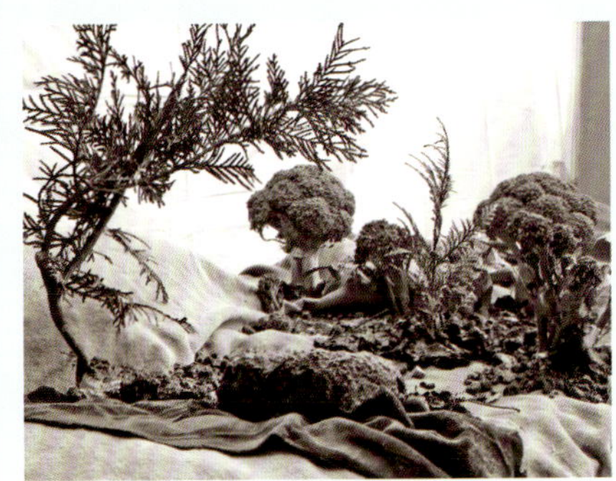

Motiv

Gainsborough benutzte als Vorlage für die Zeichnung oben ein Modell. Bauen Sie sich eine kleine Landschaft. Gegenstände finden sich überall, wie zum Beispiel Brokkolistängel für Bäume (links). Zusammen mit Utensilien aus Modellbauläden können Sie sich so ein realistisches Arrangement erstellen. Dabei sollte die Landschaftsformation im Zentrum stehen – konzentrieren Sie sich auf die Anlage von Hügeln und Tälern und nicht auf Details. Die Beleuchtung spielt eine große Rolle, weshalb der Tisch, auf dem Sie die Landschaft anordnen, transportabel sein sollte. Achten Sie auf Sicherheit und Stabilität! Die Position, von der aus Sie Ihre Landschaft zeichnen, sollte so niedrig sein, dass es wirkt, als ob Sie auf dem Erdboden stünden. Der Blick sollte nicht von oben nach unten gehen.

Francesco Guardi

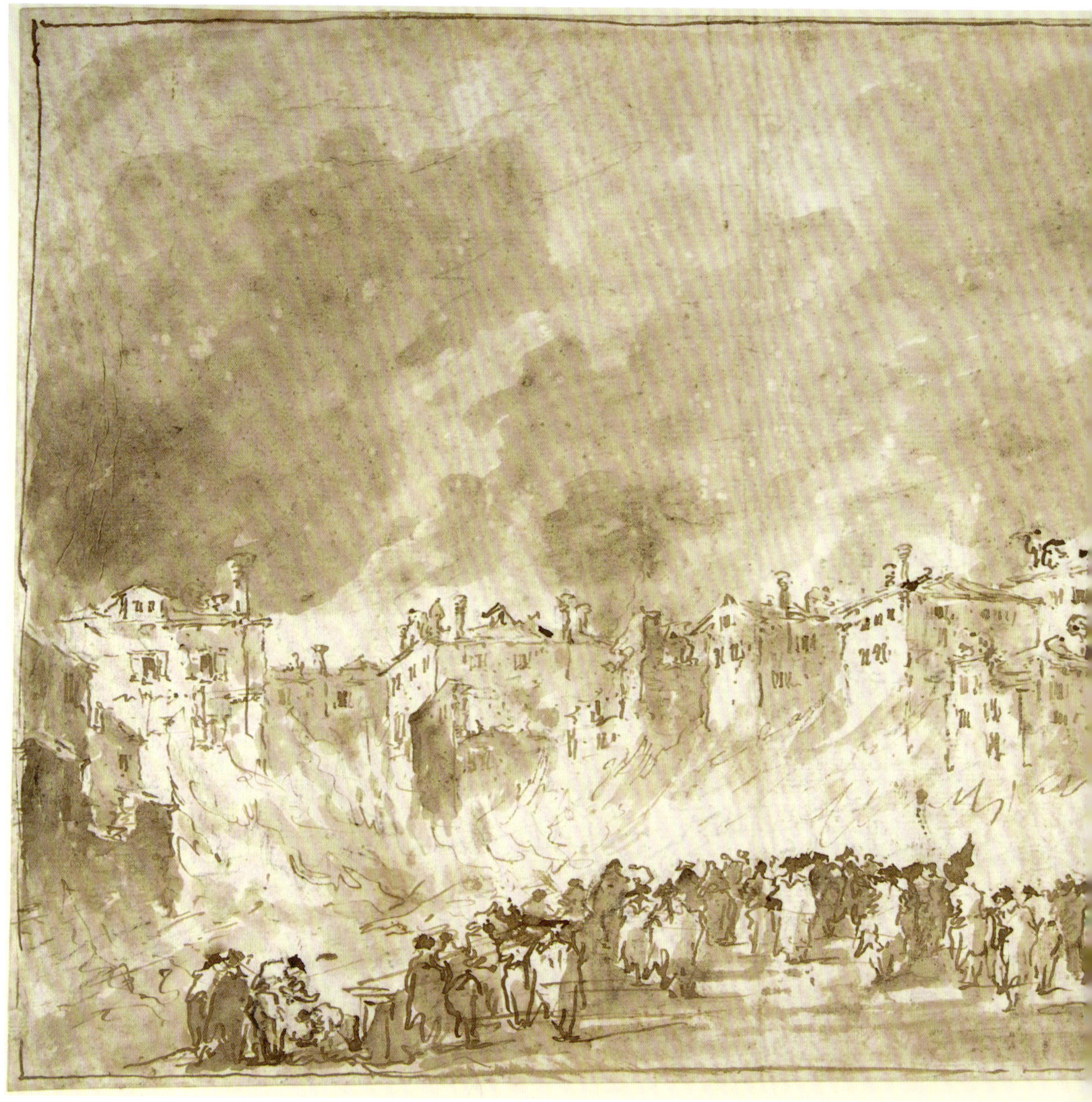

Siehe auch

Claude Monet (S. 124)

Honoré Daumier (S. 158)

Dexter Dalwood (S. 276)

Francesco Guardi (Italien, 1712–1793) wurde in Venedig in eine Künstlerfamilie hineingeboren und erbte nach dem Tod seines Vaters Domenico die Werkstatt. Er arbeitete oft mit seinem älteren Bruder Giovanni Antonio (1699–1760) an Gemälden, meist religiösen Inhalts. 1719 heiratete seine Schwester den venezianischen Maler Giovanni Battista Tiepolo (1696–1770), dessen lebhafter Stil und leuchtende Farbpalette Francescos Werk beeinflussten. Nach dem Tod seines Bruders konzentrierte er sich darauf, Veduten (ital. *veduta,* »Ansicht«) von Venedig zu malen. Nach Canaletto (1697–1768) ist er der berühmteste Maler von Stadtansichten des 18. Jahrhunderts.

Form

Versuchen Sie einmal, aus der Ferne betrachtete komplexe Formen, zum Beispiel eine Menschenmenge, abstrakt darzustellen. Überlegen Sie sich, wie die Form aussieht, und zeichnen Sie sie auf. Achtung: Je genauer Sie eine komplexe Form zeichnen wollen, desto schneller verlieren Sie sich in Details. Und: Unabsichtlich gesetzte Striche beleben ein Bild oft besser als absichtlich gesetzte.

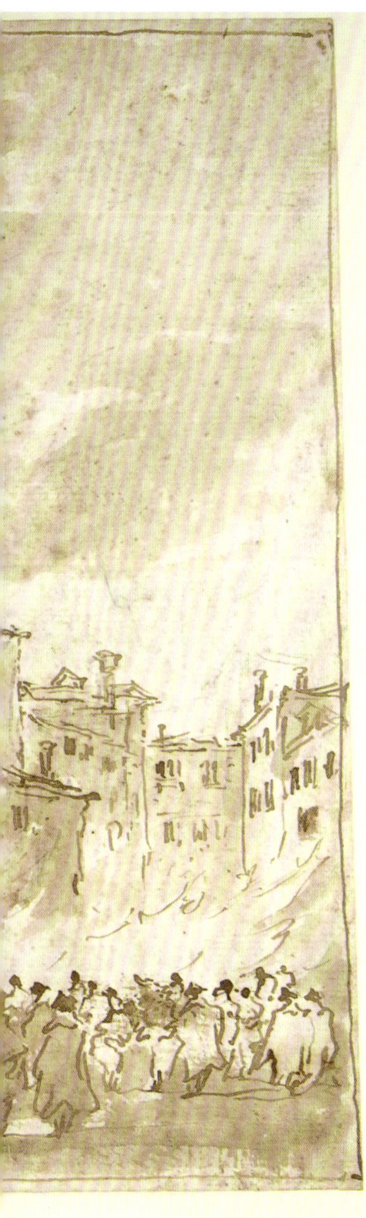

Das Feuer in San Marcuola um 1789
Feder und braune Tusche, Pinsel und braune Lavierung über schwarzer Kreide auf Papier
31,2 × 45,2 cm
Metropolitan Museum of Art, New York, USA

Abgesehen von dem in Frankreich tätigen Jean-Antoine Watteau (Seite 86) sind aus der Zeit zu Beginn des 18. Jahrhunderts in Frankreich nur wenige interessante Künstler bekannt. Die Werke, die zukünftige Generationen beeindrucken sollten, entstanden erst in der nächsten Generation und wurden von Künstlern wie William Hogarth (1697–1764), Jean-Baptiste-Siméon Chardin (1699–1779), François Boucher (Seite 216), Thomas Gainsborough (Seite 118), Jean-Honoré Fragonard (Seite 116) – und Francesco Guardi geschaffen. Neben Giovanni Battista Tiepolo (1696–1770) und Canaletto (1697–1768) zählte er zu den Künstlern, die Venedig im 18. Jahrhundert noch einmal zu einem Zentrum der Kunst machten.

Am Übergang vom 17. zum 18. Jahrhundert beginnen Künstler damit, in ihren Gemälden die Formen der Gegenstände immer mehr aufzubrechen. Lebhafte Pinselstriche vibrieren nun auf der Bildoberfläche und sorgen für einen wunderbaren Schimmer. Diese Technik eignete sich wunderbar für die Landschaftsdarstellung.

Für die Zeichnung auf der linken Seite wählte Guardi als Motiv einen Unglücksfall, den er persönlich miterlebt hatte. Im Jahr 1789 zerstörte ein großes Feuer ein ganzes Viertel in Venedig. Dieses Ereignis hielt Guardi in dieser außerordentlichen Zeichnung und in einem großartigen Gemälde mit dem Titel *Der Brand des Öllagers bei San Marcuola* (1789) fest, das sich heute in Venedig in der Galleria dell'Accademia befindet. In der Zeichnung links gestaltet er mit lebhaftem Pinselstrich komplexe Formen wie die Leute im Vordergrund und die Hausdächer in der Ferne. Hundert Jahre später orientierten sich die Impressionisten an der Darstellungsweise Francesco Guardis, da er ihnen zukunftsweisend erschien.

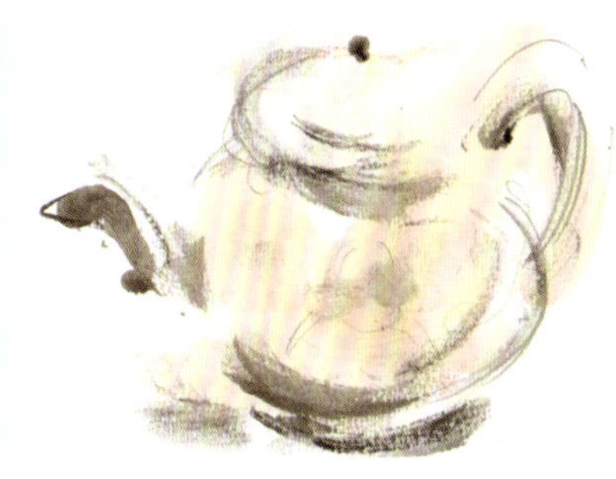

Materialien
Überall können Sie neue Materialien entdecken, um zu zeichnen – egal, wo Sie sich befinden. In einem Café haben Sie vielleicht eine Serviette, Ihre Finger und Kaffee als Zeichenmittel zur Hand: Experimentieren Sie mit diesen Materialien und integrieren Sie diese in Ihre Zeichnung (links). Machen Sie nicht den Fehler, den Prozess in Einzelteile zu zerlegen, sondern wechseln Sie vom Kaffee zum Stift und wieder zurück.

Motiv
Falls Sie Ihre Motivauswahl erweitern wollen, hören Sie zum Beispiel Radionachrichten an und versuchen Sie dann, Teile der Information zu visualisieren. Die Versuchung, eine fotografische Zeichnung anzufertigen, ist groß. Doch Sie sind als Künstler nicht an den Realismus der Fotografie gebunden. Ihr Bild sollte sich an strukturellen und ästhetischen Anforderungen orientieren.

John Constable

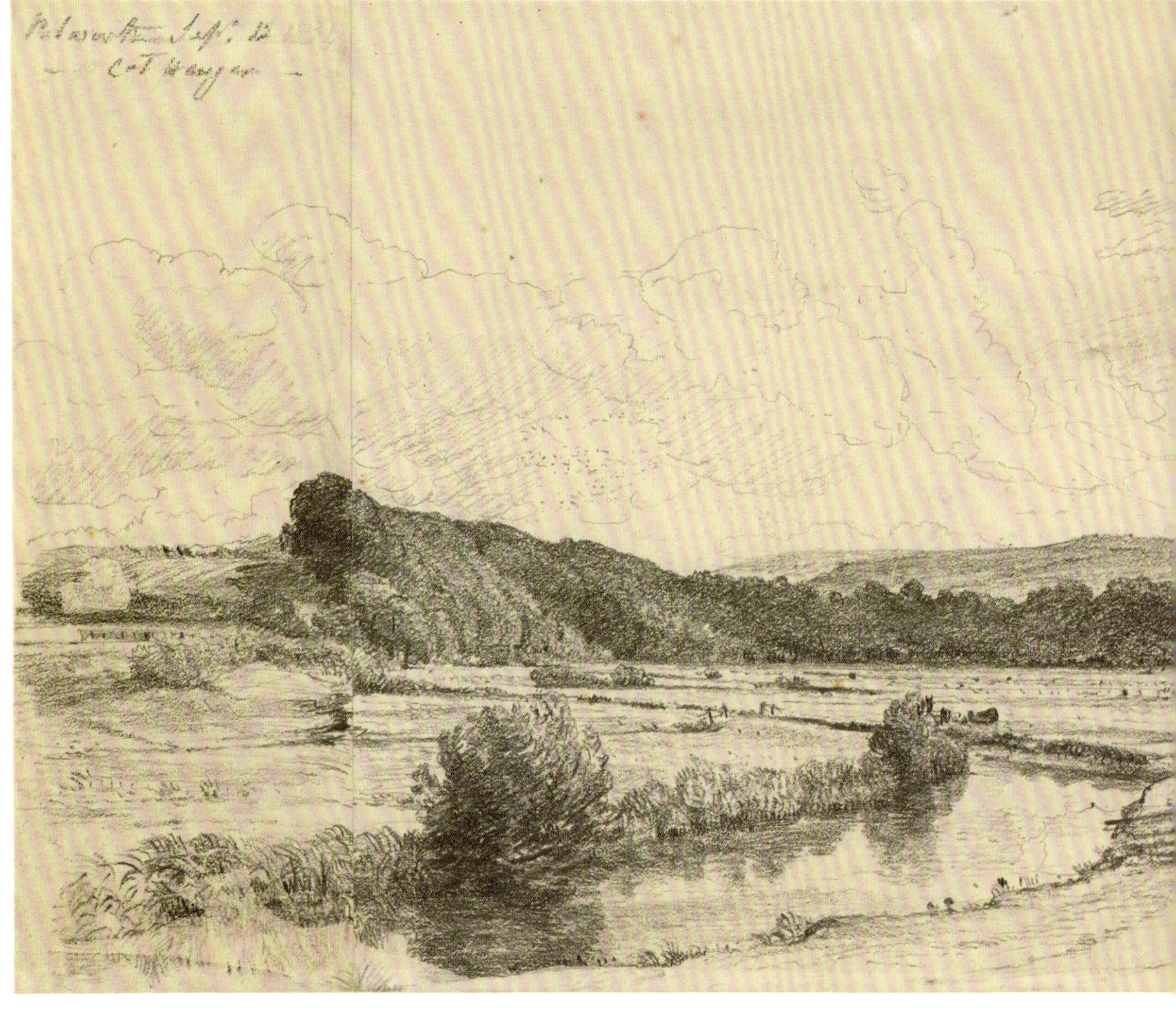

View of Cathanger Near Petworth 1834
Bleistift auf zwei zusammengeklebten Papierblättern
20,5 × 34,7 cm
Morgan Library and Museum, New York, USA

Im Jahr 1834 verbrachte John Constable zwei Wochen in Petworth (West Sussex) auf dem Anwesen seines Mäzens Lord Egremont. Er füllte in dieser Zeit ein Skizzenbuch mit etwa zwanzig Bleistift- und Aquarellzeichnungen. In seinen Briefen aus jener Zeit erwähnt Constable das Chiaroscuro (Seite 280) in der Natur. Damit meinte er das Glitzern des Lichts, das von taubedeckten oder nassen Oberflächen reflektiert wird, und die dramatische Wirkung von Licht und Schatten in der Landschaftsdarstellung.

In der Zeichnung der Cathanger Farm (oben) wirken die Formen nicht so zersplittert wie in den anderen Arbeiten, die Constable in jener Zeit anfertigte. Die Zeichnung ist überraschend kontrolliert und weniger expressiv als die meisten Arbeiten aus dieser Zeit. Das reflektierte Licht ist klar zu erkennen, der mäandernde Fluss lässt nicht nur den Blick in die Ferne schweifen, sondern zieht auch den weiten Himmel in den Vordergrund und lenkt die Aufmerksamkeit auf die landwirtschaftlichen Flächen beiderseits des Flusses. Die Zeichnung entstand drei Jahre vor Constables Tod. Er war damals 58 Jahre alt. Die Epoche, in der Constable lebte, war reich an großartigen, aber recht unterschiedlichen künstlerischen Talenten. Zu seinen Zeitgenossen zählten vor allem Jean-Auguste-Dominique Ingres (Seite 152), Eugène Delacroix (1789–1863) und Jean-François Millet (Seite 156).

Constable versuchte, eine ungekünstelte, naturalistischere Art von Landschaftsmalerei zu perfektionieren, und lehnte das Prinzip der erhabenen Landschaft ab. Stattdessen suchte er nach einem direkten, emotionalen Zugang zur Natur. Künstlerische Perfektion ist ihm dennoch wichtig. Durch die nüchterne und beschreibende Herangehensweise versucht er zu erforschen, wie Landschaft visuell funktioniert.

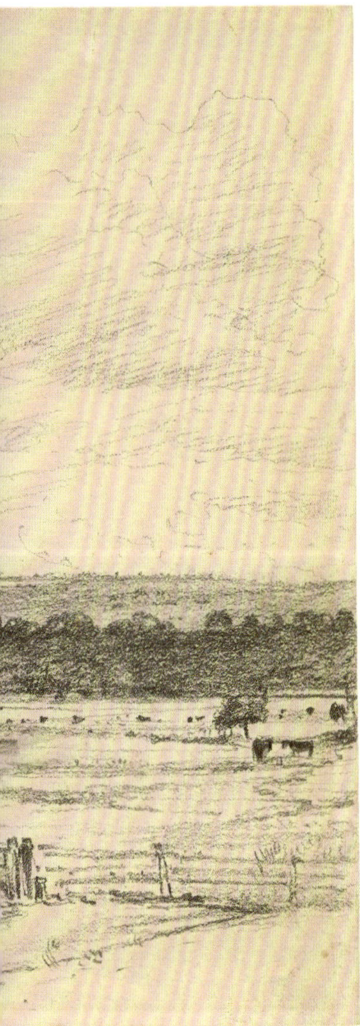

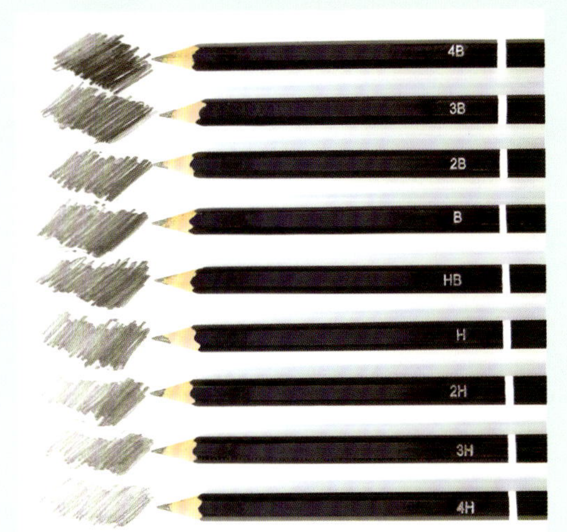

Materialien

Constables Landschaft (ganz links) wurde am linken Rand angestückelt, wie sich an den Schattierungen erkennen lässt. Der angesetzte Papierstreifen stammt wahrscheinlich aus einem Skizzenbuch des Künstlers. Das intensive Schwarz erzielte Constable durch einen weichen Bleistift (2B oder weicher). Die Abbildung links zeigt unterschiedliche Härtegrade von Bleistiften – von »sehr weich, dunkel« (4B) bis »sehr hell«

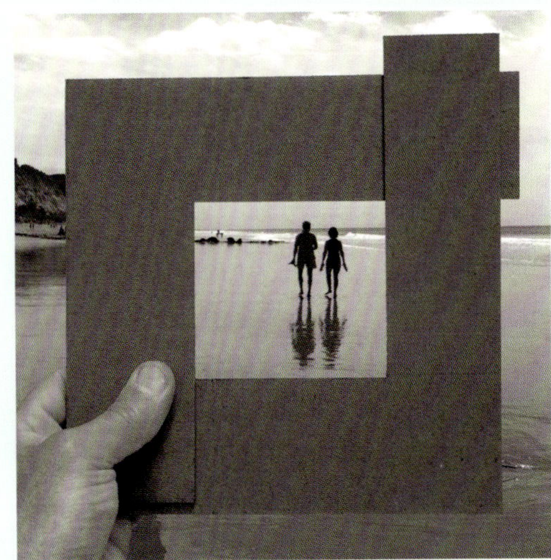

Motiv

In der Zeichnung auf der linken Seite scheint Constable von oben auf sein Motiv zu blicken. Das ist nur möglich, wenn man sich weiter entfernt vom Motiv aufstellt. Die Entfernung verhindert zudem Detailversessenheit. Um den richtigen Motivausschnitt zu finden, nimmt man am besten zwei L-förmige Kartonstücke (links). Diese lassen sich zu einem kleinen Fenster zusammensetzen, durch das man das Motiv betrachten kann.

Raum

Wenn man an einer ähnlichen Szene wie der von Constable auf der linken Seite arbeitet, ist es wichtig, Raum zu kreieren. Ein Objekt mit vielen Details, das sich in der Nähe befindet, eignet sich dazu nicht unbedingt. Um Raumtiefe zu erzeugen, brauchen Sie größere Kontraste und einfachere Effekte im Vordergrund. Je weiter in der Tiefe sich ein Objekt befindet, desto kontrastärmer und detaillierter muss man es darstellen (links).

Siehe auch

Claude Lorrain (S. 114)

Jean-Honoré Fragonard (S. 116)

Jean-François Millet (S. 156)

John Constable (England, 1776–1837) war der Sohn eines wohlhabenden Getreidehändlers und arbeitete anfangs im Familienunternehmen in East Bergholt (Suffolk). 1799 ging er an die Royal Academy Schools in London, wo er bis 1802 studierte. In England verkaufte er zu Lebzeiten nur zwanzig Landschaftsbilder, denn seine Landschaften auf Basis von Ölskizzen nach der Natur galten im Vergleich zu damals beliebten Werken als ziemlich gewöhnlich. 1824 stellte er drei seiner Werke in Paris aus. *The Hay Wain* (1821) gewann eine Goldmedaille. Acht Jahre später bot ihm die Royal Academy die Vollmitgliedschaft an.

Die Kirche von Varengeville bei Abendsonne 1883
Schwarze Kreide auf beschichtetem Papier
30,5 × 42 cm
Privatsammlung

Im Jahr 1856 lernte der junge Claude Monet den Künstler Eugène Boudin (1824–1898) kennen, der als einer der ersten französischen Landschaftsmaler im Freien malte. Monet hatte seit seinem elften Lebensjahr Zeichenunterricht genommen, doch erst Boudin machte ihn mit der Freilichtmalerei (Seite 282) bekannt. Dies war ein bedeutender Schritt in Monets künstlerischer Entwicklung. Nach einer kurzen Zeit beim Militär ging Monet nach Paris, wo er mit Alfred Sisley (1839–1899), Pierre-Auguste Renoir (1841–1919) und Camille Pissarro (1830–1903) den Impressionismus entwickelte.

Impressionistische Künstler wie Monet intensivierten die Farben und den Eindruck des Lichts auf Kosten der Tonwerte. Sie fingen die momentanen, flackernden Qualitäten des Sonnenlichts ein, indem sie im Freien malten. Schnelles Arbeiten war dabei die Voraussetzung – die daraus resultierenden lebhaften Pinselstriche verleihen ihren Werken, verglichen mit den realistischen Arbeiten ihrer Zeitgenossen, ein fragmentarisches Aussehen.

Vielen Impressionisten fiel es schwer, ihre Malsprache in grafische Ausdrücke zu übersetzen. Das überrascht nicht, da eine auf Farbe und Licht basierende visuelle Sprache nicht unmittelbar auf Zeichnungen zu übertragen ist. Obwohl Monet viel zeichnete, schuf er im Vergleich zu anderen Künstlern kaum grafische Werke.

Monet hielt das Motiv der Kirche von Varengeville (rechte Seite) immer wieder im Bild fest. Die Zeichnung besitzt die charakteristischen Merkmale seiner Malsprache – die unterbrochenen Linien, die großen Bereiche aus Licht und Schatten und die einfache Komposition. Die Oberfläche der Kreidezeichnung scheint beinahe ebenso zu schimmern wie die Oberflächen seiner Ölgemälde. Dieses Schimmern ist optisch so prägnant und treffend dargestellt, dass man das Fehlen der Farben im Bild beinahe übersieht.

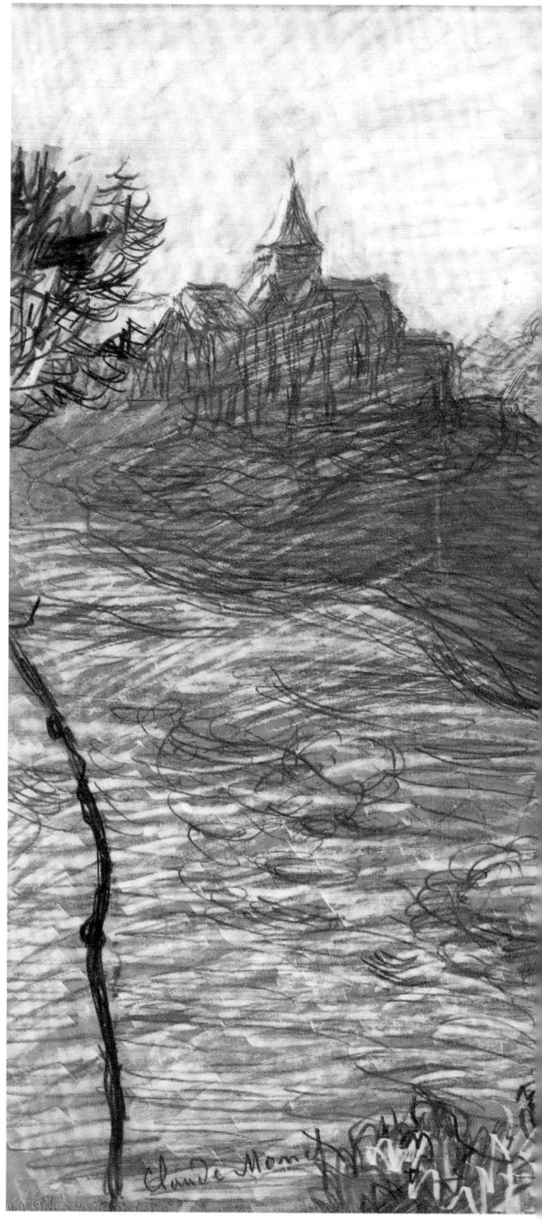

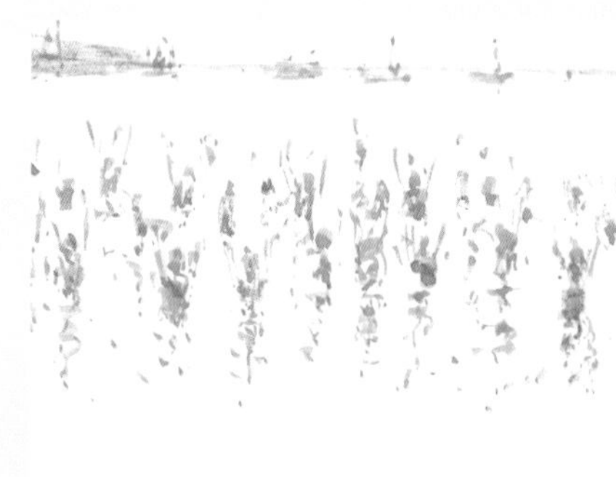

Vorlagen
Wer im Freien zeichnet, friert womöglich, hat es unbequem und fühlt sich beobachtet. Dennoch kann es sich lohnen, denn Sie reagieren direkt auf Ihr Motiv, auch wenn die Fülle an Informationen ablenkend wirken kann. Im Beispiel links sind Menschen bei der Wassergymnastik zu sehen. Das Motiv ist kompliziert, wird in der Zeichnung aber durch die Reduzierung der Details vereinfacht.

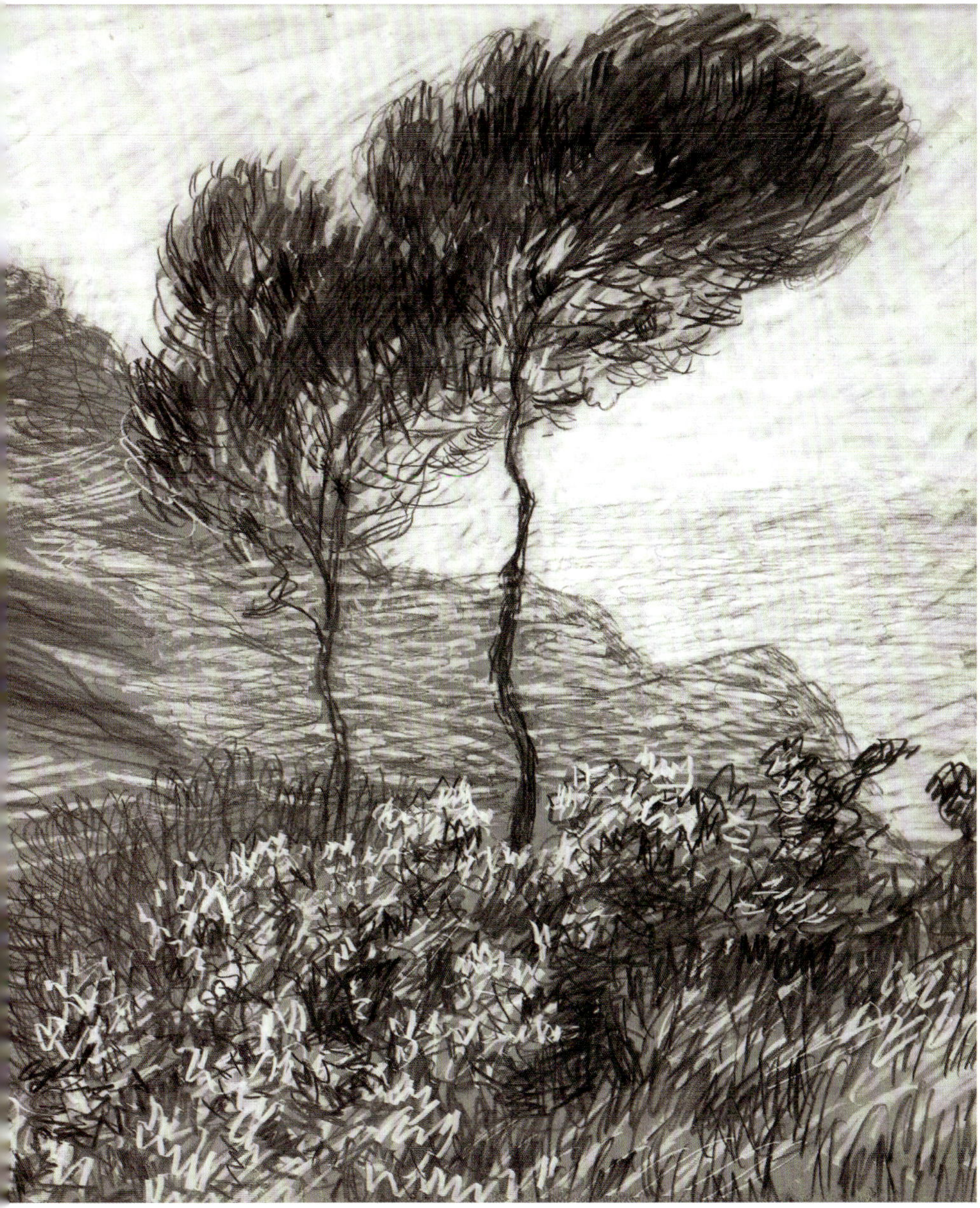

Claude Monet (Frankreich, 1840 bis 1926) wuchs in Le Havre in der Normandie auf, wo er den Landschaftsmaler Eugène Boudin (1824–1898) kennenlernte, der ihn mit der Freilichtmalerei (Seite 282) vertraut machte. 1859 ging Monet nach Paris, um an der Académie Suisse zu studieren. Er war Mitbegründer der Societé Anonyme des Artistes, die 1874 ihre erste Ausstellung organisierte. Zu sehen war hier auch Monets *Impression, Sonnenaufgang* (1872), das heute zu seinen berühmtesten Werken zählt. Die Motive Monets waren für seine Zeit ungewöhlich. Er bildete Heuschober, Bäume und die Kathedrale von Rouen zu unterschiedlichen Tageszeiten ab. Später malte er vor allem seinen Garten mit dem Seerosenteich, den er im normannischen Dörfchen Giverny angelegt hatte.

Siehe auch

Claude Lorrain (S. 114)
Francesco Guardi (S. 120)
Frank Auerbach (S. 202)

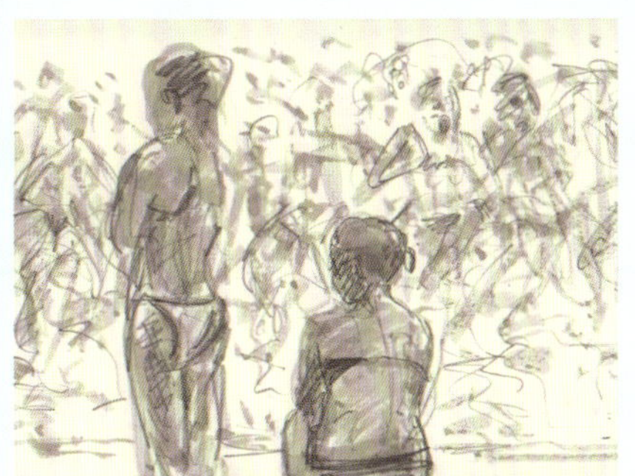

Komposition

Folgen Sie dem Rat des Impressionisten Camille Pissarro (1830–1903), man solle jedes Motiv zuallererst als Gesamtform sehen. Pisarro legte den Schwerpunkt auf große Bereiche und überlegte genau, wie sie sich am besten auf dem Papier verteilen ließen. Vergessen Sie nicht, dass jede Form einen bestimmten Charakter hat – manche wirken dicht, andere sind eher durchscheinend (links).

Vincent van Gogh

Der Sämann 1888
Bleistift, Feder, Rohrfeder und Tusche auf Papier
24,4 × 32 cm
Van Gogh Museum, Amsterdam, Niederlande

Vincent van Goghs Leben wurde von Wissenschaftlern bis ins Detail untersucht. Besonders in den Briefen, die er an seinen Bruder Theo schrieb, kommen seine Gedanken zum Ausdruck. Van Gogh war nur eine kurze Zeitspanne von etwa zehn Jahren künstlerisch produktiv, hat jedoch ein riesiges Werk hinterlassen, da er alle vier Tage ein Gemälde und alle drei Tage eine Zeichnung oder ein Aquarell schuf. Das Jahr 1888 war für van Gogh bedeutsam, denn viele seiner Meisterwerke entstanden in diesen zwölf Monaten. Er hatte sich auch mit Paul Gauguin (Seite 94) angefreundet, von dem er sich aber unter dramatischen Umständen wieder trennte, was zu seinem psychischen Zusammenbruch führte.

Die Zeichnung auf der rechten Seite basiert auf van Goghs Gemälde *Der Sämann*, das im gleichen Jahr entstand. Van Gogh schuf zu diesem Motiv über dreißig Zeichnungen, in denen er verschiedene Techniken und Kompositionen ausprobierte. Auch von Jean-François Millet (Seite 156) existiert ein Gemälde mit eben diesem Motiv, das van Gogh 1889 kopierte.

Viele Künstler jener Epoche glaubten an die erlösende Kraft der Natur, eine Idee, der auch van Gogh anhing. Während sich der Symbolismus dieses Bildes nicht leugnen lässt – der Sämann repräsentiert den ewigen Kreislauf des Lebens –, faszinieren den Betrachter vor allem die kalligrafischen Ideen. Van Gogh übersetzt die Bewegungen und Rhythmen der Landschaft in Federstriche, die wie Wasser über das Papier fließen: Er zeigt die Erde nicht so, wie wir sie kennen, sondern wie er sie erfühlte. Würde sich diese Transformation nur auf die Erde beschränken, sähe das Bild unfertig aus. Aber jeder Quadratzentimeter ist mit seinen ganz eigenen Vibrationen ausgefüllt. Der Himmel scheint zu flirren, und die Kornähren in der Ferne ähneln den Zähnen eines Kamms. Der vorwärtsschreitende Sämann wirkt wie ein Katalysator. Die drängende Energie des Bildes entsteht durch die Vorwärtsbewegung des Mannes, der auf dem Feld weit ausschreitet.

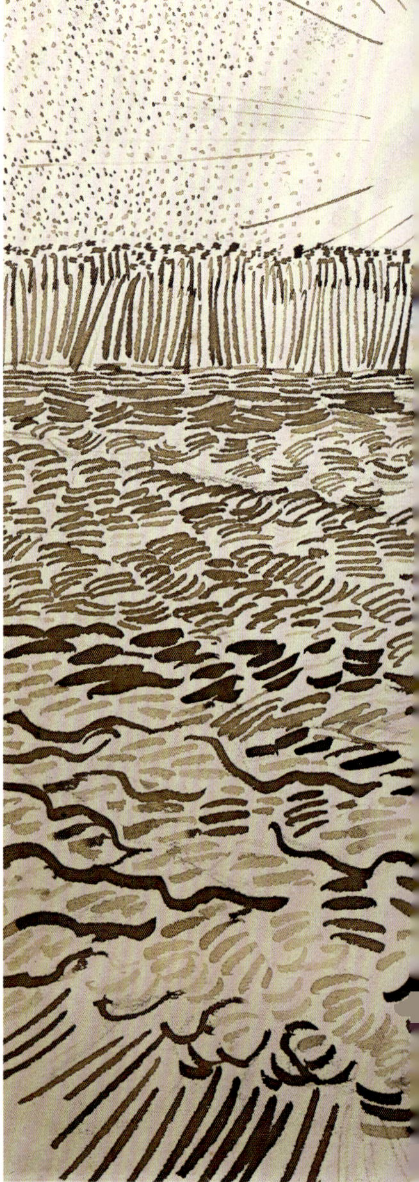

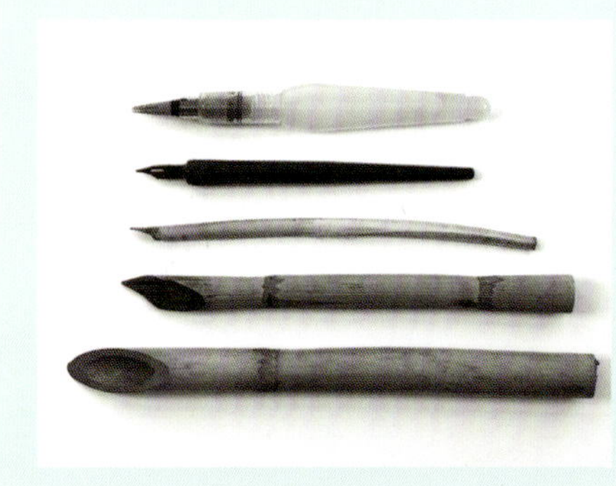

Materialien
Für seine Zeichnung *Der Sämann* (oben) verwendete van Gogh Federkiele oder Federn aus getrocknetem Rohr in unterschiedlicher Stärke (links). Mit den dickeren Federn zeichnete er zum Beispiel die gepflügte Erde im Vordergrund. Da van Gogh an vielen Varianten des Motivs arbeitete, wurde ihm vermutlich von Bild zu Bild immer klarer, wie er die Komposition anlegen wollte. Dennoch

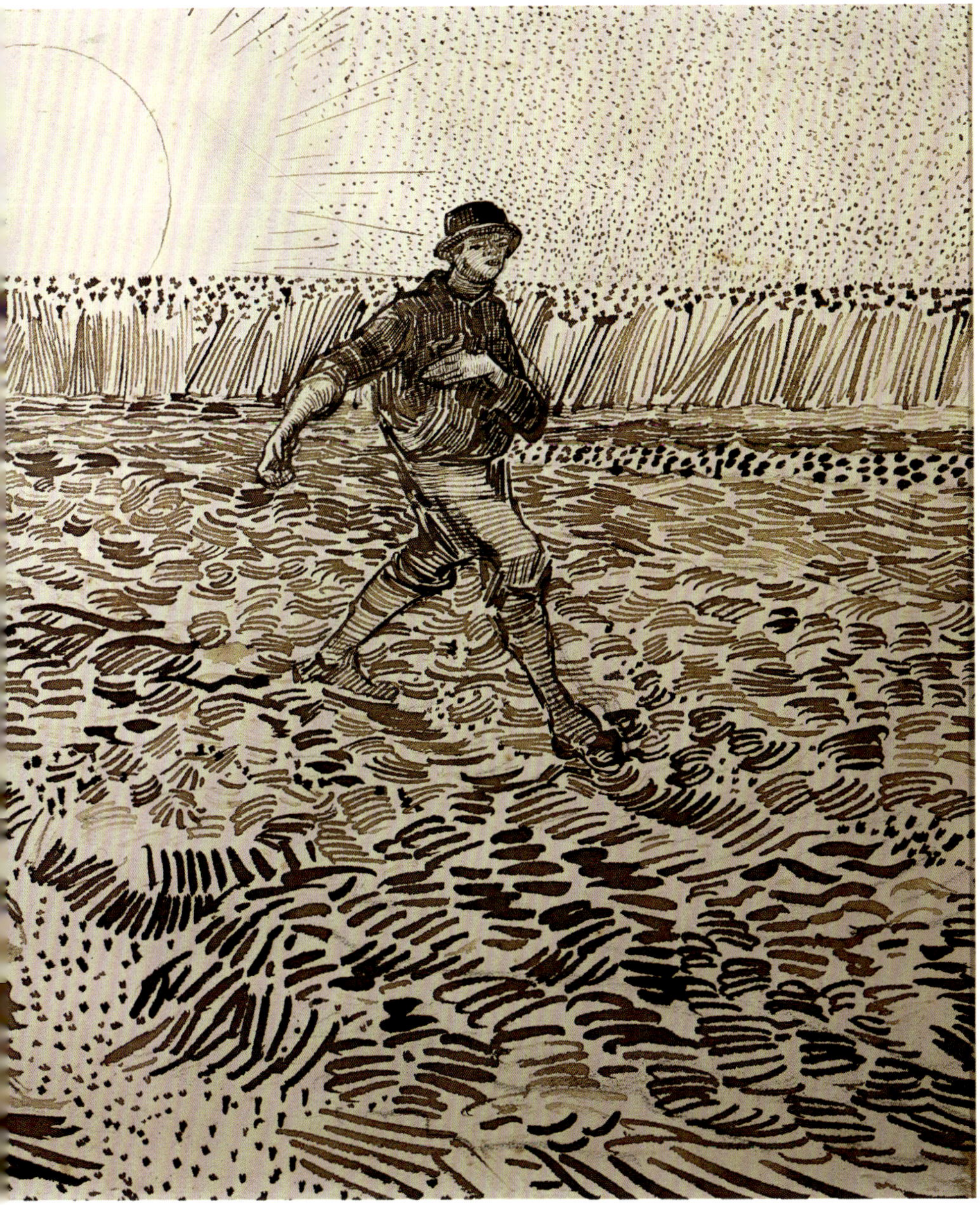

Vincent van Gogh (Niederlande, 1853–1890) arbeitete bei einem Kunsthändler, bevor er 1880 selbst Künstler wurde. 1886 ging er von den Niederlanden nach Paris, wo er von den Impressionisten und den Neoimpressionisten beeinflusst wurde. Sein Stil veränderte sich – statt der dunklen, freudlosen Abbildungen des bäuerlichen Alltags verwendete er nun hellere Farben, experimentierte mit Komplementärfarben und mit kürzeren Pinselstrichen. Auch der japanische Farbholzschnitt beeindruckte ihn. 1888 zog er nach Arles in der Provence, wo er sich nach einem Streit mit seinem Künstlerkollegen Paul Gauguin (1848–1903) sein linkes Ohrläppchen abschnitt. 1889 ließ er sich selbst in eine psychiatrische Anstalt einweisen. Im Jahr darauf erschoss er sich.

Siehe auch

Lucian Freud (S. 106)
Rembrandt van Rijn (S. 146)
Eva Hesse (S. 200)

lassen sich Bleistiftspuren unter der Tuschezeichnung erkennen. Wahrscheinlich skizzierte van Gogh die Grundkomposition, bevor er anfing mit der Feder zu arbeiten.

Im Verlauf der Arbeit scheint er, besonders bei den Konturen des Erdbodens, improvisiert zu haben – so wie ein Jazzmusiker ein musikalisches Motiv variiert. Die Rhythmen des gesamten Bildes hatte er dabei bereits vor seinem geistigen Auge.

Sie sollten Ihre zentrale Idee wie zum Beispiel eine laufende Figur ebenfalls schon gedanklich vorbereitet haben, während Sie am Bild arbeiten. Dabei sollte nicht jedes Bildelement an das Laufen erinnern, da sonst die Zeichnung zu stilisiert wirkt (rechts). Ihr Ziel sollte es vielmehr sein, eine Reihe einfacher Elemente in der Komposition zu gestalten und das Laufen dabei als ein Schlüsselmotiv zu verwenden.

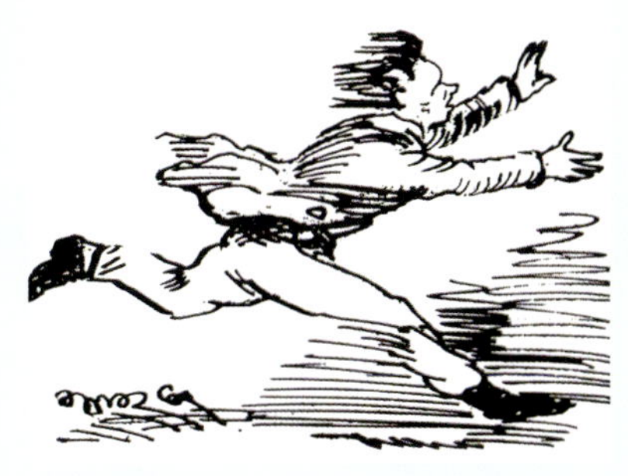

Edward Hopper

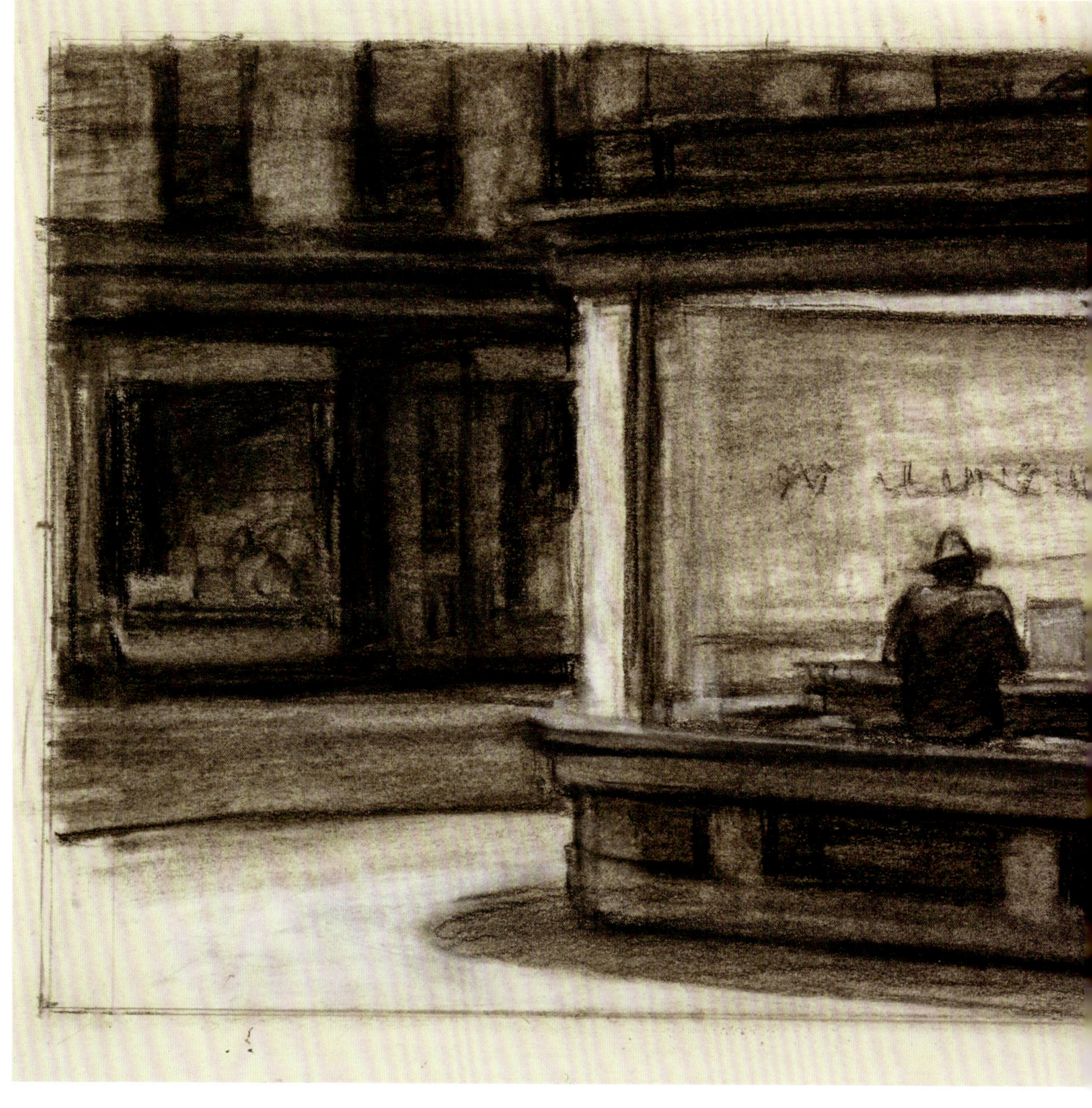

Siehe auch

Peter Doig (S. 180)

Robert Pugh (S. 182)

Richard Diebenkorn (S. 244)

Edward Hopper (USA, 1882–1967) ist berühmt für seine Abbildungen des modernen städtischen Lebens in den Vereinigten Staaten. Hopper studierte an der New York School of Art bei William Merritt Chase (1849–1916), der seine Studenten dazu ermunterte, realistische Gemälde mit städtischen Szenen zu gestalten.

Hopper verdiente sein Geld als Illustrator und verkaufte gleichzeitig seine Aquarelle und Drucke. Zwischen 1906 und 1910 reiste er drei Mal nach Paris, um dort Kunstwerke zu studieren. Nach dem Erfolg seiner zweiten Einzelausstellung in New York im Jahr 1924 beschloss Hopper, sein Leben ganz der Kunst zu widmen.

Motiv

Ein bestimmter Ort kann in der Erinnerung machtvoller sein als in der Realität. Erinnern Sie sich zur Übung an einen Ort Ihrer Kindheit (Kindheitserinnerungen sind besonders intensiv!) und skizzieren Sie die Details, die Ihnen im Gedächtnis geblieben sind. Probieren Sie dann, aus diesen Fragmenten ein Bild zusammenzusetzen. Konzentrieren Sie sich dabei auf die Gesamtstruktur (rechts).

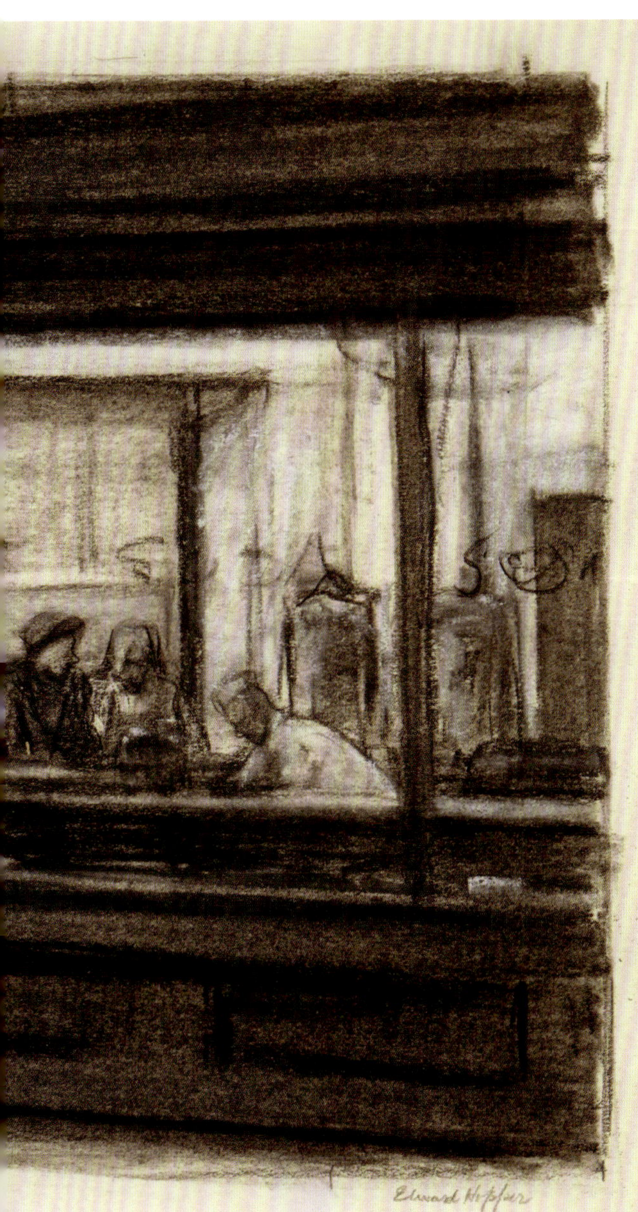

Studie für *Nighthawks* 1941 oder 1942
Pastellkreide und Kohle auf Papier
28,3 × 38,1 cm
Whitney Museum of American Art, New York, USA

Um 1905 reiste Edward Hopper mehrmals nach Europa, insbesondere nach Paris, um neue Kunstbewegungen kennenzulernen. Stets behauptete er jedoch, auf seinen Reisen niemals von einem Zeitgenossen namens Picasso gehört zu haben. Am meisten beeindruckte ihn Rembrandt (Seite 146) und sein gewaltiges Gemälde *Die Nachtwache* (1642). Hopper arbeitete über zwanzig Jahre als Illustrator. Erst mit Anfang vierzig widmete er sich ganz der Malerei. *Nighthawks* (1942) ist vielleicht das berühmteste amerikanische Gemälde des 20. Jahrhunderts.

In den 1940er-Jahren hatte Hopper ein Verfahren entwickelt, das zwar präzise, aber äußerst zeitaufwendig ist, denn es erforderte eine gründliche Phase der Vorbereitung. Hopper fing nach seinen Äußerungen nicht eher mit dem Malen an, bis er sich in seiner Vorstellung alles bis ins kleinste Detail zurechtgelegt hatte. Für *Nighthawks* fertigte er ungefähr zwanzig vorbereitende Zeichnungen an. Manche sind ausgearbeitet, manche zeigen nur die Grundkomposition. Hopper sah diese Skizzen nicht als wichtige Kunstobjekte an, sondern als Elemente des kreativen Prozesses. Die Zeichnung auf der linken Seite ist detaillierter und enthält bereits die meisten Schlüsselelemente des später ausgeführten Gemäldes. Hopper vereinfachte die Formen. Diese sind durch die lineare Geometrie der geschwungenen Linien mit der Oberfläche verbunden. Mit Rembrandt als großem Vorbild integriert Hopper das Licht in die Struktur der Zeichnung. Die Architektur der Bar bildet lange, sanft abfallende Linien, die Lichtsplitter einfangen und eine Stille erzeugen, die fast bleischwer auf der Szene lastet. Das einzige Element, das diese Stimmung durchbricht, ist der spitze Winkel des Rückens des Barkeepers.

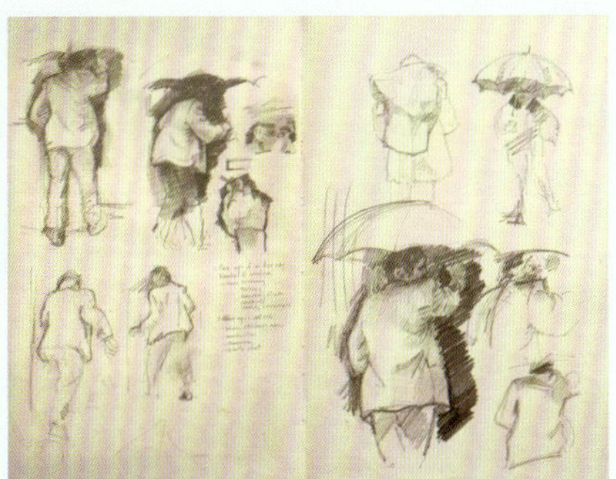

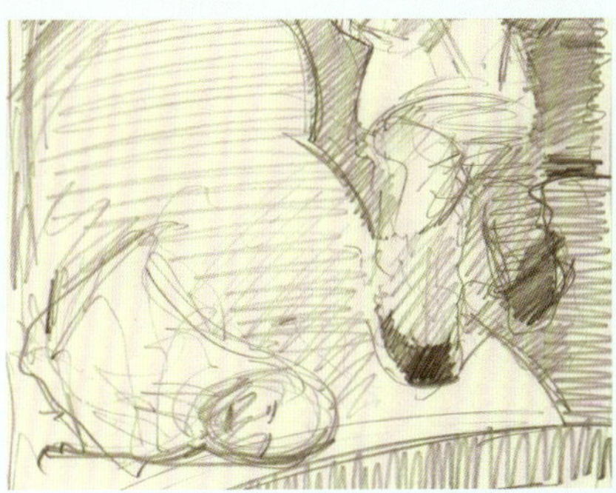

Vorlagen
Die Ruhe und Bewegungslosigkeit in Hoppers Werk (oben) lässt Spielraum für Gedanken. Obwohl Hopper Formen vereinfacht, erscheinen diese Bereiche nicht flach oder in die Oberfläche gepresst. Seine Formen sind vielmehr durch die lineare Geometrie der geschwungenen Linien in die Oberfläche eingebunden. Um diesen Effekt zu erhalten, muss man ein wenig experimentieren (links).

David Bomberg

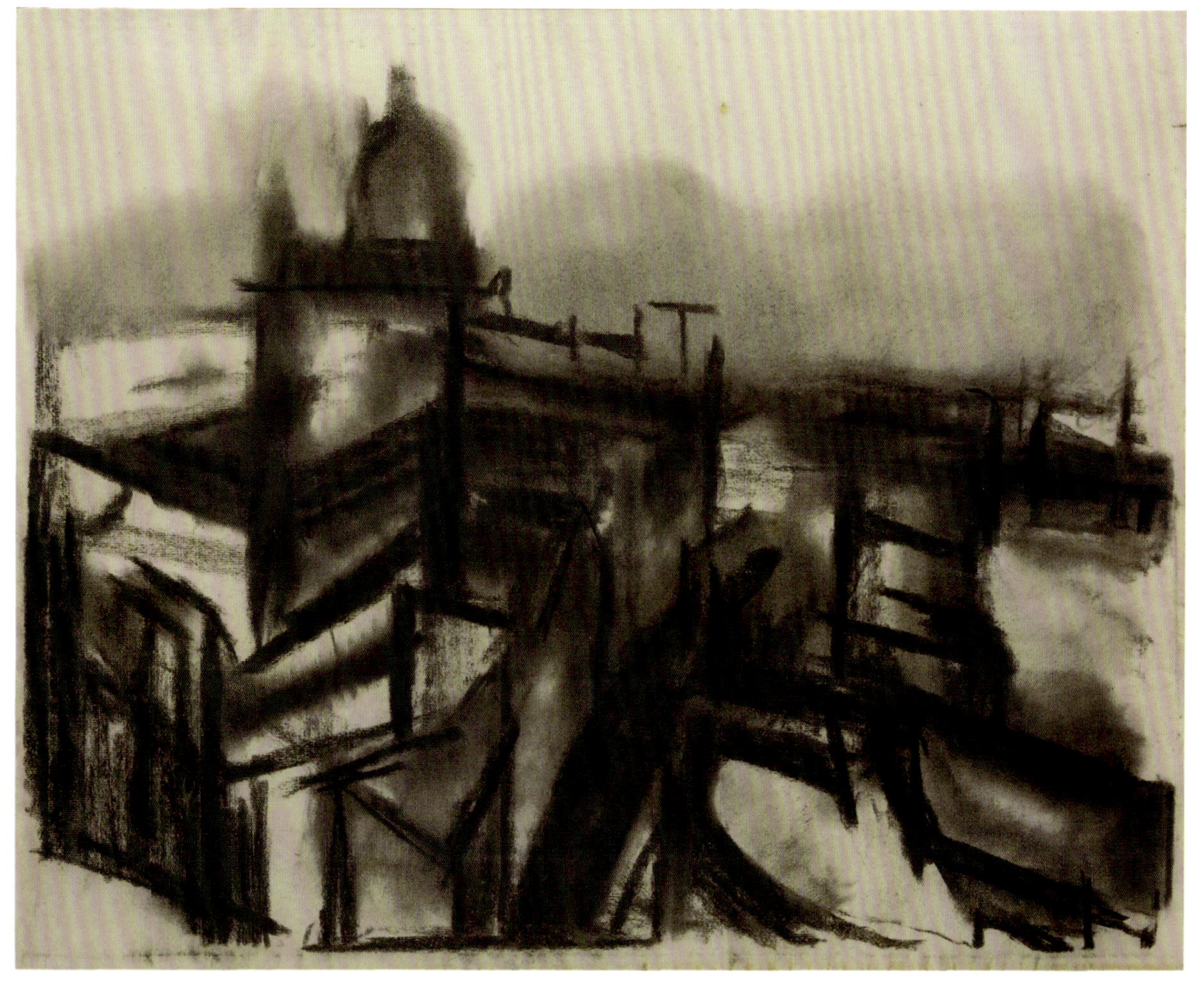

St Paul's and River 1945
Kohle auf Papier
50,8 × 63,8 cm
Tate, London, Großbritannien

David Bombergs Werk hat sich im Laufe seines relativ kurzen Lebens dramatisch verändert, was für Künstler seiner Generation recht typisch ist. Sein frühes Interesse am Vortizismus (Seite 282) führte dazu, dass ihn Henry Tonks (Seite 96) von der Slade School of Fine Art in London verwies, da er an Bombergs unkonventioneller Herangehensweise und dessen mangelndem Traditionalismus Anstoß nahm. Obwohl Bomberg später von dieser avantgardistischen Kunstrichtung abrückte, behielt er doch ihre Kompositionsweise bei.

Die Zeichnung oben zeigt Londons St.-Pauls-Kathedrale von Westen aus, mit der Themse auf der rechten Seite. Die wuchtigen Linien bilden ein grobes Gerüst, das den Raum durchdringt, vergrößert und in seiner Gesamtheit Raum und Form überschreibt. Himmel, Fluss und Gebäude stehen im Wettstreit um die Aufmerksamkeit des Betrachters: Die atmosphärische, weiche Qualität des Himmels und des Flusses lassen die Strukturen noch intensiver hervortreten, wohingegen die Gebäude und die Kuppel einen Kontrast zum Himmel bilden und ihn transparenter erscheinen lassen. Die Seiten der Gebäude neben der schwarzen Straße, die durch das Zentrum des Bildes verläuft, werden nicht von trivialen Details gestört, sondern ragen dramatisch in den Raum hinein. Bomberg schuf während des Zweiten Weltkriegs viele Zeichnungen der St.-Pauls-Kathedrale, die als nationales Symbol des Widerstands galt, da sie die Bombardierungen während des Luftkriegs um England 1940 bis 1941 überstanden hatte.

Es gibt eine interessante Parallele zwischen Bomberg und seinem Zeitgenossen, dem deutsch-US-amerikanischen Maler Hans Hofmann (1880–1966), der die abstrakten Expressionisten beeinflusste. Bombergs Ideen wirkten auf die nachfolgende Generation britischer Künstler, darunter Frank Auerbach (Seite 202), Leon Kossoff (Seite 206), Dennis Creffield (Seite 134) und Howard Hodgkin (1932–2017).

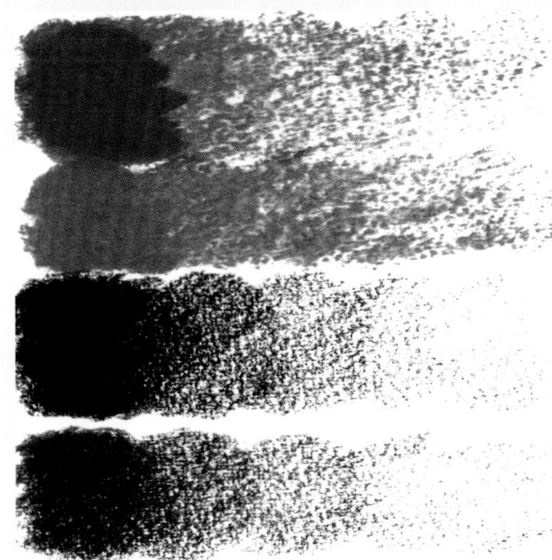

Materialien

Bombergs Zeichnung (linke Seite) wurde offensichtlich mit Reißkohle angefertigt (die beiden unteren Striche links) und nicht mit Zeichenkohle aus Weidenholz (die beiden oberen Striche links). Mit Reißkohle werden die Striche sehr dunkel, was mit Zeichenkohle aus Weidenholz fast gar nicht zu erreichen ist. Allerdings können Sie mithilfe eines Fixativsprays mehrere Schichten aus Zeichenkohle aufbauen, damit sie dunkler wirkt.

Vorlagen

Das große Format von Bombergs Zeichnung (linke Seite) lässt vermuten, dass er sie nicht vor Ort geschaffen hat. Die Arbeit an einem Bild dieser Größe auf einer Staffelei *in situ* ist problematisch. Vielleicht hat er die Zeichnung von einem hohen Standort aus angefertigt, in einem Gebäude oder auf einem Dach (links). Wenn Sie in Motivnähe an einem Fenster arbeiten, haben Sie die nötige Privatsphäre, sind aber womöglich zu weit weg.

Form und Raum

Bomberg interessiert sich in seiner Zeichnung auf der linken Seite nicht für Details: Er nutzt bestimmte Qualitäten der Objekte und fügt sie zu einem Ganzen zusammen. Bei einem komplexen Motiv sollten Sie sich darauf konzentrieren, was Sie aussagen möchten. Versuchen Sie ein Motiv aus zusammengekniffenen Augen zu betrachten (links), um die Detailmenge zu reduzieren: So können Sie große Bereiche mit Licht und Schatten leichter erkennen.

Siehe auch

Dennis Creffield (S. 134)
Frank Auerbach (S. 202)
Leon Kossoff (S. 206)

David Bomberg (Großbritannien, 1890–1957) wurde als Kind polnisch-jüdischer Eltern in Birmingham geboren, zog aber 1895 mit seiner Familie ins Londoner East End. Er studierte am City and Guilds of London Institute und an der Westminster School of Art bei Walter Sickert (1860–1942) sowie an der Slade School of Fine Art bei Henry Tonks (Seite 96). Nachdem Bomberg die Slade School 1913 verlassen musste, trat er in Kontakt zu Avantgarde-Gruppen, darunter den Omega Workshops und der Camden Town Group. Nach dem Ersten Weltkrieg wandte er sich auf seinen Reisen der Landschaftsmalerei zu.

Oskar Kokoschka

Houses of Parliament II 1967
Wachsmalkreide auf Papier
56,2 × 76,6 cm
Tate, London, Großbritannien

Der österreichische Künstler Oskar Kokoschka wurde 94 Jahre alt und ließ sich zeitlebens nicht von den modischen Strömungen der Kunstwelt beeinflussen. Von früher Jugend an wurde er darin bestärkt, als Individualist keiner Bewegung oder Tradition zu folgen, sondern seinen eigenen Stil zu entwickeln. Er hatte diesbezüglich viel mit seinem Zeitgenossen Max Beckmann (Seite 172) gemeinsam: Keiner von beiden wollte sich den Expressionisten anschließen, obwohl ihre Arbeiten Merkmale jenes Stils zeigen. Während des Zweiten Weltkriegs ging Kokoschka mit seiner Frau nach Schottland und ließ sich 1946 in Großbritannien nieder.

Die Zeichnung auf der rechten Seite gehört zu einer Serie, die Kokoschka in den 1960er-Jahren anfertigte. Nach diesen Zeichnungen schuf Kokoschka eine Reihe von Gemälden, die heute in der Tate Collection in London zu sehen sind. Diese Ansichten der britischen Hauptstadt sind wunderbar lebendig.

Das Interessante an der Zeichnung *Houses of Parliament II* ist die Organisation des Raums. Kokoschka hielt die Wahrnehmung der Tiefe für einen der Schlüsselaspekte der Malerei. Hier scheinen kleine Aktivitätszentren in einer Hülle aus weißem Licht zu schweben. Die sich quer über das Papier ziehende Westminster Bridge beeinflusst die Details der Komposition. So als ob Kokoschka ein Foto genommen und die Helligkeit darauf erhöht hätte, sind alle Details in den helleren Bereichen verschwunden und die dunklen Elemente scheinen zu schweben. Dadurch kann Kokoschka den Himmel als ebenso transparente Form gestalten. Diese Zeichnung beweist, dass auch ein Bild aus einer Ansammlung kleiner Fragmente eine außerordentliche Geschlossenheit besitzen kann.

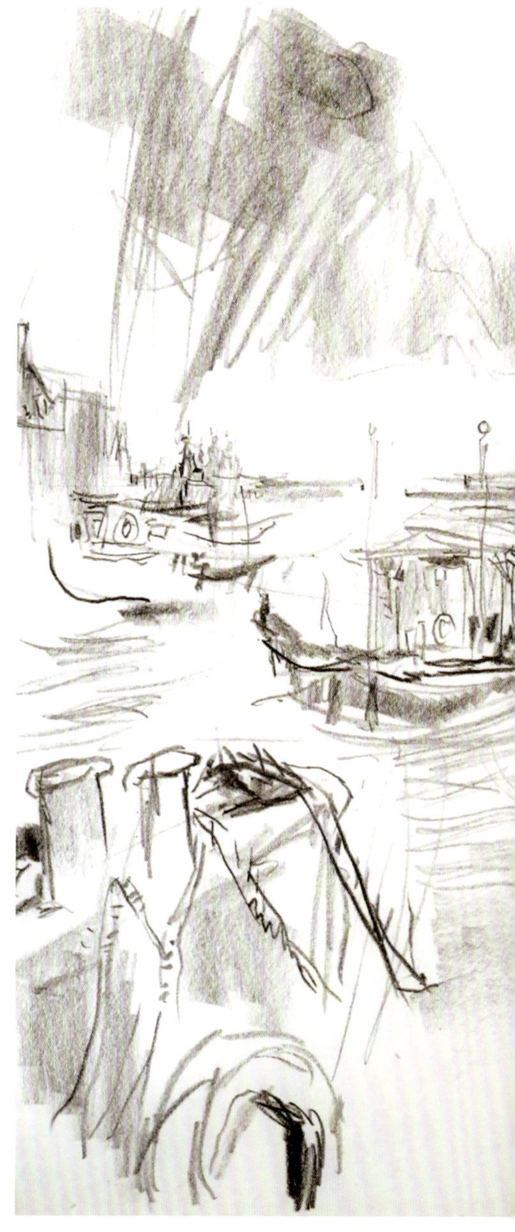

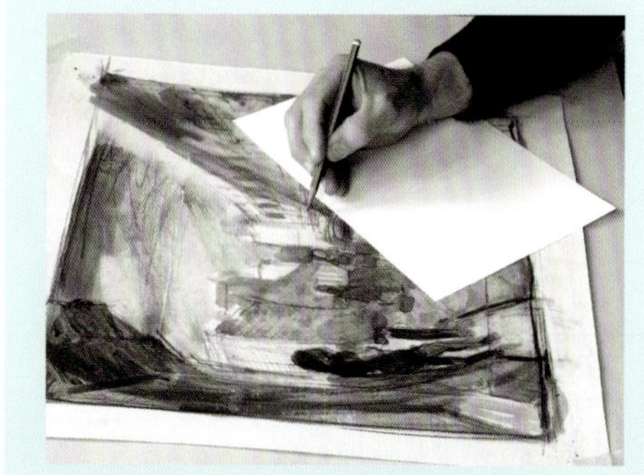

Materialien
Die Verwischungen auf der großen Bleistiftzeichnung oben hat Kokoschka wahrscheinlich mit einem Tuch ausgeführt. Vorsicht beim Verwischen mit den Fingern! Das natürliche Öl der Haut lässt das Papier schnell fleckig werden. Um keine störenden Flecken zu hinterlassen, stützen Sie die Hand auf einem Blatt Papier ab (links) oder stellen Sie sich an ein Zeichenbrett (rechts).

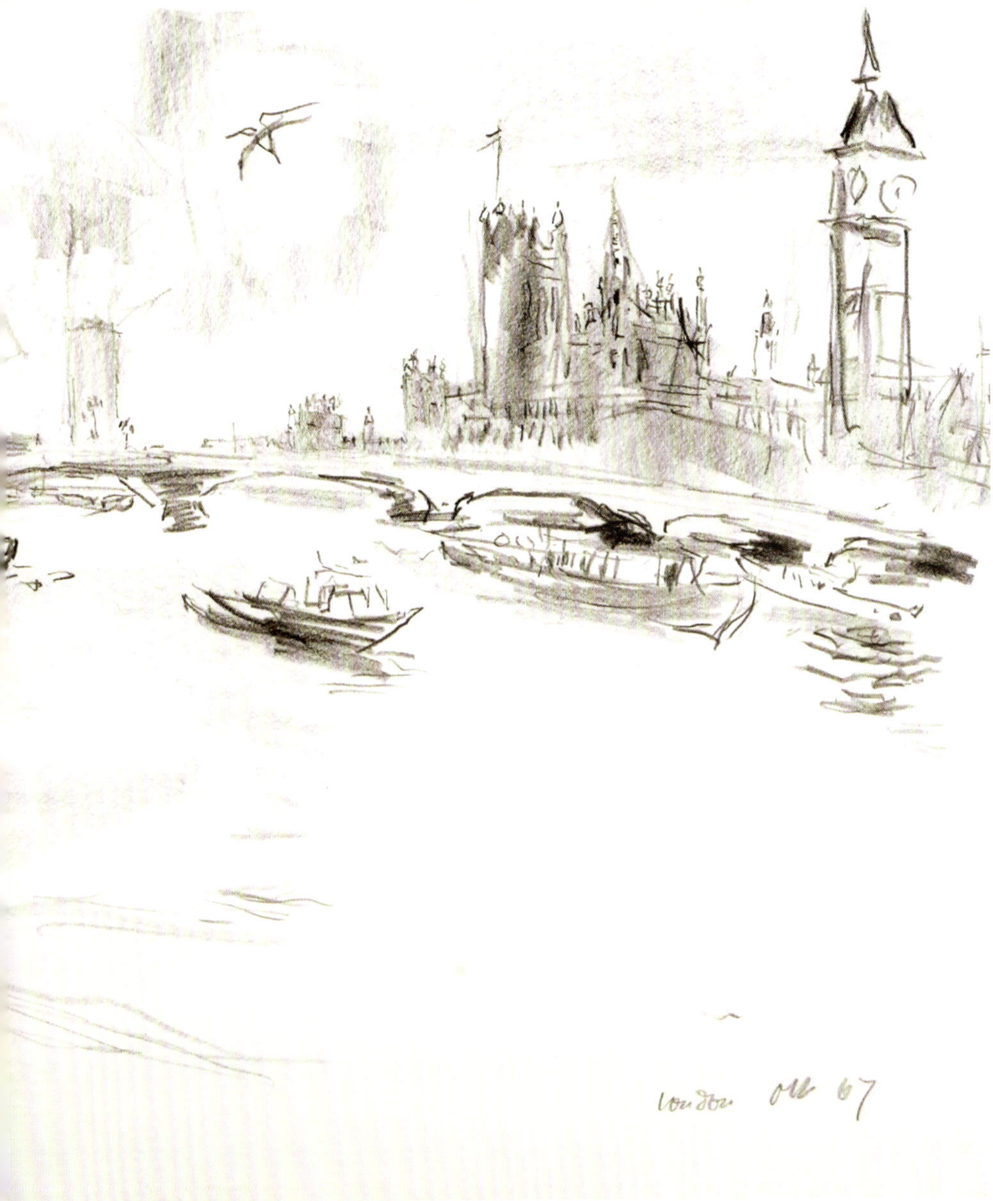

Oskar Kokoschka (Österreich, 1886–1980) wurde in Pöchlarn in Niederösterreich geboren. 1889 zog seine Familie nach Wien. Dort gewann er ein Stipendium für die Kunstgewerbeschule und wurde 1907 Mitglied der Wiener Werkstätte, wo er vom Jugendstil beeinflusste Werke schuf. Nach dem Ersten Weltkrieg ließ sich Kokoschka in Dresden nieder und lehrte an der dortigen Akademie. In den 1930er-Jahren galt seine Kunst unter den Nationalsozialisten als entartet, weshalb er nach Prag und dann nach London ging. Nach dem Zweiten Weltkrieg lebte er überwiegend in der Schweiz.

Siehe auch

John Constable (S. 122)

Leon Kossoff (S. 206)

Alberto Giacometti (S. 242)

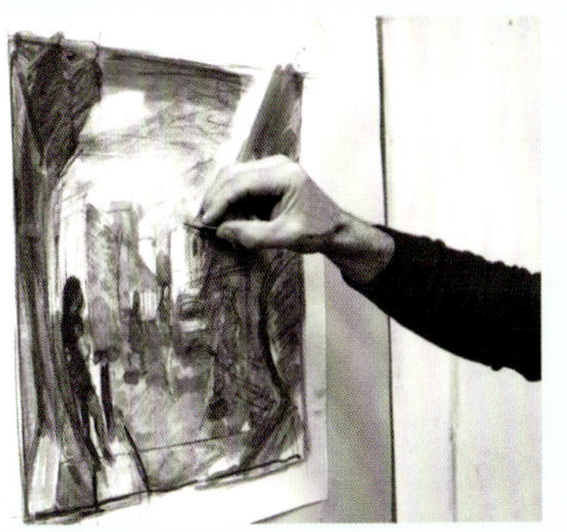

Motiv

Das Zeichnen im Freien können Sie auf verschiedene Weise in Angriff nehmen: Beginnen Sie mit einer klaren Idee und konzentrieren Sie sich darauf oder gehen Sie offen an die Sache heran und lassen Sie sich von dem Motiv, das Sie vor sich haben, inspirieren. Fragen Sie sich, was Ihnen als Erstes ins Auge springt, wenn Sie ein Motiv betrachten. Probieren Sie nach und nach andere Methoden aus.

Dennis Creffield

Durham: The Central Tower 1987
Kohle auf Papier
101,6 × 92,5 cm
Tate, London, Großbritannien

Dennis Creffield wurde 1985 vom Arts Council of England beauftragt, die Kathedralen des Landes zu zeichnen. Da es insgesamt 42 Kathedralen gibt, war dies ein Großauftrag, für den er sich sogar ein Wohnmobil anschaffte. Obwohl Creffield nur elf Kathedralen vollendete, gehören diese Bilder zu den eindrucksvollsten Zeichnungen des späten 20. Jahrhunderts. Creffield war von 1948 bis 1951 Schüler des Künstlers David Bomberg (Seite 130), bevor er an die Slade School of Fine Art in London ging. Auf dieser Zeichnung lässt sich Bombergs bleibender Einfluss gut erkennen.

Creffield erfindet in seiner Zeichnung der Kathedrale von Durham außerordentliche Formen: Seine wundersamen Konstruktionen aus fragilen Strichen verschmelzen zu einer Gesamtform, die wacklig und zugleich sehr stabil erscheint. Fast das gesamte Blatt ist mit der nach außen zum Papierrand hin drängenden Kathedrale gefüllt. Creffield verriet, dass das Papier in seinem Werk einem Musikinstrument gleichen sollte, bei dem jeder einzelne Teil für den Klang verantwortlich ist. Die natürlichen Qualitäten der Kohlestriche harmonieren dabei perfekt mit dem Format und der Konstruktion der Steinelemente, aus denen der Bau besteht. Kohle ist das ideale Medium, um monumentale, aber auch transparente Formen zu gestalten. Die Formen, die Creffield zeichnet, sind beinahe ebenso inspirierend wie das majestätische Bauwerk selbst.

Dennis Creffield (Großbritannien, geb. 1931) stammt aus London und lernte von 1948 bis 1951 bei David Bomberg (Seite 130) an der Borough Polytechnic in London und schloss sich unter Bomberg auch der Borough Group an. Von 1957 bis 1961 besuchte Creffield die Slade School of Fine Art, wo er den Tonks Prize for Life Drawing und die Steer Medal gewann. Von 1964 bis 1968 war er als Gregory Fellow an der University of Leeds tätig. 1987 erhielt er den Auftrag, sämtliche mittelalterlichen Kathedralen Englands zu zeichnen. Die Zeichnungen waren im Rahmen einer Wanderausstellung (1988–1990) in ganz Großbritannien zu sehen.

Siehe auch

David Bomberg (S. 130)
Frank Auerbach (S. 202)
Leon Kossoff (S. 206)

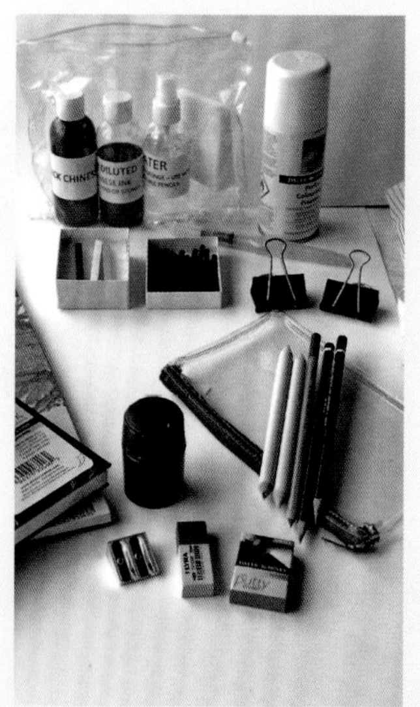

Materialien
Künstler haben wahrscheinlich in jeder Epoche der Kunst im Freien nach der Natur gearbeitet. Dabei profitierten die Impressionisten von der Erfindung der metallenen Faltfarbtuben Mitte des 19. Jahrhunderts. Für eine Zeichnung braucht man lediglich Bleistift und einen Skizzenblock. Wer allerdings mit Kohle zeichnen möchte, hat am besten ein Fixierspray dabei. Sämtliche Materialien sollten Sie vor dem Zeichenausflug griffbereit haben (links).

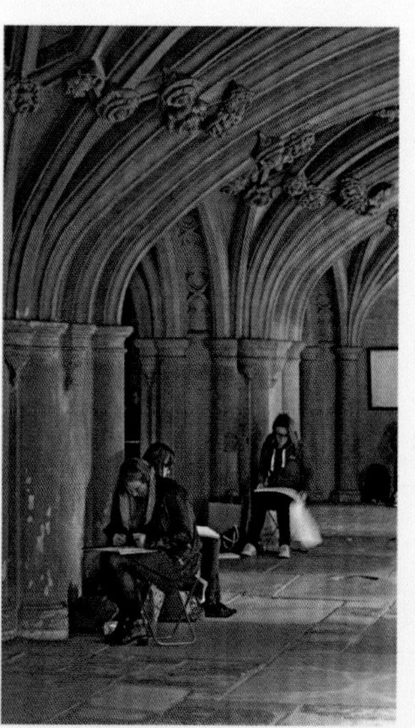

Vorlagen
Wer in der Stadt zeichnet, wird häufig unterbrochen. Creffield weist darauf hin, dass jemand, der in der Öffentlichkeit schreibt, selten angesprochen wird. Aber die Menschen sind einfach fasziniert, wenn jemand zeichnet, und möchten sich sogar mit dem Künstler unterhalten. Manchmal hilft es, wenn man Kopfhörer aufsetzt oder am frühen Morgen arbeitet, wenn nur wenig Leute unterwegs sind. An einem belebten Ort kann man eher in der Menge untertauchen (links).

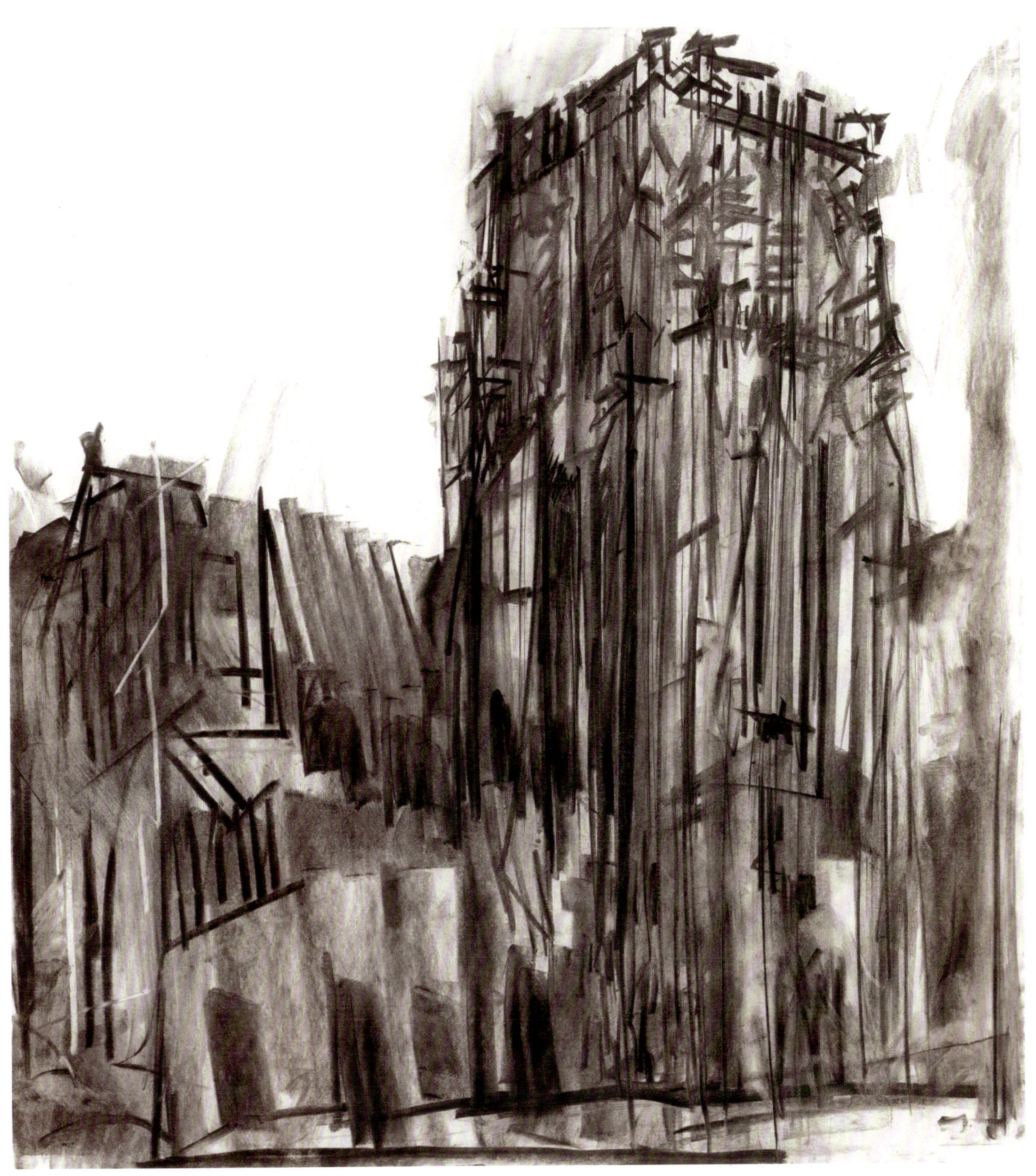

Figur

en

Wer eine bekleidete Figur zeichnerisch gut darstellen kann, ist in der Lage, fast alles zu zeichnen. Man muss sich nur einmal in einem Museum umsehen: Auf beinahe allen Bildern – nicht nur der Alten Meister – sind unterschiedlich gekleidete Figuren zu sehen. Wie Kleider an Körpern hängen, sie enthüllen oder verbergen, vermittelt auf subtile und weniger subtile Weise Botschaften. Die Figur in Jean-François Millets Studie *Mann mit Schubkarre* (Seite 156) ist erwartungsgemäß wie ein Bauer gekleidet, zugleich ist seine abgetragene Kluft wesentlich für das Bild. Vergleichen wir damit Alfred Edward Chalons Zeichnung von einem Streit beim Kartenspiel (Seite 154): Hier dient die Kleidung als formales Ausdrucksmittel, denn die Falten des Stoffes entwickeln einen ganz eigenen Rhythmus. Häufig gibt es mehr als eine Figur im Bild. Die Beziehung zwischen diesen Figuren gilt als ausschlaggebend für das Gelingen einer Komposition. Edouard Manet (1832 bis 1882), ein Wegbereiter der modernen Kunst, erklärte einmal, dass es schon schwierig sei, eine einzelne Figur gut hinzubekommen, aber mehrere Figuren zusammen darzustellen, sei eine wahrhaft große Aufgabe. Was den Betrachter an einem Bild wirklich bewegt, ist nicht allein die Fähigkeit, Gewicht und Struktur der Kleidung überzeugend zu vermitteln oder eine stoffliche Wirkung zu erzielen. Vielmehr ist es das Vermögen, das Menschliche einer Figur zu offenbaren.

Rembrandt van Rijn (Seite 146) war vermutlich der beste Figurenmaler aller Zeiten. Visuell wie emotional gelang es ihm, eindrucksvolle Wechselbeziehungen zwischen dem Rhythmus der Kleidung und den Körpern darunter zu schaffen. Rembrandt erzeugt mit seinen Bildern Empathie und Mysterium zugleich.

Michelangelo

Pietà (Vorderseite) um 1530
Rötel über schwarzer Kreide; Griffelvorzeichnung auf Papier
32 × 24,9 cm
Albertina, Wien, Österreich

Michelangelos Zeichnung einer Pietà-Gruppe (rechte Seite) ist überwältigend. Obwohl sie unfertig ist, lässt sich doch darin so viel erkennen, gibt es derart Außergewöhnliches zu entdecken, dass ihre Unfertigkeit für den Betrachter keine Rolle spielt.

Betrachten wir zunächst die Gesamtkomposition der Beweinungsgruppe. Die zentrale Figur des vom Kreuz abgenommenen Christus windet sich förmlich durch das Bild. Wenn der Blick von unten nach oben wandert, bemerkt man erst allmählich die ungewöhnliche Verkrümmung seines linken Beins und das merkwürdige Knie, das direkt neben seinem linken Oberschenkel herausragt. Der Kopf des toten Christus ist zudem nicht an der erwarteten Stelle, sondern etwas weiter nach links und nach unten gerutscht. Unterhalb seines Kopfs kommt ein seltsamer, flach angewinkelter Arm ins Bild, der den Kopf abzustützen scheint. Tatsächlich erscheint die Darstellung immer verkrümmter und verzerrter, je länger man sie ansieht. Diese Verzerrungen sind aber nicht nur kompositorisch gedacht. Sie verbinden den Betrachter mit dem Leiden Christi auf körperlicher Ebene. Als Zeichenschüler fragt man sich, wie Michelangelo diese außergewöhnlichen Verzerrungen gelungen sind. Um das näher zu ergründen, sind die skizzenhafteren Bereiche der Zeichnung interessant. Die Figur links im Bild ist viel weniger deutlich dargestellt. Ihr Kopf schwebt fast zwischen den Schultern, als ob Michelangelo eine exakte Platzierung vermeiden wollte. Schaut man sich den Bereich eingehender an, scheint es, als wollte er den Kopf im Raum fixieren.

Michelangelo (Italien, 1475–1564) kam als Michelangelo di Lodovico Buanarroti Simoni im toskanischen Caprese auf die Welt. Er begann 1488 als Schüler in der Florentiner Werkstatt von Domenico Ghirlandaio (um 1449–1494), wechselte jedoch nach einem Jahr in die Kunstschule von Lorenzo de' Medici, die von dem Bildhauer Bertoldo di Giovanni (um 1420–1491) geleitet wurde. Nach dem Tod von Lorenzo de' Medici ging Michelangelo 1492 zuerst nach Venedig, dann nach Bologna und schließlich 1496 nach Rom. Dort war er bald als Bildhauer und Maler stadtbekannt. 1508 begann er mit dem Freskenzyklus der Sixtinischen Kapelle und konnte in den folgenden Jahrzehnten in vielen Bereichen Erfolge feiern. 1546 ernannte man ihn zum Architekten des Petersdoms.

Siehe auch
Pontormo (S. 76)
Tizian (S. 258)

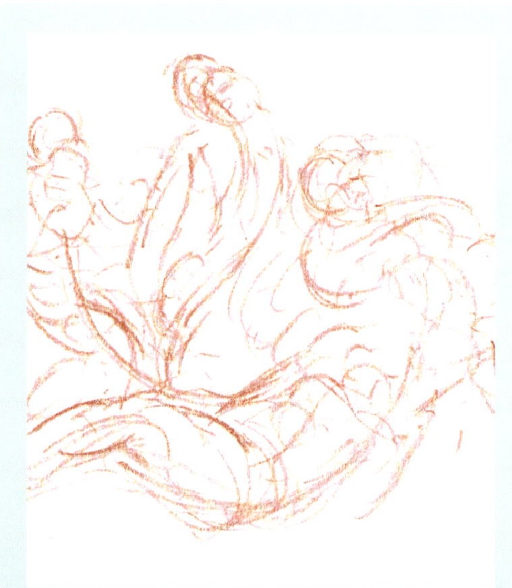

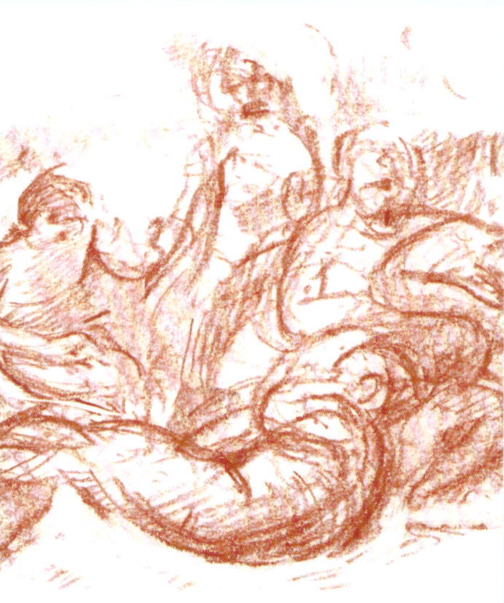

Aufbau
Mit Conté-Stiften sollten Sie schnell und mit leichter Hand zeichnen. Skizzieren Sie zuerst einen Bildrhythmus und weniger spezifische Formen (ganz links). Machen Sie sich keine Gedanken über die genaue Position einer Form, sondern lassen Sie, diese sich entwickeln. Versuchen Sie die Rhythmen im Bild zu erkennen, und bauen Sie es dementsprechend auf (links). Achten Sie nicht auf Details, um einen Körper anatomisch korrekt darzustellen. Lassen Sie sich allein von der Logik der Zeichnung leiten.

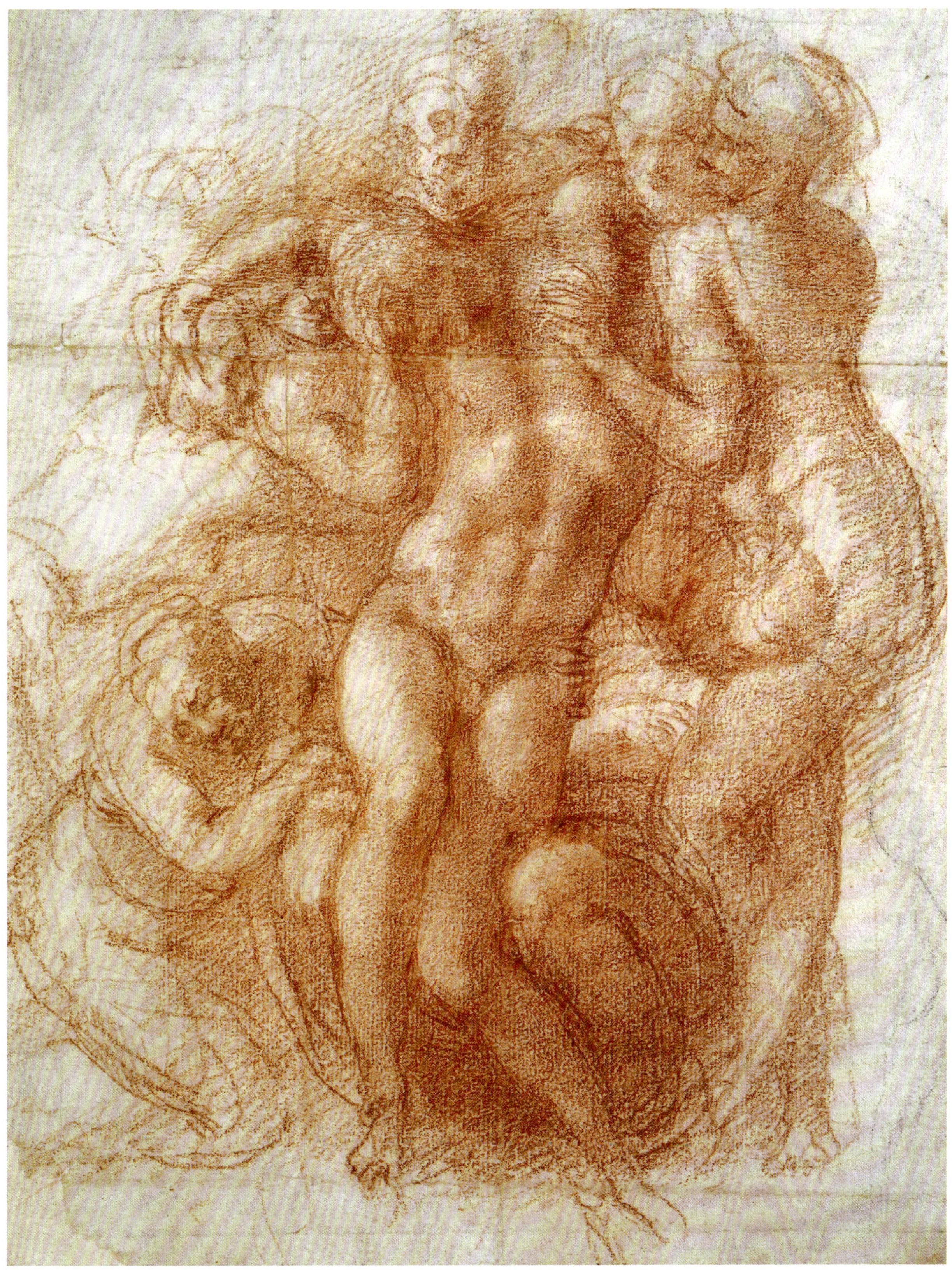

Sofonisba Anguissola

Bildnis einer alten Frau und eines lachenden Mädchens beim Studium des Alphabets 1550–1560
Schwarze Kreide mit Weißhöhung auf Papier
30,1 × 34,5 cm
Uffizien, Florenz, Italien

Sofonisba Anguissola mag vielen nicht bekannt sein, doch ihr Werk ist eines der interessantesten der Hochrenaissance. Zu ihren Lebzeiten war die Künstlerin sehr erfolgreich und wurde zur offiziellen Hofmalerin am Hof König Philipps II. von Spanien ernannt. Nachdem sie viele Jahre in Spanien und Sizilien gearbeitet hatte, lebte sie drei Jahrzehnte in Genua. Sie starb hochbetagt in Sizilien. Dem Biografen Giorgio Vasari (1511–1574) zufolge zeigte Anguissola als Zeichnerin »größeren Ehrgeiz und mehr Anmut als jede andere Frau unseres Zeitalters«.

Die Zeichnung auf der rechten Seite befindet sich nicht im besten Erhaltungszustand, doch die wunderbaren Details im Bild lassen sich gut erkennen. Sogleich sticht die Achterkurve ins Auge, welche die beiden Figuren miteinander verbindet. Sie entsteht durch die Verknüpfung von Armen und Händen des Mädchens und der alten Frau, die das spielerische Element der Komposition verstärkt. Die Achterkurve wird allerdings vom Blick des Mädchens auf den Betrachter aufgebrochen. Zwischen der ernsten Miene der alten Frau und dem lachenden Gesicht des Mädchens besteht ebenfalls eine interessante Verbindung. Der jeweilige Charakter der Figuren zeigt sich in der Art, wie sie sich präsentieren: Das junge Mädchen ist aufrecht und keck, während die alte Lehrerin rund und schwerfällig wirkt. Ein überraschendes Detail ist die Darstellung der Zähne des Mädchens – selten in fast allen Epochen, weil die Entblößung der Zähne vielleicht mit Aggressivität gleichgesetzt wird. Jedenfalls verleihen sie dem Bild eine weitere Spannung.

Sofonisba Anguissola (Italien, um 1532–1625) kam in Cremona auf die Welt und ging dort bei den Malern Bernardino Campi (1522–1591) und Bernardino Gatti (um 1495–1576) in die Lehre. 1559 wurde die begabte Frau Hofmalerin von Philipp II. von Spanien und Elisabeth von Valois. Sie wurde derart geschätzt, dass der König sogar 1571 ihre erste Ehe mit Fabrizio de Moncada, dem Vizekönig von Sizilien, arrangierte und ihre Mitgift übernahm. 1579 starb de Moncada. Im Alter von 47 heiratete Anguissola einen weiteren Edelmann und zog nach Genua, wo sie ebenfalls malte und unterrichtete. Ihre letzten Jahre verbrachte sie erneut in Sizilien. Dort war sie bis ins hohe Alter künstlerisch tätig.

Siehe auch
Henry Tonks (S. 96)
Walter Richard Sickert (S. 166)
Robert Pugh (S. 182)

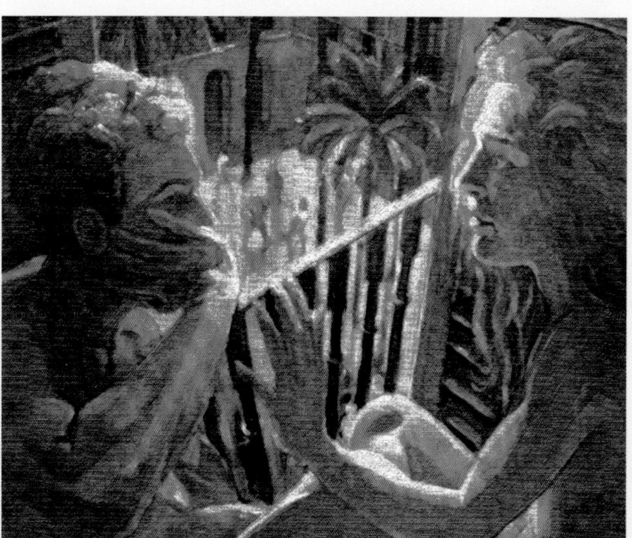

Themenwahl
Extremes Mienenspiel wirkt gezeichnet oft wenig überzeugend, was besonders für das Lachen zutrifft. Lachen geschieht meist nur einen Moment lang. Hält man diesen Ausdruck künstlerisch fest, sieht ihn der Betrachter unnatürlich lange. Ein subtileres Mienenspiel wie zum Beispiel das der Mona Lisa von Leonardo da Vinci ist deshalb viel glaubwürdiger.

Ein lachendes Gesicht oder ein anderer starker Ausdruck tendieren dazu, den Blick des Betrachters anzuziehen, was in der Fotografie häufig effektvoll eingesetzt wird. Bei einer Zeichnung kann es auch ein wichtiges Kompositionselement sein. Auf der Zeichnung links gibt es nicht nur eine formale Verbindung zwischen Formen, Rhythmen, Licht und Schatten, sondern auch eine psychologische zwischen den beiden Figuren. Sie schauen sich an, was den Betrachter in eine besondere Position bringt, denn er wird zum Zeugen eines intimen Moments.

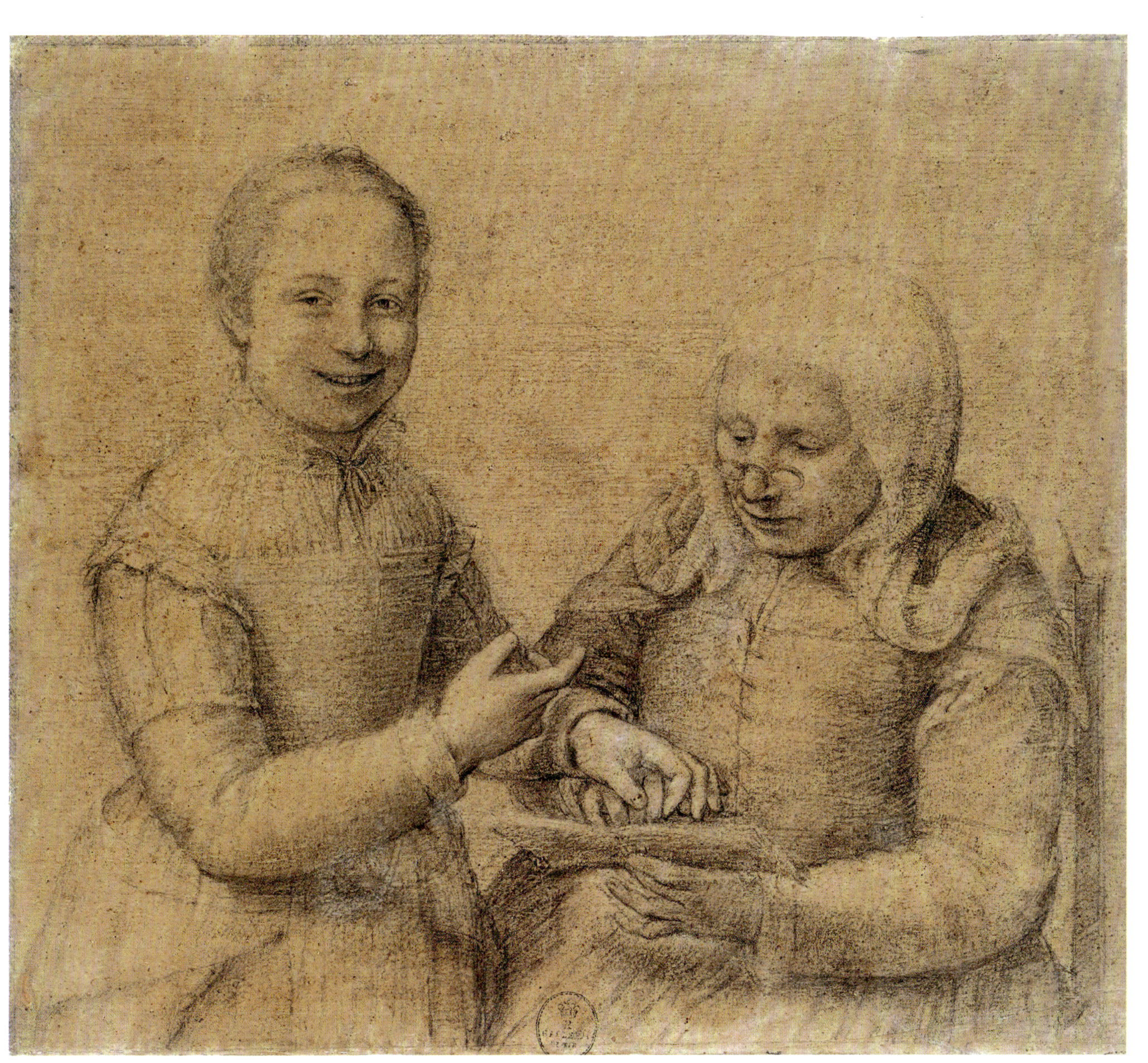

Federico Zuccaro

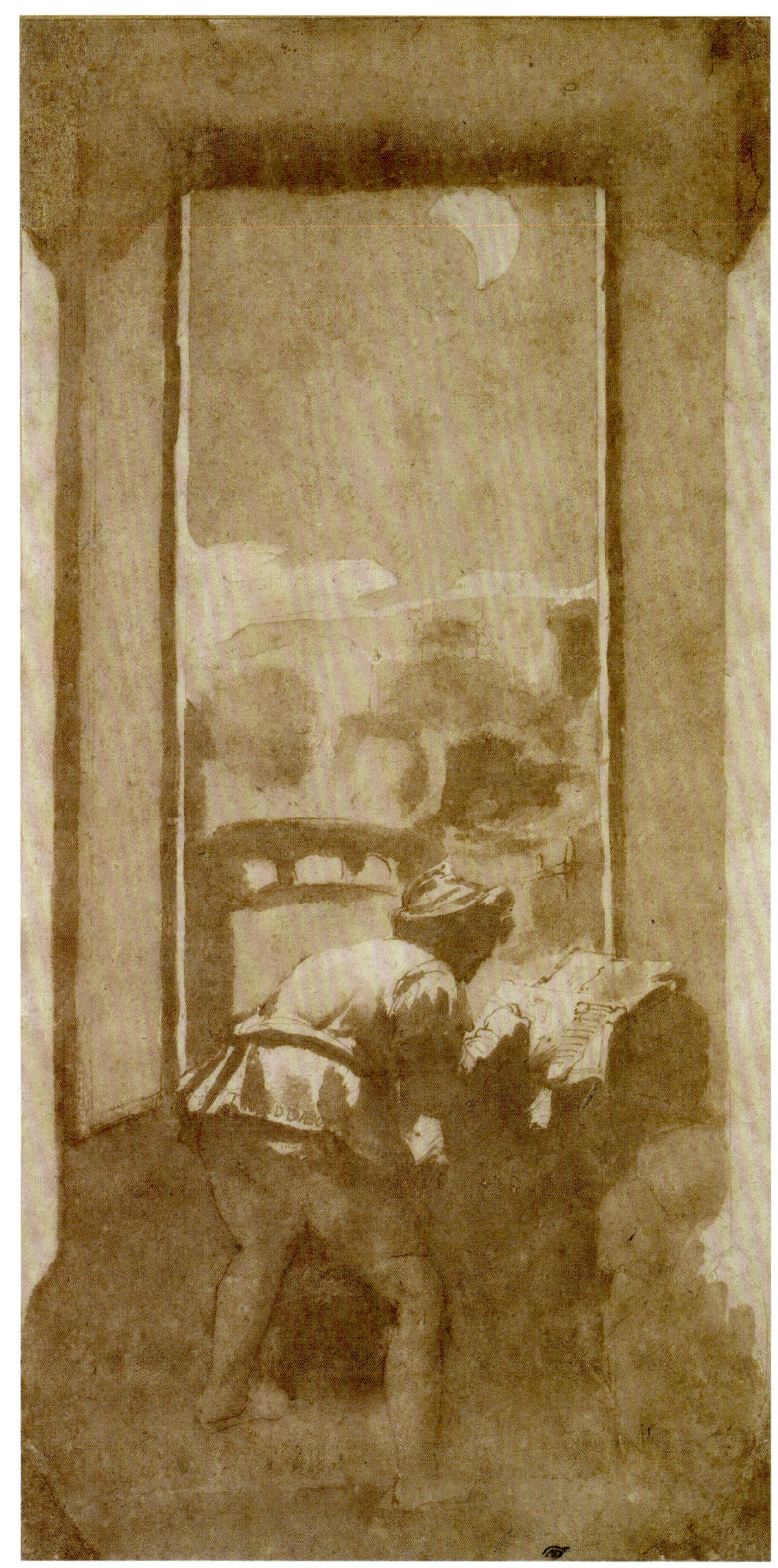

Zeichnender beim Mondlicht am Fenster eines Hauses um 1590
Feder, braune Tusche mit Lavierung auf cremefarbenem Papier
35,6 × 17,8 cm
Ashmolean Museum, Oxford, Großbritannien

Federico Zuccaro fertigte mehrere Zeichnungen desselben Sujets an. Die Zeichnung auf der linken Seite ist die atmosphärischste aus der Reihe *Zeichnender beim Mondlicht am Fenster eine Hauses*. Der Dargestellte ist Zuccaros Bruder Taddeo, der eine mondbeschienene Landschaft im Bild festhält. Die Zeichnung hat einige wunderbare Elemente, doch am augenfälligsten ist die treffende Wahl der Materialien. Zuccaro benutzt Feder und Pinsel mit brauner Tinte – eine Technik zwischen Zeichnung und Gemälde. Die Weißhöhungen sind klar definiert, zugleich gehen die Schatten subtil ineinander über. Sieht man genau hin, erkennt man, dass Zuccaro erst eine schlichte Vorzeichnung anfertigte. Doch er widerstand der Versuchung, diese einfach zu lavieren. Das Ganze Blatt wirkt zwanglos und gelungen. Die Darstellung der Landschaft als eine Reihe von abstrakten Formen innerhalb des langen, schmalen Fensters erinnert ein wenig an orientalische Bilder.

Kompositorisch ist das Bild ebenfalls interessant. Es gibt eine Richtlinie für die Unterteilung eines Rechtecks, die sogenannte Drittel-Regel (Seite 34). Danach kann jedes Rechteck in neun gleich große Bereiche unterteilt werden. Ein Bild, das sich an diese Linien und Teile als vorgegebene Struktur hält, gilt als gelungener als ein Bild ohne diese Struktur. In der Zeichnung auf der linken Seite verlaufen die horizontalen Linien in Höhe des Gürtels der Figur und dem Wolkenband am nächtlichen Himmel. Solche Regeln werden heute nur noch selten befolgt. Aber verwenden Sie diese Methode, wenn Sie Ihnen richtig erscheint.

Federico Zuccaro (Italien, um 1540 bis 1609) und sein Bruder Taddeo (1529–1566) stammten aus Urbino und malten im Stil des Manierismus. Taddeo arbeitete als Freskenmaler in Rom. Nach seinem Tod übernahm Federico dessen Atelier und beendete die Fresken für die einflussreiche Familie Farnese in deren Palast in Caprarola sowie die Fresken für die Sala Regia im Vatikan. Federico Zuccaro war erfolgreich und galt als berühmtester Maler seiner Zeit. Er bereiste Europa, schuf Hofporträts in England, Fresken in der spanischen Königsresidenz El Escorial bei Madrid und wurde zum ersten Präsidenten der Künstlervereinigung Accademia di San Luca in Rom.

Siehe auch
Polidoro da Caravaggio (S. 78)
Claude Lorrain (S. 114)
Francisco Goya (S. 150)

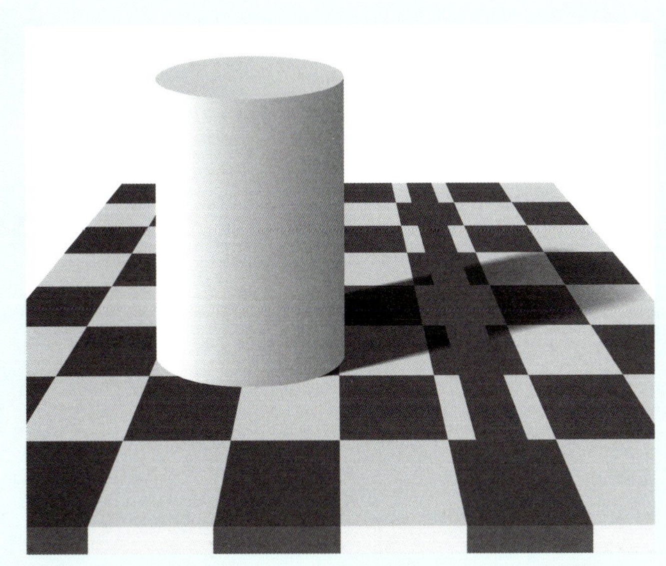

Schattierung
Da das Auge in Schattenbereichen Details erkennen kann, begehen Künstler oft den Fehler, diese zu detailliert darzustellen und so die Einheit eines Bildes zu zerstören. Die Abbildung links zeigt ein Schachbrett mit dem Schatten eines Zylinders. Die überschatteten weißen Flächen wirken heller als die schwarzen ohne Schatten, obwohl sie exakt den gleichen Tonwert haben, wie die Linie durch beide Bereiche zeigt. Zeichnen Sie möglichst wenig Details in Schattenbereichen.

Materialien
Bei der Arbeit mit einem flüssigen Medium wie Tusche kann sich Papier schnell wölben, und es sammeln sich wässrige Flecken. Um das zu vermeiden, spannen Sie das Papier auf. Feuchten Sie es dazu an, befestigen Sie es mit Klebestreifen auf einem sauberen, glatten Zeichenbrett und lassen Sie es trocknen (Seite 42). Teures Papier ist nicht immer optimal. Verwenden Sie Papier, das sich leicht trocken anfühlt wie Aquarellpapier oder noch besser starkes Zeichenpapier.

Rembrandt van Rijn

Boas und Ruth 1643–1647
Feder, Tinte auf Papier
12,6 × 14,3 cm
Rijksmuseum, Amsterdam, Niederlande

In Holland gilt das 17. Jahrhundert als das Goldene Zeitalter, in dem Kunst, Wissenschaft und Handel blühten. Die Niederländische Ostindien-Kompanie war das erste Unternehmen weltweit, das durch sein Monopol im Gewürzhandel international agierte – und Amsterdam wurde so zu einer der reichsten und kosmopolitischsten Städte Europas. Rembrandt genoss zu jener Zeit großen Erfolg, erhielt lukrative Aufträge und hatte viele zahlende Schüler. Die Bibel, vor allem das Alte Testament, lieferte ihm viele Sujets, und vermutlich entdeckte er in den Bibelgeschichten auch so manche Parallele zu seinem Privatleben, das mit den Jahren immer schwieriger wurde. Auch die Zeichnung *Boas und Ruth* (rechte Seite) basiert auf einer alttestamentarischen Geschichte.

Boas war ein judäischer Landbesitzer, der sich in Ruth, eine arme moabitische Witwe, verliebte, die bei ihrem ersten Treffen zurückgelassenes Korn auf seinen Feldern sammelte. Es ist bemerkenswert, wie Rembrandt in seiner Zeichnung die tiefen Gefühle des Paares zu vermitteln vermag. Das kleine Stück Papier hält die aufeinander bezogenen Gestalten der beiden in einem perfekten Rahmen. Die drei Hauptkomponenten – Ruth, Boas und der Stoff auf dem Boden – stehen in direktem Dialog zueinander. Das Weiße von Ruths Schürze scheint herabzufließen und Teil des Stoffs zu werden, den sie festhält – so wie das Korn, das Boas ausschüttet. Sein Körper umschließt das Sieb, sodass man den Eindruck gewinnt, seine Gefühle für Ruth würden förmlich aus ihm herausströmen. Allein anhand der Haltung versteht der Betrachter die Empfindungen der Figuren, wobei auch das knapp angedeutete Mienenspiel viel erzählt. Natürlich ist es unsere Interpretation gezeichneter Linien, doch diese ist nur möglich, weil Rembrandt so beredt zu zeichnen versteht.

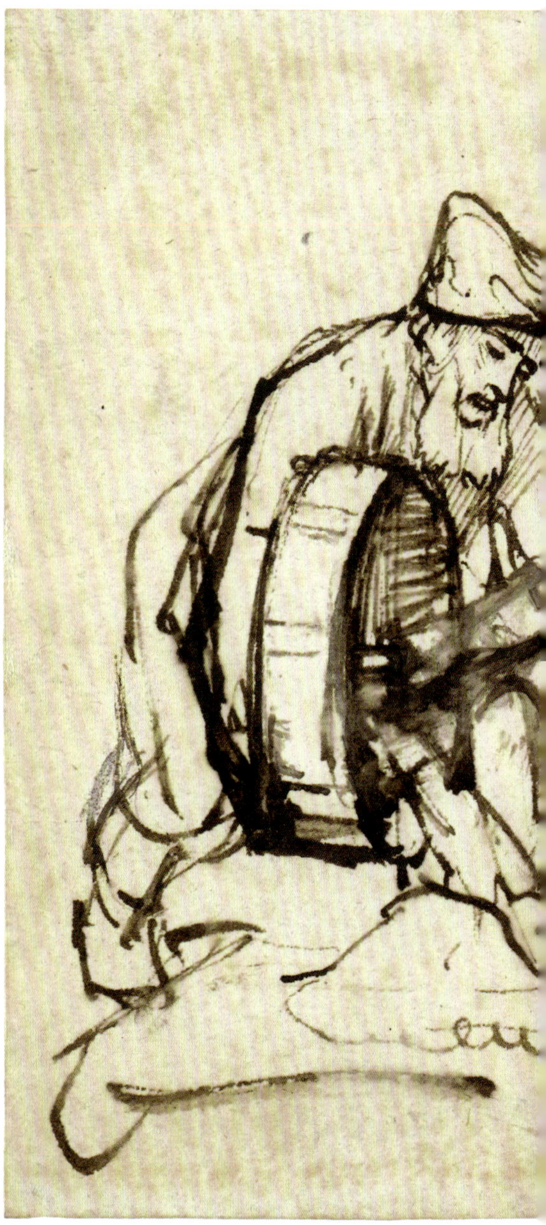

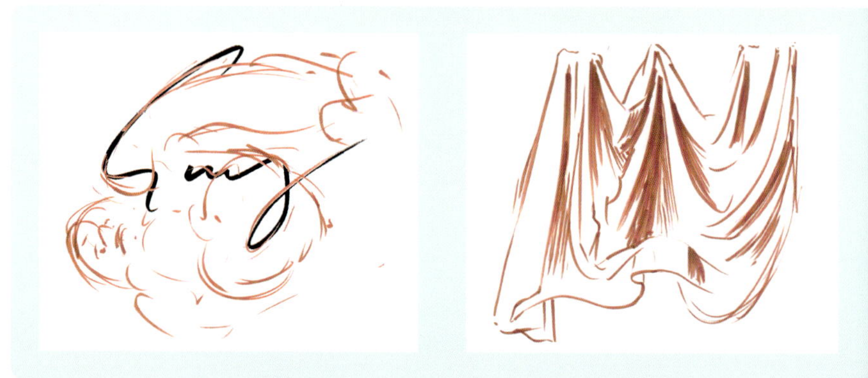

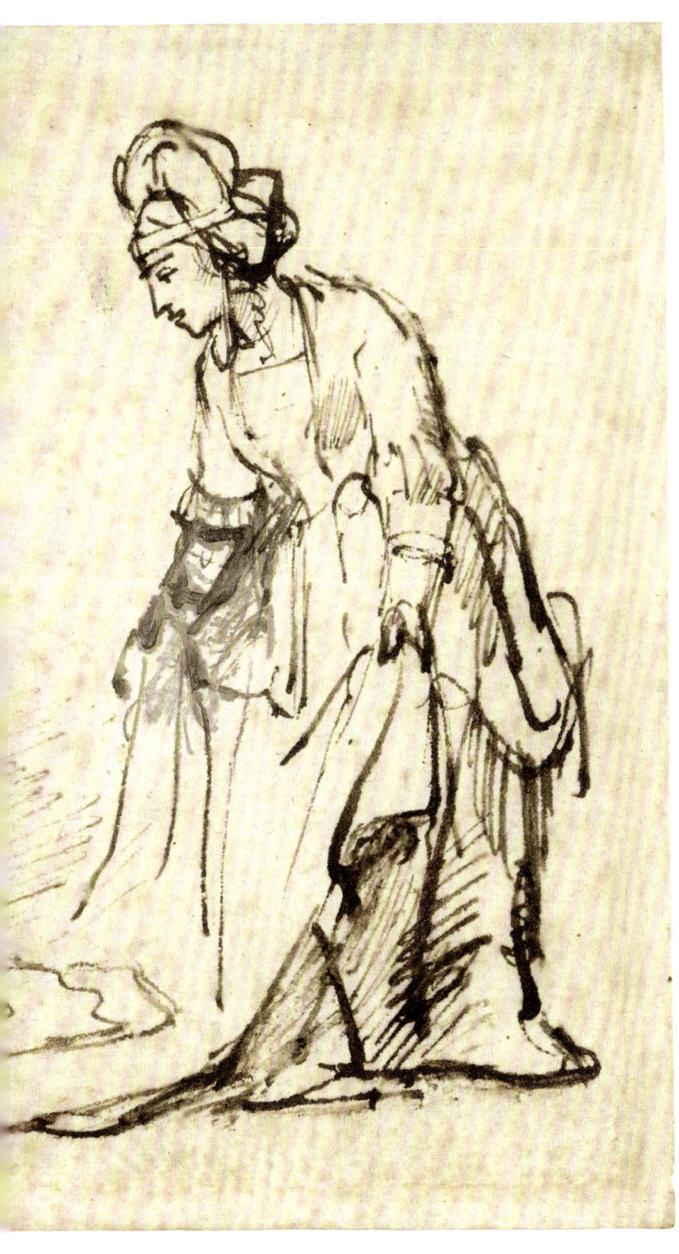

Rembrandt van Rijn (Niederlande, 1606–1669) war Schüler von Jacob van Swanenburgh (um 1571–1638) und Pieter Lastman (um 1583–1633). Er eröffnete ein Atelier in seiner Geburtsstadt Leiden, wo auch viele seiner Selbstporträts entstanden. Dem Sekretär des Statthalters der Niederlande, Constantijn Huygens, stach sein Werk ins Auge, und Rembrandt erhielt verstärkt Aufträge aus Den Haag. 1631 zog er nach Amsterdam, wo er bald schon den Markt für Porträts reicher Kaufleute beherrschte. 1634 trat er der Lukasgilde bei. Sein Atelier wurde größer, und sein Ruhm nahm mit einer Reihe von biblischen und historischen Gemälden zu. In späteren Jahren erhielt Rembrandt jedoch weniger Aufträge, und ging 1656 bankrott.

Siehe auch

Pablo Picasso (S. 102)

Walter Richard Sickert (S. 166)

Robert Pugh (S. 182)

Materialien

Zeichnungen mit Eisengallustinte waren ab dem Spätmittelalter in ganz Europa verbreitet. Zuerst ist Gallustinte dunkelblauschwarz, wird mit der Zeit jedoch braun (Seite 49). Die Feder ermöglicht klare Striche, die nicht mehr entfernt werden können. Rembrandt war wohl mit den Armen in der Mitte seiner Zeichnung (oben) unzufrieden und versuchte, diese mit weißer Farbe zu kaschieren, was nicht vollständig gelang.

Es gibt viele moderne Zeichenfedern (Seite 49). Testen Sie, welche Ihnen am meisten zusagt. Zeichnen Sie so frei wie möglich. Denken Sie daran, wie fließend eine Unterschrift sein kann, und versuchen Sie, diese selbstbewusste, freie Handführung beim Zeichnen zu finden (ganz links). Üben Sie das Zeichnen von Stoffen mit einer Feder. Dieses Sujet eignet sich sehr gut für Federzeichnungen (links).

Da man einen gesetzten Tintenstrich nicht mehr vom Papier entfernen kann, stellen Sie sich vor dem Zeichnen verschiedene Informationsebenen vor: schwungvolle Linien, schattierte Flächen und spezifische Details. Beim Zeichnen von Stoffen (links) sollten Sie genug Abstand vom Motiv halten. Rücken Sie zu nahe, verlieren Sie sich in Details und übersehen die größere Linienführung.

Elisabetta Sirani

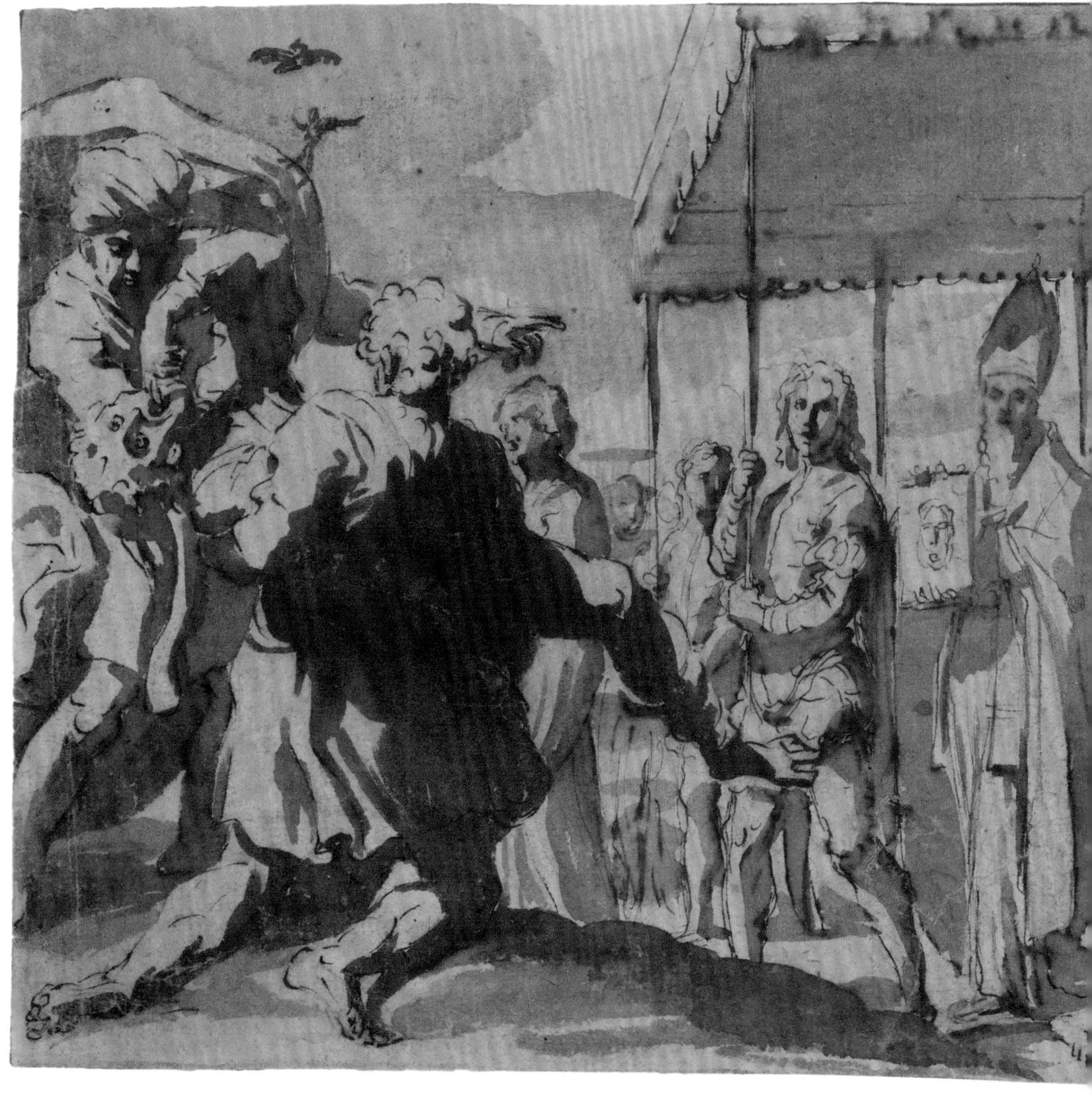

Siehe auch

Polidoro da Caravaggio (S. 78)
Honoré Daumier (S. 158)

Elisabetta Sirani (Italien, 1638–1665) stammte aus Bologna und lernte in der Werkstatt ihres Vaters, Giovanni Andrea Sirani (1610–1670), einem Maler der Bologneser Schule. Nachdem dieser 1654 aufgrund seiner Gicht nicht mehr arbeiten konnte, übernahm Elisabetta sein Atelier und wurde Hauptverdienerin der Familie. Sie war äußerst produktiv und fertigte über 200 Gemälde, 15 Radierungen, Hunderte von Zeichnungen und mindestens 13 Altargemälde an. Sie malte Porträts, Landschaften, allegorische, historische sowie biblische Bilder, bei denen Frauen oft die Hauptrolle spielen. Sirani erhielt Aufträge von königlichen Familien, dem Klerus und dem Adel und war so beliebt, dass Besucher anreisten, um ihr bei der Arbeit zuzusehen.

Materialien

In der Zeichnung (oben) arbeitete Sirani mit brauner Tusche. Das sepiabraune Pigment und das cremefarbene Papier wirken zusammen sehr attraktiv. Bei diesen Materialien können Weißhöhungen überraschende Effekte erzielen. Sirani setzte Weiß für kleine Korrekturen wie zum Beispiel an der Robe der zentralen Figur ein. Man kann auch versuchen, Tusche wieder vom Papier zu kratzen.

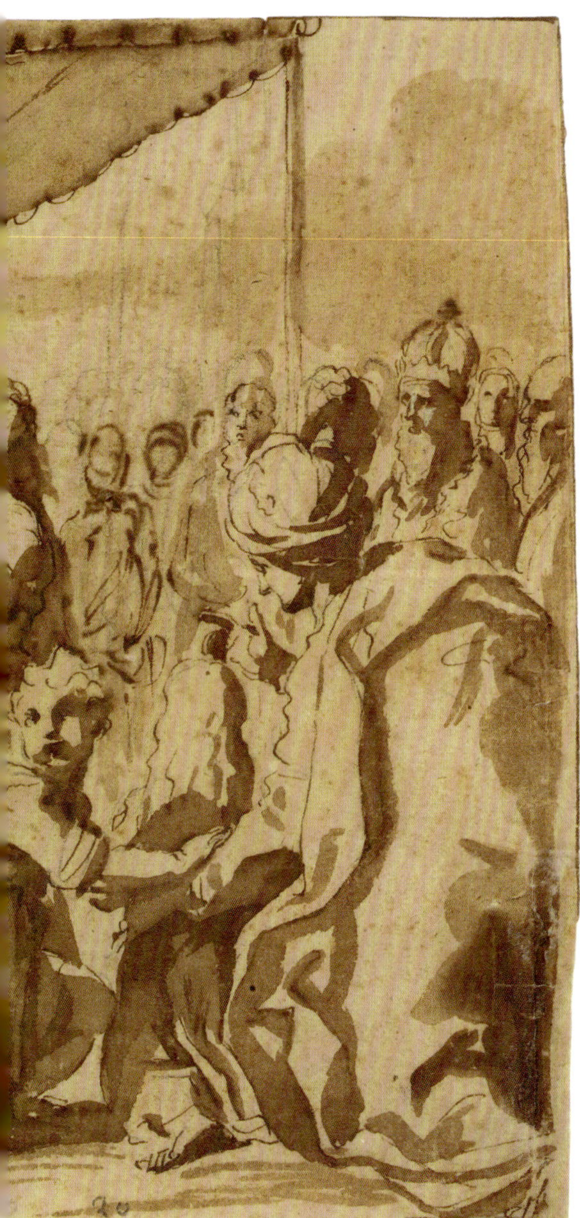

Errettung des Besessenen von Konstantinopel durch den heiligen Johannes Chrysostomos um 1659
Feder, braune Tusche und weiße Lavierung über Grafitstift
14,9 × 23,9 cm
National Gallery of Art, Washington DC, USA

Es mag vielleicht etwas unpassend erscheinen, Elisabetta Sirani mit dem großen Meister Raffael (1483–1520) zu vergleichen. Doch Sirani war ausgesprochen begabt, lebte jedoch nicht lange genug, um ihr Talent vollständig entwickeln zu können. Zudem hängt ihr Werk zwar in vielen namhaften Museen, ist jedoch oft nicht leicht zugänglich. Sirani fertigte insgesamt mehr als 200 Gemälde an, eine Reihe von Radierungen sowie Hunderte von Zeichnungen. Ihr Vater, Giovanni Andrea Sirani (1610–1670), leitete eine erfolgreiche Malerwerkstatt und war auch ihr Lehrer. Als er durch seine Gicht arbeistunfähig wurde, übernahm Elisabetta seine Stelle. Zu jener Zeit hatten Frauen in Bologna die Möglichkeit, sich als Malerinnen gesellschaftlich zu etablieren – und Elisabetta Sirani entwickelte einen ganz eigenen, flüssigen Zeichenstil.

Die Zeichnung *Errettung des Besessenen von Konstantinopel durch den heiligen Johannes Chrysostomos* auf der linken Seite ist unter anderem wegen ihres seltsamen Sujets interessant. Die Gestalt, die getragen wird, scheint von einem dunklen Schatten in ihrem Inneren gefangen zu sein. Auf den ersten Blick ist unklar, was hier geschieht. Doch dann versteht man, dass diese Gestalt von einem Dämon besessen ist. Die Kraft der Zeichnung entsteht durch das Wechselspiel von Licht und Schatten sowie der unterschiedlichen Formen. Es ist ein selbstbewusstes Werk. Die Linien skizzieren in einem Moment einen Ärmel oder die Seite eines Gesichts, um im nächsten Moment die Gesamtkomposition zu beleben. Die Schatten sind exakt platziert, wirken aber nicht als Platzfüller. Kurzum: ein virtuoses Meisterwerk.

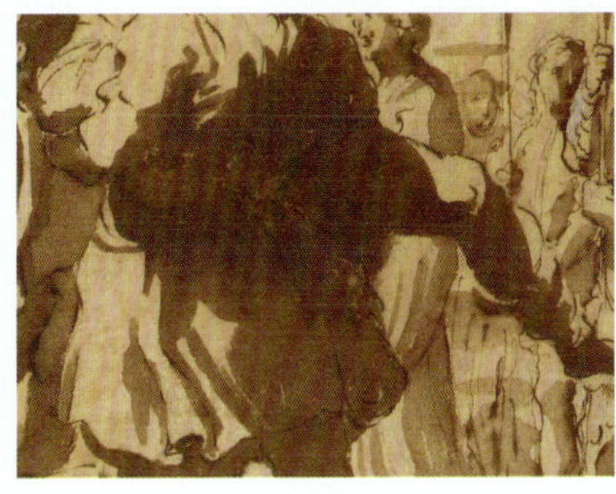

Form

Sirani trennt in ihrer Zeichnung (oben) die Schatten von ihren Figuren, wodurch diese zu einem ausdrucksstarken, unabhängigen Element werden. Schauen Sie sich den Schatten der knienden Figur an (links). Er scheint sich in dem Mann, der getragen wird, richtiggehend zu verfangen. Auch wenn man bei näherer Betrachtung erkennt, wie Schatten und Figuren zusammengehören, mutet der Schatten zuerst wie ein unabhängiges Kompositionselement an. Je genauer man Siranis Zeichnung (oben) betrachtet, desto deutlicher werden diese Effekte. Ganz rechts im Bild kniet ein Mann mit Turban. Der Schatten, der die Form seines Mantels zerteilt, erinnert an einen gegabelten Blitz. Versuchen Sie, diese Trennung zwischen Licht, Schatten und Form in Ihren Zeichnungen einzusetzen.

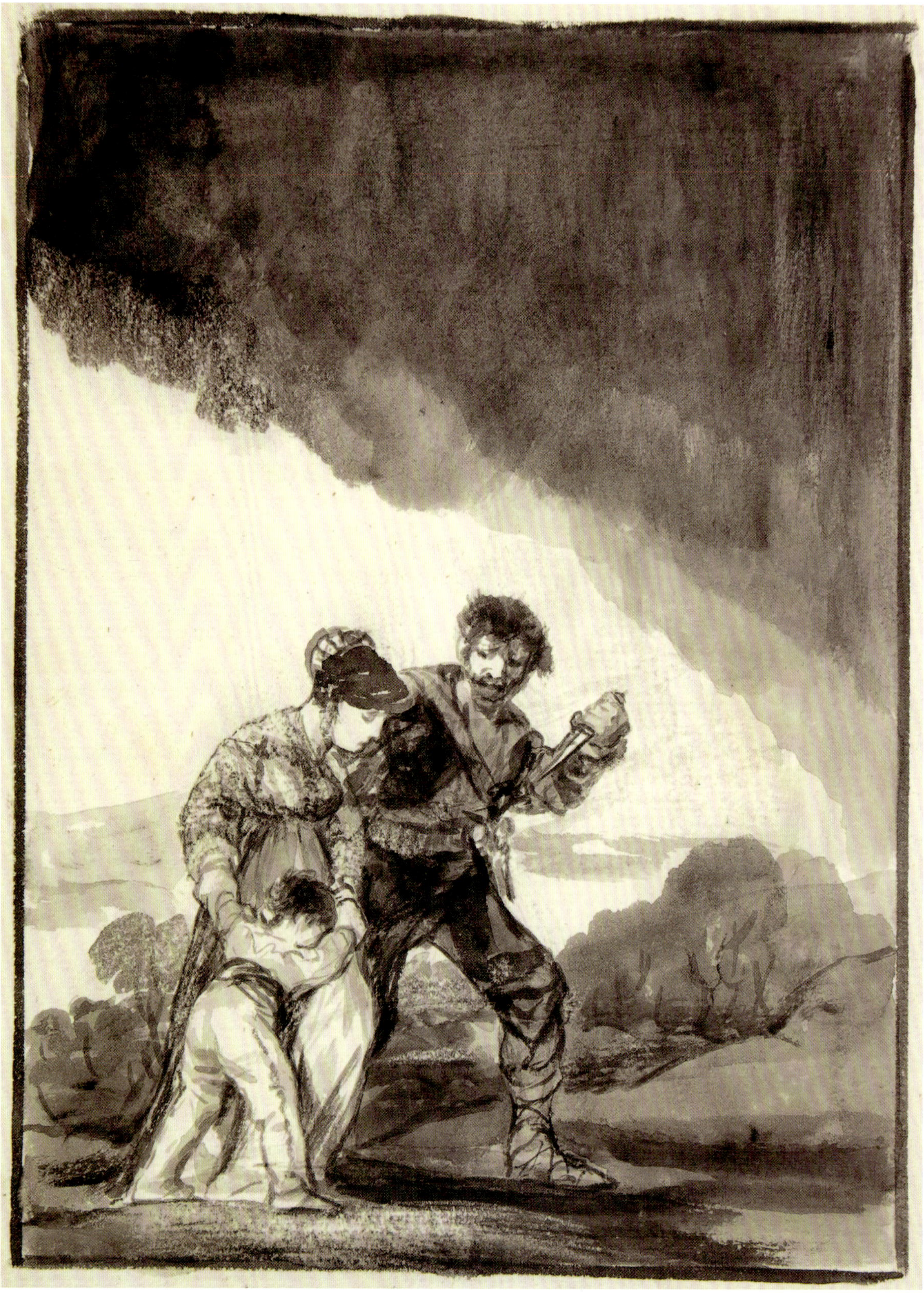

Gott bewahre uns vor einem solchen Schicksal um 1815–1820
Pinsel mit Tusche, Lavierung und Kratztechnik auf Büttenpapier
26,8 × 18,7 cm
Metropolitan Museum of Art, New York, USA

Ob Francisco Goya die Werke von William Hogarths (1697–1764) in London kannte, ist nicht überliefert. Goya war erst 18 Jahre alt, als Hogarth starb, und war sicher der größere Künstler. Doch die beiden weisen Parallelen auf. Wie Hogarth fertigte auch Goya mehrere Mappen mit Druckgrafiken an, die als Kommentar zu den gesellschaftlichen Übeln seiner Zeit gedacht waren.

In der Zeichnung *Gott bewahre uns vor einem solchen Schicksal* (linke Seite) sowie der Serie, der sie entstammt – dem Schwarzrand-Album (1803–1812) –, zeigt Goya seine ganze Meisterschaft. Er schuf mehr als 800 Gemälde und über Tausend Zeichnungen, von denen sich etwa die Hälfte in acht Skizzenbüchern finden, während die anderen als Vorzeichnungen für Bilder und Grafiken dienten. Die albtraumartige Szene in der Zeichnung auf der linken Seite wird durch den seltsamen Eindruck gesteigert, dass die Figuren wie versteinert wirken. Frau und Kind sind sich der großen Gefahr bewusst, in der sie sich befinden, können aber nichts tun. Das Bild erinnert an eine Film- oder Theaterszene, was unter anderem an der kulissenartigen Landschaft liegt. Auch die Figuren wirken, wie die Landschaft im Hintergrund, etwas flächig – und doch ist das Bild mit seinem schwarzen Rahmen genau so konzipiert. Die unterschiedlichen Malweisen schaffen nicht nur Höhepunkte, sondern lenken das Auge auch auf die Beschaffenheit der Oberfläche mit ihrer durchsichtigen Glätte und unebenen Grobkörnigkeit. Die sonderbar schwarze, symbolisch aufgeladene Wolke über den drei Figuren ist offensichtlich ein böses Omen und ein weiteres Element einer überraschenden Bildkomposition.

Francisco Goya (Spanien, 1746 bis 1828) war bereits früh erfolgreich und erhielt Aufträge vom spanischen Adel. Goya wurde zuerst Hofmaler von Karl III. und ab 1789 von Karl IV., wobei er für beide Könige große Porträts anfertigte. Nachdem Goya infolge einer Krankheit taub geworden war, schlug er in seiner Kunst einen experimentelleren Weg ein, der sich erneut änderte, als die kaiserlich-französische Armee 1808 in Spanien einfiel. Goyas Bilder wurden von nun an noch düsterer. Ab 1815 zog sich Goya aus der Öffentlichkeit zurück, malte aber weiter, unter anderem seine *Schwarzen Bilder* (1819–1823), eine Reihe dunkler Wandbilder für sein Haus bei Madrid. 1824 zog Goya sich nach Bordeaux zurück.

Siehe auch
Claude Lorrain (S. 114)
Elisabetta Sirani (S. 148)
Paul Harbutt (S. 278)

Materialien
Goya fertigte spontane Zeichnungen mit Pinsel und verschieden getönter Lavur. Das ist schwierig. Versuchen Sie zuerst, die Hauptelemente mit groben Bleistiftlinien zu positionieren. Dann setzen Sie eine helle Lavur ein und lassen diese allmählich dunkler werden, je mehr sich das Bild entwickelt (links). Arbeiten Sie dazu einen dunkleren Ton in eine hellere, feuchte Fläche ein. Lassen Sie die Lavur immer erst trocknen, bevor Sie eine weitere Schicht darauflegen.

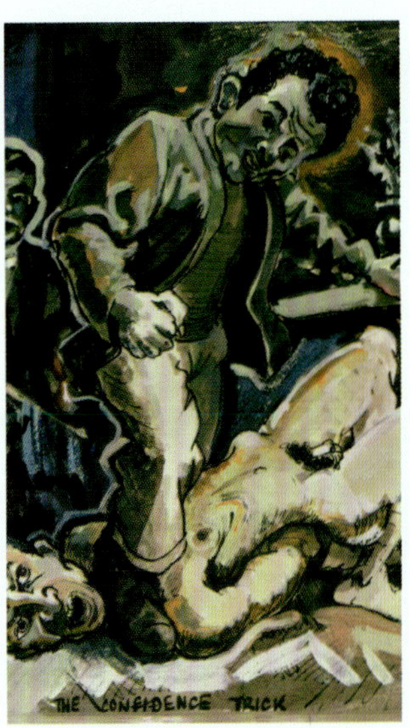

Themenwahl
Goya gehörte zu jenen Künstlern, die sich mit der dunklen Seite des Menschen auseinandersetzten. Es ist meisterhaft, wie es ihm gelang, seine Formensprache so präzise auf die Bildthemen abzustimmen. Beginnen Sie damit, Ihre Träume festzuhalten. Wenn Sie Ideen in Bilder übertragen, müssen diese stets im Ganzen wirken. Im Bild links ist alles mit Weißhöhungen durchzogen. Licht und Schatten kontrastieren, und die Formen wurden bewusst übertrieben.

Jean-Auguste-Dominique Ingres

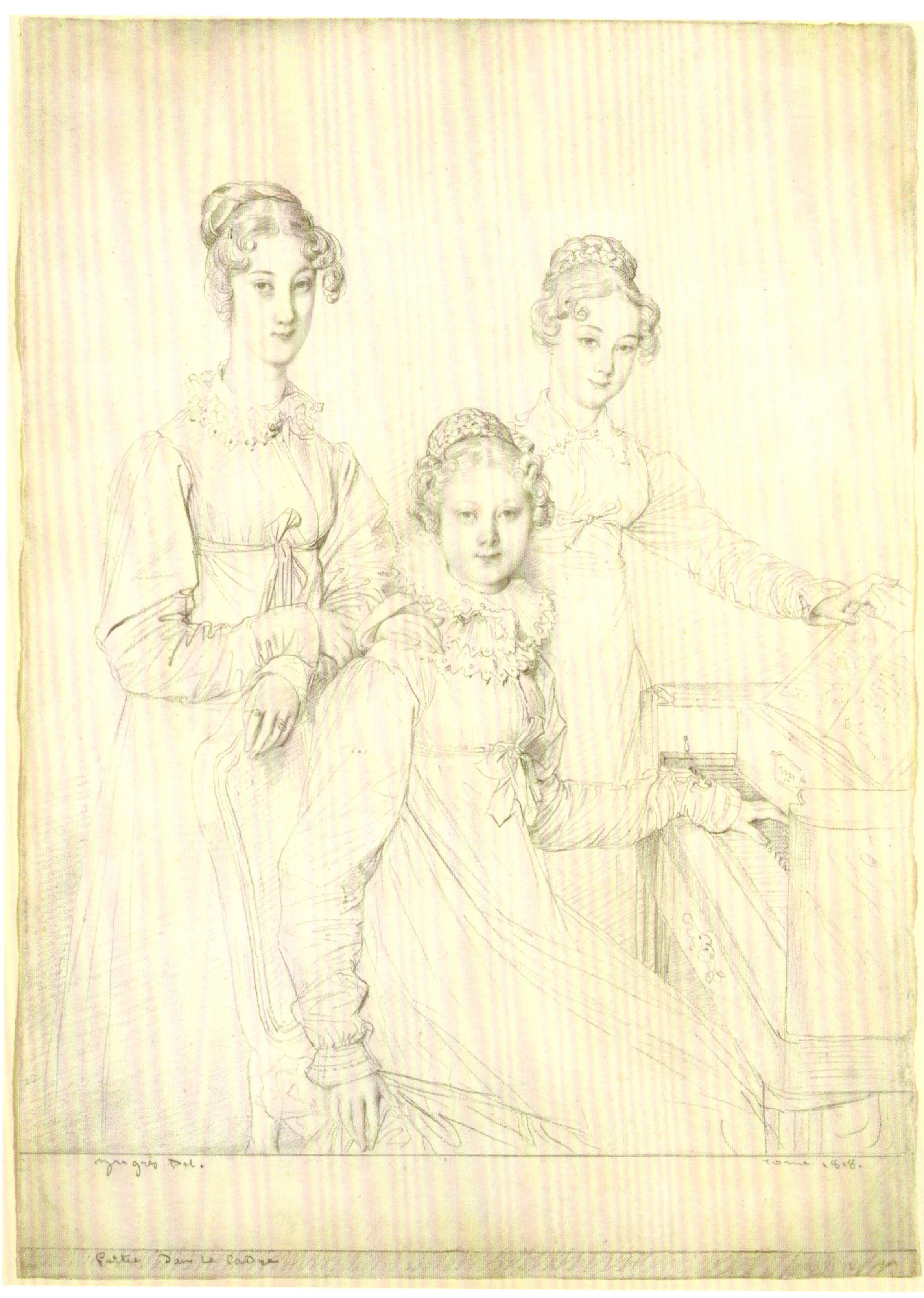

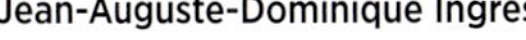

Die Schwestern Kaunitz 1818
Grafitstift auf Büttenpapier
30,2 × 22,2 cm
Metropolitan Museum of Art, New York, USA

Das Porträt der Töchter des österreichischen Botschafters zu Rom (linke Seite) von Jean-Auguste-Dominique Ingres entstand als Auftragswerk. Die drei Mädchen im Bild versammeln sich anmutig vor einem Klavier, das vermutlich in demselben Musikzimmer stand, in dem der italienische Geiger und Komponist Nicolò Paganini (1782–1840) 1819 ein Privatkonzert gab. Genauigkeit und Eleganz der Zeichnung sind frappierend. Man sollte jedoch nicht vergessen, dass es sich um eine Auftragsarbeit handelt. Die Ähnlichkeit der Porträtierten steht also im Zentrum. Zugleich ist es aber auch das Werk eines Meisters. Schaut man sich die Gesichter und die Positionierung der Figuren im Bildraum an, dann befindet sich im Vordergund das sitzende Mädchen. Blickt man zu der Figur mit der Hand auf dem Notenblatt, bemerkt man ihr fast greifbares Zurückweichen in den Raum, während das Mädchen links im Bild räumlich wieder nach vorne rückt. Die Figuren in den locker skizzierten Kleidern sind klar im Raum positioniert.

Die Köpfe der jungen Frauen hat Ingres so realistisch wie möglich gezeichnet. Arme, Hände, ja selbst die Körper, behandelte er dagegen großzügiger. Strukturierende, geschwungene Linien durchziehen die Zeichnung und bilden einen Gegensatz zu den durchgestalteten Köpfen. Dies könnte das Bild uneinheitlich wirken lassen, Ingres jedoch kombiniert gekonnt die verschiedenen Linienführungen. Die Köpfe sind weicher und schattierter, die Kleider und das Klavier linearer gezeichnet. Innerhalb dieser Stile variiert Ingres zwischen hart und weich. Die unterschiedlichen Techniken widersprechen sich nie, sondern ergänzen sich perfekt.

Jean-Auguste-Dominique Ingres
(Frankreich, 1780–1867) lernte bei dem klassizistischen Maler Jacques-Louis David (1748–1825) in Paris. 1801 gewann er den Prix de Rome und erhielt bald darauf Porträtaufträge von Napoleon Bonaparte. Ab 1806 lebte Ingres in Italien, zuerst in Rom und dann in Florenz, wo seine ersten Akte entstanden, unter anderen *Die große Odaliske* (1814). Erst 1924 kehrte Ingres aufgrund seines Erfolgs im Pariser Salon in die französische Hauptstadt zurück, wo er als offizieller Maler der neuen Monarchen galt. Er erhielt 1825 das Kreuz der Ehrenlegion und wurde ein Jahr später Professor an der École des Beaux-Arts.

Siehe auch
Georges Braque (S. 62)
Alberto Giacometti (S. 242)

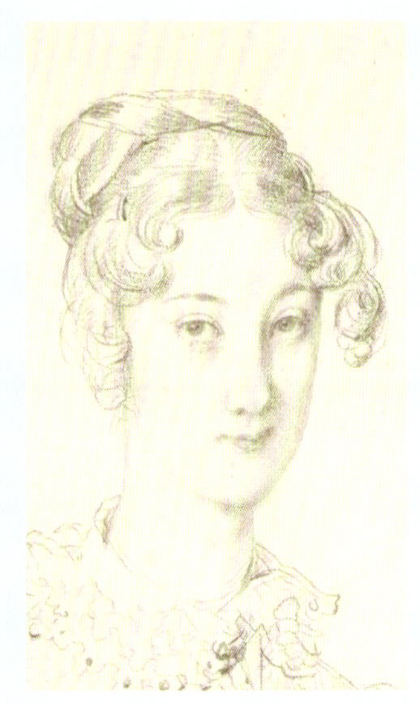

Raum
Der vollkommene und raffinierte Zeichenstil eines Meisters wie Ingres wirkt auf Zeichenanfänger oft etwas einschüchternd. Um ein solches technisches Können wie die feine Darstellung der Köpfe (links) zu erreichen, braucht es Zeit. Versuchen Sie nicht, den Stil zu imitieren, sondern überlegen Sie zuerst, wie sich ganz bestimmte Eigenschaften des Motivs in Ihre Zeichnung übertragen lassen. Setzen Sie sich dazu in die Ecke eines Zimmers und betrachten Sie von dort aus eingehend das Motiv. Es hilft, ein Modell zu haben. Als Nächstes entscheidne Sie, welche Objekte Sie in Ihre Komposition aufnehmen möchten. Dann nehmen Sie zehn Tischtennisbälle und kleben diese mithilfe von Posterklebern an jene Stellen im Raum, die Sie in Ihrer Zeichnung darstellen wollen. Konzentrieren Sie sich auf die Position jedes Balls in Relation zu einem anderen. Bauen Sie so Ihr Bild allmählich von Punkt zu Punkt auf (links).

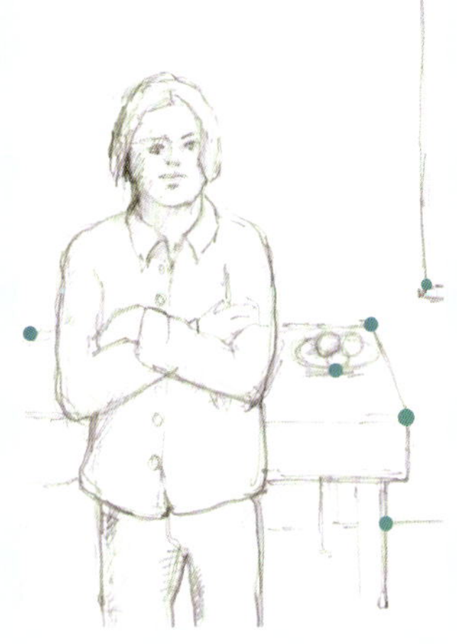

Alfred Edward Chalon

Streit beim Kartenspiel undatiert
Braune und graue Tinte mit brauner Kreide über Grafitstift
31,9 × 43,2 cm
British Museum, London, Großbritannien

Im Jahr 1805 hatte Chalon gerade seine Ausbildung an der Royal Academy of Arts in London abgeschlossen. Er war 25 Jahre alt, dynamisch und ehrgeizig. Zu den aufstrebenden Malern jener Jahre gehörten Francisco Goya (Seite 150), Jacques-Louis David (1748–1825) und Jean-Auguste-Dominique Ingres (Seite 152). Wir wissen nicht, ob der in London lebende Chalon das Werk dieser Künstler überhaupt kannte, denn die Koalitionskriege Napoleons beeinträchtigten damals den kulturellen Austausch zwischen Frankreich und England. Doch waren ihm sicher William Turner (1775–1851), John Constable (1776–1837), Thomas Gainsborough (Seite 118), Jean-Baptiste Greuze (1725–1805) und Jean-Honoré Fragonard (Seite 116) vertraut. Chalon selbst fertigte hauptsächlich recht durchschnittliche Gesellschaftsporträts an, die ihm jedoch Ruhm und Geld einbrachten.

Die Zeichnung mit dem Titel *Streit beim Kartenspiel* (rechte Seite) ist nicht typisch für den Maler, und sie ist auch nicht durchweg gelungen. Trotzdem hat die Zeichnung einige Pluspunkte. Sie zeigt einen Streit, ausgelöst durch ein Kartenspiel. Der Tisch ist umgestürzt, und ein Mann bedroht einen anderen, der bereits auf dem Boden liegt, während eine Frau versucht, ihn zurückzuhalten, und eine andere Frau entsetzt die Flucht ergreift. Was ins Auge sticht, ist zuerst die rhythmische Bewegung im Bild. Egal, wo man zuerst hinsieht – der Blick wandert rasch von einer Diagonale zur anderen und lässt den Eindruck eines geordneten Chaos entstehen. Im Vordergrund gibt es kaum einen freien Platz. Der Betrachter wird sofort ins Bildgeschehen hineingezogen, was der Darstellung eine unmittelbare Wirkung verleiht. Die Bewegungen spiegeln sich auch in den frei gezeichneten Kleidern der Figuren wider – und der atmosphärische Hintergrund aus einfachen horizontalen und vertikalen Linien schafft einen perfekten Gegenpart zu dem Drama, das sich im Vordergrund abspielt.

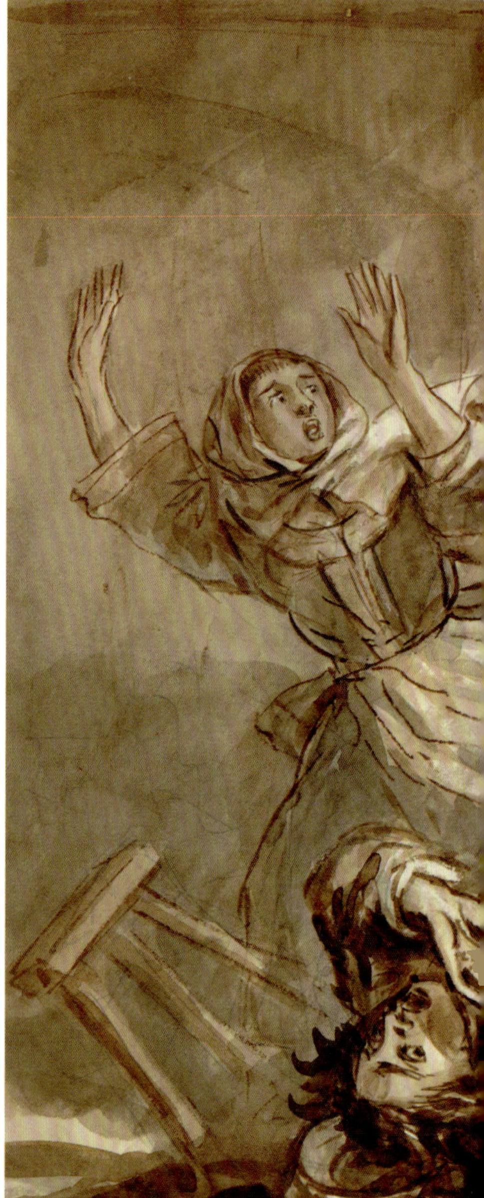

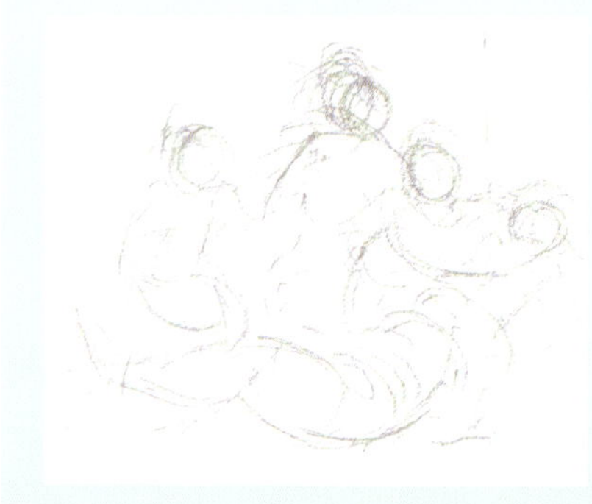

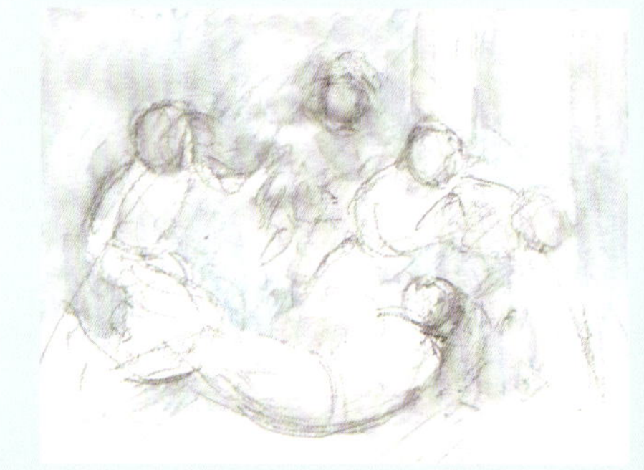

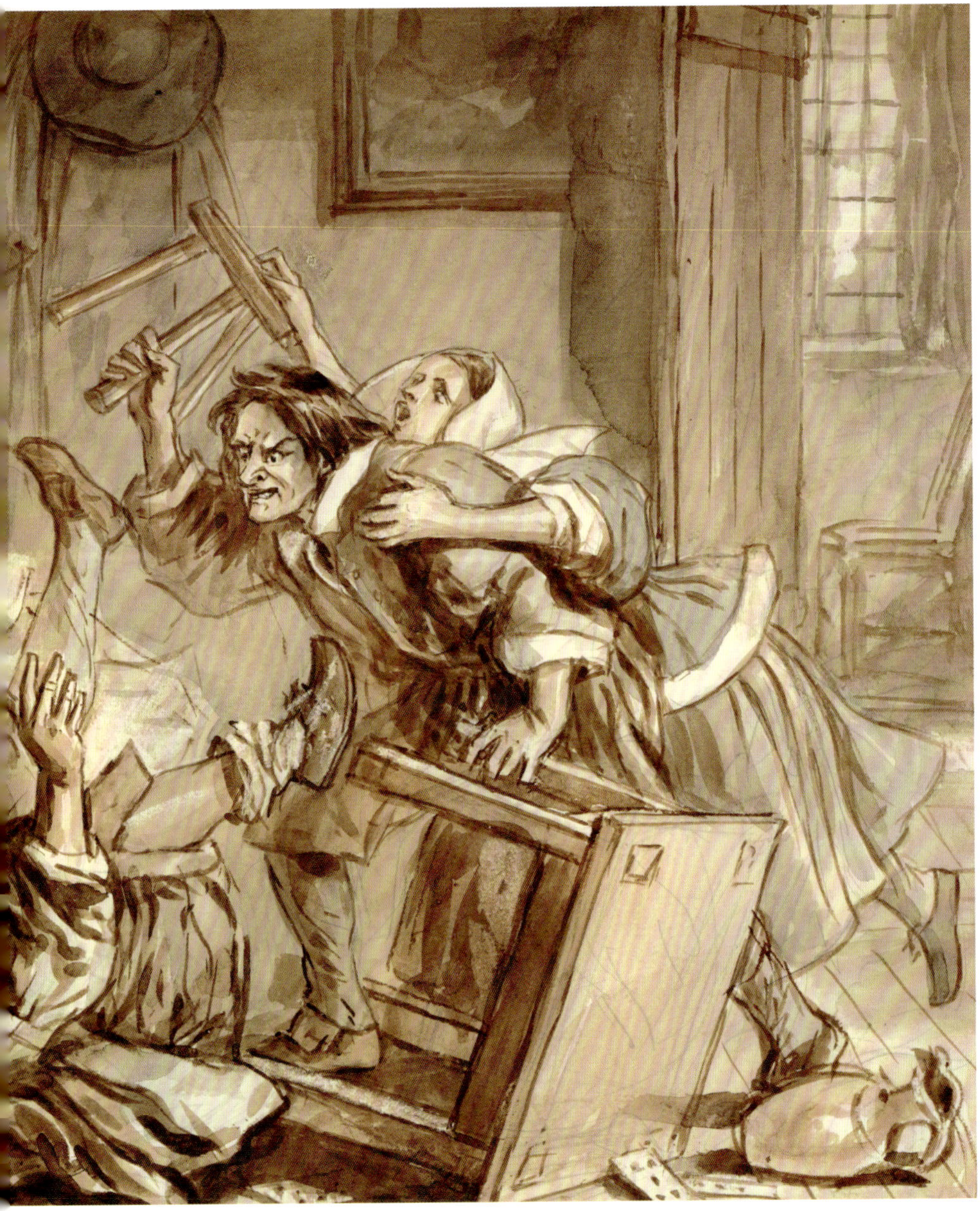

Alfred Edward Chalon (Schweiz, 1780–1860) wurde in Genf geboren. Als Kind zog er mit seiner Familie nach England und verbrachte sein Leben als Künstler in London. Ab 1797 studierte er an der Royal Academy und stellte ab 1810 aus. Chalon arbeitete als Zeichner, Maler sowie Aquarellist und wurde ein erfolgreicher Porträtist, der zum offiziellen Aquarellmaler Königin Victorias ernannt wurde. Ein Bildnis der Monarchin mit dem Titel *Chalon Head* wurde für eine Reihe von Briefmarken benutzt. Bekannt war Chalon vor allem auch für seine schmeichelhaften Darstellungen von Frauen. Er war mit der Londoner Theaterszene verbunden, wo er Porträts der Opernsänger und Tänzer anfertigte, die häufig für die jeweiligen Programme verwendet wurden.

Siehe auch

Thomas Gainsborough (S. 118)

George Grosz (S. 168)

Max Beckmann (S. 240)

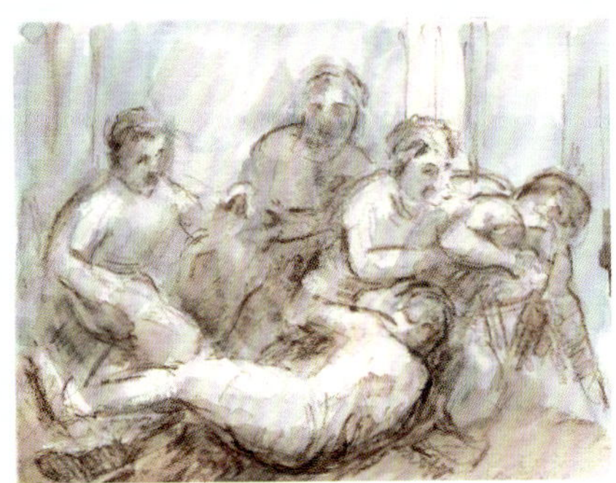

Materialien

Chalons Zeichnung (oben) ist etwas größer als ein DIN-A3-Format, was für Zeichnungen jener Zeit relativ groß ist. Er begann mit freien, leichten Bleistiftlinien, um das Bild zu konzipieren (ganz links). Wie bei den meisten Arbeiten mit Lavierung wurde damals erst eine helle Lavur aufgetragen, die die Weißhöhungen ausließ (links und Mitte). Darüber zeichnete man das Hauptbild. Chalon setzt die graue Lavierung, die vor allem den Hintergrund bestimmt, in seiner Zeichnung oben effektvoll ein. Kalte Farben weichen zurück, und die Stellen im kühlen Grau rücken auf diese Weise optisch nach hinten. Nach und nach folgten dann die sepiabraunen, schattigen Flächen (links). Mein Rat: Widerstehen Sie der Versuchung, mehr Details als geplant hinzuzufügen. Konzentrieren Sie sich auf die Figuren und ihre Interaktion.

Jean-François Millet

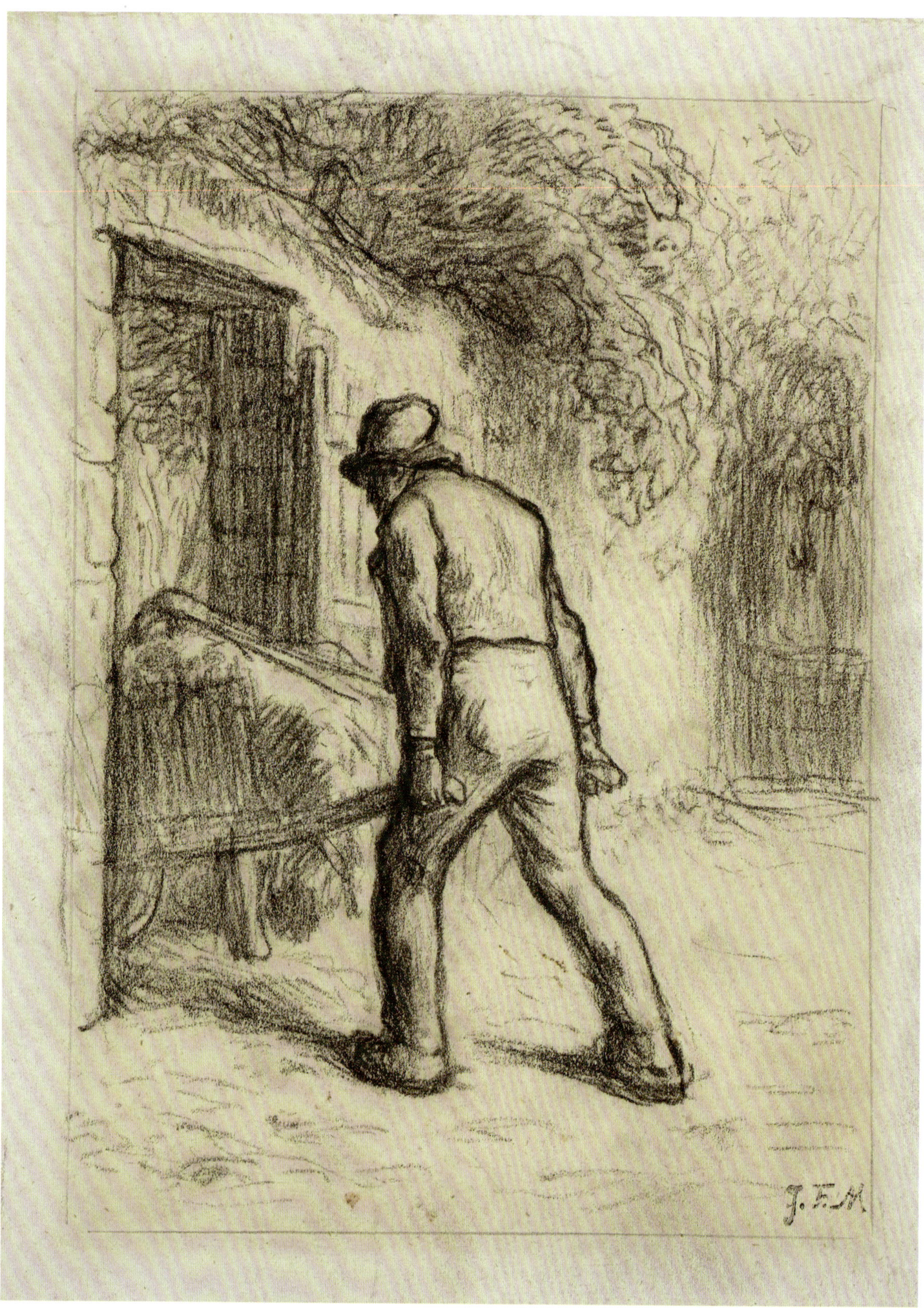

Studie für *Mann mit Schubkarre* 1855–1856
Schwarzer Conté-Stift auf beigefarbenem Velin
20 × 15 cm
Museum of Fine Arts, Boston, USA

Jean-François Millet gilt als einer der führenden Künstler der Schule von Barbizon (Seite 280). Obwohl er ausgebildeter Porträtmaler war, ist er heute vor allem für seine Landschaftsbilder bekannt. Den Daten verschiedener Zeichnungen und Gemälde desselben Sujets nach entstand die Zeichnung auf der linken Seite, die einen Bauer mit Schubkarre zeigt, erst vier oder fünf Jahre nach dem gleichnamigen Gemälde, das sich heute im Indianapolis Museum of Art im US-amerikanischen Bundesstaat Indiana befindet. Die Zeichnung diente wahrscheinlich als Studie für eine Radierung, worauf der mit einem Lineal gezogene Rahmen hinweist.

Die Zeichnung *Mann mit Schubkarre* entstand vermutlich nicht nach dem lebenden Modell, sondern aus der Erinnerung oder direkt vom bereits existierenden Gemälde. Das ist wichtig, da es so aussieht, als wäre der Bauer im Bild hervorgehoben und von seiner Umgebung etwas entrückt. Allerdings passt die Figur, was Größe und Raumanordnung betrifft, genau in ihren Kontext. Der Raum von der unteren Linie der Zeichnung – über den unebenen Boden bis zu den Füßen des Mannes und dann entlang der Mauer bis zur Tür rechts – wurde souverän definiert. Gekonnt lenkt Millet den Blick vom Kopf des Bauern über den Arm und das Bein hinunter zum Boden und vermittelt damit die Schwere der Schubkarre. Die Karre selbst wirkt weniger überzeugend, denn sie scheint fast gewichtlos. Dennoch gelingt es Millet im Bild die Eigenständigkeit des Bauern darzustellen. Die solide und vereinfachte Figurendarstellung offenbart den Einfluss Honoré Daumiers (Seite 158). Für Millet selbst war Vincent van Gogh (Seite 164) ein Vorbild.

Jean-François Millet (Frankreich, 1814–1875) war Sohn eines wohlhabenden Bauern in Gruchy in der Normandie. Er lernte zuerst bei Malern vor Ort, ehe er 1837 nach Paris zog, wo er unter Paul Delaroche (1797–1856) in der École des Beaux-Arts studierte. Sein erstes Gemälde, ein Porträt, wurde im Pariser Salon 1840 ausgestellt. Millet begann Bilder des ländlichen Lebens zu malen, von denen *Der Kornschwinger* (um 1847–1848) im Pariser Salon 1848 gezeigt wurde und das bürgerliche Publikum entsetzte, jedoch von der neuen Republik nach der Revolution im selben Jahr sehr geschätzt wurde. 1849 ließ Millet sich in Barbizon am Wald von Fontainebleau nieder, wo er eine Schule naturalistischer Maler mitbegründete.

Siehe auch
Honoré Daumier (S. 158)
Vincent van Gogh (S. 164)

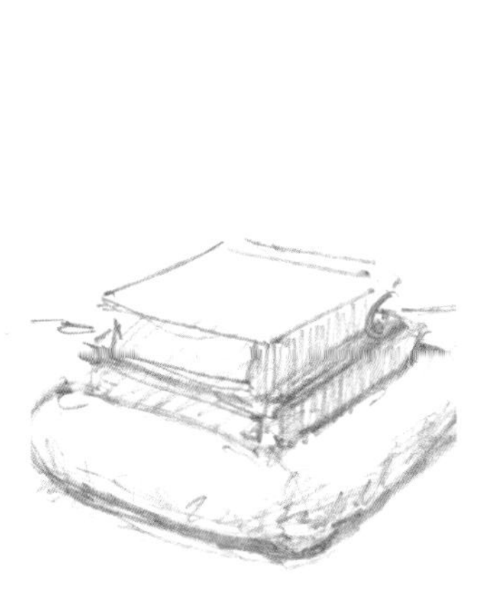

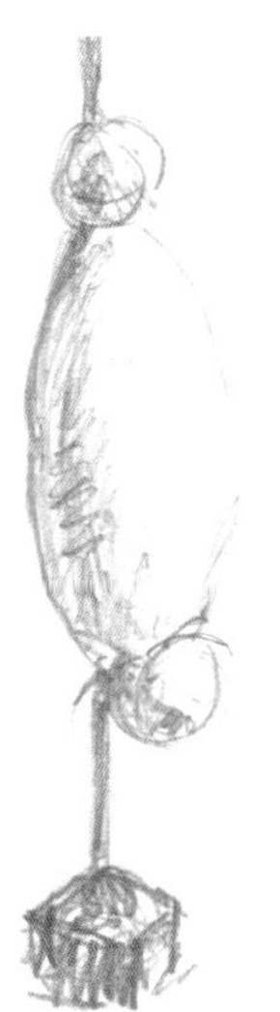

Linienführung
In Millets Zeichnung (linke Seite) geht es um Konturen und das Gewicht, das sie vermitteln. Konturen drücken die körperliche Festigkeit einer Figur aus und bestehen aus Spannungsverhältnissen. In der Skizze ganz links drücken schwere Bücher auf ein weiches Kissen. Versuchen Sie, die Konturen herauszuarbeiten, die die Schwere betonen. Links hängt ein Gewicht an einem Kissen. Setzen Sie Konturen ein, um zu zeigen, wie das Gewicht das Kissen in die Länge zieht.

Raum
Der Hintergrund in Millets Zeichnung (linke Seite) ist wichtig, wenn er auch nur angedeutet wird. Der kleine Raum am unteren Rand zieht den Betrachter ins Bild und platziert die Figur stimmig in ihrer räumlichen Umgebung. Wenn Sie eine einzelne Figur zeichnen und den Eindruck von Gewicht vermitteln wollen, kann eine solche Positionierung hilfreich sein. Die Figur wirkt dann vielleicht etwas abgerückt im Bild, doch Sie können dafür die ganze Figur darstellen.

Honoré Daumier

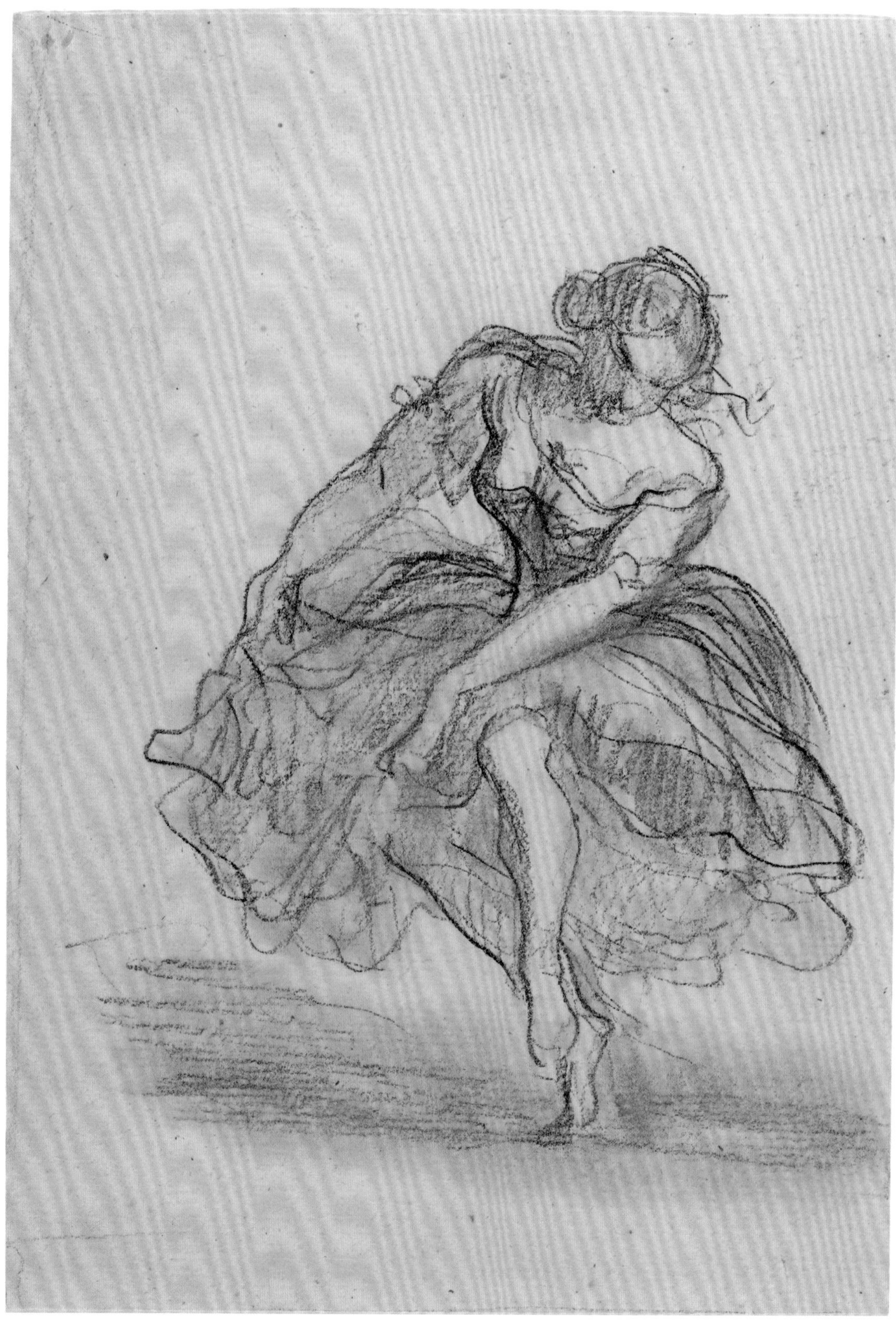

Tänzerin undatiert
Farbstift über Kohle auf Büttenpapier
21,1 × 14,8 cm
National Gallery of Art, Washington DC, USA

In Honoré Daumiers Werk wirken Formen meist monumental und beständig. Gelegentlich schuf er jedoch Bilder mit ganz anderen Eigenschaften. Ein wesentlicher Aspekt unserer ästhetischen Erfahrung basiert auf Empathie – sowohl auf Seiten des Künstlers als auch des Betrachters. In der Zeichnung *Tänzerin* auf der linken Seite suggerieren die wiederholten Konturen Bewegung. Sie lassen an Impulse tief aus dem Inneren des Körpers denken, die in Bewegung kulminieren. In dieser kleinformatigen Zeichnung gelingt es Daumier, nicht nur zu zeigen, wie jemand aussieht, wenn er tanzt, sondern auch wie sich das Tanzen anfühlt. Er hält ein inneres Bedürfnis fest, das sich körperlich manifestiert.

Wie bei allen großen Künstlern entsteht ein fesselndes Bild durch eine gelungene Formierung und Strukturierung von Linien und Strichen. In der Zeichnung *Tänzerin* scheint der Fluss der sich wiederholenden Konturen an bestimmten Stellen zu stocken. Lässt man den Blick vom erhobenen Fuß der Tänzerin bis zum Knie hochwandern und dann zum Arm, wirken die rechte Oberkörperseite und die Brust der Figur dunkler und treten zurück. Blickt man an der Figur entlang nach oben, drängen Kopf und Schultern nach vorne. Der umgebende Raum ist fast leer, spielt aber für die Bildwirkung eine Rolle, da sich der Betrachter voll und ganz auf die Figur konzentriert. Der Einsatz von Licht und Schatten ist klar, aber nicht so überzeichnet wie in vielen anderen Werken Daumiers. Geschickt platziert er den Schatten auf dem Boden und verbindet diesen mit der Figur lediglich durch den rechten Fuß, auf dessen Ballen sich die Tänzerin zu drehen scheint.

Honoré Daumier (Frankreich, 1808 bis 1879) wurde oft als »Molière mit dem Zeichenstift« bezeichnet, da er das Frankreich des 19. Jahrhunderts auf über 4000 Lithografien festhielt und die Heucheleien seiner Zeit satirisch kommentierte. Daumier studierte an der Pariser Académie Suisse. Mit 23 Jahren feierte er seinen ersten Skandalerfolg mit der zensierten Zeichnung *Gargantua* (1831), die als Protest gegen eine empörende Steuererhöhung den König Louis Philippe I. als groteske Figur verunglimpft. Daumier wurde zu sechs Monaten Gefängnis verurteilt. Zu jener Zeit gab es in Frankreich keine freie Meinungsäußerung, weshalb Daumier mit seinem Stift und der Karikatur des erfundenen Bösewichts Robert Macaire die Gesellschaft, deren Gier, Korruption und anderes attackierte.

Siehe auch
Vincent van Gogh (S. 164)
Edgar Degas (S. 160)

Linienführung
In Daumiers Zeichnung (linke Seite) scheint sich die Konturen befreien zu wollen. Rhythmische Linienbündel verleihen den Formen Lebendigkeit, obwohl sie mit ihnen nur zart verbunden sind. Die Skizze links zeigt die ersten Linien. Die Konturen wirken wie Echos einer Bewegung und weniger wie die Darstellung einer dreidimensionalen Form. Sie erinnern an ein flatterndes Segel. Schattierungen verleihen diesem Sinneseindruck noch etwas mehr Nachdruck.

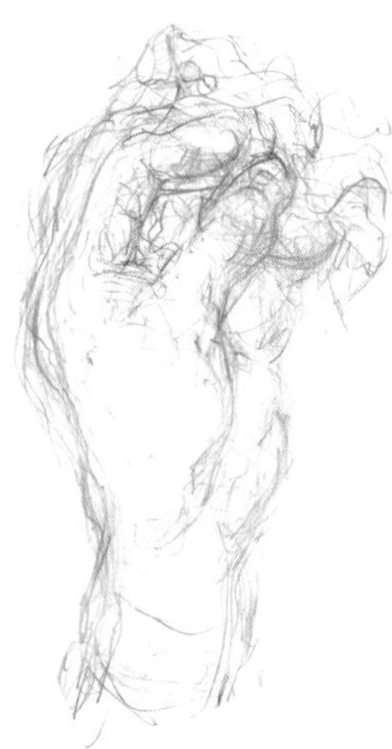

Vorlagen
Man könnte annehmen, ein Foto wäre die ideale Vorlage für die Darstellung von Bewegung. Doch Daumiers Bild (linke Seite) hält nicht nur einen einzigen Moment fest, sondern viele. Direkt von einem sich bewegenden Modell zu arbeiten, ist schwierig. Versuchen Sie einmal, Ihre eigene Hand zu zeichnen, wenn Sie ein Taschentuch halten (links). Bewegen Sie das Tuch dabei hin und her. Wenn nötig, können Sie das Bild an bestimmten Stellen genauer gestalten.

Edgar Degas

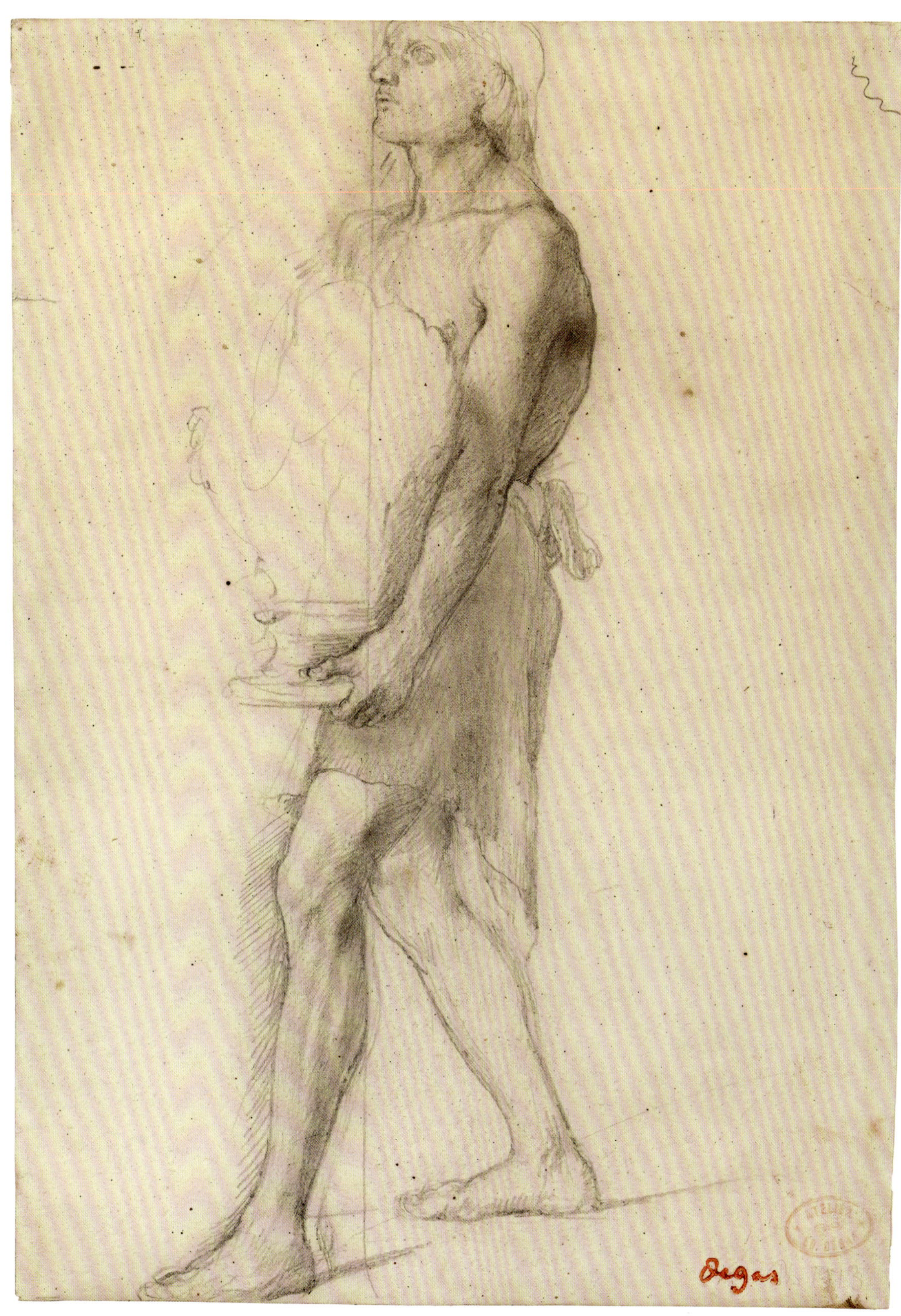

Mann, eine Urne tragend. Studie für *Die Tochter Jephthas* 1859–1861
Grafitstift auf cremefarbenem Velin
30,1 × 21,2 cm
Smith College Museum of Art, Northampton, USA

In frühen Jahren wollte Edgar Degas klassischer Historienmaler werden. Die Künstler, die er am meisten bewunderte, waren El Greco (1541–1614), Eugène Delacroix (1798–1863), Honoré Daumier (Seite 158) und Auguste-Dominique Ingres (Seite 152). Ingres, den er 1855 kennenlernte, gab ihm den Rat, immer wieder die Linien sowohl beim Arbeiten vor dem Modell als auch aus der Erinnerung zu beachten, um ein guter Künstler zu werden. Degas war mit seinen Historiengemälden nie besonders erfolgreich und wandte sich schon bald der modernen Kunstauffassung des Realismus zu, wobei er bei einer klassischen Bildsprache blieb. Häufig wird Degas den Impressionisten zugerechnet, doch lehnte er die Freilichtmalerei der impressionistischen Künstler ab.

Die frühe Zeichnung von Degas auf der linken Seite zeigt ein klassisches Thema. Außergewöhnlich ist dabei nicht das geheimnisvolle Sujet eines Mannes, der eine Urne trägt, sondern die sehr reale, körperliche Darstellung des Gewichts, das der Mann trägt. Man glaubt fast zu spüren, wie schwer das Gefäß tatsächlich ist. Seltsamerweise ist die Urne das einzige Element im Bild, das nicht präzise ausgearbeitet wurde. Degas aber ist in der Lage, die Wirkung des Gewichts auf den Körper des Mannes überzeugend darzustellen, indem er durch Betonung bestimmter Linien zeigt, wie der nach unten ziehende Druck der schweren Last den Muskeltonus im Körper des Mannes beeinflusst.

Edgar Degas (Frankreich, 1834 bis 1917) studierte zuerst Jura, war jedoch entschlossen, Künstler zu werden. Er schrieb sich in der École des Beaux-Arts in Paris ein und studierte danach in Italien drei Jahre lang die Alten Meister. Wieder zurück in Paris, versuchte Degas den Einfluss von Andrea Mantegna (1431–1506), Paolo Veronese (1528–1588) und Eugène Delacroix (1798–1863) zu verbinden und zugleich einen eigenen Stil in seinen Historienbildern zu finden. Degas stellte 1865 im Pariser Salon aus und schloss sich der Société Anonyme des Artistes an, deren Mitglieder 1874 erstmals ihre Werke zeigten. Man titulierte diese Künstler daraufhin als »Impressionisten«, da es ihrem Stil an der Darstellung genauer Details mangelte.

Siehe auch
Jean-François Millet (S. 156)
Paula Rego (S. 178)
Peter Paul Rubens (S. 262)

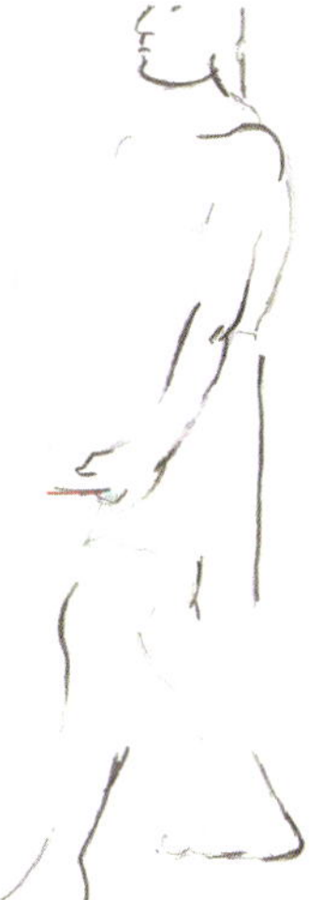

Materialien
Es ist schwierig, ein Modell dazu zu bringen, über längere Zeit ein schweres Gewicht zu halten. Sie müssen also möglichst schnell zeichnen und gut auswählen, was Sie skizzieren. Die Größe der Zeichnung und die Zeichenmittel sind dabei wesentlich. Eine großformatige Bleistiftzeichnung wie die von Ingres (linke Seite) anzufertigen, dauert recht lange, was problematisch sein kann. Bei einer Kohlezeichnung (links) dagegen ist es schwierig, präzise zu zeichnen.

Das Gewicht eines Objekts ist mit dem bloßen Auge nicht zu erkennen. Ein Würfel aus Metall kann genauso aussehen wie einer aus Holz. Die unterschiedliche Wirkung eines Gewichts lässt sich aber im Bild zeigen. Degas betont in seiner Zeichnung (linke Seite) drei Elemente in seiner Figur: den gestreckten Arm, das erhobene Kinn und den Druck das gebeugte hintere Bein nach unten. Der gestreckte Arm wird mit der vertikalen Linie des Stoffs dahinter sowie den herausgearbeiteten Konturen des Arms kontrastiert. Das angehobene Kinn ist eine natürliche Körperreaktion beim Tragen. Am Wichtigsten ist die nach unten drückende Ferse. Betonen Sie die Winkel dieser Formen (Arm, Kinn, Ferse) in Kontrast zu den Vertikalen. Je bewusster Sie sich der Vertikalen werden, desto eher fällt Ihnen auf, was nicht stimmt. Eine dicke vertikale Linie im Bild ist eine Hilfe, um alles im Lot zu halten. Indem Sie das Zurücklehnen des Körpers betonen, schaffen Sie einen Eindruck von Gleichgewicht.

John Singer Sargent

Siehe auch

Honoré Daumier (S. 158)

Frank Auerbach (S. 202)

Auguste Rodin (S. 232)

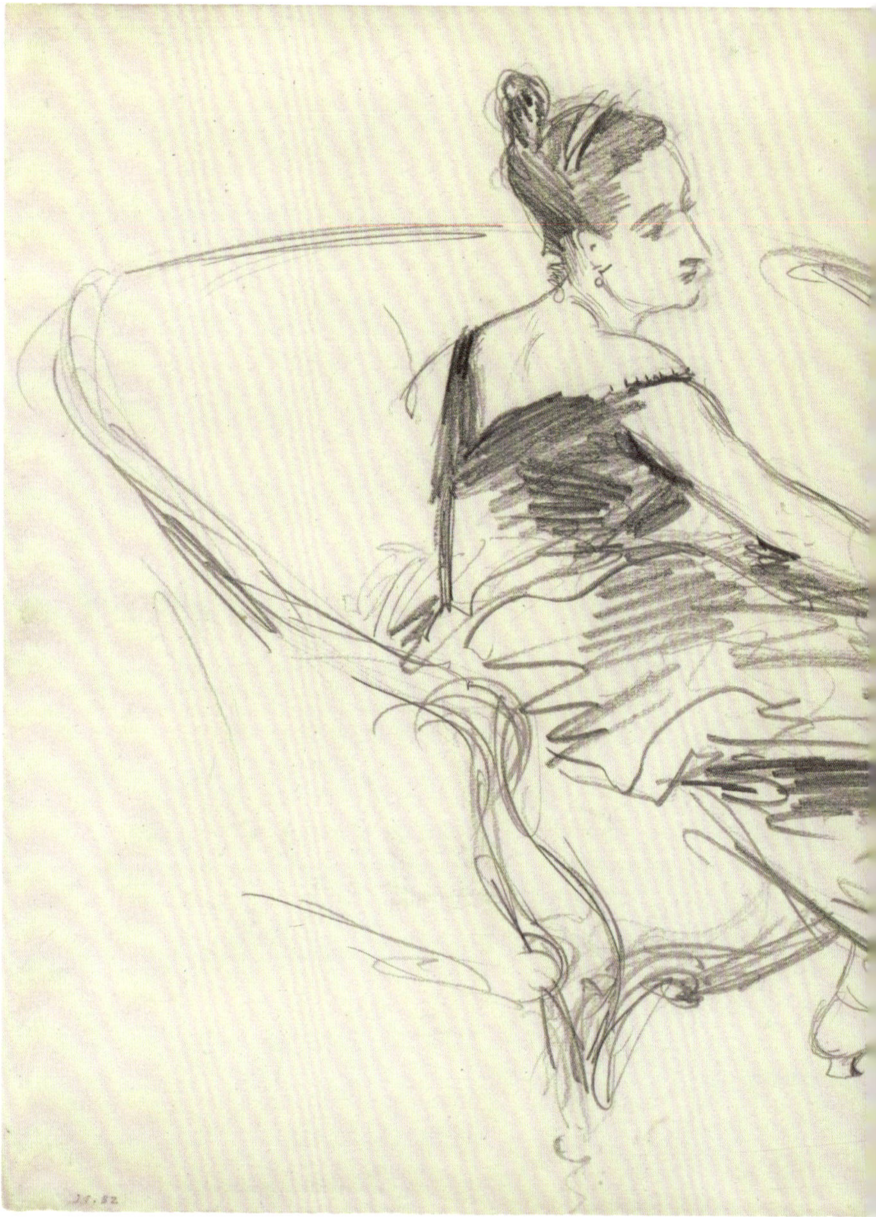

John Singer Sargent (USA, 1856 bis 1925) wurde als Sohn amerikanischer Eltern in Florenz geboren und verbrachte den Großteil seines Lebens in Europa. Erst kurz vor seinem 21. Geburtstag besuchte er die USA. Er studierte bei dem berühmten Porträtisten Émile Auguste Carolus-Duran (1837–1917) in Paris. Sargents Werk wurde zuerst gefeiert, doch nach dem Skandal seines Porträts *Madame X (Madame Pierre Gautreau)* verließ er mit 28 Jahren Paris. Von nun an lebte er in London. Er reiste weiterhin viel und besuchte die USA für Auftragsarbeiten.

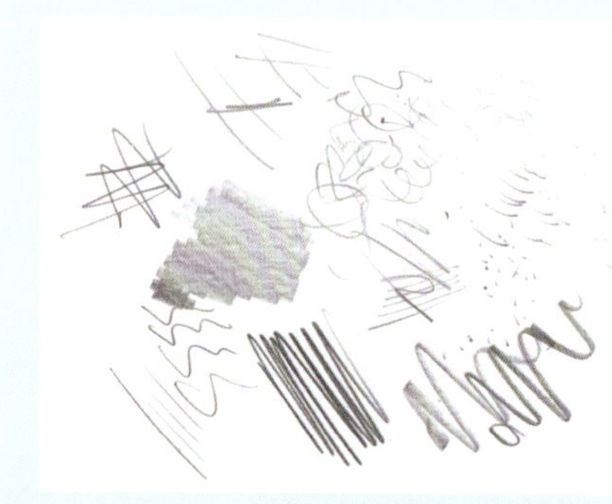

Materialien

Sargent verwendete Grafitstift und Skizzenbuch für seine einfache Komposition (oben). Die Zeichnung ist etwas größer als ein DIN-A4-Blatt und wurde rasch ausgeführt. Wenn Sie mit Grafitstift arbeiten, sollten Sie nicht vergessen, dass man ihn auch schräg aufs Papier setzen kann, ob er nun stumpf oder spitz ist. Auf der Skizze links sieht man die verschiedenen Möglichkeiten.

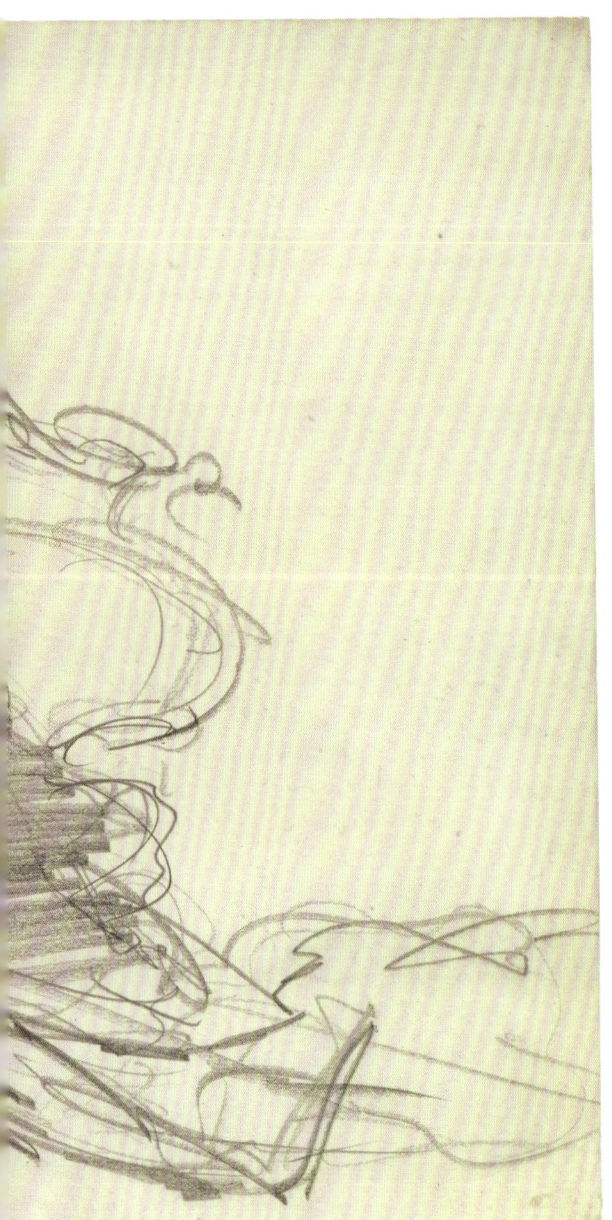

Madame X (Madame Pierre Gautreau) 1883–1884
Grafitstift auf cremefarbenem Velin
24,8 × 33,5 cm
Metropolitan Museum of Art, New York, USA

John Singer Sargent fertigte mehr Vorzeichnungen für sein Gemälde *Madame X* (1883–1884) an als für seine anderen Porträts. Fast schien er von dem Sujet besessen gewesen zu sein. Der Skandal, der durch dieses Gemälde entstand, ruinierte nicht nur den Ruf der Gesellschaftsdame Virginie Gautreau (Madame X), die den einflussreichen Bankier Pierre Gautreau geheiratet hatte, sondern auch Sargents Karriere als Porträtmaler in Frankreich.

In der Vorzeichnung für das Gemälde (linke Seite), das den Eklat auslöste, kann man nichts Skandalöses oder auch nur etwas Unkonventionelles erkennen. Die Selbstverständlichkeit, mit der Sargent die Figur auf dem Sofa platziert und ihre Hauptmerkmale skizziert, ist gelungen und für sein Können typisch. Das Sofa zeichnet er mit beeindruckend spontan – beinahe wie ein Karikaturist. Man muss unwillkürlich an die Cartoons von Al Hirschfeld (1903–2003) für den *New Yorker* oder an die Illustrationen von Aubrey Beardsleys (1872–1898) denken. Die rhythmischen Linien werden perfekt festgehalten. Fast möchte man mit der Hand über die geschwungene Form streichen. Sargent zeichnet Gesicht, Hals und Schultern seines Modells wunderbar ausdrucksvoll und klar zugleich. Der zarte Strich an Kopf und Hals wird in einen gelungenen Kontrast zu der härteren Schattierung am hinteren Teil des Kleides gesetzt. Beim Kleid der Dame versucht Sargent jedoch nicht, die gekritzelten Linien dem Rhythmus der Stofffalten anzupassen. Sie bleiben als Gekritzel ohne Verbindung zu der restlichen Komposition stehen. Natürlich handelt es sich um eine Vorzeichnung, die vermutlich innerhalb weniger Minuten entstand. Den wirklich großen Meistern jedoch scheint diese Art von fehlender Verbindung nicht zu passieren.

Linienführung
Üben Sie spontane Linien, die charakteristische Elemente Ihres Motivs festhalten. Beginnen Sie mit rhythmischen und geschwungenen Formen und versuchen Sie, die Rhythmen im Bild mit schlichten Linien zu identifizieren. Variieren Sie Druck, Geschwindigkeit und Stärke der Linien. Arbeiten Sie schnell. Die Linien wirken vielleicht oft falsch, aber mit Übung und dem Studium großer Künstler werden Sie es besser treffen.

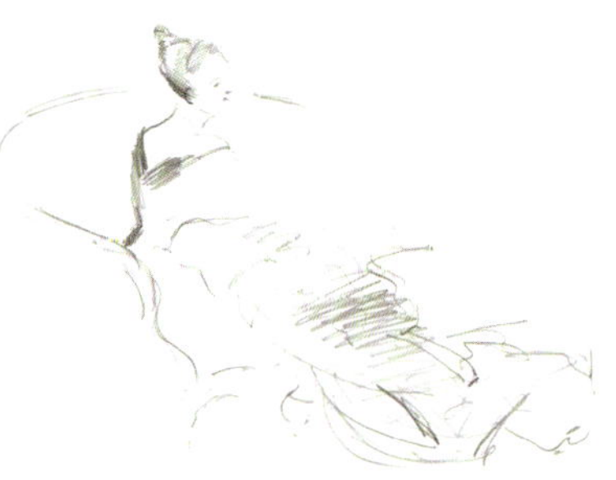

Vorgaben
Beim Zeichnen werden Sie oft feststellen, dass bestimmte Abschnitte im Bild besser gelingen als andere. Die Skizze links zeigt eine übertriebene Version davon, was an Sargents Zeichnung (oben), nicht stimmig ist: Die linke Seite des Bildes funktioniert gut, die rechte Seite gar nicht. Mein Rat: Stellen Sie Verbindungen her, um Ihre Zeichnung zu konsolidieren und zu einem Ganzen zu machen.

Vincent van Gogh

Grabender in einem Kartoffelfeld. Februar 1885
Kreide auf Papier
54,5 × 42,4 cm
Van Gogh Museum, Amsterdam, Niederlande

Das Erste, was dem Betrachter bei dieser Zeichnung von Vincent van Gogh (rechte Seite) auffällt, ist ihre Größe: Das Format ist etwa vier Mal so groß wie die meisten Zeichnungen jener Zeit. Kraft und Energie der Darstellung scheinen fast greifbar zu sein. Wenn man sich sehr frühe Zeichnungen van Goghs ansieht und sie mit seinen späteren vergleicht, kann man die Entwicklung erkennen, die er als Künstler durchlief. Im Jahr 1885, als diese Arbeit entstand, beherrschte van Gogh die Technik des Zeichnens nahezu perfekt. Nicht nur das – er setzte sie auch ein, um die Beziehung zu seiner Umgebung im Bild auszudrücken.

Die Zeichnung *Grabender in einem Kartoffelfeld. Februar* wäre ohne große Empathie für die dargestellte Figur und eine beinahe körperliche Verbundenheit mit harter körperlicher Arbeit nicht möglich gewesen. Van Gogh wusste genau, wie Feldarbeit sich anfühlt. Die Zeichnung ist keine Trockenübung im Beobachten. Es ist die lebendige Erfahrung, übertragen auf ein Blatt Papier.

Die Figur ist kraftvoll und kompakt – vom Kopf über die linke Schulter, den leicht gebeugten Arm hinab zur linken Hand mit der Hacke. Treffend ist die Linie vom Nacken, die Schultern hinab zum Rücken, der schlecht sitzenden Hose, hinunter zum rechten Bein und zu den groben Holzpantoffeln. Betrachtet man die Stellen links und rechts der Figur, gewinnt man den Eindruck, als rücke das Feld, auf dem der Bauer steht, weiter zurück. Das Bild wirkt dadurch insgesamt tief und flach zugleich.

Vincent van Gogh (Niederlande, 1853–1890) kam in Nordbrabant auf die Welt. Er arbeitete bei einem Kunsthändler, machte eine Ausbildung zum Prediger und beschloss schließlich 1880, Künstler zu werden. 1886 zog er nach Paris, wo er von den Impressionisten und Neoimpressionisten beeinflusst wurde. Ab 1888 lebte er im südfranzösischen Arles und wollte dort eine Künstlerkolonie gründen. Er schnitt sich nach einem Streit das linke Ohrläppchen ab und ging 1889 freiwillig für ein Jahr in eine Nervenheilanstalt, wo er weitermalte. Im folgenden Jahr zog er nach Auvers-sur-Oise bei Paris, schoss sich aber nach wenigen Monaten in die Brust.

Siehe auch
Rembrandt van Rijn (S. 146)
Jean-François Millet (S. 156)
Honoré Daumier (S. 158)

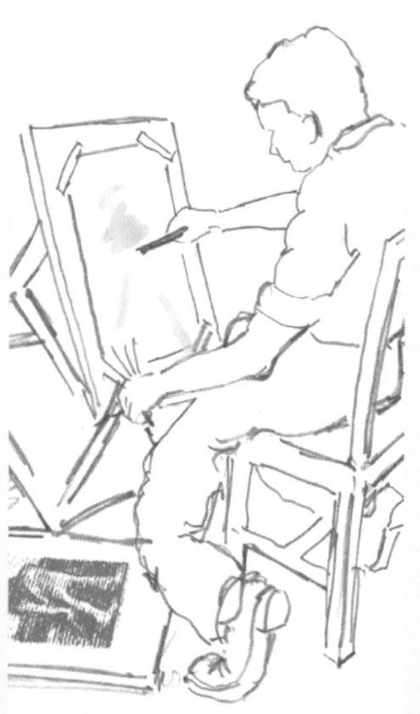

Vorlagen
Van Gogh arbeitete oft im Freien, wo er seine Staffelei im Feld aufstellte. Vermutlich beendete er die Zeichnung auf der rechten Seite aber im Atelier. Wenn Sie es ihm nachtun wollen, achten Sie darauf, dass Sie Ihre Skizzen im Freien nicht zu detailliert und exakt ausführen, denn sie verlieren sonst die unmittelbare Kraft, die durch das Arbeiten im Freien entsteht. Fertigen Sie draußen nur eine grobe Zeichnung an, die Sie später im Atelier präziser ausarbeiten (links).

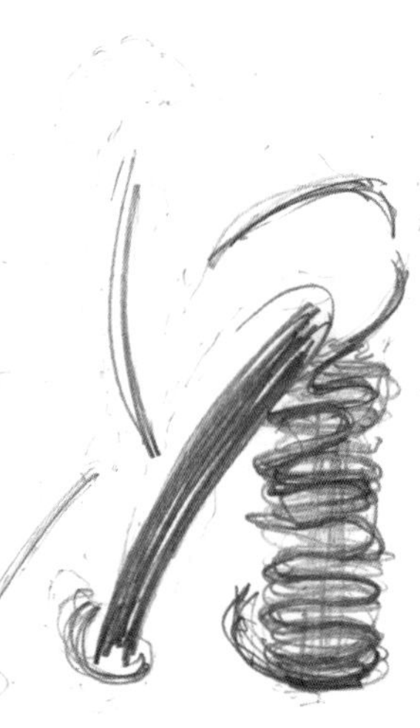

Form
Van Gogh interessierte sich für den Charakter einer Form. Der Kontrast zwischen den Eigenarten bestimmter Formen betont ihre Individualität. In der Skizze links drückt die Figur ihr linkes Bein in den Holzpantoffel und in den Boden. Die Zeichenweise kann man als zusammengepresste Spirale sehen. Das andere Bein ist gerade und ausgestreckt. Blicken Sie abwechselnd von einer Seite des Bildes (rechte Seite) zur anderen, so werden diese Charakteristika deutlicher.

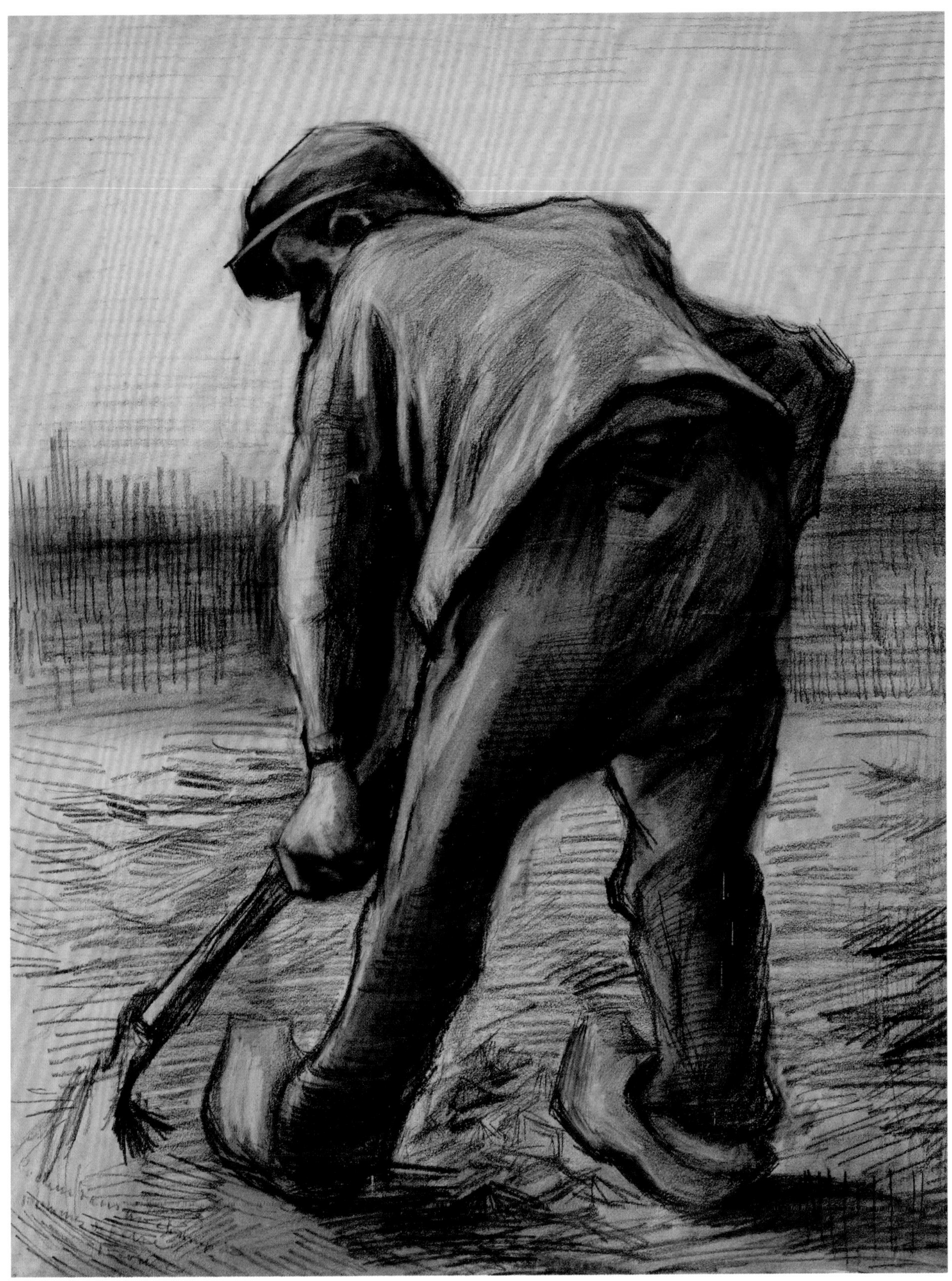

Walter Richard Sickert

Überredung (auch bekannt als *Die Camden Town-Morde oder La Belle Gâtée*) um 1908
Kreide auf Papier
26,7 × 22,2 cm
City Museum and Art Gallery, Bristol, Großbritannien

Walter Richard Sickert stellt eine Art Verbindung zwischen dem französischen Postimpressionismus und britischen Künstlern wie Francis Bacon (1909–1992), Frank Auerbach (Seite 202), Lucian Freud (Seite 106) und Leon Kossoff (Seite 206) dar. Sickert lebte eine Weile auf dem europäischen Festland und kehrte 1905 nach London zurück, wo er seinen künstlerischen Höhepunkt zwischen 1907 und dem Ausbruch des Ersten Weltkriegs 1914 erlebte. Einfluss auf sein Werk übte Edgar Degas aus (Seite 160), mit dem Sickert in den 1890er-Jahren in Paris befreundet war und der ihm riet, im Atelier statt in der Natur, und mithilfe von Zeichnungen zu arbeiten. Sickert besaß eine Leidenschaft für die Bühne und das Theater und hatte als junger Mann eine Karriere als Schauspieler in Erwägung gezogen. Dieses Interesse spiegelt sich auch in seinen Bildern wider. Im Jahr 1907 ereignete sich ein aufsehenerregender Mord an einer Prostituierten in Camden Town. Dieser Fall faszinierte Sickert über Jahre und inspirierte ihn zu einer Reihe von Zeichnungen, Radierungen und Gemälden, in denen jeweils eine nackte Frau und ein bekleideter Mann dargestellt sind.

Die Zeichnung *Überredung* (rechte Seite) offenbart Sickerts Können, sowohl was sein Handwerk als auch die psychologische Inszenierung der Szene betrifft. Man sieht keine Gewalt – vielleicht ist Gewalt nicht einmal im Spiel. Doch ist es ein Moment höchst ambivalenter Emotionen. Es ist die Möglichkeit von Gewalt, die diese Zeichnung so verstörend macht. Erfolglos sucht der Betrachter hier nach Hinweisen, dass ein Akt der Liebe und nicht ein bevorstehender Mord dargestellt sein könnte.

Walter Richard Sickert (Großbritannien, 1860–1942) war ein Kosmopolit. Geboren in Deutschland als Sohn einer anglo-irischen Mutter und eines dänisch-deutschen Vaters, verbrachte er den Großteil seines Lebens in England, hielt sich aber auch eine Weile in Dieppe in der Normandie und in Venedig auf. Sickert studierte bei James McNeill Whistler (1834–1903), pflegte aber auch eine enge Freundschaft mit Edgar Degas (1834–1917). Sickert fand, dass sich die Kunst den ungeschminkten Tatsachen des Lebens stellen sollte. 1911 führten seine Ideen zur Gründung der Camden Town Group, die realistische Stadtszenen in ihren Bildern darstellte. Später sorgte Sickert für Furore, weil er Pressefotos als Vorlagen für einige seiner Gemälde verwendet hatte.

Siehe auch
Raffael (S. 188)
Cecily Brown (S. 248)
Tizian (S. 258)

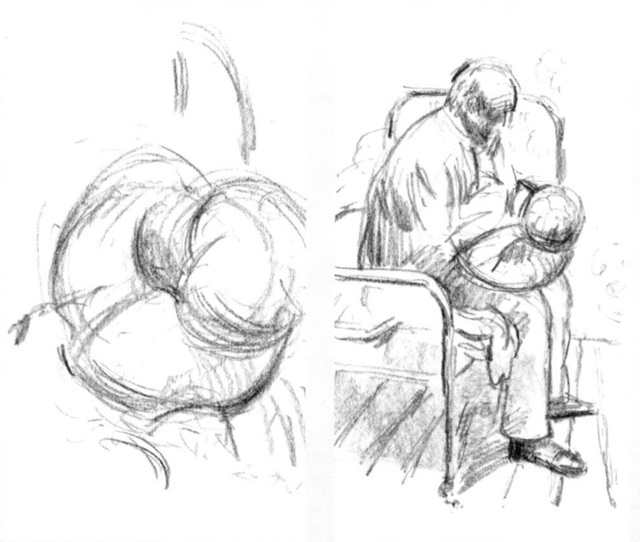

Form
Sickerts Zeichnung (rechte Seite) ist schwer zu interpretieren. Er setzt eine ungewöhnliche Perspektive ein, die nicht sofort lesbar ist, indem er den Blick nach unten auf die Frau lenkt (ganz links). Zudem durchbrechen lockere Linien Kontinuität und Logik der Form, was verschiedene Interpretationen ermöglicht. Die Atmosphäre ist von dem Gefühl bestimmt, dass nichts so ist, wie es scheint. Die ambivalenten Formen schaffen auch eine ambivalente Wirkung.

Vorlagen
Einige Ungereimtheiten werden in der Zeichnung (rechte Seite) sichtbar: Der vordere Teil des Betts ist zu klein, Fuß und Bein des Mannes scheinen zu flach zu sein, und seine Beine sind im Vergleich zum Körper unverhältnismäßig kurz. Beim Zeichnen ist es nicht notwendig, sich solcher Abweichungen bewusst zu sein, aber es hilft, wenn man ihre Wirkung kennt und sie gezielt einsetzen kann. Ein realistischeres Bild (links) hat lange nicht dieselbe visuelle und psychologische Wirkung.

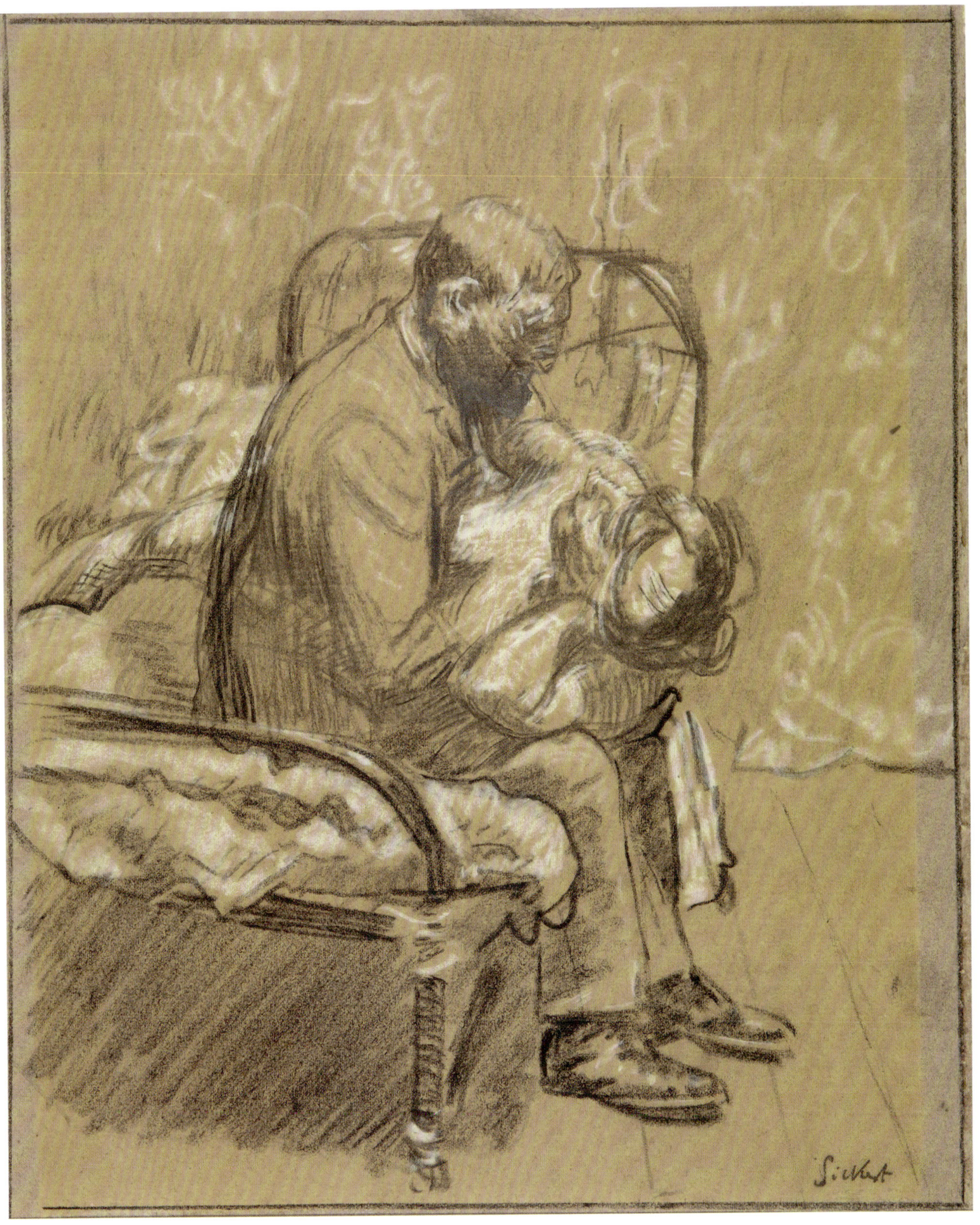
Sickert

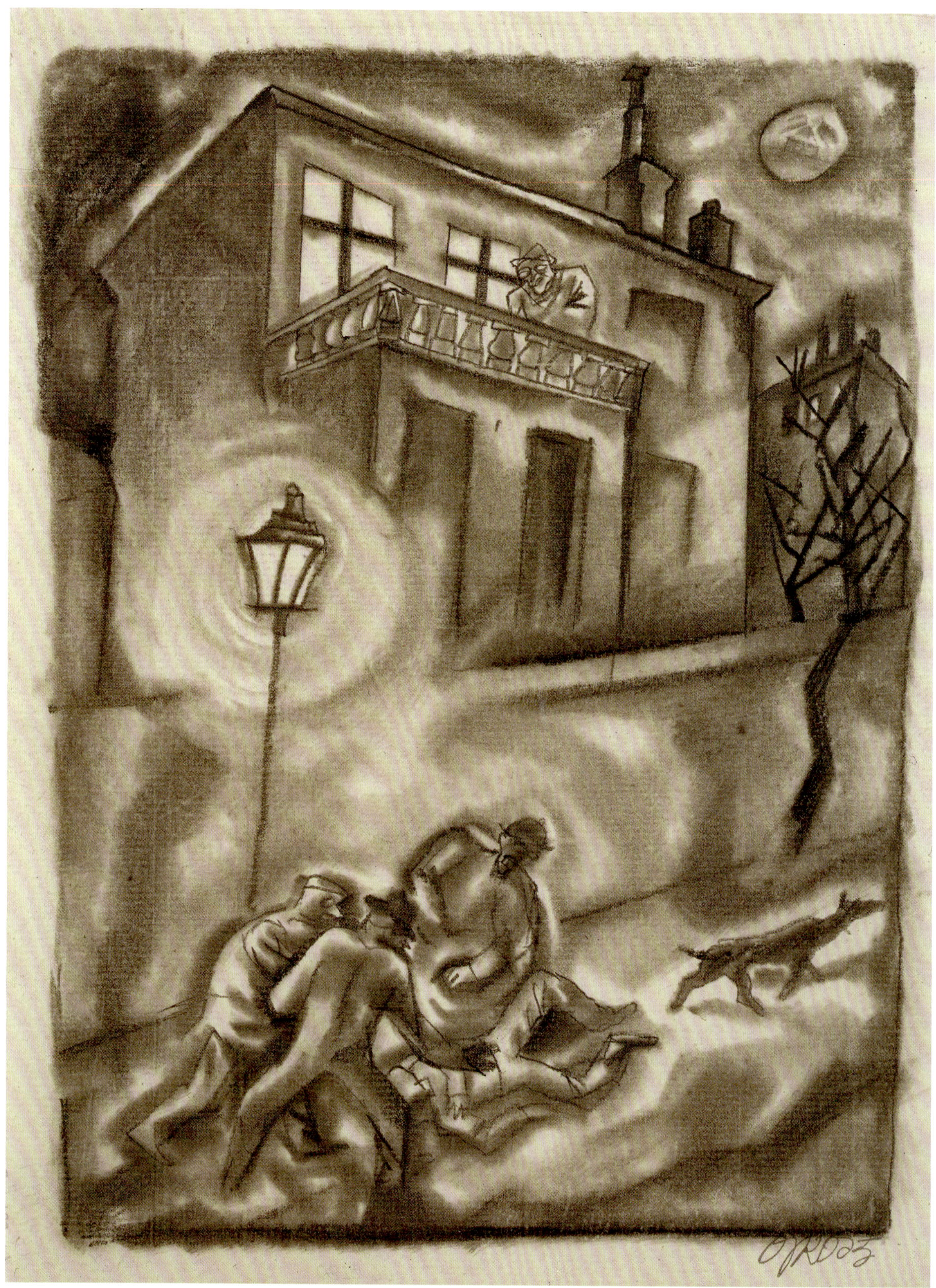

Angriff 1915
Grafitstift auf Papier
28,6 × 22,2 cm
Hirschhorn Museum and Sculpture Garden, Washington DC, USA

Nach 20 Jahren intensiven Schaffens verließ George Grosz 1933 Deutschland und siedelte in die USA über. In den darauffolgenden 26 Jahren schuf er technisch ausgezeichnete Werke. Doch diesen fehlte der Biss und die Energie seines Frühwerks.

George Grosz entfaltete eine außergewöhnliche künstlerische Kreativität im Berlin der Weimarer Republik – einer Zeit, die von politischem Extremismus geprägt war. Grosz fand beinahe alles, was er damals sah, abstoßend und grauenvoll. Seine Zeichnungen, sagte er einmal, seien Ausdruck von Verzweiflung, Hass und Enttäuschung. Er stellte Betrunkene dar, Männer, die mit geballter Faust den Mond verfluchen, kriegsversehrte Soldaten ohne Nase und mit krebsartigen Stahlarmen. Doch wie William Hogarth (1697–1764) oder Francisco Goya (Seite 150) verwandelte auch Grosz die furchtbare Realität in außergewöhnliche Kunst.

Die Zeichnung *Angriff* auf der linken Seite zeigt, wie ein Mann auf der Straße attackiert wird. Licht, Perspektive und zersplitterter Raum kreieren im Zusammenspiel ein Gefühl von Panik und Anspannung. Auf den ersten Blick scheint es so, als habe Grosz nicht auf die Perspektive geachtet. Doch das tat er durchaus. Viele Elemente im Bild sind überzeichnet, auch der erhöhte Blickwinkel intensiviert die Spannung. Wie viele Künstler, die sich später dem Dadaismus und dem Surrealismus zuwandten, verstand auch Grosz den Kubismus völlig anders als dessen Befürworter. Für ihn waren Frakturen und zersplitterte Bildoberflächen eine Metapher für die Entmenschlichung und Gewalt, die er in Deutschland zu dieser Zeit erlebte.

George Grosz (Deutschland, 1893 bis 1959) studierte Kunst in Dresden, Berlin und Paris. Seine Erfahrungen als Soldat im Ersten Weltkrieg führten zu einem Nervenzusammenbruch und veränderten ihn von Grund auf. Nach der Entlassung aus der Heilanstalt wandte Grosz sich erneut der Kunst zu und schuf satirisch böse Zeichnungen. Zusammen mit dem Schriftsteller Wieland Herzfelde (1896–1988) und dessen Bruder, dem Künstler John Heartfield (1891 bis 1968), wurde er in der Berliner Dada-Bewegung aktiv und trat den Kommunisten bei. Unter den Nationalsozialisten drohten ihm Diffamierung, Verfolgung und Haft. Grosz emigrierte in die USA. 1959 kehrte er nach Berlin zurück, starb aber bald darauf.

Siehe auch
Alfred Edward Chalon (S. 154)
Max Beckmann (S. 240)
Paul Harbutt (S. 278)

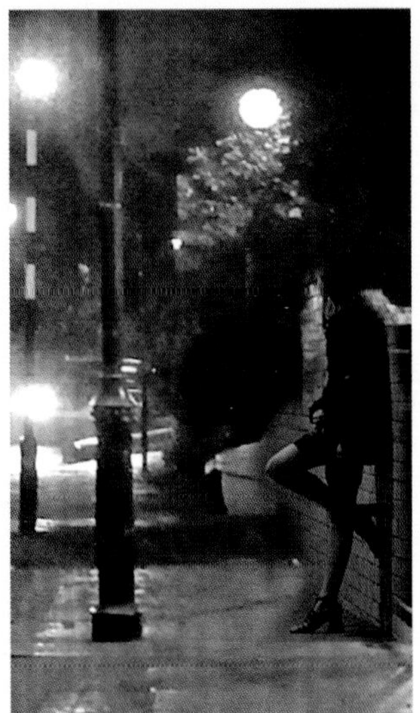

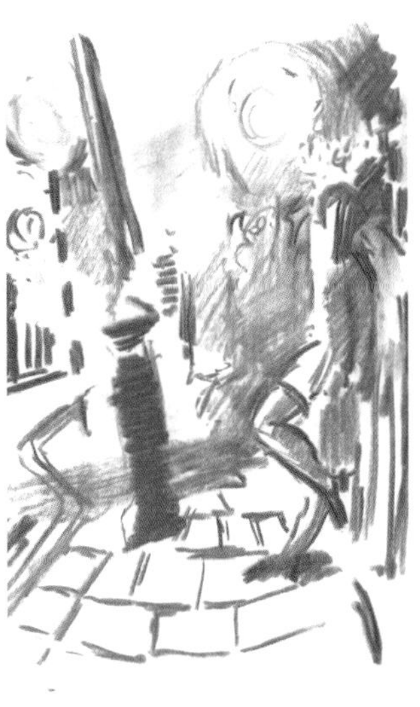

Vorlagen
Obgleich Grosz nie zu den Kubisten zählte, beeinflussten ihn deren Ideen. Die Zickzack-Formen der Gruppe im Vordergrund seiner Zeichnung (linke Seite) wiederholen sich im gesamten Bild – in dem Schatten auf der Straße, dem Hund und im Baum, der sich in den Himmel reckt. Diese kreuz und quer laufende Bewegung drückt sich auch in der Straßenbeleuchtung aus. Nichts von alledem wäre wohl ohne den Kubismus möglich gewesen.

Es kann hilfreich sein, ein Foto als Vorlage zu verwenden (ganz links). Um nicht den häufigen Fehler zu begehen, zu nah an der Vorlage zu kleben, bieten sich folgende Tricks an: Spielen Sie mit der Perspektive, brechen Sie die Form auf oder übertreiben Sie den Lichteinfall. Sie werden feststellen, dass dadurch allmählich eine bestimmte Atmosphäre im Bild entsteht. Dabei ist es wichtig, diese zu erkennen und so zu betonen, wie es Ihnen richtig erscheint (links).

Pablo Picasso

Porträt von Erik Satie 1920
Grafitstift mit Kohle auf Papier
62 × 48 cm
Musée Picasso, Paris, Frankreich

Picasso gilt als der große Meister der Kunst des 20. Jahrhunderts. Er hatte ein langes, erfolgreiches und höchst produktives Leben. Insgesamt schuf er über 55.000 Werke. Schon früh entwickelte er den Kubismus, doch nachdem er im Jahr 1917 das erste Mal Italien besucht hatte, wandte er sich von den visuellen Beschränkungen seiner revolutionären Ideen ab.

Obwohl viele der Bilder, die Picasso in den frühen 1920er-Jahren anfertigte, nichts Kubistisches haben, zeigt sich in seiner Porträtzeichnung auf der rechten Seite ein Rhythmus, der an die zersplitterten Oberflächen des frühen analytischen Kubismus (Seite 281) erinnert. Das Porträt des französischen Komponisten Erik Satie (1866–1925) ist aus zwei Gründen interessant: Es spiegelt Picassos kubistische Phase und weist zugleich auf sein späteres Werk. Vermutlich wurde das Bild mehrmals verändert. Vergleicht man das Porträt mit Picassos kubistischen Bildern, fällt auf, dass er den leeren Raum um den Porträtierten herum stehen lässt. Er balanciert die Schlichtheit des Raums gekonnt mit der rhythmischen Komplexität der Figur aus, was sich vor allem in den Falten von Saties Anzug und seinen verschränkten Fingern niederschlägt.

Das Bewusstsein des Künstlers für das Volumen des Raums beeinflusst die Art, wie er diese internen Rhythmen gestaltet. Die Falten des Jackets und der Hose scheinen das Aussehen der Finger zu lenken und umgekehrt. Picasso hebt in der linearen Zeichnung nicht nur überraschende Details hervor, sondern schafft zwischen diesen auch Verbindungen. Das ermöglicht einen spannenden, neuen Blick auf die Welt.

Pablo Picasso (Spanien, 1881–1973) änderte immer wieder Stil und Medien. Picasso galt als Wunderkind und studierte bereits mit elf Jahren an der Kunstakademie im spanischen La Coruña. Mit 20 Jahren schrieb er sich an der Real Academia de Bellas Artes de San Fernando in Madrid ein. 1904 zog er nach Paris, wo er den Kubismus mitbegründete. Von 1918 bis 1936 wandte Picasso sich traditionelleren Stilen zu – seine sogenannte klassische Periode. Er arbeitete mit Komponisten und den Tänzern des Ballets Russes sowie deren Impresario Sergei Djagilew (1872–1929) an den Bühnenbildern für *Der Dreispitz* (1919) und *Pulcinella* (1920) und porträtierte die Tänzer.

Siehe auch

Jean-Auguste-Dominique Ingres (S. 152)

Tintoretto (S. 260)

Paul Klee (S. 268)

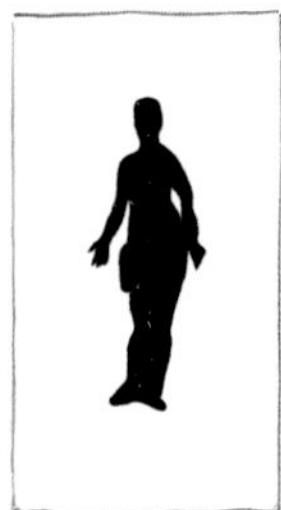
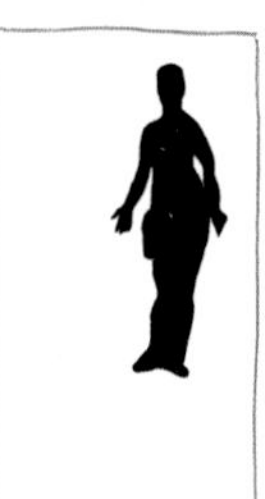
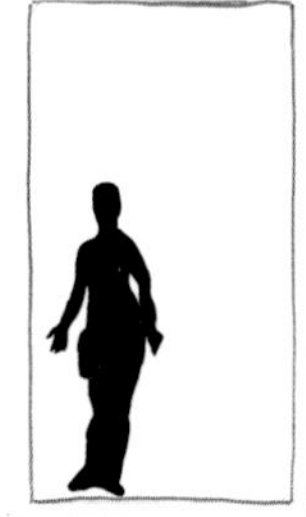

Komposition
Eine einzelne Figur, umgeben von leerem Raum, sollte in Beziehung zum ganzen Blatt positioniert werden. Picasso ist das in seiner Zeichnung auf der rechten Seite gelungen. Zeichnen Sie als Übung mit Bleistift ein Rechteck, in das Sie ihr Objekt platzieren (links). Ziehen Sie nur leichte LInien, damit Sie Größe und Proportion des Rechtecks verändern können, und lassen Sie einen Rand (ca. 3 cm bei einem DIN-A3-Blatt) . Dieser kann je nach Bedarf angepasst werden.

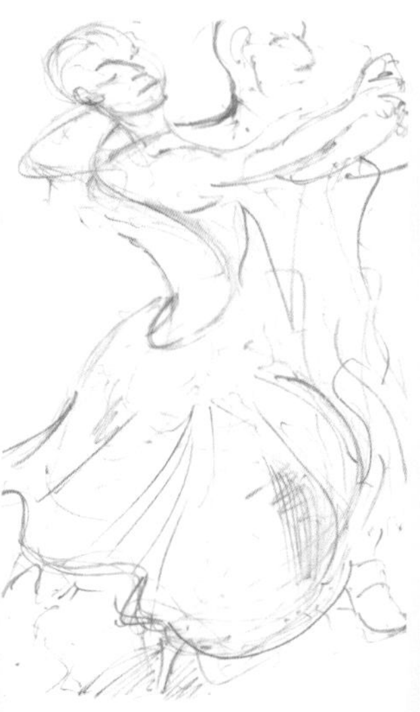

Form
In Picassos Zeichnung (rechte Seite) finden sich Ideen des Kubismus, auch wenn das auf den ersten Blick nicht so aussieht. Der Rhythmus der Falten in Saties Anzug wiederholt sich im ganzen Bild. In der Skizze links verdeutlichen zum Beispiel die Falten im Kleid der Tänzerin die Bewegung. Den ausradierten Linien nach zu urteilen, vereinfachte Picasso seine Zeichnung nachträglich und entfernte Unnötiges. Das hilft auch Ihnen, ein Bild präziser zu fassen.

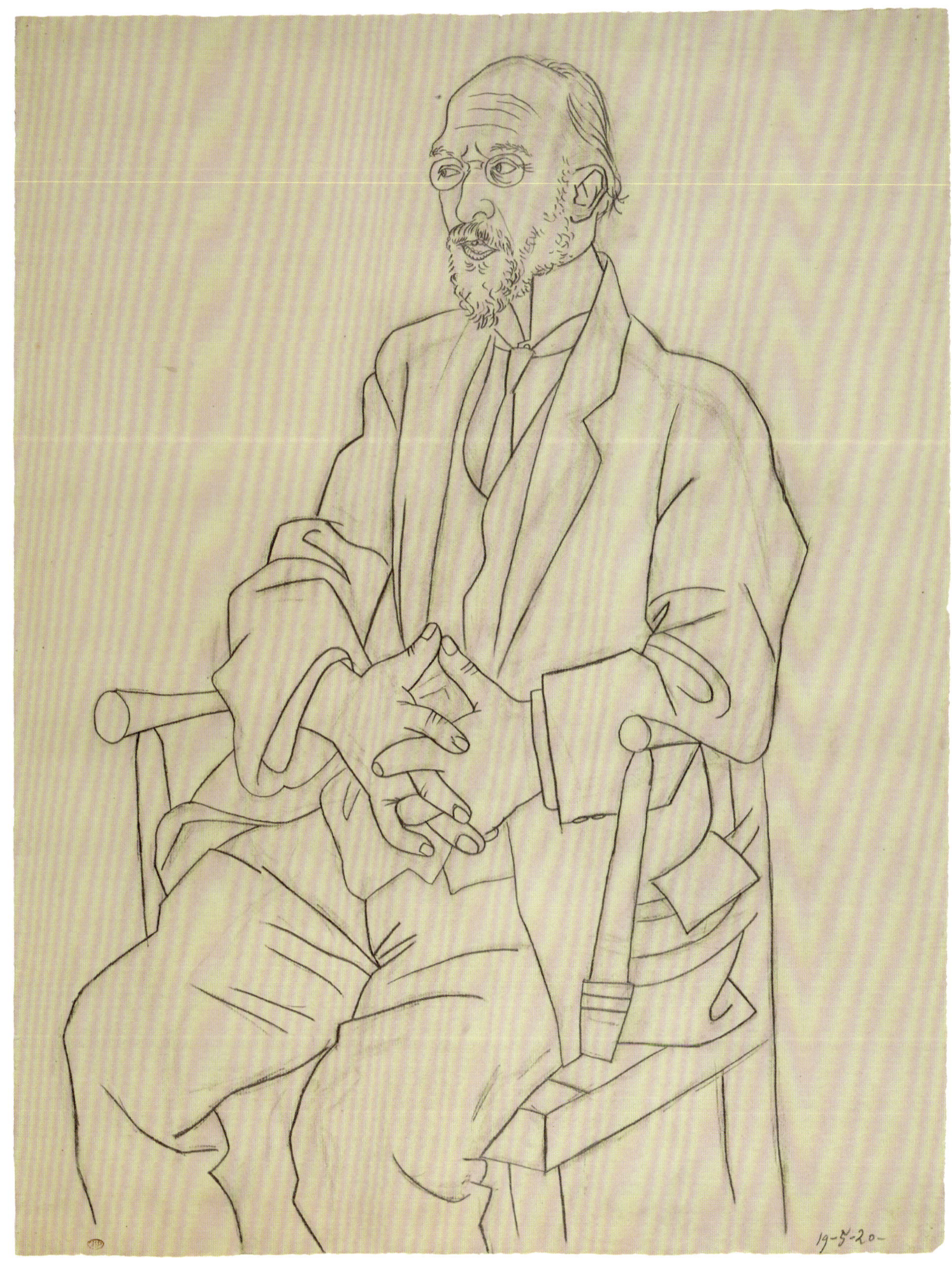

Max Beckmann

siehe auch

Pontormo (S. 76)

Michelangelo (S. 140)

Rembrandt van Rijn (S. 146)

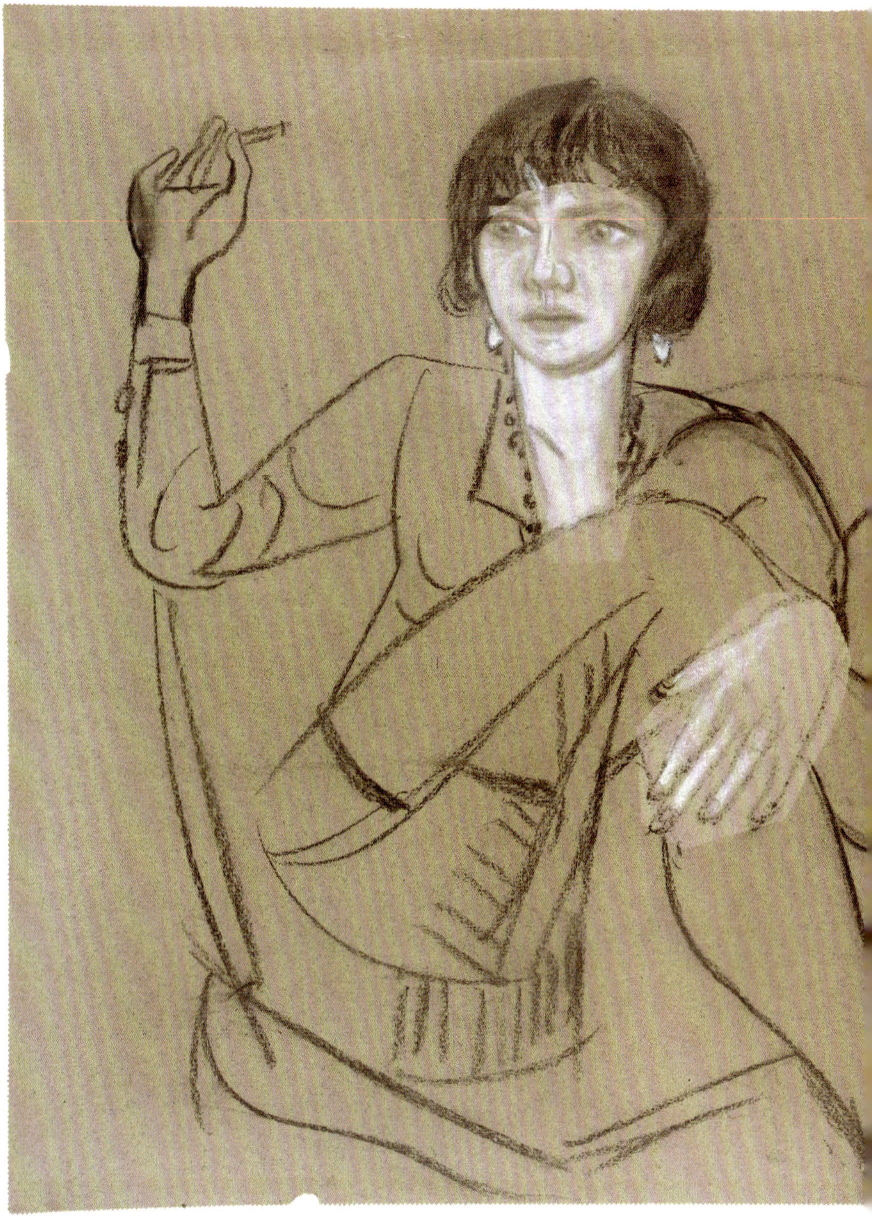

Max Beckmann (Deutschland, 1884–1950), in Leipzig geboren, zog 1904 nach Berlin, wo man ihn in den Vorstand der Secession wählte. Der Einfluss des Impressionismus ist in seinem Frühwerk unverkennbar, doch änderte sich sein Stil nach seiner Zeit als Sanitätshelfer im Ersten Weltkrieg. In den 1920er-Jahren galt Beckmann als wichtigster Vertreter der Neuen Sachlichkeit. Mit dem Aufkommen der Nationalsozialisten, die die moderne Kunst diffamierten und mehr als 500 Werke Beckmanns beschlagnahmten, nahm das Leben des Künstlers eine andere Wendung. Beckmann emigrierte zunächst nach Holland und nach dem Zweiten Weltkrieg in die USA.

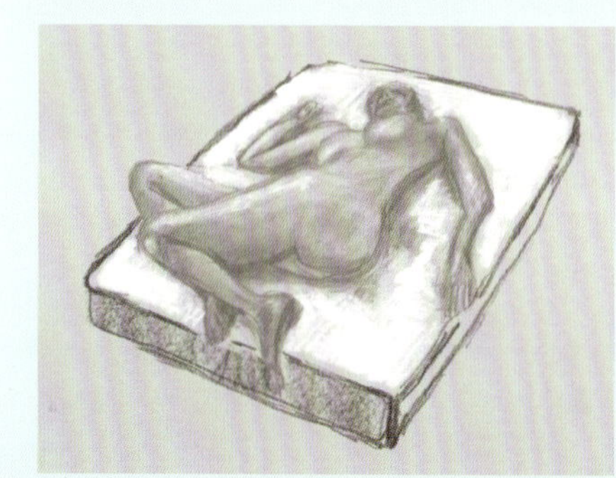

Materialien

Kreide auf getöntem Papier verleiht einer Zeichnung zusätzlichen Effekt. Auch die Einheitlichkeit einer Zeichnung lässt sich damit durchbrechen. Allerdings ist es riskant, ein neues Stilelement in der letzten Phase hinzuzufügen, denn die Proportionsverhältnisse geraten schnell durcheinander. In der Skizze links ist zu sehen, dass das hinzugefügte Bett das Ergänzen weitere Elemente erschwert.

Quappi, im Clubsessel rauchend 1927
Kohle und weiße Kreide auf bräunlich-grauem Velin
42,3 × 53,3 cm
Kupferstichkabinett, Staatliche Museen zu Berlin, Deutschland

Obwohl Beckmann es vehement ablehnte, einer Kunstrichtung zugeordnet zu werden, trägt sein Werk viele Merkmale des Expressionismus. Die Linien in seinen Zeichnungen durchschneiden mit auffallender Kühnheit in gewagten, entschlossenen Bewegungen Leinwand oder Papier. Mit wenigen Strichen gelingt es Beckmann, Position und Größe seines Sujets festzulegen. Eine solche Fähigkeit kommt nicht von ungefähr. Sie ist das Ergebnis jahrelanger Auseinandersetzung mit Werken der Kunst und beharrlichem Arbeiten. Beckmann fertigte Tausende von Skizzen an, die nicht alle gelangen, aber dazu beitrugen, seinen Stil zu entwickeln.

In dieser unfertigen Zeichnung skizzierte Beckmann seine Frau Mathilde (»Quappi«). Linke Schulter und Arm der Dargestellten sowie teilweise der rechte Oberschenkel sind vollkommen flächig dargestellt und sehen beinahe wie angeklebt aus. Doch dieser Kniff lässt die Beine der Frau nur wohlgeformter und verführerischer wirken. Für präzise Proportionen scheint sich Beckmann hier wenig zu interessieren. Vielmehr bricht er bewusst mit den Sehgewohnheiten. Vergleicht man dieses Werk mit anderen seiner Zeichnungen, die weiter ausgeführt sind, lässt sich erahnen, auf was es Beckmann ankam. Mit der leeren Stelle rechts im Bild war er sicher noch nicht zufrieden, vermutlich wollte er auch sie noch mit Leben füllen. Im Kern scheint es ihm jedoch vor allem um ein Paar hübsche Beine und elegante Schuhe zu gehen.

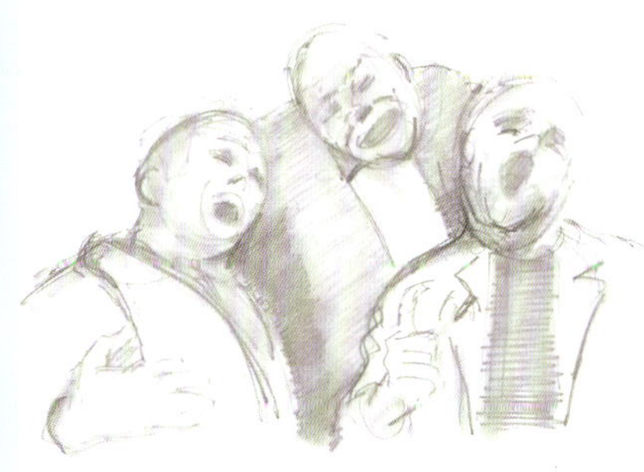

Form

Mit der zunehmenden Bedeutung der Fotografie stellte man bildliche Darstellungen in Frage. Werke von Künstlern wie Michelangelo (Seite 140) oder El Greco (1541–1614) zeigen, wie wirkungsvoll Verzerrungen sein können. Wir akzeptieren zwar starke High-Key-Tonwerte wie in der Skizze links (weiße und sehr helle Tonwerte herrschen vor), doch sobald eine Form übertrieben wird, erzeugt dies Irritationen.

Verkrümmungen oder Verzerrungen der Formen sind in der Lage, tiefe Gefühle und Empfindungen zu transportieren. Das funktioniert ähnlich wie in der Sprache: Wir verwenden manchmal drastische Redewendungen, um Emotionen auszudrücken, beispielsweise »sich halbtot lachen«. Versuchen Sie, Redewendungen in eine Zeichnung zu übertragen wie in der Skizze links.

Henri Matisse

siehe auch
François Boucher (S. 216)
Paul Cézanne (S. 224)
Balthus (S. 246)

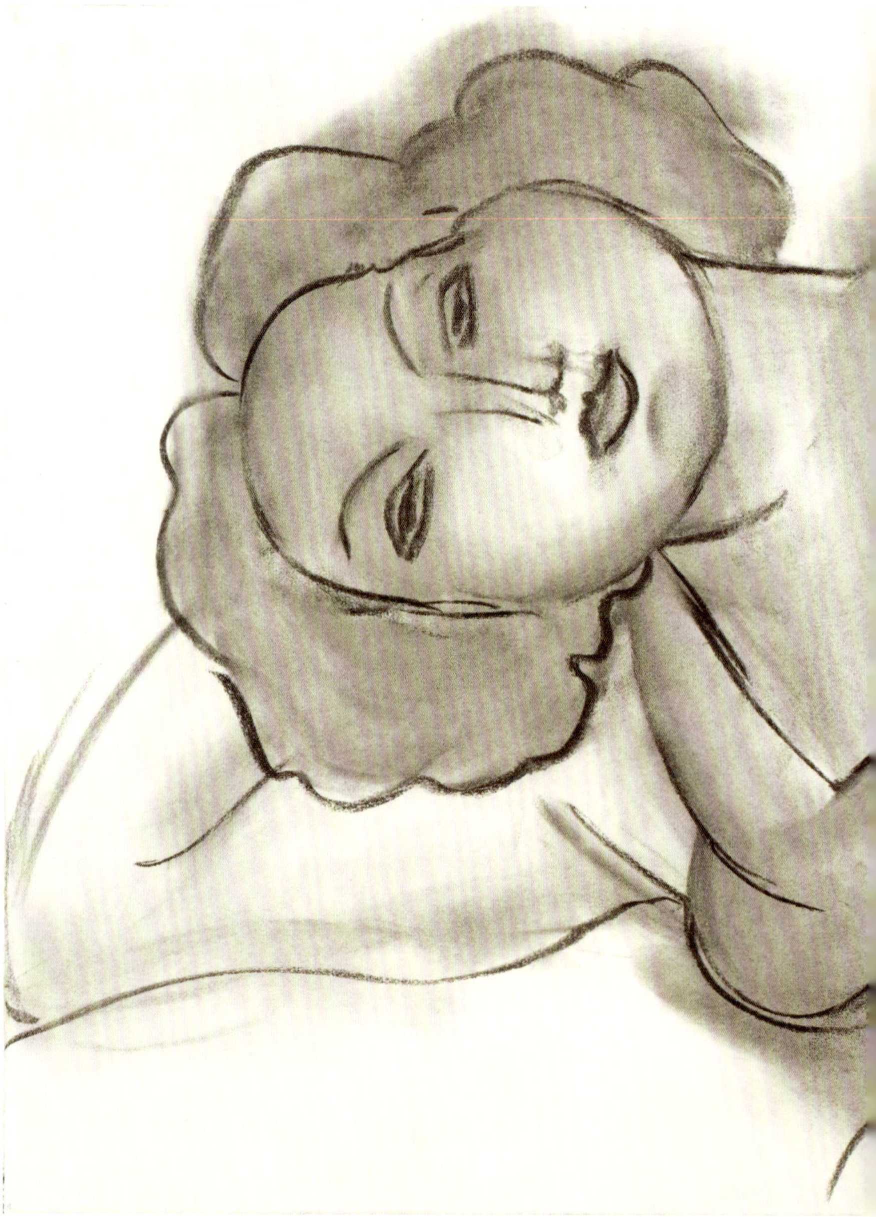

Henri Matisse (Frankreich, 1869–1954) bezeichnete die letzten Jahre seines Lebens – von 1941 bis 1954 – als sein »zweites Leben«. Nach einer Darmkrebsoperation im Jahr 1941 war Matisse stark eingeschränkt und erledigte seine Arbeit vom Bett oder Rollstuhl aus. Es war ihm nicht mehr möglich, wie bisher zu malen. In dieser Phase seines Schaffens fertigte Matisse Scherenschnitte an, darunter die berühmten »Blauen Akte«, die er 1952 aus bemaltem Papier schnitt. Matisse kam im nordfranzösischen Le Cateau-Cambrésis zur Welt und zog 1891 zum Kunststudium nach Paris. Zusammen mit André Derain (1880 bis 1954) begründete er 1905 den Fauvismus. Im Ersten Weltkrieg blieb Matisse bis 1917 in Paris und zog dann nach Nizza, wo er begann, seine charakteristischen leuchtenden Farben zu verwenden.

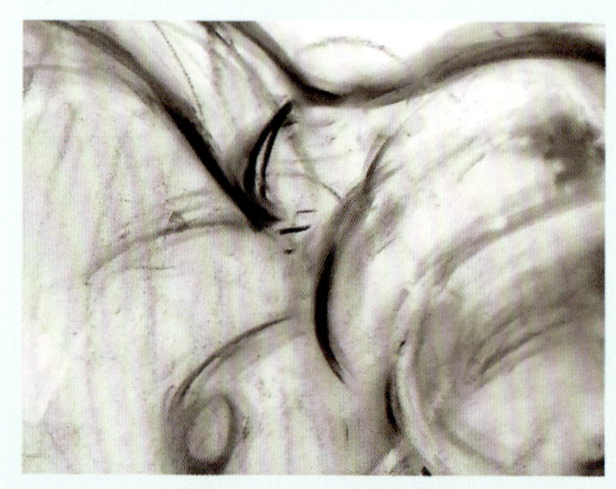

Materialien

Matisse benutzte gern leicht verreibbare Weidenkohle. Unter den kräftigen Linien seiner Zeichnung (oben) entdeckt man schwächere, verwischte Linien. Versuchen Sie, schnell zu arbeiten, um erst eine einfache visuelle Idee aufs Papier zu bringen. Diese intuitiven Linien verwenden Sie dann, um die Form zu überarbeiten. Die verwischten Linien verleihen der Zeichnung mehr Volumen (links).

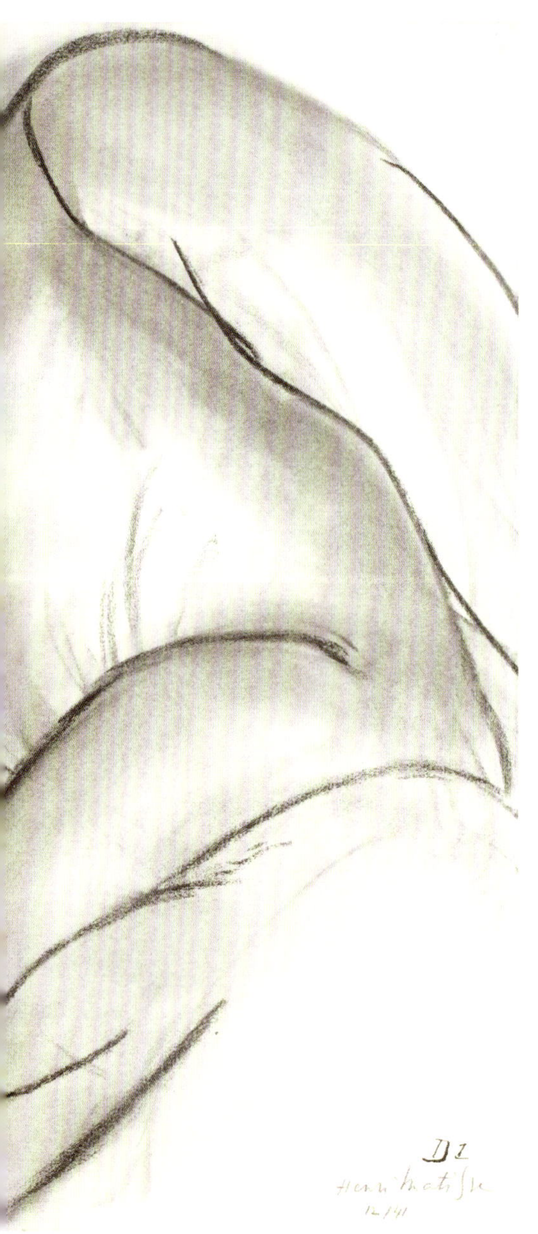

Ruhende Frau 1941
Kohle auf Papier
40,4 × 54,4 cm
Los Angeles County Museum of Art, Kalifornien, USA

Durch Kubismus respektive Fauvismus revolutionierten Pablo Picasso (Seite 102 und 170) und Henri Matisse die Malerei des 20. Jahrhunderts. Als Zeichenschüler kann man von beiden Künstlern viel lernen, doch bietet Matisse in gewisser Weise sogar mehr Anleitung als Picasso, da er seine Ideen für den Unterricht in Worte fasste. Matisse erstellte außerdem Hunderte von Skizzen und dokumentierte die verschiedenen Stadien seiner Werke oft fotografisch, sodass sich die Entwicklungsschritte nachvollziehen lassen. Seine Mäzenin Sarah Stein, Schwägerin der Verlegerin und Kunstsammlerin Gertrude Stein, unterstützte den Künstler 1908 mit der Gründung der Académie Matisse, einer privaten, nicht-kommerziellen Kunstschule, an der Matisse bis 1911 unterrichtete. Stein veröffentlichte seine Ratschläge an die Klasse, an der sie selbst teilnahm, in ihrem Buch *Sarah Steins Notizen* (1908).

Die Zeichnung einer ruhenden Frau (linke Seite) vermittelt große Intimität. Matisse rückte hier die Bildebene (Seite 31) an das weibliche Modell so nah heran, dass dieses fast das gesamte Bildformat ausfüllt. Der Betrachter scheint direkt vor der Frau zu stehen und sie fast berühren zu können. Fotos und Filmaufnahmen des Meisters bei der Arbeit zeigen, dass Matisse oftmals viel näher vor dem Modell stand, als man das gemeinhin vermutet.

Je näher das Sujet gezeigt wird, desto mehr Kraft entwickelt es. Ein größerer Abstand wiederum löst eine distanziertere Reaktion beim Betrachter aus. Physische Nähe zum Sujet ist jedoch nicht unbedingt eine notwendige Voraussetzung für eine intensive, unmittelbare Bildwirkung. Der französische Maler Jean-Baptiste-Camille Corot (Seite 222) zoomte zum Beispiel die Bildebene an seine Landschaften heran, ohne selbst an das Motiv heranzurücken.

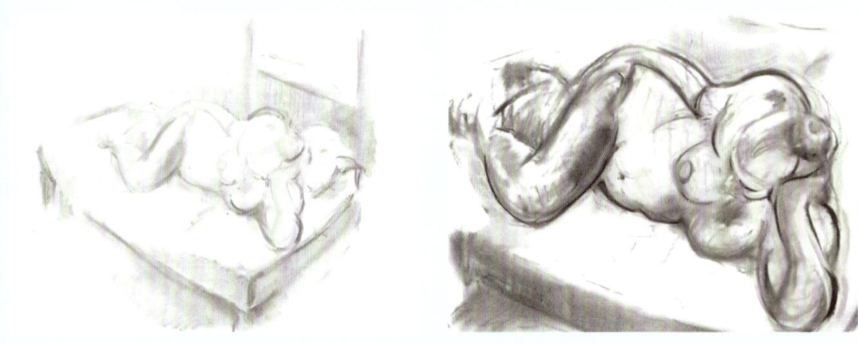

Raum
Matisse komponierte die Figur in seiner Zeichnung oben geschickt in die Bildfläche. Spielen Sie mit dem Bildausschnitt, indem Sie möglichst nah an das Motiv heranrücken (ganz links) oder sich entfernen wie in den beiden Skizzen links. Durch die Nähe oder Distanz ändert sich die Bildstimmung. Führen Sie die Zeichnungen genauer aus: Grobe Skizzen zeigen diese Veränderung nur begrenzt.

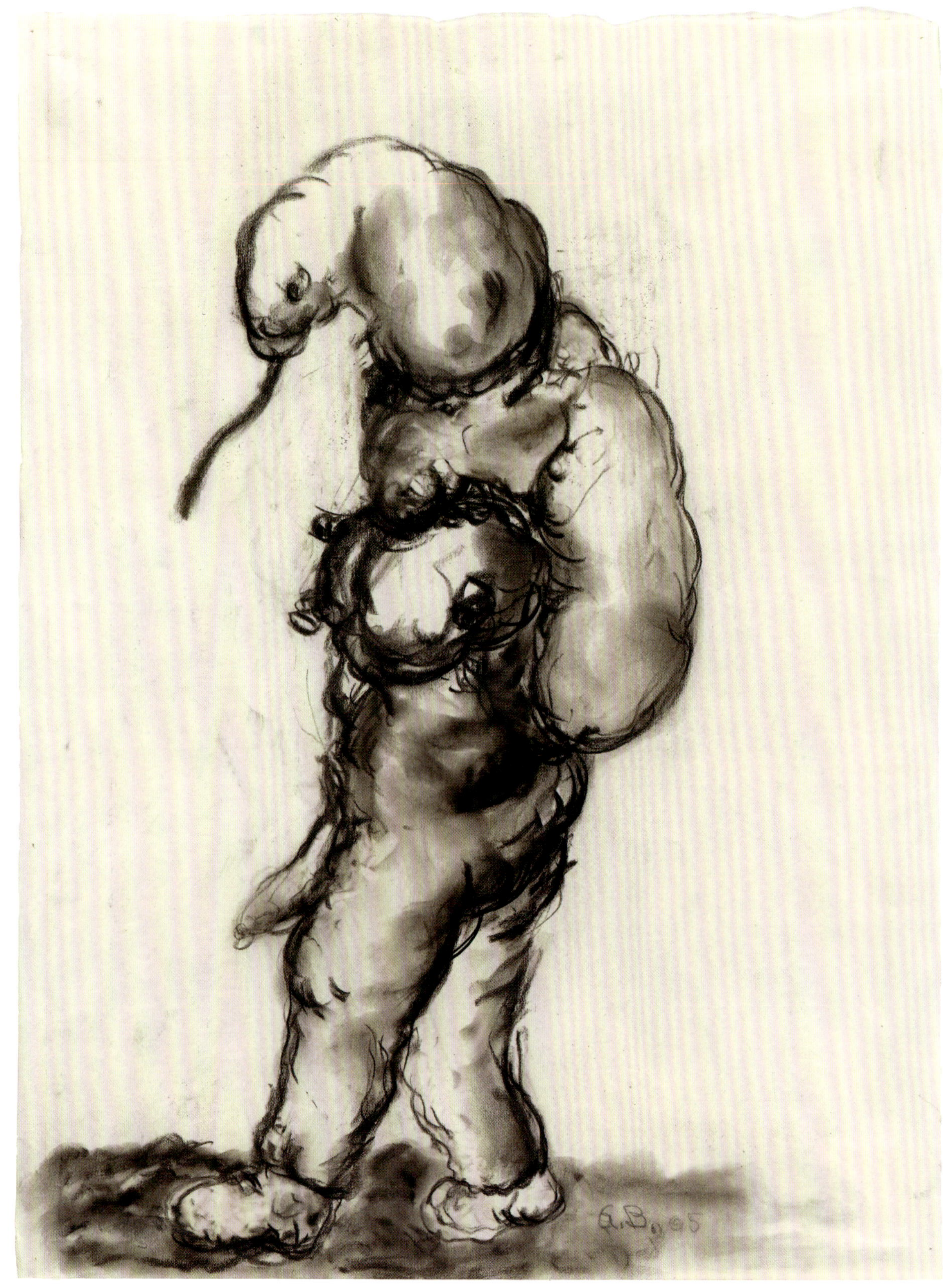

Ohne Titel 1965
Kohle auf Velin
49,5 × 37,6 cm
British Museum, London, Großbritannien

Georg Baselitz gehört wie Markus Lüpertz (geb. 1941), Blinky Palermo (1943–1977), Sigmar Polke (1941–2010) und Gerhard Richter (geb. 1932) zu einer Gruppe von Künstlern, die in den 1950er- und 1960er-Jahren die DDR verließen und in die BRD übersiedelten. Die Künstler versuchten, ihre Identität im Nachkriegsdeutschland neu zu definieren. Dabei erzeugten Themen wie die nationale Identität, Männlichkeit sowie die damalige Strahlkraft New Yorks und des Abstrakten Expressionismus bei ihnen eine Haltung von Verweigerung und Provokation – Kräfte, die auch das Frühwerk von Baselitz bestimmen.

Die Arbeiten von Baselitz in den späten 1950er- und 1960er-Jahren zeichnen sich durch ihre abstoßende Schönheit aus. Sie wirken schlüpfrig und wuchernd zugleich, als ob die Innereien lebendiger Körper sichtbar gemacht und präsentiert würden, wie auch in der Zeichnung auf der linken Seite zu sehen. Seine figürlichen Darstellungen stülpen die Körper quasi von innen nach außen, sind nicht als rein optische Beobachtung gedacht, sondern visualisieren durch die Körper qualvolle, albtraumartige Zustände. Häufig scheinen den Figuren auf ekelerregende Weise die inneren Organe förmlich aus den Kleidern hervorzuquellen.

Ideale Medien für diese Darstellungsweise sind für Baselitz pastos aufgetragene Ölfarbe und Kohle. Es gelingt ihm, die materiellen Eigenschaften dieser Mittel für seine künstlerische Vision perfekt zu nutzen. Die Arbeiten entstehen dabei in einem fast tranceartigen Zustand, in dem technische Aspekte in den Hintergrund treten. Obwohl die Kohlezeichnung auf der linken Seite nicht besonders groß ist – viele Arbeiten von Baselitz haben Riesenformate –, entwickelt sie dennoch eine norme Wirkung.

Georg Baselitz (Deutschland, geb. 1938) kam als Hans-Georg Kern auf die Welt. Den Namen Baselitz nahm er im Gedenken an seine Geburtsstadt Deutschbaselitz an. Im Jahr 1956 zog er in die BRD. Seine erste Einzelausstellung hatte er 1963 in der Westberliner Galerie Werner & Katz. Sie wurde zum Skandal, als die Polizei zwei seiner Werke wegen Erregung öffentlichen Ärgernisses beschlagnahmte. Eines dieser Bilder war *Die große Nacht im Eimer* (1962–1963), auf dem eine masturbierende männliche Figur zu sehen ist. Baselitz verbrachte ein halbes Jahr in Florenz und begann dort mit seinem Markenzeichen, Menschen und Dinge auf dem Kopf stehend darzustellen.

siehe auch
Paul Cézanne (S. 224)
Willem de Kooning (S. 270)

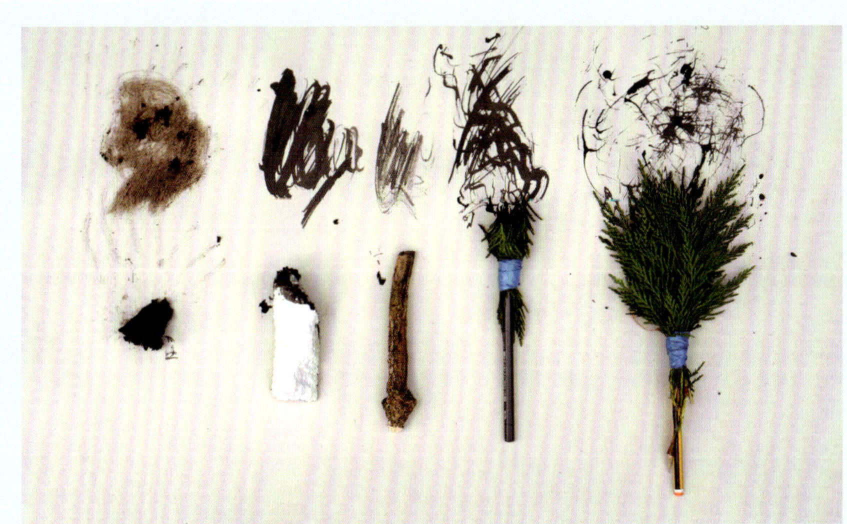

Materialien
Experimentieren Sie mit Materialien (von links nach rechts): Erde, verkohltes oder verrottetes Holz, Zweige von Büschen oder Nadelbäumen, die an Bleistifte geklebt wurden. Versuchsweise eingesetzt, eröffnen diese Materialien völlig neue Möglichkeiten. Am besten beginnen Sie eine Zeichnung mit einer Idee und versuchen sie dann mit neuartigen Materialien umzusetzen, die auf dem Papier ganz anders als erwartet wirken. Wenn das Material zu ungewöhnlichem Ergebnis führt oder im Widerspruch zur beabsichtigten Wirkung steht, wehren Sie sich nicht! Ihre ursprüngliche Idee können Sie ja später mit anderen Materialen umsetzen.

Paula Rego

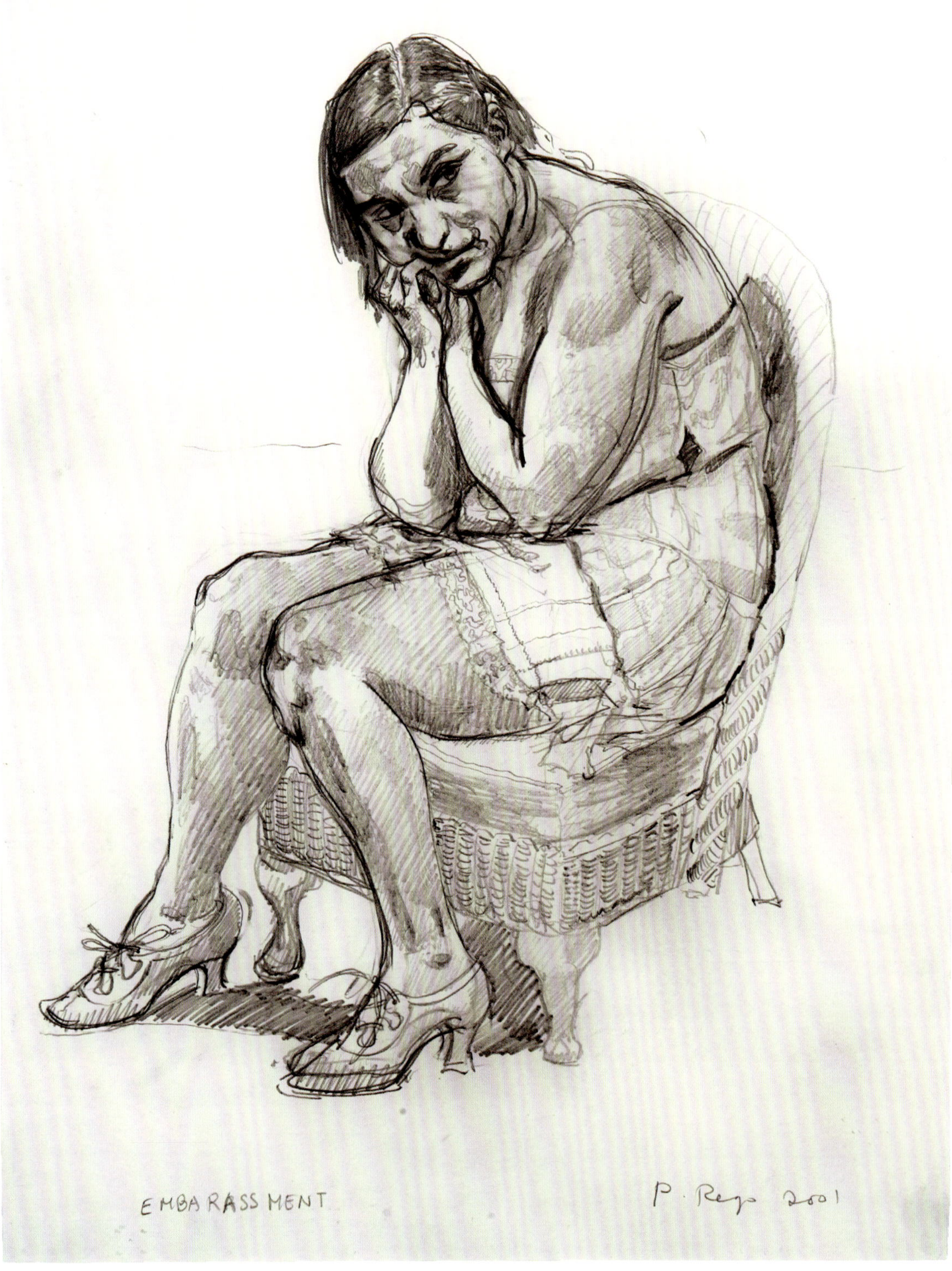

Verlegenheit 2001
Bleistift auf Papier
42 x 29,7 cm
Fundação Paula Rego, Cascais, Portugal

Paula Rego verbrachte den Großteil ihres Leben in London. Inspiration suchte sie jedoch immer wieder in ihrer portugiesischen Heimat. Wie viele Künstler ihrer Generation rebellierte Rego in den 1950er-Jahren gegen den Kunstunterricht an der Slade School. Mit der Zeit wandte sie sich mehr und mehr von den experimentellen Ideen des 20. Jahrhunderts ab. Im Jahr 1990 wurde sie Artist-in-Residence der Londoner National Gallery. Die damit verbundene Nähe zu den Alten Meistern veranlasste sie, verstärkt figürlich zu arbeiten.

In Regos Werk spielt die Vorstellungswelt des Kindes eine wesentliche Rolle. Es ist eine Welt von Geschichten, die oft magisch und grausam sind. Die Zeichnung mit dem Titel *Verlegenheit* (linke Seite) wirkt auf den ersten Blick wie die einfache Darstellung einer sitzenden Frau. Zuerst nehmen wir Haltung und Körpersprache wahr. Sie spielen in der Figurendarstellungen die tragende Rolle. Danach folgt die Mimik, der Gesichtsausdruck. Insbesondere die Alten Meister setzten diese Mittel gekonnt ein, wenn es beispielsweise darum ging, religiöse Inbrunst, Qualen oder Ekstase zu vermitteln. Rego konfrontiert uns in ihrer Darstellung als Betrachter unvermittelt mit unseren Ängsten und Sorgen. Zuerst gelingt ihr die perfekte Haltung für Verlegenheit und Beschämung. Dann hält sie den entsprechenden Ausdruck in der Miene ihres Modells fest. Rego setzt ihre visuelle Sprache punktgenau ein, um das Gefühl der Scham intensiv zu verdeutlichen. Dies geschieht auf höchst interessante Weise, indem sie unsere Aufmerksamkeit auf scheinbar Unwichtiges lenkt – Korbstuhl oder Schnürsenkel. Diese Details sind gekonnt in das Gesamtarrangement eingebaut.

Paula Rego (Portugal, geb. 1935) lebt seit 1975 in London, doch ihre Kindheit in Portugal unter der Diktatur spielte für sie stets eine prägende Rolle. Rego ist für ihre grafischen Arbeiten und Illustrationen von zumeist düsteren, an den magischen Realismus erinnernden Geschichten bekannt. Im Jahr 1952 wurde sie Schülerin der Slade School of Fine Art, wo zu ihren Kommilitonen auch ihr späterer Mann Victor Willing (1928–1988) gehörte. Nach dem Studium zogen Rego und Willing für die nächsten 23 Jahre nach Portugal. Zurück in London, machte sich Rego rasch einen Namen und kam 1989 in die engere Auswahl für den Turner Prize.

siehe auch

Alfred Edward Chalon (S. 154)
Robert Pugh (S. 182)
Paul Harbutt (S. 278)

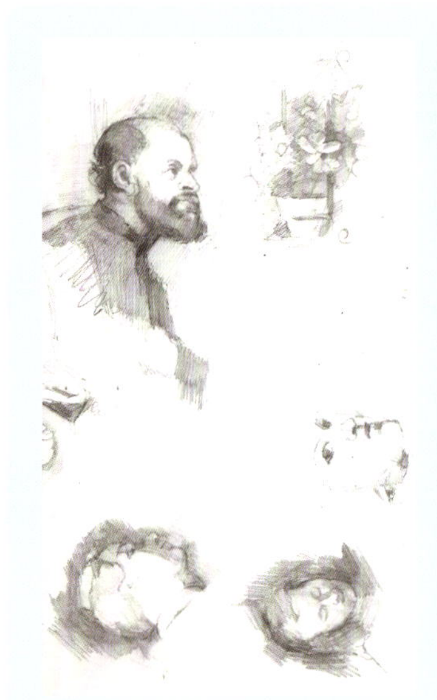

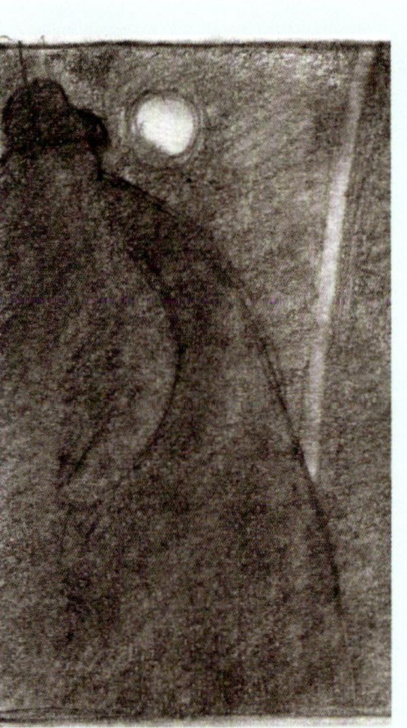

Vorlagen

Die meisten Künstler führen ein Skizzenbuch. Haltung, Gestik und Mimik zu beobachten und zu studieren, kann sehr nützlich sein und Ihren Zeichnungen zu mehr Ausdrucksstärke verhelfen. Instinktiv werden Sie zuerst versuchen, keine Skizze, sondern eine detaillierte Zeichnung anzufertigen. Doch das ist nicht Sinn eines Skizzenbuchs (ganz links). Es geht auch nicht in erster Linie darum, in einer Skizze festzuhalten, wie etwas aussieht. Erweitern Sie das Konzept: Versuchen Sie beim Zeichnen beispielsweise zu registrieren, wie Sie sich in einem bestimmten Moment fühlen. Wenn sich bei Ihnen in einem voll besetzten Zug ein Gefühl von Beklemmung einstellt, achten Sie darauf, wie Sie Ihre Umgebung in diesem Zustand wahrnehmen. Ihr Zeichenstil ist möglicherweise verändert, wenn Sie angespannt sind (links). Notieren Sie am besten Ihre Gefühle beim Zeichnen. So können Sie sich später leichter an die Situation erinnern.

Peter Doig

Siehe auch
Honoré Daumier (S. 158)
Georg Baselitz (S. 176)
Dexter Dalwood (S. 276)

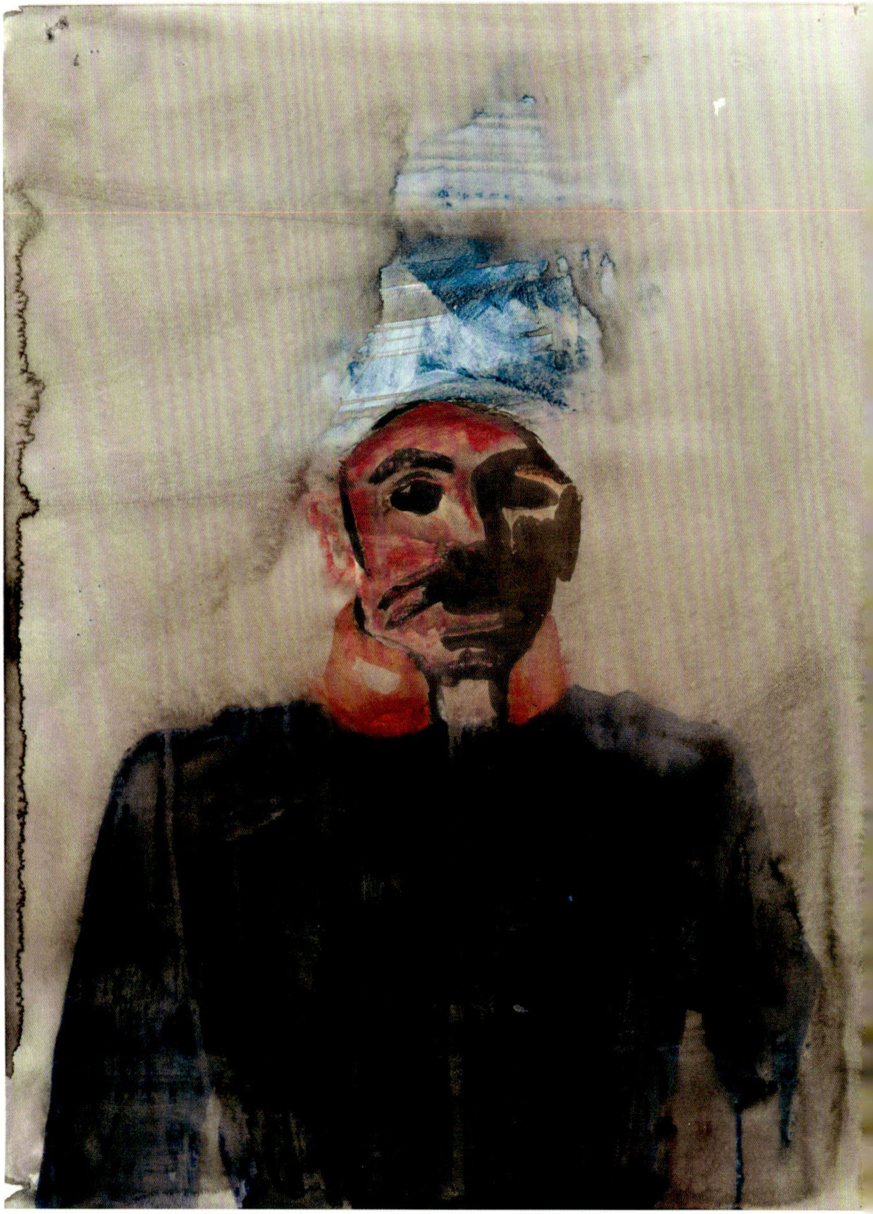

Peter Doig (Großbritannien, geb. 1959) kam in Edinburgh zur Welt. 1962 zog seine Familie nach Trinidad und 1966 nach Kanada. Ab 1979 studierte er Kunst in London. 1989 jobbte er neben seiner künstlerischen Tätigkeit als Garderobier in der English National Opera. In den 1990er-Jahren avancierte Doig zu einem führenden Künstler der britischen Kunstszene und begeisterte das Publikum mit seinen Landschaftsbildern zu einer Zeit, als die Konzeptkunst der Young British Artists angesagt war. Seit 2002 lebt er wieder in Trinidad.

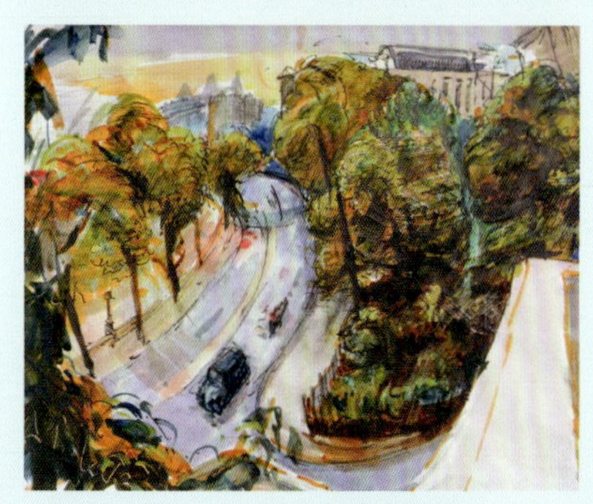

Vorlagen
Künstler haben Fotografien seit ihrer Erfindung im 19. Jahrhundert als Vorlage eingesetzt, auch wenn das verpönt war. Die langweiligste Art, ein Foto als Vorlage zu benutzen, ist es, dieses einfach vergrößert abzumalen. So etwas einmal zu machen, mag befriedigend sein. Doch wie bei den meisten Techniken ist es wichtig, dass Sie sich darüber bewusst werden, was Sie eigentlich darstellen möchten.

Gästehaus 3 2002
Mischtechnik auf weißem Velin
55,5 × 75,6 cm
Art Institute of Chicago, Illinois, USA

Peter Doig gilt als einer der wichtigsten lebenden Maler unserer Zeit. Seine Bilder zeigen eine eigenartige, oft beklemmende Stimmung und nehmen Bezug auf Traditionelles oder Zeitgenössisches. Doig kennt das Dilemma vieler gegenständlicher Maler nicht, was das Einbauen von Fotografien in ihre Bilder betrifft. Für ihn ist es selbstverständlich und gehört zu seiner Technik.

Während der Zeit als Doig in der English National Opera in London als Garderobier arbeitete und den Künstlern mit ihren Kostümen half, zogen Doig und ein Kollege einmal selbst die Opernkostüme an und traten damit auf die Bühne. Ein Foto entstand, das jahrelang in Doigs Atelier herumlag. Als er später an einem Gemälde arbeitete, für das er Figuren in einer bestimmten Position suchte, erinnerte er sich an das Foto. Er platzierte die beiden kostümierten Figuren in seine Bildkomposition hinein und war zufrieden. Für *Gästehaus 3* auf der linken Seite benutzte Doig eine ähnliche Technik – eine Zeichnung von zwei kostümierten Figuren, die er mit Aquarellfarben übermalte.

Doig benutzt Fotografien eher als auslösendes Moment denn als Informationsvermittler. Er entdeckt zum Beispiel ein Foto, das ihn an eine bestimmte Stimmung erinnert, und lässt sich davon zu einem Gemälde inspirieren oder baut es im Laufe der Arbeit in sein Werk ein. Bearbeitet er dieses Foto mithilfe von Farbe nach, entwickelt es ein Eigenleben und setzt weitere Assoziationen und Gefühle frei – der Künstler entscheidet dann, ob er das Bild zerstört oder die Bildwirkung in eine andere Richtung lenkt. Fotos haben für Doig den Stellenwert von Erinnerungen. Sie sind Elemente einer Collage, die irgendwann ein Ganzes ergeben.

Die Vorgehensweise von Doig zeigt, wie Fotografien als Vorlage oder Material die atmosphärische Richtung eines Bildes lenken können. Wenn Sie ein Foto als Vorlage verwenden möchten, sollten Sie es verwandeln. Bauen Sie das Foto zum Beispiel in eine Collage ein. Dadurch verändert sich der Kontext, in dem das Foto gesehen wird. Sie können auch ein weiteres Medium hinzunehmen. Doig malt zum Beispiel gern direkt von einem Foto ab, benutzt aber dafür ganz unfotografisch wirkende Aquarellfarben. Übung: Experimentieren Sie mit verschiedenen Medien, die nicht zur Fotografie passen. Benutzen Sie dazu am besten ein Werkzeug, das es schwierig macht, Details nachzuempfinden, wie einen großen Pinsel (ganz links) – oder aber ein Medium, mit dem sich Tonwerte schwer abbilden lassen wie Feder und Tinte (rechts).

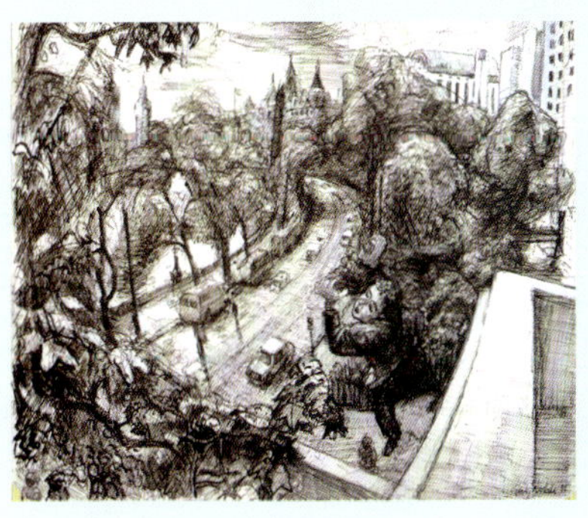

Robert Pugh

Siehe auch

Rembrandt van Rijn (S. 146)

Georg Baselitz (S. 176)

Miquel Barceló (S. 208)

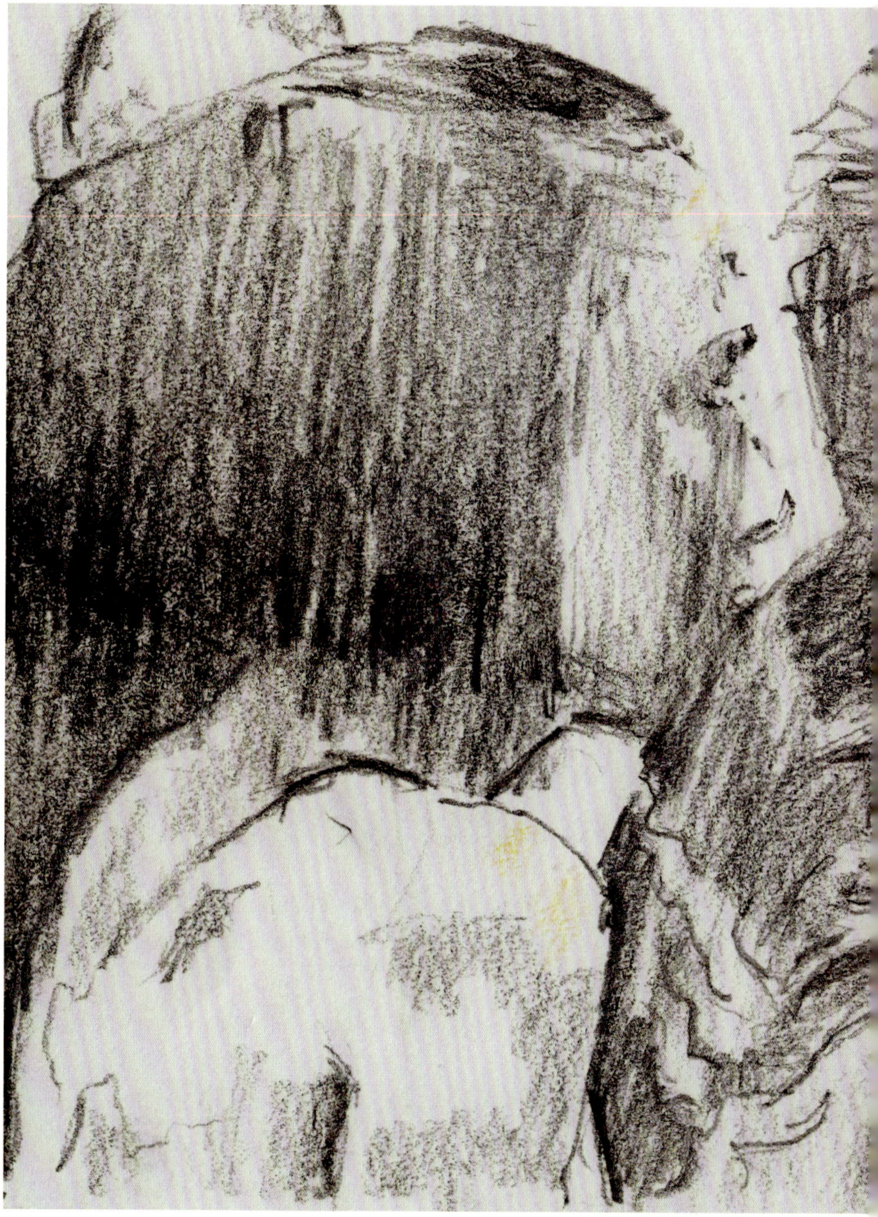

Robert Pugh (Großbritannien, geb. 1950) kam in London auf die Welt. Er studierte an der Byam Shaw School of Art in London und malt bevorzugt Porträts. Seine Bilder wurden in Gruppenausstellungen in der Royal Academy, der National Portrait Gallery und der Whitechapel Gallery gezeigt. Seit vielen Jahren arbeitet Pugh auch grafisch, unter anderem mit Weichgrundätzung und Farbaquatinta. 2016 erhielt er den ersten Preis der Radierkunst-Gilde auf der Internationalen Tiefdruckausstellung in Lettland. Seine Radierungen hängen in verschiedenen Sammlungen, wie im East London Printmakers Archive, dem Victoria and Albert Museum oder dem Scarborough Museum in London. Er ist Mitglied des Londoner Printmakers Council und der Brighton Independent Printmakers.

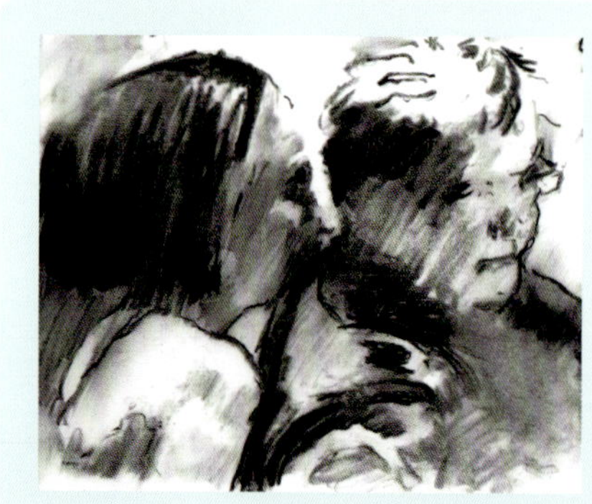

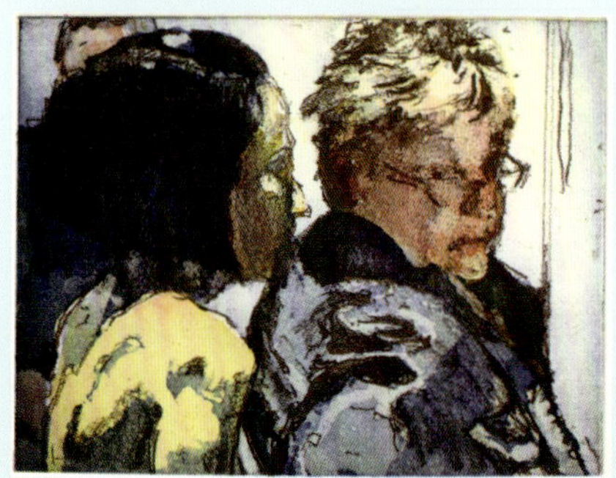

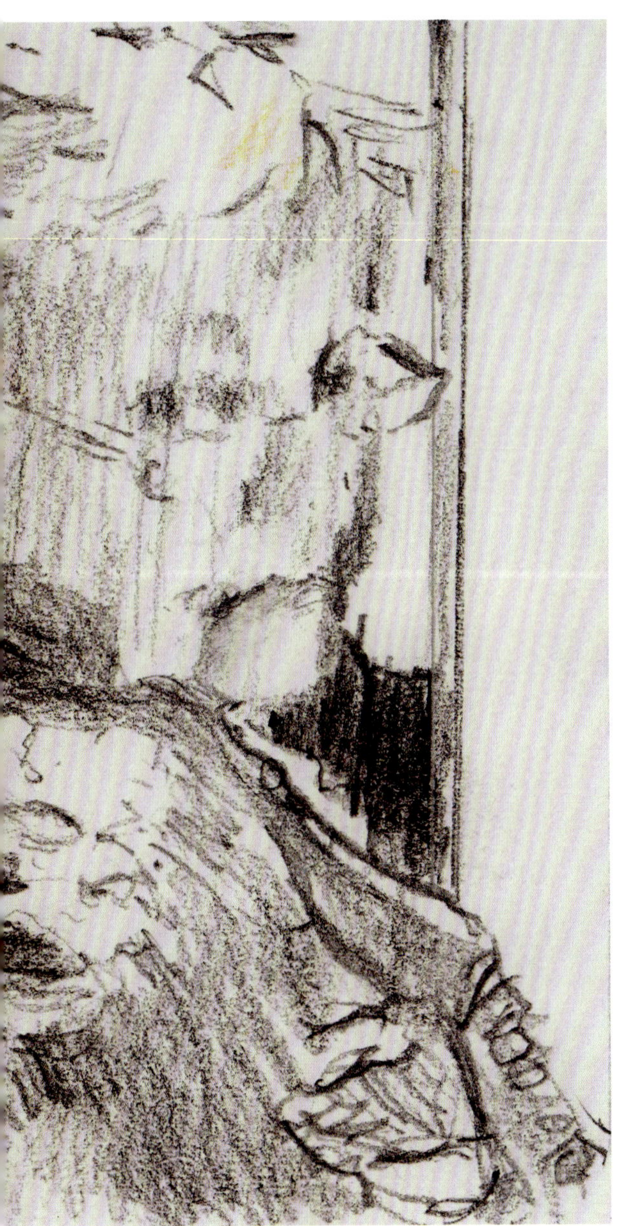

Drücken 2016
Grafitstift auf Papier
15 × 20 cm
Sammlung des Künstlers

Die Zeichnung mit dem Titel *Drücken* auf der linken Seite stammt aus einer Serie, die Robert Pugh zum Thema Empathie anfertigte. Sie basiert auf einer Videoperformance von Marina Abramović und ihrem damaligen Partner Ulay mit dem Titel *Imponderabilien*, die 1977 in der Galleria Communale d'Arte Moderna in Bologna aufgeführt wurde. Abramović und Ulay standen damals am Eingang zur Ausstellung und zwangen die Besucher, sich durch die Lücke zwischen ihnen zu drücken. Das Unbehagen der Besucher wurde noch durch die Tatsache verstärkt, dass Abramović und Ulay nackt waren. Bei Pugh löste diese Perfomance Erinnerungen an frühere unangenehme Situationen aus, und er wollte dieses Gefühl bildlich festhalten.

Während Pugh die Videoaufzeichnung der Perfomance sah, fertigte er in rascher Folge mehr als 30 kleine Zeichnungen an, in denen er die Beziehung zwischen den unangenehmen Gefühlen, die das Video bei ihm auslöste, seinen Erinnerungen an ähnliche Emotionen und die formalen Konsequenzen innerhalb der Zeichnung auslotete. Die Zeichnung auf der linken Seite ist die einzige, die von den etwa 30 Zeichnungen erhalten blieb.

Durch die schnelle Arbeitsweise – Pugh arbeitete an jeder Zeichnung nicht länger als fünf Minuten – entstanden keine überflüssigen Details. Während Pugh die Serie zeichnete, stellte er fest, dass die Figuren im Verlauf ähnlich groß blieben, sich die Ränder des Papiers jedoch zusammenzuziehen schienen, als würde sich die Figurenkomposition immer mehr verdichten. In den ersten Bildern kam es zu einigen wichtigen Veränderungen: Im Video kann man Abramovićs nackte Brüste sehen, doch Pugh stellte während des Zeichenprozesses fest, dass eine nackte Schulter das Bild packender macht. In der Zeichnung *Drücken* auf der linken Seite wirkt die Jacke des Besuchers wie ein klobiger Panzer, der ihn vor dem Gefühl der Scham schützt.

Materialen

Pugh verwendete für die Zeichnung oben einen Grafitstift, um die Emotionen auf dem Video zu analysieren. Eine gute Übung wäre es, das gleiche Sujet (Mann/Frau) zu zeichnen, aber mit einem anderen Medium als mit einem Grafitstift (ganz links). Wie man auf Pughs Farbdruck der Zeichnung *Drücken* sieht (links), bietet der Wechsel des Zeichenmittels neue Möglichkeiten und Effekte.

Vorlagen

Inspiration kann aus unerwarteten Quellen und von Kunstwerken kommen, in denen völlig andere Zeichenmittel benutzt werden. Der Trick dabei: Wenn Sie ein anderes Medium einsetzen als auf der Vorlage, verhindert das ein bloßes Kopieren und fokussiert sie darauf, was Sie an der Vorlage inspiriert. Schauen Sie sich dazu die Zeichnungen von Jacopo Tintoretto (Seite 260) und Giovanni Battista Naldini (Seite 214) an.

Abstr

ktion

Eine abstrakte Darstellung ist nicht darum bemüht, die reale Wirklichkeit abzubilden. Stattdessen setzt sie Formen, Farben, Strukturen und Zeichen ein, um bestimmte Wirkungen zu erzielen. Abstrakte Kunst trennt damit Visuelles wie Töne, Linien und Farbe von den dargestellten Objekten. In einem abstrakten Bild, das losgelöst ist von der realen Darstellung der Natur oder sogar von der Darstellung realer Gegenstände, werden die Qualitäten von Form, Linie oder Tonwerten auf eine Art und Weise wahrnehmbar, wie es in einem gegenständlichen Bild nicht möglich wäre.

Unsere Vorstellungen von Kunst rühren zumeist aus der realen, gegenständlichen Welt – und auch die visuelle Kraft, die Linien und Töne in uns entfalten können, entspringt unmittelbar unserer sinnlichen Wahrnehmung. Selbst wenn wir lediglich willkürliche Zeichen aufs Papier bringen, wird ein Betrachter versuchen, den Zeichen einen Sinn zu verleihen, indem er sie mit den Mustern aus seiner Wirklichkeitserfahrung abgleicht.

Es ist wichtig, die komplexe Beziehung zwischen Abstraktion und Gegenständlichkeit zu begreifen. Will man eine abstrakte Darstellung zeichnen, hilft es, die Rolle der visuellen Erfahrung bei der Deutung der Formen zu kennen, um diese intensiver gestalten zu können. Auch gegenständliche Kunst gewinnt an Klarheit und Ausdruck, wenn man versteht, dass hinter einer gelungenen Abstraktion stets das Gegenständliche durchzuschimmern scheint. So wirkt zum Beispiel Philip Gustons Zeichnung (Seite 196) zart und zugleich monumental, während organische Formen sich in Unkenntliches auflösen. Im Gegensatz dazu sehen die Formen in der Zeichnung von Eva Hesse (Seite 201) aus, als hätte man sie direkt auf das Papier gewalzt.

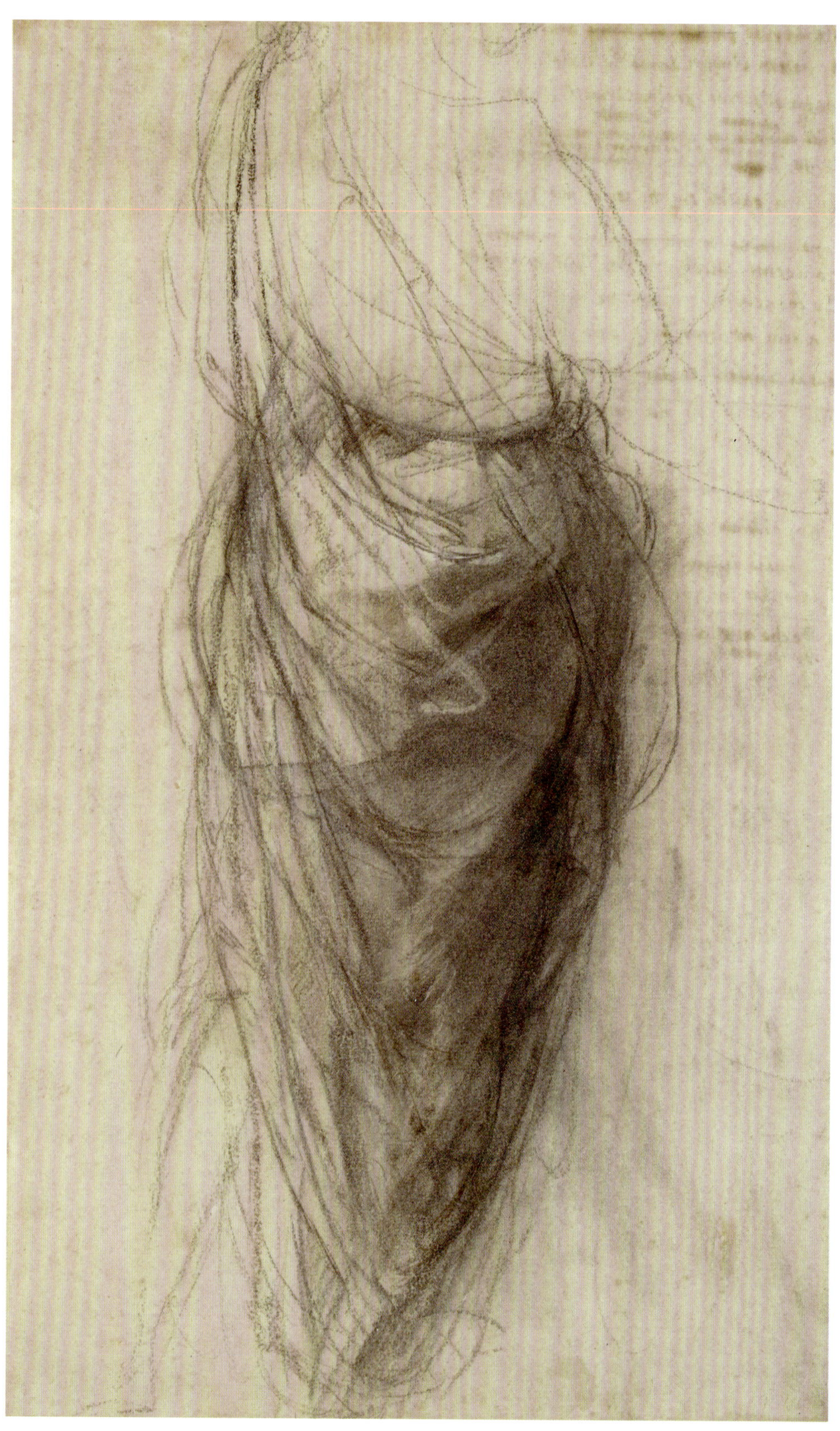

Studie für den Faltenwurf eines Mannes um 1503
Kreide auf hellem, festem Papier
38 × 23 cm
Ashmolean Museum, Oxford, Großbritannien

Wie das Bildnis einer jungen Frau (Seite 74), so schuf Raffael auch diese *Studie für den Faltenwurf eines Mannes* (linke Seite) etwa im Alter von 20 Jahren. Die beiden Werke könnten jedoch kaum unterschiedlicher sein. Die Kreidezeichnung auf der linken Seite zeigt eine größere Freiheit und etwas fast Fieberhaftes. Der Stoff scheint sich zu materialisieren, wobei Raffael dabei genau den Moment im Bild festhält, als dies geschieht.

Leonardo da Vinci (Seite 72) fertigte zahlreiche Studien von Faltenwürfen an, bei denen er sich auf die Darstellung des Lichteinfalls auf den Stoff konzentrierte. Raffael hingegen isoliert die Form des Stoffes – auch wenn Schulter und Arm einer Figur angedeutet sind – und konzentriert sich ganz auf die Wirkung der Falten. Die Linien scheinen sich dabei von dem zu lösen, was sie eigentlich darstellen. Es entsteht eine abstrakte Form, die jedoch die lebendige Gestalt unter dem Stoff noch erahnen lässt.

Künstler betrachten Zeichnungen ein wenig anders als Kunsthistoriker. Als Künstler fragt man sich zuerst, ob ein Bild einen neuen Blick auf etwas Vertrautes offenbart. Die außergewöhnliche Form in dieser Studie sieht ein wenig wie eine Eiswaffel oder eine Windhose aus und weniger wie der Faltenwurf eines Gewandes. Eine derart poetische Bildsprache zu erschaffen, stellt eine faszinierende Herausforderung für Künstler dar.

Raffael (Italien, 1483–1520) wurde als Raffaello Sanzio in Urbino geboren. Er war der Sohn von Giovanni Santi (um 1435–1494), Hofmaler des Herzogs von Urbino. Raffael trat nach dem Tode seines Vaters in die Werkstatt von Pietro Perugino ein (um 1446–1523). Im Alter von 21 Jahren arbeitete er in Florenz und galt den älteren Künstlern Leonardo da Vinci (1452–1519) und Michelangelo (1475–1564) als ebenbürtig. 1508 zog Raffael nach Rom, wo er sein restliches Leben verbrachte und die berühmten Gemächer *Stanzen des Raffael* (1508–1524) im Vatikanpalast mit Wandbildern ausschmückte.

Siehe auch
Honoré Daumier (S. 158)
Philip Guston (S. 196)
Egon Schiele (S. 236)

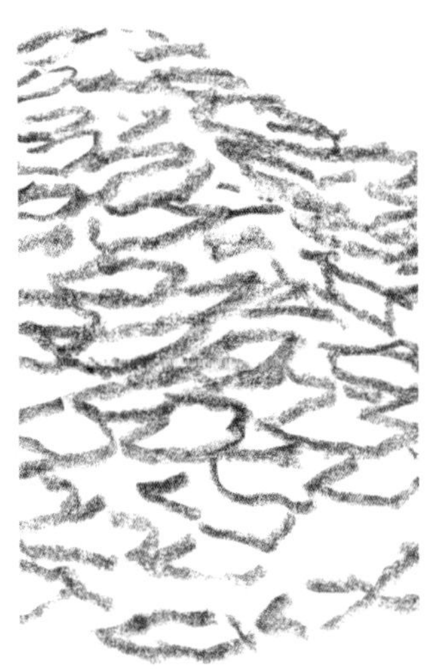

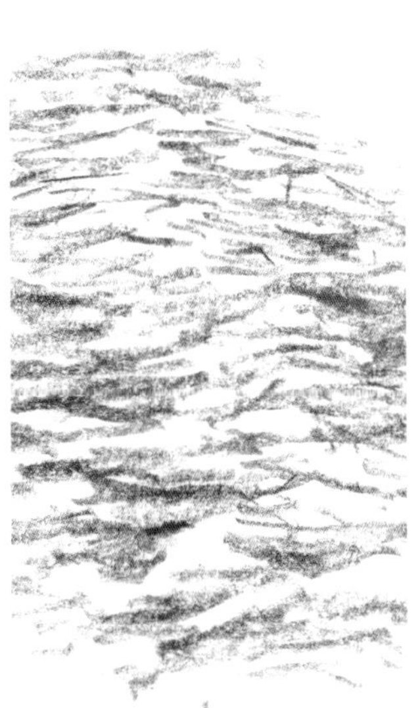

Vorlagen
Das gegenständliches Zeichnen direkt vom Modell verführt recht schnell dazu, zu glauben, man träfe ein Sujet besonders gut, wenn man es möglichst exakt abbildet. Immer wieder werden Sie in diesem Buch Beispiele finden, die das Gegenteil beweisen – es sei denn, Sie sind ausschließlich an der illustrativen Darstellung einer bestimmten Form interessiert. Eine Zeichnung aber zieht den Großteil ihrer Ausdruckskraft daraus, dass sie etwas auf neuartige Weise zeigt.

Wenn Sie zum Beispiel welke Blätter auf einem Waldboden zeichnen (ganz links) und feststellen, dass ihr Bild mehr und mehr misslingt, je mehr Sie daran arbeiten, dann versuchen Sie einmal, Ihren Blick auf die Blätter zu ändern. Wie sehen die Blätter genau aus? Erinnern diese Sie an etwas anderes? Denken Sie bei ihrem Anblick vielleicht an die Muster, die Wind auf einer Wasserfläche bildet (links). Zeichnen Sie die Blätter noch einmal mit dieser Idee.

Lee Krasner

Aktstudie vom Modell 1939
Kohle auf Papier
63,5 × 48 cm
Privatsammlung

Seit ihrem Tod im Jahr 1984 wird Lee Krasner nicht mehr vorrangig als Frau von Jackson Pollock (1912–1956) wahrgenommen, sondern auch als eigenständige Künstlerin. Zugegebenermaßen lässt sich in vielen ihrer Bilder Pollocks Einfluss erkennen. Doch betrachtet man ihre frühen Zeichnungen, sieht man, dass dieser Einfluss nicht ausschließlich positiv war. Leider zerstörte Krasner viele ihrer Gemälde, die in der Zeit enstanden, als sie sich 1942 auf eine enge Beziehung mit Pollock einließ.

Den größten Einfluss auf das Frühwerk der Künstlerin hatte – neben der Eröffnung des New Yorker Museum of Modern Art im Jahr 1939, dem Postimpressionismus und dem Kubismus – Hans Hofmann (Seite 194). Hofmann interessierte sich vor allem für Bildstruktur, Raumillusion und Farbbeziehungen und dafür, wie sich diese abstrahieren lassen, um eine parallele Realität zu schaffen. Seine Lehren schließen die Lücke zwischen Abstraktem Expressionismus und der europäischen gegenständlichen Kunst.

In ihrer Kohlezeichnung eines Aktmodells (rechte Seite) versuchte Krasner, eine Einheit zu halten, während sie ein dynamisches Ganzes herausarbeitete. Die Zeichnung zeigt den Einfluss des Kubismus. Krasner durchschneidet die Formen und verflacht diese, um Ebenen zu erhalten, die den Raum durchdringen. Zu erahnen ist in den Formen ein Kopf, der nach links blickt. Die Zeichnung ist in ihrer Bildlogik stringent, was nicht für alle ihrer Werke aus dieser Zeit zutrifft. Doch hier gelingt es Krasner, die illusionistischen Elemente stark zu reduzieren und teilweise sogar ganz herauszunehmen.

Lee Krasner (USA, 1908–1984) wurde in New York geboren, wo sie später an der School of Fine Art bei Hans Hofmanns (1880–1966) studierte. Krasners Werk aus dieser Zeit zeichnet sich durch blockartige Formen aus, umrissen von breiten, schwarzen Linien, die mehrmals überarbeitet wurden. 1945 heiratete Krasner den Maler Jackson Pollock (1912–1956). Der Umzug des Paars nach The Springs bei East Hampton in Long Island gab beiden Künstlern die Möglichkeit, weiter zu experimentieren, was bei Krasner zu der Serie *Little Images* (1946–1949) führte, die aus Ansammlungen unterschiedlicher Zeichen besteht, welche – in einzelnen Feldern zusammengenommen – eine Einheit bilden. Später erprobte sie unterschiedliche Techniken und fertigte zum Beispiel Collagen an.

Siehe auch
Hans Hofmann (S. 194)
Alberto Giacometti (S. 242)
Willem de Kooning (S. 270)

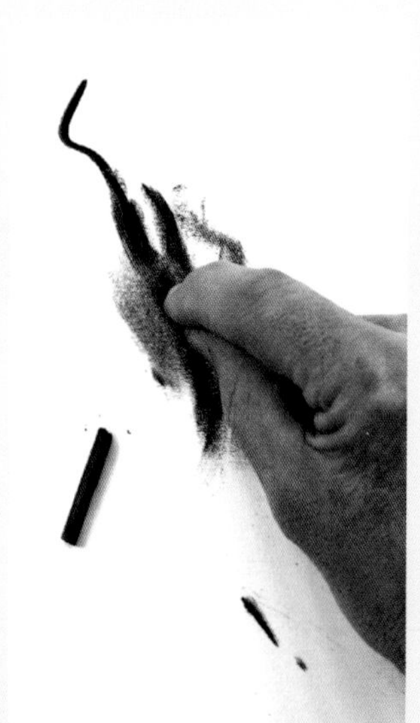

Materialien
Selbst erfahrene Zeichner finden Kohle als Zeichenmittel schwierig. Denken Sie daran, dass Kohle rasch verschmiert, wenn sie auf die Papieroberfläche aufgetragen wird. Versuchen Sie, sie ins Papier zu reiben (links). Benutzen Sie dazu Ihre Finger und massieren Sie die Kohle kraftvoll ins Blatt ein. Sie können auch ein Fixierspray (Seite 46, 47) verwenden. Danach kann man zwar noch über die fixierte Schicht zeichnen, aber kaum mehr etwas verändern.

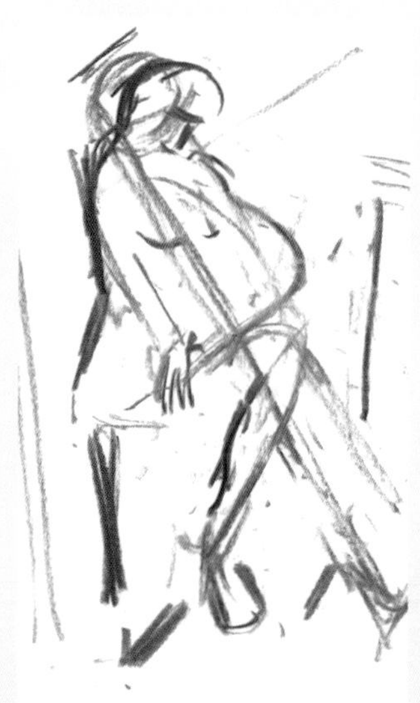

Linie und Form
Krasners Zeichnung ist abstrakt. Es ist schwierig, ein bestimmtes Objekt im Bild zu erkennen, wobei man ein sitzendes Modell erahnt. Bei einem abstrakten Zeichenstil müssen Hauptebenen im Bild früh identifiziert und herausgearbeitet werden, um eine interessante Gesamtstruktur zu schaffen (links). Allerdings sollte dies nicht dazu führen, dass das Bild zu stilisiert wirkt, sondern sich eine überzeugende Dynamik für Ihre Komposition entwickelt.

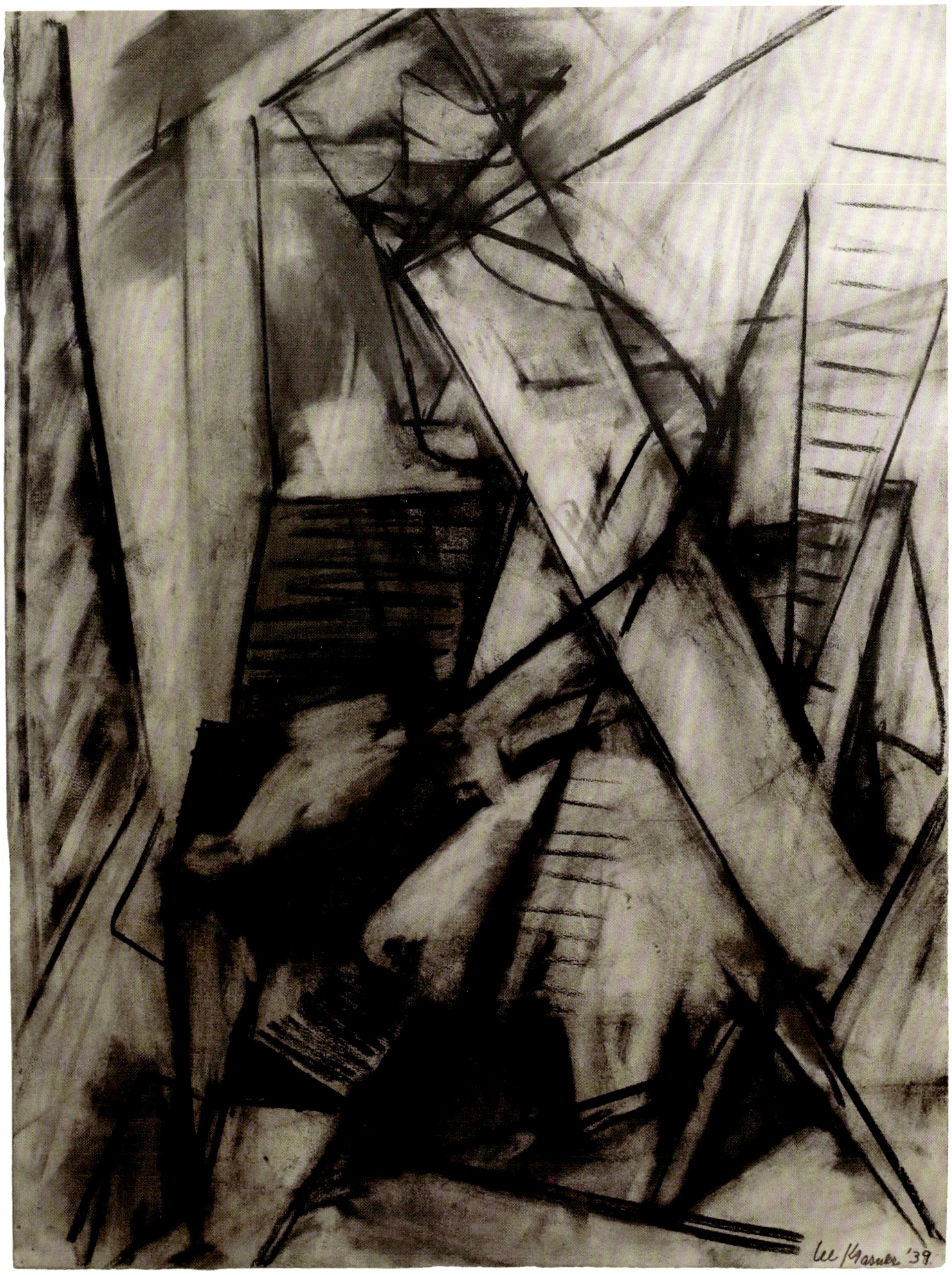
Lee Krasner '39

Nicolas de Staël

Komposition 1945
Kohle auf Papier
50 × 40 cm
Privatsammlung

Obgleich sich Nicolas de Staël selbst zu keiner Kunstbewegung zugehörig fühlte, erinnert sein abstraktes Werk an den amerikanischen Abstrakten Expressionismus und an dessen Vorläufer, den Tachismus, eine französische Ausprägung des Informel, die in den 1940er-Jahren in Paris entstand. Auch wenn sich in den 1930er-und 1940er-Jahren die Kunstwelt von Paris nach New York verlagerte, arbeiteten viele der bekanntesten Künstler – Pablo Picasso (Seite 102 und 170), Henri Matisse (Seite 174 und 234), Max Beckmann (Seite 172 und 240), Joan Miró (Seite 204), Alberto Giacometti (Seite 242) und Balthus (Seite 246) – weiterhin in Europa. De Staël lebte in Frankreich, stellte aber mehrfach in England und in den USA aus. Seine großformatigen Gemälde mit Farbblöcken, die über die Leinwand zu wandern scheinen, zeigen viele Merkmale des Abstrakten Expressionismus.

Die Zeichnung auf der rechten Seite stammt aus einer Serie stark abstrahierter Arbeiten. De Staël komponierte hier eine Art gleichmäßiges Vakuum für eine Reihe von dicken Strichen. Es ist unmöglich, etwas Gegenständliches in seiner Komposition zu erkennen. Der Betrachter muss die Striche, Linien und Schlieren um ihrer selbst willen genießen. Andere Zeichnungen aus dieser Serie haben eine intensivere Oberfläche, die sich von links nach rechts und von oben nach unten bis zum Rand hin ausdehnt. In dieser Zeischnung hat der Künstler die Linien bewusst vor den Hintergrund gesetzt, wodurch das Ganze transparenter wirkt.

Nicolas de Staël (Russland, 1914 bis 1955) stammte aus einer aristokratischen Familie in St. Petersburg, die nach der Russischen Revolution 1917 nach Polen floh. 1922 waren bereits beide Eltern gestorben, und der junge Nicolas wurde in Brüssel von einem russischen Paar adoptiert. In Brüssel studierte er später auch Kunst an der Académie Royale des Beaux-Arts. Von 1936 bis 1938 reiste er durch Europa und Nordafrika, ehe er sich in Paris niederließ und Schüler von Fernand Léger (1881–1955) wurde. Als 1939 der Zweite Weltkrieg ausbrach, trat er der Fremdenlegion bei. Nicolas de Staël zählte nach dem Krieg zu den führenden abstrakten Künstlern der Pariser Schule.

Siehe auch
Dennis Creffield (S. 134)
Joan Miró (S. 204)
Anselm Kiefer (S. 272)

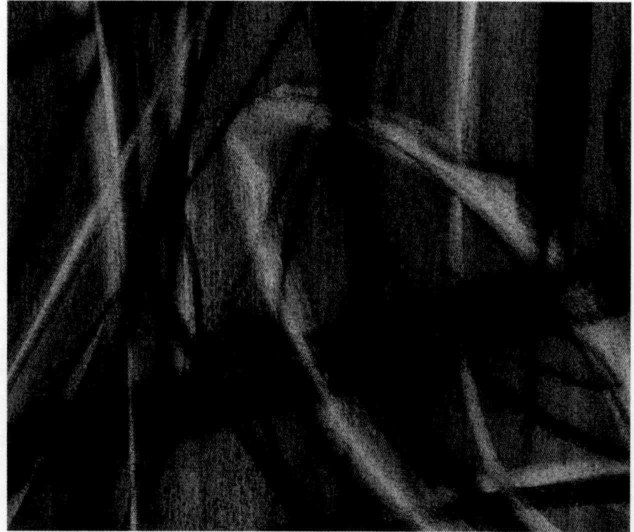

Materialien
Der besondere Umgang des Künstlers mit dem Material zeichnet abstrakte Malerei aus. Wesentlich ist dabei ein Gespür für die richtige Kombination der Medien und deren Wirkung. Entfernt man jeden Bezug zur realen Welt (Objekte, Raum, Form, Licht und Schatten), bleiben nur die Materialien. Das visuelle Vergnügen, das durch das Betrachten abstrakter Kunst entsteht, entspringt diesen. Fehlen unnötige Informationen, rückt die ästhetische Erfahrung in den Fokus.

Vorlagen
Unterhalten sich Künstler untereinander, geht es oft um Techniken und Materialien, weniger um Ideelles. Viele Künstler befinden sich beim Kreieren ihrer Werke in einer Art Trance. Was dabei genau geschieht, lässt sich kaum in Worte fassen. Stattdessen können wir über Bildanordnungen, Licht und Schatten reden und feststellen, ob etwas funktioniert oder nicht. Abstrakte Zeichnungen (links), bei denen nur die Materialien im Zentrum stehen, sind schwer zu beschreiben.

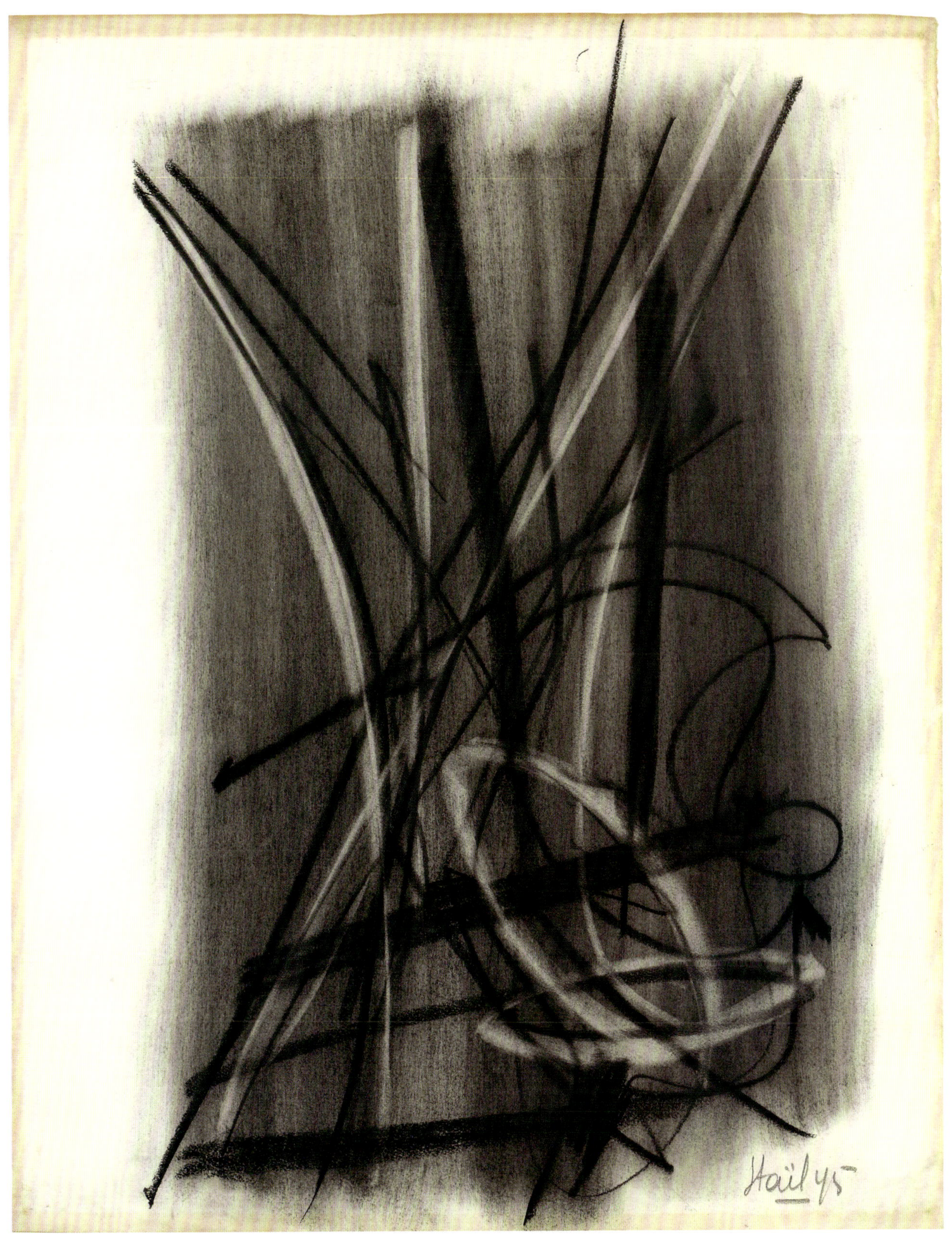
Staël 45

Hans Hofmann

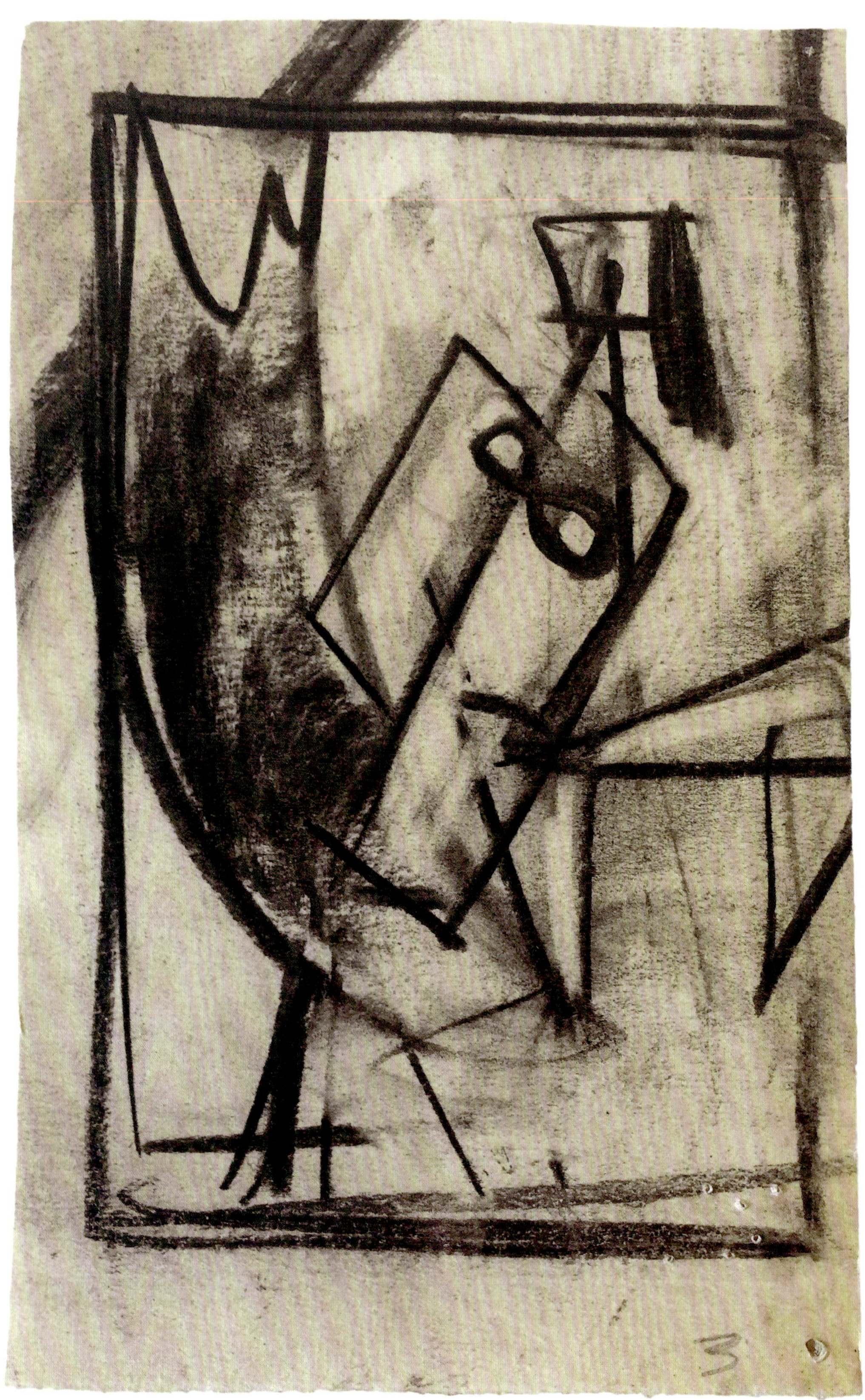

Ohne Titel *(eine von sechs Kohleskizzen)* um 1947
Kohle auf Papier
25,4 × 17 cm
Privatsammlung

Von den späten 1930er- bis in die 1950er-Jahre sammelten sich die innovativsten Künstler in New York. Es waren die sogenannten Abstrakten Expressionisten. Den Namen hatte 1946 der Kunstkritiker Robert Coates (1897–1973) erfunden, da viele Ideen der Bewegung dem deutschen Expressionismus und Werken von Künstlern wie Wassily Kandinsky (1866–1944), Paul Klee (Seite 268) und Joan Miró (Seite 204) entsprangen.

Als Hans Hofmann 1932 in die USA immigrierte, hatte er bereits eine Kunstschule in München gegründet. In New York eröffnete er erneut eine Schule, der später eine weitere in Provincetown in Massachusetts folgte, in denen er die modernen europäischen Kunstströmungen unterrichtete. Hofmanns Schriften beeinflussten die Abstrakten Expressionisten und brachten sie der Vorstellung näher, durch das Weglassen von Vertrautem oder Gegenständlichem Farbe und Leinwand zum eigentlichen Sujet zu machen.

Die Skizze auf der linken Seite ist eine von sechs Skizzen, die Hofmann nach einer Aktzeichnung einer seiner Schüler anfertigte. Auch wenn sie nicht zu Hofmanns überzeugendsten Zeichnungen zählen mag, ist sie insoweit interessant, als sie seine Vorstellung von Bildstruktur zeigt. Hofmann legt auf der Kohlezeichnung ein Rechteck fest, in das er Linien zeichnet. Man erkennt den linearen Bildaufbau und wie dieser alles strukturiert. So gleicht die diagonale Bewegung der Figur von links nach rechts den großen Bogen aus, der von links oben kommt und vom Kopf des Modells auf seine Schultern und auf die Tischplatte drückt. Obgleich die Zeichnung beinahe schematisch wirkt, ist sie ausdrucksstark.

Hans Hofmann (Deutschland, 1880 bis 1966) zog mit seiner Familie im Alter von sechs Jahren vom bayerischen Weißenburg nach München. Er interessierte sich für Naturwissenschaften, Musik und Kunst. 1898 begann er in München Kunst zu studieren. 1904 siedelte er nach Paris um, wo er sich mit führenden Künstlern der Moderne befreundete, wie Henri Matisse (1869–1954), Pablo Picasso (1881–1973) und Georges Braque (1882–1963). Eine wichtige Freundschaft, die ihn künstlerisch beeinflusste, pflegte Hofmann mit Robert Delaunay (1885–1941). 1932 zog Hofmann nach New York und gründete die Hans Hofmann School of Fine Arts in Manhattan.

Siehe auch
Nicholas Volley (S. 66)
Lee Krasner (S. 190)
Willem de Kooning (S. 270)

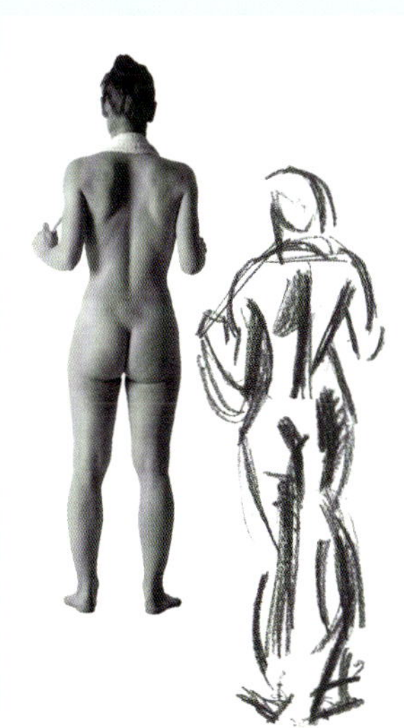

Schattierungen und Linien
In abstrakten Zeichnungen werden Licht und Schatten nicht traditionell eingesetzt. Schattierungen heben lediglich Bereiche voneinander ab, was auf einen Lichtwechsel hindeuten kann, aber nicht muss. Das gilt auch für die Linienführung: Linien sind nicht automatisch mit Konturen oder Rändern von Objekten verbunden, sondern Ausdruck ihrer selbst. Eine einfache Bildsprache hilft, den dynamischen Aspekt eines Sujets einzufangen, ohne sich in Details zu verlieren (links).

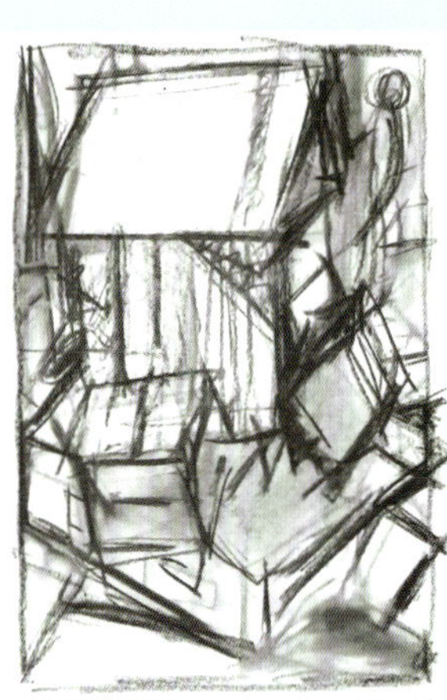

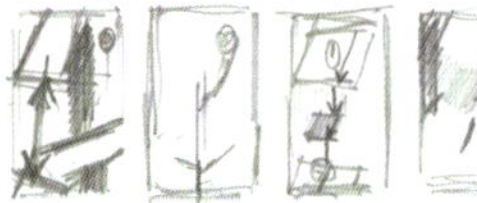

Vorlagen
Wenn man mit einem Modell vor Augen arbeitet, verliert man rasch die einfachen visuellen Ideen aus dem Blick, die man sich anfangs überlegt hat. Es ist sinnvoll, immer ein Skizzenbuch zu haben, um diese frühen Ideen mithilfe von raschen Skizzen aufzufrischen und neu zu definieren (links). Je souveräner Sie werden, desto leichter können Sie solche Skizzen auch in Ihre Zeichnung einbauen, ohne befürchten zu müssen, sich in Details zu verlieren.

Philip Guston

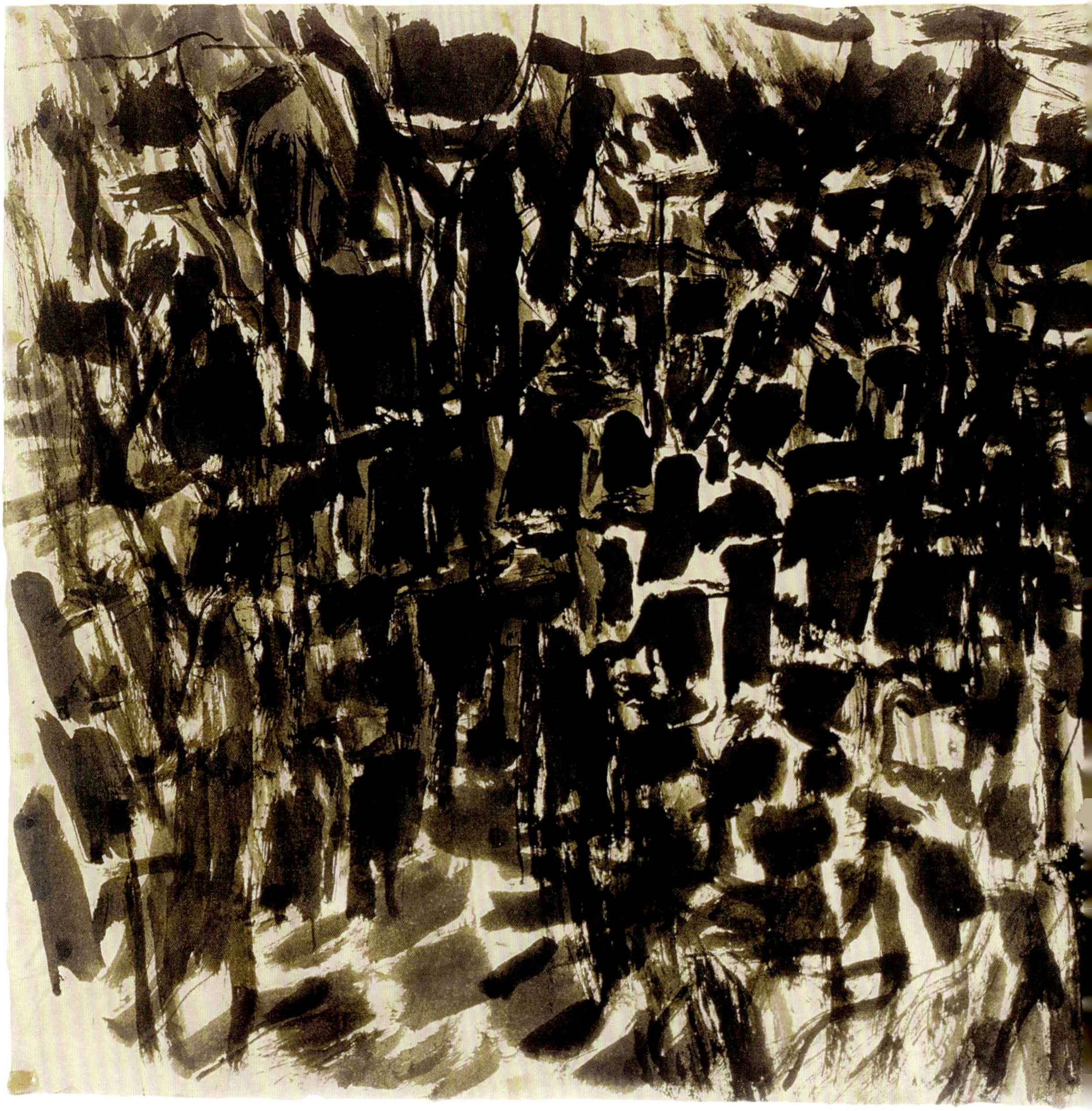

Siehe auch

Nicolas de Staël (S. 192)

Joan Miró (S. 204)

Philip Guston (Kanada, 1913–1980) stammte aus einer russisch-jüdischen Familie. Er besuchte gemeinsam mit Jackson Pollock (1912–1956) eine Schule in Los Angeles. Beide mussten die Schule verlassen, weil sie Kritik an der Bevorzugung von Sport vor der Kunst äußerten. In den 1930er-Jahren fertigte Guston Wandbilder für das Federal Art Project an, die deutlich den Einfluss von Diego Rivera (1886–1957) zeigen. In den 1950er-Jahren wurde Guston zu einem Hauptvertreter des Abstrakten Expressionismus. Mit einer Ausstellung in der New Yorker Marlborough Gallery kehrte er 1970 zur gegenständlichen Kunst zurück, was die Kunstwelt entsetzte. Guston ist vor allem für seine abstrakten Bilder bekannt, die er bis zu seinem Tod malte.

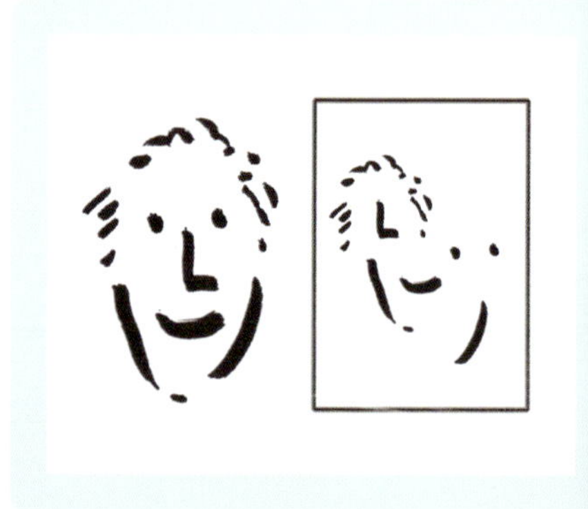

Ohne Titel um 1953
Tinte auf Papier
62,2 × 99,1 cm
Acquavella Galleries, New York, USA

Philip Guston kannte die Arbeiten europäischer abstrakter Künstler wie Hans Arp (1886–1966), Nicolas de Staël (Seite 192) und Joan Miró (Seite 204), die in den 1930er- und 1940er- Jahren in New York ausstellten. Mitte des 20. Jahrhunderts galt die Abstraktion als wichtigste Kunstbewegung, an der viele nordamerikanische Künstler teilhaben wollten. Guston begann als gegenständlicher Maler, wandte sich aber ab 1947 der Abstraktion zu. Über 20 Jahre lang arbeitete er auf diese Weise äußerst erfolgreich. Als Guston 1967 begann, wieder gegenständlich zu malen – teilweise inspiriert von den Cartoons Robert Crumbs (geb. 1943) – nahmen ihm dies viele seiner Künstlerkollegen aus dem Kreis der Abstrakten Expressionisten übel.

Gustons Zeichnung (links) erinnert an die Seerosen-Bilder, die Claude Monet (Seite 124) in seinen späten Jahren anfertigte. Der wesentliche Unterschied besteht jedoch darin, dass Gustons Werk ganz aus der Distanz zu den dargestellten Formen entsteht. Im Gegensatz zu den Werken von Nicolas de Staël (Seite 192) sind es bei ihm jedoch organische Formen, die eine halb geformte Welt erschaffen. Die Dinge befinden sich in einem fließenden Zustand und haben sich noch nicht richtig materialisiert.

Die meisten von Gustons Bildern aus dieser Zeit weisen eine organische, zellartige Struktur auf. Sie gehen vom Zentrum der Komposition aus und scheinen oft unfertig zu sein – als ob der Künstler nicht bis an den Rand des Papiers gekommen wäre. Vergleicht man sein späteres Werk mit diesen frühen abstrakten Zeichnungen, kommt man auf die Idee, dass genau diese Unvollständigkeit Guston künstlerisch beschäftigte und ihn schließlich dazu veranlasste, wieder einen gegenständlicheren Stil zu suchen.

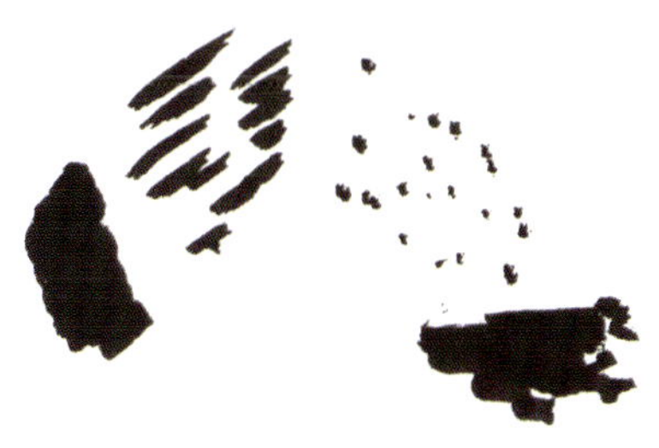

Linienführung

Spricht man vom Bezug zwischen den verschiedenen Bereichen einer Zeichnung, meint man damit, wie eine Linie oder ein Punkt etwas anderes aufgreift oder kontrastiert. Solche Beziehungen entstehen bewusst oder unbewusst. Wenige Punkte und Striche (ganz links) können zum Beispiel wie ein Gesicht aussehen. Man nimmt sie als Ganzes wahr und schlägt eine gedankliche Verbindung. In der zweiten Skizze (links) stehen die Punkte und Striche ebenfalls in Bezug zueinander, doch es ist weniger eindeutig, was sie darstellen. Dennoch folgen sie einer Logik – solide, etwas aufgebrochener, sehr aufgebrochen, neu zusammengestellt –, entziehen sich aber einer Interpretation. In Gustons Bild (oben) verbinden sich die Punkte und Striche zu einem einheitlichen Ganzen.

William Turnbull

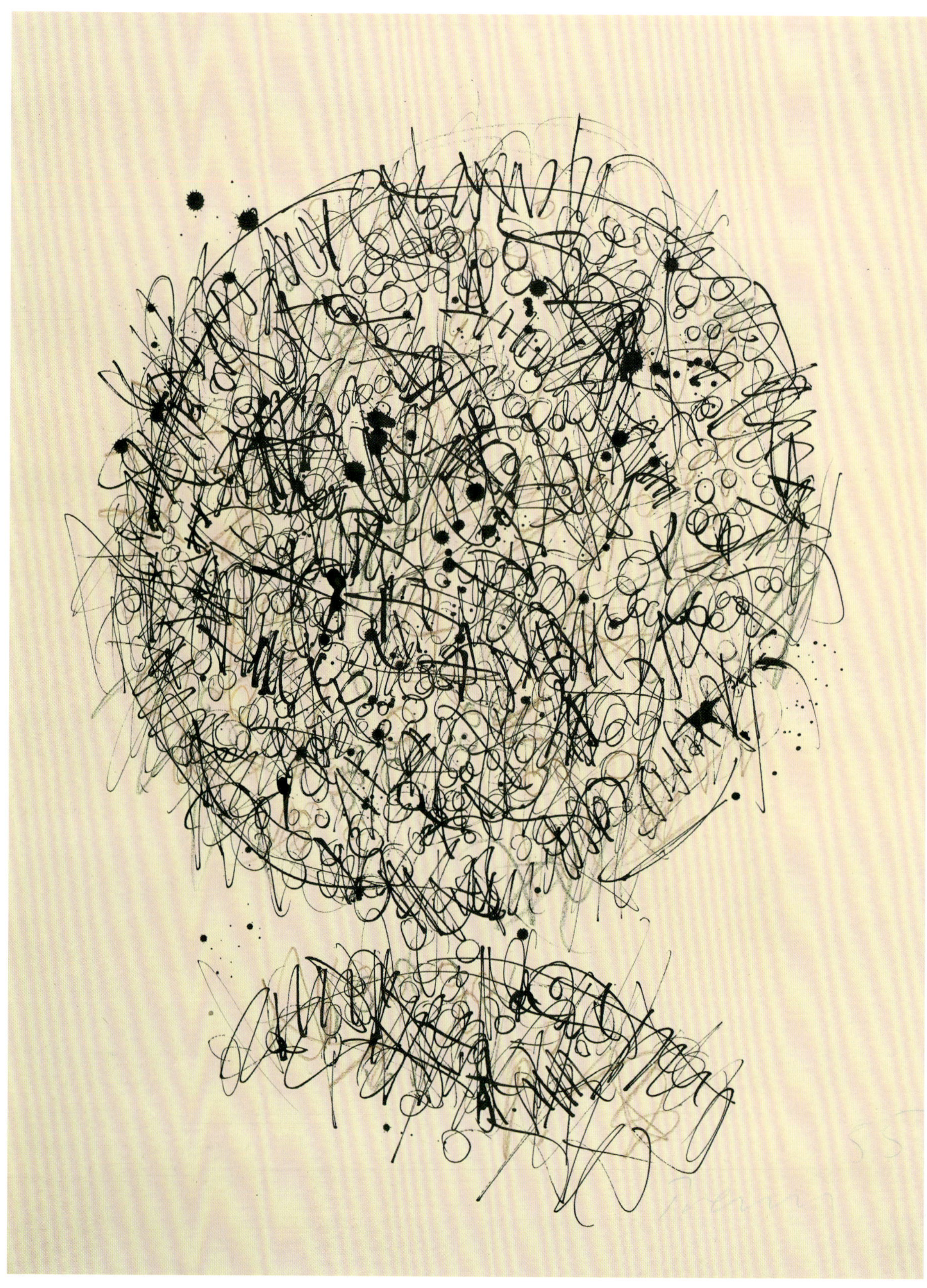

Kopf 1955
Schwarze Tinte und Buntstift auf Papier
53 × 42 cm
Turnbull Studio, London, Großbritannien

William Turnbull ist einer der wichtigsten britischen Bildhauer und Maler der zweiten Hälfte des 20. Jahrhunderts. Im Jahr 1948 zog er nach Paris, wo er Künstlern wie Constantin Brâncuși (1876–1957) und Pablo Picasso (Seite 102 und 170) begegnete. Doch es war die Freundschaft mit Alberto Giacometti (242), die ihn künstlerisch am meisten prägte. Giacometti wechselte mühelos zwischen Skulptur und Bild hin und her, wobei er jedes Medium genau erkundete, um seinen visuellen Ideen von Raum und Form Ausdruck zu verleihen. Je mehr sich Turnbulls Werk entwickelte, umso häufiger verwendete auch er unterschiedliche Medien auf ähnliche Weise. Die ersten Bilder der Serie von Köpfen, die Turnbull anfertigte, waren stark von Giacometti beeinflusst, doch schon bald formte er diesen Einfluss in seine eigene Bildsprache um. Im Zweiten Weltkrieg war Turnbull Pilot bei der Luftwaffe. Beim Fliegen stellte er fest, dass sich der Raum fast wie ein Objekt anfühlte, das man völlig anders erlebt als auf dem Boden.

In seiner Zeichnung auf der linken Seite wirkt das Objekt (ein Kopf) eher wie ein Raum. Flecken und Schnörkel schweben frei dahin, wobei der Kreis außen die Elemente festzuhalten scheint. Der »Kopf« samt Andeutung von Hals und Schulter könnte auch eine Sonne, ein Baum oder etwas anderes sein. Das Bild lässt an Werke von Jean Dubuffet (1901–1985) oder Paul Klee (Seite 268) denken. Ich selbst habe beim Betrachten der Zeichnung das Gefühl, ich stünde auf einer Leiter, auf der ich entweder nach unten klettern könnte, um zu sehen, wo die Leiter auf dem Boden steht, oder weiter nach oben ins Ungewisse.

William Turnbull (Großbritannien, 1922–2012) kam in Dundee auf die Welt. Nach der Schule war er als ungelernter Arbeiter tätig und besuchte Abendkurse für Kunst an der Universität von Dundee. Ab 1939 arbeitete er als Illustrator für den Verlag DC Thomson. Turnbull diente im Zweiten Weltkrieg als Pilot bei der britischen Luftwaffe und begann nach dem Krieg mit einem Studium der Malerei und später auch der Bildhauerei an der Slade School of Fine Art. Turnbull reiste nach Italien und Paris, wo er die Avantgarde kennenlernte. 1950 stellte er gemeinsam mit Eduardo Paolozzi (1924–2005) in der Hanover Gallery in London aus. Er ließ sich in London nieder, wo er der Independent Group beitrat und an der Central School of Arts and Crafts unterrichtete.

Siehe auch
Oskar Kokoschka (S. 132
Alberto Giacometti (S. 242)

Materialien
Turnbull versucht die Oberfläche des Bildes (linke Seite) lebendig und fließend zu halten, ohne dass Punkte und Striche ins Chaos geraten oder erstarren. Es ist ein Balanceakt. Diese Vorgehensweise hat mehr mit Improvisation als mit Darstellung zu tun. Lassen Sie sich am Anfang von den zufälligen Ergebnissen Ihrer Linien leiten, wie ich es bei der Skizze links getan habe. Ich habe hier nicht versucht zu zeigen, wo sich zum Beispiel Nase oder Mund befinden.

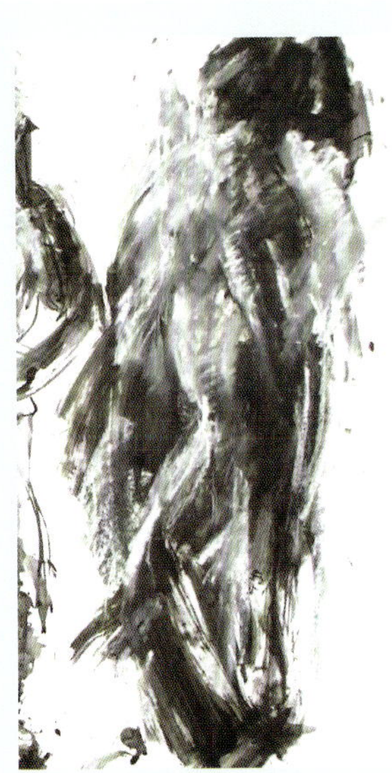

Komposition
Bei mehr oder weniger »expressionistischen« Zeichnungen ist es schwer, die ersten Linien zu setzen. Turnbull begann seine Zeichnung (linke Seite) wahrscheinlich mit dem Kreis, gefolgt von den Tintenschnörkeln. Dann folgten die Farbspritzer, darauf Linien und schließlich weißlich graue Gouache.

Legen Sie Ihre Zeichnung nicht zu klein an. Sie muss groß genug sein, damit Striche und Punkte sich frei entfalten. Ist das Papier zu klein, wirkt das Bild überladen (links).

Eva Hesse

Ohne Titel um 1965/1966
Tuschelavur auf Papier
29,8 × 23,2 cm
Hauser & Wirth, Zürich, Schweiz

Die amerikanische Künstlerin Eva Hesse starb 1970 mit nur 34 Jahren an einem Gehirntumor. Vom Abstrakten Expressionismus und dem Minimalismus beeinflusst, gehörte Hesse zu jenen Nachkriegskünstlern, deren innovatives Werk in den 1960er-Jahren die postminimalistische Bewegung anführte.

Meist halten wir Kunst für etwas, das Charakteristisches aus der Welt um uns herum abbildet oder eine Erfahrung oder Emotion reflektiert. Der Minimalismus will diese Realität nicht widerspiegeln. Vielmehr soll der Betrachter ausschließlich auf das reagieren, was er vor sich sieht. Das Medium, aus dem das Kunstwerk besteht, sowie dessen Form sind die Realität, um die es geht. Der amerikanische Minimalist Frank Stella (geb. 1936) brachte es mit seiner Erklärung »was du siehst, ist, was du siehst« auf den Punkt.

Diese Zeichnung ist wunderbar einfach. Reihen von Kreisen wurden über und unter Reihen von Streifen gesetzt. Nichts könnte einfacher sein. Die Wirkung der Serie sich wiederholender Formen wirkt beinahe hypnotisch. Sie hat aber auch etwas Verstörendes, denn sie zeigt kleine Unregelmäßigkeiten. Eine Reihe der Kreise wird nicht von einem Streifen von der nächsten Reihe abgetrennt. Je genauer man hinsieht, desto deutlicher nimmt man die winzigen Unterschiede im Muster wahr. Der Betrachter wird dadurch förmlich in die Zeichnung hineingesogen. Assoziationen fallen auf, und man muss das Bild immer wieder von Neuem ansehen. So könnte man zum Beispiel den Eindruck gewinnen, auf ein Tablett mit kleinen, plattgedrückten Kuchen zu blicken.

Eva Hesse (Deutschland, 1936–1970) floh 1939 mit ihrer jüdischen Familie aus Deutschland. Ihre Mutter war durch das Leben im Exil traumatisiert und wählte den Freitod, als Eva Hesse erst zehn Jahre alt war. In New York studierte sie Malerei an der Cooper Union School of Art, besuchte aber auch Kurse der Art Students League und am Pratt Institute. Ab 1957 war sie Studentin der Yale School of Art and Architecture. Anfangs arbeitete sie als abstrakte Malerin und Designerin, bis sie in den 1960er-Jahren in Düsseldorf begann, Skulpturen und Installationen anzufertigen, für die sie unkonventionelle und industriell gefertigte Materialien verwendete. 1969 wurde bei Hesse ein Hirntumor festgestellt, dem sie innerhalb eines Jahres erlag.

Siehe auch
Piet Mondrian (S. 56)
Giorgio Morandi (S. 64)
Paul Klee (S. 268)

Materialien
In Hesses Zeichnung (rechte Seite) verleiht der Einsatz des Zeichenmittels Tusche dem Bild etwas Fragiles. Im Kaontrats dazu wirkt die Struktur kraftvoll. Sich wiederholende Muster ziehen den Betrachter in die Oberfläche des Bilds. Dabei ist es wirkungsvoll, die Beschaffenheit der verwendeten Zeichenmaterialien zu zeigen und ihre Stärken herauszuarbeiten. Schnell neigt man aber dazu, viel zu genau zu sein. Dadurch wirkt das Bild monoton (rechts).

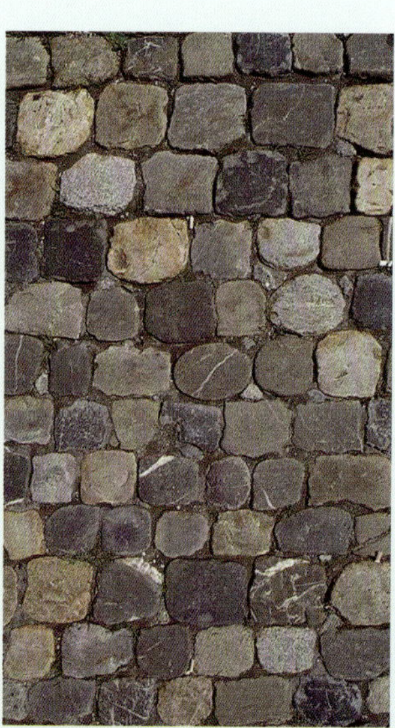

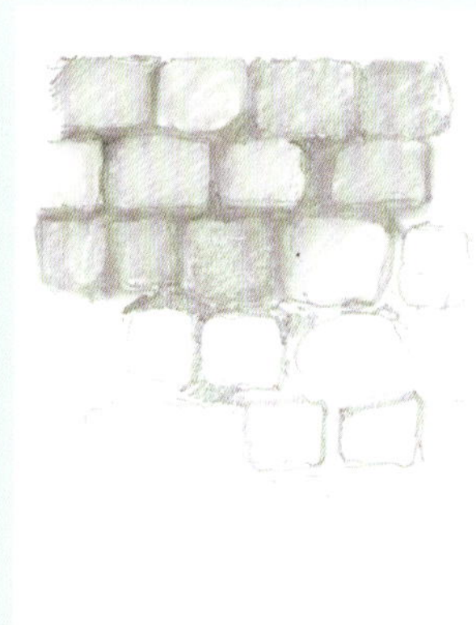

Themenwahl
Eine Triebfeder für Kreativität ist es, Verbindungen zwischen Dingen herzustellen, die zuerst nicht zusammenzupassen scheinen, denn unser Gehirn ist darauf programmiert, eine Ordnung im Chaos zu finden. Wer dieses Thema bearbeiten möchte, sucht sich am besten eine entsprechende fotografische Vorlage (ganz links). Aber vergessen Sie nicht: Fertigen Sie keine Kopie des Fotos an, sondern gestalten Sie die fotografische Vorlage nach Ihrem Empfinden (links).

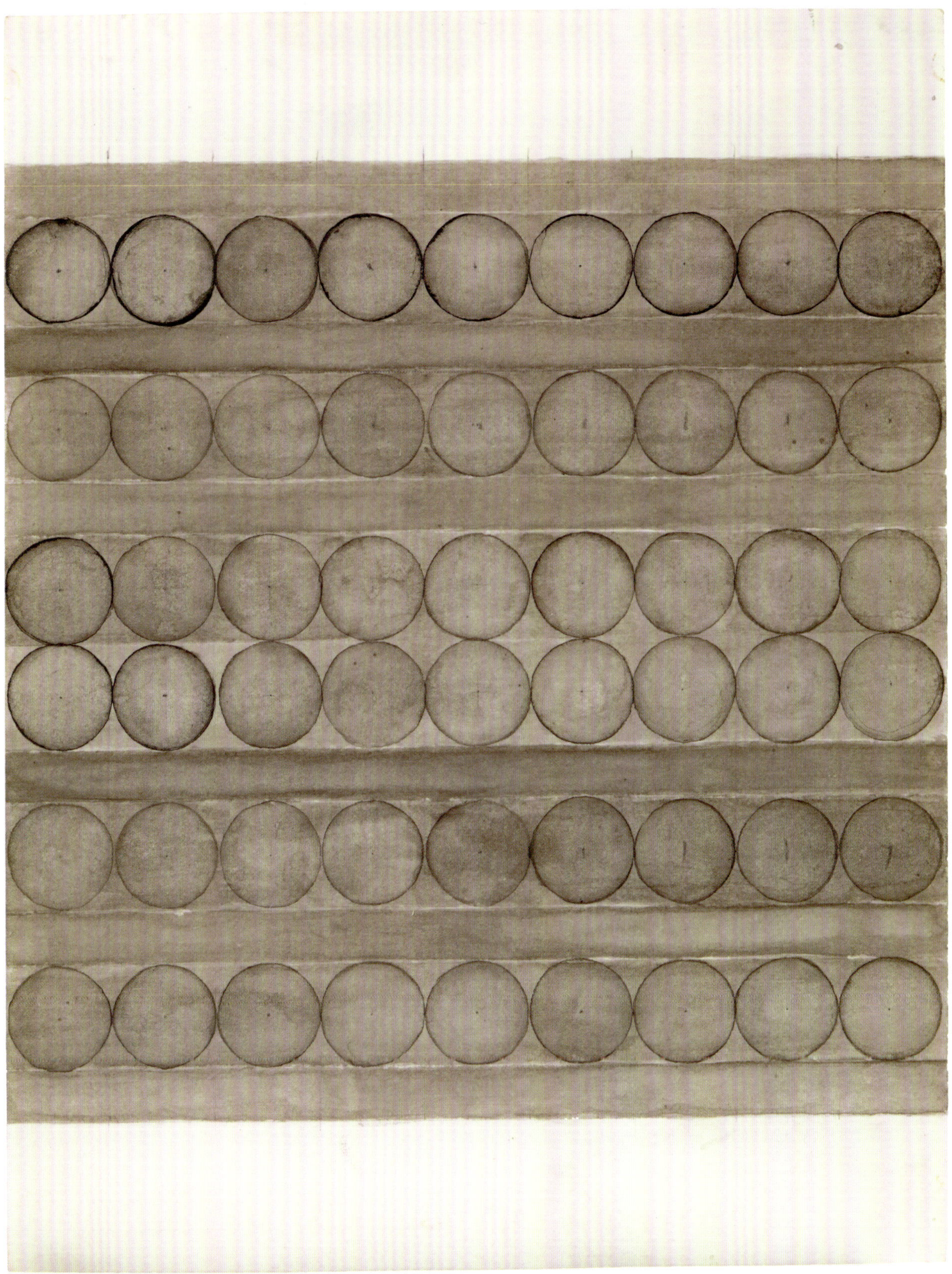

Frank Auerbach

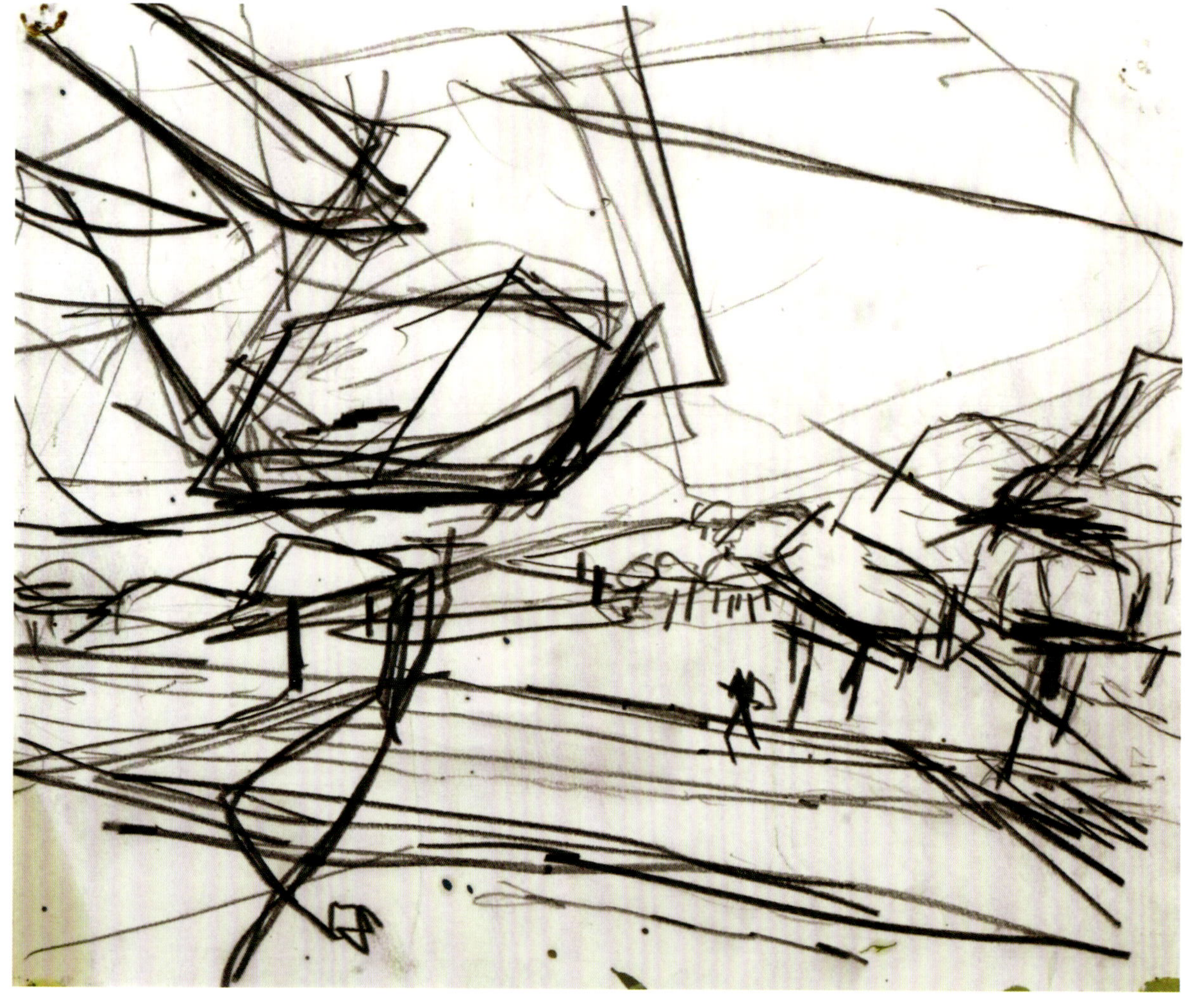

Arbeitsskizze für *Primrose Hill* 1968
Grafitstift auf Papier
25 × 30,5 cm
Tate, London, Großbritannien

Die Arbeitsskizze oben ist zwar nur kleinformatig, doch sie strahlt eine außergewöhnliche Energie aus. Durch die vielen durcheinanderlaufenden Linien scheint sie fast ein wenig verrückt. Um das Werk besser betrachten zu können, sollte man die Ideen dahinter verstehen und die Verbindung zwischen Künstlern aus verschiedenen Zeiten nachvollziehen.

Großen Einfluss übte auf den jungen Frank Auerbach sein Lehrer David Bomberg (Seite 130) aus. Dieser wiederum war ein Schüler des exzentrischen englischen Malers Walter Richard Sickert (Seite 166), dessen Werk von Edgar Degas (Seite 160) geprägt war. Sickert verlieh der britischen Malerei zu Beginn des 20. Jahrhunderts ein neues Gesicht, indem er sich wirklichkeitsnahen, städtischen Motiven widmete. Auch die Verwendung von spontan angefertigten Zeichnungen spielte bei ihm eine Rolle. Bomberg dagegen ließ sich von der avantgardistischen Bewegung des Vortizismus (Seite 282) anstecken, die im frühen 20. Jahrhundert in England parallel zum Kubismus und dem italienischen Futurismus entstand und sich gegen eine realitätsnahe Darstellung wandte.

Auerbachs Arbeitsweise, die Bombergs Einfluss zeigt, erlaubte es ihm nicht, eine Stadtansicht vor Ort zu malen, weshalb er erst Zeichnungen anfertigte, um seine Eindrücke festzuhalten. Mit diesen arbeitete er dann im Atelier weiter. Die Zeichnung oben gehört zu einer Serie von schnellen Skizzen, die Auerbach direkt vor dem Motiv anfertigte. Primrose Hill liegt in Camden, einer Gegend nördlich von London, wo Auerbach schon seit vielen Jahren lebt. Die ausgeprägten Linien in der Skizze halten eine Szene fest, die sich durch zahlreiche Details auszeichnet. Künstler wie Hans Hofmann (Seite 194) suchten in New York nach ähnlichen Themen für ihre Bilder, während Kokoschka (Seite 132) im London der 1960er-Jahre dynamische, an Auerbach erinnernde Zeichnungen der Themse anfertigte.

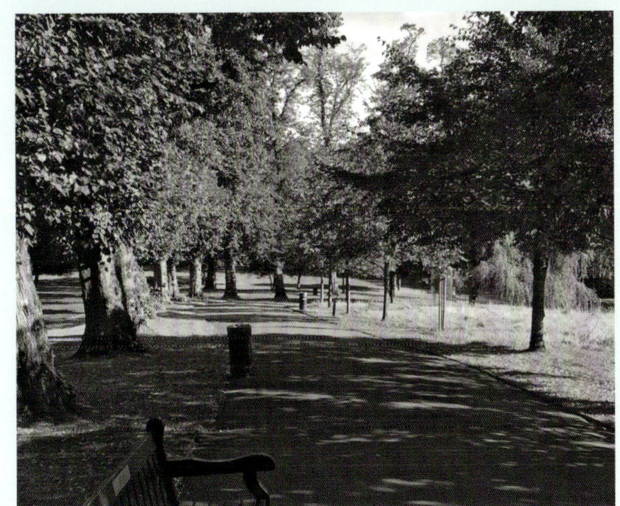

Themenwahl

Auerbach entwickelte seine Methode über Jahre. Es wäre sinnlos, seinen Stil einfach nachahmen zu wollen. Stattdessen sollten Sie versuchen, seine Vorgehensweise zu verstehen. Die Bleistiftlinien werden bei ihm zu Momentaufnahmen, wie die Markierungen, die ein Eisläufer auf dem Eis hinterlässt. Auerbach erfindet durch diese Linien die Form neu. Beginnen Sie Ihre Zeichnung am besten mit einem Foto als Vorlage (links).

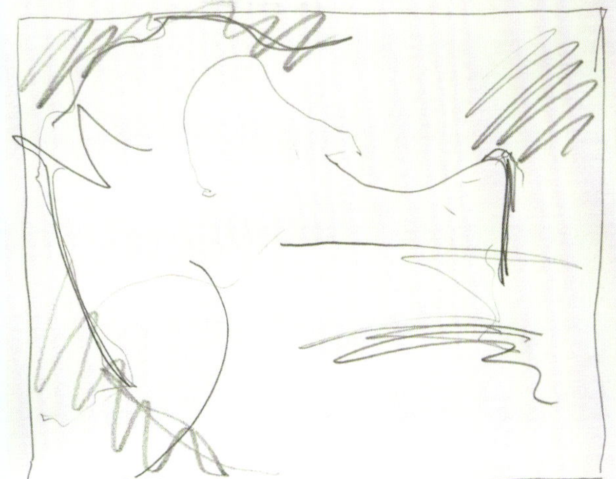

Maßstab

Die Größe Ihrer Zeichnung ist wichtig. Kleine Zeichnungen im Skizzenbuchformat lassen sich rasch hintereinander anfertigen. Die fließende Arbeitsweise hilft, nicht rein beschreibend zu zeichnen. Skizzieren Sie ein Rechteck, in das Sie die Landschaft setzen. Lassen Sie dabei einen Rand (links). Das erinnert Sie an den gesamten Bereich, den Sie im Blick haben sollten. Falls Sie den Maßstab ändern, erweitern Sie das Bild nur zu einer Seite.

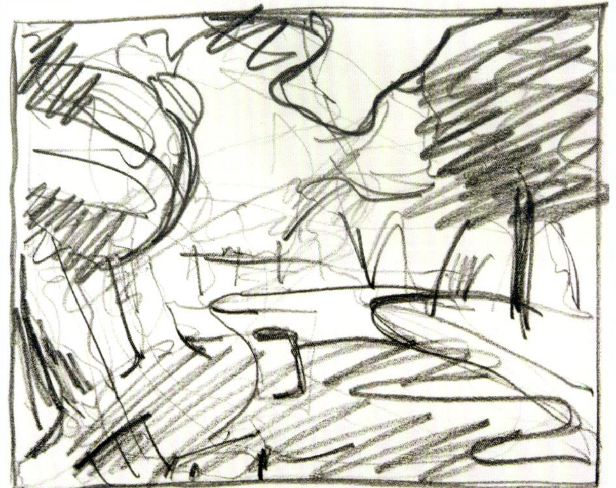

Linienführung

Wenn Sie Ihr Motiv betrachten, werden Sie versuchen, Ihre Empfindungen auf die gezeichneten Linien zu reduzieren – dort die Andeutung eines Schattens, da ein Wäldchen oder eine kraftvolle Form. Je mehr die Zeichnung Gestalt annimmt (links), wird klarer, wie diese konzentrierten Empfindungen miteinander interagieren. Versuchen Sie, die Zeichnung einfach zu halten. Keine Sorge, wenn es chaotisch wirkt. Aber bleiben Sie im Fluss.

Siehe auch

David Bomberg (S. 130)
John Sargent Singer (S. 162)
Lee Krasner (S. 190)

Frank Auerbach (Deutschland, geb. 1931) kam in Berlin auf die Welt. Seine jüdischen Eltern schickten ihn zur Rettung vor den Nationalsozialisten 1939 mit einem Kindertransport nach England. In London studierte Auerbach an der St Martin's School of Art, wurde aber vor allem durch seinen Unterricht bei David Bomberg (1890–1957) am Borough Polytechnic und seine Freundschaft mit dem Maler Leon Kossoff (geb. 1926) inspiriert. Mit seiner ersten Einzelausstellung 1956 erregte Auerbach Aufsehen und erlebte den künstlerischen Durchbruch. Er unterrichtet an führenden Kunsthochschulen Großbritanniens. 2015/2016 fand eine Retrospektive des Künstlers in der Londoner Tate Britain statt.

Joan Miró

Figur, die einen Nagel aus einem Kranken zieht 1977
Grafitstift auf Papier
23,4 × 27,5 cm
Fundació Joan Miró, Barcelona, Spanien

Die Kunstgeschichte ist voller Künstler, die sich entweder von der bürgerlichen Gesellschaft abwandten oder im Gegenteil deren Geschmäcker bedienten. Zu ersteren gehörte eindeutig Joan Miró, der als einer der wichtigsten Künstler des 20. Jahrhunderts gilt. Wie Paul Klee (Seite 268), André Masson (1896–1987) und eine ganze Reihe von Surrealisten, die im späten 19. Jahrhundert geboren wurden, verspürte auch Miró das Bedürfnis, die gängige Bildsprache und Malerei zu sabotieren.

Mirós Zeichnung auf der rechten Seite mit dem Titel *Figur, die einen Nagel aus einem Kranken zieht* erinnert in ihrem Aufbau an das Gemälde *Nachtfischen in Antibes* (1939) von Pablo Picasso (Seite 102 und 170). Der Betrachter tritt stets mit seinen eigenen Erfahrungen und Assoziationen an Bilder heran. Lösen sie Gefühle beim Betrachter aus, stellt sich die Frage, ob es für die Rezeption überhaupt nötig ist, bestimmte Verbindungen zwischen Künstlern und Kunstbewegungen zu kennen.

Wesentlich für Mirós Zeichnung auf der rechten Seite ist die Verbindung zwischen Bild und Betrachter, die sich ergibt, weil Titel und Darstellung sich direkt auf unseren Körper beziehen lassen. Betrachtet man das kleine, mondartige Objekt in der Mitte des Bildes und folgt man dann dem Bogen entlang nach unten, erscheint rechts eine Formation, die wie der Kopf einer Figur aussieht. Diese Form ist unvollständig, aber ausreichend, um eine bestimmte Lesart anzuregen. Viele fragmentierte Formen wirken wie Echos anderer Formen im Bild. Derartige Reisen durch ein Bild von Miró können sehr unterhaltsam sein.

Joan Miró (Spanien, 1893–1983) wurde in eine Familie von Kunsthandwerkern in Barcelona geboren. Er absolvierte eine kaufmännische Lehre, besuchte aber gleichzeitig Kurse an der Kunstakademie. Ab 1912 studierte er Kunst an einer Privatschule. In den 1920er-Jahren lebte Miró in Paris, wo er Pablo Picasso (1881–1973) kennenlernte, sich mit dem Surrealismus beschäftigte und mit dem Automatismus experimentierte. Für einige Jahre kehrte er nach Spanien zurück, zog aber aufgrund des Spanischen Bürgerkriegs 1936 wieder nach Paris. 1956 ließ er sich auf Mallorca nieder.

Siehe auch

William Turnbull (S. 198)

Paul Klee (S. 268)

Ken Kiff (S. 274)

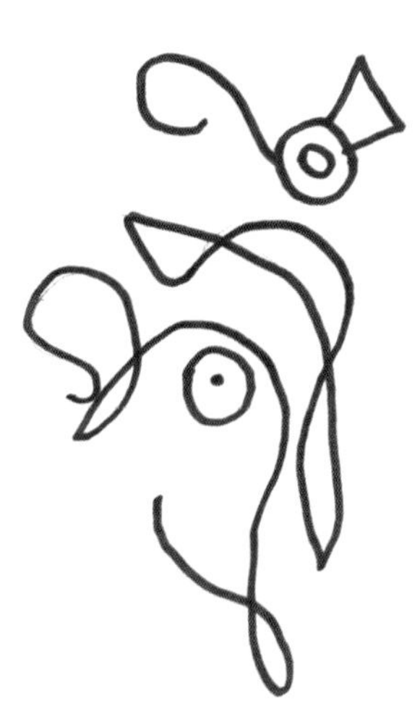

Vorlagen

Neben André Masson und anderen Surrealisten zählt auch Miró zu den Pionieren des automatischen Zeichnens (Écriture automatique). Um diese Methode zu üben, zeichnen Sie das, was Ihnen in den Sinn kommt (links). Versuchen Sie nichts Konkretes darzustellen, sondern lassen Sie den Stift einfach über das Papier laufen. Wahrscheinlich werden Ihre Punkte und Linien an irgendetwas erinnern, aber das muss nicht zwangsläufig etwas Gegenständliches sein.

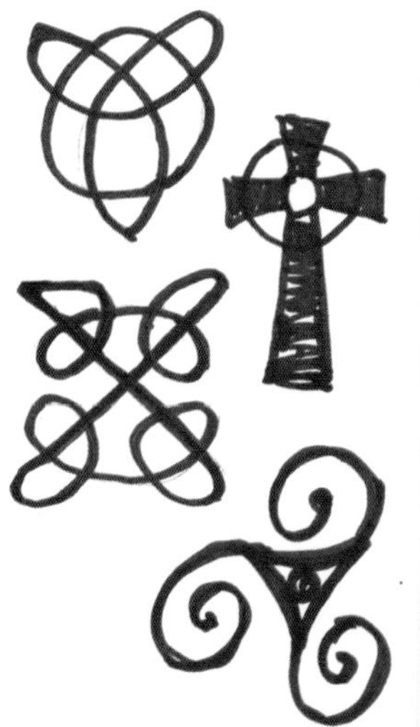

Themenwahl

Eine andere Herangehensweise an das automatische Zeichnen ist es, Symbole oder Zeichen als Assoziationsauslöser einzusetzen. Das Symbol muss faszinierend oder geheimnisvoll wirken (Straßenzeichen sind zu prosaisch). Keltische Symbole (links) sind zum Beispiel geeignet. Nehmen Sie einzelne Elemente heraus und versuchen Sie, aus ihnen ein Sujet zu konzipieren. Mirós Bilder berühren uns, weil er den menschlichen Körper als Symbolträger nutzt.

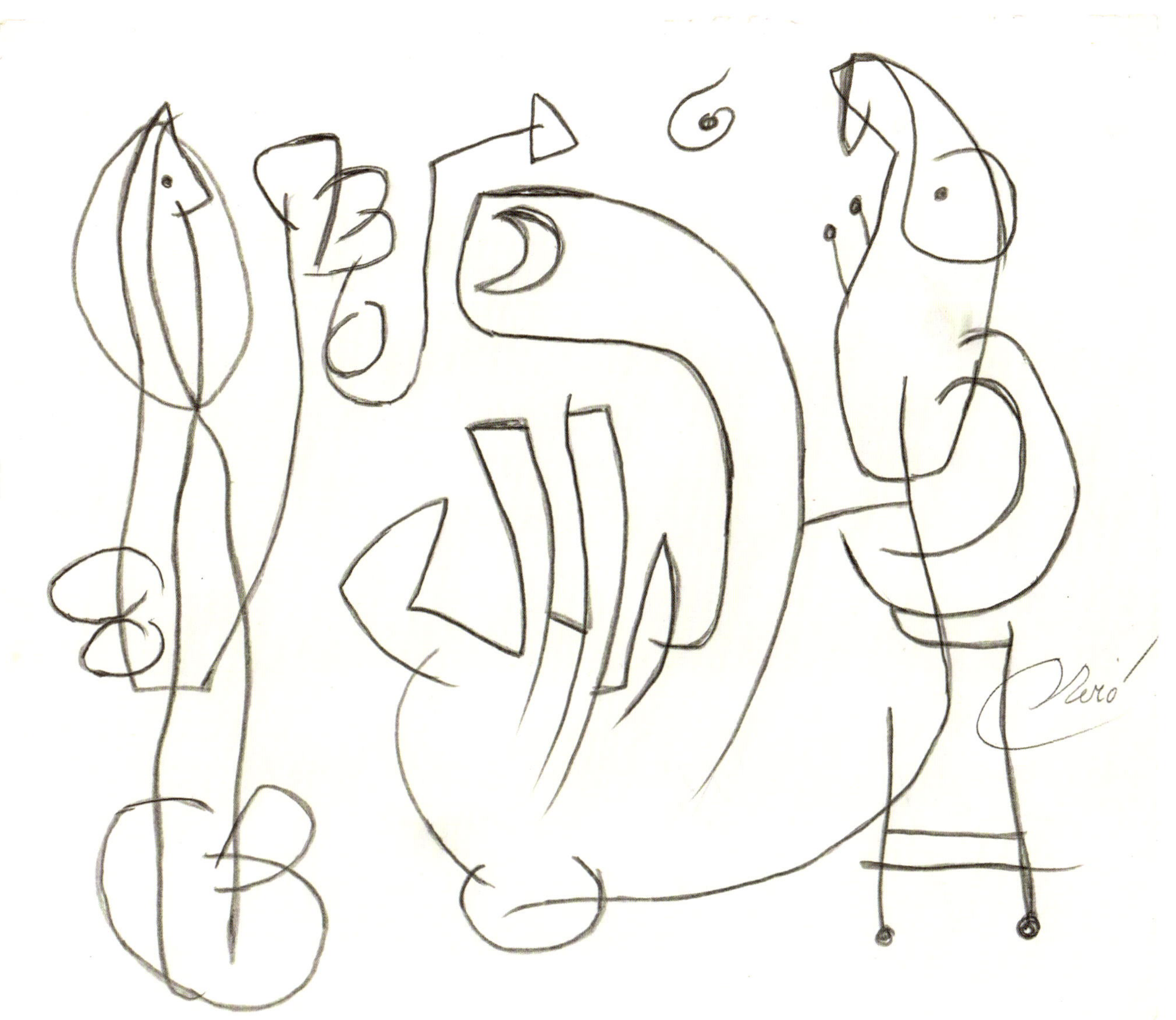
Miró

Leon Kossoff

Christ Church, Spitalfields 1990
Kohle und Gouache auf Papier
75,7 × 66 cm
Tate, London, Großbritannien

Leon Kossoff zählt zu einer Gruppe von Künstlern, die ab den 1940er-Jahren in London lose unter dem Namen Londoner Schule aktiv waren. Auch Frank Auerbach (Seite 202), Francis Bacon (1909–1992) und Lucian Freud (Seite 106) werden der Londoner Schule zugeordnet. Solche Gruppenzuweisungen sind nicht immer hilfreich, da Künstler sehr unterschiedlich arbeiten. Allerdings weisen vor allem Auerbach und Kossoff Ähnlichkeiten in der Dynamik ihrer Werke auf. Beiden Künstlern gelingt es durch ihre intuitive Energie, banale, alltägliche Dinge auf eine andere Ebene zu heben.

Die Zeichnung *Christ Church, Spitalfields* zeigt eine Kirche – ein Sujet, zu dem Kossoff immer wieder zurückkehrt. Seine Motivation, Kirchen zu zeichnen, liegt für ihn in der Notwendigkeit, die Wuchtigkeit eines Kirchenbaus in der Stadt zu dokumentieren, da dieser mit großer Wahrscheinlichkeit bald von noch mehr Bürogebäuden in den Schatten gestellt wird und seinen Charakter für immer verliert. Interessanterweise ist die Erinnerung an Kirchen für Kossoff eng an deren Präsenz in einem bestimmten Raum verbunden. Den Raum um ein Objekt zu ändern, kann das Aussehen eines Objekts verändern und damit auch die Erinnerung daran. Um diesen Eindruck auf dem Papier festzuhalten, wählt Kossoff in *Christ Church, Spitalfields* (rechte Seite) ein Format, das ebenfalls einen beschränkten Raum kreiert. Es geht Kossoff hier nicht nur um die Darstellung der Kirche, sondern auch darum, den Eindruck des Verdrängtwerdens im Raum in einem anderen Kontext, nämlich auf dem Papier, auszudrücken.

Leon Kossoff (Großbritannien, geb. 1926) kam als Sohn russisch-jüdischer Eltern in London zur Welt. Während des Zweiten Weltkriegs wurde er nach Norfolk evakuiert, wo er bei einer Familie lebte, die sein Kunstinteresse förderte. Nach seiner Rückkehr 1943 nach London schrieb Kossoff sich in der St Martin's School of Art ein. Er besuchte außerdem Zeichenkurse in Toynbee Hall, lernte unter David Bomberg (1890–1957) im Borough Polytechnic und ging auf das Royal College of Art. Ab 1959 begann er, an verschiedenen Londoner Kunstschulen zu unterrichten. Meist wird Kossoff der Londoner Schule zugeordnet, zu der man auch Frank Auerbach (geb. 1931), Francis Bacon (1909–1992) und Lucian Freud (1922–2011) zählt.

Siehe auch

David Bomberg (S. 130)
Frank Auerbach (S. 202)
Alberto Giacometti (S. 242)

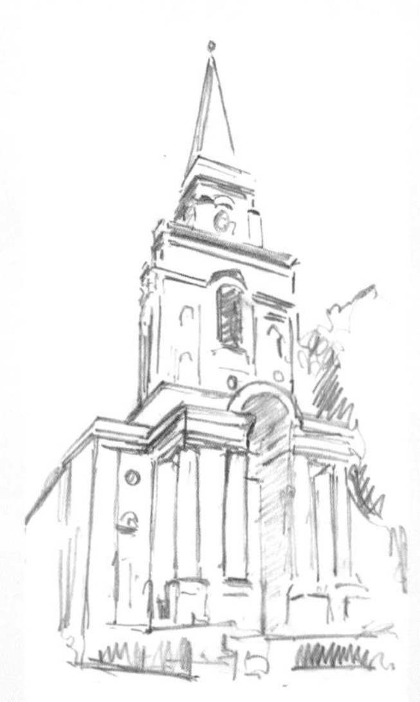

Vorlagen
Eine große Zeichnung wie die von Kossoff (rechte Seite) direkt auf einer geschäftigen Straße anzufertigen, ist wenig praktikabel. Bilder werden im Druck oft verkleinert. Doch selbst im kleineren Format wirkt Kossoffs Zeichnung sehr überzeugend. Läuft man an einer Kirche vorbei, nimmt man das Gebäude leicht nach vorne gelehnt und unvollständig wahr, anstatt vertikal und realistisch (links). Diesen Moment hält Kossoff in der Zeichnung perfekt fest.

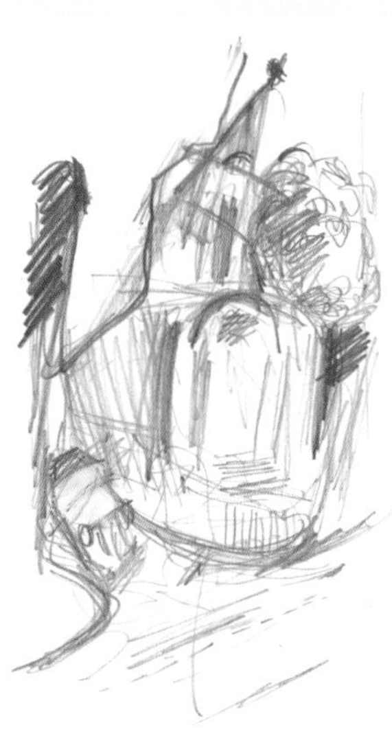

Raum
Es gibt zwei Arten von Raum: den tatsächlichen, in dem sich ein Objekt befindet, und den zweidimensionalen, der durch den Rand des Papiers vorgegeben ist. Kossoff zeichnet die Kirche in Reaktion auf beide Raumarten, weshalb man den seltsamen Knick im Turm fraglos akzeptiert. Machen Sie sich diese Raumkonzepte bewusst. Achten Sie darauf, wie Gebäude beim Vorbeilaufen aussehen. Versuchen Sie, diese Eindrücke aus der Erinnerung zu zeichnen (links).

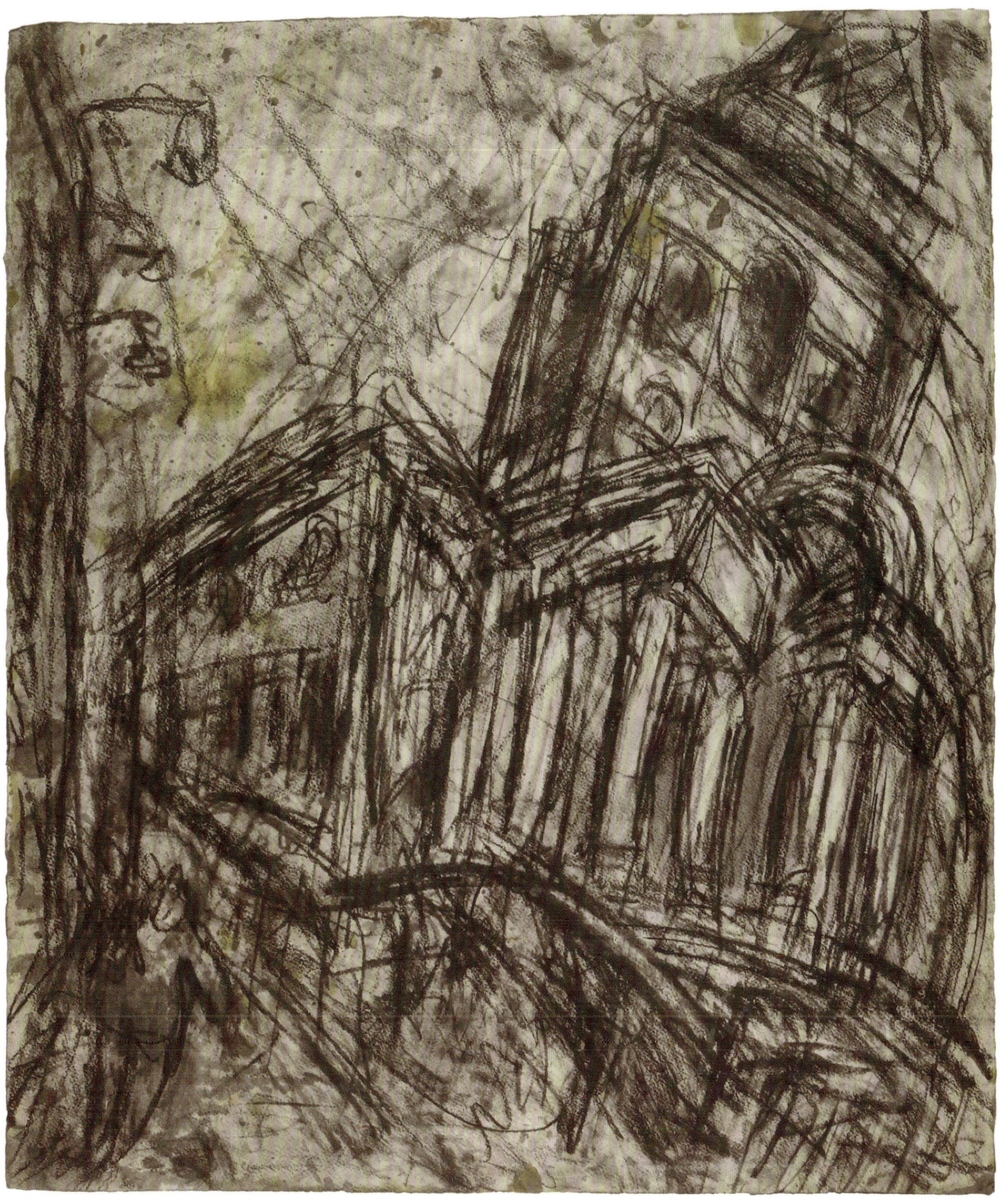

Miquel Barceló

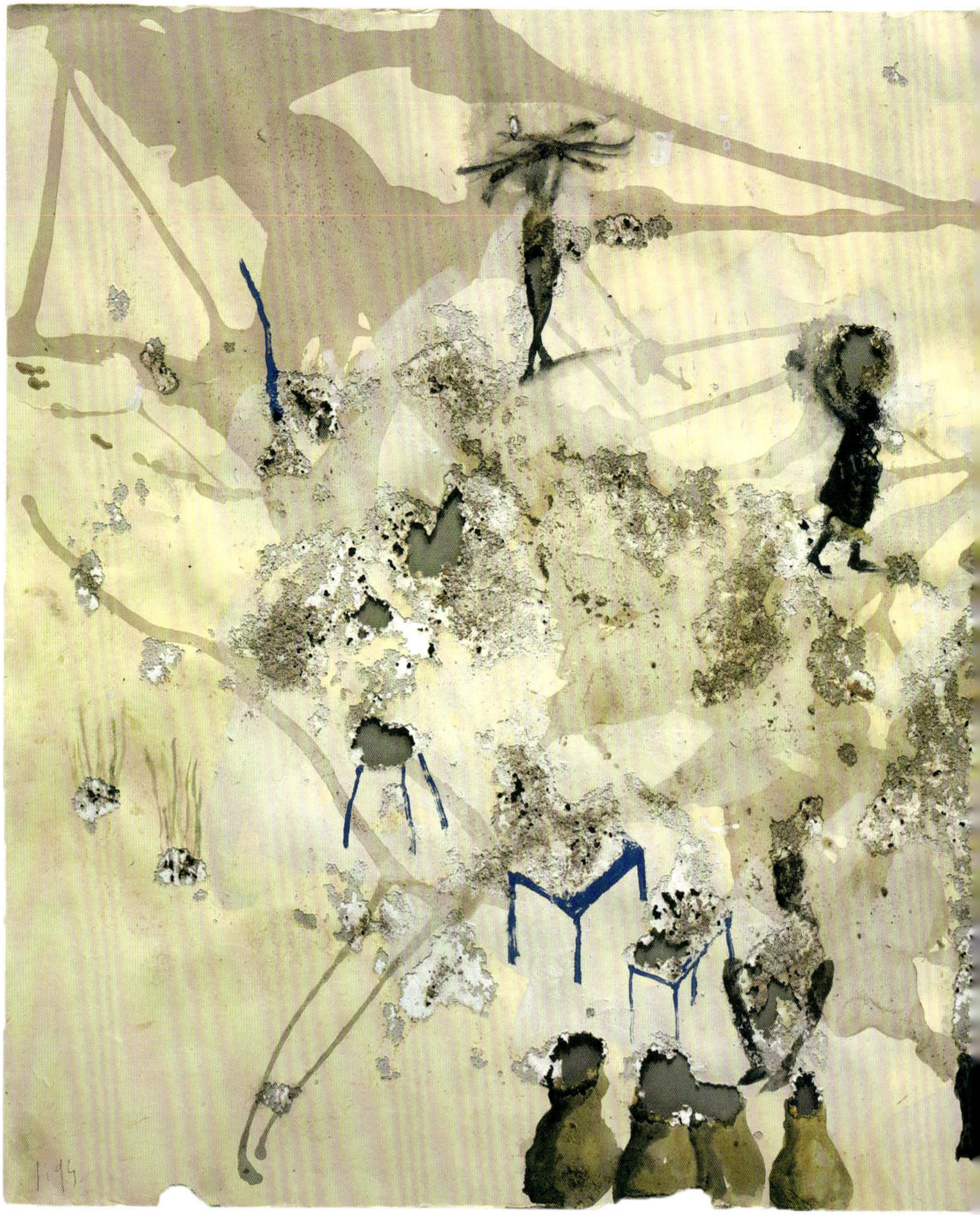

Miquel Barceló (Spanien, geb. 1957) kam in Mallorca auf die Welt. Seine Mutter malte traditionelle mallorquinische Landschaftsbilder. Barcélo studierte Kunst in Palma und Barcelona und arbeitet in mehreren Disziplinen, unter anderem war er als Bildhauer und Keramiker tätig, schuf Collagen und Buchillustrationen. Am bekanntesten wurde er jedoch für seine Gemälde, bei denen er Erde, Sand und organische Materialien einsetzt. Nachdem er 1979 die Bilder von Jackson Pollock (1912–1956) gesehen hatte, übernahm er dessen Drip-Paint-Technik. Seit 1988 lebt Barceló abwechselnd in Paris, Mallorca und Mali. Seine Arbeiten setzen sich häufig mit der afrikanischen Kultur und Landschaft auseinander.

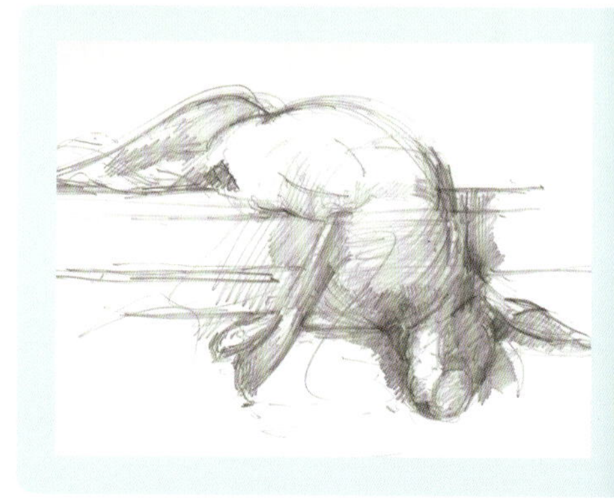

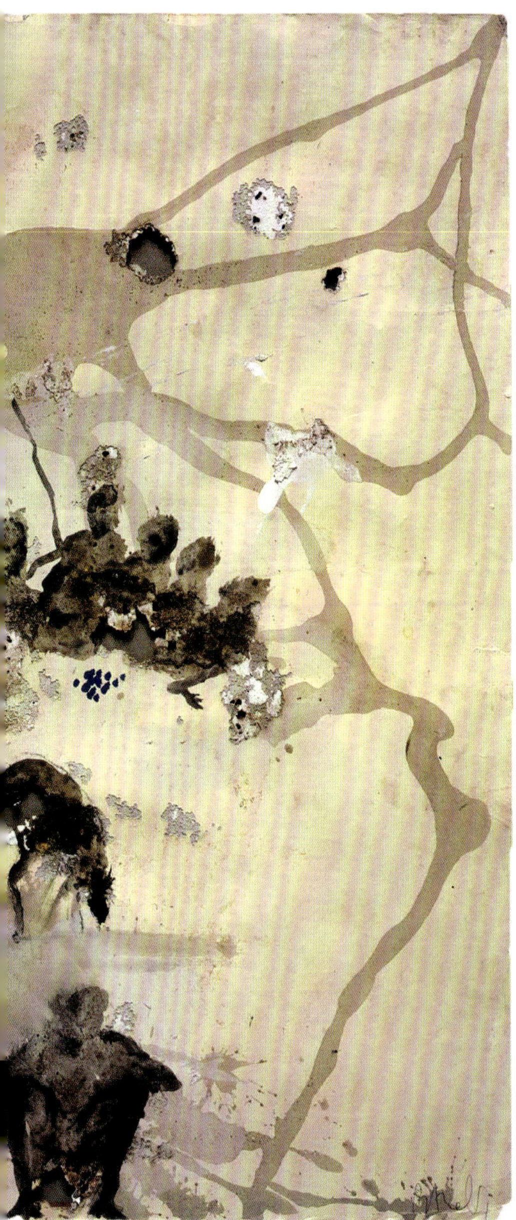

Ohne Titel VII 1994
Verschiedene Medien auf Papier
75 × 104 cm
Privatsammlung

In den 1960er- und 1970er-Jahren konzentrierte sich die Welt der Kunst auf Bewegungen wie Pop Art, Minimalismus oder Konzeptkunst. In den 1980er-Jahren wurden Miquel Barceló – ebenso wie Francesco Clemente (geb. 1952), Lucian Freud (Seite 106), Francis Bacon (1909–1992) und andere – im Zuge eines wiedererwachten Interesses an der Malerei bekannt. Viele dieser Künstler beschäftigten sich mit Maltraditionen und Techniken der Alten Meister, die sie mit einer experimentellen Herangehensweise verknüpften.

Die physische Beziehung, die Barceló zu seinen Materialien hat, scheint das Malen bei ihm zu einer beinahe bildhauerischen Tätigkeit zu machen. In den 1980er-Jahren reiste Barceló durch Europa, die USA und Westafrika, wo ihn besonders Mali faszinierte. Dort richtete er sich ein Atelier ein.

Die Zeichnung auf der linken Seite entstand im Jahr 1994 und ist etwas weniger dicht konzipiert als viele seiner Zeichnungen. In dieser Darstellung einer afrikanischen Landschaft stellt das braune Papier den von der Sonne ausgetrockneten Boden Malis dar. Tropfen von geschmolzenem Blei brannten sich in die Oberfläche des Bildes ein. Linien in Aquarellfarbe überziehen das Blatt und erinnern an die von Menschen festgetretenen Pfade, die sich durch die Ebenen schlängeln. Barcelós Zeichnung lässt an den Rat Leonardo da Vincis (Seite 72) denken, Gesteinsformationen und Ähnliches genau zu studieren, um Bildideen zu entwickeln. Zufällig Gezeichnetes lässt sich bewusst nicht wiederholen. Viele Versuche gelingen daher nicht. Gerade aus diesem Grund ist diese Zeichnung so außergewöhnlich.

Siehe auch
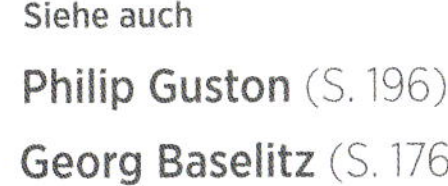
Philip Guston (S. 196)
Georg Baselitz (S. 176)

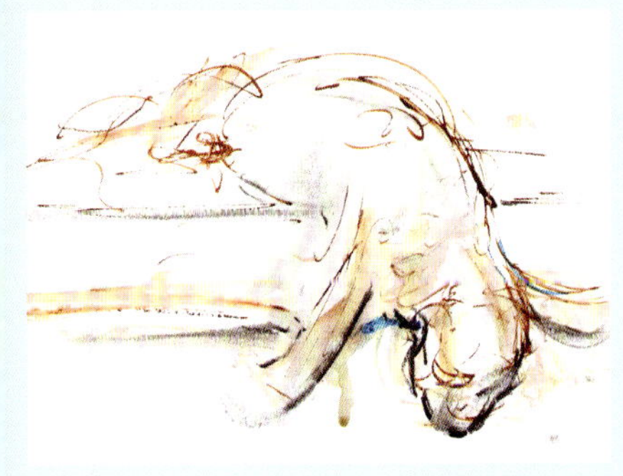

Materialien
Das Experimentieren mit Materialien kann ablenken, aber ebenso befreiend wirken und eine neue Beziehung zu einem Sujet entstehen lassen. Wenn Sie Bilder haben, die Sie vor Jahren anfertigten, könnte es interessant sein, das gleiche Thema mit einem anderen Medium zu behandeln. Die Bleistiftzeichnung (ganz links) habe ich Jahre später in eine rhythmischere Zeichnung mit Feder und Lavur umgearbeitet (links).

Form
Die Linienführung in der Zeichnung ganz links ist klar, denn es ist ein ziemlich konkretes Bild entstanden. Die neue Version (links) ist etwas freier und lässt der Vorstellungskraft mehr Raum. Versuchen Sie, spontan so zu zeichnen, dass man es auf unterschiedliche Weise interpretieren kann. Denken Sie nicht an mögliche »Fehler«. Gerade diese eröffnen oft überraschende Möglichkeiten.

Akt

Der Akt, die Abbildung des nackten menschlichen Körpers, steht im Zentrum der westlichen Kunsttradition. Selbst Künstler, die sich auf andere Themen konzentrieren, befassen sich irgendwann mit dem Aktzeichnen.

Jedes Zeitalter hat dabei seine eigene Sichtweise auf den Körper und nähert sich dem Sujet auf andere Weise. Von der Schlichtheit eines Pierre-Paul Prud'hon (Seite 218) über die beinahe skulpturalen Qualitäten eines Louis Joseph César Ducornet (Seite 220) bis zur reduzierten, eleganten Darstellung des Körpers bei Suzanne Valadon (Seite 238) liefern Aktzeichnungen stets einen Einblick in die Arbeitsweise eines Künstlers.

In diesem Kapitel versuche ich Ihnen anhand von Aktzeichnungen großer Meister konzeptuelle, technische und methodische Vorgehensweisen für das Aktzeichnen zu vernitteln.

Eine Aktzeichnung entsteht in einem kontrollierbaren Umfeld. Das übliche, meist kühle Licht des Ateliers liefert seit vielen Jahrhunderten die geeignete Umgebung, um vor dem Modell zu zeichnen. Viele Elemente der Bildsprache für dieses Sujet wurden über Generationen unverändert weitergegeben. Wie vor 500 Jahren wird heute noch unterrichtet, beim Aktzeichnen das weiße Blatt als Quelle natürlichen Lichts und die Schwärze des Kohlestifts für Schattierungen zu nutzen.

Obgleich der Laie häufig versucht, beim Zeichnen so genau wie möglich zu sein, wird das auf Dauer langweilig. Auch bei der Darstellung des menschlichen Körpers entstehen durch unsere Abstraktionsfähigkeit Bilder, bei denen es nicht vorrangig um Ähnlichkeit geht. Ein Modell liefert dabei das perfekte Sujet, das Atelier ein geeignetes Umfeld – und das Zeichnen die beste Methode.

Giovanni Battista Naldini

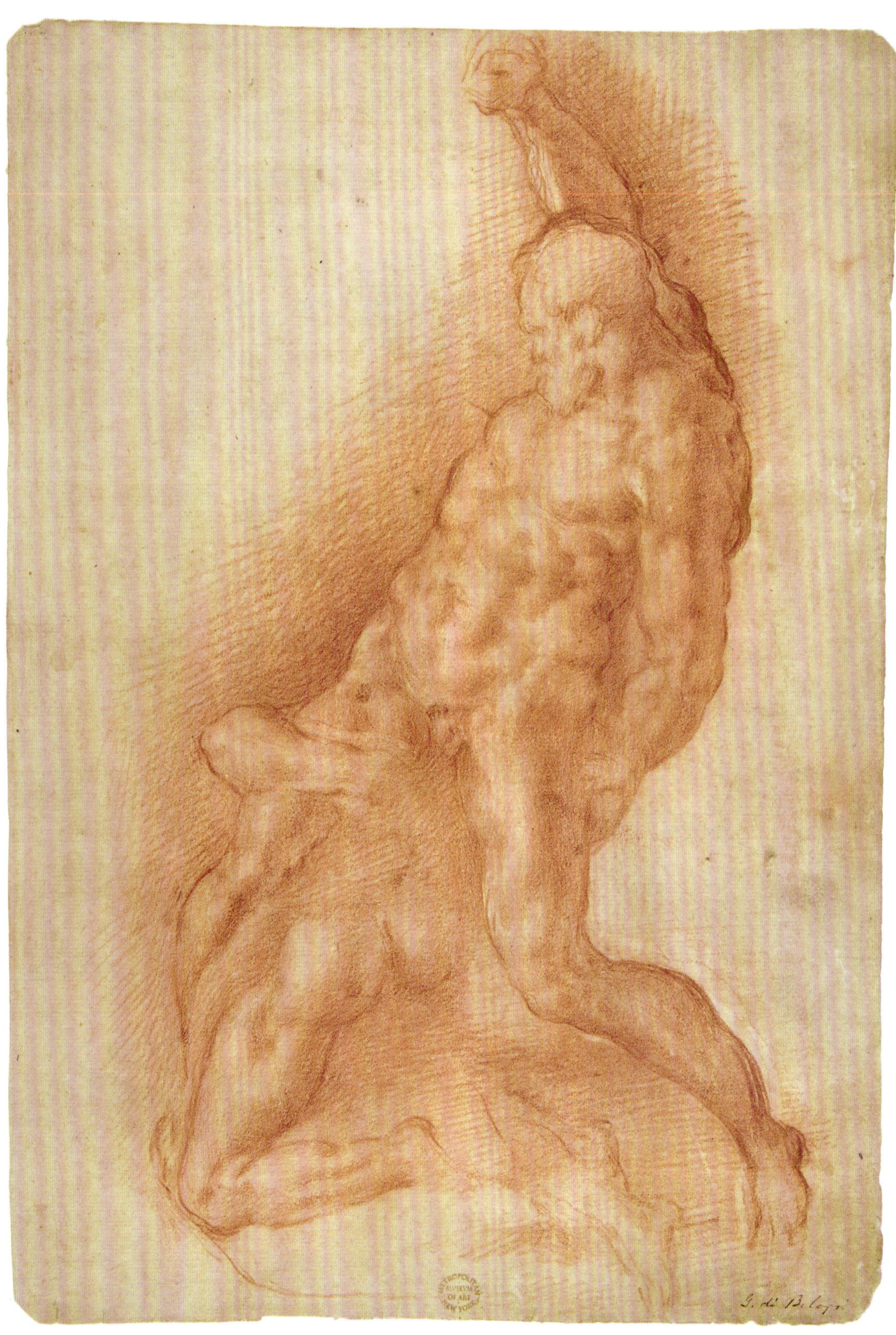

Samson erschlägt einen Philister *(nach Michelangelo)* 1537–1591
Rötel auf Papier
33,4 × 23,2 cm
Metropolitan Museum of Art, New York, USA

In seinen letzten Lebensjahren zählte Giovanni Battista Naldini zu den wichtigsten Florentiner Künstlern – eine Einschätzung, die sich im Laufe der Geschichte änderte. Heute sind nur wenige Zeichnungen von Naldini erhalten. Diese aber besitzen eine Strahlkraft, die den meisten seiner Gemälde fehlt.

Naldini trat bereits mit 12 Jahren der Werkstatt Pontormos (Seite 76) bei. Nach dessen Tod zog er 1560 bis 1561 zum Studium nach Rom, wo er wahrscheinlich die Werke Michelangelos kennenlernte und auch die Tonmodelle für eine Skulpturengruppe zum Thema Samson und die Philister sah, die Michelangelo zwar nie fertigstellte, aber deren großartiger Entwurf bekannt und gern kopiert wurde. Naldini schuf mit *Samson erschlägt einen Philister* eine seiner besten Zeichnungen (linke Seite).

Auch Tintoretto (Seite 260) hielt Michelangelos Modell im Bild fest. Obwohl seine Zeichnung zu diesem Thema wesentlich größer ist, scheint doch Naldinis Zeichnung (linke Seite) monumentaler. Während Tintoretto den Blick des Betrachters über einen muskulösen Körper lenkt, schafft Naldini ein wahres Zentrum der Kraft. Der Torso Samsons scheint die Gewalt eines Titanen zu haben, wohingegen sein linkes Bein auf den ersten Blick beinahe mager aussieht. Ein Großteil der Wirkung entsteht durch die Beziehung zwischen der inneren Gestalt und den äußeren Konturen. Bestimmte Formen betonte Naldini, andere reduzierte er. Die Aufmerksamkeit wird unter anderem auf die Schultern gelenkt und nicht auf den Unterarm. Die Schattierung ist dicht und solide, wurde aber überraschenderweise nicht überall eingesetzt.

Giovanni Battista Naldini (Italien, 1535–1591) lernte bereits im Alter von 12 Jahren im Atelier des Manieristen Pontormo (1494– um 1556) in Florenz. Nach Pontormos Tod verbrachte er eine Weile in Rom, ehe er nach Florenz zurückkehrte. In der Toskana arbeitete er vorwiegend für die Familie de' Medici. Bei verschiedenen Projekten, unter anderem dem Palazzo Vecchio und den Dekorationen für das Begräbnis Michelangelos (1475–1564), kam es zur Zusammenarbeit mit dem Architekten, Maler und Schriftsteller Giorgio Vasari (1511–1564). 1563 war Naldini bei der Gründung der ersten Zeichenschule, der Accademia del Disegno in Florenz, beteiligt.

Siehe auch

Pontormo (S. 76)
Michelangelo (S. 140)
Tintoretto (S. 260)

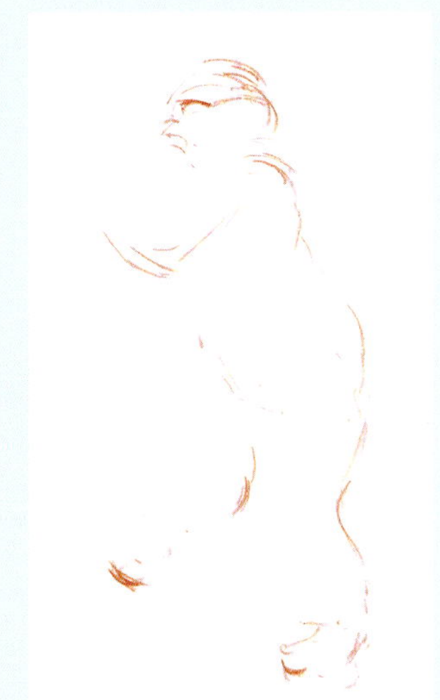

Materialien und Form
Conté-Stifte enthalten Wachs, das vom Papier kaum mehr zu entfernen ist. Wenn es Ihnen schwerfällt, den richtigen Maßstab im Vergleich zum Papier hinzubekommen, sollten Sie erst die Gliedmaßen festlegen (links). Markieren Sie oben den Platz für den Kopf und unten für die Füße. Dadurch vergessen Sie nicht, Modell und Skizze tatsächlich von oben bis unten zu betrachten. Außerdem lässt sich so besser einschätzen, wo die Unterteilungen sind.

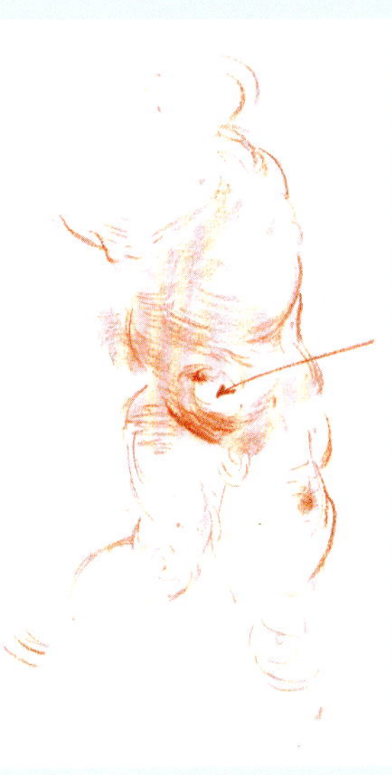

Wenn Sie vom Fuß zur Hand blicken, nehmen Sie die Lage der Schulter unbewusst wahr. Das ist effektiver als die Entfernung mit dem Pinselstiel oder Stift abzumessen.

Versuchen Sie, die Gestalt aus ihrer Mitte heraus zu entwickeln (links), um ein besseres Gefühl für das Volumen zu bekommen. Zeichnen Sie nicht erst alle Körperteile, sondern nur Bereiche mit Volumen. Bei einem Gesicht beginnen Sie zum Beispiel in der Mitte der Wange. So rücken Sie im Raum zurück in Richtung Kontur.

François Boucher

Ruhender weiblicher Akt undatiert
Rötel und Pastellkreide
24,2 × 27,5 cm
Musée Bonnat-Helleu, Bayonne, Frankreich

Von Jean-Antoine Watteau (Seite 86) abgesehen, gab es im Rokoko zu Beginn des 18. Jahrhunderts kaum nennenswerte Künstler. Die Maler des Barock wie Peter Paul Rubens (Seite 262), Rembrandt van Rijn (Seite 146), Diego Velázquez (1599–1660) oder Claude Lorrain (Seite 114) waren gestorben. Doch findet man in den Bildern des Rokoko eine erfrischende Darstellung von Sinnlichkeit und Erotik, die sich im Vergleich zu vorangegangenen Epochen nicht von Religiosität oder einem hochgestochenen Mythenbezug einschränken ließ. Der Rokokostil ist elaboriert, die Themen einfach. So wird zum Beispiel die Darstellung einer aufreizend daliegenden, halbnackten Frau – wie in der Zeichnung von François Boucher (rechte Seite) – offen und direkt verhandelt, während das Ganze in der Renaissance von mythologischen Schichten überlagert wurde.

In Bouchers Zeichnung auf der rechten Seite fällt zuerst das virtuos dargestellte durchsichtige Gewand der Frau auf, womit der Künstler sein Können zeigt. Doch die Verzerrungen irritieren. Jeder, der schon mit einem lebenden Modell vor Augen gearbeitet hat, erkennt die fast völlig fehlenden perspektivischen Verkürzungen. Boucher geht es hier primär um die Darstellung von Erotik. Lässt man den Blick vom Knie der Frau zur hinteren Hand gleiten, den Arm nach oben zur Schulter und am Hals entlang zum Kopf, sieht man eine geschwungene Linie, die sich in Hüfte und Bauchschwellung wiederholt. Geschwungene Linien signalisieren Sinnlichkeit, ebenso wie verdichtete Konturen, die entstehen, wenn einzelne Formen einander berühren. Fast glaubt man, den Körper ertasten zu können und zu spüren, wie das Fleisch unter der Haut nachgibt.

François Boucher (Frankreich, 1703–1770) wurde in Paris geboren und lernte zuerst bei seinem Vater Nicolas Boucher (1672–1743), einem relativ unbedeutenden Maler, und später bei dem Historienmaler François Lemoyne (1688–1737). 1723 gewann Boucher den begehrten Grand Prix. Doch die Reise nach Italien – der errungene Preis – musste um mehrere Jahre verschoben werden. Schließlich fuhr Boucher 1728 nach Italien und kehrte erst 1731 nach Paris zurück. Im gleichen Jahr wurde er an der Französischen Akademie als Historienmaler zugelassen und erhielt in den folgenden Jahren Aufträge von Ludwig XV., unter anderem für die Dekorationen im Schloss von Versailles. Ab 1765 war Boucher erster Hofmaler des Königs und Direktor der Akademie.

Siehe auch

Jean-Antoine Watteau (S. 86)
Henri Matisse (S. 174)

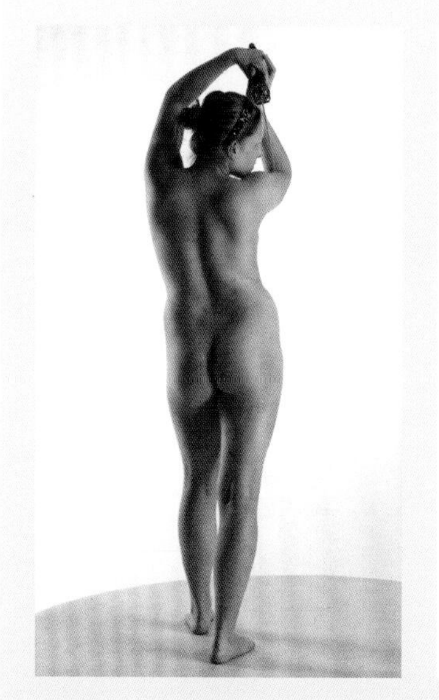

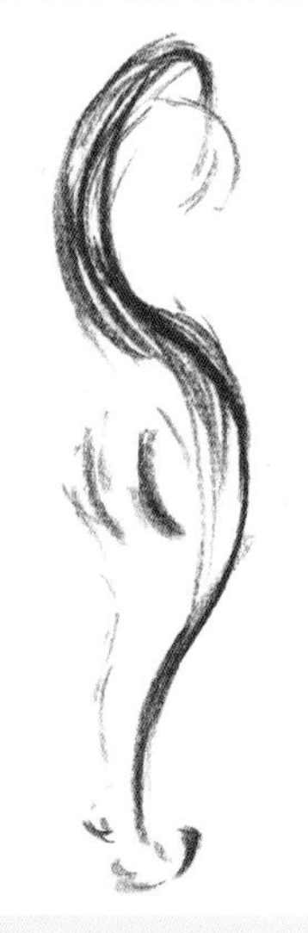

Themenwahl

Boucher änderte innerhalb weniger Jahre die gängige Bildsprache, um seine Vorstellung von Sinnlichkeit im Bild vermitteln zu können. Sein Thema in der Zeichnung auf der rechten Seite – ein liegender Akt – ist einfach und steht in einer langen Tradition symbolischer Bedeutung. Boucher geht es hier jedoch in erster Linie um die Darstellung der erotischen Wirkung der Frau. Eine solche Zeichnung stellt eine besondere Herausforderung für den Künstler dar. Für eine überzeugende erotische Zeichnung muss man jegliches Klischee vermeiden (es sei denn, man möchte im postmodernen Sinn ironisch sein, was selten gelingt).

Verbinden Sie Ihr Verständnis von Sinnlichkeit mit Ihrer eigenen Bildsprache. Bouchers geschwungene Linie ist an seine Ideen von Erotik gekoppelt. Versuchen Sie, geschwungene Linien in der Haltung Ihres Modells und der Skizze einer geschwungenen Form zu finden (links).

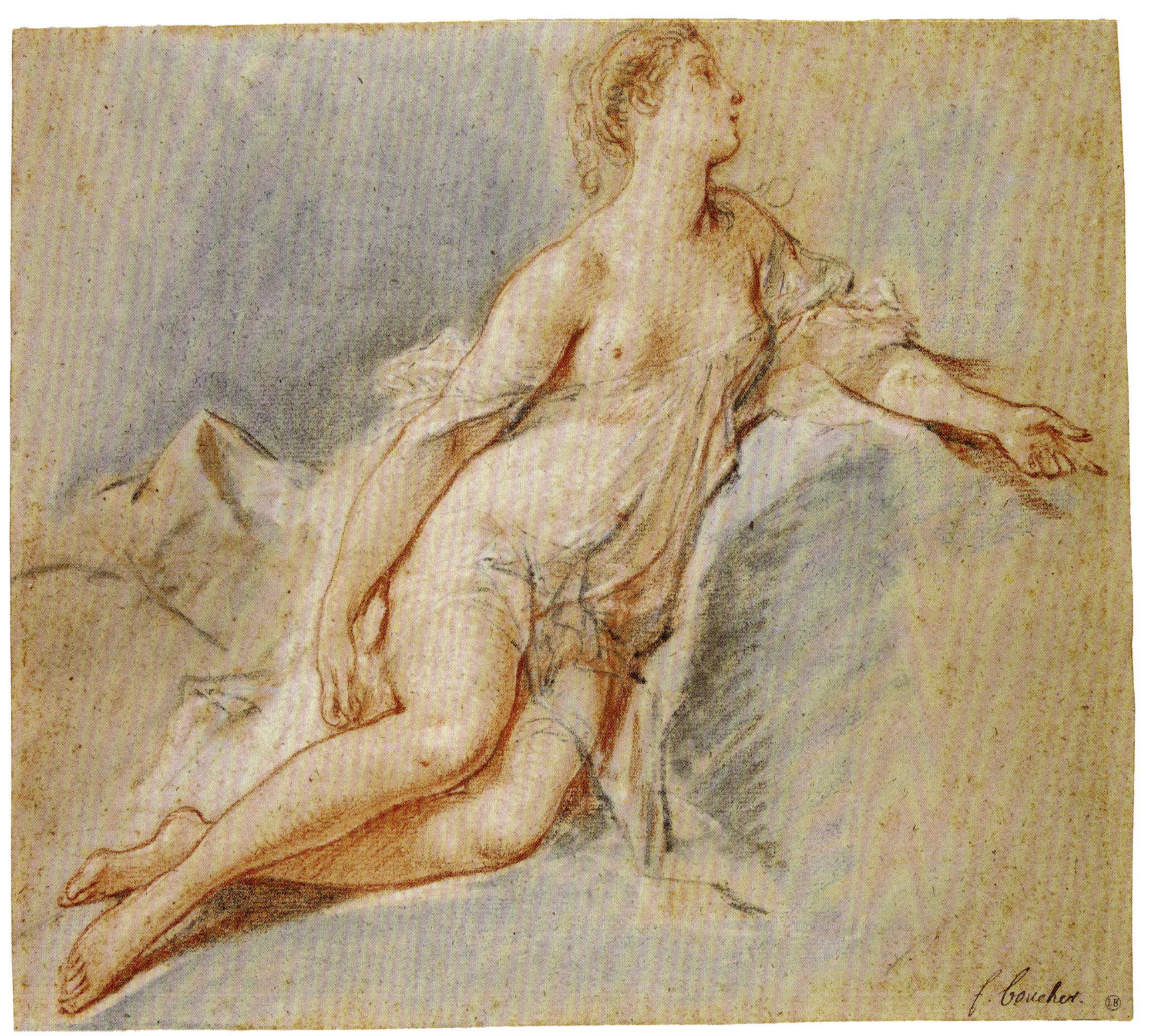
f. Boucher.

Pierre-Paul Prud'hon

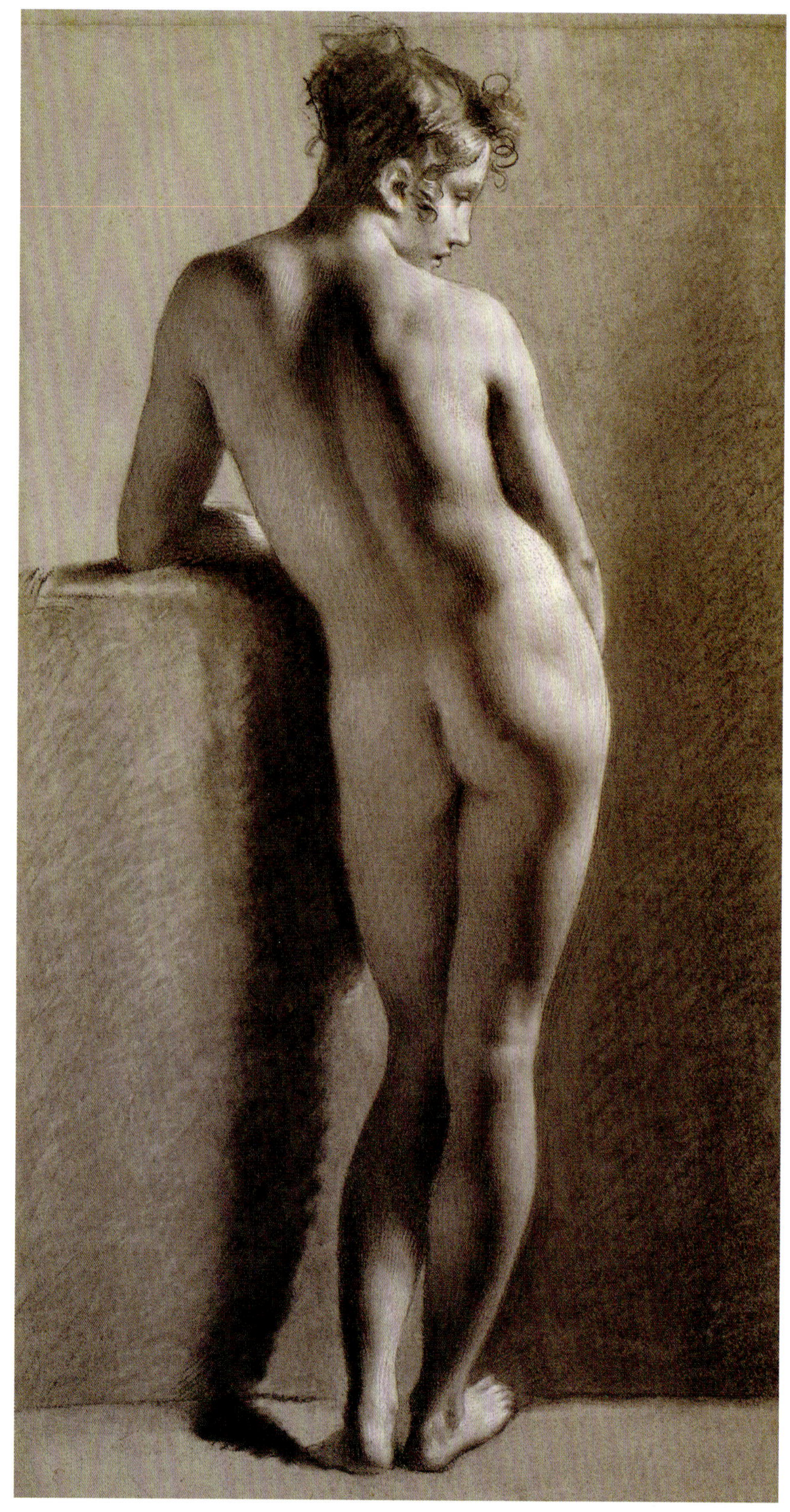

Stehender weiblicher Akt, von hinten 1785–1790
Kohle mit Weißhöhung auf blauem Papier
61 × 34,9 cm
Museum of Fine Arts, Boston, USA

Die Ideen hinter Prud'hons Zeichenstil sind nicht weltbewegend. Obgleich er dem Klassizismus kritisch gegenüberstand, verweist seine Aktdarstellung auf der linken Seite mit ihren idealisierten Proportionen und der konventionellen Bildsprache deutlich auf den damals schon verbreiteten klassiszistischen Stil. Doch die Zeichnung ist elegant und überzeugend.

Die weibliche Figur besteht aus einer Reihe von zusammengesetzten Einzelteilen, wobei jeder Teil eine bestimmte Größe im Bezug zum restlichen Körper bekam. Dieser Bezug entstammt den klassizistischen Idealen und nicht der realen Welt. 1683 veröffentlichte Gérard Audran ein Buch mit dem Titel *Die Proportionen des menschlichen Körpers*. Darin wurden Maßstäbe festgelegt, die aus den Vermessungen antiker Statuen resultierten.

Auf Prud'hons Zeichnung sieht man, wie klein die Füße des Modells im Vergleich zum Körper und wie maskulin die Gliedmaßen im Vergleich zum Kopf wirken. Diese seltsame Unverbundenheit zwischen den Einzelteilen und der Gesamtkomposition kann zwar durchaus effektvoll sein, zerstört aber häufig die Einheit. Prud'hon gelingt es jedoch, durch geschickte Schattierungen rechts unten im Bild und klar definierte Konturen eine Einheit im Bild herzustellen. Man kann die Werke von Prud'hon nicht ausschließlich einer Kunstrichtung zuordnen. In vielen seiner Bilder vermischt sich eine schlichte, klassizistische Formensprache mit der Üppigkeit, Vitalität und Dramatik der Romantik. Diese Zeichnung jedoch ist eher ein klassizistisches Meisterwerk.

Siehe auch
Paul Cézanne (S. 224)
Henri Matisse (S. 234)

Pierre-Paul Prud'hon (Frankreich, 1758–1823) kam in Cluny als zehntes Kind eines Steinmetzen zur Welt. Im Alter von 16 Jahren begann er in Dijon Malerei zu studieren. Als Zeichen seiner Verehrung für Peter Paul Rubens (1577–1640) und vielleicht auch, um adelig zu wirken, änderte er seinen Namen von Pierre Prudon in Pierre-Paul Prud'hon. Er studierte in Paris vier Jahre Kunst, doch den tiefsten künstlerischen Eindruck hinterließ ein Aufenthalt in Italien bei ihm. Nach seiner Rückkehr nach Frankreich avancierte Prud'hon zu einem der beliebtesten Maler von Napoleon Bonaparte. Im Jahr 1798 kam Constance Mayer (1744–1821) in sein Atelier. Sie wurde seine begabteste Schülerin, mit der er nicht nur zusammenarbeitete, sondern auch zusammenlebte. 1821 nahm Constance sich das Leben, Pierre-Paul starb zwei Jahre später.

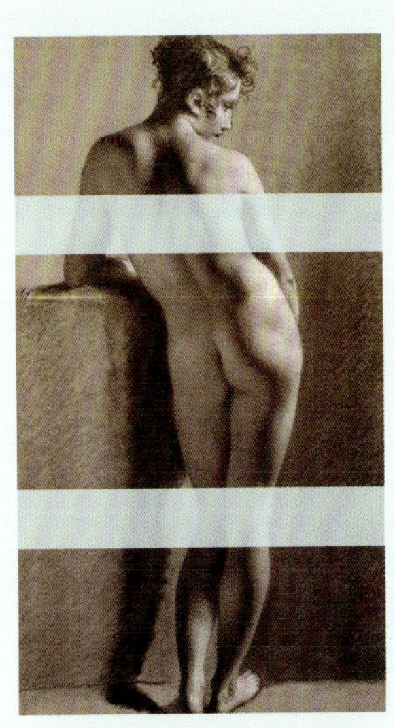

Vorlagen
Eine gängige Übung für akademische Künstler war es, eine Aktzeichnung vor dem Modell im Geiste so zu sehen, als setze sich das Ganze aus Teilen zusammen (links). Zeichnet man nach dieser Methode, ist es wichtig, sich über seine Ziele im Klaren zu sein, wenn man die Teile zusammensetzt. Veränderungen können dabei ganz unterschiedliche Wirkung haben. Zum Beispiel lässt ein kleiner Kopf den Körper monumentaler erscheinen.

Komposition
Eine Zeichnung funktioniert nur, wenn sie eine Einheit bildet. Verwischt man zum Beispiel ein Rechteck aus Kohle innen, wirkt es wie eine Einheit, zeichnet man jedoch Formen hinein, bricht diese Einheit auseinander. Auch Linienführung und Schattierung haben eine Wirkung. Links lenken große Schatten den Blick von den Zehen zum Kopf und verbinden die Teile miteinander. Achten Sie auf die großen Licht- und Schattenbereiche.

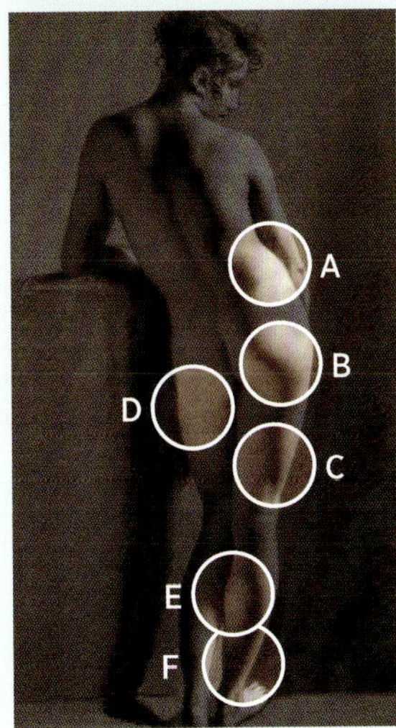

Töne
Prud'hon benutzt eine Tonstruktur in der Zeichnung, die an die Renaissance erinnert. Bei dieser Technik dürfen Sie die Verbindungen zwischen den verschiedenen Tönen nicht vergessen. Der Großteil des Bildes besteht aus vier oder fünf Tönen. Die mittleren Töne machen den geringsten Anteil aus. Links sehen Sie:
A. Weißhöhungen
B. Schattenbereich
C. mittlere Töne
D und E. gespiegeltes Licht
F. Schattenbereich

Louis Joseph César Ducornet

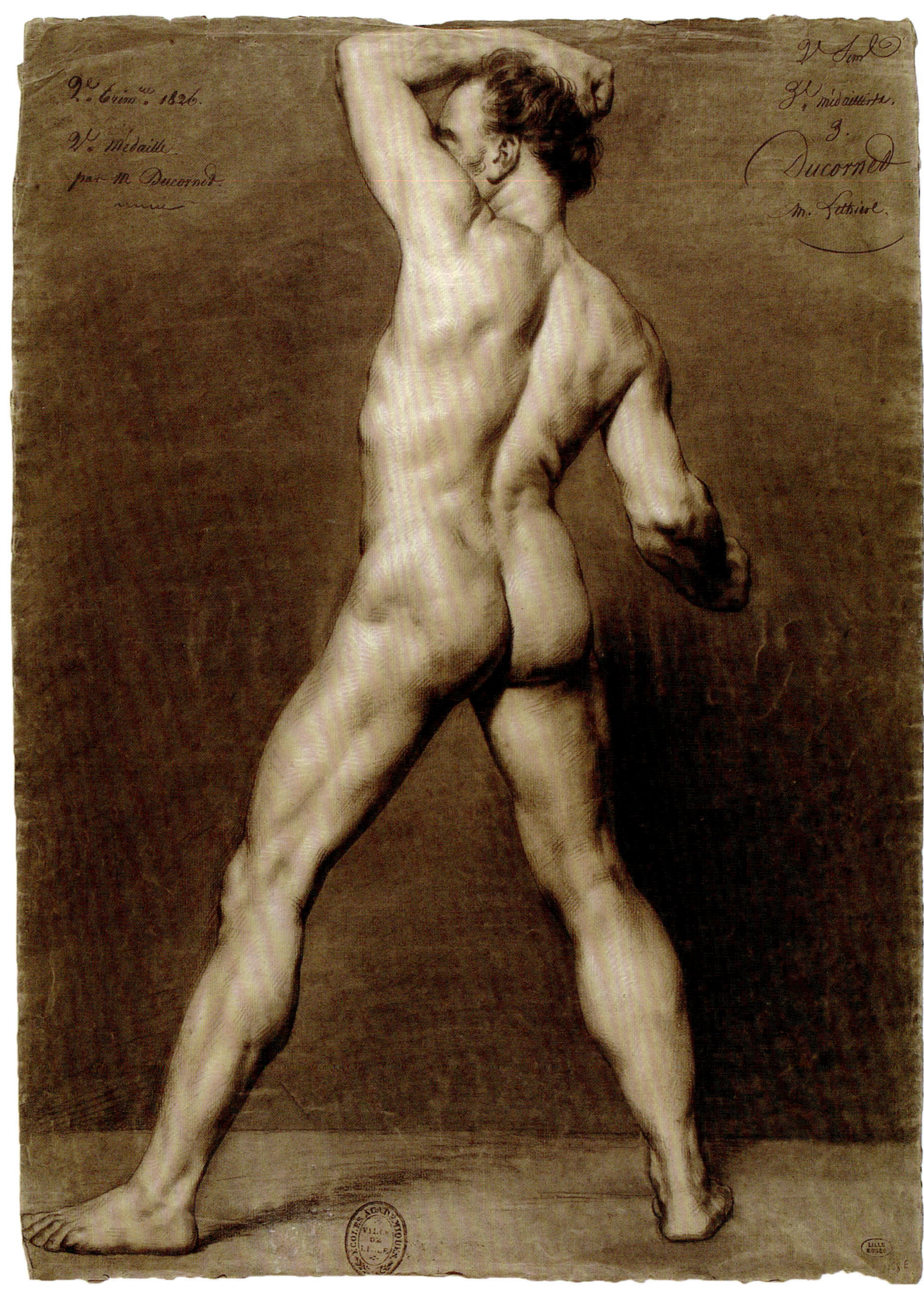

Männlicher Akt im Profil 1826
Kohle mit Weißhöhungen auf hellbraunem Papier
61,6 × 45,1 cm
Palais des Beaux-Arts, Lille, Frankreich

Die erste Zeichenakademie der Welt – die Accademia delle Arti del Disegno – wurde 1563 von Cosimo I. de' Medici in Florenz gegründet. 1661 strukturierte Ludwig XIV. die Académie française in dem Versuch um, die Kunst besser kontrollieren zu können, und führte ein strenges Reglement ein. Das System der französischen Akademie dominierte über 150 Jahre in Europa. Ende des 19. Jahrhunderts lockerten sich die Konventionen, bis sie schließlich ganz wegfielen. Für alle Schüler der Akademie gab es strikte Vorgaben. Sie sollten mit dem Kopieren antiker Skulpturenteile beginnen, bis sie die ganze Figur meisterten. Erst dann galten sie als gut genug, um mit einem lebenden Modell zu arbeiten.

Auf den ersten Blick wirkt die Aktzeichnung von Louis Joseph César Ducornet (linke Seite) aus dem Jahr 1826 konventionell. Der Künstler benutzt eine akademische Bildsprache. Seine Zeichnung konzentriert sich auf die Dreidimensionalität des männlichen Körpers und will skulpturale Ideen vermitteln. Im Gegensatz zu vielen akademischen Zeichnungen wirkt diese jedoch einheitlich, was durch das gelungene Lenken des Blicks gelingt. Das Auge wird über jede einzelne Fläche geführt, um die Gestalt herum und zur Kontur, was nicht nur auf die kleineren Muskelerhebungen aufmerksam macht, sondern auch darauf, wie die größeren Formen ineinandergreifen. Die Räumlichkeit ist allerdings problematisch. So scheint sich der linke Arm des Mannes in einem anderen Raum zu befinden als sein Oberkörper. Das ist für akademische Zeichnungen nicht untypisch, da der Künstler darauf bedacht ist, die Details in einem spezifischen Stil herauszuarbeiten.

Louis Joseph César Ducornet
(Frankreich, 1806–1856) kam in einer armen Familie in Lille zur Welt. Er wurde ohne Arme und Oberschenkel geboren und hatte nur vier Zehen an seinem rechten Fuß. Schon als Kind hob er mit den Zehen Kohlestückchen auf und fertigte Skizzen damit an, die so vielversprechend waren, dass er Kunstunterricht erhielt. Von der Stadt Lille finanziert, wurde er nach Paris geschickt, wo er bei Guillaume Guillon-Lethière (1760–1832) und François Gérard (1770–1837) studierte. Mit seinem Fuß malte Ducornet biblische und historische Szenen sowie Porträtdarstellungen.

Siehe auch
Michelangelo (S. 140)
Giovanni Battista Naldini (S. 214)
Pierre-Paul Prud'hon (S. 218)

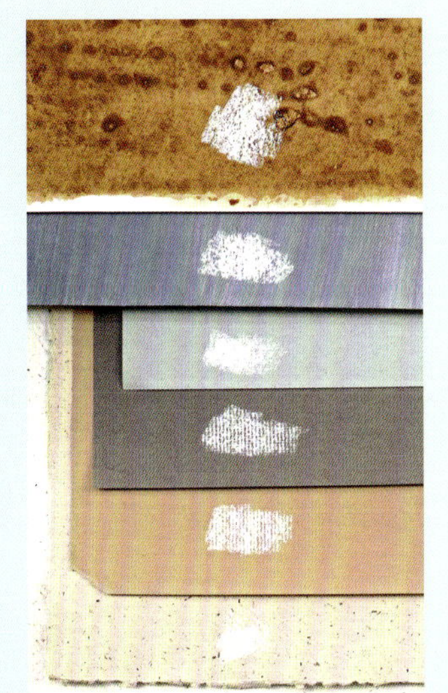

Materialien
Für das Aktzeichnen eignet sich getöntes Papier mit Kohle und Kreide sehr gut, um eine vollere, dreidimensional wirkende Form zu schaffen. Sie können farbiges Papier in verschiedenen Tönungen verwenden (links). Mit blaugrauem Papier entsteht ein atmosphärischer Raum, während warme Brauntöne erdiger und rauer wirken. Cremefarbene und beige Papiere werden gern mit roten Conté-Stiften kombiniert. Experimentieren Sie mit der Wirkung des Papiers.

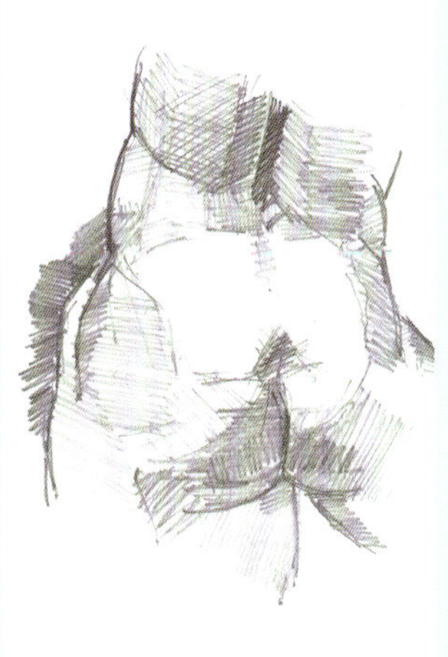

Form
Es ist wichtig zu verstehen, wie Flächen wirken. Eine Fläche verläuft immer in Bezug zur Papieroberfläche. In der Zeichnung links rückt die Fläche von den Pobacken des Modells den unteren Rücken hinauf und dabei räumlich vom Betrachter weg und in die Bildebene hinein. Wenn Flächen überbetont werden, wirkt eine Zeichnung schnell schematisch und langweilig. Hier sind die Übergänge zwischen den Flächen so, dass man das Modell gut visualisieren kann.

Jean-Baptiste-Camille Corot

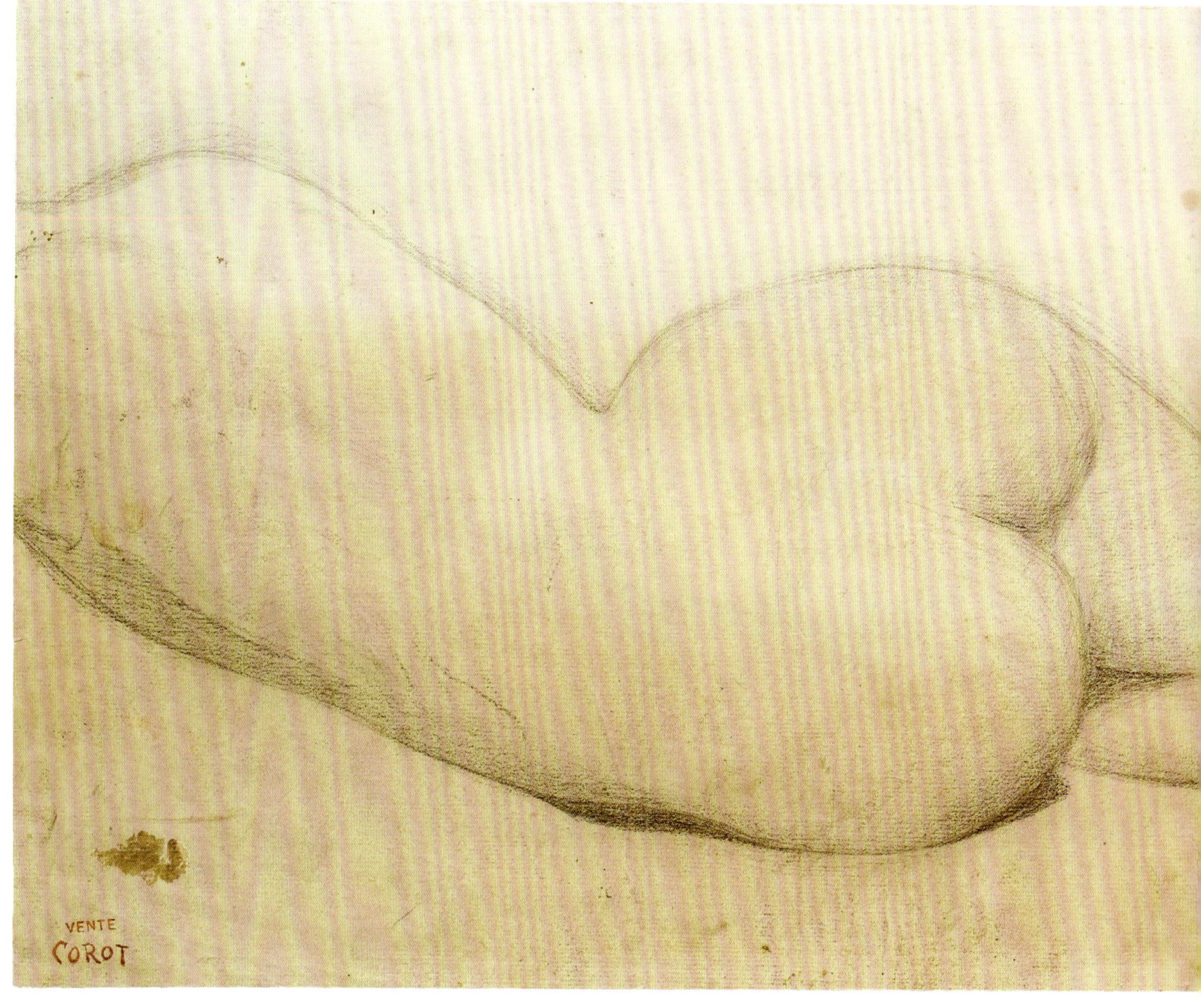

Weiblicher Akt von hinten, auf der linken Seite liegend um 1830–1840
Schwarze Malkreide
23,4 × 50,1 cm
Louvre, Paris, Frankreich

Jean-Baptiste-Camille Corot wurde für seine Landschaften bekannt, war aber auch ein angesehener Porträt- und Figurenmaler. Edgar Degas (Seite 160) und viele Impressionisten, die Corot sehr bewunderten, schätzten besonders seine figürlichen Arbeiten. Unter den mehr als 3000 Bildern, die Corot in seinem Leben anfertigte, sind zahlreiche Figurendarstellungen. Insgesamt schuf er über 50 Porträts und 13 Akte.

Corot begann erst im Alter von 25 Jahren mit dem Malen. Die Aktzeichnung oben stammt aus den 1830er-Jahren, als er noch nicht auf einen großen künstlerischen Erfahrungsschatz zurückgreifen konnte. Im Vergleich zu anderen Zeichnungen aus der ersten Hälfte des 19. Jahrhunderts ist die hier vorgestellte Zeichnung auffallend groß.

Corots Aktdarstellung verknüpft abstrakte Eleganz mit einer lasziven Erotik. Obgleich die Zeichnung vermutlich mit einem realen Modell vor Augen entstand, wirkt die Figur stark vereinfacht, ja fast schon wie eine abstrakte Skulptur aus dem 20. Jahrhundert. Vor allem den Lichteinfall auf dem Körper hat Corot hervorragend getroffen – die liegende Frau wirft zudem einen kleinen, aber deutlich sichtbaren Schatten. Da das Laken, auf dem die Figur liegt, keine Falten oder Einbuchtungen zeigt, scheint die Frau beinahe zu schweben. Dennoch wirkt das Bett physisch präsent, denn es verbindet sich gekonnt mit dem liegenden Körper.

Corot gelang diese klare Form und Linienführung, indem er Form und Linie so einfach wie möglich hielt. Die Linienführung ist subtil, während der Raum flach bleibt.

Die Schaffenszeit Corots markiert das Ende von Klassizismus und Romantik und den beginnenden Realismus. Corot wandte sich instiktiv Letzterem zu. Den klassizistischen Einfluss auf sein Werk konnte er jedoch nie ganz leugnen. Auch in dieser Zeichnung ist er erkennbar.

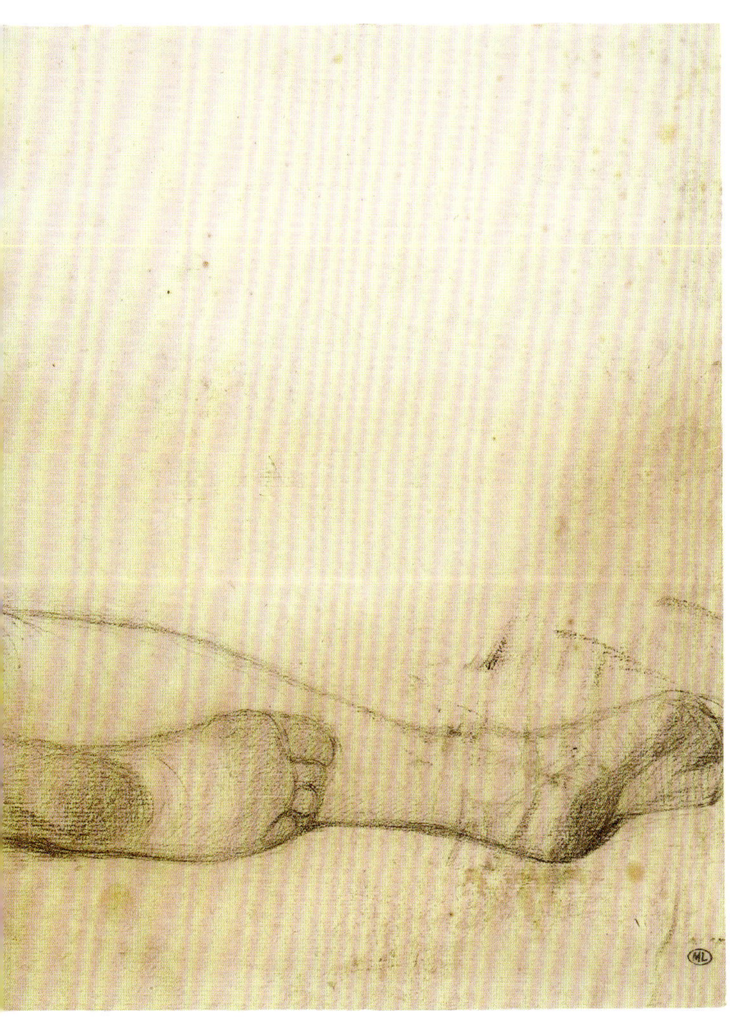

Jean-Baptiste-Camille Corot (Frankreich, 1796–1875) lernte bei Achille Etna Michallon (1796–1822) und Jean-Victor Bertin (1867–1842). Er reiste viel, unter anderem durch Italien und Frankreich, wobei er ständig im Freien zeichnete. Seine kleinen Studien und Skizzen verwendete er dann, um im Atelier große Ölgemälde anzufertigen. In den 1840er-Jahren erfreuten sich seine poetischen Landschaften großer Beliebtheit, was Corot ab den 1850er-Jahren als führenden Landschaftsmaler in Paris etablierte. Etwa ab diesem Zeitpunkt änderte sich sein Stil. Corot setzte fortan diffuseres Licht ein und reduzierte seine Palette auf wenige Farben. Diese Technik ließ seine Bilder atmosphärisch und ruhig wirken.

Siehe auch

Leonardo da Vinci (S. 72)

Raffael (S. 74)

Hans Holbein d. Jüngere (S. 80)

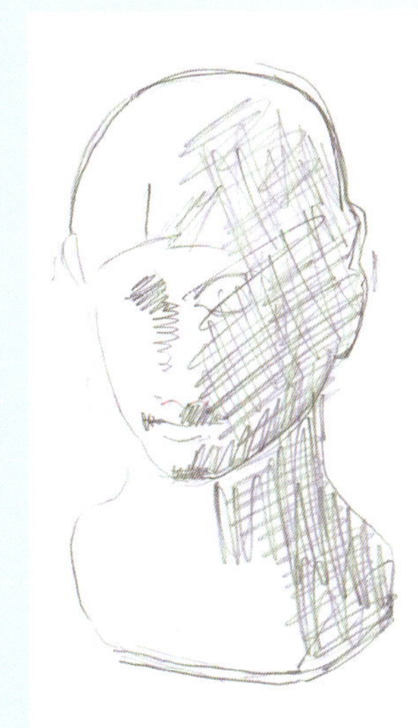

Materialien

Corot bemühte sich in seiner Aktzeichnung (oben) vor allem um Einfachheit. Wenn man schwarze Malkreide oder Kohle verwendet und mit leichtem Strich zeichnet, braucht man weniger Schattierungen (links). Aber aufgepasst: Wenn Sie eine schlichte, schattierte Form zeichnen, ist es sehr wichtig, die Übergangstöne stimmig hinzubekommen. Der Nebeneffekt einer solchen Vereinfachung ist außerdem die Betonung der Konturen.

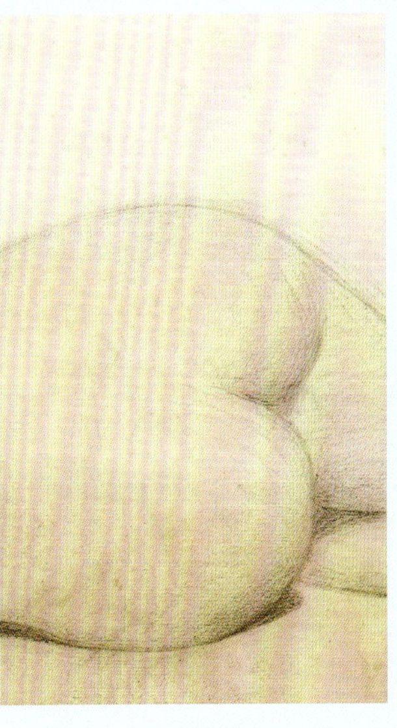

Themenwahl

Ein Modell im Atelier zu zeichnen, wie das auch Corot tat, ist seit Jahrhunderten Usus. Das Entwickeln einer Bildkomposition mit der lebendigen Person vor Augen lässt eine konzentrierte Atmosphäre entstehen, die beim Erlernen des Zeichnens wesentlich ist. Konzentrieren Sie sich beim Aktzeichnen allerdings nur auf die Technik, wird Ihr Bild akademisch und langweilig werden. Die Technik soll immer nur der künstlerischen Intention dienen. Das ist das Ziel!

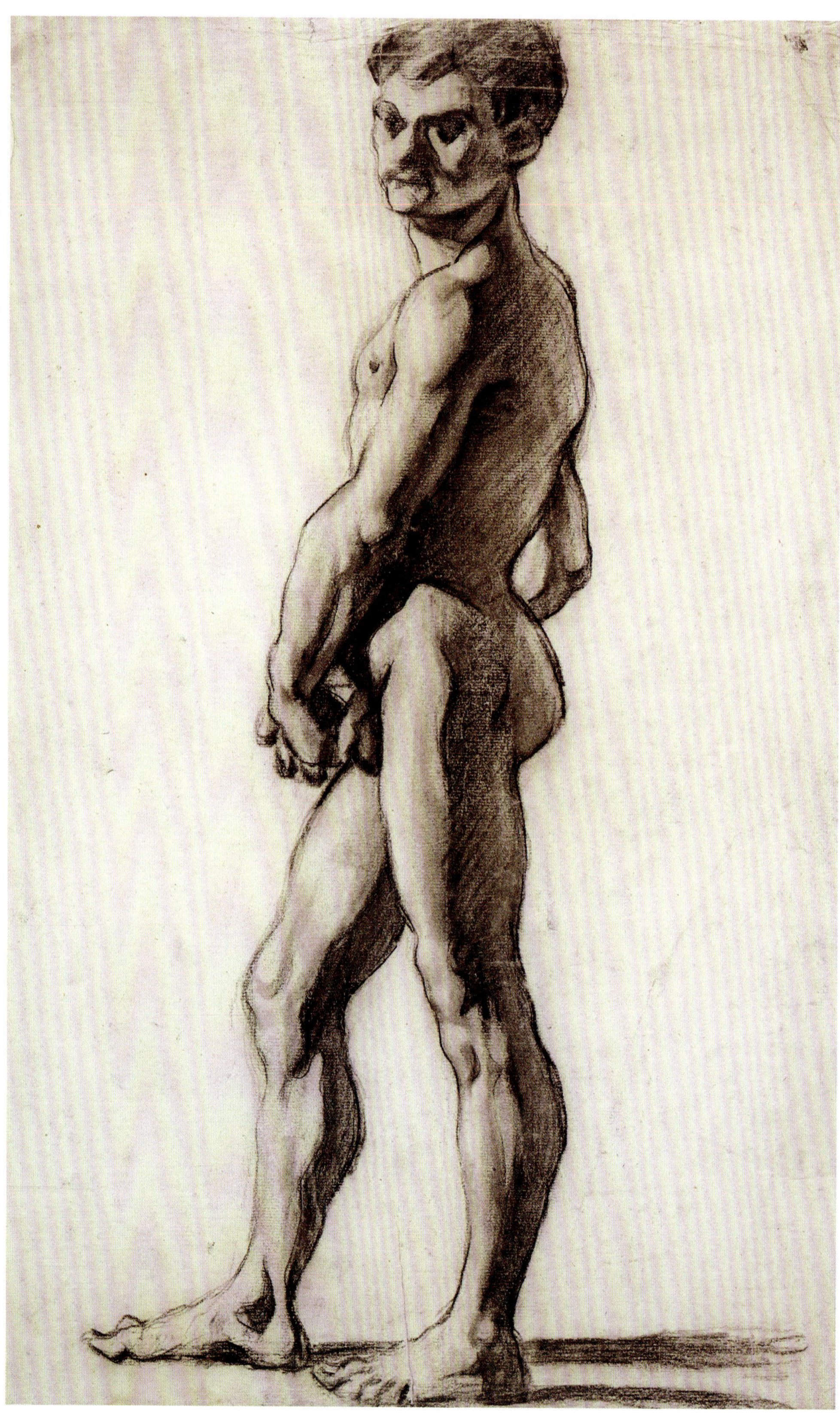

Männlicher Akt um 1863
Schwarze Kreide auf Büttenpapier
49,1 × 31 cm
Fitzwilliam Museum, Cambridge, Großbritannien

Paul Cézanne gilt als einer der großen Revolutionäre der Kunst, doch in diesem Frühwerk auf der linken Seite verwendet er noch eine konventionelle Bildsprache. Der Einsatz von Licht und Schatten ist zwar ähnlich dem von Pierre-Paul Prud'hon (Seite 218). Offenkundig ist aber Cézannes Ablehnung eines idealisierten Körpers nach akademischen Vorgaben.

Als diese Aktzeichnung (linke Seite) entstand, waren viele männliche Modelle Soldaten, die nach dem Krieg in den Städten nach einer einfachen Arbeit suchten. Es waren körperlich fitte Männer, die jedoch kaum dem antikischen Ideal entsprachen. Cézanne wollte keine Idealisierung, doch die Ateliers, für die er arbeitete, verlangten nach einem anderen Realismus, als er ihn bot. Einige seiner Kollegen machten sich deshalb über ihn lustig. Gerade der unverstellte Realismus in seinem Werk – und nicht eine revolutionäre Weiterentwicklung der Bildsprache – war es, was Cézanne von etablierten Künstlern unterschied.

Im Vergleich zu vielen feiner ausgearbeiteten Zeichnungen aus dem frühen 19. Jahrhundert reduzierte Cézanne in seiner Aktdarstellung (linke Seite) die Übergangstöne. Dadurch wirkt das Licht dramatischer. Der Akt ist in ähnlichen Tönen gehalten, und die größeren Flächen wurden nicht in Bereiche aufgesplittert, sondern grob zusammengefasst. Der Tonwert der einzelnen Bereiche steht in Bezug zu anderen Bereichen, und so wirkt zum Beispiel die Brust des Mannes so, als hätte Cézanne sie mit der hellen Fläche des Bauchs und der dunklen des Gesichts in Verbindung gesetzt.

Paul Cézanne (Frankreich, 1839 bis 1906) studierte zuerst Jura, wechselte dann aber 1861 zur Kunst und besuchte die Académie Suisse in Paris, wo er Camille Pissarro (1830–1903) kennenlernte. Cézanne wurde jedoch derart von Selbstzweifeln gequält, dass er in seine Heimatstadt Aix-en-Provence zurückkehrte. 1862 kam er erneut nach Paris, stellte im Salon des Refusés aus und befreundete sich mit einigen Impressionisten. 1872 begann er in Pontoise mit Pissarro zu arbeiten, der an der Entwicklung seines späteren Stils maßgeblich beteiligt war. Cézanne nahm an zwei Ausstellungen der Impressionisten teil, bevorzugte es aber, unabhängig zu arbeiten. Nach einer Einzelausstellung 1895 erfuhr Cézanne allmählich Anerkennung als Maler. Cézanne zählt mit zu den Wegbereitern der Klassischen Moderne.

Siehe auch
Pierre-Paul Prud'hon (S. 218)
Henri Matisse (S. 234)

Maßstab
Es ist wichtig, sich von Anfang an über die Größe einer Figur im Klaren zu sein und daran festzuhalten. Markieren Sie die Stellen, an denen Sie den Kopf und die Füße haben wollen (links). Sich an diesen Punkten zu orientieren verhindert, dass der Akt zu groß oder zu klein wird. Außerdem können Sie dadurch Modell und Zeichnung immer wieder rasch von oben bis unten mustern, wodurch Sie beinahe unbewusst die tatsächlichen Proportionen wahrnehmen.

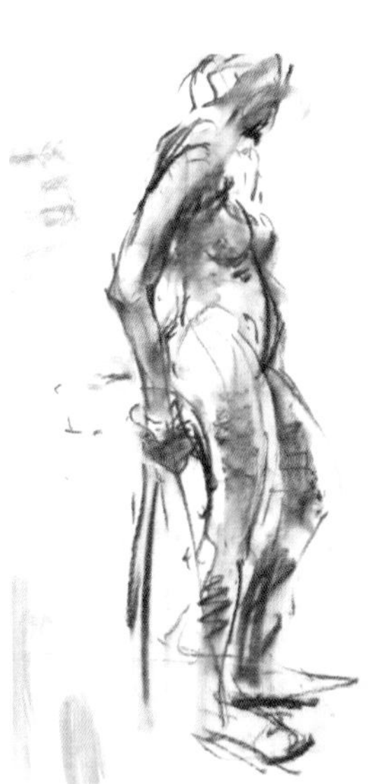

Schattierung und Linie
Denken Sie an die Grundelemente der Bildsprache: Kontur, Licht und Schatten. Machen Sie sich darüber, wie diese Elemente einzubauen sind, erstmal keine Gedanken. Stattdessen ist es sinnvoll, sie auf der Zeichnung anfangs getrennt zu lassen (links). So können Sie eine Skizze schneller entwickeln. Noch etwas: Eine Zeichnung kleiner zu machen ist einfach. Doch oft muss man sie vergrößern. Lassen Sie daher einen Rand, um dafür den nötigen Platz zu haben.

Edgar Degas

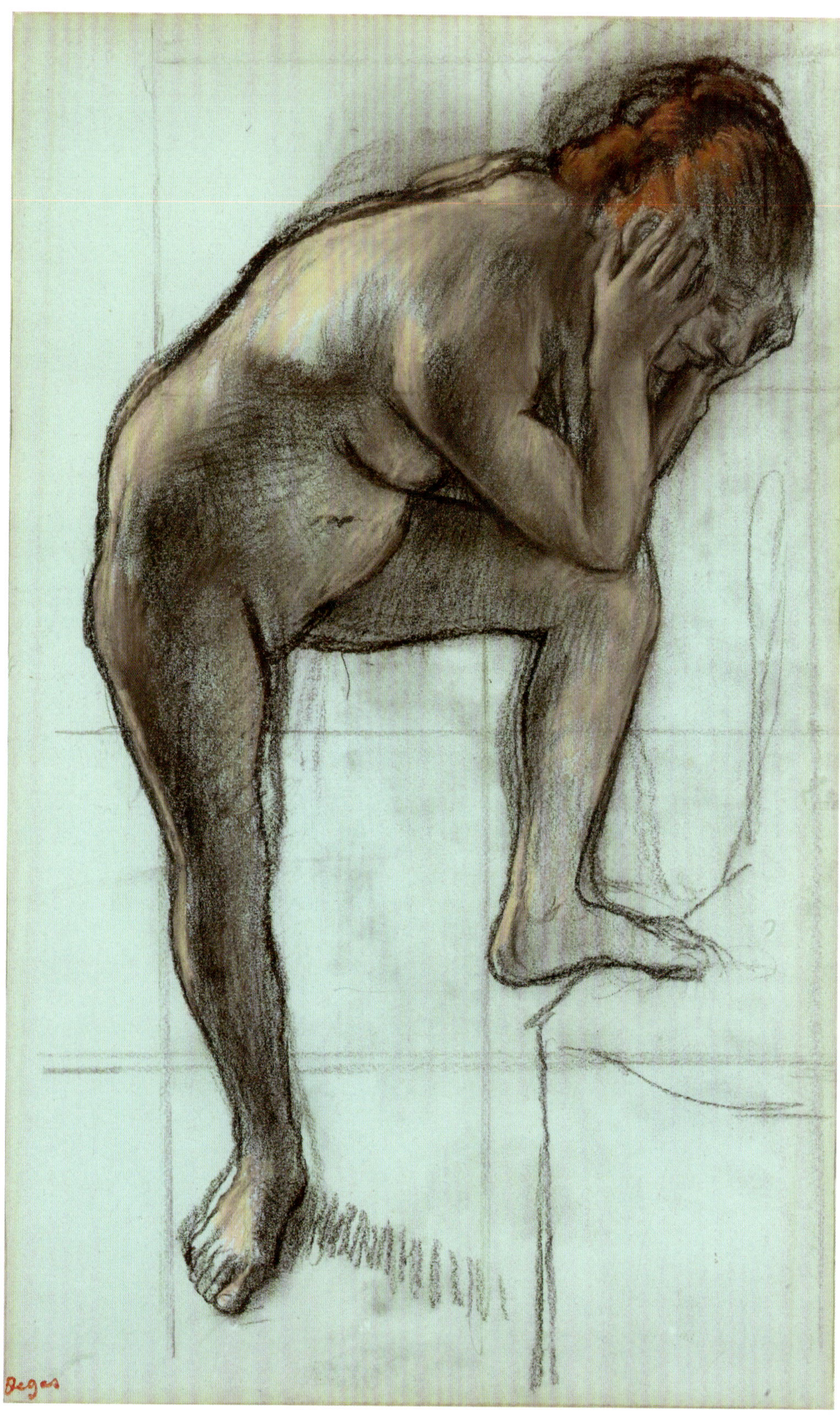

Stehender weiblicher Akt um 1880–1883
Pastellkreide und Kohle auf blaugrünem Papier
49,5 × 30,7 cm
Musée d'Orsay, Paris, Frankreich

Edgar Degas war sowohl technisch als auch schöpferisch überaus erfindungsreich. Er schuf Hunderte von Zeichnungen. Bereits mit 18 Jahren meldete er sich als Kopist im Pariser Louvre an. Das war unter jungen Künstlern im 19. Jahrhundert üblich und diente zweierlei Zielen: Man konnte damit Geld verdienen – genehmigte Kopien wurden vom Staat gekauft, um sie in Museen in ganz Frankreich auszustellen –, und zugleich war es ein wichtiger Teil der künstlerischen Ausbildung. Auf diesem Weg lernte Degas 1855 den besten Zeichner seiner Zeit kennen, Jean-Auguste-Dominique Ingres (Seite 152), der ihn stark beeinflusste.

Diese Zeichnung eines stehenden Akts (linke Seite) entstand, als Degas schon Ende vierzig war und sein Medium völlig gemeistert hatte. Das kühle blaugrüne Papier schimmert durch die schwarze Kohle und lässt lichtdurchflutete Schatten entstehen, welche die Konturlinien intakt lassen. Der spärliche Einsatz von Farbe in den Glanzlichtern ist perfekt gelungen und verleiht der Gestalt das nötige Gewicht – als ob sie sich in den Glanzlichtern verdichten würde. Der Raum interessiert Degas hier nicht. Er konzentriert sich auf die Beziehungen der Formen zueinander – zum Beispiel darauf, wie der Oberkörper auf das Bein drückt. Immer wieder erfindet Degas eine neue Art der Wahrnehmung, als ob der menschliche Körper jedes Mal überraschend anders aussähe – ganz gleich, wie sehr die Posen sich in seinen Aktzeichnungen ähneln. Vor allem jedoch schafft Degas es, etwas herauszufiltern, das körperlich, visuell und geistig zugleich ist.

Edgar Degas (Frankreich, 1834 bis 1917) studierte zuerst Jura, war jedoch fest entschlossen, Künstler zu werden. Er schrieb sich in der École des Beaux-Arts in Paris ein und beschäftigte sich drei Jahre lang mit den Alten Meistern in Italien. 1865 stellte er im Pariser Salon aus und gehörte der Société Anonyme des Artistes an, deren Mitglieder 1874 zum ersten Mal öffentlich ihre Werke zeigten. Man bezeichnete sie damals als »Impressionisten«, da es ihrem Stil an genauen Details mangelte. Die Gruppe stellte acht Mal aus, Degas aber lehnte es stets ab, als Impressionist bezeichnet zu werden. Degas ist unter anderem für seine Pastellzeichnungen berühmt.

Siehe auch

Jean-Auguste-Dominique Ingres (S. 152)

Henri Matisse (S. 174)

Auguste Rodin (S. 232)

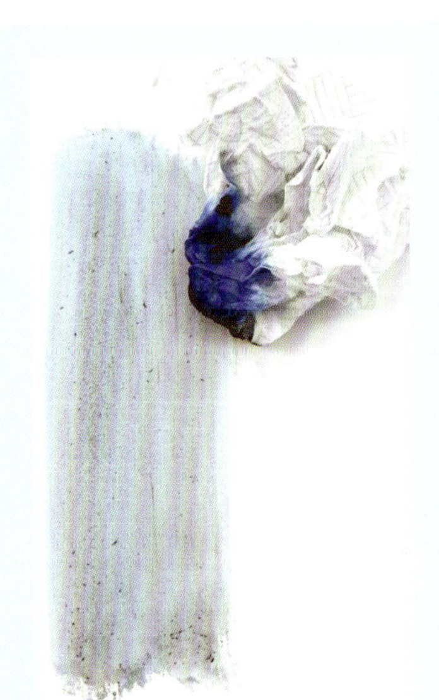

Materialien

Degas benutzte Hadernpapier, das aus alten französischen Uniformen hergestellt wurde und dessen blauer Farbstoff eine besonders gute Papierfarbe ergab. Es ist schwer, qualitativ hochwertiges blaugrünes Papier zu finden, und nicht leicht, es selbst herzustellen. Man kann Papier mit Tinte färben (links), aber wenn man einen Radiergummi benutzt, entfernt man an der radierten Stelle etwas vom Blau. Am geeignetsten ist normales graues Tonpapier.

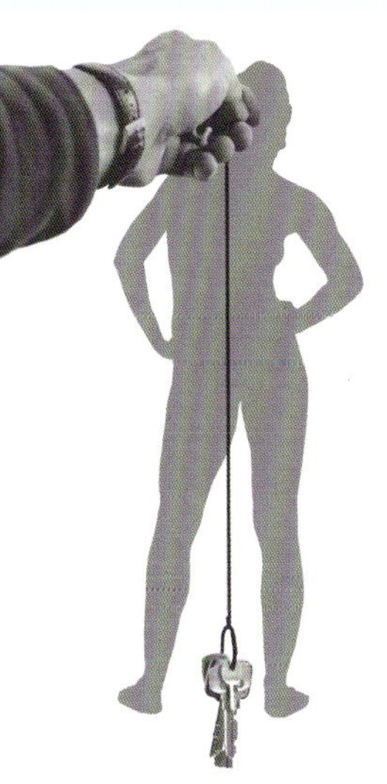

Komposition

Degas verwendete vermutlich als Vorzeichnung ein schwaches, großes Raster um die vertikalen und horizontalen Linien besser zu erkennen. Künstler verwenden auch heute noch eine Art Lot, das man vor das Sujet hält, um die Vertikale zu sehen (links). Sie können einen Bleistift im 90-Grad-Winkel an die Vertikale halten, um so eine perfekte Horizontale zu bekommen. Das Lot ist nützlich, wenn man einer Figur ein Gleichgewicht geben will.

Georges Seurat

Studie für *Les Poseuses* 1886–1887
Conté-Stift auf Büttenpapier
29,7 × 22,5 cm
Metropolitan Museum of Art, New York, USA

Einer der wichtigsten wissenschaftlichen Einflüsse auf die Künstler des 19. Jahrhunderts war die Arbeit des französischen Chemikers Michel Eugène Chevreul (1786–1889). Seine Untersuchungen zu Optik und Wahrnehmung wurden von Georges Seurat aufgenommen und in eine Maltechnik umgesetzt, die als Pointillismus bekannt ist. Diese Methode wirkte bei Seurats Nachfolgern oft gekünstelt, doch seine Werke sind meisterhaft.

Der Begriff Pointillismus bezieht sich auf die kleinen Farbpunkte, die auf die Leinwand aufgetragen werden. Er ist auf die Idee zurückzuführen, dass sich die Farbe auf der Leinwand am besten durch die optische Wahrnehmung im Auge vermischt und nicht auf der Palette. Auf diese Weise bleiben die Farben reiner und intensiver. Die Übertragung einer farbbasierten Malsprache auf ein grafisches Medium stellte dabei eine große Herausforderung dar.

Viele von Seurats Zeichnungen sind Studien für größere Gemälde, wie die Studie für *Les Poseuses* auf der rechten Seite. Sie dienten Seurat vor allem dazu, herauszufinden, wie eine bestimmte Form darzustellen war. Seurat benutzte raues Papier und harte Conté-Stifte, um die vielen kleinen Punkte zu produzieren. Es gibt keine eindeutigen Konturen, sondern nur eine Reihe von unterschiedlich starken Schattierungen. Eine harte, dünne Linie hätte die Einheit gestört. Doch in einigen Bereichen, wie zum Beispiel dem Schenkel links, führte die enge Schattierung zu einer klareren Randlinie. Das Modell wirkt wie in einen Stoffnebel gehüllt, wobei die Füße am unteren Rand des Blatts die Bildebene näher an die Figur heranrücken und so ein flacheres, intimeres Bild schaffen.

Georges-Pierre Seurat (Frankreich, 1859–1891) begann 1878 an der École des Beaux-Arts in Paris zu studieren. Vom Unterricht gelangweilt, begann er, sich mit den Farbtheorien von Michel Eugène Chevreul (1786–1889) auseinanderzusetzen, der sich mit optischen Effekten und Wahrnehmung sowie der emotionalen Bedeutung von Farbe beschäftigte. Seurats erstes großes Gemälde *Badestelle in Asnières* (1883–1884), das Seurat in seiner pointillistischen Technik anfertigte, spiegelt dieses Interesse an den Farb- und Wahrnehmungstheorien wieder. Der Pariser Salon lehnte das Werk 1884 ab, woraufhin Seurat es im Salon des Indépendants ausstellte. Gegen Ende seines Lebens konzentrierte sich Seurat auf Küstenlandschaften und Szenen aus dem Nachtleben oder aus der Welt des Zirkus.

Siehe auch
Gustave Courbet (S. 92)
Raffael (S. 188)
Alberto Giacometti (S. 242)

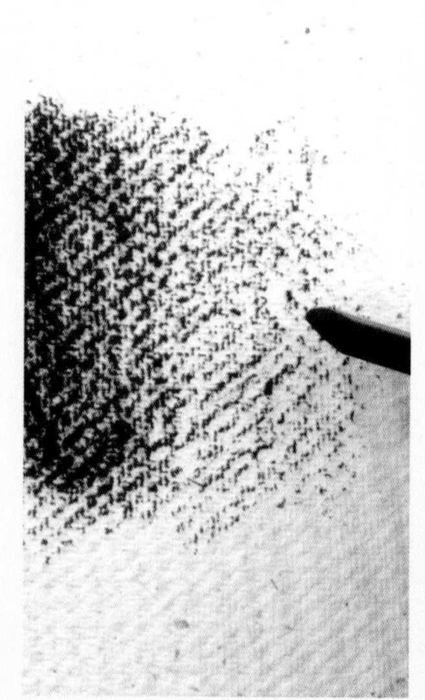

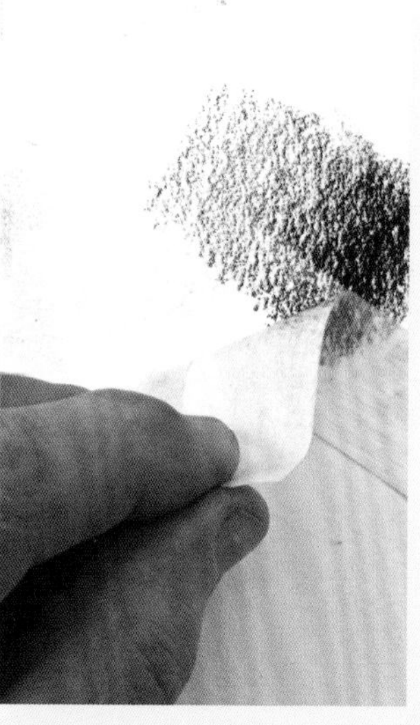

Materialien
Für die Methode Seurats ist das richtige Papier wesentlich. Strukturierte Aquarellpapiere sind meist mit Leim imprägniert. Sie benötigen ein strukturiertes Papier, das sich trocken und warm anfasst (ganz links). Wollen Sie Conté-Stift ausradieren, halten Sie den Knetradiergummi so sauber wie möglich oder verwenden Sie die klebrige Seite von Malerkrepp, ohne diese über das Papier zu ziehen. Berühren Sie das Kreppband nur sanft auf der Rückseite (links).

Form
Seurat arbeitete in seiner Zeichnung (rechte Seite) vom Inneren der Formen in Richtung Ränder. Dadurch wirkt es, als ob die Formen aus dem Nebel auftauchen. Um in einem »pointillistischen« Bild die Wirkung der Schattierungen besser einschätzen zu können, betrachten Sie Ihre Zeichnung regelmäßig im Abstand von 2 Metern. Es hilft, das Bild mit halbgeschlossenen Augen anzusehen. So konzentriert man sich nicht auf Details und kann Licht und Schatten gut beurteilen.

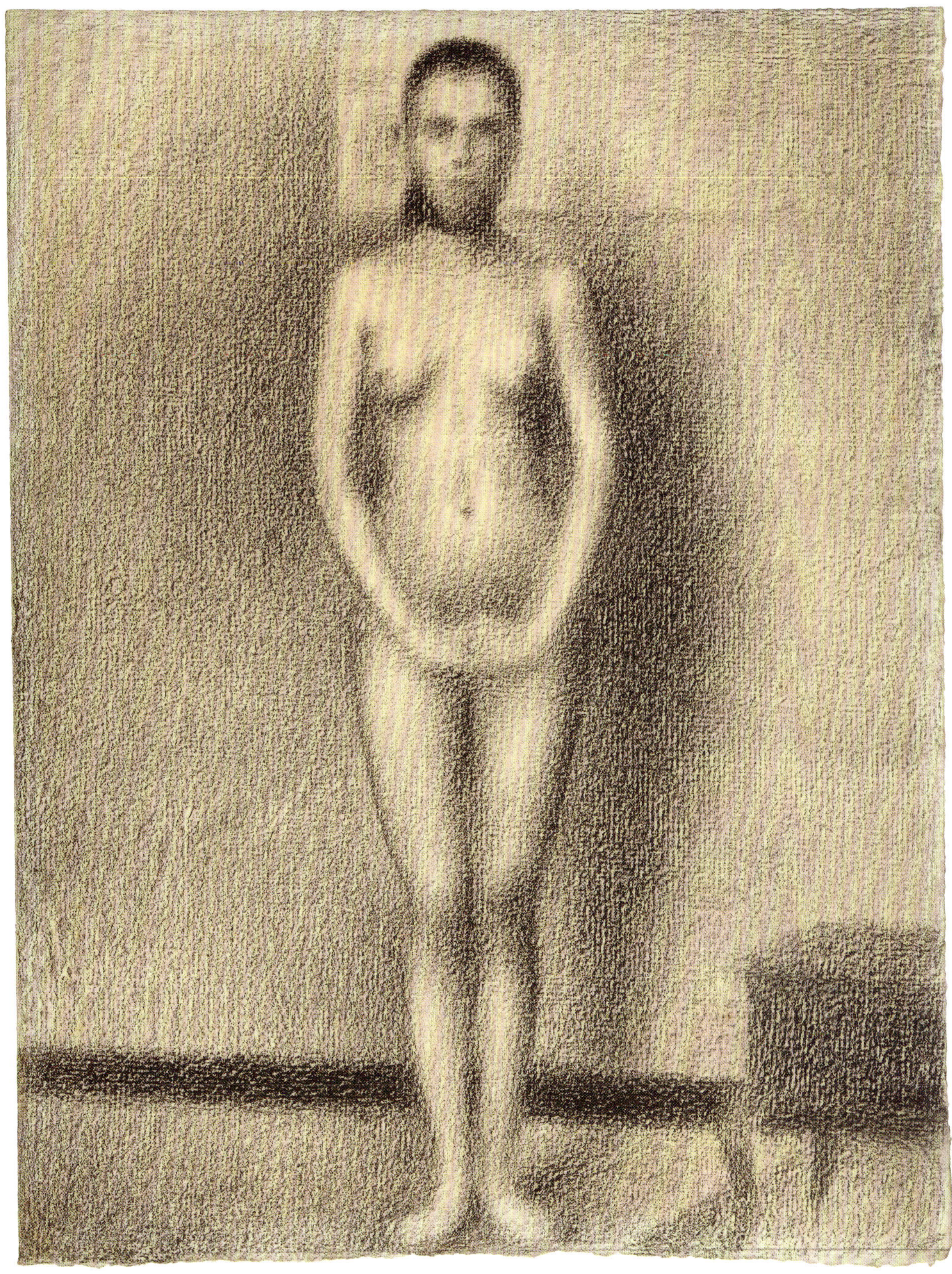

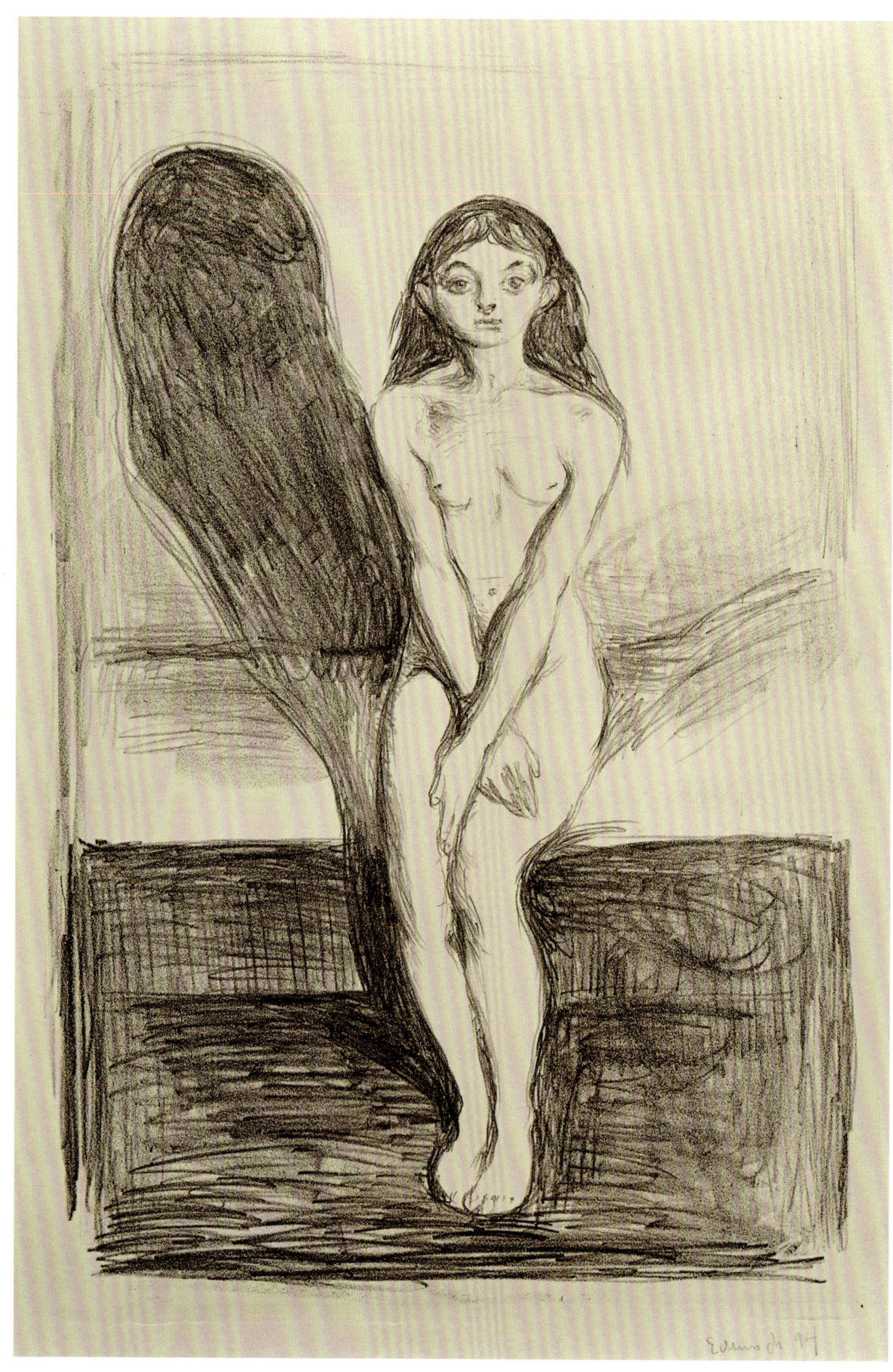

Studie für *Pubertät* 1894
Lithografie
41,2 × 27,5 cm
Kupferstichkabinett, Berlin, Deutschland

Diese Studie entstand im Rahmen einer außergewöhnlichen Reihe von Gemälden, die Edvard Munch ab den späten 1880er-Jahren bis Mitte der 1890er-Jahre anfertigte. Er schrieb später einmal, wie schnell die ursprüngliche Atmosphäre einer Skizze verloren gehen könne und wie er verzweifelt an einer Schicht Farbe gekratzt habe, um darunter nach seinem ersten Eindruck zu suchen.

Die Darstellung auf der linken Seite hält den ersten Eindruck fest. Sie ist einfach und dabei doch einfühlsam und ausdrucksstark. Obgleich Munch hier eine Skizze zu einer Lithografie verarbeitet hat, strahlt das Blatt doch die Unmittelbarkeit und Zartheit einer Bleistiftzeichnung aus.

Zuerst fällt die Pose des Mädchens ins Auge – zusammengepresste Knie und verschränkte Arme – so, als wolle sich das junge Modell schamhaft verbergen. Als Nächstes bemerkt man den seltsamen, phantomartigen Schatten, der aus der Seite des Mädchens herauszuwachsen scheint. Es ist ein Schatten voller Symbolik. Wie viele Künstler seiner Zeit interessierte sich auch Munch für Übernatürliches und glaubte, man könne Geister mithilfe des Mediums Fotografie sichtbar machen. Munch war von der Fotografie fasziniert und projizierte häufig vergrößerte Fotos direkt auf seine Leinwand, was unter anderem dazu führte, dass seine Bilder dem Betrachter von heute so zugänglich erscheinen.

In diesem Bild setzt Munch kraftvoll schwarze Kritzeleien ein. Obgleich die Zeichnung expressionistisch wirkt (Munch war durch den Expressionismus beeinflusst), zeigt es viel Sensibilität an den helleren Stellen, was es zu einem außergewöhnlichen Werk macht.

Edvard Munch (Norwegen, 1863 bis 1944) studierte an der Kunstakademie in Oslo bei dem Naturalisten Christian Krohg (1852–1925). Munch reiste nach Frankreich, Deutschland und Italien und wurde durch die Impressionisten und Symbolisten beeinflusst. Die Eltern, ein Bruder und eine Schwester Munchs starben, als er noch jung war. Er selbst litt ebenso wie eine weitere Schwester an einer geistigen Erkrankung. Seine angstdurchzogenen Bilder plante Munch exakt. Sein Gemälde *Der Schrei* (1893) gilt als ikonische Darstellung existenzieller Qualen. Nachdem Munch sich 1908 von einem Nervenzusammenbruch erholt hatte, wurde sein Werk optimistischer, und er malte häufiger Naturszenen.

Siehe auch
Pablo Picasso (S. 102)
Max Beckmann (S. 172)
Balthus (S. 246)

Komposition
Halten Sie Ihre Komposition einfach. Selbst bei hochkomplexen Bildern hilft ein einfacher Aufbau, eine Einheit herzustellen. Wenn man mit dem Modell vor Augen arbeitet, kann das schwierig sein, da sich viele Möglichkeiten anbieten. Konzentrieren Sie sich auf die größten Bereiche und überlegen Sie, wie diese Formen auf Ihr Papier passen. Das erleichtert Ihnen auch die Arbeit, wenn Sie aus dem Gedächtnis arbeiten, denn Sie können so mit den Bildelementen freier umgehen.

Vorlagen
Auch wenn sich Munch von Fotos inspirieren ließ, kopierte er sie selten. Munch war ein großartiger Erfinder von Bildern, die Gefühle spiegeln. Greifen Sie bei der Motivwahl auf Ihre eigenen Erfahrungen zurück. Die Skizze rechts zeigt Formen wie einen traurigen Mund. Vorsicht: Seien Sie nicht zu offensichtlich: Gehen Sie vom Gefühl aus und verwenden Sie abstrakte Formen für den Aufbau. Die Zeichnung muss nicht gegenständlich sein, sollte aber das Gefühl vermitteln.

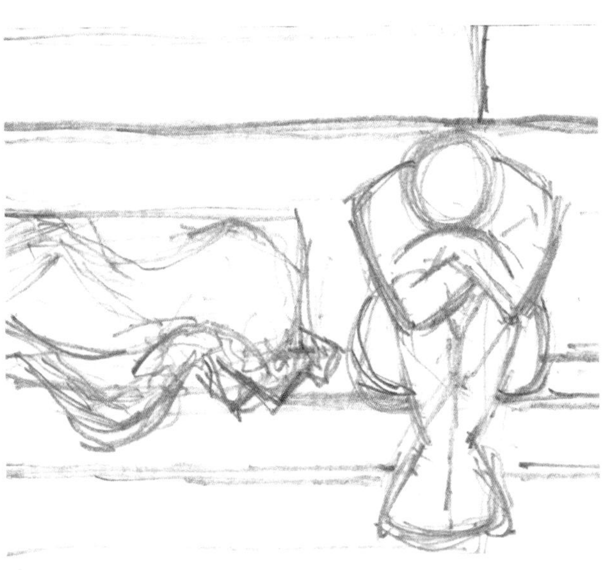

Auguste Rodin

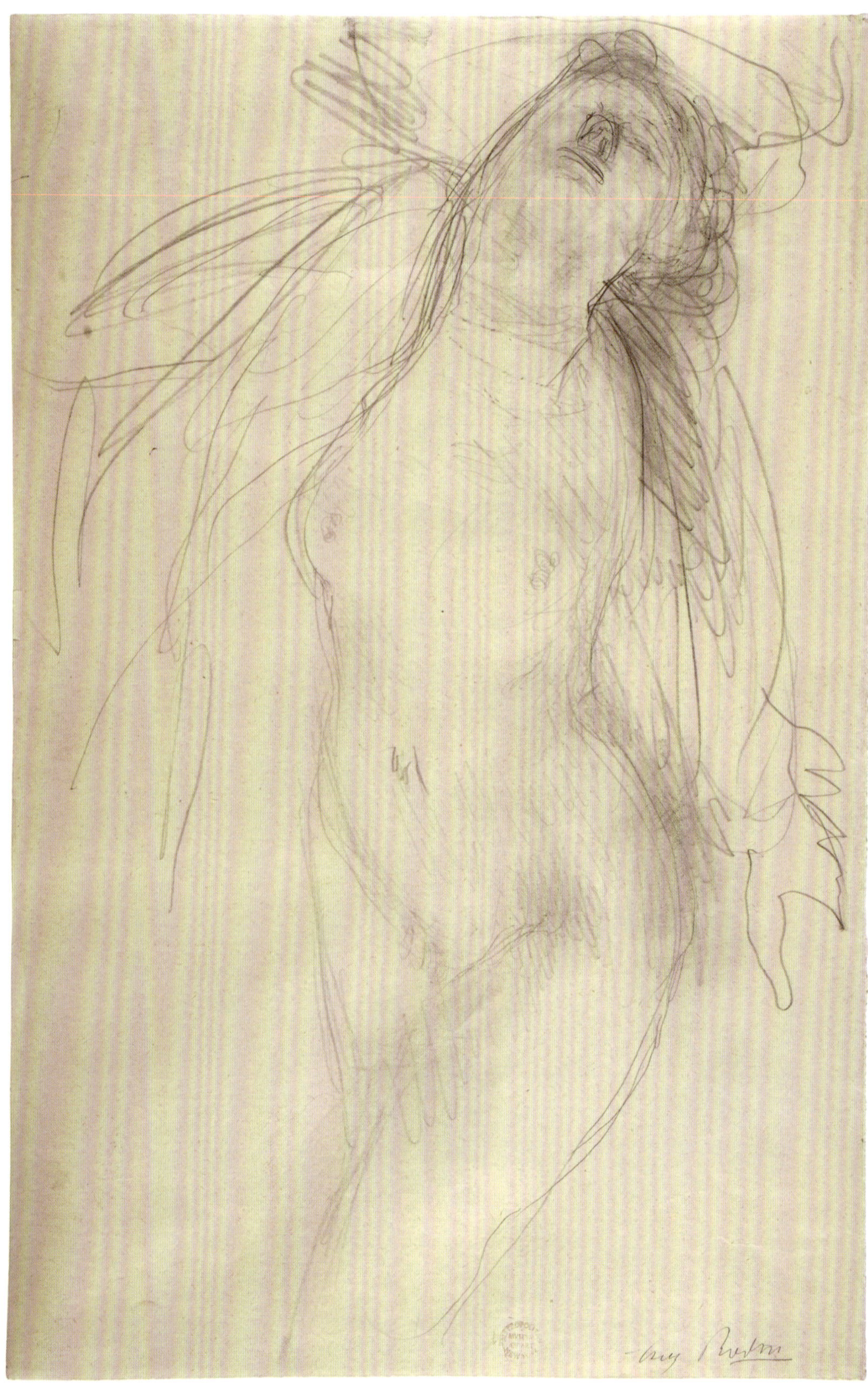

Weiblicher Akt auf der Seite ruhend undatiert
Bleistift auf Papier
36,1 × 23,5 cm
Metropolitan Museum of Art, New York, USA

Auguste Rodin erfuhr erst im Alter von fast vierzig Jahren Anerkunng für seine Kunst. Schon früh wusste er, dass er Bildhauer werden wollte, und verbrachte viele Jahre damit, für kommerzielle Ateliers mit großen Aufträgen in Paris und Brüssel zu arbeiten. Im Jahr 1880 gewann Rodin eine Ausschreibung. Er sollte die Bronzetür des noch nicht errichteten Musée des Arts Décoratifs in Paris gestalten. Dazu fertigte er Hunderte von Vorzeichnungen an. Obgleich die Bronzetür zu Rodins Lebzeiten nie gegossen wurde, gilt *Das Höllentor* als eines seiner wichtigsten Werke. Die komplexe Figurenanordnung lieferte ihm Themen für sein restliches Leben.

Die Skizzen der meisten Bildhauer vermitteln Dreidimensionales: Die Form des Objekts wird in der Zeichnung ausgearbeitet. Das trifft auf Rodins frühe Skizzen auch zu, in denen er Licht und Schatten einsetzt, um Volumen zu schaffen.

Als sich das 19. Jahrhundert seinem Ende näherte, verlagerte Rodin die Gewichtung in seinen Zeichnungen: Die Konturen lösen sich von der Form. Auch in der Aktzeichnung auf der linken Seite halten die Konturlinien die Form nicht. Rodin drückt mit den Linien stattdessen Bewegung aus. Es wirkt, als hätte er eine gestische Antwort auf die Bewegung der Form gefunden. Rodin setzt die Informationen nicht einfach in eine zweidimensionale Version einer Skulptur um, sondern interessiert sich vielmehr für eine Bündelung der Rhythmen, die er in seinem Modell sieht und die er auf die gesamte Komposition überträgt. Seine Zeichnung ist eine Silhouette des Modells, die dessen rhythmische Sinnlichkeit festhält.

Auguste Rodin (Frankreich, 1840 bis 1917) begann bereits mit zehn Jahren intensiv zu zeichnen und mit Ton zu modellieren. Doch sein Talent erkannte man erst viele Jahre später. Dreimal erhielt Rodin eine Absage, ale er sich an der École des Beaux-Arts in Paris bewarb. Seine ersten öffentlichen Kunstwerke waren dekorative Skulpturen, die nach den Entwürfen anderer entstanden. In den 1860er-Jahren erlitt Rodin einen Zusammenbruch. Nachdem er sich davon erholt hatte, reiste er nach Italien, wo ihn die großen Meister wie Michelangelo (1475–1564) faszinierten und er den Entschluss fasste, diese zu modernisieren. Rodins erste öffentliche Arbeit war *Das Höllentor* (1880), das auch seinen Ruhm begründete.

Siehe auch
Honoré Daumier (S. 158)
Pablo Picasso (S. 170)
Frank Auerbach (S. 202)

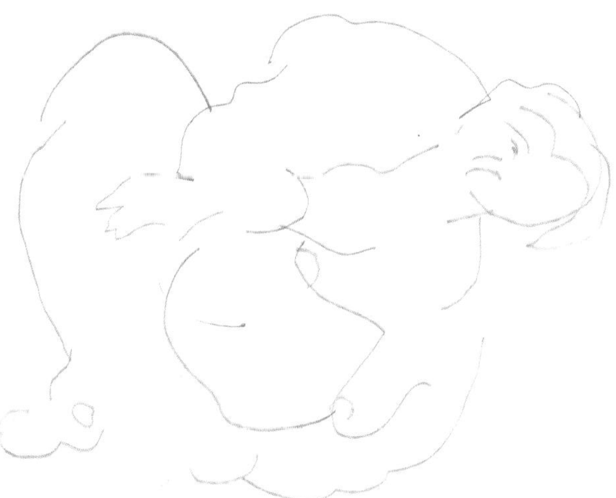

Linienführung und Form
Eine der schwersten Unterscheidungen für einen Zeichenschüler ist die zwischen Umriss und Kontur. Oft gilt Rodin als Beispiel für einen Künstler, der Umrisse einsetzt. Doch das sind keine Umrisse im üblichen Sinne. Rodin sucht nach einer separaten Form, in der die ihm wichtige rhythmische Bewegung wiedergegeben wird. Innerhalb dieser Bewegung liegt der Großteil einer dreidimensionalen Form. Die meisten Skulpturen Rodins beziehen sich nicht auf den Raum. Wie bei seinen Zeichnungen geht es Rodin bei seinen Skulpturen um interne Dynamik und nicht um die Beziehung zwischen Raum und Form. Das ist auch in den Zeichnungen zu erkennen, in denen er verschiedene Bereiche mit Farbe hervorhebt.

Rodin übte sich zudem im Blindzeichnen beziehungsweise im blinden Konturenzeichnen. Bei dieser Methode drücken Sie eine Reihe von rhythmischen Bewegungen in einer Linie aus, die eine neue Form ergibt (links).

Henri Matisse

Akt einer jungen Frau um 1900
Kohle und Estompe auf cremefarbenem Vellin
62,5 × 47,3 cm
Privatsammlung

Ab 1900 rückte Henri Matisse von einer traditionelleren impressionistischen Malweise ab. Er begann, sich für extremere Farbkombinationen zu interessieren, was schließlich zum Fauvismus führte. Die Aktzeichnung auf der rechten Seite entstand im Jahr 1900 und stellt eines der letzten Werke von Matisse im früheren Stil dar.

Meisterhaft ist ihm in seiner Zeichnung das Vereinfachen der Schattierungen gelungen. Das Modell reicht vom unteren bis zum oberen Rand des Papiers, umhüllt von einem rauchigen Kohlestifthintergrund. Bei dieser Technik, die man Sfumato (deutsch »verraucht«, »verschwommen«) nennt, verlaufen Töne und Farben graduell ineinander, was zu weichen, leicht verschleierten Formen führt. Es gibt hier keine festen Linien, sondern nur helle Bereiche, die aus dem Hintergrund hervortreten. Matisse gelang es, das Modell und dessen verdrehten Körper in einem unglaublich flüssigen Zeichenstil darzustellen.

Die Zeichnung entstand vermutlich in einem der Ateliers, die Matisse ab 1905 aufsuchte. Nach dem Tod seines Lehrers Gustave Moreau (1826–1898) arbeitete Matisse regelmäßig in der Pariser Académie Camillo bei dem Maler und Lithografen Eugène Carriere (1849–1906), an dessen Stil die Zeichnung sogar ein wenig erinnert. In *Notizen eines Malers* (1908) schrieb Matisse, dass er sich vor allem für den menschlichen Körper interessiere. Auch wenn diese Zeichnung in dem Kontext, in dem sie entstand, nicht weltbewegend sein mag, zeigt sie doch Matisses Bereitschaft, etwas bis zum Äußersten zu verfolgen. Das war auch in experimentelleren Zeiten typisch für diesen Künstler.

Henri Matisse (Frankreich, 1869 bis 1954) kam im nordfranzösischen Le Cateau-Cambrésis zur Welt. Als Kanzleikraft begann er, nebenbei Zeichenunterricht zu nehmen, und zog 1891 zum Kunststudium nach Paris. Zusammen mit André Derain (1880–1954) begründete Matisse 1905 den Fauvismus. Während des Ersten Weltkriegs blieb er bis 1917 in Paris und zog dann nach Nizza, wo er begann, seine charakteristischen leuchtenden Farben zu verwenden, die sich besonders in seinen Gemälden der Odalisken und der Interieurs niederschlugen. 1925 erhielt Matisse die höchste französische Ehrenauszeichnung, die Légion d'Honneur, für seine Verdienste in der Kunst. Nach einer Operation 1941 konnte Matisse nicht mehr malen und begann mit seinen Scherenschnitten.

Siehe auch

Pierre-Paul Prud'hon (S. 218)

Paul Cézanne (S. 224)

Georges Seurat (S. 228)

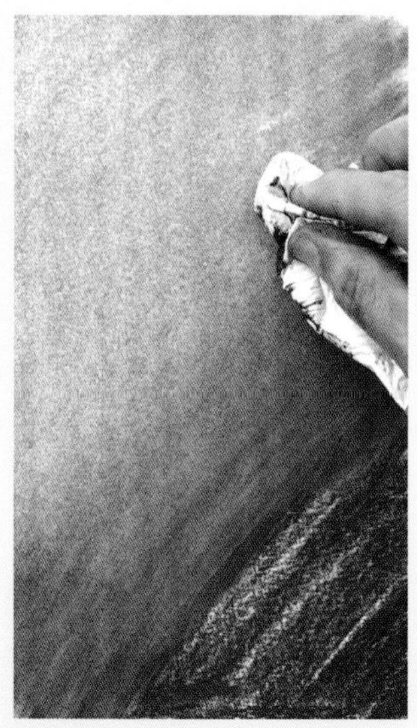

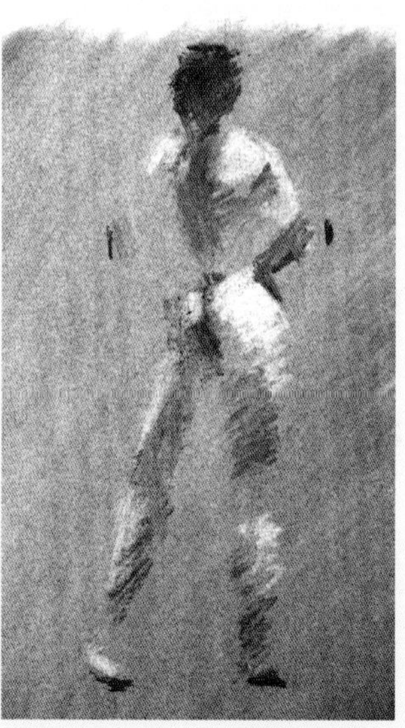

Material und Schattierungen

Matisse bedeckte das Papier in seiner Zeichnung (rechte Seite) erst mit einer Kohleschicht, die er sanft mit einem Tuch in die Oberfläche rieb (links). Während er die Figur entwarf, arbeitete er Licht und Schatten heraus, indem er die dunkleren Partien einzeichnete und mit einem Knetradiergummi die hellen Bereiche hervorholte.

Platzieren Sie erst Ihr Modell so, dass es in einer Dreiviertelposition vom Licht getroffen wird. Lokalisieren Sie dann die Gliedmaßen und markieren Sie diese auf dem Papier. Kneifen Sie die Augen zusammen und betrachten Sie das Modell, wobei Sie auf die hellsten und dunkelsten Partien achten. Zeichnen Sie erst die dunklen Stellen und wiederholen Sie das Ganze mit den hellen. Dunkle Schatten sind schwer. Helle strahlen nach außen, weshalb Sie versuchen sollten, sie auch so zu zeichnen (links). Benutzen Sie ein Fixativ (Seite 47) und bearbeiten Sie das Ganze nach dem Trocknen noch einmal.

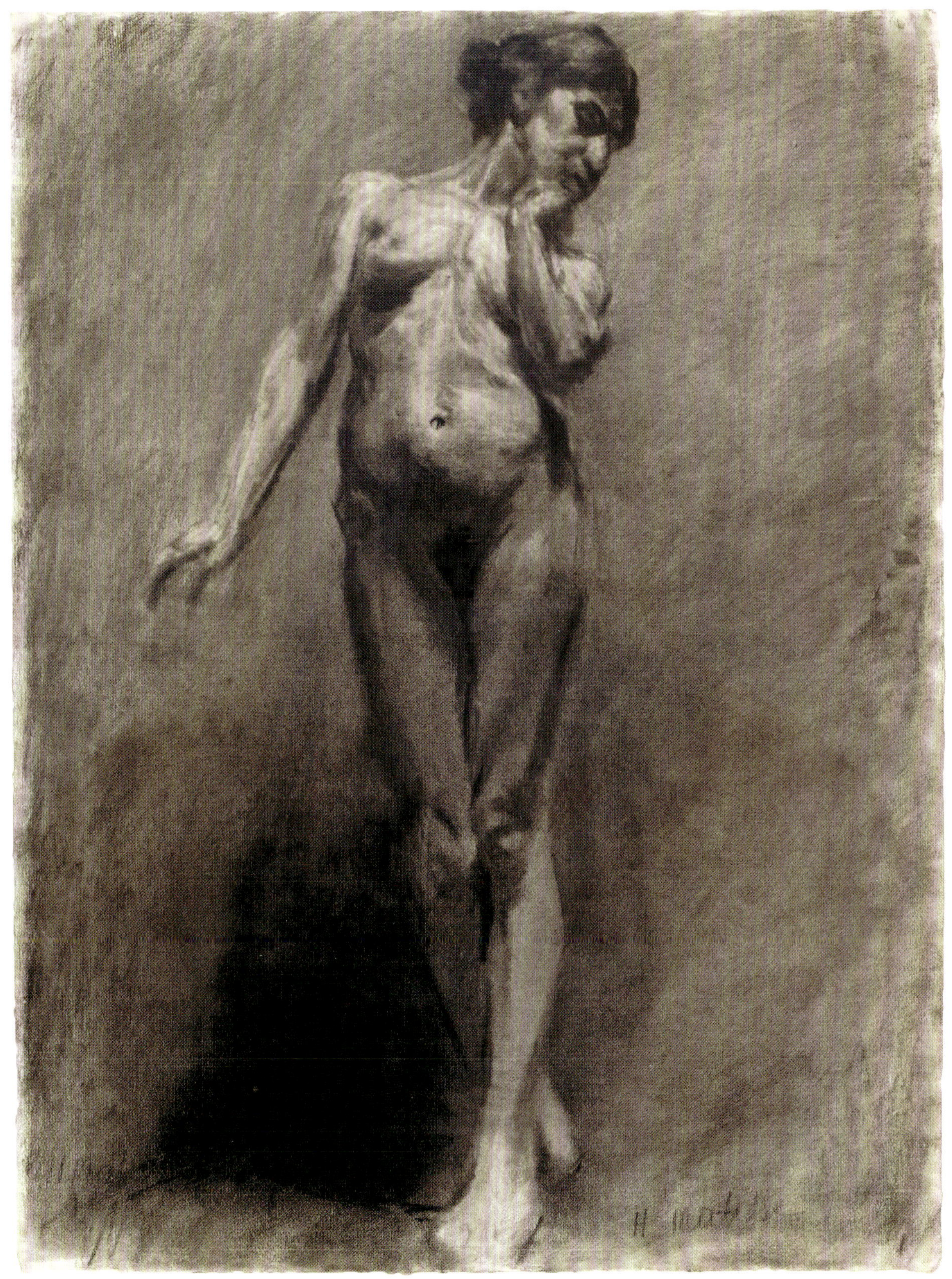

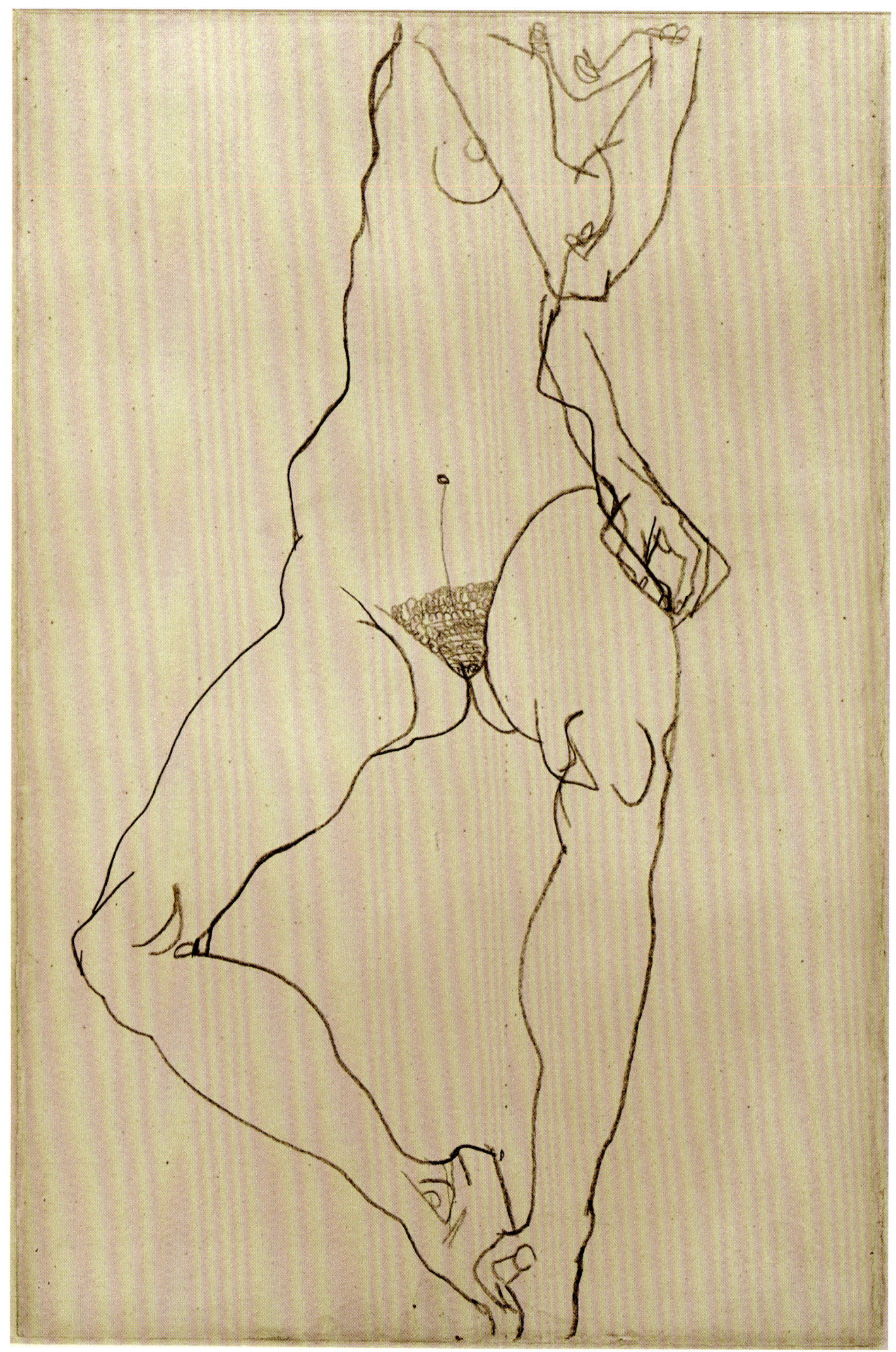

Sitzender weiblicher Akt 1914
Bleistift auf Japanpapier
47,5 × 32 cm
Albertina, Wien, Österreich

Egon Schiele war erst 28 Jahre alt, als er 1918 an der Spanischen Grippe starb. Dennoch ist sein Einfluss auf den Expressionismus und andere Kunstbewegungen enorm – und Schiele fertigte einige der besten Zeichnungen des 20. Jahrhunderts an. Seine radikale Sicht des nackten Körpers und sein Lebensstil wirken auf einige noch immer fragwürdig, sodass sein Werk mal als erotisch, mal als grotesk oder pornografisch gesehen wird. Schiele produzierte in seinem kurzen Leben etwa 3000 Zeichnungen. Von diesen sind die einfachen Bleistiftzeichnungen am wirkungsvollsten.

In der Aktzeichnung auf der linken Seite fällt auf, dass Schiele hier fast keinen Raum geschaffen hat. Alles ist flach. Blickt man vom Fuß zum Knie über beide Beine bis zum Schoß der Frau, hat man nicht das Gefühl, einen Raum zu durchwandern. Lediglich durch die Verkürzung der Schulter wird Tiefe angedeutet. Eine schlichte Linie fixiert den spannungsgeladenen, verdrehten Körper in der Fläche. Die Figur scheint zwischen dem unteren Bildrand, an dem sich die Füße berühren, und dem oberen Rand, an dem sich die rechte Schulter vorschiebt, in das Bild gespannt, als wäre sie in eine Schachtel eingesperrt. Die diagonalen und Zickzacklinien im Aufbau wiederholen sich in den etwas kantigen Konturen. Diese vermitteln den Eindruck von angespannten Muskeln, die Nervosität ausstrahlen, und wirken so ganz anders als zum Beispiel die muskulösen Akte eines Michelangelo. Dennoch steckt in der Spannung, die Schiele darstellt erstaunlich viel Lebendigkeit.

Egon Schiele (Österreich, 1890 bis 1918) wurde bereits mit 16 Jahren an der Akademie der Bildenden Künste in Wien zugelassen. Doch er verließ die Akademie schon bald, um 1909 die Neukunstgruppe zu gründen. Er war mit dem Künstler Gustav Klimt (1862–1918) befreundet und übernahm dessen expressive Linienführung, die er in seinen Darstellungen von angstbeherrschten Körpern weiterentwickelte. Schieles offene sexuelle Sujets schockierten. 1912 sperrte man ihn wegen Unsittlichkeit ein. Während des Ersten Weltkriegs wurde Schiele in den militärischen Verwaltungsdienst eingezogen, wo er 1917 jedoch nach Wien versetzt wurde und dort als Künstler weiterarbeiten konnte. 1918 hatte Schiele an der Wiener Sezession erste Erfolge, starb aber noch im gleichen Jahr an der Grippe.

Siehe auch
Auguste Rodin (S. 232)
Balthus (S. 246)
Cecily Brown (S. 248)

Materialien
Man braucht nicht viele Materialien, um ein berührendes Bild zu schaffen. Oft sind die einfachen Methoden effektiver. Schieles Bleistiftzeichnung (linke Seite) entstand vermutlich mit einem Modell vor Augen und war schätzungsweise in einer Viertelstunde fertiggestellt. Viele Künstler raten zum schnellen Zeichnen. Üben Sie das! Variieren Sie dabei den Druck auf den Bleistift, um einfache Linien zum Leben zu erwecken. Diese Linien sollen gesehen und gefühlt werden.

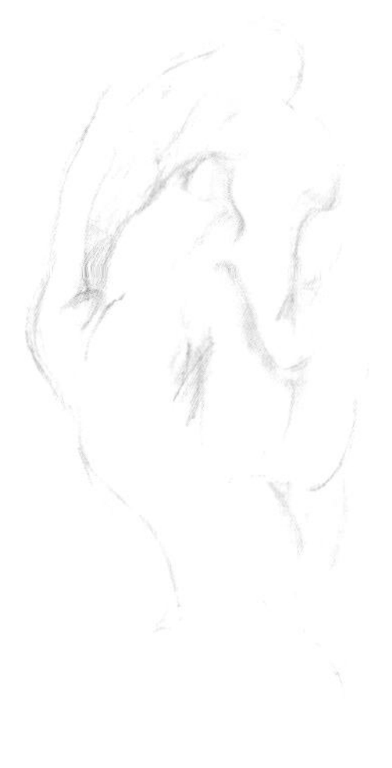

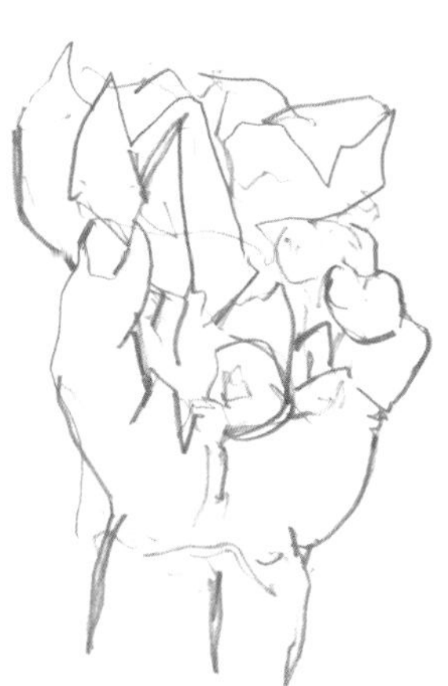

Form
Um mehr Sensibilität für die Formen von Haut und Körper zu gewinnen, zeichnen Sie Ihre eigene Hand, in der Sie ein Stück Samtstoff halten (ganz links). Ihre Hand sollte dabei ebenfalls die formalen Charakteristika des Materials Samt annehmen und samtweich erscheinen. Experimentieren Sie auch mit anderen Materialien. Halten Sie zum Beispiel in Ihrer Hand eine Plastiktüte und zeichnen Sie dann Ihre Hand so, als wäre sie aus Plastik geformt (links).

Suzanne Valadon

Akt undatiert
Kohle (fixiert) mit etwas Grafitstift
24,6 × 19,1 cm
Metropolitan Museum of Art, New York, USA

Die Belle Époque bezeichnet die Zeit, die auf den Deutsch-Französischen Krieg von 1870/1871 bis zum Ausbruch des Ersten Weltkriegs folgte, als Kunst, Musik und Literatur im westlichen Europa eine Blütezeit erlebten. Diese Ära scheint sich in Suzanne Valadons Leben und Kunst perfekt widerzuspiegeln. Obwohl sie im gleichen Jahrzehnt wie Gustav Klimt (1862–1918), Edvard Munch (Seite 230), Pierre Bonnard (Seite 60) und Henri Matisse (Seite 174 und 234) geboren wurde, waren es die Künstler Pierre Puvis de Chavannes (1824–1898) und Edgar Degas (Seite 160 und 226), die Valadon am meisten beeinflussten. Für beide Künstler saß sie Modell, und Degas wurde zu einem lebenslangen Freund, der sie dazu ermutigte, künstlerisch zu arbeiten.

Valadon war sehr begabt. Die Aktzeichnung von ihr auf der rechten Seite gehört wahrscheinlich zu ihren besten. Eine wunderbare Linienführung, mit unglaublicher Sparsamkeit und Eleganz ausgeführt, bringt die Formen zusammen. Wie bei anderen Künstlern – zum Beispiel Paul Gauguin (Seite 94) – erzeugt die stimmige Interaktion der einzelnen Formen eine ruhige, fast poetische Atmosphäre. Das Kissen links auf dem Sofa befindet sich parallel zum Körper. Beinahe scheint das Sofa eine andere Art von Körper zu sein. Diese Verbindung, eine Art Dialog, ist nicht leicht herzustellen. Die Positionierung der Frau in Bezug zum ganzen Blatt stimmt ebenfalls. Allerdings wirkt die rechte Seite weniger überzeugend und ungelöst, was vermuten lässt, dass es sich um eine Skizze für ein Gemälde oder eine unfertige Zeichnung handelt.

Suzanne Valadon (Frankreich, 1865 bis 1938) arbeitete in jungen Jahren als Zirkusakrobatin, musste aber nach einem Sturz ihre Zirkuskarriere beenden. Sie wurde Modell und war bei den Künstlern des Montmartre sehr beliebt, unter anderem bei Pierre-Auguste Renoir (1841–1919) und Henri de Toulouse-Lautrec (1864–1901). Letzterer zeigte ihre Zeichnungen seinem Kollegen Edgar Degas (1834–1917), der Valadon dazu ermutigte, ihr Talent nicht zu vergeuden und Künstlerin zu werden. Ab 1896 verdiente sich Valadon ausschließlich als Malerin ihr Geld. Nach dem Ersten Weltkrieg war sie recht erfolgreich, bis sie schwer erkrankte. Suzanne Valadon war die Mutter des Künstlers Maurice Utrillo (1883–1955).

Siehe auch
Paul Gauguin (S. 94)
Honoré Daumier (S. 158)
Balthus (S. 246)

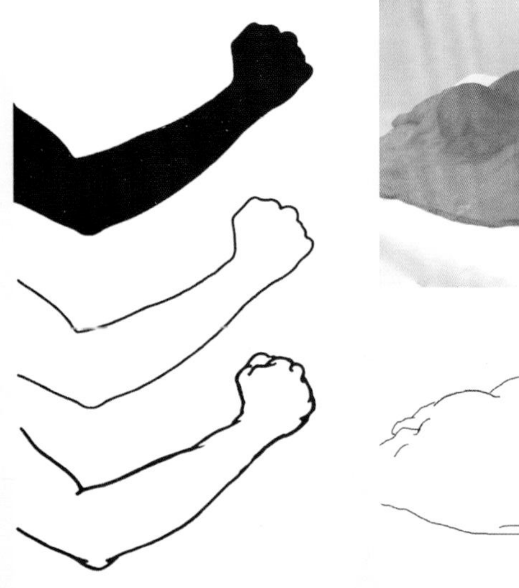

Linienführung

Es ist leicht, Kontur und Umriss zu verwechseln. Eine Kontur ist eine Linie oder eine Reihe von Linien, die überlappen und dadurch andeuten, dass sich eine Form vor einer anderen befindet. Am besten stellen Sie sich einen Umriss als Silhouette vor (ganz links, oben und Mitte). Die Kontur ist dann die Linie, die überlappt (ganz links, unten). Selbst Kunstexperten benutzen diese Begriffe nicht alle gleich. Der Terminus Kontur wird unterschiedlich verwendet.

Um Konturen erkennen zu lernen, gibt es eine gute Übung: Legen Sie vier oder fünf Orangen oder Äpfel auf einen Tisch und platzieren Sie ein feuchtes Tuch darüber (links, oben). So sehen Sie, wo die Konturen sind (links, unten). Falls es Ihnen schwerfällt, eine Kontur zu erkennen, blicken Sie von der Mitte der Form aus in Richtung der Ränder und wieder zurück. Wenn Sie das ein paar Mal wiederholen, werden Sie die Kontur besser herausfiltern können.

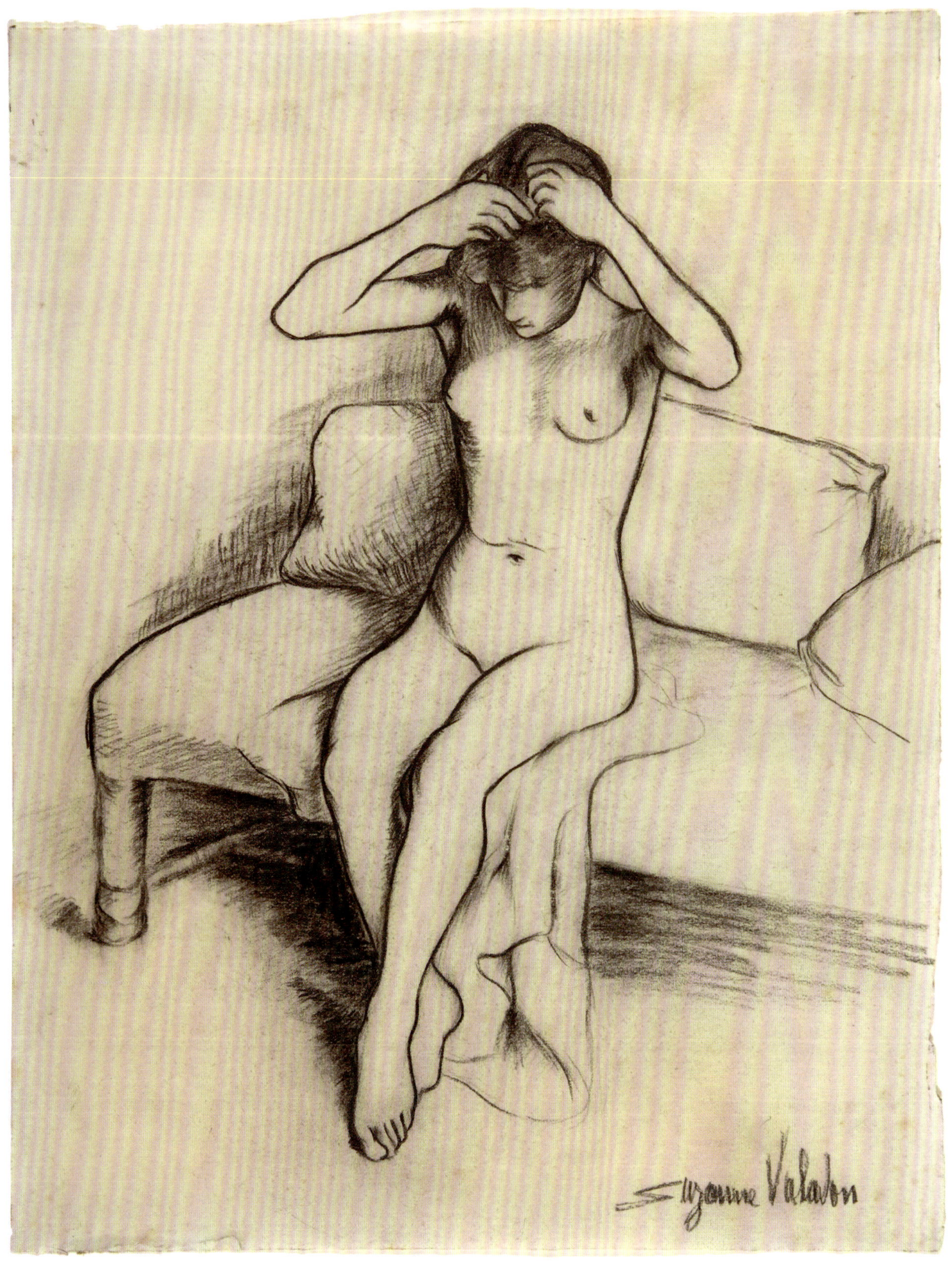
Suzanne Valadon

Max Beckmann

Fischende Frauen 1949
Kreide und Kohle mit Estompe auf Vellin
60,5 × 44,7 cm
Art Institute of Chicago, USA

Wie seine Zeitgenossen Pablo Picasso (Seite 102 und 170) und Henri Matisse (Seite 174 und 234) stand auch Max Beckmann einer rein abstrakten Kunst skeptisch gegenüber. Er lehnte aber auch den Expressionismus ab, obwohl einige seiner Werke aufgrund ihrer Formensprache immer wieder dieser Richtung zugeordnet wurden. Wie viele Künstler seiner Generation entwickelte Beckmann eine höchst originelle Bildsprache. Er setzte sich mit traditionellen Sujets auseinander – Stillleben, Landschaft und Porträt –, aber auch mit der Mythologie und Märchen, um seine Ideen und Gefühle visuell zu vermitteln.

Die Zeichnung auf der rechten Seite zeigt Frauen beim Fischen. Fische standen für Beckmann ganz allgemein für die Seele. Doch man braucht keine besonderen Vorkenntnisse, um das Bild zu schätzen. Die Qualität seiner Kunst lässt es absolut authentisch erscheinen. Die Zeichnung ist voller Aktivität. Struktur und Komposition sind jedoch schlicht und klug arrangiert. Beckmann vermag jeden Bereich zu unterteilen, ohne dass das Gesamtkonzept verwirrend wird. Auf dem Bild herrscht eine beinahe hysterische Atmosphäre, in dem das Auge nirgendwo zur Ruhe kommt. Sobald man ein Element erkannt hat, drängt sich schon das nächste auf. Bei einem weniger begabten Künstler würde dies zu einem konfusen und unverständlichen Bild führen. Doch Beckmann behält meisterhaft die Kontrolle.

Max Beckmann (Deutschland, 1884–1950) diente als Sanitätshelfer im Ersten Weltkrieg. Was er dort erlebte, hinterließ seelisch tiefe Wunden in ihm und führte zu Bildern, die seine Angst und Desillusionierung deutlich widerspiegeln. In den 1920er-Jahren gehörte Beckmann zu den Begründern der Neuen Sachlichkeit, die Realismus dem Expressionismus vorzog. Als die Nationalsozialisten in den 1930er-Jahren an die Macht kamen, emigrierte Beckmann erst nach Holland und nach dem Zweiten Weltkrieg in die USA, wo er an Kunsthochschulen in Brooklyn und St. Louis unterrichtete. Beckmanns Bilder sind in dieser Zeit oft autobiografisch geprägt.

Siehe auch
Elisabetta Sirani (S. 148)
Paula Rego (S. 178)
Ken Kiff (S. 274)

Materialien
Mit einem Estompe oder Papierwischer (Seite 47) kann man sehr viel effektiver weichere Schattierungen hinbekommen (links, oben) als mit den Fingern, die Hautfett an sich tragen und fleckige Effekte erzeugen (links, Mitte). Alternativ können Sie auch ein weiches Tuch verwenden (links, unten). Der Papierwischer ermöglicht jedoch eine größere Kontrolle und Ebenmäßigkeit. Testen Sie die Wirkung der verschiedenen Materialien zum Verwischen.

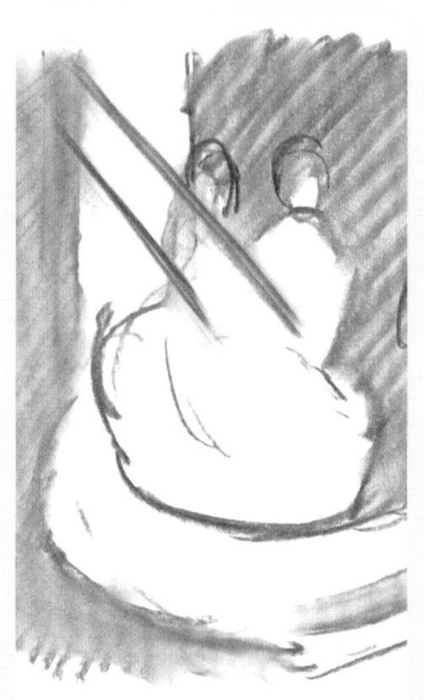

Form und Raum
Die Skizze links zeigt die großen Bereiche der Bildkonzeption (rechte Seite), die schon früh feststehen. Überlegen Sie sich, wie diese Bereiche zusammenpassen, um das ganze Bild zu strukturieren. Wenn Sie verstanden haben, wie diese Bereiche angeordnet sind, fällt es leichter, mit dem Raum zu spielen. Der Raum in der linken, oberen Ecke könnte zum Beispiel etwas im Vordergrund sein, das sich vorlehnt (vielleicht ein Baum?), oder ein Objekt im Raum.

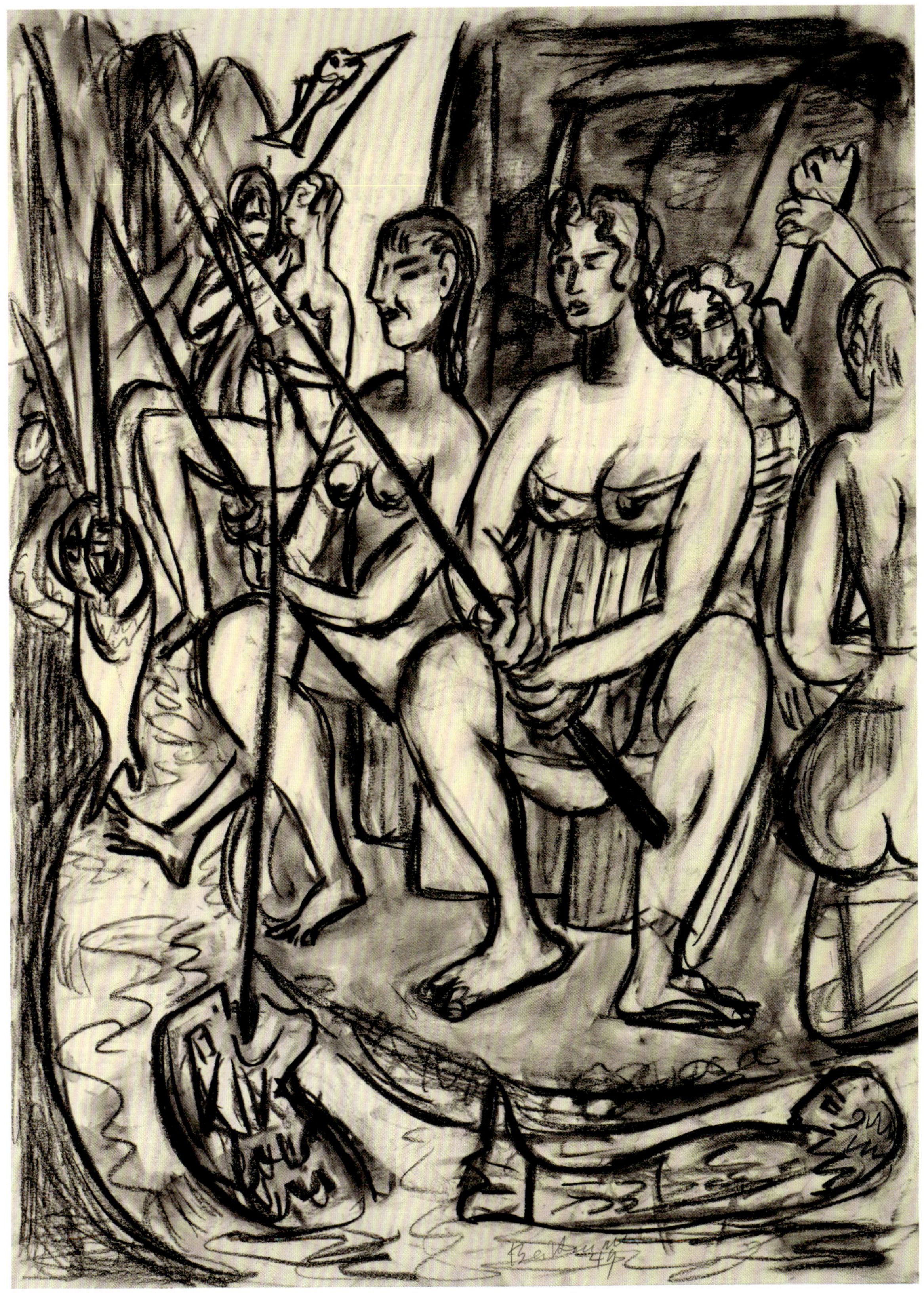

Alberto Giacometti

Stehende Figur 1955
Bleistift auf Papier
63,5 × 48 cm
Sainsbury Centre for Visual Arts, Norwich, Großbritannien

Alberto Giacometti gilt als Außenseiter der Kunst des 20. Jahrhunderts, der seinen ganz eigenen Weg ging. Obwohl er eine Weile den Surrealisten zugeordnet wurde, distanzierte er sich schon bald von der Gruppe. Er erklärte, dass er eines Tages aufgewacht sei und festgestellt habe, dass die Realität weitaus außergewöhnlicher sei, als es die Fantasie jemals sein könne. Giacometti war einer der ersten Kommentatoren seiner eigenen Kunst. Es gibt ausgezeichnete, erhellende Dialoge zwischen ihm und Kunstkritikern.

Es ist schwierig, Giacomettis Werk als etwas anderes als eine Erkundung der Wahrnehmung von Realität zu sehen. Giacometti war davon fasziniert, wie etwas im Raum wirkt und wie man diese Wirkung in Gemälden, Skulpturen und Zeichnungen festhalten kann. Er erzählte einmal, wie er im British Museum in London beim Anblick einer griechischen Skulptur daran denken musste, dass sich unter der Oberfläche solider Stein befindet. Als er dann jedoch die Menschen sah, die diese Skulptur bewunderten, kamen sie ihm im Vergleich zu der Steinfigur wie durchsichtig vor.

Die Zeichnung einer stehenden Figur von 1955 (rechte Seite) verleiht jener Durchsichtigkeit der lebendigen Menschen auf wunderbare Weise Form. Einerseits ist die weibliche Gestalt dreidimensional dargestellt – man sieht, dass es sich um eine lebendige Frau handelt –, andererseits entfaltet der Raum zwischen Giacometti und seinem Motiv eine eigene Wirkung. Betrachtet man den Körper genauer, so erscheint er substanzlos und irgendwie fremdartig. Sobald man sich aber auf den Kopf der Figur konzentriert, wirkt die Frauenfigur beeindruckend real.

Alberto Giacometti (Schweiz, 1901 bis 1966)) schuf seine erste Skulptur im Alter von 14 Jahren. Sein Vater Giovanni Giacometti (1868–1933) war postimpressionistischer Maler und sein erster Lehrer. Giacometti studierte Kunst in Genf und reiste dann durch Italien, wo er Gebäude und Kunstwerke in Skizzen festhielt. 1922 zog er nach Paris und lernte drei Jahre lang bei dem Bildhauer Antoine Bourdelle (1861–1929), während er mit den Stilrichtungen des Kubismus und Konstruktivismus experimentierte. Nachdem Giacometti 1930 den Schriftsteller André Breton (1896–1966) kennengelernt hatte, trat Giacometti den Surrealisten bei. Im Zweiten Weltkrieg kehrte er nach Genf zurück und kam erst nach Kriegsende wieder nach Paris, wo er fortan in seinem außergewöhnlichen Stil langgezogene gegenständliche Bronzen mit rauer Oberfläche entwickelte.

Siehe auch
Giorgio Morandi (S. 64)
Nicholas Volley (S. 66)
Paul Cézanne (S. 224)

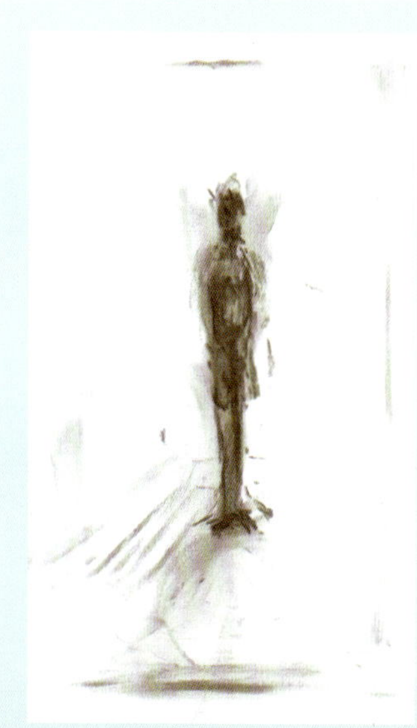

Materialien
Giacometti zeichnete seine Figuren meist mit einem Bleistift (H oder HB) auf weißem Papier. Dieses Medium passte für ihn genau, was aber nicht heißt, dass dieselben Materialien für Sie ebenso ideal sind. Möglich, dass Sie mit einem anderen Medium wie Kohle besser klarkommen (links). Wichtiger ist, um was es geht: nach und nach Linien aufzubauen und keine dramatischen Schattierungsblöcke. Experimentieren Sie mit Materialien. Behalten Sie Ihre Ziele dabei im Auge!

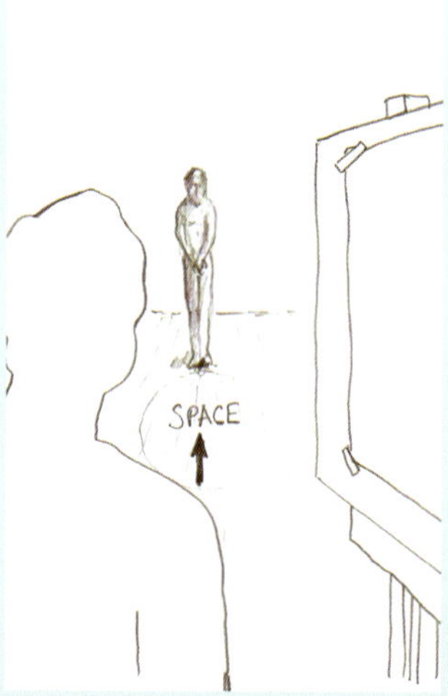

Themenwahl
Wählen Sie den richtigen Winkel und die richtige Entfernung zum Modell. Sind Sie zu nah dran, sehen Sie vielleicht, wie sich die Formen ineinanderschieben, aber nicht die Figur im Kontext. Ist das Modell richtig positioniert, sollten Sie nur von einem Blickwinkel aus arbeiten. Schauen Sie auf Nase oder Kopf des Modells und zeichnen Sie dann alles im Bezug zu diesem Punkt (links). Versuchen Sie zu erkennen, wie die Füße aussehen, ohne sie direkt anzusehen.

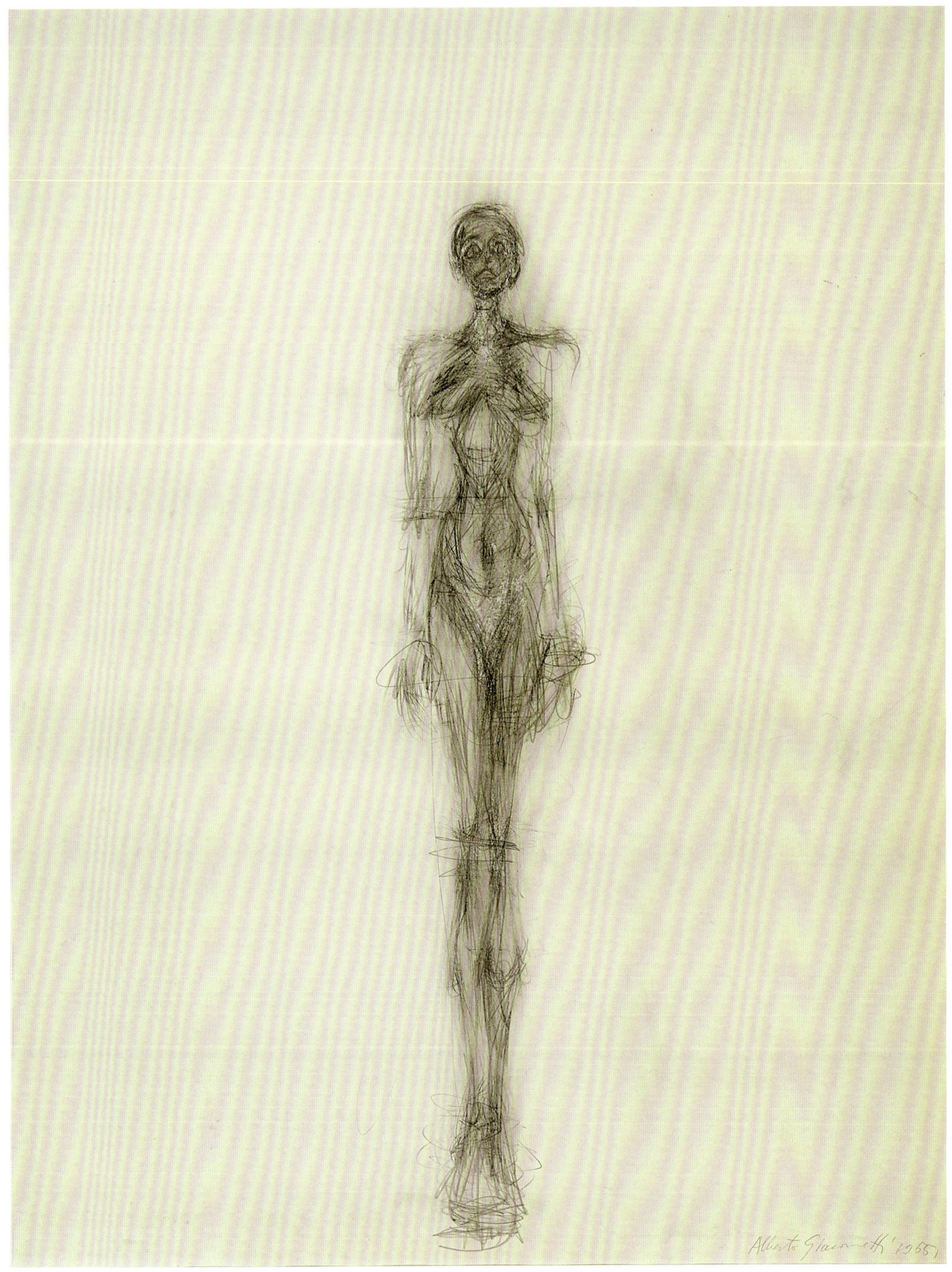
Alberto Giacometti 1965

Richard Diebenkorn

Ohne Titel 1961
Kohle auf Papier
42,9 × 35,6 cm
Privatsammlung

Immer wieder wird betont, wie der Abstrakte Expressionismus Mitte des 20. Jahrhunderts die Kunst in den USA dominierte. Allerdings gab es daneben auch eine Gruppe von Malern in und um San Francisco, die sich Bay Area Figurative Movement nannten. Diese Gruppe, zu der auch Richard Diebenkorn, Elmer Bischoff (1916–1991) und Henry Villierme (1928–2013) gehörten, setzten sich mit der figurativen Malerei auseinander, ohne die Ideen des Abstrakten Expressionismus ganz aus den Augen zu verlieren.

Die Zeichnung auf der rechten Seite stammt aus einem Skizzenbuch Diebenkorns, in dem er Hunderte von Zeichnungen festhielt. Er teilt das Papier in Bereiche ein, wobei er die verschieden getönten Flächen geschickt gegeneinander ausbalanciert. Betrachtet man die Entwicklung innerhalb seiner Skizzen, weiß man, dass er seine Zeichnungen meist mit linearen Unterteilungen über das ganze Blatt hinweg begann. Von Anfang an behielt er also die Einheit des Bilds im Blick. Die dreidimensional herausgearbeiteten Gliedmaßen des Modells scheinen ihm dabei ebenso wichtig wie die zweidimensionalen Unterteilungen innerhalb des Papiers. Das Modell steht für Diebenkorn nicht im Zentrum des Interesses, sondern bildet einen interessanten Körper, der den abstrakten Unterteilungen im Bild einen Maßstab und räumlichen Kontext verleiht. Die linearen Strukturen im Bild sind stets mit der tonalen Struktur verbunden. Die Ränder der schattierten Formen werden damit zu einem linearen Rahmen. Die Zeichnung wirkt deshalb so dynamisch, weil wir die Unterteilungen der Töne in Licht und Schatten erkennen. Dies funktioniert mit einer Figur schneller als zum Beispiel mit einer abstrakten Landschaft.

Richard Diebenkorn (USA, 1922 bis 1993) kam in Portland in Oregon zur Welt, wuchs aber in Kalifornien auf. In den frühen 1940er-Jahren studierte Diebenkorn in Stanford bei Daniel Mendelowitz (1905–1980). Damals sah er zum ersten Mal Bilder von Edward Hopper (1882–1967), die seinen gegenständlichen Stil prägen sollten. Diebenkorns Studien wurden durch den Zweiten Weltkrieg unterbrochen. Danach setzte er seine Ausbildung in San Francisco an der California School of Fine Arts bei David Park (1911–1960) fort, der zu seinem einflussreichsten Lehrer wurde. In den 1950er-Jahren gründete Diebenkorn das Bay Area Figurative Movement mit Künstlern wie Park und Elmer Bischoff (1916–1991).

Siehe auch
Edward Hopper (S. 128)
Lee Krasner (S. 190)
Hans Hofmann (S. 194)

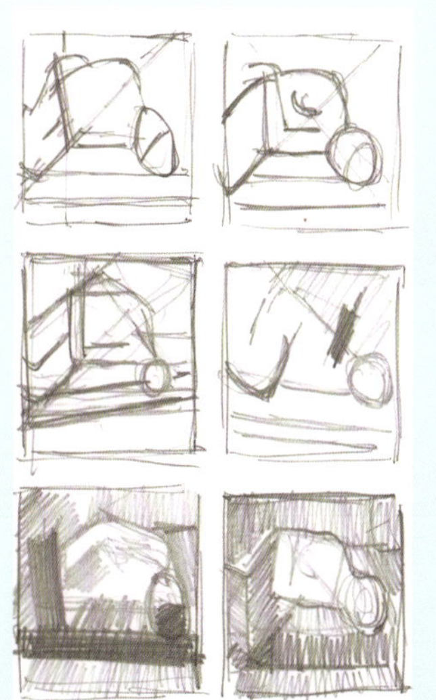

Maßstab und Komposition
Das wichtigste Element in der Art Zeichnung wie auf der rechten Seite ist der Rand des Papiers. Sie müssen nicht bis zum Rand zeichnen, aber es ist ratsam, ein Rechteck zu zeichnen, innerhalb dessen Sie das Bild unterteilen (links). Zeichnen Sie das Rechteck in Bezug zu den Gliedmaßen Ihres Hauptmodells. Achten Sie auf den höchsten und den niedrigsten Punkt, den Sie in das Bild aufnehmen wollen. Diebenkorn schloss den Fuß ganz unten ebenso wie den

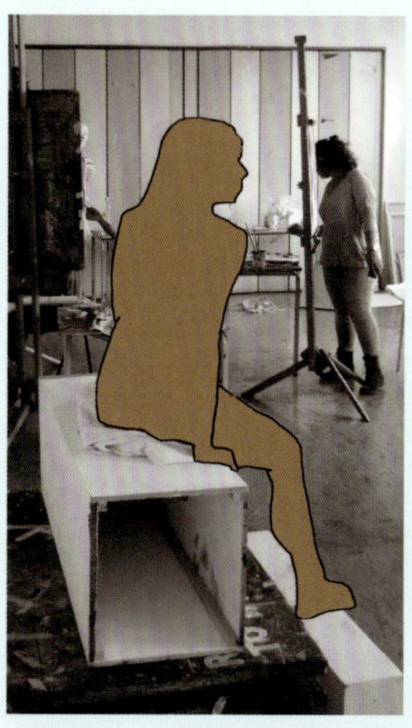

Teil des Modells mit ein, der ganz rechts liegt. Wenn er zum Modell blickte, sah er den Kopf und dessen Position. Die Diagonale vom Fuß das Schienbein hoch bis zum Kopf zeigte ihm den richtigen Winkel für die Vertikale. So konnte er festlegen, wo sich der Kopf in Bezug zum Fuß befand. Positionen und Winkel in Bezug zu einer Vertikalen zu orten, ist die beste Vorgehensweise. Ein Lot oder eine Vertikale im Hintergrund (links) hilft Ihnen, dies einschätzen zu lernen.

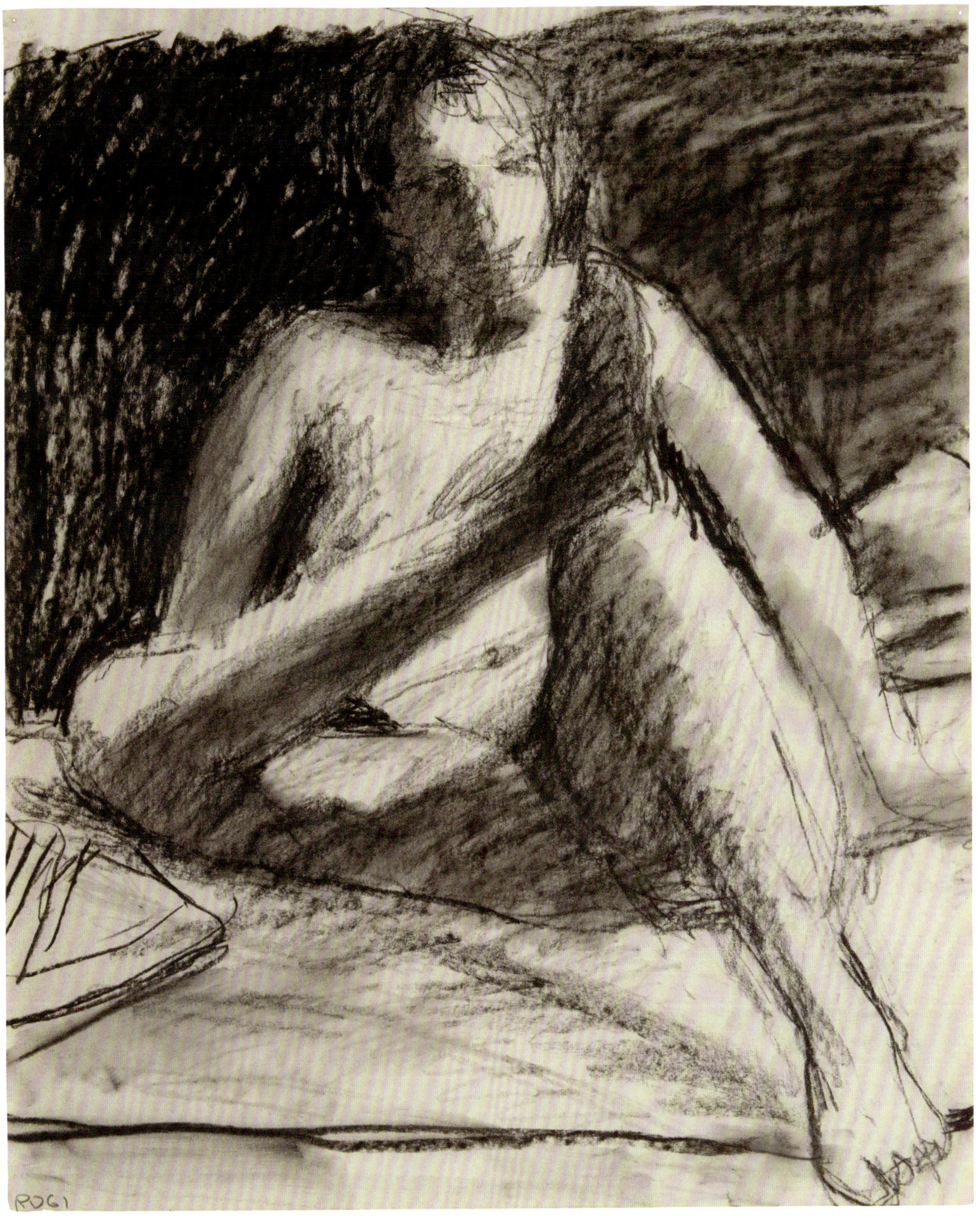
RDG1

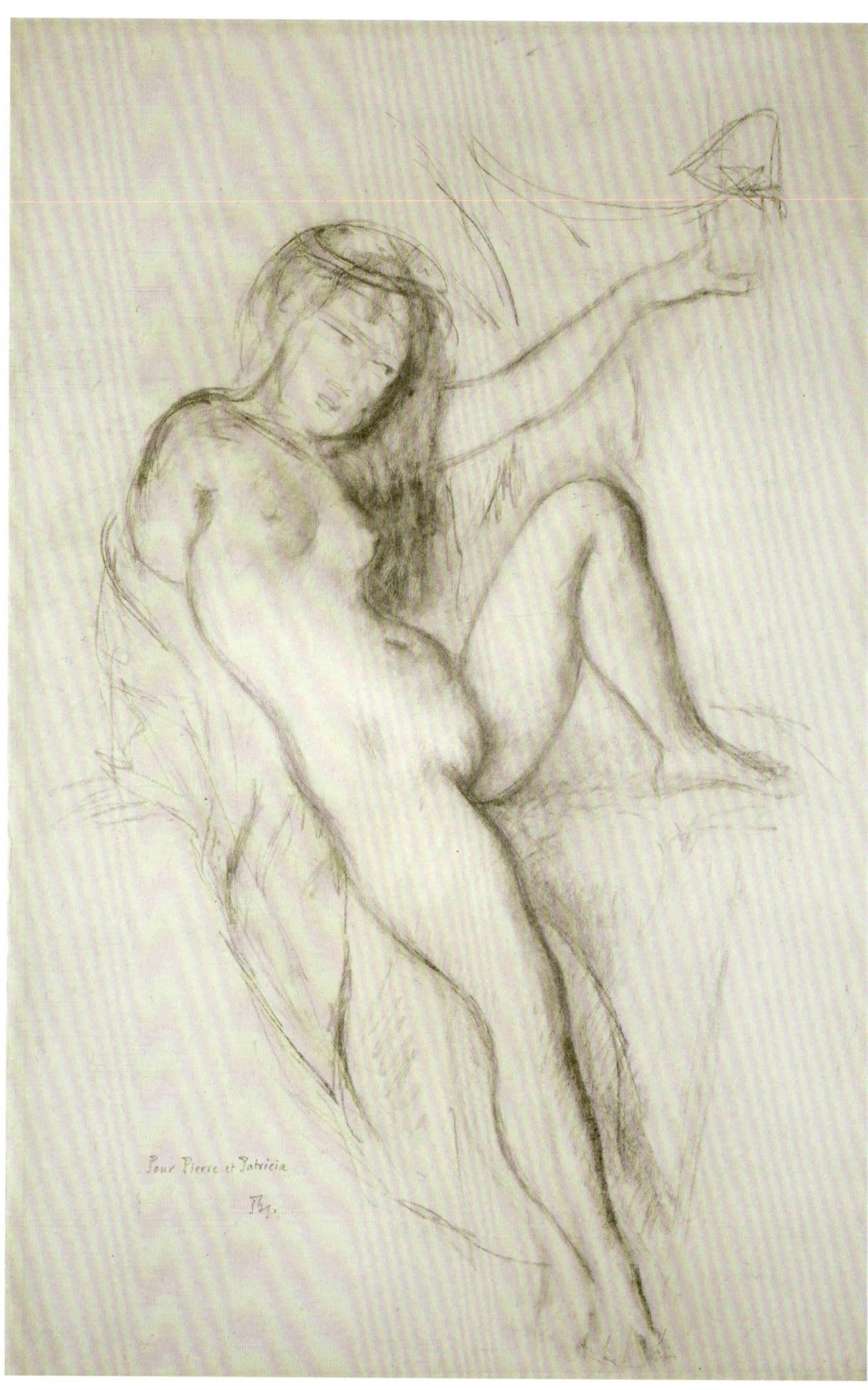
Pour Pierre et Patricia

Aktstudie 1964
Bleistift auf Papier
76,2 × 49,8 cm
Museum of Modern Art, New York, USA

Baltusz Klossowski de Rola – besser bekannt als Balthus – stand in engem Austausch mit vielen Schriftstellern und Künstlern seiner Zeit, doch ließ er sich nie vom Kubismus oder anderen Experimenten der Moderne beeinflussen. In jungen Jahren zeigte er Interesse am Surrealismus, entwickelte aber schon bald einen eigenen figurativen Stil. Seine Bilder zeigen oft junge Mädchen.

Die Aktstudie auf der linken Seite feiert die Schönheit einer heranwachsenden jungen Frau. Balthus verwandelt die Gestalt in eine Reihe von geschwungenen Formen und arrangiert diese so auf dem Papier, dass die reale Darstellung eines Mädchens entsteht. Balthus brauchte oft Jahre, um Gemälde fertigzustellen. Es ging ihm darum, eine Komposition zu schaffen, die der Stimmung des Bilds vollkommen entsprach. Seine Studien offenbaren, wie besessen er daran arbeitete.

In der Zeichnung auf der linken Seite scheint die kraftvolle, diagonale Bewegung vom rechten Fuß des Mädchens über das gestreckte Bein nach oben den Schwung der Robe, aus der sich das Mädchen herauszuschält, nachzuvollziehen.

Balthus stellt die sexuelle Kraft und Schönheit der jungen Frau in den Fokus. Mit Feingefühl übersetzt er diese Thematik in eine ästhetische Form, die es uns ermöglicht, uns selbst daran zu erfreuen. Es gibt Künstler, deren Werk pornografisch wirkt, weil eben dieser Sprung nicht gelingt. Die ästhetische Transformation ist der kritische Punkt, der das rein Kreatürliche in etwas überträgt, das wir ästhetisch würdigen können.

Balthus (Frankreich, 1908–2001)) ist der Künstlername von Balthasar Klossowski de Rola. Vierzig Zeichnungen, die er als 13-Jähriger anfertigte, wurden in einem Buch mit dem Titel *Mitsou* (1921) veröffentlicht. 1926 ging Balthus nach Florenz, wo er studierte und die Werke des Renaissancemalers Piero della Francesca (um 1415–1492) kopierte. Wichtigen Einfluss auf seine künstlerische Entwicklung nahm der Freund und Impressionist Pierre Bonnard (1867–1947). Im Zweiten Weltkrieg floh Balthus aus Frankreich in die Schweiz. Seine Gemälde zeigen oft jugendliche Mädchen in erotischen Posen. Er ist der einzige Künstler, dessen Werk schon zu Lebzeiten in den Louvre kam.

Siehe auch
Gustave Courbet (S. 92)
Egon Schiele (S. 236)
Suzanne Valadon (S. 238)

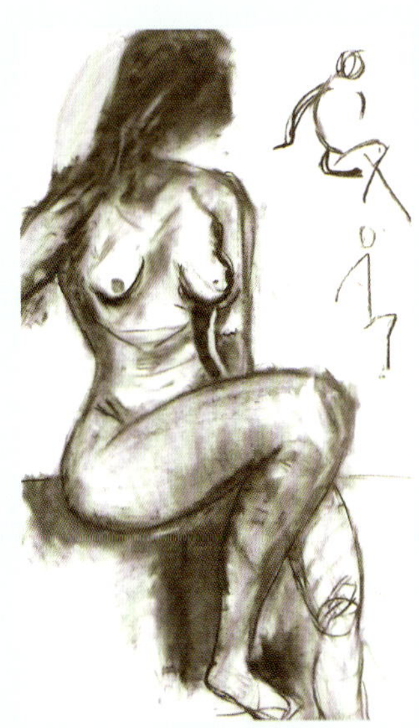

Vorlagen
Die Struktur einer Zeichnung sollte so schlicht sein, dass man das Bild schnell erfassen und auch aus einiger Entfernung wahrnehmen kann. Um während des Zeichenprozesses immer wieder an diese Struktur zu denken, sollten Sie eine Übersichtsskizze anfertigen, die nicht größer als eine Spielkarte ist und die Sie zum Beispiel auf den Rand des Papiers zeichnen (links). Das ist eine gängige Praxis bei Kunstlehrern – und es hilft, etwas klar zu erkennen.

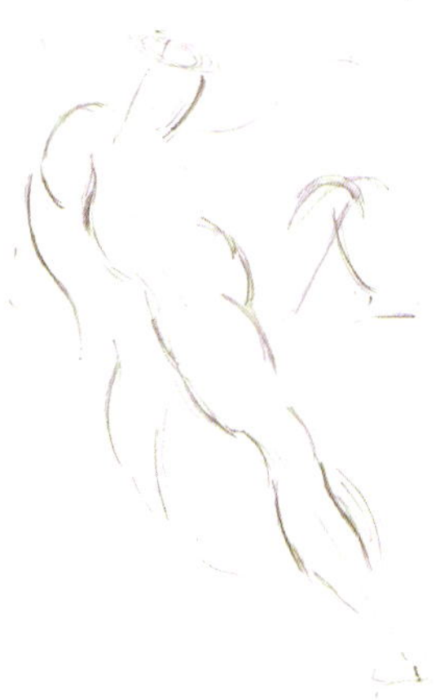

Schattierungen
Balthus verbindet in seiner Zeichnung (linke Seite) eine Diagonale mit einer Reihe von geschwungenen Linien, welche die Formen halten (links). Zusammen mit der Wirkung des weichen Lichts entsteht so der Eindruck von Jugendlichkeit. Das Licht auf dem Papier hält die Formen zusammen. Die Struktur besteht nur aus wenigen schlichten Linien. Versuchen Sie, so sparsam wie möglich zu zeichnen, indem Sie alle unnötigen Linien oder Schattierungen wegradieren.

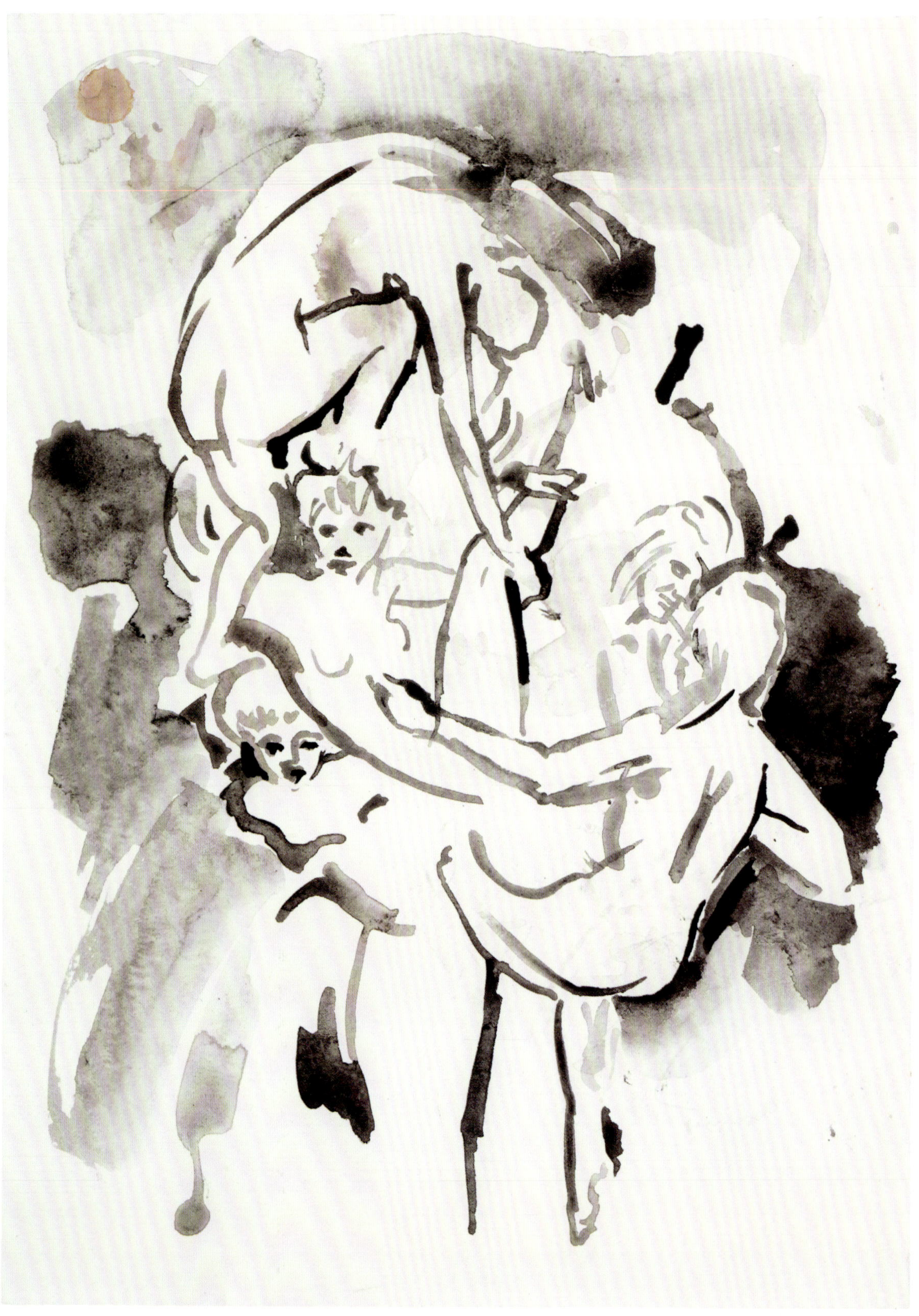

Ohne Titel 2011
Aquarellfarben und Gouache auf Papierfarbe
36,2 × 26,04 cm
Thomas Dane Gallery, London, Großbritannien

Im Gegensatz zu vielen anderen Werken von Cecily Brown kann man hier das Sujet des menschlichen Körpers erkennen, das einen der wesentlichen Diskurse innerhalb ihrer Arbeiten illustriert. Viele Künstler des 20. Jahrhunderts setzten sich mit dem Konflikt zwischen Gegenständlichem und Abstraktem auseinander, der darin besteht, weder zu viel Gegenständliches aus Angst vor deskriptiver Langeweile noch zu viel Abstraktes aus Sorge vor dekorativer Langeweile zuzulassen. Wie Philip Guston (Seite 196), der sich ebenfalls in diesem Zwiespalt befand, scheint auch Brown damit zu experimentieren. Sie befindet sich sogar so sehr in dieser Auseinandersetzung, dass sie daraus ihre eigene Bildsprache entwickelt. Ihr Werk zeigt jenen Moment der Verwandlung, wenn alles im Chaos und im Fluss ist, wenn ein Objekt oder eine Empfindung von der Abstraktion ins Gegenständliche übergeht und zur gemalten Realität wird. Dieser Wandel bildet eine Art Gerüst, mit dessen Hilfe Brown Verbindungen und Assoziationen herstellt.

In der Zeichnung auf der linken Seite sind die Linien zweideutig: In einem Moment definieren sie einen Arm oder eine Falte, um schon im nächsten zu einer lebhaften Geste zu werden. Der Wirbel der Figuren – schwerelos im Raum schwebend oder vielleicht auch fallend – steht im Kontrast zur Farbe, die in vertikalen Linien herunterläuft. Die elliptische Bewegung im Zentrum verleiht dem Bild scheinbare Leichtigkeit. Tatsächlich geht es um etwas Düstereres. Die Figuren sind Phantome, die nie zu soliden, dreidimensionalen Formen werden, denn Brown wird solche Eindeutigkeiten sofort zerstören. Bei ihr sind Formen, Linien und Töne immer bedroht.

Cecily Brown (Großbritannien, geb. 1969) kam in London auf die Welt und studierte dort am West Surrey College of Art and Design und an der Slade School of Fine Art. Während ihres Studiums ging sie eine Weile in die USA an die New York Studio School. 1993 zog Brown ganz nach New York, wo sie heute lebt. Sie arbeitete als Kellnerin und in einem Animationsstudio, probierte aber auch das Filmemachen aus, ehe sie sich ausschließlich der Malerei widmete. In den späten 1990er-Jahren begann sich Brown auf die Darstellung des menschlichen Körper zu konzentrieren. Ihr Werk ist von den Alten Meistern, dem Kubismus und dem Abstrakten Expressionismus beeinflusst und setzt sich oft mit Themen wie Sexualität und Pornografie auseinander.

Siehe auch
Philip Guston (S. 196)
Miquel Barceló (S. 208)
Willem de Kooning (S. 270)

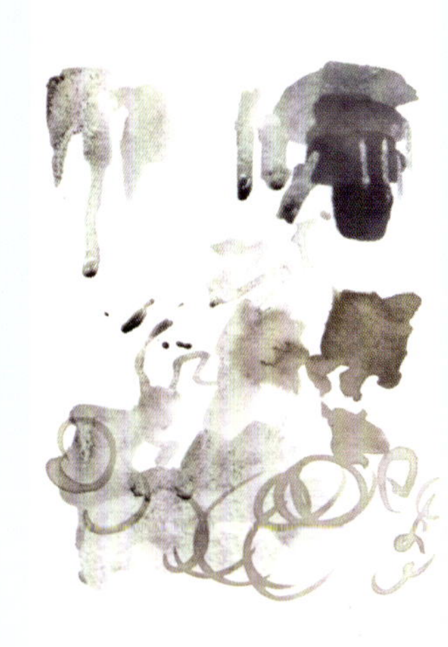

Materialien
Brown benutzt einen Pinsel statt Bleistift oder Kreide. Oft führt ein schwerer zu kontrollierendes Medium zu überraschenden Effekten (links), die unbeabsichtigte Interpretationen ermöglichen. Browns Zeichnung (rechte Seite) wirkt spontan. Als Betrachter erkennt man das Aufeinanderprallen des Wunschs, ein bestimmtes Bild zu schaffen, und der unerwarteten Reaktion des Mediums. Die durchsichtigen, wässrigen Flecken verleihen dem Bild etwas Fragiles.

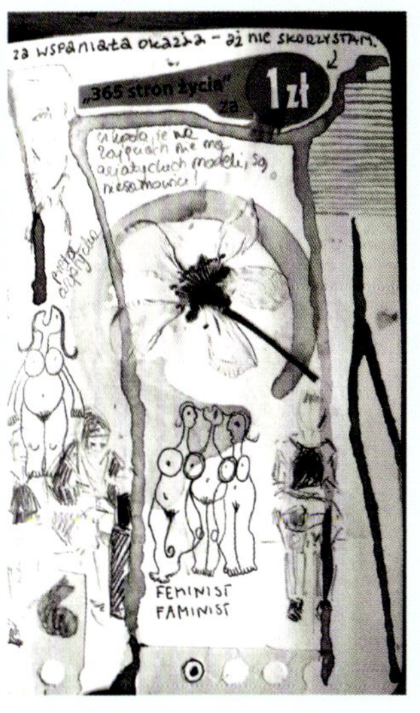

Vorlagen
Fotos verwendet man als Vorlage nicht nur wegen ihrer Informationen, sondern auch wegen der Assoziationen, die sie auslösen. Es kann überraschend sein, was dabei entsteht – zum Beispiel durch einen Schmutzfleck im Bild. Das Foto ist dann nicht so sehr Foto, sondern ein Objekt, das eine emotionale Reaktion auslöst. Man sollte stets ein Skizzenbuch voll Fotos, Gekritzel und Zeichnungen bei sich haben. Irgendwann werden sie vielleicht zu etwas anregen.

Marlene Dumas

Küssendes Paar 2014
Aquarellfarben auf Papier
37 × 28 cm
Frith Street Gallery, London, Großbritannien

Marlene Dumas siedelte 1976 in die Niederlande um, verbrachte aber ihre prägenden Jahre in Kapstadt, im Südafrika der Apartheid. Es ist deshalb nicht überraschend, dass ihr Werk zum Teil sehr politisch ist. Meist verwendet Dumas in ihren Gemälden und Aquarellen dünnflüssige, verwässerte Farben. In gewisser Weise ist die Wahl dieses Mediums als Reaktion auf Künstler der 1960er- und 1970er-Jahre wie Anselm Kiefer (Seite 272) und Georg Baselitz (Seite 176) zu verstehen, die Ölfarbe extrem pastos und expressiv einsetzen. Auf der Konferenz *An Appetite for Painting* im Jahr 2014 erklärte Dumas, dass sie eigentlich nicht gern male. Schon früh hätte sie immer nur Zeichnungen anfertigen wollen, und dies sei es auch, was ihr das Gefühl gebe, lebendig zu sein.

Interessanterweise arbeitet Dumas selten direkt mit Modellen, sondern meist mit fotografischen Vorlagen. In ihrem Werk gibt es eine greifbare Spannung, wenn sie mit der Destruktion der Oberfläche und der Erschaffung eines Bilds kämpft.

In der Zeichnung *Küssendes Paar* auf der rechten Seite können wir Anzeichen eines solchen Kampfs erkennen. Die Materialien – wässrig eingesetzte Aquarellfarben auf Papier – sind unruhig und entwickeln ein Eigenleben. Die Farbe kreiert Effekte, die den Absichten der Künstlerin widersprechen. Es ist das störende Element dieser »Fehler« bzw. der unsachgemäße Einsatz der Materialien, durch den die Spannung im Bild entsteht. Diese wiederum erzeugt beim Betrachter ein ambivalentes Gefühl. Selbst in einem Moment der Zärtlichkeit – wie hier bei dem küssenden Paar – existiert ein Potenzial der Angst. Das macht das Bild wahrhaftig.

Marlene Dumas (Südafrika, geb. 1953) studierte 1972 bis 1975 in Kapstadt Kunst. 1976 zog sie nach Holland, wo sie in Haarlem die Ateliers'63 besuchte und von 1979 bis 1980 am Psychologischen Institut der Universität Amsterdam studierte. Mitte der 1980er-Jahre wurde Dumas für ihre figurativen Gemälde zum Thema Rassismus bekannt. 1995 vertrat sie Holland auf der 46. Biennale in Venedig. Ihre Ölgemälde und Aquarelle zeigen weibliche Akte, Kinder und Bilder von Ereignissen der Gegenwart. Oft setzt sich Dumas in ihren Bildern mit dem Thema Kunst und Pornografie sowie Kunst und unserem Verständnis von Schönheit auseinander.

Siehe auch
Georg Baselitz (S. 176)
Peter Doig (S. 180)
Dexter Dalwood (S. 276)

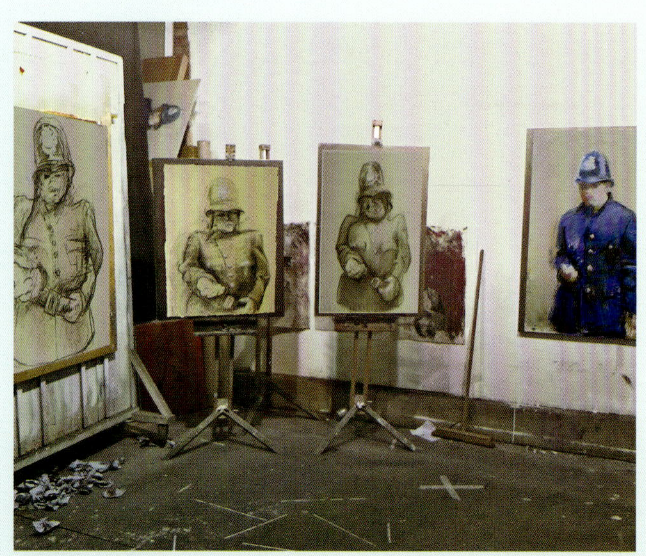

Materialien

Arbeitet man mit wasserbasierten Materialien, ist es gut, mehrere Blatt Papier auf Zeichenbrettern bereitzuhalten (links). Dickes Aquarellpapier wellt sich nicht so schnell. Zudem können Sie das Papier aufspannen (Seite 42). Auch wenn man ein spezielles Bild im Sinn hat, geht es immer auch darum, sofort auf das reagieren zu können, was im Moment passiert. Wenn man Fehler macht, ist es gut, Papier griffbereit zu haben. Das hilft, lockerer mit Fehlern umzugehen.

Vorlagen

Henri Matisse (Seite 174 und 234) erklärte einmal, dass er erst wusste, was als Nächstes zu tun war, nachdem er seine früheren Arbeiten betrachtet hatte. Jeder Künstler kann seine Werke als Möglichkeit nutzen, sich neu inspirieren zu lassen und neu zu orientieren. Auch wenn jedes Bild eine eindeutige Aussage zu haben scheint, ist es doch Teil einer Entwicklung. Fotografieren Sie ab, was Sie zeichnen. Gehen Werke verloren, haben Sie so immer ein Verzeichnis Ihrer Ideen zur Hand.

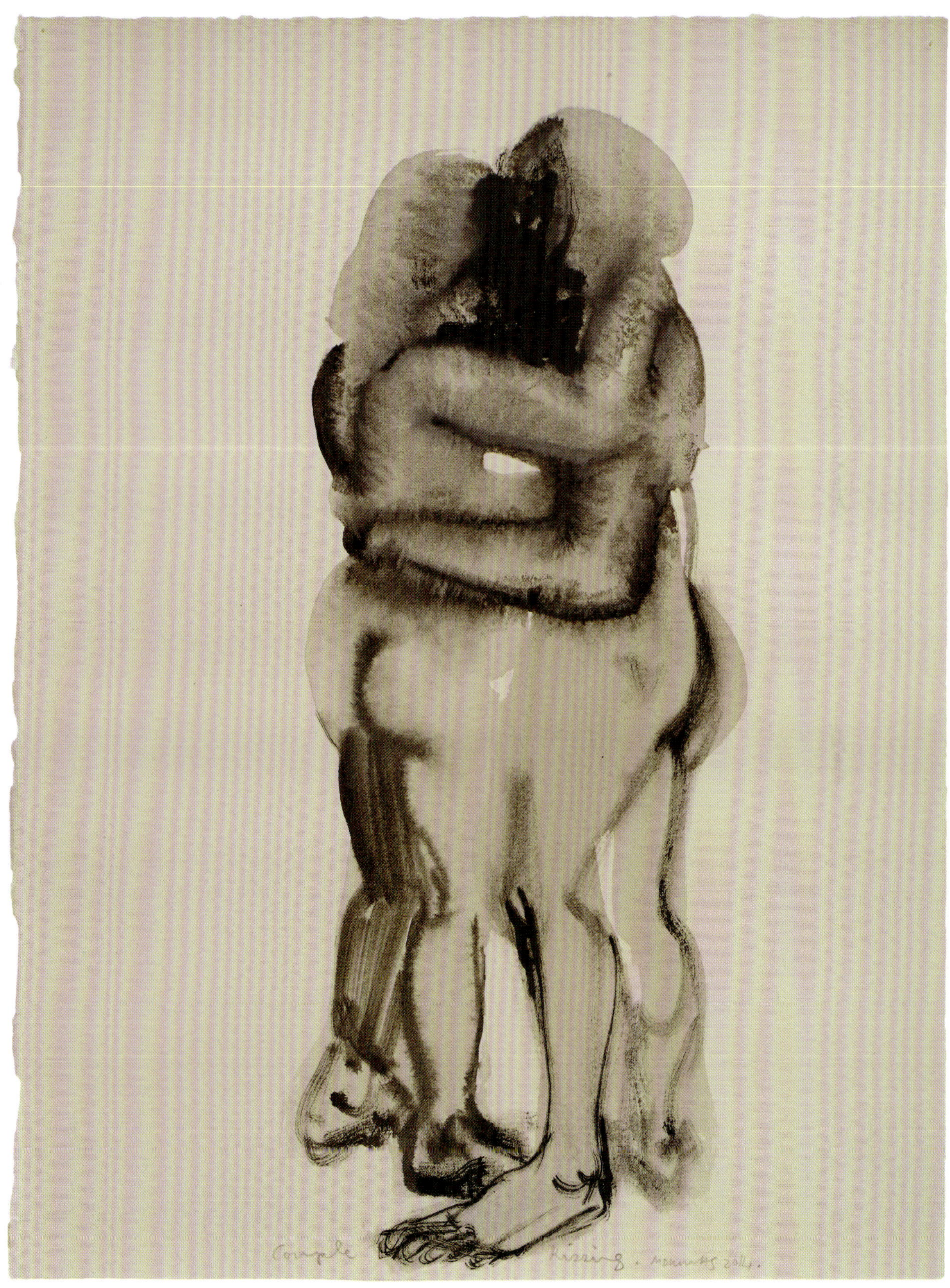
Couple kissing

Imagi

Seit Jahrtausenden versuchen Menschen, im Bild auch jene Fantasiewelten festzuhalten, die in ihren Köpfen existieren. Das Imaginäre und Fantastische ist ein Genre, das in allen Epochen der Kunst auftaucht und Künstler und Publikum gleichermaßen fasziniert. Betrachten wir Werke, die rein der Fantasie eines Künstlers entsprungen sind, glauben wir, einen Blick auf dessen innerste Gedanken und Visionen werfen zu können.

Wie aber lässt sich diese andere Welt in unserem Kopf, die nahezu von allem besiedelt werden kann, was wir uns ausdenken, in einem Bild darstellen? Fest steht: Ganz egal, wie realistisch man etwas zeichnet: Die Fantasie spielt eine entscheidende Rolle dabei, wie ein jedes Bild letztlich aussieht. Künstler setzen immer ihre Erfindungsgabe auf die ihnen eigene Weise ein, um ein bestimmtes Sujet zu inszenieren.

Alle Künstler, die in diesem Kapitel vorgestellt werden, folgten ihrer Fantasie und schufen imaginäre Bilder, die mit den Vorstellungen unserer realen Welt oftmals nur wenig gemein haben. Sie alle hatten und haben die Fähigkeit, der Welt in ihrem Kopf Gestalt zu verleihen. Das geschieht entweder detailliert und realistisch wie in der Szene von Paul Harbutts *Das Gebeinhaus* (Seite 278) oder verrückt und eigenartig wie in den Traumwelten von Ken Kiff (Seite 274).

Was diese Darstellungen imaginärer Welten für den Betrachter so überzeugend macht, ist die Fähigkeit der Künstler, ihre Werke so zu gestalten, dass wir ihnen ihre erfundenen Bilder abnehmen. Beim Betrachten von Zeichnungen, die Fantastisches darstellen, müssen wir uns wie im Theater ganz auf die Darbietung einlassen und dem Künstler erlauben, uns in seine Welt zu entführen.

Hieronymus Bosch

Der Baummensch um 1500
Feder, Eisengallustinte und Bister auf Papier
27,7 × 21,1 cm
Albertina, Wien, Österreich

Wir wissen nicht viel über das Leben von Hieronymus Bosch. Doch sein Werk war bereits zu seinen Lebzeiten äußerst gefragt und wurde in ganz Europa gesammelt. Bosch schuf Fantasiewelten, die sich auf die Welt um ihn herum bezogen und dennoch voll seltsam komplexer Verwandlungen, Warnungen und düsterem Aberglauben waren. Die Bilder sind voller Angst vor möglichen Überschreitungen gesellschaftlicher und religiöser Moralvorstellungen. Der *Baummensch* in der Zeichnung auf der rechten Seite taucht auch in der Höllendarstellung von Boschs berühmtem Triptychon *Der Garten der Lüste* (1490–1510) auf.

Auf den ersten Blick scheint die Zeichnung (rechte Seite) eine reale Landschaft darzustellen, doch tatsächlich besteht diese aus Teilen, die nur lose zusammenpassen. Je genauer man hinsieht, desto klarer wird, wie unterschiedlich sie beschaffen sind. Im Vordergrund steht ein seltsam verwitterter Baum. Blickt man im Uhrzeigersinn am Ufer entlang, vorbei an dem Rehkitz und den Baum hinauf, gelangt man zu dem antropomorphen Gebilde, das in seinem Innern alle möglichen Unwahrscheinlichkeiten beherbergt. Die Details der Komposition stehen kaum in Bezug zueinander. Dies untergräbt den topografischen Raum auf seltsame Weise. Zu dieser Irritation passen die bizarren Elemente ausgezeichnet. Einen Bosch zu betrachten, gleicht einer Reise in den Kopf des Künstlers. Er zeigt eine innere Welt, die sich hinter einer irreal wirkenden Fassade verbirgt. Man braucht Zeit, um seine genau strukturierten Bilder zu erkunden. Sie entfalten sich langsam und entführen in eine Vorstellungswelt, die uns noch lange verfolgt.

Hieronymus Bosch (Niederlande, um 1450–1516) kam als Jeroen van Aken auf die Welt. Sein Künstlername leitet sich von seinem Geburtsort 's-Hertogenbosch ab, einer Stadt im südlichen Holland, wo er den Großteil seines Lebens verbrachte. Er entstammt einer Familie von Künstlern und war bereits zu Lebzeiten mit seinen fantastischen Bildern erfolgreich, die in den Niederlanden, Spanien und Österreich gesammelt wurden. 1488 trat er der einflussreichen religiösen Bruderschaft Unserer Lieben Frau der örtlichen St.-Johannes-Kathedrale bei, die viel für das kulturelle Leben seiner Heimatstadt tat. Gemeindeunterlagen und Berichten der Bruderschaft zufolge gehörte Bosch zu den reichsten Bürgern der Stadt.

Siehe auch
Ken Kiff (S. 274)
Paul Harbutt (S. 278)

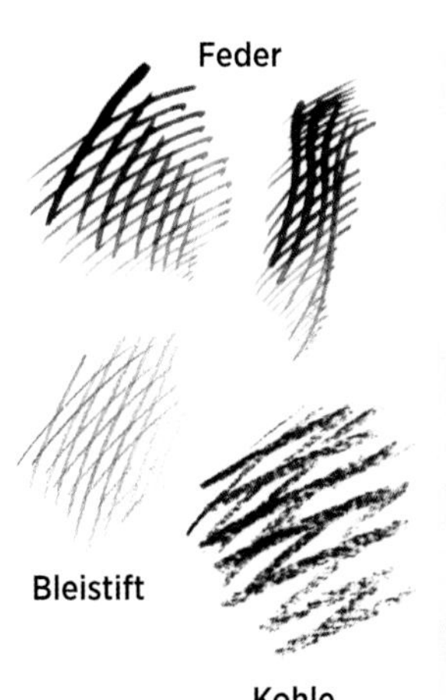

Materialien
Boschs Zeichnung (rechte Seite) wurde mit Feder und Tinte ausgeführt. Mit einer Feder sind weniger verschiedenartige Linien möglich als mit Bleistift oder mit Kohle (links). Der Hauptunterschied liegt in den Schattierungen, die man mit der Feder schraffieren muss, wobei man noch einmal darüber eine Schraffur setzen kann, sodass eine sogenannte Kreuzschraffur entsteht. Diese Technik ist auch mit Bleistift oder Kohle möglich, wirkt dann aber anders.

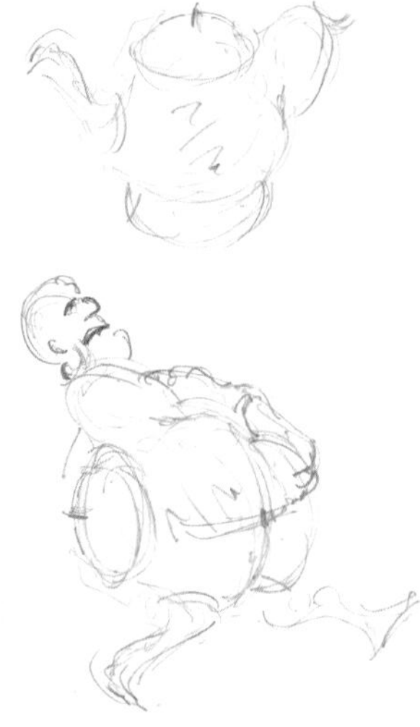

Themenwahl
Bosch fertigte für sein Bild (rechte Seite) vermutlich zuerst Vorzeichnungen oder Skizzen an. Möglicherweise überließ er sich seinen Ideen aber auch während des Zeichnens. Die Fantasie ist wie ein Muskel: Sie muss benutzt und gekräftigt werden. Eine gute Übung ist es, gewöhnliche Gegenstände zu nehmen und sie rasch zu skizzieren (links, oben). Drehen Sie die Zeichnung dann und machen Sie etwas anderes daraus – ein Wesen (links, unten) oder eine Szene.

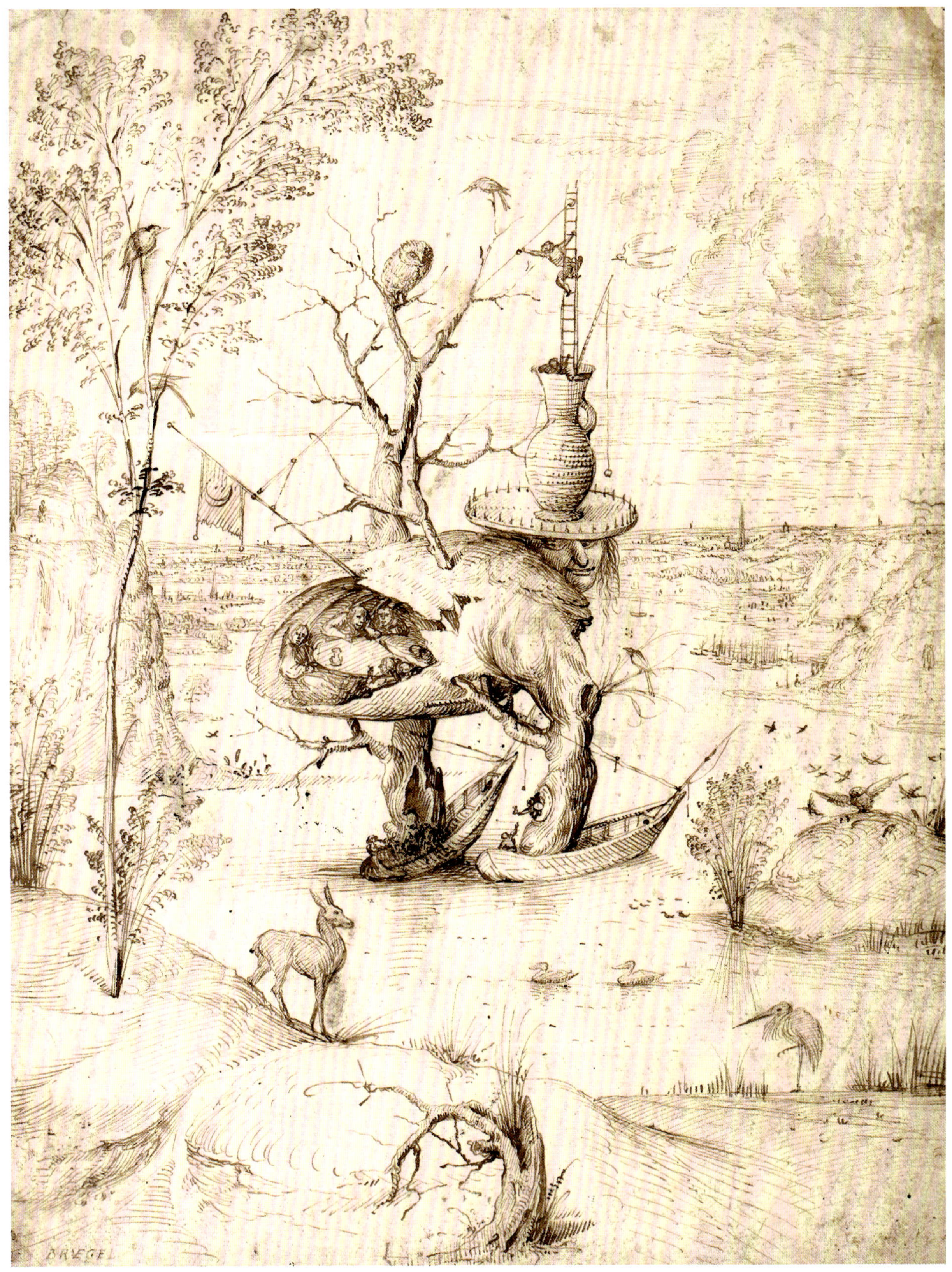
BRVEGEL

Tizian

Pferd und stürzender Reiter um 1537

Kohle auf grauem Papier
27,4 × 26,2 cm
Ashmolean Museum, Oxford, Großbritannien

Tizian erlebte seine Blütezeit nach den drei wichtigsten Künstlern der Hochrenaissance – Leonardo da Vinci (Seite 72), Michelangelo (Seite 140) und Raffael (Seite 188). Diese lebten in Rom und Florenz, Tizian aber in Venedig, wo die nächste Generation großer italienischer Künstler heranwuchs. Seine Zeichnung *Pferd und stürzender Reiter* auf der rechten Seite entstand, als er seinen Spätstil entwickelte. Etwa zur gleichen Zeit begann Tizian mit dem Gemälde *Schlacht von Cadore*, das 1577 bei einem Feuer im Dogenpalast zerstört wurde. Es war Tizians wichtigstes Werk, mit dem er die *Schlacht an der Milvischen Brücke* (1520–1524) von Giulio Romano (1499 bis 1556), Michelangelos *Schlacht bei Cascina* (1504 bis 1506) und Leonardo da Vincis *Schlacht von Anghiari* (1505) übertreffen wollte. Eine schlechte Kopie des zerstörten Gemäldes *Schlacht von Cadore* in den Uffizien zeigt eine Figur auf einem Pferd, die der in Tizians Kohlezeichnung (rechte Seite) überraschend ähnelt. Es ist nicht klar, ob Tizians Zeichnung beschnitten wurde. Geht man nicht davon aus, sieht man, dass ein großes Chaos inszeniert werden sollte. Das mehr oder weniger quadratische Format zeigt eine diagonale Bewegung von links unten nach rechts oben. Seitlich der Mitte befindet sich der Oberkörper des Pferdes – ein Kraftzentrum. Die einzelnen Elemente sind exakt ausbalanciert. Das Vorderbein des Pferdes drückt nach unten, während der Reiter sein linkes Bein ebenfalls nach unten hält. Man sieht, dass im nächsten Moment alles zusammenstürzen wird, wenn der Soldat seine Lanze nicht rechtzeitig wirft. Das Raster lässt vermuten, dass Tizian die Zeichnung für gut genug hielt, um sie zu vergrößern und vielleicht für sein Gemälde zu benutzen.

Tizian (Italien, um 1485–1576) hieß eigentlich Tiziano Vecellio. Er studierte bei Giovanni Bellini (um 1430–1516) in Venedig und erhielt seinen ersten wichtigen Auftrag 1510, als er eine Reihe von Fresken für die Scuola del Santo in Padua anfertigen sollte. Sein Ansehen wuchs mit mehreren Aufträgen und gipfelte in dem Erfolg seines ersten öffentlichen Werks in Venedig, dem Altarbild für die Kirche Santa Maria Gloriosa dei Frari. In den darauffolgenden Jahren wurde Tizian zum führenden Künstler Venedigs. Er zeigte sowohl in seinen allegorischen, religiösen und mythologischen Gemälden als auch in seinen Porträts große Erfindungsgabe.

Siehe auch

Michelangelo (S. 140)
Walter Richard Sickert (S. 166)
Peter Paul Rubens (S. 262)

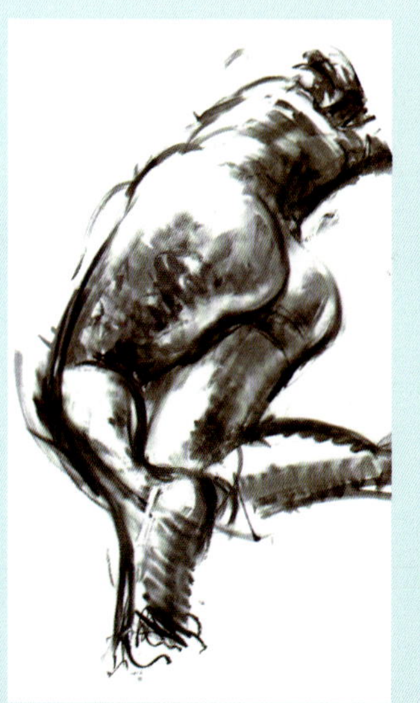

Raum und Maßstab

In einer Zeichenklasse muss man öfter ein Modell aus einem schwierigen Winkel heraus zeichnen (links) – das bedeutet, starke Verkürzungen darstellen. Betrachten Sie es als Herausforderung und suchen Sie nach dem richtigen Winkel und messen Sie Abstände zwischen verschiedenen Punkten. Messen Sie nur ein paar Distanzen und arbeiten Sie dann möglichst frei. Versuchen Sie, die Gesamtbewegung zu erfassen und sich nicht auf einen Bereich zu konzentrieren.

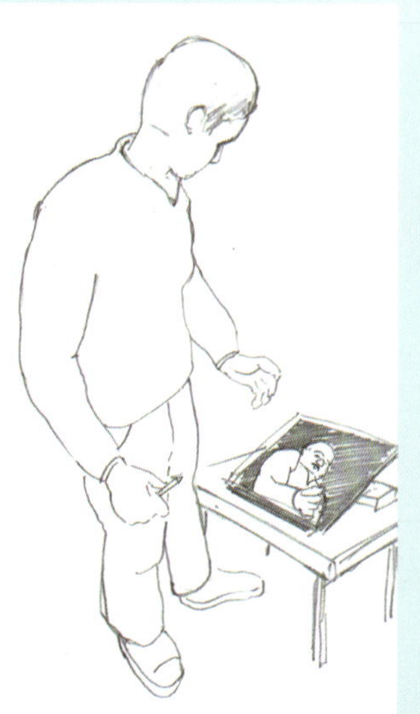

Themenwahl

Haben Sie kein Modell, dann zeichnen Sie sich selbst. Eine gute Übung ist es, dazu einen Spiegel auf Boden oder Tisch zu legen (links). Stellen Sie sich so, dass Sie Ihr Spiegelbild sehen können. Konzentrieren Sie sich jetzt auf die abstrakten Verbindungen der Formen – und nicht darauf, ob das Gezeichnete Sinn macht. Zeichnen Sie zuerst frei, korrigieren Sie aber auch das Bild, falls Sie feststellen, dass etwas an der falschen Stelle oder in der falschen Größe gezeichnet ist.

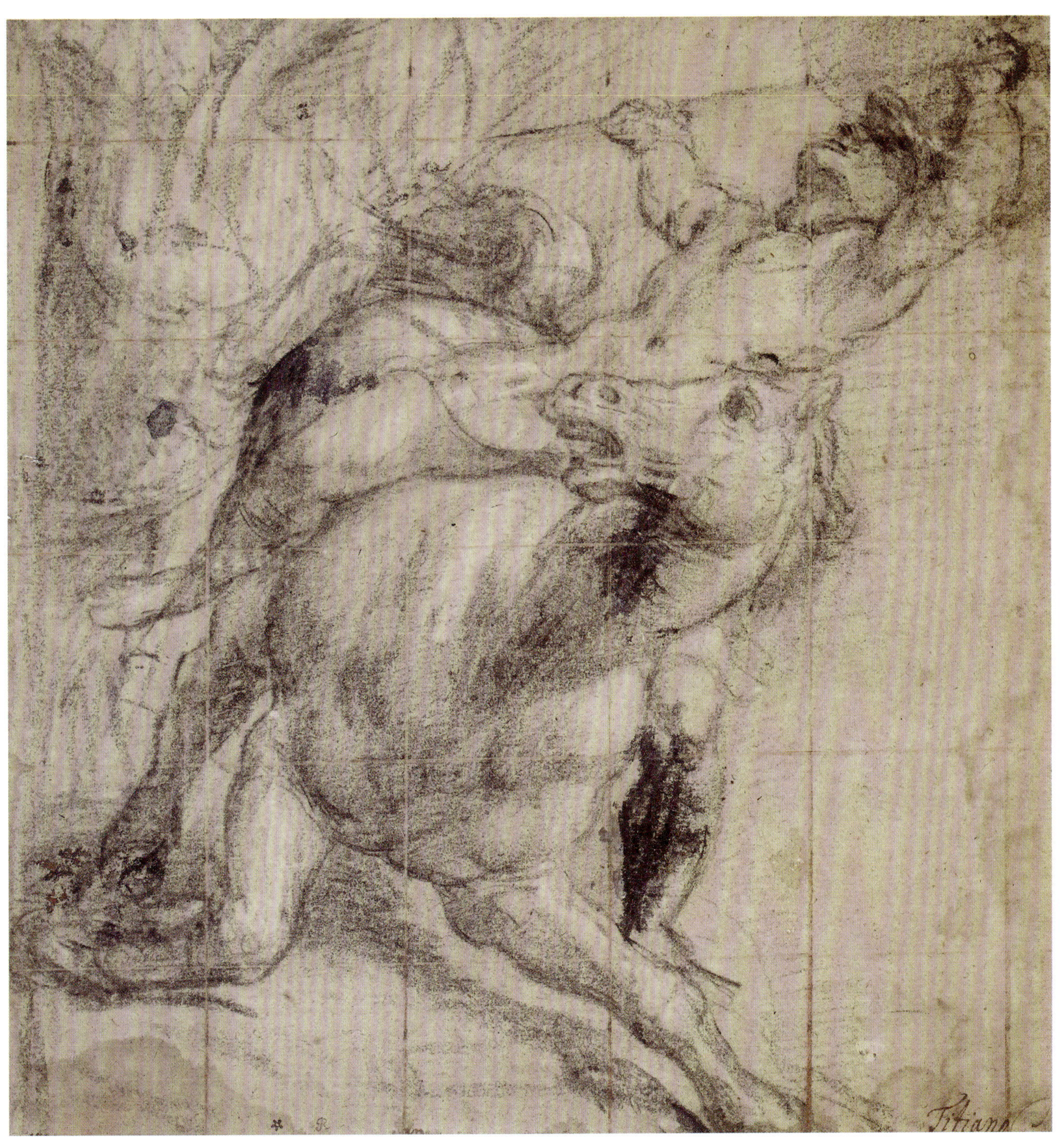

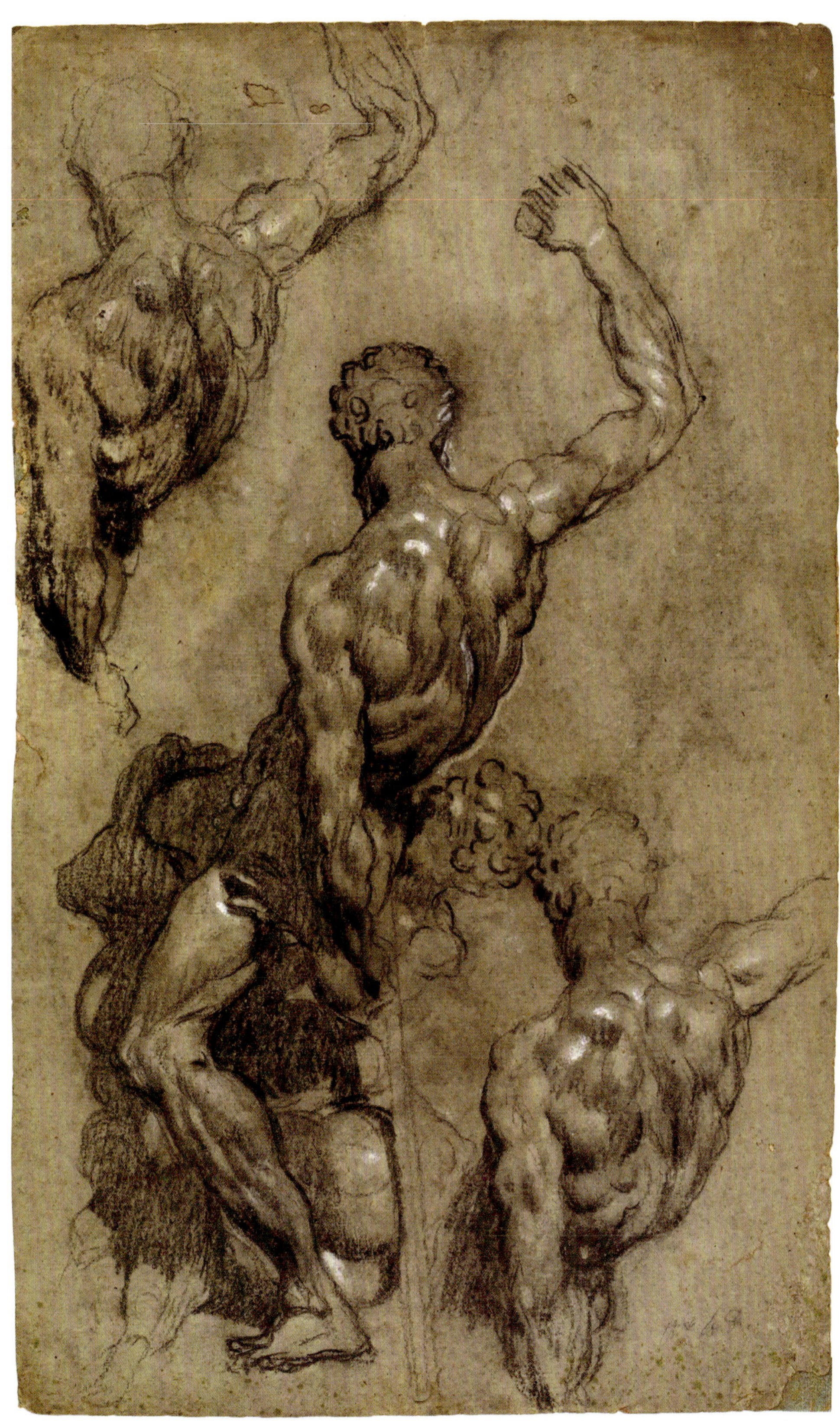

Samson erschlägt einen Philister
(Studie nach Michelangelo) um 1545–1550
Kohle mit Weißhöhungen auf blauem Papier
45,2 × 27,3 cm
Courtauld Gallery, London, Großbritannien

Michelangelo war bereits über 70 Jahre alt und arbeitete in Rom, als der junge Tintoretto in Venedig seine Zeichnung *Samson erschlägt einen Philister* (linke Seite) nach einem Skulpturenmodell *Samson im Kampf mit dem Philister* von Michelangelo anfertigte. Ein weiterer Künstler, Giovanni Battista Naldini (Seite 214), der in Florenz arbeitete, erstellte ebenfalls eine Zeichnung davon.

Die Skulpturengruppe Michelangelos wurde nie in Bronze gegossen. Es existierten davon lediglich mehrere kleine Modelle (Bozzetti), die aber so kühn und meisterhaft waren, dass sie in der damaligen Kunstwelt bewundert und oft reproduziert wurden. Michelangelos Gruppe war für den öffentlichen Raum gedacht, wo man sie von allen Seiten hätte betrachten können. Die rohe Energie, die sich in den ineinander verdrehten Figuren ausdrückt, machte Michaelangelos Entwurf zum faszinierenden Studienobjekt.

Tintoretto führte seine Zeichnung zuerst auf sehr dünnem Papier aus, das später auf ein dickeres Blatt geklebt wurde. Raue Fasern verleihen dem Papier eine wellenförmige Oberfläche, wobei einige Bereiche wohl auch abgerieben wurden. Die schwache Farbe lässt auf ein urprünglich laviertes Papier schließen. Zudem sind blaugraue Fasern in der Struktur erkennbar. Die zentrale, vollständig abgebildete Figur des Samson reicht diagonal von der linken unteren Ecke nach rechts oben. Sie ist perfekt auf dem Blatt platziert. Das ist wichtig, denn ein Bewusstsein für die richtige Positionierung einer Figur in Bezug zum Format des Papiers unterstützt die Bilddynamik. Eben diese rhythmische Energie war für Tintoretto wohl der interessanteste Aspekt bei diesem Sujet.

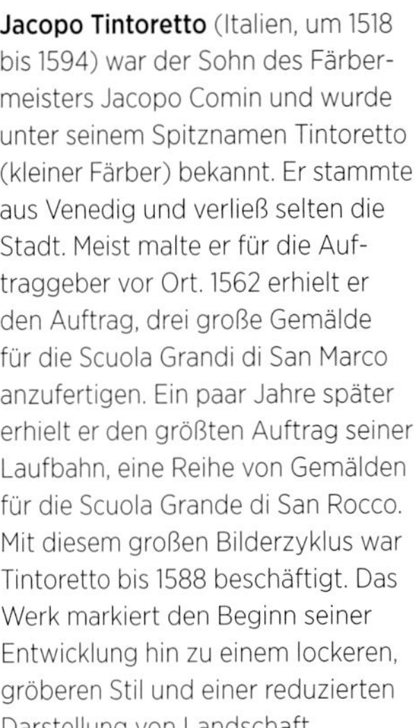

Jacopo Tintoretto (Italien, um 1518 bis 1594) war der Sohn des Färbermeisters Jacopo Comin und wurde unter seinem Spitznamen Tintoretto (kleiner Färber) bekannt. Er stammte aus Venedig und verließ selten die Stadt. Meist malte er für die Auftraggeber vor Ort. 1562 erhielt er den Auftrag, drei große Gemälde für die Scuola Grandi di San Marco anzufertigen. Ein paar Jahre später erhielt er den größten Auftrag seiner Laufbahn, eine Reihe von Gemälden für die Scuola Grande di San Rocco. Mit diesem großen Bilderzyklus war Tintoretto bis 1588 beschäftigt. Das Werk markiert den Beginn seiner Entwicklung hin zu einem lockeren, gröberen Stil und einer reduzierten Darstellung von Landschaft.

Siehe auch
Michelangelo (S. 140)
Giovanni Battista Naldini (S. 214)
Pierre-Paul Prud'hon (S. 218)

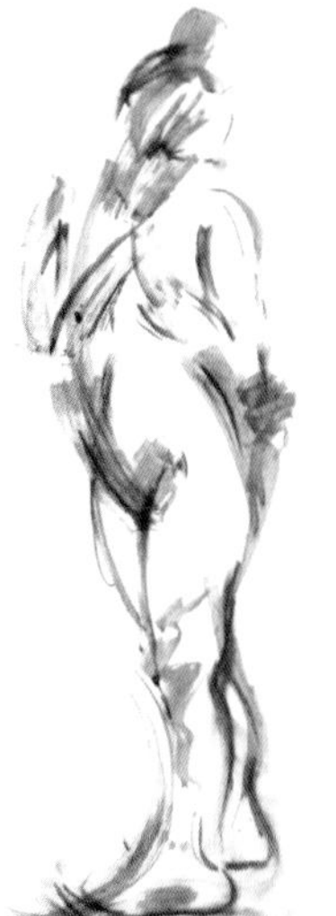

Formen und Materialien
Die Darstellung verdrehter Körper faszinierte viele Künstler der Renaissance. Überlegen Sie sich zuerst die Bewegung, die Ihnen vorschwebt. Verwenden Sie mit Wasser vermischte Tusche und ein Stück Styropor und zeichnen Sie darauf genau ein, wo sich diese Bewegungslinie befindet. Üben Sie das Erkennen von einer oder zwei Hauptbewegungslinien (links). Sobald Sie eine Linie haben, mit der Sie zufrieden sind, arbeiten Sie diese mit Kohle nach.

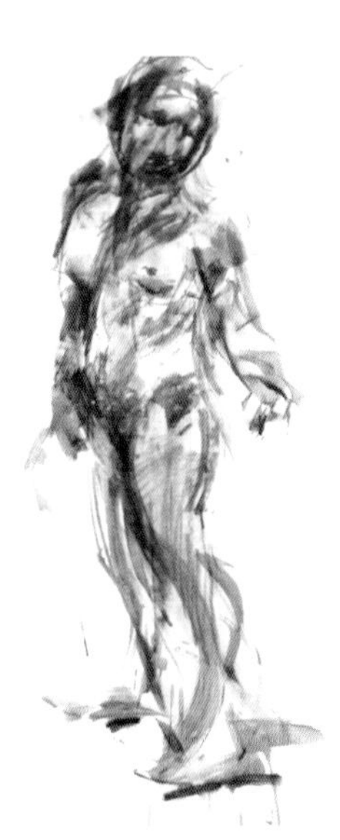

Konzentrieren sich dabei auf Konturen sowie Licht und Schatten. Konturen und Bewegungslinien sollten getrennt bleiben. Falls möglich, lassen Sie ein Modell verschiedene Positionen einnehmen (ideal sind drei Posen). Markieren Sie die Position der Füße auf dem Boden und zeichnen Sie jede Pose nicht länger als fünf Minuten. Kehren Sie dann zur ersten Pose zurück und beginnen Sie von Neuem. So trocknet die Tusche, und die Kohle lässt sich besser einsetzen (links).

Peter Paul Rubens

Siehe auch

Lee Krasner (S. 190)

Max Beckmann (S. 240)

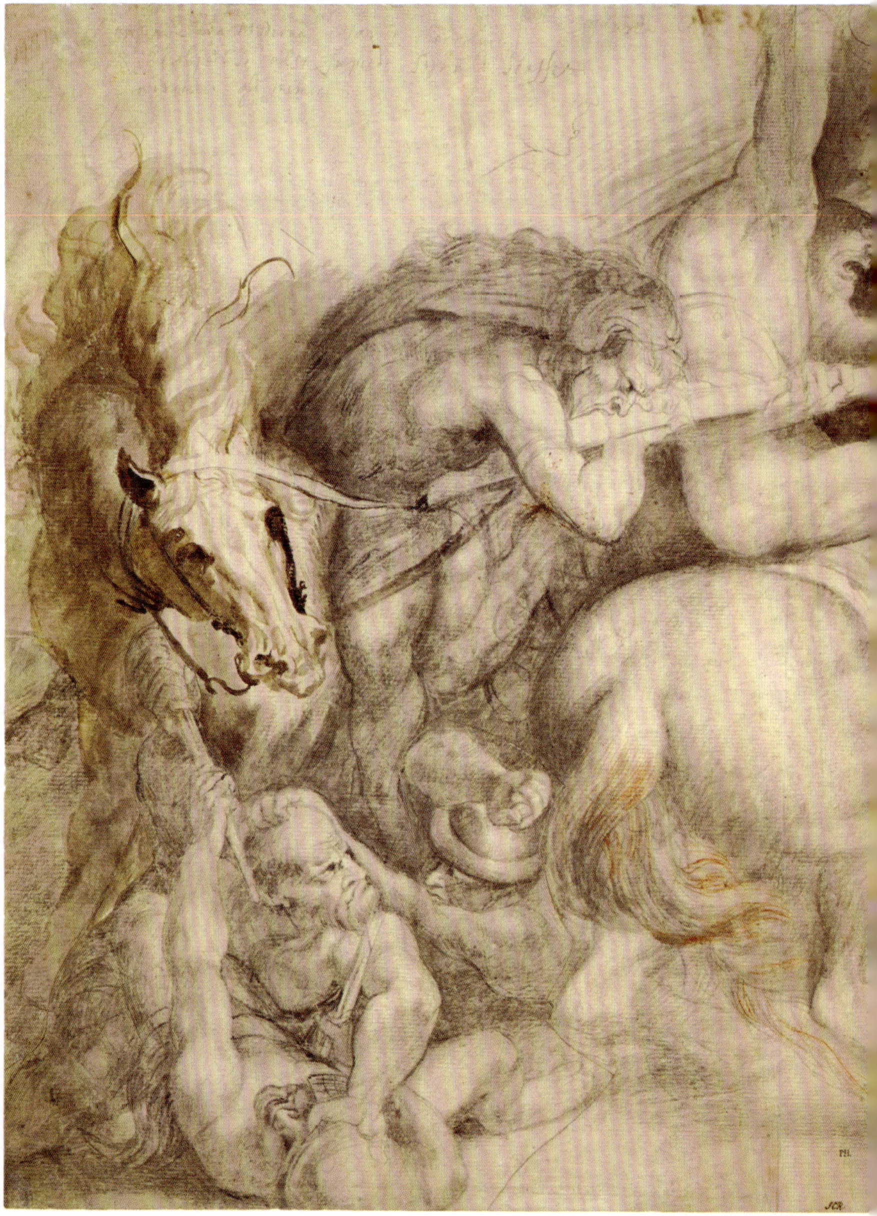

Peter Paul Rubens (Flandern, 1577–1640) erhielt eine gute Ausbildung und wurde mit 22 Jahren Künstler. 1600 ging er nach Italien und trat in den Dienst des Herzogs von Mantua, Vincenzo I. von Gonzaga, der ihn auf seine erste diplomatische Mission nach Spanien schickte. Rubens verbrachte acht Jahre in Italien, wo er seine Technik verfeinerte, und kehrte mit einem eigenen Stil und großem Ansehen nach Antwerpen zurück. Einige der einflussreichsten Persönlichkeiten der Zeit gehörten zu seinen Mäzenen, unter anderen König Karl I. von England, Philipp IV. von Spanien und Maria de' Medici.

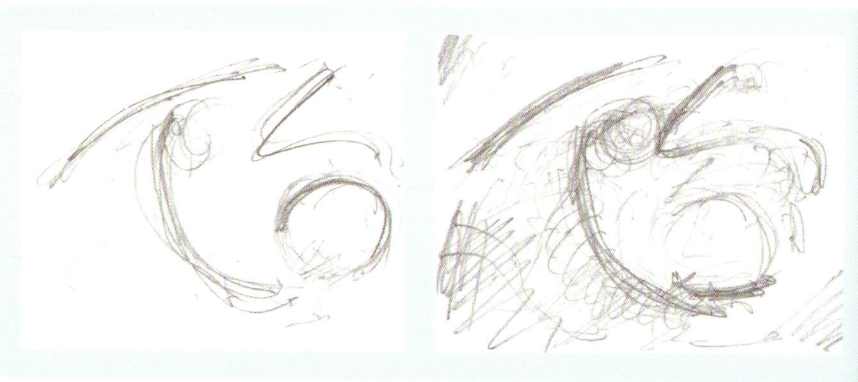

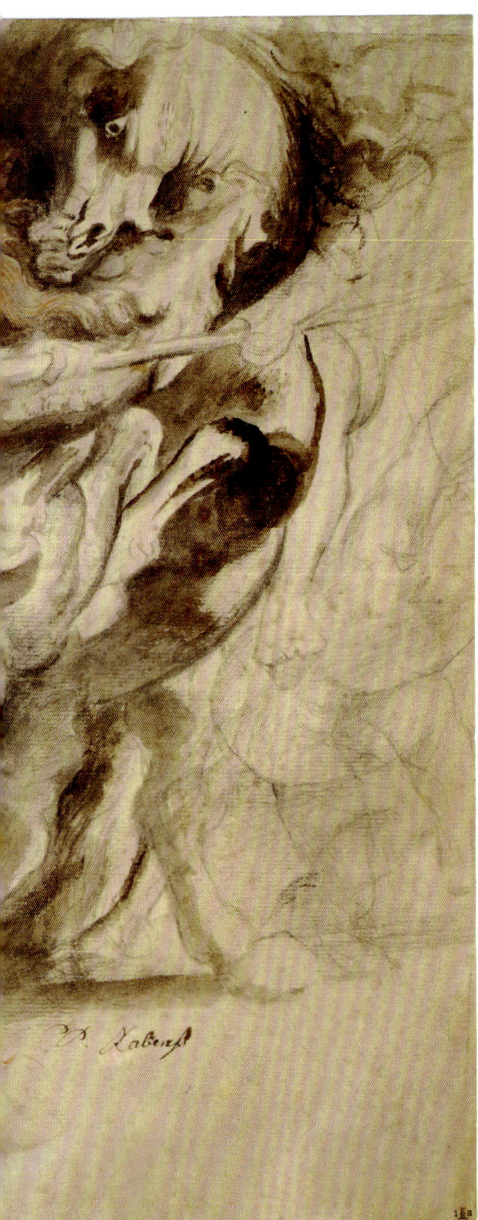

Kampf um die Standarte um 1600
Kohle mit roter, grauer und brauner Lavur
41,5 × 52,1 cm
British Museum, London, Großbritannien

Steht man in einem Museum vor einem großen Gemälde von Peter Paul Rubens, ist man meist von der Größe und schieren Wucht der Darstellung gebannt. Die geballte Kraft aller Bildelemente, die mit- und gegeneinander kämpfen, wirkt atemberaubend.

Die Zeichnung *Kampf um die Standarte* (linke Seite) hat ein überraschend großes Format. Bedenkt man aber das komplexe Thema, muss dieses zwangsläufig groß angelegt sein. Dargestellt ist ein Scharmützel zwischen Männern, von denen einige auf Pferden sitzen und versuchen, die Standarte zu fassen. Wie bei vielen seiner Bilder schafft Rubens hier eine spannungsreiche, in sich verwobene Struktur, die das gesamte Blatt füllt und große Energie ausstrahlt. Meist ist diese Struktur zwar höchst elaboriert ausgearbeitet, aber in sich doch relativ einfach. So auch in dieser Zeichnung: Eine große Diagonale stützt die Komposition. Jedes Detail steht in Relation zu ihr. Ansonsten wäre der Aufbau nicht stimmig.

Rubens fertigte zur Planung großer Gemälde Zeichnungen an. Seine Schüler vergrößerten dann diese Zeichnungen und übertrugen sie auf die riesigen Leinwände. Es ist faszinierend zu sehen, wie eine Zeichnung letztlich zu einem Gemälde führt. Interessant ist dabei auch die Frage, ob die Zeichnung allein für sich zu stehen vermag. In der Regel griffen die vorbereitenden Zeichnungen auf andere Gemälde, möglicherweise von anderen Künstlern, zurück oder auf andere Kompositionen des Künstlers. Man nimmt an, dass Rubens die Zeichnung *Kampf um die Standarte* von einem inzwischen verloren gegangenen Fresko von Leonardo da Vinci (Seite 72) im Palazzo Vecchio in Florenz anfertigte, das er schon einmal kopiert hatte. Das daraus resultierende Gemälde von 1603 heißt *Die Schlacht von Anghiari* und befindet sich heute im Louvre.

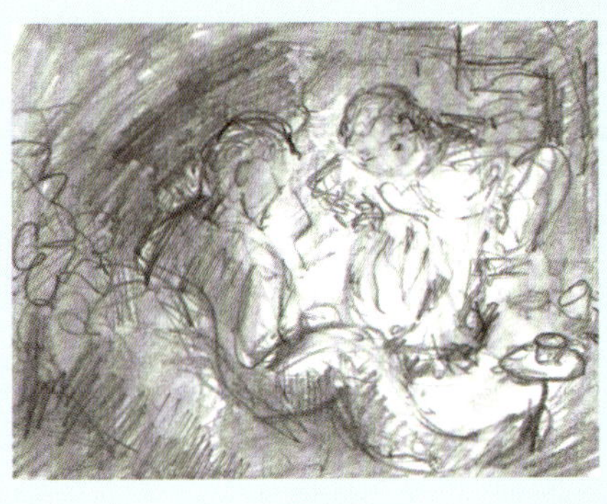

Komposition
Es gibt eine weitere Möglichkeit, um von der Abstraktion zur Gegenständlichkeit zu wechseln: Beginnen Sie mit einer einfachen Linienführung, die Ihnen interessant erscheint. Versuchen Sie dann eine Reihe von Formen aufzubauen – Figuren, Objekte –, die ein menschliches Drama zeigen (links). Stimmen Rhythmus und Struktur, sind Details beinahe überflüssig, wie bei Rubens (oben).

John Martin

Josua befiehlt der Sonne über Gibeon stillzustehen um 1822
Feder und braune Tinte sowie braune Lavur über Kreide
40,3 × 61 cm
Metropolitan Museum of Art, New York, USA

Der englische Porträtist Sir Thomas Lawrence (1769–1830) rühmte den Maler John Martin 1821 als beliebtesten Künstler seiner Zeit. Martins Werke wurden an den Höfen in ganz Europa gesammelt und beeinflussten viele Schriftsteller und Denker der Romantik. Nach seinem Tod nahm seine Popularität immer mehr ab, bis er Mitte des 19. Jahrhunderts schließlich fast vergessen war.

Dass ein Künstler, der solch unheilvolle Szenen wie *Josua befiehlt der Sonne über Gibeon stillzustehen* (rechte Seite) erfinden konnte, ausgerechnet 1789, im ersten Jahr der Französischen Revolution, geboren wurde, scheint nicht verwunderlich. Drei Haupteinflüsse formten Martins Werk: Geld, Religion und Landschaft. Dass Künstler Geld verdienen müssen, um zu überleben, vergisst man gern. Auch die Religion prägte das Werk von Martin, der Anhänger einer Art Naturreligion war und daran glaubte, dass Gott, Seele, Geister und Übernatürliches Teil der Natur und nicht von ihr getrennt wären. Martin kam in Northumberland auf die Welt, deren dramatische Landschaft seine künstlerische Fantasie speiste.

Was an der hochkomplexen und detailreichen Zeichnung einer biblischen Geschichte (rechte Seite) auffällt, ist Martins absolute Kontrolle. Man sieht eine fantastische Szene von epischer Dimension. Das Bild hat mehr mit den Stummfilmen von D. W. Griffith (1875–1948) oder den Monumentalfilmen von Cecil B. DeMille (1881–1959) wie *Die zehn Gebote* gemein als mit zeitgenössischen Gemälden. Martins Bilder funktionieren tatsächlich ähnlich wie Filme, indem sie dem Betrachter eine komplexe Darstellung präsentieren, die einen erkennbaren Kontext für all die realistischen Details liefert. Einige Jahre später fanden auch die Präraffaeliten Bibelgeschichten inspirierend, setzten diese Themen jedoch auf die ihnen eigene Weise um.

Siehe auch
Claude Lorrain (S. 114)
Thomas Gainsborough (S. 118)

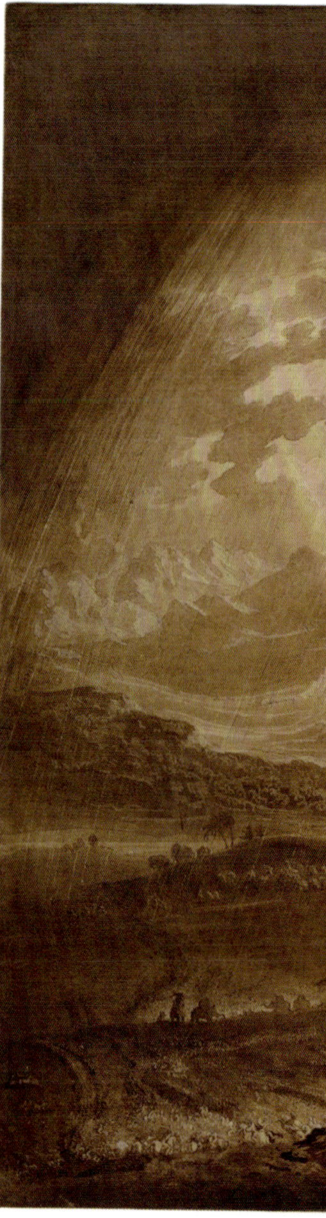

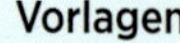

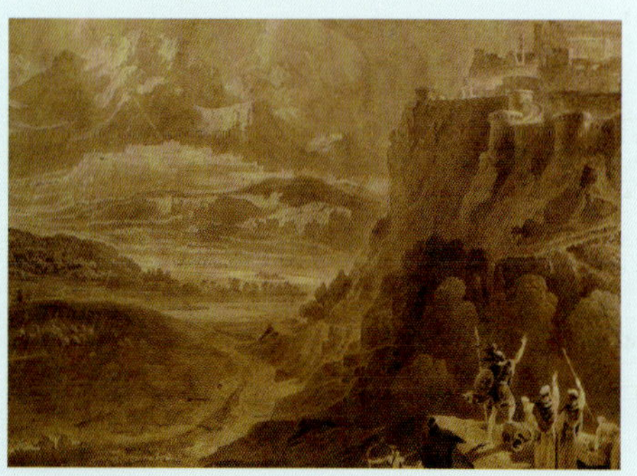

Materialien
Es wirkt so, als habe Martin für seine biblische Landschaft mit ihrer wunderbar atmosphärischen Stimmung (oben) besondere Materialien verwendet. Das trifft aber nicht zu. Vermutlich zeichnete Martin die Bildidee erst mit dem Bleistift, ehe er begann, mit großer Sorgfalt die verschiedenen Tonwerte im Bild Schicht für Schicht aufzubauen (links).

Vorlagen
Um Ihre Fantasie anzuregen, könnten Sie mit dem Foto einer Bergszene als Vorlage beginnen. Besser ist es aber, ein Bild aus einfachen Elementen zusammenzusetzen. Martin erzählt eine Geschichte im Bild (oben), doch erst die Stimmung schafft den Kontext dazu. Bilder von Edward Hopper (Seite 128) funktionieren ähnlich. Seine Räume sind weniger Illusionistisch, aber auch er zeigt Atmosphärisches.

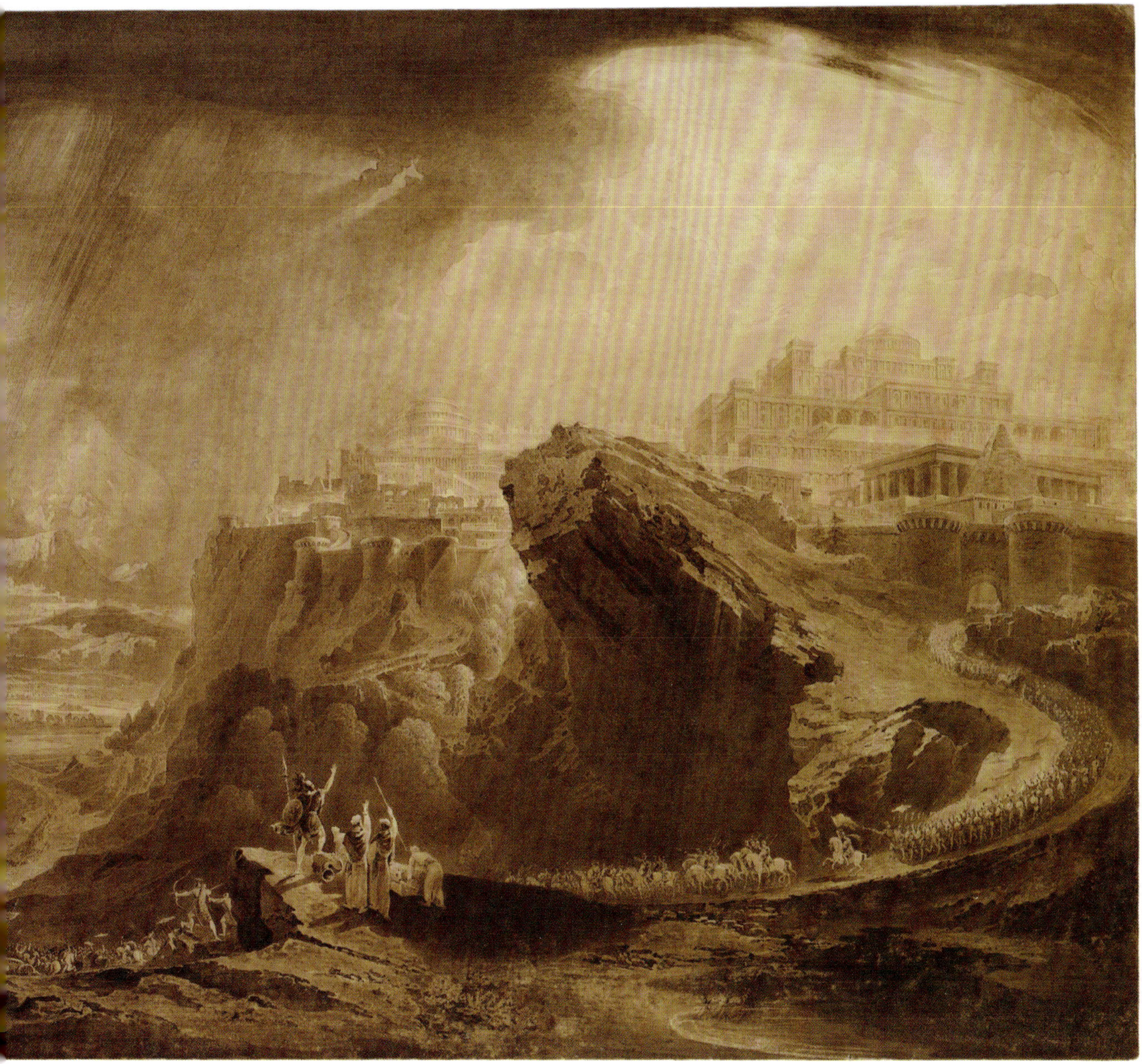

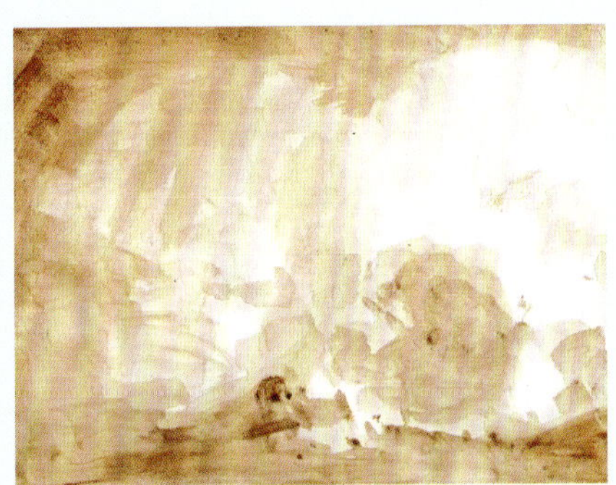

Komposition

Für die meisten Landschaftsbilder ist es wichtig, die Grundstruktur früh festzulegen. Die Skizze links vermittelt eine vage Vorstellung davon, wie Martin sein Bild (oben) vielleicht geplant hat. Skizzen waren auch für ihn als Vorarbeit für seine Gesamtkomposition unerlässlich. Versuchen Sie, eine solche schnelle Skizze anzufertigen. So wird Ihnen klar, welche Struktur Sie im Bild erreichen möchten.

John Martin (Großbritannien, 1789–1854) kam in Northumberland auf die Welt. Er machte bis 1806 eine Lehre als Kutschenmaler in Newcastle, ehe er nach London zog, wo er als Glas- und Porzellanmaler tätig war. Martin wollte große historische und literarische Sujets auf die Leinwand bringen. 1812 wurde er mit seinem Gemälde *Sadak auf der Suche nach den Wassern des Vergessens* bekannt, als man dieses in der Royal Academy ausstellte. In der Folgezeit malte er kleinformatige Landschaften und Sepia-Zeichnungen in klassischer Tradition. 1821 wurde er mit *Belsazars Fest* berühmt, ein Erfolg, der es ihm ermöglichte, sein Einkommen auch als Grafiker zu verdienen.

René Magritte

Der Sturm 1927
Grafitstift auf Papier
18,7 × 23,7 cm
Privatsammlung

Die Bildsprache von René Magritte ist traditionell. Er verwendete Licht und Schatten, setzte Farben und Raum relativ klar ein und schuf eindeutige dreidimensionale Formen. Magritte wollte keine verwirrenden Objekte kreieren – es sei denn, er beabsichtigte es. Im Gegensatz zu den Kubisten hinterfragte er seine Formensprache nie. Obwohl Impressionismus und Kubismus sein Frühwerk beeinflussten, inspirierten ihn die Ideen dieser Bewegungen letztlich nicht. Sein erstes surrealistisches Gemälde, das er 1927 ausstellte, erntete Spott und Hohn. Etwa zu jener Zeit lernte Magritte in Paris André Breton (1896–1966) kennen und ließ sich ganz offiziell auf die Surrealisten ein.

Damals entstand auch die Zeichnung *Der Sturm* (rechte Seite), die eine einfache Idee wiedergibt. Wenn man in einem Sturm unterwegs ist, glaubt man manchmal, von harten Gegenständen getroffen zu werden. Dieses Bild ist die poetische Visualisierung einer solchen Erfahrung, dabei aber nüchtern dargestellt. Ausgeführt auf eine beinahe schaubildliche Weise, entsteht so eine fast traumartige Stimmung.

Magritte erklärte 1937, dass es eine geheime Affinität zwischen bestimmten Objekten gäbe. Wir würden alle den Vogel im Käfig kennen, doch sei es viel interessanter, den Vogel durch einen Fisch oder einen Schuh auszutauschen. Anfangs wollte der Künstler durch seine Bilder schockieren, indem er Gegenstände zeigte, die völlig willkürlich gewählt zu sein schienen. Doch dann stellte er fest, dass er die gleiche Wirkung erzielte, diese aber poetischer wurde, wenn er Objekte nahm, die etwas miteinander verband – zum Beispiel ein Ei in einem Vogelkäfig. Diese kleine, bescheidene Zeichnung von Magritte (rechte Seite) stellt den Beginn einer Reihe von Bildern dar, die unseren Blick auf die Welt verändern.

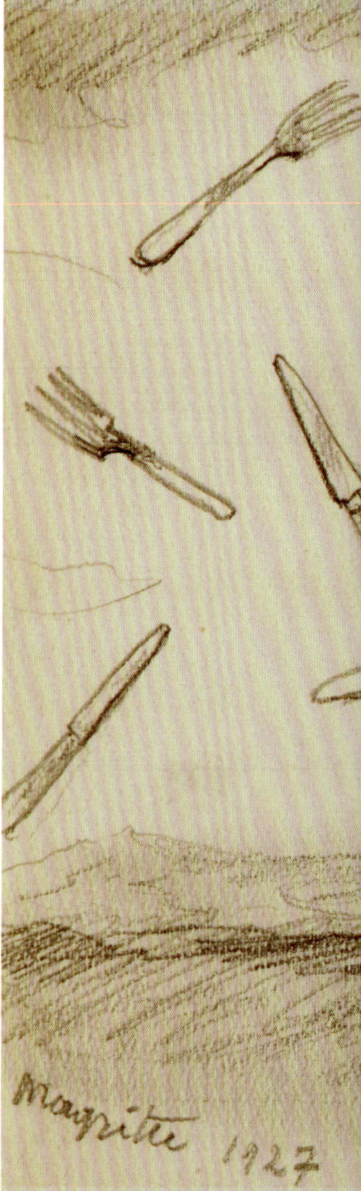

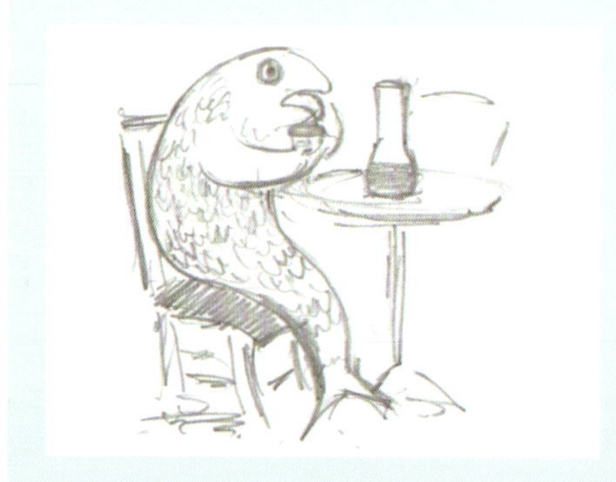

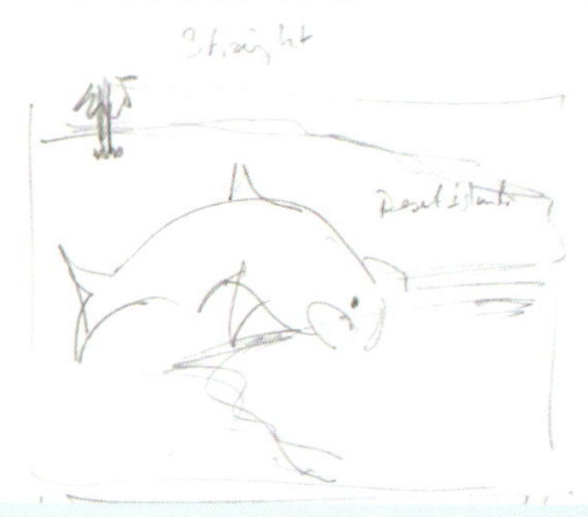

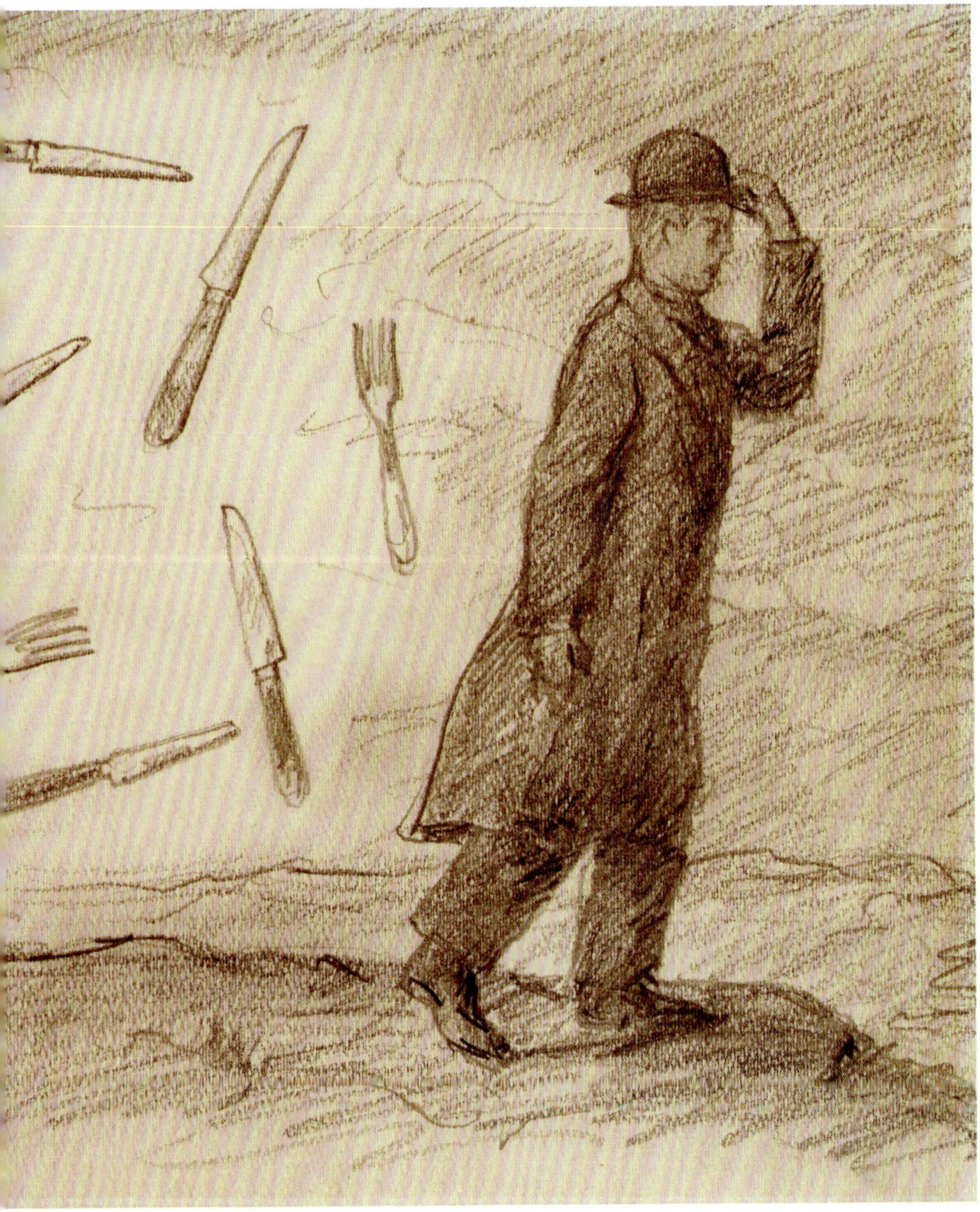

René Magritte (Belgien, 1898–1967) erlebte eine Kindheit, die durch den tragischen Freitod seiner Mutter 1912 überschattet wurde. Sie ertrank im Fluss Sambre. Der junge Magritte war dabei, als man ihren Leichnam fand. Das Bild der toten Mutter, wie diese im Wasser trieb und ihr Gesicht von ihrem Kleid verdeckt wurde, mag seine Kunst beeinflusst haben. Von 1916 bis 1918 studierte er an der Académie des Beaux-Arts in Brüssel und arbeitete dann als kommerzieller Künstler, bis er 1926 von der Galerie Le Centaure in Brüssel unter Vertrag genommen wurde, was es ihm ermöglichte, ausschließlich zu malen. Er zog nach Paris, wo er sich mit André Breton (1996–1966) und anderen Surrealisten befreundete. Nach drei Jahren kehrte er nach Brüssel zurück.

Siehe auch

Hieronymus Bosch (S. 256)

Paul Harbutt (S. 278)

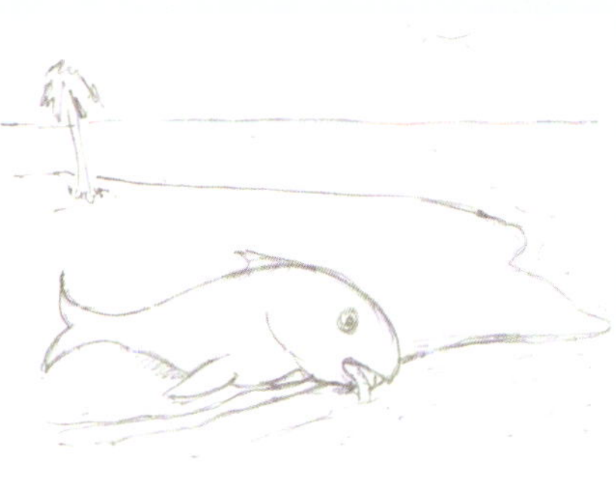

Themenwahl

Bei der Themenfindung für ein Bild kann Sprache eine spannende Rolle einnehmen. Eine gute Übung, die sich direkt auf Magrittes surrealistischen Stil bezieht, ist es, so mit Redewendungen zu spielen, die Sie besonders interessant finden, dass neue, ungewöhnliche Sujets daraus entstehen. Versuchen Sie, die Redewendung nicht eins zu eins zu illustrieren (ganz links).

Bei der Erfindung neuer Sujets, sollten Sie kompositorische Grundüberlegungen, die ein Bild interessant und anziehend machen, nie außer Acht lassen. Wenn Sie Ihre erste Idee zeichnen, platzieren Sie Ihre Objekte am besten in ein Rechteck (links, Mitte). So behalten Sie das ganze Papier im Blick und nicht nur einzelne Objekte, was außerdem zu einem besseren Gesamtbild führt (links).

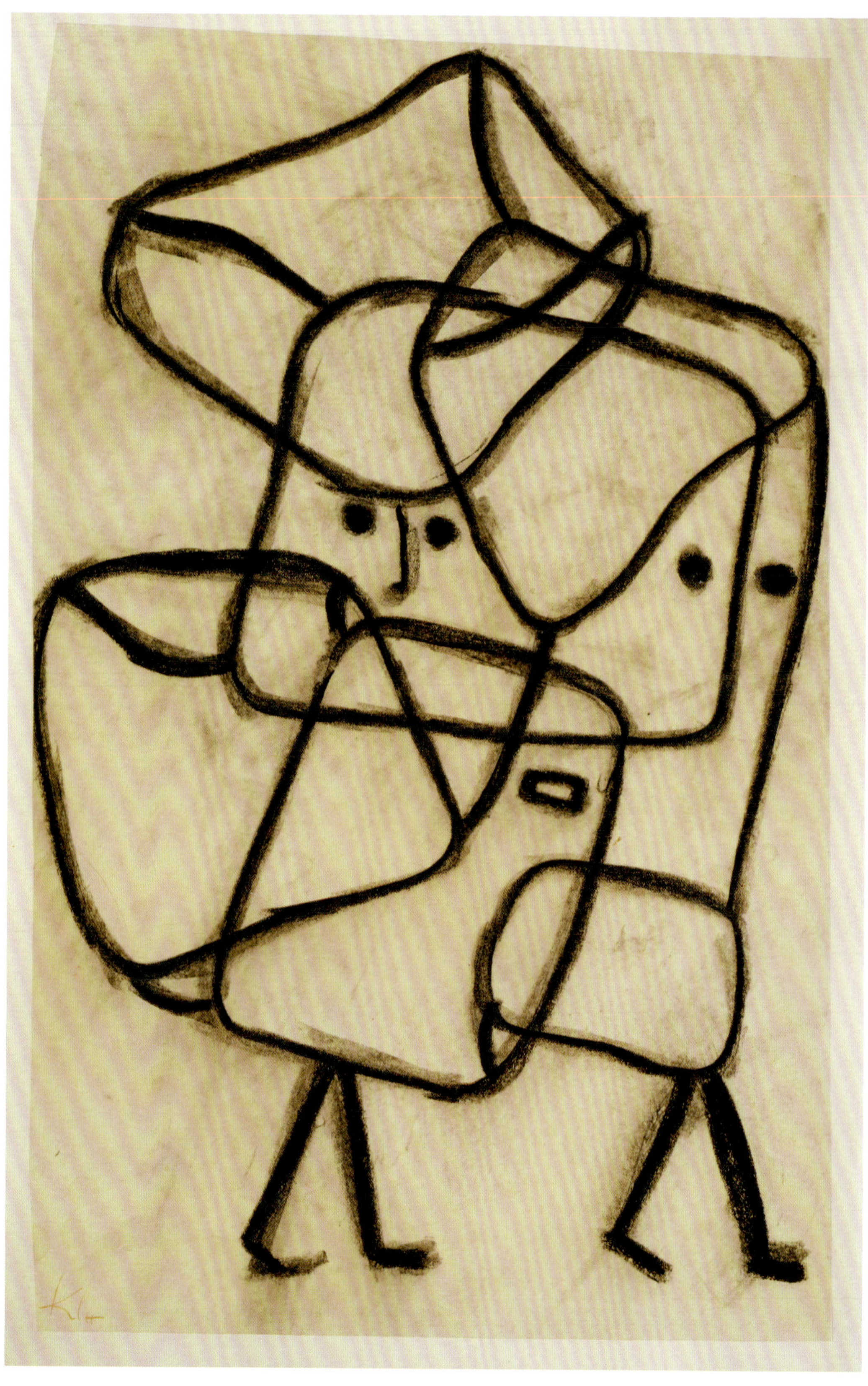

Belastete Kinder 1930
Grafitstift, Wachskreide und Tinte
auf aufgezogenem Papier
65 × 45,8 cm

Paul Klee wurde von Expressionismus, Kubismus und Surrealismus beeinflusst. Schon früh entwickelte sich am Bauhaus in Weimar eine Freundschaft zu Wassily Kandinsky (1866–1944). Um das Jahr 1914 malte Klee sein erstes, rein abstraktes Bild. Er unterrichtete und schrieb viel über seine Kunstvorstellung. Er erklärte unter anderem, dass Zeichnen die Kunst sei, »Striche spazieren zu führen«, und dass er immer da beginne, wo die bildnerische Form überhaupt beginnt: beim Punkt, der sich in Bewegung setzt.

In seiner Zeichnung *Belastete Kinder* (linke Seite) sieht Klee den Ursprung der Form bei den Punkten im Bild. Die Linie um die Punkte schafft Bewegung über das Blatt hinweg, während die Form sowohl durch die überlappenden Flächen der zellartigen Struktur als auch durch die betonten Linien entsteht. Das Bild ist linear, aber wenn man genau hinsieht, erkennt man, dass die Linien das Ergebnis wiederholter Kohlestriche sind. Die kleinen Punkte – Punkte, die Augen sein könnten – erinnern an das, was Kubisten taten, wenn sie einen realistischen Nagel in ein Stillleben malten. Klees Titel *Belastete Kinder* mag sich auf die strichmännchenhaften Formen beziehen, die wie Kinder aussehen, die etwas auf ihrem Kopf tragen. Die Last könnte auch das Gewicht der Linie sein oder die Art, wie die Linie die Formen der Kinder einfängt.

Paul Klee (Schweiz, 1879–1940) wurde bei Bern geboren und zog mit 19 Jahren nach München, wo er auf die Kunstakademie ging. Nach Abschluss des Studiums reiste er nach Italien und studierte dort die italienischen Meister. Wieder in München, lernte er 1911 Wassily Kandinsky (1866–1944), Franz Marc (1880–1916) und August Macke (1887–1914) kennen und trat ihrer Gruppe Der Blaue Reiter bei. Nach einer Reise 1914 nach Tunesien entwickelte sich Klees Stil in Richtung Abstraktion. Im Ersten Weltkrieg diente er in der deutschen Armee und besserte unter anderem die Tarnbemalung von Flugzeugen aus. Nach dem Krieg unterrichtete er am Bauhaus in Weimar und in Dessau.

Siehe auch
Joan Miró (S. 204)
Cecily Brown (S. 248)
Hieronymus Bosch (S. 256)

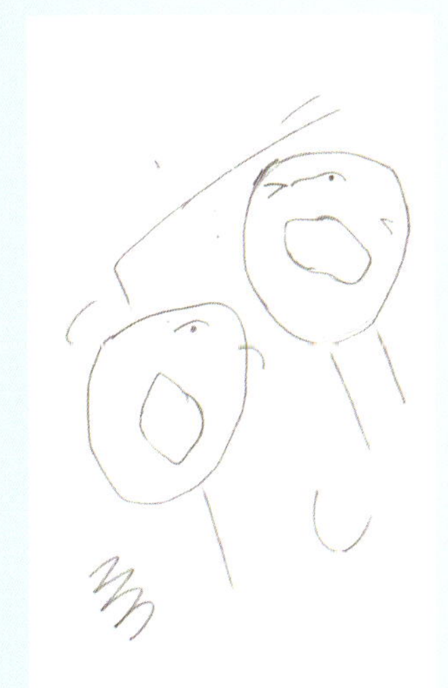
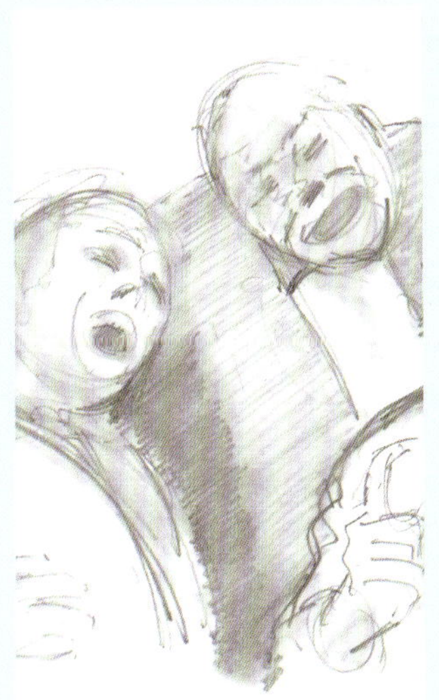

Vorlagen
Direkt am Modell zu arbeiten, sagt nicht jedem zu – genausowenig wie aus der Erinnerung zu zeichnen oder rein mithilfe der Fantasie. Je mehr Methoden Sie kennen, um Zeichnungen anzufertigen, desto eher können Sie auf Neues reagieren.

Viele große Künstler verweisen darauf, wie wichtig es sei, das zu zeichnen, was man sieht. Würden wir aber nur das zeichnen, was wir um uns sehen, würden wir nur einen Teil des vielfältigen Mediums ausschöpfen.

Klee erfand Formen und Zeichen, die als sichtbarer Ausdruck von Gefühlen erscheinen. Mit diesem Ziel zu starten, ist schwierig, kann aber befriedigend sein. Fangen Sie mit etwas Einfachem wie dem Thema Lachen an und folgen Sie den Formen und Linien, die dafür geeignet scheinen (ganz links). Versuchen Sie vom Gegenständlichen zum Abstrakten zu gehen. Greifen Sie Ideen auf, die sich beim Zeichnen einstellen und entwickeln Sie ein Bild daraus (links).

Willem de Kooning

Sitzende Frau 1952
Bleistift, Pastellkreide und Öl auf zwei Papieren
30,8 × 24,2 cm
Museum of Modern Art, New York, USA

Als Erstes sticht bei der Zeichnung *Sitzende Frau* (rechte Seite) von Willem de Kooning die manisch wirkende Linienführung ins Auge. Einige Elemente im Bild scheinen fast statisch, während andere so aussehen, als hätte man sie unterteilt, ausradiert und unzählige Male hin und her geschoben. Das Bild könnte in einem Moment des Wahnsinns entstanden sein – und doch ist es sorgfältig verändert und immer wieder überarbeitet und verbessert worden.

Die seltsame Wirkung entsteht durch die Art und Weise, wie die Einheitlichkeit der Oberfläche betont wird. Betrachtet man den rechten Arm der Frau, dessen Innenseite durch einen Brief geformt wurde, der aus einer Jackentasche ragt, so wirken die Formen gegenständlich. Im Bild links gibt es dagegen eine beinahe horizontale, abstrakte Linie, die durch den unteren Teil des Arms gebildet wird und zu einer roten Fläche am linken äußeren Bildrand führt.

De Kooning benutzte oft Fotografien als Vorlage. Bilder von verführerischen Lippen in Zigarettenwerbung lieferten zum Beispiel den Ausgangspunkt für die Serie *Frauen*, die aus etwa 200 Blättern besteht und zu der auch diese Zeichnung gehört.

Das Sujet *Sitzende Frau* verlangt eine dreidimensionale Form, die der Oberfläche des Papiers widerspricht. Die Macht und Kraft der Zeichnung liegt darin, dass man etwas schafft, was sowohl drei- als auch zweidimensional aussieht. Indem beides nebeneinander existiert und zur Bildwirklichkeit wird, kann der Künstler die Möglichkeiten von Darstellung und Ausdruck erkunden.

Willem de Kooning (Niederlande, 1904–1997) studierte von 1918 bis 1924 in Abendkursen an der Kunstakademie in Rotterdam, während er tagsüber eine Gestalterlehre absolvierte. Er verbrachte zwei Jahre mit dem Studium in Brüssel und Antwerpen und emigrierte dann in die USA. Dort befreundete er sich mit Stuart Davis (1892–1964), John D. Graham (1886–1961) und Arshile Gorky (1904–1948). Er arbeitete nun ausschließlich als Künstler und malte mehrere Wandgemälde für das Federal Arts Project. 1953 erregte seine *Frauen*-Serie großes Aufsehen, weil viele von der grotesken Darstellung der Frauen entsetzt waren, während es die Kritiker nicht schätzten, figurative Elemente in abstrakter Kunst zu sehen.

Siehe auch
William Turnbull (S. 198)
Frank Auerbach (S. 202)
Cecily Brown (S. 248)

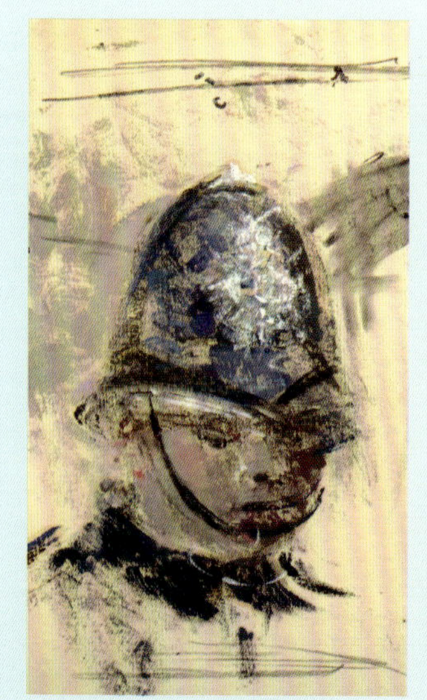

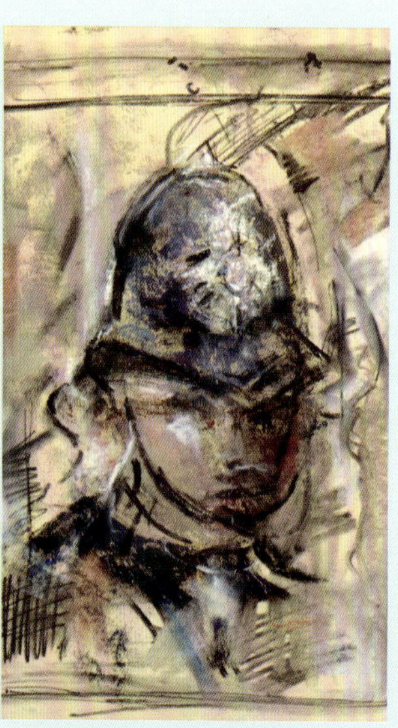

Maßstab
Denken Sie daran, dass die Papieroberfläche wie bei de Kooning (rechte Seite) eine aktive Komponente der Zeichnung ist. Sobald Sie beim Zeichnen zu beschreibend werden, steuern Sie dagegen an – durch Linien, durch Schattierungen oder, falls gewünscht, durch Farbe (links). Die Größe der Zeichnung wirkt sich darauf aus, wie Sie vorgehen. Schnell gerät das Bild zu groß, um intensiv wirken zu können. Reduzieren Sie die Größe während des Zeichnens.

Materialien
Wenn Sie verschiedene Medien benutzen, sollten Sie diese von Anfang an alle einsetzen, wie es sich von Moment zu Moment anbietet. Legen Sie ein Medium beiseite und nehmen Sie das nächste. Das Hin-und Herwechseln erhöht die Kreativität. Versuchen Sie beim Zeichnen vom Unbewussten zum Bewussten zu gelangen. Viele Künstler arbeiten in einem fast tranceartigen Zustand. Das ist gut, es ist aber ebenso wichtig, zur kritischen Sicht zurückzukehren.

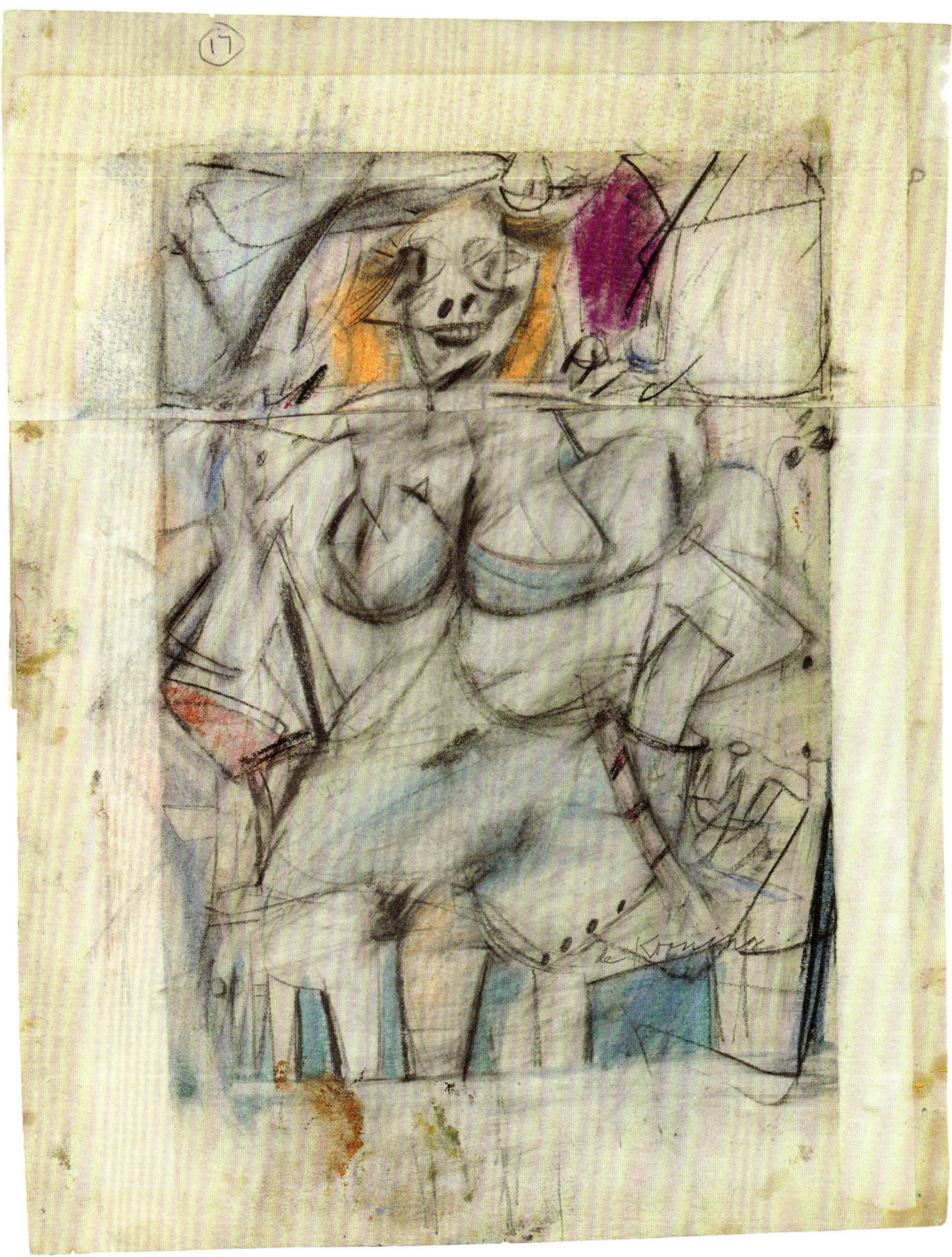

Anselm Kiefer

Elisabeth 1978
Grafitstift auf Papier
43,8 × 43,8 cm
Privatsammlung

Anselm Kiefer gehört zu einer Reihe von Künstlern aus dem Deutschland der Nachkriegszeit, die in ihrem Werk die Katastrophen des Zweiten Weltkriegs verhandeln. Kiefers Dialog mit dieser Vergangenheit, der sowohl den Krieg als auch Gender-Thematiken miteinschließt, drückt sich in eindrucksvollen Symbolen und Motiven aus. Doch wie verstehen wir diese Bilder, wenn wir nicht von denselben Dingen betroffen sind? Die Antwort auf diese Frage verweist auf die rätselhafte Kraft von Bildern. Kiefer schafft komplexe, ausdrucksstarke und überraschende Trigger, die eine Reaktion in uns auslösen – aber nur, wenn wir aufmerksam sind.

Thema der Zeichnung auf der rechten Seite ist Elisabeth von Österreich, die mit 16 Jahren Kaiser Franz Joseph I. (1830–1916) heiratete. Nach der Geburt ihres Sohnes Rudolf im Jahr 1858 war sie lange kränklich und davon besessen, ihre jugendliche Figur und Schönheit zu erhalten. So bestand sie darauf, täglich in ein Lederkorsett genäht zu werden, und hatte grotesk strikte und langwierige Kosmetikprozeduren. 1898 wurde Elisabeth in Genf von einem italienischen Anarchisten erstochen.

Für die kleine Zeichnung auf der rechten Seite verwendete Kiefer einen Grafitstift. Er interessierte sich nicht dafür, dass man damit besonders gut schattieren und konturieren kann, sondern allein für das sofort erkennbare Motiv. Zwischen dem Motiv und der Reinheit der Materialien besteht eine Verbindung. Der rau gestaltete Hintergrund gerät nie in Konflikt mit der Figur. Das Kleid ist hingekritzelt, doch weil seine Formen unserer Vorstellung von einem bestimmten Kleiderschnitt entsprechen, interpretieren wir das Gekritzel dementsprechend.

Anselm Kiefer (Deutschland, geb. 1945) war ein Schüler von Joseph Beuys (1921–1986) und setzt sich wie sein Lehrer mit der deutschen Geschichte, Mythen, Identität, Literatur und Kunstgeschichte auseinander, vor allem mit der Zeit der Nazi-Herrschaft und des Holocaust. Er schuf zu diesem Thema großformatige Leinwände, Fotografien und Konstrukte, welche die monumentalen Maßstäbe faschistischer Kundgebungen und die Bauten des nationalsozialistischen Architekten Albert Speer (1905–1981) aufgriffen. Kiefer studierte Jura und Sprachen an der Universität Freiburg. Ab 1966 lernte er bei Peter Dreher (geb. 1932) in Freiburg und besuchte dort die Kunstakademie, wechselte aber später in die Akademie in Karlsruhe.

Siehe auch
Joan Miró (S. 204)
René Magritte (S. 266)
Dexter Dalwood (S. 276)

Materialien
Selbst wenn man sich auf den symbolischen Aspekt eines Sujets konzentriert, ist es wichtig, Materialien zu wählen, die den erwünschten Effekt erzielen. Zeichnen Sie ein Symbol hintereinander mit verschiedenen Materialien. Dadurch wird klar, wie Material und Thema einander beeinflussen. Auch wenn es klischeehaft sein mag: Ein grob gezeichnetes Herz (rechts) erzielt doch eine ganz andere Wirkung als eine feine, makellos gezeichnete Version.

Vorlagen
Ein Objekt vorrangig als Symbol einzusetzen und nicht zu versuchen, sein Aussehen perfekt zu treffen, kann mehr Freiheit geben. Symbole sind meist allen vertraut, weshalb sie auch schnell zu Klischees werden können. Bestimmte Symbole sind mit Sentimentalität belegt oder trivial geworden, sodass man sie nicht mehr benutzen kann. Es ist deshalb sehr wichtig, Sujets oder Symbole zu finden, die zwar vertraut, aber nicht zu abgenutzt sind.

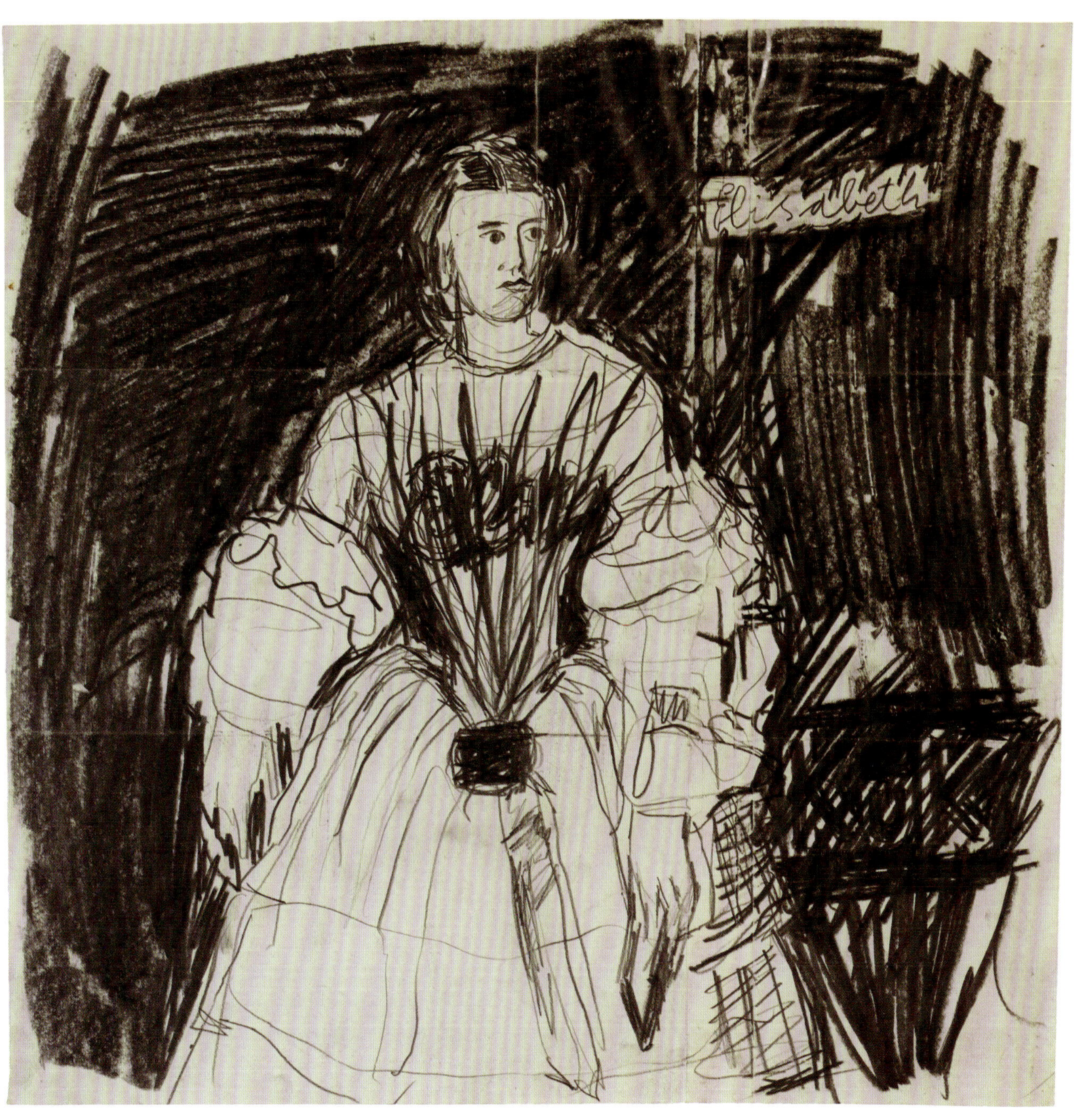
Elisabeth

Ken Kiff

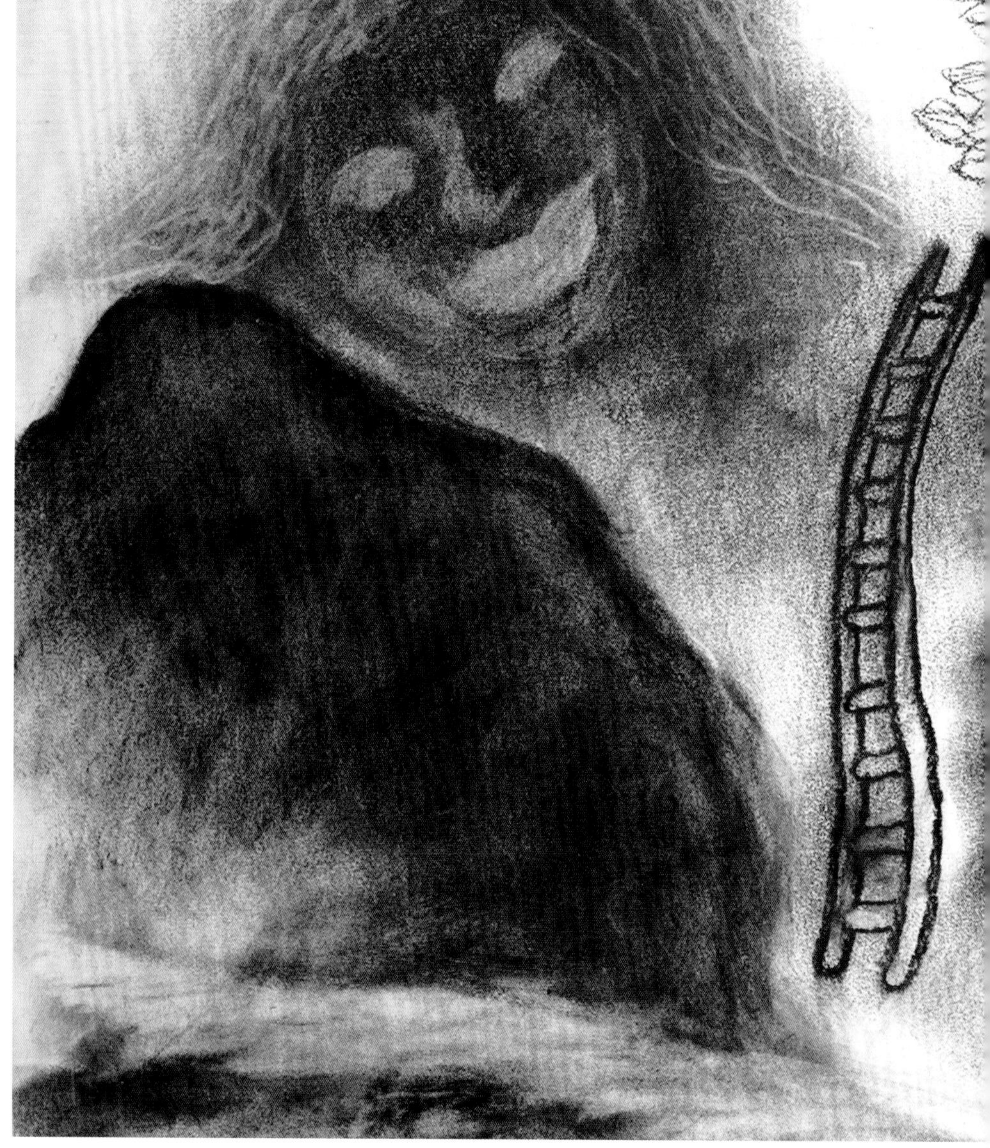

Ken Kiff (Großbritannien, 1935 bis 2001) kam im Osten von London zur Welt und besuchte von 1955 bis 1961 die Hornsey School of Art. Kiff, ein Maler, Illustrator und Kupferstecher, trug in den frühen 1980er-Jahren zur Wiederbelebung der gegenständlichen Kunst in Großbritannien wesentlich bei. Er war einflussreich als Kunstlehrer an der Chelsea School of Art und am Royal College of Art in London und arbeitete von 1992 bis 1993 an der Londoner National Gallery. Beeinflusst von Paul Klee (1879–1940), Marc Chagall (1887–1985) und Joan Miró (1893 bis 1983), zeichneten sich seine Werke durch ihre leuchtenden Farben, traumartigen Landschaften und grotesken Gestalten aus.

Vorlagen

Regelmäßiges Zeichnen hilft, mit der Zeit freier experimentieren zu können. Verbringen Sie jede Woche ein paar Stunden mit Zeichnen, ganz gleich, wie Sie sich gerade fühlen. Warten Sie nicht, bis Sie eine Idee haben. Wenn Sie sich dann erst hinsetzen, haben Sie die Idee vielleicht schon vergessen, oder sie hat jegliche Spontaneität verloren und funktioniert nicht mehr so gut.

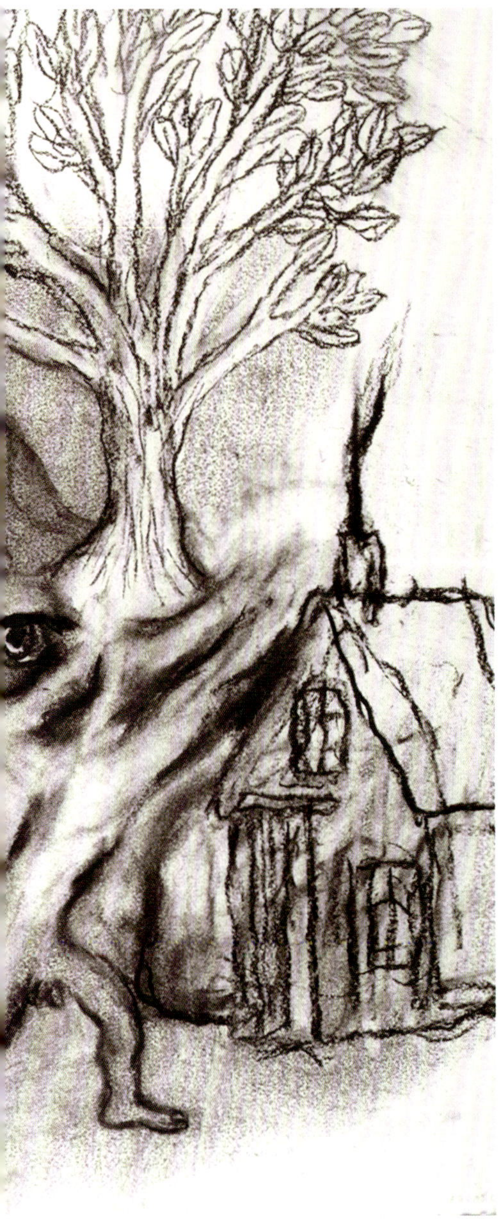

Leiter 1991
Kohle auf Papier
56,5 × 75,9 cm
Marlborough Fine Art Gallery, London, Großbritannien

Der gegenständliche Künstler Ken Kiff definierte Fantasie als einen Weg, über Realität nachzudenken. In seinen Bildern finden sich wiedererkennbare Elemente, die einer vorhersehbaren, geordneten Welt widersprechen. Kiffs Imagination benutzt und verwandelt die Realität. Diese Verwandlung hält er zeichnerisch fest, um dem Betrachter eine neue Realität zu präsentieren. Kiffs imaginierte Welt ist überzeugend, weil sie Gefühlen und Wahrnehmungen Ausdruck verleiht. Der amerikanische Dichter Wallace Stevens (1879–1955), dessen Werk stark von der Kunst Paul Klees (Seite 268) und Paul Cézannes (Seite 224) beeinflusst ist, meinte einmal: »Realität ist das Ergebnis der Imagination und wie sie die Welt formt.«

Kiffs Werk war zu einer Zeit gegenständlich, als das allgemeine Interesse mehr der Abstraktion galt. Oft wurde er dafür kritisiert. Im Jahr 1971 begann er an einer Serie mit dem Titel *The Sequence* zu arbeiten, die er bis zu seinem Tod 2001 weiter verfolgte. Jede Woche fertigte er dafür mindestens ein oder zwei Acrylbilder. Dabei kehrte er immer wieder zu den Arbeiten der vergangenen Wochen zurück und änderte daran etwas. Manchmal stieß er auf diese Weise auf ein Bild, das er Jahre zuvor angefertigt hatte.

In Kiffs traumartiger Zeichnung mit dem Titel *Leiter* (linke Seite) wurden reale Objekte verwandelt und verzerrt. Sie stehen miteinander in Beziehung, haben aber auch einen Bezug zur Bildoberfläche. Die dargestellte Leiter ist fraglos eine Leiter, aber sie biegt sich, weil das die Fantasie des Künstlers ebenso verlangt wie die Bildkomposition. Der Baum befindet sich hinter dem Mann, und doch wird dieser zu den Wurzeln des Baums. Als Betrachter können wir das Bild entschlüsseln, weil wir die dargestellten Objekte erkennen. Der Zauber entsteht durch die Interaktion der Elemente.

Siehe auch
Joan Miró (S. 204),
Paul Klee (S. 268),
Paul Harbutt (S. 278)

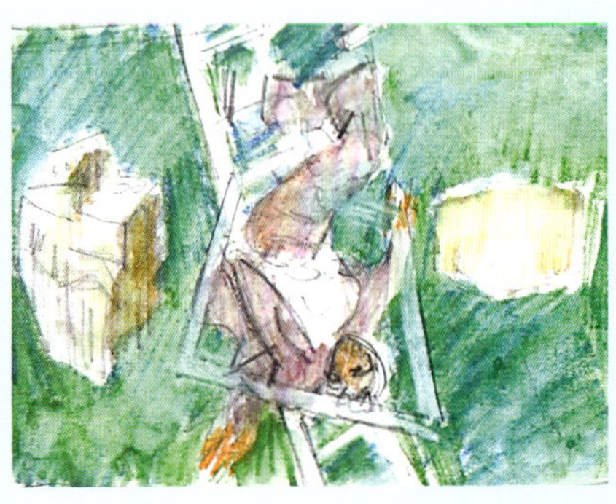

Raum

Uneindeutigkeiten von Raum und Größenmaßstab sind ein zentrales Stilmittel. Die Figuren von Michelangelo (Seite 140) wirken monumental durch ihre etwas verkleinerten Köpfe. Mit diesem Mittel lässt sich auch die innere Welt abbilden. Objekte ungewöhnlich groß darzustellen, verleiht einem Bild eine magische Wirkung. In Kiffs Zeichnung (oben) ist das Haus miniaturhaft klein, das Auge jedoch grotesk groß. Es sind genau diese Abweichungen, durch die Kiff eine traumartige Atmosphäre erzeugt. In der Zeichnung links verkleinerte der Künstler nicht nur die Häuser, sondern isolierte sie auch, indem er sie mit Farbe umgab. Sie wirken fast schwerelos, was zu der herabstürzenden Gestalt passt. Die kantigen Formen der Häuser verbinden sich auf einer weiteren Ebene mit der herabstürzenden Figur.

Dexter Dalwood

Studie für *Zimmer 100, Chelsea Hotel* 1999
Grafitstift und Collage auf Karton
24,8 × 29 cm
Simon Lee Gallery, London, Großbritannien und Hongkong

Dexter Dalwoods Bild auf der rechten Seite zeigt das Zimmer in New Yorks Chelsea Hotel, in dem Nancy Spungen 1978 ihren frühzeitigen und grausamen Tod fand – mutmaßlich durch ihren Freund, den Punksänger Sid Vicious. In ähnlichen Arbeiten verlieh Dalwood anderen Räumen wie *Bill Gates' Schlafzimmer*, *Liberaces Ankleideraum* oder *Kurt Cobains Treibhaus* neues Leben. Die Szenen entspringen der Fantasie des Künstlers, die einzigen Informationen erhält er aus Klatschmagazinen oder Nachrichten. Seine Bilder sind eine Art Celebrity-Kultivierung, einfühlsam und gut durchdacht. Dalwood verwendet populäre Figuren und Ereignisse, um sie so umzugestalten, dass der neugierig gewordene Betrachter die inszenierte Bildgeschichte in seiner Fantasie vor sich sieht.

Die Zeichnung auf der rechten Seite ist die Vorbereitung für ein größeres Gemälde zum gleichen Thema. Wir sehen das Hotelzimmer, in dem sich die schreckliche Tat ereignet hat. Es ist völlig verwüstet. Der Blick ist beinahe forensisch, als wäre der Betrachter selbst ein Spurensicherer, der zu einem Tatort kommt.

Dalwood setzt einige kluge Kunstgriffe ein: Im Bild fehlen exakte horizontale oder vertikale Linien, was gefühlt ein Chaos hervorruft. Dalwood kreiert zudem eine bedrückende Atmosphäre, indem er in dem verlassenen Raum ein oder zwei farbige Objekte platziert. Wir alle sind schon in Hotelzimmern gewesen, die so gesichtslos waren. Die Mischung aus Collage und Bleistift lässt das Ganze noch verstörender wirken, wobei die Zeichnung der Szene das rein Dokumentarische nimmt.

Dexter Dalwood (Großbritannien, geb. 1960) kam in Bristol auf die Welt und studierte in London zuerst an der St. Martin's School of Art und später am Royal College of Art. Dalwood ist für seine großformatigen Bilder mit fantastischen Städten und Interieurs bekannt, die auf berühmte Leute, literarische Figuren und bedeutende Ereignisse durch ihre Umgebung verweisen – zum Beispiel *Sharon Tates Haus* (1998) oder *Kurt Cobains Treibhaus* (2000). Seine Bilder vermischen Kunstgeschichte und Pop-Kultur, während sie sich auf Werke von Künstlern wie Henri Matisse (1869–1954), Ed Ruscha (geb. 1937) und David Hockney (geb. 1937) beziehen. 2010 wurde Dalwood für den angesehenen Turner Prize nominiert.

Siehe auch

Francis Picabia (S. 98)
René Magritte (S. 266)
Paul Harbutt (S. 278)

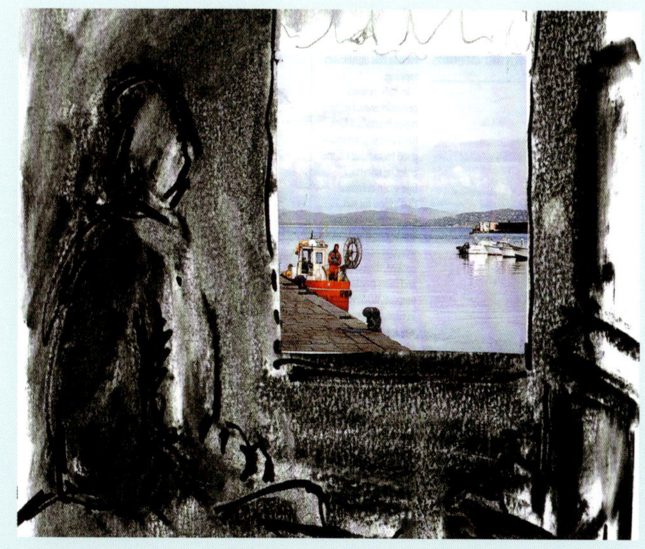

Materialien

Für Collagen spannt man am besten das Papier auf, damit es sich nicht wellt, oder man verwendet gleich ein dickeres Papier. Collagen können aufregend wirken, haben aber durchaus auch ihre Tücken. Indem man zum Beispiel ein Foto in eine Zeichnung hineinsetzt, führt man eine andere Realitätseben in das Bild ein. Dabei kann es allerdings leicht passieren, dass das Bild einfach nur aufgeklebt wirkt. Stellen Sie daher Bezüge zwischen Foto und Zeichnung her.

Ausgeschnittene Fotostücke können ebenfalls wie ein Loch in der Oberfläche des Papiers wirken (links). Sie sollten deshalb versuchen, die Oberfläche einheitlich zu gestalten. Achten Sie auf einen Dialog zwischen den verschiedenen Teilen der Zeichnung. Am besten ist es, wenn Sie die Collagestücke so früh wie möglich in die Bildkomposition einsetzen. Dann nehmen Sie unbewusst das neue Element mit auf und richten die restliche Zeichnung danach aus.

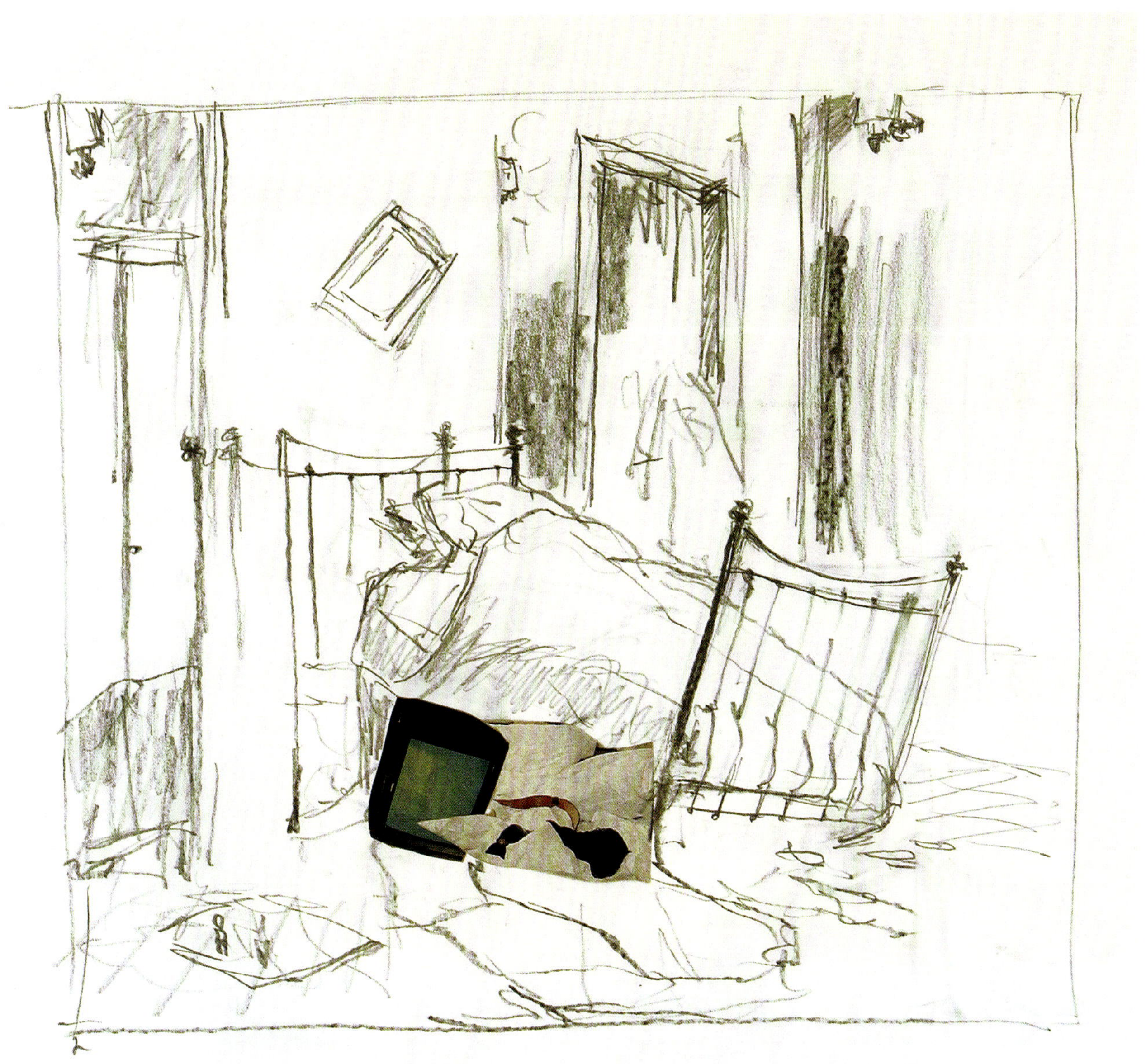

Paul Harbutt

Das Gebeinhaus 2015
Bleistift auf Papier
49,5 × 61 cm
Gibson Family Collection, London, Großbritannien

Große Teile von Paul Harbutts Werk sind stark durch seinen rastlosen Lebensstil geprägt – von seinen frühen Jahren in einem heruntergekommenen Londoner Vorort bis ins New York der 1970er-Jahre. Die Zeichnung *Das Gebeinhaus* aus dem Jahr 2015 (rechte Seite) erinnert an Harbutts vergnügungssüchtige Phase in New York während der Glanzzeit von Andy Warhol (1928–1987) und dem Studio 54. Obwohl diese Epoche der Ausgangspunkt für seine Zeichnung ist, wirkt das Bild eher wie ein Traumbild als eine Erinnerung an eine reale Lebensphase. Wir sehen Harbutts Innenwelt vor uns – detailliert, aber emotional distanziert und neutral.

Man braucht etwas Zeit, um die sorgfältig aufgebaute Zeichnung zu erfassen, denn sie offenbart sich nicht linear wie eine Geschichte (obwohl man sie auch so lesen könnte). Rundungen in den verschiedenen menschlichen Körpern wiederholen sich im ganzen Bild, Motive wie das schlafende Kleinkind, der Teller mit einer halb gegessenen Pizza, das Drogenbesteck, ziehen den Betrachter in den Bann. Unterteilungen durch einen Türrahmen oder ein Fenster trennen uns von dem, was wir vor uns sehen, als ob es sich um eine separate Realität handelte. Jede Figur im Bild scheint in ihrer eigenen Welt zu leben. Ein Foto ist ein Abbild der Realität, das im Bruchteil einer Sekunde entsteht, während eine Zeichnung wie diese von Harbutt, zahlreiche Momente der Realität versammelt und zu einem Ganzen zusammensetzt.

Harbutts Fantasiewelt wird durch ein Neonlicht erleuchtet, das alles offen zu legen scheint. Wie die Welt in unseren Köpfen, so ist auch die Welt, die Harbutt darstellt, nicht ganz stimmig: Arme sind verdreht, der Raum ist verzerrt, der Maßstab seltsam. Die Frage stellt sich: Welche Wahrheit liegt in unserer Erinnerung?

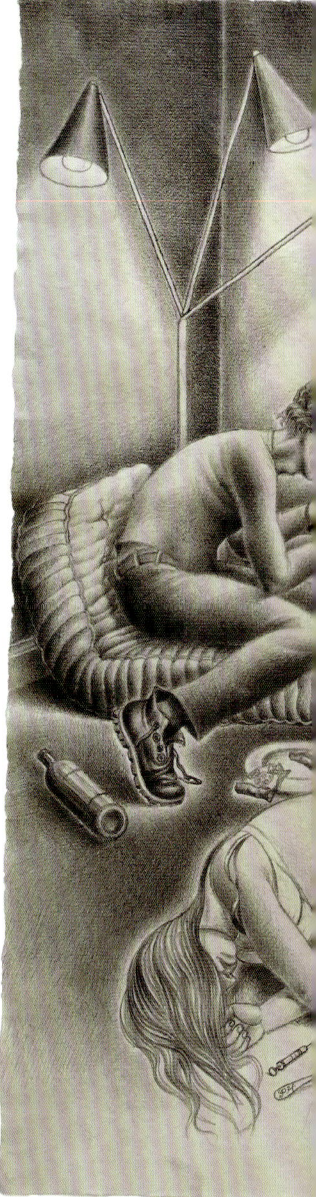

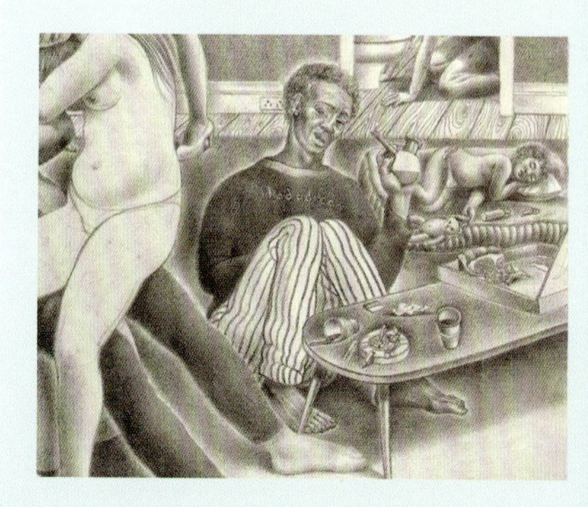

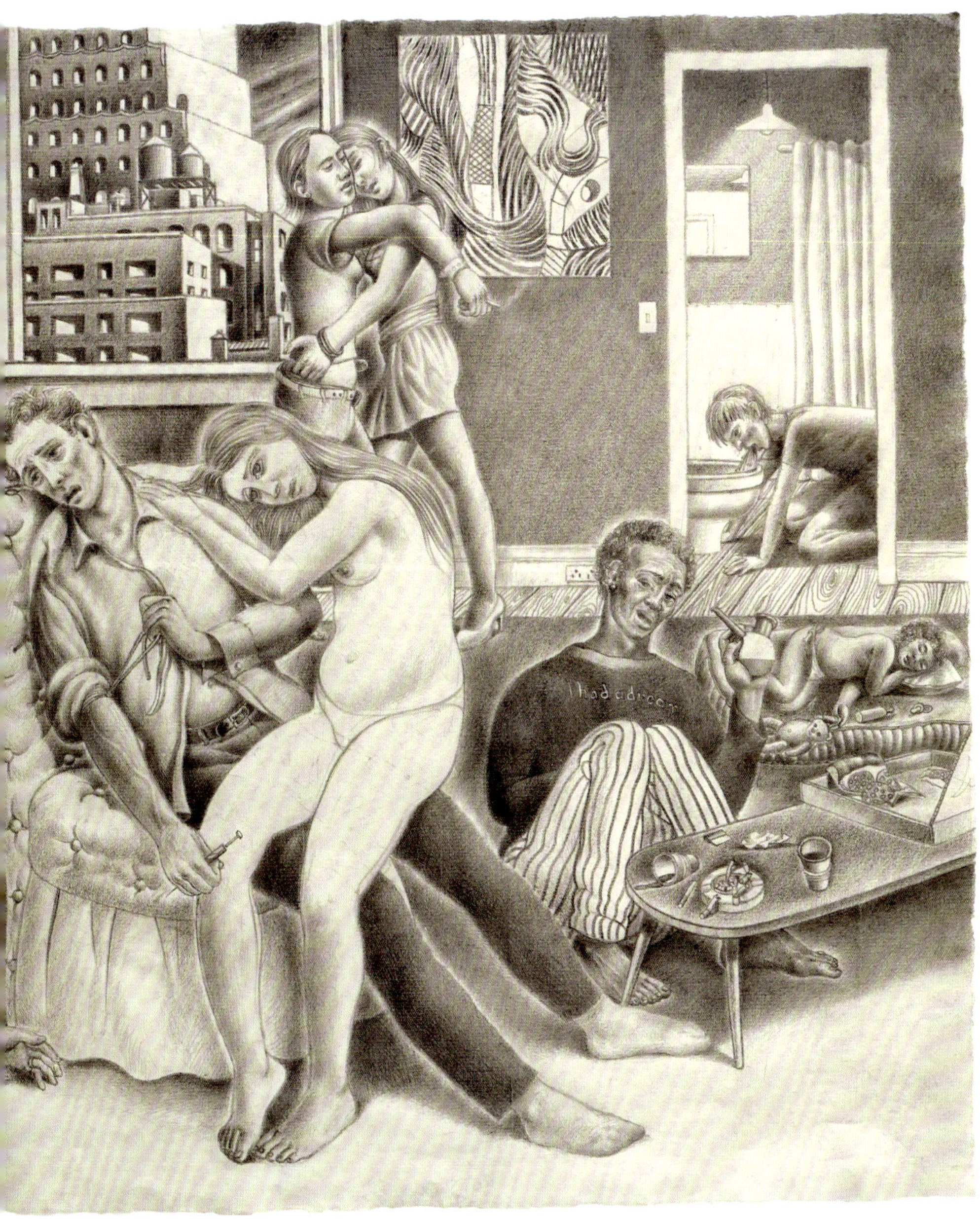

Paul Harbutt (Großbritannien, geb. 1947) kam in London auf die Welt. Von 1960 bis 1963 besuchte er die Harrow School of Art und von 1967 bis 1970 das Royal College of Art. In den 1970er-Jahren reiste er nach New York, Sevilla und Rom, wo er seinen eigenen Stil, beeinflusst durch den italienischen Surrealismus, entwickelte. Seine erste Einzelausstellung fand 1976 in der Galleria Mara Chiaretti in Rom statt. Seitdem stellte Harbutt weltweit aus. 1999 und 2002 war er Visiting Artist an der American Academy in Rom und lehrte 2003 bis 2005 an der Cornell University in Rom. Er lebt in New York.

Siehe auch

Francisco Goya (S. 150)

Paula Rego (S. 178)

Hieronymus Bosch (S. 256)

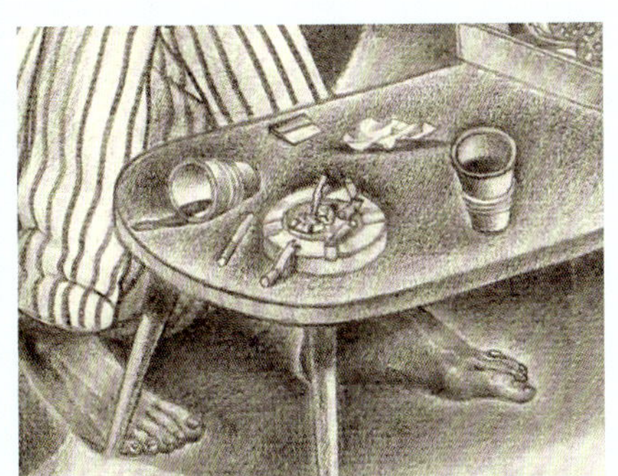

Vorlagen

Harbutt hatte eine klare Vorstellung von seinem Sujet (oben), doch er änderte seinen Aufbau während der Entstehung des Bildes fortwährend. Versuchen Sie, sich an eine vergangene Szene zu erinnern. Setzen Sie die einzelnen Elemente instinktiv zusammen. Bemühen Sie sich um eine Verbindung zwischen Ihrer Fantasiewelt und Ihrer Zeichnung. Harbutt selbst beschrieb den Entstehungsprozess als eine Aneinanderreihung von assoziierten Erinnerungselementen. Er fing beispielsweise an, einen bestimmten Typ Tisch zu zeichnen. Während des Zeichens ergänzte er einen Aschenbecher. Während er diesen zeichnete, ergänzte er ein paar Zigaretten, so als ziehe der Tisch eine Reihe von weiteren Möglichkeiten nach sich. Auf Erinnerungen und Sprüngen in der Fantasie basierend, entstehen daraus Bildwelten.

Glossar

Abstrakte Kunst
Kunstrichtung, die nicht die Realität abbilden möchte, sondern Formen und Farben unabhängig vom Bildthema einsetzt. Abstrakte Kunst, gegenstandslose Kunst und gegenstandsfreie Kunst sind miteinander verknüpfte Begriffe, die aber nicht völlig austauschbar sind.

Abstrakter Expressionismus
Kunstbewegung in der amerikanischen Malerei nach dem Zweiten Weltkrieg. Charakteristisch für diese Richtung sind vor allem der Wunsch nach Ausdrucksfreiheit und die Vermittlung starker Emotionen durch eine sinnliche Qualität der Farbe. Im New York der 1940er-Jahre entwickelt, wurde sie auch als New Yorker Schule bekannt und rückte die Stadt New York ins Zentrum der westlichen Kunst.

Aufbau eines Bildes
Der Aufbau eines Bildes wird oft mit der Komposition verwechselt. Beide Begriffe überschneiden sich teilweise, sind aber nicht austauschbar. Der Aufbau verweist darauf, wie die Formen in einem Bild zueinander in räumlicher Beziehung gesetzt sind. Die Komposition dagegen bezieht sich auf die Gesamtverteilung der Formen in einem Bild.

Automatismus (Écriture automatique)
Eine Methode, bei der das Zeichnen, Schreiben oder Malen ganz von Zufall, freien Assoziationen, Träumen oder Trancezuständen geleitet wird. Als eine Möglichkeit, das Unbewusste als künstlerische Ausdrucksform zu erreichen, zeigten sich vor allem die Surrealisten davon begeistert.

Barbizon, Schule von
Gruppe französischer Landschaftsmaler, die von den 1830er-Jahren bis Ende der 1870er-Jahre aktiv war und ihren Namen von einem Dorf am Rand des Waldes von Fontainebleau herleitete. Ihre Landschaftsbilder zeichnen sich durch Schattierungen, bestimmte Farben, eine freie Pinselführung und eine weiche Formgebung aus. Führende Vertreter der Schule waren: Théodore Rousseau (1812–1867), Jean-François Millet (1814 bis 1875) und Charles-François Daubigny (1817–1878). Später beeinflusste die Gruppe die Impressionisten.

Barock
Stilrichtung, die eine selbstbewusste, dynamische und eher realistische Darstellungsweise kennzeichnet. Sie entstand in Rom, wo sie zwischen 1630 und 1680 ihren Höhepunkt erreichte und sich von dort in ganz Europa verbreitete. Im Gegensatz zu früheren Stilen wurde der Barock auch für nicht-religiöse Themen wie Porträts, Stillleben und mythologische Szenen verwendet. Hauptvertreter waren Peter Paul Rubens (1577–1640) und Polidoro da Caravaggio (1492–1543).

Bauhaus
Revolutionäre Schule der Moderne für Kunst, Architektur und Design, gegründet 1919 von Walter Gropius (1883–1969) in Weimar. Zum Bauhaus gehörten Künstler wie Paul Klee (1879–1940) und Wassily Kandinsky (1866–1944). Die Philosophie »Form folgt Funktion« veränderte die Bildende Kunst, Typografie, Grafik, Architektur und Industriedesign.

Bildebene
Eine imaginierte Ebene zwischen Künstler und dargestelltem Objekt. Sie stellt die physische Oberfläche von Zeichnung oder Gemälde dar, wobei die Größe der Fläche mit der Größe des Papiers übereinstimmt. Wenn der Künstler und seine Objekte in ihrer Position verharren und man die imaginierte Ebene auf die Objekte zubewegt, werden diese in Relation zur Größe der Ebene kleiner.

Bildnis
Die Vorstellung einer realistisch genauen Wiedergabe individueller Gesichtszüge ist tief in unserer Kunsttradition verwurzelt, auch wenn sie sich erst ab der Renaissance verbreitete. Ein perfektes Bildnis bzw. Porträt zu schaffen ist relativ leicht: Das Wichtigste dabei ist die Positionierung der Gesichtszüge in Bezug zur Gesamtform von Kopf und Gesicht.

Bildraum
Bezeichnung für den Raum hinter der Bildfläche eines Gemäldes oder einer Zeichnung. Der Bildraum entsteht durch Perspektive und andere Techniken.

Chiaroscuro
Italienisch für »Helldunkel«. Die dramatische Wirkung, die entsteht, wenn in einem Gemälde oder einer Zeichnung Licht und Schatten gegeneinander ausbalanciert oder stark miteinander kontrastiert werden.

Collage
Bildtechnik, bei der die Materialien (oft Zeitungen, Zeitschriften, Fotografien, etc.) auf einer flachen Oberfläche aufgeklebt werden. Diese Technik wurde mit dem aufkommenden Kubismus im frühen 20. Jahrhundert bekannt, vor allem im Werk von Pablo Picasso (1881–1973) und Georges Braque (1882–1963).

Dada
Kunstbewegung, die der Schriftsteller Hugo Ball (1886–1927) 1916 in Zürich als Reaktion auf die Schrecken des Ersten Weltkriegs ins Leben rief. Dada hinterfragte die konventionelle Kunst, führte das *Objet trouvé* als Kunstform ein und lehnte traditionelle Kunstmethoden ab. Bedeutende Dadaisten waren: Marcel Duchamp (1887–1968), Francis Picabia (1879–1953), Hans Arp (1886–1966) und Kurt Schwitters (1887–1948).

Expressionismus
Moderne Bewegung zu Beginn des 20. Jahrhunderts in Deutschland, die große Teile der Kunst erfasste und Malerei, Architektur, Literatur, Theater, Tanz, Film und Musik beeinflusste. Expressionistische Kunst zeichnet sich durch eine lose, fließende Pinselführung aus und zeigt das Dargestellte oft verzerrt. Sie gilt als expressiv, da sie die jeweilige Gemütslage des Künstlers in Form und Farbe widerspiegeln soll. Max Beckmann (1884–1950), der immer wieder als expressionistischer Maler bezeichnet wurde, lehnte die Bezeichnung ab.

Farben – kalte und warme
Warme Farben gehören zum Rot- und Gelbspektrum, kalte Farben zu den Blau- und Grüntönen. Warme Farben scheinen sich dem Auge zu nähern, während kalte sich zurückziehen. Wie Farben in einem Bild wirken, hängt von der jeweiligen Positionierung zu den anderen Farben ab.

Fibonacci-Folge
Ein Muster, benannt nach dem italienischen Mathematiker Leonardo Fibonacci (geb. 1170), bei dem jede Zahl die Summe der zwei vorhergehenden ist (1, 1, 2, 3, 5, 8, 13, 21, 34 usw.). Indem man sich

jede Zahl als Quadrat vorstellt (an Größe ebenso zunehmend wie die Zahlenfolge) und die entgegengesetzten Ecken jedes Quadrats miteinander verbindet, entsteht die Fibonacci-Spirale. Die Fibonacci-Folge ist eng mit dem **Goldenen Schnitt** verknüpft – eine spezielle Zahl, die sich ergibt, wenn man eine Linie so in zwei Teile dividiert, dass der längere Teil geteilt durch den kürzeren Teil gleich lang ist wie die ganze Linie geteilt durch den längeren Teil. Der Goldene Schnitt findet sich überall in der Natur, angefangen mit dem Spiralmuster eines Schneckenhorns bis hin zu den Proportionen des menschlichen Gesichts. Die Fibonacci-Spirale steckt künstlerisch auch im Prinzip der **Drittel-Regel**. Sie besagt, dass man eine reizvolle Harmonie im Bild erhält, indem man die Bestandteile des Bildes in drei Teilen gegeneinander ausbalanciert, anstatt sie ins Zentrum zu stellen. Dafür richtet man ein Objekt nach den jeweiligen Richtlinien und ihren Schnittpunkten aus. Der Horizont wird auf die obere oder untere Linie gelegt, oder man lässt lineare Bildbestandteile von einem Teil in den nächsten hinüberfließen.

Fluchtpunkt
Der Punkt am Horizont, wo sich, perspektivisch betrachtet, parallele Geraden treffen. Je weiter sich etwas von uns entfernt, desto kleiner scheint es zu werden. Wenn es weit genug weg ist, bildet visuell alles nur noch einen Punkt.

Formensprache
Grundausdrücke eines Künstlers, um Ideen oder Empfindungen zu vermitteln. Bezieht sich auf Raum, Form, Ton, Figur, Linie und Farbe.

Fotorealismus
Methode in der Zeichnung, Malerei und Grafik, bei der man einer Fotografie stilistisch möglichst nahe kommen will. Bezeichnet auch eine amerikanische Kunstbewegung.

Freilichtmalerei
Der Begriff Freilichtmalerei (franz. *Peinture en pleinair*; Freiluftmalerei) wird vor allem für Werke benutzt, bei denen der Maler die tatsächlichen Lichtverhältnisse wiedergibt, wie er sie im Freien vorfindet. Diese Methode steht dabei im Gegensatz zur Ateliermalerei oder den Vorgaben der Akademie. Sie wurde von den Künstlern der Schule von Barbizon praktiziert und war auch bei den Impressionisten beliebt.

Gegenständliche Kunst
Auch unter dem begriff Figurative Kunst bekannt. Darstellungsart, bei der Figuren und Formen wirklichkeitsgetreu nachgebildet werden. Das Gegenteil von Abstrakter Kunst oder Abstraktem Expressionismus. Nicht zu verwechseln ist die gegenständliche Malerei mit der Figurenmalerei oder figurativen Malerie, bei der der menschliche Körper dargestellt wird.

Gestisches Zeichnen
Freiere und instinktivere Herangehensweise an ein Sujet. Die Methode geht davon aus, dass instinktive Kreationen anders und wertvoller sind als stärker reflektierte und vielleicht realistischere.

High-Key
Bezeichnung für Zeichnungen, Gemälde und Fotografien, die intensive und gesättigte Farben einsetzen.

Hochrenaissance
Die Zeitspanne von etwa 1490 bis zum Jahr 1527, als Rom von den Truppen Karls V. geplündert wurde (Sacco di Roma). Wichtigste Künstler der Hochrenaissance waren Leonardo da Vinci (1452–1519), Raffael (1483–1520) und Michelangelo (1475–1664).

Imaginierter Raum
Bezeichnung für den Raum, den ein Künstler in seiner Fantasie schafft.

Impressionismus
Revolutionäre Methode für die bildliche Darstellung von Landschaft und Alltagsszenen, entwickelt in Frankreich in den frühen 1860er-Jahren von Claude Monet (1840–1926) und anderen; später international verbreitet. Die Bilder entstehen oft im Freien (siehe auch *Freilichtmalerei*) und zeichnen sich durch ihren Einsatz von Licht und Farben sowie die lockere Pinselführung aus. Die erste Gruppenausstellung der Impressionisten fand im Jahr 1874 statt und wurde stark kritisiert, vor allem Claude Monets Gemälde *Impression, Sonnenaufgang*, das der Bewegung den Namen gab.

Klassizismus
Kunst, die von der klassischen griechischen und römischen Antike inspiriert wird. Ursprünglich Mitte des 18. Jahrhunderts in Rom entstanden, verbreitete sich die Stilrichtung durch die Kavalierstouren von Künstlern nach Italien schnell in ganz Europa. In der Moderne kam es in den 1920er- und 1930er-Jahren erneut zu einer Wiederbelebung.

Kontur
Eine Linie oder eine Reihe von Strichen, die sich überschneidende Formen abbilden sollen. Unter Kontur versteht man etwas anderes als unter Umriss (die äußere Linie einer Silhouette). Es ist wichtig, die beiden zu unterscheiden, da es für das Zeichnen dreidimensionaler Formen darauf ankommt, zu verstehen, wie eine Konturierung entsteht.

Konzeptkunst
Kunstrichtung, bei der es vor allem um die Idee (Konzept) und weniger um Form, Medium oder Ausführung geht. Ihren Höhepunkt erlebte sie in den 1960er- und 1970er-Jahren. Ähnliche Prinzipien wendete Marcel Duchamp (1887–1968) schon Jahrzehnte früher an.

Kubismus (analytischer und synthetischer)
Avantgarde-Bewegung im 20. Jahrhundert, initiiert von Pablo Picasso (1881 bis 1973) und Georges Braque (1882–1963), welche die europäische Malerei und Bildhauerei revolutionierte. Im Kubismus ähneln die Formen oft geometrischen Figuren wie Rechtecken oder Würfeln, während ein Körper durch mehrere, scheinbar unverbundene Formen zusammengesetzt wird. Die Kubisten verwarfen die Idee eines einzigen Blickwinkels, wodurch die dargestellten Objekte fragmentiert und abstrahiert wirken. Picassos Galerist, der Kunstwissenschaftler Daniel-Henry Kahnweiler (1884–1979), vollzog in seinem Werk *Der Weg zum Kubismus* (1920) eine Unterteilung in den analytischen und den synthetischen Kubismus. Dabei zeichnet sich der Analytische Kubismus durch fragmentierte Formen, disparate Blickwinkel und überlappende Farbfelder aus, der synthetische Kubismus hingegen durch reduziertere Formen, leuchtendere Farben und die Verwendung von Collagen.

Lithografie
Technik, bei der ein Bild mithilfe einer fettigen Tusche oder Kreide auf eine Steinoberfläche aufgetragen wird. Durch Wasser und Säure wird der Stein präpariert, die fettigen Flächen bleiben davon unberührt. Fettige Tusche wird daraufhin über den Stein verstrichen und verteilt sich auf den fettigen Flächen des Steins, nicht aber auf den nassen. Danach wird das Motiv auf Papier gedruckt. Dabei entsteht ein spiegelverkehrtes Abbild.

Londoner Schule
Begriff des Künstlers Ronald Brooks Kitaj (1832–2007), um eine Gruppe von Londoner Künstlern zu benennen, die in den 1970er–Jahren trotz zunehmender Avantgarde-Bewegungen wie Minimalismus und Konzeptkunst figurativ malte.

Low-Key
Bandbreite an dunklen Farben von mittleren Tönen bis Schwarz.

Minimalismus
Stilrichtung in der Abstrakten Kunst, die sich durch sparsame, strukturierte Bildanordnung und bewusstes Weglassen emotionaler Ausdrücke oder konventioneller Komposition auszeichnet. Der Stil entstand in der zweiten Hälfte des 20. Jahrhunderts und entwickelte sich bis in die 1970er-Jahre. Angewendet wurde der Minimalismus von Künstlern wie Yves Klein (1928–1962), Lucio Fontana (1899–1968), Ellsworth Kelly (1923–2015) und Kenneth Noland (1924–2010).

Perspektivische Verkürzung
Bildwirkung, die man erzielt, indem man in einem Bild die einzelnen Elemente, die dem Betrachter am nächsten sind, stark vergrößert und diejenigen verkleinert, die am weitesten entfernt sind.

Pointillismus
Technik, bei der man, statt Farben auf einer Palette zu mischen, kleine Flecken oder Punkte aus Farbe auf die Leinwand aufträgt, um einen intensiveren Farbeffekt durch optische Farbmischung im Auge des Betrachters zu erzielen. Georges Seurat (1859–1891) und Paul Signac (1863–1935) entwickelten diese Methode in den späten 1880er-Jahren. Wird auch als Divisionismus bezeichnet.

Pop Art
Begriff des britischen Kunstkritikers Lawrence Alloway (1926–1990) für eine anglo-amerikanische Kunstbewegung, die von den 1950er- bis in die 1970er-Jahre reichte. Sie zeichnet sich durch die Verwendung von Bildern aus der Werbung, Comics oder Verpackungen aus. Hauptvertreter waren: Richard Hamilton (1922–2011) und Eduardo Paolozzi (1924–2005) in Großbritannien sowie Robert Rauschenberg (1925 bis 2008), Andy Warhol (1928–1987) und Jasper Johns (geb. 1930) in den USA.

Präraffaeliten
Geheimgesellschaft junger Künstler, die 1848 von William Holman Hunt (1827 bis 1910), John Everett Millais (1826–1896) und Dante Gabriel Rossetti (1828–1882) ins Leben gerufen wurde. Angeregt von den Theorien des Kunstkritikers John Ruskin (1819–1900), der eine genaue Naturbeobachtung propagierte, die konventionelle akademische Malerei ablehnte und Raffael verehrte, stellten die Präraffaeliten auch sozialkritische Themen mit größtem Realismus dar.

Realismus
Kunst, die ihr Sujet realistisch darstellt. Die Bewegung begann nach der Revolution 1848 und war eine Reaktion auf exotische Themen und übertriebene Emotionalität in der Romantik.

Rhythmus
Beim Zeichnen entsteht Rhythmus, wenn Muster oder Verbindungen zwischen ähnlichen Elementen ein Bild durchziehen. Diese Muster lenken das Auge in unterschiedlicher Geschwindigkeit in bestimmte Richtungen.

Rokoko
Französische Bewegung des 18. Jahrhunderts in Reaktion auf die Symmetrie, Erhabenheit und die strengen Regeln des Barock. Rokoko-Künstler verwendeten einen verspielteren, fließenderen und verzierteren Stil.

Romantik
Künstlerische und geistige Bewegung in Europa Ende des 18. Jahrhunderts als Gegenströmung zum Klassizismus, die individuelles Erleben und Emotionalität in den Vordergrund rückte.

Schematische Zeichnung
Zeichentechnik, bei der man Formen durch einfache geometrische Gebilde aufbaut, die konventionellen Vorstellungen entsprechen. Diese Gebilde werden langsam so verändert, dass sie immer realistischer aussehen. Ein Schaltplan wäre eine extreme Form von schematischer Zeichnung.

Serie
Werkreihe, bei der Bilder um ein bestimmtes Thema herum entstehen. Das einzelne Bild kann sich, muss sich aber nicht, auf das vorherige oder nachfolgende beziehen. Alle Bilder einer Serie sind jedoch durch die Ursprungsidee miteinander verbunden.

Silberstift
Weitverbreitete Zeichentechnik von der Antike bis zum Ende des 15. Jahrhunderts, bei der ein Stift aus Silber oder ein dünnes Stück Draht über eine leicht aufgeraute Oberfläche geführt wird.

Surrealismus
Einflussreiche Kunstbewegung, die in den 1920er-Jahren begann und vor allem für ihre rätselhaften, unlogischen Bilder bekannt ist. Obwohl die Bildsprache oft traditionell und gegenständlich ist, können die Bilder verstörend wirken.

Topografische Zeichnung
Detaillierte Zeichnung realer Merkmale eines Orts oder einer Gegend, vor allem in Form von Höhenlinienkarten. Bestandteile wie Straßen oder Bahnlinien gelten als Teil der Topografie einer Gegend.

Übergangstöne
Hell- und Dunkelschattierungen, die den hellsten Teil eines Bildes mit dem dunkelsten verbinden. Auch als Halbtöne oder als Tonwertabstufungen bezeichnet.

Umriss
Die äußere Linie einer Silhouette. In einer Zeichnung führt die Konzentration auf den Umriss zu verstärkter Flächigkeit und weniger Dreidimensionalität.

Vortizismus
Kurzzeitige Avantgarde-Bewegung in der britischen Kunst und Lyrik im frühen 20. Jahrhundert, teils inspiriert durch den Kubismus.

Register

L

M

Bildnachweis

2, 6–45 © Guy Noble **56** Schenkung von Mr. und Mrs. Armand P. Bartos, The Museum of Modern Art, New York/Scala, Florenz; **58** Sammlung von Mr. und Mrs. Paul Mellon, The National Gallery of Art, Washington; **60–61** Foto © Tate, London 2017, © ADAGP, Paris und DACS, London 2017; **62–63** Schenkung von Mrs. Potter Palmer, The Art Institute of Chicago/Art Resource, NY/Scala, Florenz © ADAGP, Paris und DACS, London 2017; **64–65** Nachlass von Marian E. Papp, 2014, The Metropolitan Museum of Art, New York/Art Resource, NY/Scala, Florenz © DACS 2017; **67** mit freundlicher Genehmigung und urheberrechtlich geschützt durch die Nachlassverwalter des Künstlers; **73** Biblioteca Reale, Turin/Alinari/Bridgeman Images; 74 Foto © The Trustees of the British Museum; **76** Gabinetto Disegni e Stampe degli Uffizi, Uffizien, Florenz; **78–79, 81** Royal Collection Trust © Ihre Königliche Hoheit Königin Elizabeth II., 2017/ Bridgeman Images; **82** Nationalmuseum, Schweden. Foto: Cecila Heisser; **84** Archivart/Alamy Stock Foto; **87** Rogers Fund, Metropolitan Museum of Art, New York; **89** Schenkung von Mrs. Charles Wrightsman 2008, Metropolitan Museum of Art, New York; **91** Kurpfälzisches Museum, Heidelberg; **93** Erworben mithilfe der Schenkung von James Junius Goodwin, Wadsworth Atheneum, Hartford. Foto: Allen Phillips; **94** Erworben durch die Annenberg Foundation, 1996, Metropolitan Museum of Art, New York; **96** The Hunterian Museum at the Royal College of Surgeons of England; **99** Christie's Images/Bridgeman Images © ADAGP, Paris und DACS, London 2017; **100** Schenkung der Georgia O'Keeffe Foundation. Foto: Georgia O'Keeffe Museum, Santa Fe/Art Resource, NY/Scala, Florenz © Georgia O'Keeffe Museum/DACS 2017; **102** Sotheby's © Succession Picasso/DACS, London 2017; **105** Akg-images © ADAGP, Paris und DACS, London 2017; **107** © The Lucian Freud Archive/Bridgeman Images; **112–113** The Samuel Courtauld Trust, The Courtauld Gallery, London; **114–115** © The Trustees of the British Museum; **116–117** Purchase, Lila Acheson Wallace Gift, 1995, Metropolitan Museum of Art, New York; **118–119** © The Trustees of the British Museum; **120–121** Rogers Fund, 1937, Metropolitan Museum of Art, New York; **122–123** Schenkung von Mr. und Mrs. Eugene Victor Thaw, Morgan Library und Museum, New York/Art Resource, NY/Scala, Florenz; **124–125** mit Guy Morrison, London 2013; **126–127** Interfoto/Alamy Stock Foto; **128–129** © Nachlass von Josephine N Hopper, mit freundlicher Genehmigung des Whitney Museum of American Art, New York; 130 © Tate, London 2017, © Tate; **132–133** © Tate, London 2017 © Fondation Oskar Kokoschka/DACS 2017; **135** © Tate, London 2017 © der Künstler, mit freundlicher Genehmigung der James Hyman Gallery, London; **141** Heritage Image Partnership/Alamy Stock Foto; **143** Universal Images Group/Rex/Shutterstock; **144** Ashmolean Museum, University of Oxford/Bridgeman Images **146–147** Rijksmuseum, Amsterdam; **148–149** Schenkung von Sydney J. Freedberg, zu Ehren des 50-jährigen Bestehens der National Gallery of Art, National Gallery of Art, Washington; **150** Harris Brisbane Dick Fund, 1935, Metropolitan Museum of Art, New York; **152** Schenkung von Mrs. Charles Wrightsman, zu Ehren von Philippe de Montebello, 1998, Metropolitan Museum of Art, New York; **154–155** © The Trustees of the British Museum; **156** Google Cultural Institute; **158** Rosenwald Collection, 1943, National Gallery of Art, Washington; **160** Erworben mithilfe des Beatrice-Oenslager-Chace-Fond, Klasse von 1928, des Diane-Allen-Nixon-Fond, Klasse von 1957, der Schenkung von Freunden und Familie von Mimi Norcross Fisher, Klasse von 1959, in Erinnerung an sie, von Jill M. Capobianco, Klasse von 1986, von Katherine Mosser Pediconi, Klasse von 1918, in Erinnerung an sie, von Ann Nichols zu Ehren von Janice Carlson Oresman, Klasse von 1955, und von Marjorie L Harth, Klasse von 1965, Smith College Museum of Art, Northampton. Alle Rechte vorbehalten. Foto: Petegorsky/Gipe; **162–163** Erworben durch Schenkungen von Charles und Anita Blatt, John Wilmerding und Rogers Fund, 1970, Metropolitan Museum of Art, New York; **165** Van Gogh Museum, Amsterdam; **167** Bristol Museum and Art Gallery/Bridgeman Images; **168** Schenkung von Joseph H. Hirshhorn, 1966, Hirshhorn Museum and Sculpture Garden, Smithsonian Institution. Foto: Lee Stalsworth. © Estate of George Grosz, Princeton, NJ/DACS 2017; **171** Foto RMN-Grand Palais (Musée National Picasso, Paris)/Mathieu Rabeau © Succession Picasso/DACS, London 2017; **172–173** Foto BPK, Berlin/RMN-Grand Palais/Jörg P. Anders © DACS 2017; **174–175** Teilweise, anteilige und versprochene Schenkung von Janice und Henri Lazrof, Los Angeles County Museum of Art/Museum Associates/Art Resource, NY/Scala, Florenz © Nachlass Henri Matisse/DACS 2017; **176** © Trustees of the British Museum © Georg Baselitz 2017; **178** mit freundlicher Genehmigung von Marlborough Fine Art, London, und Casa das Historias Paula Rego, Cascais © die Künstlerin; **180–181** Margaret Fisher Endowment, The Art Institute of Chicago/Art Resource, NY/Scala, Florenz © Peter Doig. Alle Rechte vorbehalten, DACS 2017; **182–183** mit freundlicher Genehmigung und Urheberrecht des Künstlers; **188** Ashmolean Museum, University of Oxford/Bridgeman Images; **191** Privatsammlung © ARS, NY und DACS, London 2017; **193** Alle Rechte vorbehalten. Mit freundlicher Genehmigung von Artcurial © ADAGP, Paris und DACS, London 2017; **194** mit freundlicher Genehmigung von Christian Sturgis, Sturgis Antiques, Baltimore© ARS, NY und DACS, London 2017; **196–197** mit freundlicher Genehmigung von Acquavella Galleries © Nachlass von Philip Guston, mit freundlicher Genehmigung von Hauser & Wirth; **198** Vervielfältigt mit Erlaubnis des Turnbull Studio © Nachlass von William Turnbull. Alle Rechte vorbehalten, DACS 2017; **201** © Nachlass von Eva Hesse. Mit freundlicher Genehmigung von Hauser & Wirth; **202** © Tate, London 2017 © Frank Auerbach, mit freundlicher Genehmigung von Marlborough Fine Art; **205** Fundació Joan Miró © Successió Miró/ADAGP, Paris und DACS, London 2017; **207** © Tate, London 2017 © der Künstler, mit freundlicher Genehmigung von Annely Juda Fine Art, London; **208–209** mit freundlicher Genehmigung der Galerie Bruno Bischofberger, Maennedorf-Zürich, Schweiz © ADAGP, Paris und DACS, London; **214** Schenkung von Cornelius Vanderbilt, 1880, Metropolitan Museum of Art, New York; **217** Foto RMN-Grand Palais/René-Gabriel Ojéda; **218** Nachlass von Forsyth Wickes, The Forsyth Wickes Collection/Museum of Fine Arts, Boston/Bridgeman Images; **220** Foto: RMN-Grand Palais/ Hervé Lewandowski; **222** Foto: RMN-Grand Palais (Museé du Louvre)/Thierry Le Mage; **224** Fitzwilliam Museum, University of Cambridge/Bridgeman Images; **226** Foto: RMN-Grand Palais (Museé d'Orsay)/Hervé Lewandowski; **229** Robert Lehman Collection, 1975, Metropolitan Museum of Art, New York; **230** Akg-images; **232** Schenkung von Thomas F. Ryan, 1913, Metropolitan Museum of Art, New York; **235** mit freundlicher Genehmigung von Archives Henri Matisse © Nachlass von Henri Matisse/DACS 2017; **236** Akg-images; **239** Harris Brisbane Dick Fund, 1948, Metropolitan Museum of Art, New York; **241** Schenkung von Dorothy Braude Edinburg an die Harry B. and Bessie K. Braude Memorial Collection, The Art Institute of Chicago/Art Resource, NY/ Scala, Florenz © DACS 2017; **243** Sainsbury Centre for the Visual Arts, University of East Anglia © Nachlass von Alberto Giacometti (Fondation Giacometti, Paris und ADAGP, Paris), lizensiert in Großbritannien durch ACS und DACS, London 2017; **245** mit freundlicher Genehmigung und Urheberrecht der Richard Diebenkorn Foundation; **246** © Balthus; **248** mit freundlicher Genehmigung des Künstlers und der Thomas Dane Gallery, London. Foto: Rob McKeever; **251** mit freundlicher Genehmigung des Künstlers und der Frith Street Gallery, London; **257** Akg-images; **259** Ashmolean Museum, University of Oxford/Bridgeman Images; **260** The Samuel Courtauld Trust, The Courtauld Gallery, London; **262–263** © Trustees of the British Museum; **264–265** Nachlass von Harry G. Sperling, 1971, Metropolitan Museum of Art, New York; **266–267** Foto: Christie's Images/Bridgeman Images © ADAGP, Paris und DACS, London 2017; **268** © Tate, London 2017; **271** The Lauder Foundation Fund, The Museum of Modern Art, New York/Scala, Florenz © The Willem de Kooning Foundation/Artists Rights Society (ARS), New York und DACS, London 2017; **273** © Anselm Kiefer. Foto: Anselm Kiefer Studio. Mit freundlicher Genehmigung von Gagosian; **274–275** © Nachlass von Ken Kiff, mit freundlicher Genehmigung der Marlborough Fine Art, London; **277** mit freundlicher Genehmigung des Künstlers und der Simon Lee Gallery London/Hong Kong © Dexter Dalwood; **278–279** mit freundlicher Genehmigung und Urheberrecht des Künstlers.

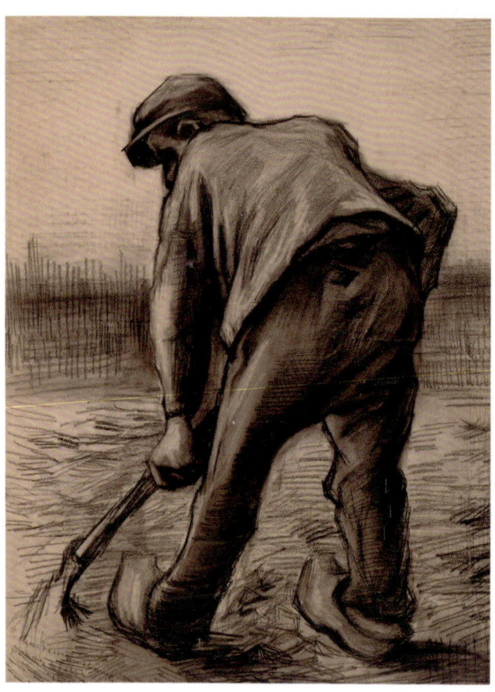

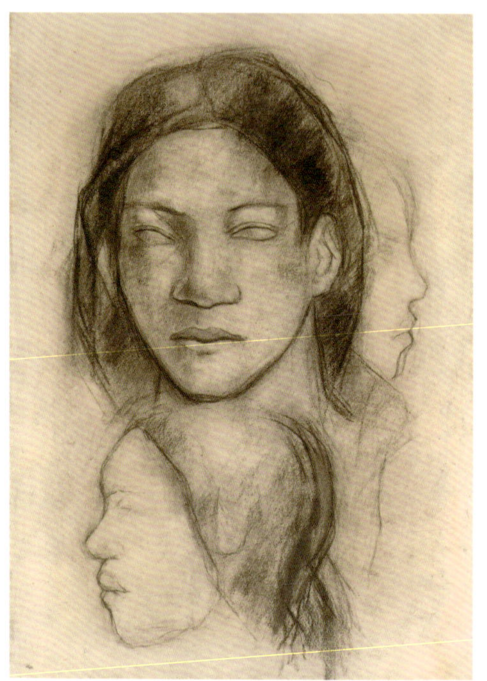

MEISTERKLASSE ZEICHNEN beschäftigt sich intensiv mit dem zeichnerischen Werk 100 bedeutender Künstler von der Renaissance bis in die Moderne und beleuchtet ihre jeweils besonderen Herangehensweisen und Techniken. Die Zeichnungen lassen uns nicht nur am Entstehen großer Werke teilhaben, sondern ergründen auch die Charakteristika der jeweiligen künstlerischen Sprache.

Der genaue Blick auf die besprochenen Arbeiten von Meistern wie Michelangelo, Leonardo da Vinci, Rembrandt, Peter Paul Rubens, Claude Monet, Pablo Picasso, Vincent van Gogh oder Gustav Klimt sowie ausführliche Schritt-für-Schritt-Beschreibungen und der sachkundige Kommentar des ausgewiesenen Experten Guy Noble gestatten Anleitung und Inspiration für die eigene zeichnerische Praxis.

GUY NOBLE ist Künstler und Kunstlehrer. Er wurde an der Byam Shaw School of Art in London ausgebildet und unterrichtete unter anderem Zeichnung und Malerei am Central St Martins College in London. Seine Werke wurden weltweit in Ausstellungen gezeigt.

ISBN 978-3-7913-8416-0

WWW.PRESTEL.DE